新浦年鉴

2014

新 浦 区 人 民 政 府　主办
新浦区地方志办公室　编纂

雷锋车雕塑

方志出版社
Publishing House of Local Records

图书在版编目（CIP）数据

新浦年鉴. 2014/ 新浦区地方志办公室编. —北京：方志出版社，2014.12
ISBN 978-7-5144-1496-7

Ⅰ. ①新… Ⅱ. ①新… Ⅲ. ①区（城市）—连云港市—2014—年鉴 Ⅳ. ①Z525.33

中国版本图书馆CIP数据核字（2014）第302616号

新浦年鉴（2014）

编　　者：新浦区地方志办公室
责任编辑：张　昊　丛　珺
出 版 人：冀祥德
出 版 者：方志出版社
地址　北京市朝阳区潘家园东里9号（国家方志馆4层）
邮编　100021
网址　http://www.fzph.org
发　　行：方志出版社发行中心
电话（010）67110500
经　　销：各地新华书店
印　　刷：南京凯德印刷有限公司
开　　本：889×1194　1/16
印　　张：24
字　　数：931千字
版　　次：2014年12月第1版　2014年12月第1次印刷
印　　数：001~700册
ISBN　978-7-5144-1496-7/K·1226　**定价**：180.00元

新浦区地方志编纂委员会

（2014年2月21日调整）

编委会办公室

《新浦年鉴》编辑部

编 辑 说 明

一、《新浦年鉴(2014)》是由连云港市新浦区人民政府主办、新浦区地方志编纂委员会办公室编纂的年度综合性资料文献。它坚持以马克思列宁主义、毛泽东思想、邓小平理论、“三个代表”重要思想和科学发展观为指导,坚持辩证唯物主义和历史唯物主义的立场、观点和方法,全面、系统、翔实地记载新浦区自然、政治、经济、文化、科教、军事、社会等诸方面发展情况,力求反映新浦地方特色,为社会各界及外来投资者了解新浦、研究新浦、发展新浦,提供丰富、准确、适用的地情资料;为全区各级领导民主、科学决策提供可靠借鉴依据。同时,也为续修地方志积累必备的历史资料。

二、《新浦年鉴(2014)》采用分篇编排法,设类目、篇目、分目和条目4个层次,条目标题以黑体加方头括号【 】标示,条目为记事主体。全书共分18类170篇,所选载的表格、彩页及插图照片,均由各供稿单位提供。

三、本年鉴“人物”栏目主要介绍因人事变动,新浦区人大第十七届三次会议选举产生的区人大常委会主任和区政府区长简历。

四、根据市政府行政区划调整决定精神,从2013年4月1日起原属海州区管理的海州、幸福路、朐阳、洪门4个街道办事处划归新浦区代管。因此,本年鉴收录了上述4个街道办事处年度综合工作资料,以保持年鉴工作的资料性和连续性。

五、本年鉴所采用数据,以新浦区统计局公布为准;区统计局未作统计的,则以各单位提供为准;区委全会及其他会议上的领导报告所涉及数据均保持原貌。

六、本年鉴稿件均由全区各镇(街道)、各部门及驻区单位专人撰写,主要负责人或分管领导审稿,再由年鉴编辑部修改后定稿。文末所署撰稿及审稿者姓名,以示负责。

七、本年鉴检索系统有:卷首设中文目录与英文要目,书眉排有篇目标题,卷末置主题索引。

八、本年鉴编辑工作得到全区及驻区各有关单位的关心、帮助和支持,在此深表谢意。

领 导 视 察

▲ 2013年4月22日，连云港市市长赵晓江（中）到新浦区调研开发区西区经济社会发展情况

▲ 5月11日，市长赵晓江（中）到新浦区调研综合交通运输发展情况

新浦区十七届人大第三次会议

▲ 代区长单晓敏（中）作政府工作报告

▲ 区委书记王立斌（主席台左四）参加新东街道代表团讨论

▲ 候选人与代表见面

▲ 王立斌在投票

▲ 新浦区十七届人民代表大会第三次会议主席团会议

▲ 代区长单晓敏（主席台中）参加浦东街道代表团讨论

政协新浦区第八届委员会第三次会议

▲ 政协主席汤成元作报告

▲ 委员分组讨论

▲ 表彰优秀委员

▲ 政协新浦区八届三次会议于2014年1月7日上午开幕

百 年 老 街

1

2

3

展新姿

① 老街夜景

② 老字号恒懋杂货店

③ 民主路钟楼

④ 老字号百货总公司

⑤ 老字号公大商行

⑥ 老字号三和兴中药店

⑦ 民主路街貌

浦南镇

浦南镇位于连云港市西郊东北部与连云区猴嘴街道相连，西与东海县黄川镇为邻，南与江苏省岗埠农场和东海县张湾乡接壤，全镇土地面积102平方千米，辖18个行政村、1个社区，总人口5.2万人。2013年，浦南镇紧紧围绕“工业强镇、生态立镇、特色富镇、文化兴镇”奋斗目标，突出工作重点、明确工作中心、狠抓工作落实，团结和带领全镇干部群众，奋力拼搏、开拓进取，经济和社会各项工作都取得显著成效。

▲ 2013年6月27日，市领导赵晓江（中）等视察镇社区医院

▲ 2013年3月30日，浦南镇第三届草舍西红柿节文艺演出

▲ 2013年4月17日，龙浦村村民将泥鳅分级装箱销往上海和韩国

▲ 2013年4月30日，农业园区严格检测进超市前的农副产品

▲ 2013年7月6日，大学生村官孵化实训社会实践启动仪式在浦南镇举行

▲ 村民制作大型宣传壁画——邻里和

▲ 改造后的江浦村商业街新貌

花果山街道

花果山街道位于连云港市新浦区东部城郊，东依云台山，紧连通往内地的一级公路307国道和新亚欧大陆桥东段的陇海铁路，花果山大道贯穿南北，宁连和连临两条高速公路穿越境内。街道总面积33.3平方千米，耕地面积267公顷，下辖7个行政村和1个社区，总人口1.8万余人。2013年1月31日，连云港市调整部分区划，撤销花果山乡建置，设立街道办事处。

2013年，花果山街道实现公共财政预算收入2.18亿元，完成全社会固定资产投资62亿元，其中完成规模以上固定资产投资56亿元。全年完成财政总收入2.34亿元。

▲ 街道党政主要领导参与义务捐款活动

▲ 市人大常委会副主任董恕娟（前左）走访慰问新滩村贫困户

▲ 花果山街道党务工作培训班

▲ 入党积极分子培训班

▼ 召开党支部换届选举大会

▲ 市财政局领导到花果山街道调研茶叶产品开发情况

◀ 军民联欢活动

▲ 新滩村召开民心座谈会

浦东街道

▲ 4月7日下午，副市长董春科（前左）到新浦区浦东街道辖区调研民主路改造情况，区委书记王立斌（左）陪同　（浦东街道办　供）

浦东街道位于城区中心。东至丁字路口与连云区猴嘴街道搭界，西隔东站引水河与浦南镇相望，西南至南极路、新新路，南至陇海商业步行街，北至沈圩桥、临洪闸。辖15个社区，面积12.43平方千米。

2013年，浦东街道围绕年度工作目标，创新工作方法，狠抓工作落实，街道各项工作先后荣获省统计规范化达标先进单位、省示范妇女儿童之家（单位）；市基层服务业统计工作先进单位、市党员冬训先进单位、市消防安全网格化管理三星级街道；区2013年度招商引资先进奖、宣传文化创优奖、区2012~2013“五四红旗团委”等称号。

▶ 2月5日，站北社区老党员与共建单位市委老干部局的老干部开展贺新春活动　（站北社区　供）

▲ 5月1日，辖内水晶街开街仪式　（浦东街道　供）

▲ 11月9日上午，浦东街道开展志愿服务进社区活动，清扫民主路背街小巷　（浦东街道办　供）

▲ 3月5日上午，浦东街道组织青年志愿者清理建国桥小游园卫生环境　（街道文化站　供）

▲ 8月10日，陇东社区开展亲子沟通心灵体验营活动　（陇东社区　供）

▲ 11月30日，团区委和市东社区在希望来吧举办关爱民工子女主题活动　（市东社区　供）

▲ 3月26日下午，浦东街道举办预防违法犯罪法治讲座　（浦东街道办　供）

▲ 区长单晓敏（右二）视察新潮社区三社联动工作

▲ 市长赵晓江（右三），由区委书记王立斌（左三）陪同到西苑社区调研社区建设工作

新 海 街 道

新海街道位于新浦区西部，东至西盐河路，北到陇海西路，南接海宁大道，西部幸福路与新海路两条主干道贯穿其中。辖区面积4.5平方千米，下辖10个社区，居民1.26万户，人口4.7万人。

2013年，在区委、区政府的坚强领导下，新海街道紧紧围绕“转型升级、好中求快”年度主题，实现稳增长、快突破、新提升的良好态势，全面超额完成年度各项目标任务。

2013年，街道先后获省“五四”红旗团委创建单位、市计划生育药具规范化管理先进单位、区经济建设和社会发展目标社会管理创新奖、区党建工作创新工程奖等荣誉称号。

▲ 副市长尹哲强（前左二）、区委书记王立斌（前左三）视察老小区环境整治工作

居家养老服务提升工程启动仪式 ▶

▲ 西苑社区红袖标志愿者在巡逻

▲ 常乐新村小游园健身场地

路南街道

▲ 市人大常委会副主任董恕娟（前排左二）到路南街道调研工作

2013年，路南街道在区委、区政府的正确领导下，以经济建设和服务民生为中心，重推重大项目，重抓招商引资，强化社区建设，深化服务体系，辖区经济社会发展再迈上新台阶。街道先后被江苏省老年体育协会授予“江苏省老年人体协工作示范街道”，被江苏省人力资源和社会保障厅授予“全省劳动保障监察省级示范网格”，被江苏省科学技术协会授予“江苏省科普示范乡镇（街道）社区”，被市委宣传部、市委组织部授予“全市学习型领导班子建设工作先进集体”，被连云港市农民工工作领导小组授予“全市农民工工作先进集体”，被连云港市委防范和处理邪教问题领导小组办公室授予“教育转化攻坚与巩固整体化先进集体”，被区委、区政府确定为“2013年度全区经济建设和社会发展目标考核一等奖”。

◀ 路南街道举办“就业困难人员专场招聘会”

▲ 街道组织廉政文化乡村行——走进贾圩文艺演出

▲ 区委书记王立斌（主席台左三）参加连云港书店捐赠暨“书香路南”文化节启动仪式

▲ 连云港书店经理李文伦（右一）捐书给社区

▲ 路南街道开展政风行风集中评议现场会

新东街道

新东街道位于新浦地区东部，东与花果山街道毗邻，西至龙尾河，南与南城街道、云台农场接壤，北至陇海东路与浦东街道为邻；面积20平方千米。新东街道所处位置优越，是市区政治、文化、科研中心，辖区内有企事业单位127家，市委和市政府、区委和区政府、市博物馆、七一六研究所均在此辖区内。下辖苍梧、东风、东苑、广场、淮海、巨龙、利民、龙尾、外仓、新城、艺北、振东、河滨、文昌14个社区居委会，共有居民1.7万户，10万人。

2013年，新东街道社会固定资产投资18.6亿元，完成考核任务的109%；内联客方到位资金3.7亿元，完成计划的109%；实际利用外资200万美元，完成计划的100%。

2013年，新东街道获新浦区经济建设和社会发展目标考核一等奖、获得江苏省民政厅江苏省和谐社区建设示范街道荣誉称号。

▲ 市、区领导调研社区党建工作

▲ “红袖标”义务巡逻队在社区巡逻

▼ 志愿者服务进社区打扫卫生

▲ 2013年龙尾社区换届选举现场

▲ 和谐社区进万家文艺演出

海州街道

位于古海州城区中部，东以甲子河、西以锦屏路、南以东风路为界与朐阳街道接壤，北以新建路为界与幸福路街道为邻，总面积1.03平方千米。辖鼓楼、双龙、新建、砚池、南门5个社区，人口21638人。

2013年，海州街道围绕“复兴海州古城，建设美丽海办”的总体要求，全面应对区划调整，积极融入新城区建设，以打造文化古城、实力街道、旅游名城为主攻方向，突出工作重点，强化目标管理，狠抓任务落实，经济和社会事业各项发展顺利。2013年度海州街道荣获全区经济建设和社会发展目标管理综合二等奖、招商引资先进奖和社会管理创新奖。

▲ 海州夜市

▲ 新建造的海州夜市标识

▲ 朐阳门文化广场

▲ 白虎山庙会幸福南路会场

▲ 朐阳门广场夜景

幸福路街道

幸福路街道位于海州城区北部，东以振海路为界与新浦区接壤，西以西大岭电厂宿舍区为界，南以新建路为界、北以朝阳路和江化路为界，与洪门、朐阳、海州街道为邻，总面积2.76平方千米。辖幸南、幸中、江化、西大岭、文化5个社区，7374户居民，人口21423人。

2013年，幸福路街道围绕“团结、拼搏、创新、超越”八字方针，以加快发展为主线，以“经济强街、商贸富街、文明兴街”为目标，抢抓机遇，攻坚克难，奋力赶超，街道经济社会事业协调发展，重点工程及重大事项各个击破，各项工作呈现出良好的发展态势。先后荣获江苏省青年志愿服务事业贡献奖、江苏省和谐社区建设示范街道和市级“勤廉好班子”等荣誉称号。

▲ 2013年6月4日，区委书记王立斌（中）到幸福路街道调研社区党建工作　（宁　晨/摄）

▲ 2013年11月23日，文化社区第五届居民委员会换届选举大会　（宁　晨/摄）

▼ 辖区连云港义乌商品城夜景　（宁　晨/摄）

▲ 街道党工委举办关心下一代普法教育大讲堂启动仪式　（宁　晨/摄）

朐阳街道

▲ 石棚山景区

朐阳街道位于锦屏山北麓、东抵盐河路、西到蔷薇河、北至玉带河南岸，面积17.9平方千米，人口4.4万人。街道下辖网疃、西门、园林、孔望山4个村和西门、锦化、孔望山、香江4个社区居委会以及石棚山、鑫泰2个村级公司。2013年，街道工会荣获“江苏省模范职工之家”称号，纪工委、监察室获“全市纪检监察信访举报工作先进单位”，街道被授予“全市计划生育药具规范管理乡（镇）站”称号，孔望山社区荣获“省级科技示范区”称号。

▲ 辖区内的家乐福超市

▲ 11月8日，朐阳街道召开村居换届工作会议

▲ 辖区内的三得利啤酒厂与青岛啤酒厂合作，新上2条生产线全部投产，啤酒年产量达10万吨

▲ 农机交易市场

▲ 建设中的高端住宅小区——易居公馆

洪门街道

▲ 工业园区永昌货物运输有限公司现代办公楼

▲ 2013年4月25日，区委书记王立斌（中）一行到洪门工业园区察看企业生产情况

洪门街道位于连云港市新浦区、海州区及东海县交会处，北临浦南镇，西接张湾乡，东、南为市区。总面积8.85平方千米，下辖2个行政村、3个社区居委会及洪门工业园区、物流园区，人口17883人。

2013年，洪门街道围绕"都市工业高地，现代物流基地"的目标定位，突出工作重点，硬化工作举措，经济保持稳步提升态势。先后获得"模范职工之家""上半年经济建设和社会发展目标考核二等奖""全市基层部门服务业统计工作先进单位""年度经济建设和社会发展目标考核一等奖"等荣誉称号。

▲ 9月23日上午，洪门街道举办"爱在流动，情系计生"2013年关爱流动人口大型广场宣传活动

▲ 2013年8月16日，洪门街道红旗社区联合洪门卫生院开展免费义诊活动

▲ 招聘干部面试

▲ 2013年9月29日，洪门街道辖区幼儿园组织儿童观看建设法治洪门展板

新浦区住房和城乡建设局

2013年，新浦区住房和城乡建设局(简称住建局)围绕区委、区政府“转型升级增实力、好中求快创一流”的年度工作主题，以科学发展观为统领，紧抓全区城乡建设目标任务，创新思路、主动作为、精心组织、狠抓落实，全年完成城乡建设总投入126.96亿元。先后获得2013年度连云港市城乡建设发展目标优秀奖、2013年度新浦区经济建设和社会发展目标综合管理奖一等奖。

1

2

3

① 2013年新建的玉带小游园 （马玉军/摄）

② 蓝天华侨城的社区游园 （马玉军/摄）

③ 浦西街道居民喜领廉租房通知书 （李　东/摄）

④ 绿化工人对树木进行病虫害消杀防治 （宋春丽/摄）

⑤ 拆除违章建筑 （李　东/摄）

⑥ 新浦公园新景锦绣阁 （李　东/摄）

4

5

6

新浦经济开发区

▲ 市长赵晓江（左三）调研新浦开发区如年实业有限公司

新浦经济开发区西区东至沈海高速，西与东海县接壤，北至鲁兰河，南至323省道，规划面积35平方千米。按照打造“主导产业清晰、集聚效应明显、带动作用突出”的特色园区要求，西区产业基本定位为数控机床和医疗器械产业。同时，预留其他特色产业发展空间。25平方千米的核心区建设已迅速拉开发展框架；总长30千米的“四横三纵”的主干道已建成通车；50万平方米的中小企业园标准厂房已建成或在建；现有道路改造以及水、电、污水管网等基础设施配套工程正加快推进；园区配套兴建了综合服务中心、下禾邻里中心。

西区重点打造2个特色产业园（数控机床产业园、医疗器械产业园），有品苏实业、虹港消防器材、沈阳机床、帅宝石化机械、晨鸿纺织机械、浙江威力士数控锯床、防火器材等12个1亿元项目签约落户。

▲ 区四套班子领导调研新浦开发区西区建设

▲ 康达智生产车间新增生产线

▲ 建设中的中小企业园

陇海步行街

江苏省连云港市陇海步行街位于风景秀丽的沿海开放城市——神奇浪漫之都连云港市新浦中心商业区，是新浦区委、区政府招商引资4.5亿元，在原陇海铁路遗址上兴建起来的一条集购物、文化、餐饮娱乐、旅游观光、商务办公、展示博览为一体的现代化商业步行街，全长1170余米，由现代建筑风格的九龙世贸城、海滨建筑风格的步行东街、简欧建筑风格的步行中街、园林建筑风格的步行西街组成。

2012年获国家AA级商务、文化、旅游街区称号后，2013年正在争创江苏省商务、文化、旅游街区，正在按照区委、区政府要求打造以陇海步行街为中心的千亿元商圈。

▲ 台湾美食节

▲ 街区夜市

▲ 2013年货节

▲ 打鱼雕塑

▲ 煮海为盐雕塑

▲ 土特产超市

▲ 街区大舞台

▲ 街区电视屏

▲ 8月1日省放心消费现场会在陇海步行街召开

▲ 市委宣传部组织全市主流媒体集中采访报道全市最美基层干部祁德

浦南中学

浦南中学始建于1960年8月，占地72943平方米，建筑面积21617平方米，绿化面积21500 平方米。现有教职工192人，其中专任教师184人、中高级职称135人、本科及以上学历169人。学校有30个教学班，学生1537人。

学校秉承“以人为本，和谐发展”理念，以“让我们的教育适合每一位学生的发展、让每位学生全面而具个性地发展”为办学追求，以“彰显个性，全面发展”为校训，以“崇德尚学，求实创新”为校风，以“敬业爱生，严谨善教”为教风，以“勤学善思，进取有恒”为学风，强化“以德立校，依法治校，科研兴校，质量强校”的办学思想，瞄准“扎根浦南，办人民满意教育，以优质回报社会”的办学目标，发扬“艰苦创业、和谐求真、敬业奉献、创新进取”的浦中精神着力打造人本和谐校园，倡导求真务实作风，弘扬敬业奉献精神，规范学校管理，完善各项制度，积极推动素质教育，不断提高办学质量。

▲ 2013年12月底，省教育厅督导组到学校检查指导工作

2013年，浦南中学先后获得新浦区教育局2012年度教育工作目标考核二等奖、新浦区教育局2012~2013年度教学质量奖、新浦区教育局2013年度教科研先进集体等荣誉。

▲ 2013年12月30日，学校通过科学教育示范校验收

▲ 2013年12月，区教育局领导听取学校课程基地建设汇报

▲ 清明节学校组织学生到抗日山扫墓

▲ 9月20日，学生在学校操场进行军训成果汇报

▲ 10月8日，学校举办畅想中国梦诗歌朗诵比赛

南城中心小学

南城中心小学位于连云港市中心城区——新浦区南大门，创办于1912年，始名“开明学堂”。1925年后先后易名为灌云县第五高等小学、公二小学、苍梧中心小学等。其中联合国外交家杨天全、原“八一”女篮主教练武心慈等优秀学子曾就读于该校。

▲ 6月1日，市委常委、市委政法委书记杨莉（前排左三）到学校视察

▲ 区长单晓敏（右）到南城中心小学走访慰问

学校占地面积13320平方米，建筑面积3840平方米，绿化面积2610平方米，塑胶运动场、网络中心、多媒体教室等现代化设施一应俱全，区域分明。现有小学部16个教学班，762名学生，附属幼儿园1所，188名幼儿。学校师资力量雄厚，有在职教职工46人，其中有中学高级教师4人、小学高级教师33人、大专以上学历教师42人、市“百名教学骨干”2人、市“333”工程培养对象8名、区级以上骨干教师14人。省首届“感动江苏”教育十大新闻人物、新浦区唯一市首届“333工程”小学模范班主任均在该校产生。

学校以“追求卓越 整体发展 塑造品牌”为办学理念，以“博学友爱创新成才”为校训，以“做一个高雅的人”为育人目标，以“雅行教育、学生社团、多元课堂、综合实践、教育博客、教育科研”为切入口，精心打造学校发展“六大”名片，形成鲜明的办学特色，学校先后获“省依法治校示范校”“省平安校园”“市教育信息化示范校”“市红领巾示范校”“市优质幼儿园”等101项荣誉称号，并成功创建省健康促进校银奖学校、市非物质文化传承基地、市乡村少年宫和区廉政文化进校园示范点等，学校连续三年获得区教育工作目标考核一等奖。

▲ 丰富多彩的学生社团活动

▲ 2013年5月30日，南城中心小学参加市主题队会演出——“红领巾相约中国梦”

▲ 非物质文化遗产传承人到学校传授传统技艺

▲ 学生社团走进鹰游体验科技新产品

▲ 学校开展“我是消防队员”综合实践活动

▲ 雅行好少年展风采

▲ 市教育局领导视察学生实践场所

▲ 市教育局副局长顾爱军（左四）和新浦区政协副主席、区教育局局长王宏新（右三）视察学生实践活动

▲“连云港市创建农村学校劳动实践场所现场示范校推介会”在岗埠中心小学召开

岗埠农场中心小学

岗埠中心小学始建于1958年，占地总面积27496平方米，校舍建筑面积6691平方米。现有26个教学班，1394名学生。下设高桥、岗埠、临河三所村小和王圩教学点。学校有69名教职工，其中专任教师67人，中级职称51人，研究生1人，本科学历38人，专科学历16人，占专任教师数的82%，市、区骨干教师15人。学校设有电脑室、图书室、实验室、音乐室、美术室、体育室、卫生室、心理咨询室、综合实践室、网管中心、软件制作室、多功能教室等专用教室。学校建有校园网、防盗报警系统、智能广播系统、校园通信系统、校迅通系统等。学校办学条件达到省二类标准。

学校坚持“一切为了学生的发展”的办学理念，遵循“励志、笃行、健体、修身”的校训，推行“诚实、勤学、文明、团结”的校风，遵守“严谨、创新、博览、求真”的教风，发扬“刻苦、勤奋、自觉、认真”的 学风，以科研为先导，以艺体教育为突破口，使学校成为学生发展智力，施展才能、彰显个性的天地。

岗埠中心小学正以目标管理为导向，过程管理为基础，情感管理为动力，规范管理为核心，踏实走好“教育均衡发展之路”，为岗埠中心小学谱写新的篇章，争创岗埠中心小学更加辉煌的明天！

太极扇是学校打造的大课间特色活动 ▶

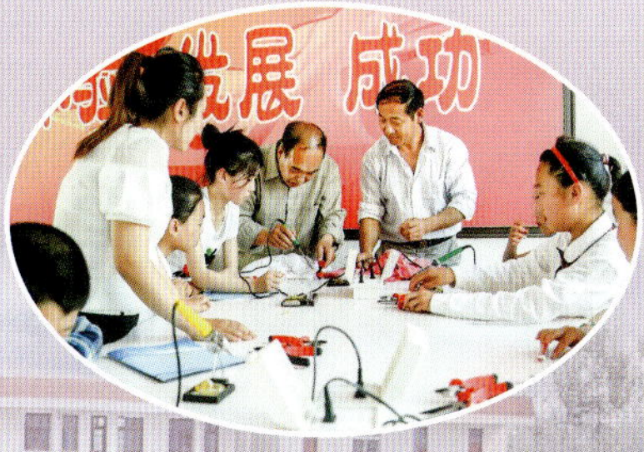

▲ 师生参与劳动实践活动

▲ 岗埠中心小学校园剪影

▲ 2013年5月31日，代市长赵晓江（前左三）、副市长滕雯（左二）慰问幼儿园老师和小朋友

▲ 2013年1月10日，连云港市师专胡碧霞教授（右）到幼儿园讲授“学会观察孩子”

▲ 2013年2月25日，六一幼儿园万润分园开展为西藏孩子捐衣物送温暖活动

六一幼儿园

六一幼儿园创建于1956年，是江苏省首批示范性实验幼儿园、省示范园免检单位。幼儿园设有六一总园、万润分园和中央华府分园。以一流师资、一流服务、一流质量赢得了家长和社会各界的信任和称赞。

幼儿园有教职工130名，研究生学历占3%，本科学历占76%，专科学历占20%，中学高级教师占9.6%。有5名教师参加省优秀教育活动评比获一等奖，6名教师获市基本功大赛一等奖。幼儿园老师用爱岗敬业的精神传承着“团结、奉献、挚爱、求实”的园风，用求真务实的作风诠释着“亲切、善教”的教风。

幼儿园依据连云港地域特点开发了山海相拥的园本课程，以山海文化为主题，以风景名胜、神话传说等为内容，开展了西游记文化节等系列活动，组织孩子们外出参观、到军营体验生活、去乡村采摘、在鹅卵石活动坊等功能室开展探究活动，丰富了孩子们的童趣世界，促进了孩子们富有个性的发展。

幼儿园先后获得全国巾帼文明岗、省文明学校、省和谐校园、省平安校园、市管理规范示范园、市教学质量奖、市幼儿教育先进集体、市教科研先进单位等荣誉称号。

▲ 2013年6月27日上午，六一幼儿园举行2013届小朋友毕业典礼

① 2013年3月11日，幼儿园举办幼儿护牙讲座

② 2013年5月20日，市基础教育（学前）教研员课堂教学大赛在六一幼儿园举办

③ 2013年6月6日，幼儿园老师为小朋友讲“粽子里的故事”

④ 2013年11月29日，六一幼儿园承办市“青蓝课程”现场

⑤ 2013年8月26日，六一幼儿园举办师德培训班

⑥ 2013年11月20日，新浦交警队员到幼儿园讲解交通法规

连云港书店

▲ 连云港书店总经理李文伦

连云港书店是个有20年创业、创新历史的连锁民营书店。多年来秉承公益文化理念，把书香、爱心洒向港城大地。特别是在图书市场困境中始终坚守文化责任，诚实守信，不离不弃，服务读者，服务社会。至2013年年底，连云港书店不仅实现了对新浦地区300余个社区图书阅览室捐赠的全覆盖，还现金资助残障人、贫困学生3000余人次。同时，走访慰问贫困户500余户。连云港书店先后获得江苏省精神文明建设先进单位、江苏省工人先锋班组企业，该店总经理李文伦先后获得江苏省优秀中国特色社会主义建设者、江苏省新闻出版系统劳动模范、江苏省首届百名城市之星、江苏省十佳最具慈善爱心行为奖、中国好人等荣誉称号。

▲ 李文伦为浦南敬老院老人送去慰问品

▲ 李文伦慰问市福利院孤独残疾儿童

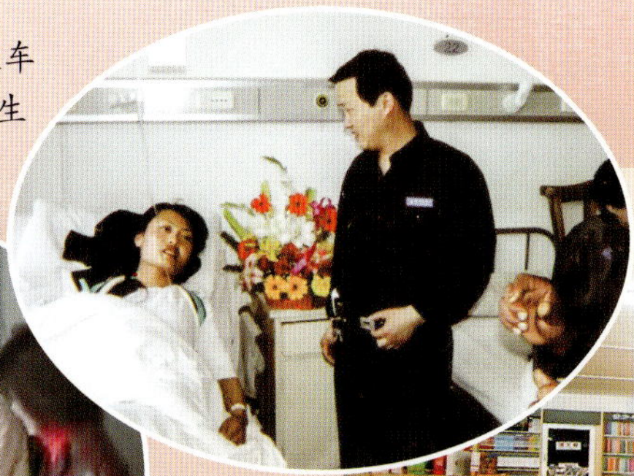

▶ 李文伦看望遭遇车祸受伤住院的职大贫困学生

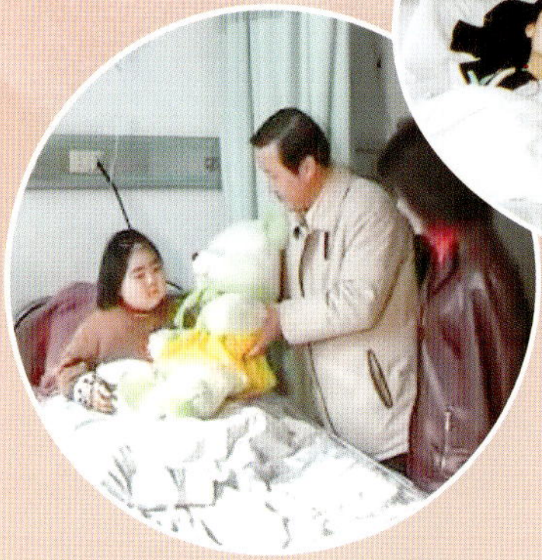

▲ 李文伦到医院病房慰问家庭贫困白血病儿童周琦

▲ 连云港书店营业厅

▲ 丰竹园印刷厂获省消费者信得过单位奖牌

▲ 唐佃芬获新浦区个私经济创业先锋

丰竹园印刷厂

▲ 厂长唐佃芬联系业务

新浦区丰竹园印刷厂原系区属市民印刷厂改制的民营企业。工厂坐落于新浦新新路80号（建国路小学向北198米、沈圩桥向南518米），距中央百货888米，距汽车站、火车站均为1188米，交通十分便利。业务部位于市中心民主路38号。该厂有员工20余人，其中本科学历2人、大专学历3人、中专学历3人、中级职称1人初级职称1人、技术维修人员2名。

该业务部、电脑部有门面房88平方米，工厂印刷车间有668平方米，有先进的四色印刷机、晒版机、胶印机、烫金机、切纸机、胶装机、高新计算机排版系统，大幅雕刻机，户外喷绘写真机、室内写真机、条幅印刷机、刻字机、复印机等。对外承印各式表格、宣传材料、彩色印刷、画册、不干胶印刷、丝网印刷、无碳纸印刷、打字复印、电脑刻字、名片胶印、酒店用品、精装材料、烫印金字、灯箱展板、条幅横幅、经销纸张。

▲ 唐佃芬（后排中）与个私企业家在一起

▲ 丰竹园的产品深受用户喜欢

目　录

特　载

百年新浦老大街的变迁 …… 2
一桥飞架南北城乡一体变通途 …… 6
连云港市新浦区2013年国民经济和社会发展统计公报 …… 6

重要文献

区委全会报告
咬住既定目标 持续加压奋进 努力开创新浦经济社会发展新局面
——区委书记王立斌在区委九届五次全体（扩大）会议上的讲话 …… 11
推进六个突破 促进四个提升 奋力谱写人文荟萃美丽新浦新篇章
——区委书记王立斌在区委九届六次全体（扩大）会议上的讲话 …… 16
区两会报告
政府工作报告
——代区长单晓敏在新浦区第十七届人民代表大会第三次会议上 …… 23
新浦区人民代表大会常务委员会工作报告
——区人大常委会副主任陈周德在新浦区第十七届人民代表大会第三次会议上 …… 29
政协连云港市新浦区第八届委员会常务委员会工作报告
——区政协主席汤成元在政协连云港市新浦区第八届委员会第三次会议上 …… 33

新浦纪事

2013年新浦地区大事记 …… 38
2013年新浦地区要闻 …… 46

区情概览

环境　资源

地理环境 …… 51
方位 面积 …… 51
地形 地貌 …… 51
地质 基础 …… 51
土壤 …… 51
山体 山脊 山头 …… 51
沟 涧 潭 …… 52
河流 水库 …… 52
气　象 …… 52
气温 …… 52
日照 …… 52
风向 …… 52
降水 …… 52
降霜 …… 52
灾害天气 …… 52
生物资源 …… 52
植物资源 …… 52
动物资源 …… 52
其他资源 …… 52
矿物资源 …… 52
旅游资源 …… 52
链接：气象常识
雾霾与防御 …… 52
雾霾形成的气象条件 …… 53

区划　人口

行政区划 …… 54
概况 …… 54

镇 …… 54
街道 …… 54
农场 …… 54
人口 民族 …… 55
人口总量 …… 55
人口分布 …… 55
民族构成 …… 55

组织机构及领导人

中共新浦区委员会 …… 56
常务委员会 …… 56
工作机构 …… 56
党组 …… 57
镇党委 …… 58
区委派出机构 …… 58
部门及农场党委 …… 60
新浦区人大常委会 …… 61
主任及副主任 …… 61
工作机构 …… 61
镇人大主席团 …… 61
区人大派出机构 …… 61
新浦区人民政府 …… 61
区长及副区长 …… 61
工作机构 …… 62
区直属企事业单位 …… 63
镇人民政府 …… 64
区政府派出机构 …… 64
政协连云港市新浦区委员会 …… 65
主席及副主席 …… 65
秘书长 …… 65
工作机构 …… 65
中共新浦区纪律检查委员会 …… 65
常务委员会 …… 65
工作机构 …… 65
镇纪委 …… 65
区纪委派出机构 …… 66
派驻纪检组 …… 66
部门及农场纪委 …… 66
检法两院 …… 66
新浦区人民检察院 …… 66
新浦区人民法院 …… 67
人民武装部 …… 67
新浦区人民武装部 …… 67
镇（街道）及开发区人民武装部 …… 67
团体 …… 67
新浦区总工会 …… 67
共青团新浦区委员会 …… 67
新浦区妇女联合会 …… 67
新浦区科学技术协会 …… 67
新浦区文学艺术界联合会 …… 67
新浦区残疾人联合会 …… 67
新浦区工商业联合会 …… 67
新浦区红十字会 …… 67

党 政 团 体

中共新浦区委员会

重要会议 …… 69
全区党建工作会议 …… 69
全区政法信访稳定工作会议 …… 69
区委九届五次全体（扩大）会议 …… 70
区委九届六次全体（扩大）会议 …… 70
组织工作 …… 70
概况 …… 70
领导班子和干部队伍建设 …… 70
竞争性选拔干部 …… 70
建立一线干部培养选拔链 …… 71
干部教育培训 …… 71
干部监督管理 …… 71
选树大学生村官 …… 71
人才队伍建设 …… 71
村（社区）党组织换届 …… 71
党的群众路线教育实践活动准备工作 …… 71
拓展农村综合服务中心 …… 71
基层服务型党组织建设 …… 71
打造非公党群工作站 …… 71
表1：2013年中共新浦区基层组织党员结构情况一览表 …… 72
宣传工作 …… 73
概况 …… 73
中心组学习和调研活动 …… 73
开展“党的十八大精神”宣讲活动 …… 73
开展“共筑美丽新浦”征文活动 …… 73
党员冬训 …… 73
新闻报道 …… 73
加大媒体宣传力度 …… 73
民生宣传 …… 73
外宣工作 …… 73
建立健全新闻管理机制 …… 73
舆情监督 …… 73
文明单位创建 …… 73
道德关爱活动 …… 74
选树爱心市民典型 …… 74
志愿者活动 …… 74
道德主题教育活动 …… 74
统战工作 …… 74
概况 …… 74
坚持“五个制度” …… 74
加强党外代表人士思想政治教育 …… 74

党外人士政治安排和实职安排 …… 74
做好少数民族群众服务工作 …… 74
宗教事务管理 …… 74
开展慈善公益活动 …… 74
净化宗教场所 …… 74
“平安宗教活动场所”建设 …… 74
会员队伍建设 …… 74
服务会员企业 …… 74
光彩事业行动 …… 74
非公经济人士理想信念教育实践活动 …… 75
健全海外统战工作机制 …… 75
依托社区抓好为侨服务 …… 75
加强侨法宣传 …… 75
依托海外关系引资引智 …… 75
开展作风整顿 …… 75
宣传党的十八大精神 …… 75
对台工作…… 75
概况 …… 75
促进对台招商引资高效发展 …… 75
促进台属个体私营企业快速发展 …… 75
台属助发展主题竞赛活动 …… 75
加强对台交流 …… 75
挖掘交流潜力 …… 76
加强规范管理 …… 76
对台基层基础工作 …… 76
重视对台工作干部队伍建设 …… 76
区级机关工委工作…… 76
概况 …… 76
开展创建学习型党组织活动 …… 76
学习贯彻落实十八大精神 …… 76
加强制度规范化建设 …… 76
加强党务培训 …… 76
党员发展工作 …… 76
举办积极分子培训班 …… 76
落实激励帮扶关怀机制 …… 76
机关作风整顿 …… 77
提升执行力 …… 77
“志愿者行动在新浦”活动 …… 77
培育和选树典型 …… 77
打造网络宣传平台 …… 77
离休干部管理…… 77
概况 …… 77
落实离休老干部政治待遇 …… 77
落实离休老干部生活待遇 …… 77
亲情服务老干部 …… 77
开展文体活动 …… 77
档案工作…… 77
概况 …… 77
档案整理入库 …… 77
档案学习培训 …… 77
档案信息化建设 …… 77
开展档案目标管理达标升级工作 …… 78
档案利用 …… 78
档案工作年检考核 …… 78

新浦区人大常委会

综　述…… 79
主要工作…… 79
工作监督 …… 79
法律监督 …… 79
代表工作 …… 79
信访工作 …… 79
重要会议…… 79
十七届人大二次会议 …… 79
十七届人大常委会第十次会议 …… 80
十七届人大常委会第十一次会议 …… 80
十七届人大常委会第十二次会议 …… 80
十七届人大常委会第十三次会议 …… 80
十七届人大常委会第十四次会议 …… 80
十七届人大常委会第十五次会议 …… 81
十七届人大常委会第十六次会议 …… 81
十七届人大常委会第十七次会议 …… 81

新浦区人民政府

区政府常务会议…… 82
区十七届政府第6次常务会议 …… 82
区十七届政府第7次常务会议 …… 83
区十七届政府第8次常务会议 …… 83
区十七届政府第9次常务会议 …… 84
区十七届政府第10次常务会议 …… 85
区十七届政府第11次常务会议 …… 85
区十七届政府第12次常务会议 …… 86
区长办公会议…… 86
民办养老机构安全管理工作会议 …… 86
孔望山新城地块论证会 …… 87
新科研磨厂申报福利企业资格会议 …… 87
滨河新城会议 …… 87
连盐铁路拆迁安置房会议 …… 87
依法行政工作…… 88
概况 …… 88
明确依法行政目标任务 …… 88
强化领导干部学法用法 …… 88
落实规范性文件备案审查制度 …… 88
落实法律顾问团制度 …… 88
加强行政复议应诉工作 …… 88
强化行政行为监督 …… 88
侨务工作…… 88
概况 …… 88
社区侨务 …… 88
侨法宣传 …… 88

为侨服务 …… 88
外联经科工作 …… 89
侨务捐赠 …… 89
人事人才工作 …… 89
概况 …… 89
人事待遇管理 …… 89
规范安置工作 …… 89
公务员管理 …… 89
职称评定 …… 89
专业技术人员职务聘任 …… 89
接收代管工作 …… 89
事业单位年检 …… 89
人员招聘 …… 89
信访工作 …… 90
概况 …… 90
组织领导 …… 90
领导接访下访 …… 90
信访责任落实 …… 90
矛盾纠纷排查 …… 90
信访积案化解 …… 90
信访应急处置 …… 90
信访基层基础建设 …… 90
防震减灾工作 …… 91
概况 …… 91
落实防震减灾联席会议制度 …… 91
加大防震减灾目标责任考核力度 …… 91
地震安全社区建设 …… 91
地震应急疏散演练 …… 91
防震减灾科普宣传 …… 91
创建科普学校 …… 92
防震减灾科普知识征文竞赛 …… 92
强化防震减灾意识 …… 92
加快“三网一员”队伍建设 …… 92
新建4个宏观观测点 …… 92
民族宗教工作 …… 92
概况 …… 92
政策宣传 …… 92
参加全市第二届少数民族运动会 …… 92
创建“和谐寺观教堂” …… 92
创建“平安宗教活动场所” …… 92
慈善公益活动 …… 92
宗教活动场所建设 …… 92
宗教管理 …… 92
志鉴工作 …… 92
《连云港市新浦区新志》终审稿通过市评审 …… 92
做好《连云港市新浦区新志》修改工作 …… 93
举办年鉴业务培训班 …… 93
提高《新浦年鉴》印刷装帧质量 …… 93
做好新浦区代管单位年鉴工作 …… 93
表彰年鉴工作先进单位和撰稿人 …… 93
人大建议与政协提案办理 …… 93

政协新浦区委员会

综述 …… 94
重要会议 …… 94
八届二次全会 …… 94
常委会议 …… 94
主席会议 …… 94
主要工作 …… 95
提案办理 …… 95
提案落实 …… 95
调研与视察 …… 95
民主监督 …… 95
理论宣传工作 …… 95
社会活动 …… 95
参与区重点工作 …… 96
扶贫济困 …… 96
联谊活动 …… 96

中共新浦区纪律检查委员会

综　述 …… 97
重要会议 …… 97
全区作风整顿效能建设动员部署会 …… 97
纪检监察工作会议 …… 97
全区纪检监察工作推进会 …… 97
主要工作 …… 97
作风建设 …… 97
案件查办 …… 97
监督检查 …… 98
反腐倡廉制度建设 …… 98
队伍建设 …… 98

民主党派　工商联

民革新浦地区组织 …… 99
概况 …… 99
思想建设 …… 99
获得荣誉 …… 99
参政议政 …… 99
社情民意 …… 99
政风行风评议活动 …… 99
对台工作 …… 99
社会服务 …… 99
民盟新浦地区组织 …… 99
概况 …… 99
参政议政 …… 99
调查研究 …… 100
信息宣传 …… 100
组织建设 …… 100
社会服务 …… 100

民建新浦地区组织……100
概况……100
调查研究……100
建言献策……100
社情民意……100
宣传工作……100
组织建设……100
社会服务……101
举办民建讲堂系列活动……101
民进新浦地区组织……101
概况……101
宣传思想工作……101
理论教育……101
组织建设……101
参与论坛征文活动……101
构建支部宣传平台……101
提升建言献策水平……101
开展丰富多彩的载体活动……102
打造社会服务特色品牌……102
农工党新浦地区组织……102
概况……102
思想宣传教育……102
组织活动……102
参政议政……102
专题调研……102
同心同行助推沿海开发……103
“健康服务行”……103
扶危济困……103
心理咨询……103
服务新农村建设……103
致公党新浦地区组织……103
概况……103
理论学习……103
主题活动……103
干部培训……103
对外宣传……104
参政议政……104
信息与社情民意……104
创新培训形式……104
社会服务……104
致公党中央社会服务工作培训班在连举办……104
致公党江苏省委五届五次常委会议在连召开……104
九三学社新浦地区组织……104
概况……104
思想建设……104
组织建设……104
深化学习实践活动……104
接受高层次理论教育和培训……104
参政议政……105
提案、信息及社情民意……105
调研活动……105
做好服务工作……105
参与各类载体活动……105
举行九三学社专家沿海“连云港”行活动……105
开展“百名专家进乡村行动”……105
文化活动……105
公益活动……105
建功立业……106
新浦区工商联组织……106
概况……106
组织建设……106
制度建设……106
调查研究……106
信息服务……106
服务民企……106
会员培训……106
招商引资……106
光彩事业……106

团 体

新浦区总工会……107
概况……107
组织建设……107
推荐表彰先进典型……107
扶贫帮困……107
维权保障……107
开展竞赛活动……107
发挥政府、工会、企业三方协商机制作用……107
开展工资集体协商服务……107
劳模评选及慰问……107
开展劳动立功竞赛活动……107
推进班组建设和职工技术创新……108
开展“读书月”活动……108
加强法治工作培训……108
为女职工提供学历、技能和素质教育培训……108
建立“网格工会”……108
共青团新浦区委员会……108
概况……108
共圆中国梦教育活动……108
主题教育实践活动……108
更新青年交流平台……108
服务青年就业创业……108
引导青年建功成才……108
开展青年志愿服务行动……108
加强青少年权益保障……109
开展关爱青少年成长活动……109
开展爱心结对活动……109
开展爱心手拉手活动……109
构建青少年健康成长和谐环境……109
加强基层团建工作……109
加强团干部学习培训……109

加强共青团作风建设 …… 109
新浦区妇女联合会 …… 109
概况 …… 109
妇女创业就业 …… 109
巾帼志愿者服务 …… 109
节日活动 …… 110
“巾帼暖冬”行动 …… 110
“微笑”行动 …… 110
“海妈妈”系列活动 …… 110
区妇联等获省“巾帼文明岗”称号 …… 110
“妇女儿童之家”提档升级 …… 110
新浦区科学技术协会 …… 110
概况 …… 110
开展科普联动活动 …… 110
第25届科普宣传周 …… 110
全国科普日 …… 110
科普惠农 …… 110
科技下乡 …… 111
基层科技协会 …… 111
新浦区残疾人联合会 …… 111
概况 …… 111
发放专项补贴 …… 111
发放康复器材 …… 111
为0—6岁残疾儿童免费康复服务 …… 111
康复进家庭服务 …… 111
建立残疾人就业、失业信息数据库 …… 111
新建残疾人托养机构 …… 111
办理“爱心卡” …… 111
残疾人信访工作 …… 111
开展党员集中帮扶日活动 …… 111
新浦区文学艺术界联合会 …… 111
概况 …… 111
开展文艺惠民活动 …… 112
打造文艺精品 …… 112
展现文艺成果 …… 112

法治新浦

社会综合治理

综述 …… 114
平安新浦建设 …… 114
建立健全维稳工作机制 …… 114
加强信息预警和应急处置 …… 114
源头预防化解矛盾纠纷 …… 114
严厉打击邪教破坏活动 …… 114
全面开展治安防范 …… 114
排查整治重点地区 …… 114
重拳出击整治治安秩序 …… 115
法治新浦建设 …… 115
加强依法行政 …… 115
推进政务公开 …… 115
开展透明执法 …… 115
法治队伍建设 …… 115
开展“双百双千”活动 …… 115
主题教育活动 …… 115
基层基础建设 …… 115
合力搭建工作平台 …… 115
推进文化阵地建设 …… 115
加大经费投入 …… 116
营造宣传氛围 …… 116
创新社会管理 …… 116
加强流动人口管理 …… 116
加强特殊人群管理 …… 116
落实“两覆盖”行动计划 …… 116
培育创新亮点工程 …… 116

公安工作

综述 …… 117
维护社会稳定 …… 117
信息引领稳控 …… 117
推动信访案件办结 …… 117
矛盾纠纷化解 …… 117
打防管控体系建设 …… 117
快侦快破大要案件 …… 117
盯紧盯牢民生小案 …… 117
深化专项整治 …… 117
合成侦查机制 …… 117
防控网络升级 …… 118
规范巡防机制 …… 118
基层基础工作 …… 118
规范办公场所 …… 118
老旧小区改造 …… 118
深化源头信息采集 …… 118
规范旅馆业运作 …… 118
提升公共服务管理效能 …… 118
警企挂钩制度 …… 118
打造为民服务体系 …… 118
火灾安全监管 …… 118
危险物品监管 …… 118
网络安全监管 …… 119
推进公安队伍建设 …… 119
人才选拔任用 …… 119
提升教育训练 …… 119
打造廉洁警队 …… 119
提升行风作风 …… 119

检察工作

综述 …… 120

打击严重刑事犯罪……120
依法惩治各类刑事犯罪……120
严厉打击各类经济犯罪活动……120
依法落实宽严相济刑事政策……120
惩治和预防职务犯罪……120
查办贪污贿赂犯罪……120
查办渎职侵权犯罪……120
预防职务犯罪……120
诉讼监督……121
刑事立案和侦查监督……121
刑事审判和刑罚执行监督……121
民事和行政诉讼监督……121
促进社会治理创新……121
拓展服务群众平台……121
延伸法律监督触角……121
检察基础建设……121
信息宣传与调研……121
加强与代表和委员联络……121
内部监督……121
提高干警业务素质……121

法 院 工 作

综述……122
维护社会和谐稳定……122
执法办案……122
处理民事纠纷……122
商事审判……122
监督和支持依法行政……122
强化案件执行……122
延伸审判职能……122
为拆迁征地提供司法服务……122
防范和化解金融风险……123
助推社会诚信体系建设……123
完善审判工作机制……123
完善司法为民机制……123
创新司法公开机制……123
健全公正审判机制……123
改进执行工作机制……123
改进司法作风……123
提升司法能力……123
改进工作作风……123
推进廉洁司法……124
加强司法保障……124
加强人才保障……124
加强经费保障……124
加强信息化保障……124

司法行政工作

综述……125
法律服务……125
公证工作……125
律师工作……125
建立公共法律服务体系……125
组建社区法律服务工作站……125
人民调解……125
建立调解信息平台……125
完善调解组织建设……125
法治宣传……125
“六五”普法……125
法治文化精品工程……126
创建民主法治示范村(社区)……126
社区矫正……126
提高社区矫正执法能力……126
丰富教育矫正方法手段……126
安置帮教……126
健全安置帮教网络……126
打造安置帮教基地……126
法律援助……126
建立14个法律援助工作站点……126
提供法律援助优质服务……126
成立第一家心理咨询室……126

地 方 军 事

人 民 武 装

新浦区人民武装部……128
概况……128
思想政治工作……128
召开区委常委议军会……128
战备训练……128
“淮海10号”演习……128
民兵整组……128
征兵工作……128
民兵武器装备管理……128
设立基层武装部……129
双拥共建……129
人民防空……129
概况……129
建立人防体系……129
防空演练……129
人防专业队整组和演练……129
防空警报器管理及安装维护……129
人防工程维护管理……129
人防知识宣传……129
经费筹集……129

地 方 驻 军

武警连云港市支队……130
概况……130
思想政治工作……130
落实执勤制度……130
依法治警……130
基层建设……130
现代后勤建设……130
开展领导下基层活动……131
连云港市公安边防支队……131
概况……131
巩固爱民固边战略……131
维护辖区稳定……131
规范执法建设……131
基层基础建设……131
综合保障……131
队伍建设……131
新浦区消防大队……132
概况……132
思想政治工作……132
消防监督执法……132
执勤训练和灭火救援……132

经济纵横

工业经济

概况……134
都市工业发展提速……134
新浦经济开发区西区成为工业主战场……134
中小企业园建设快中求好……134
转型升级助推产业提升……134
加大资金投入助推企业技术改造……134
加快技术创新步伐……135
智能化仓库建成使用……135
链接：企业简介……135
连云港如年实业有限公司……135
连云港瑞琪纺织品有限公司……135

开放型经济

概况……136
外贸自营出口……136
劳务输出……136
招商引资……136
表2：2013年新浦区外贸自营出口情况……136
表3：2013年新浦区实际利用外资情况……137
表4：2013年新浦区新批三资企业情况……138

新浦经济开发区

综述……139
经济建设……139
工业经济……139
财政收入……139
招商引资……139
项目推进……139
农业经济……139
园区建设……139
基础设施建设……139
中小企业园建设……139
品牌建设……140
社会事业……140
村庄建设……140
民生保障……140
环境整治……140
安全环保……140
党建工作……140
基层党组织建设……140
党群工作站……140
工会工作……140
行政村简介……140
新陇村……140
夏禾村……140

商贸业

商贸流通……141
概况……141
商贸服务业……141
市场运行监测和酒类备案……141
“菜篮子”畅通工程建设……141
菜市场升级改造……141
白虎山庙会……141
粮油购销……142
概况……142
粮食收购……142
表5：2013年新浦区国有粮食企业粮食收购统计表……142
粮食销售……142
表6：2013年新浦区国有粮食企业粮食销售统计表……142
粮食销售减少2000吨……142
粮食储存与保管“三三制”……142
表7：2013年新浦区国有粮食企业粮食储存统计表……143
粮食加工业……143
表8：2013年新浦区粮食加工企业产量统计表……143
粮油价格……143
表9：2013年新浦地区粮油价格涨跌情况统计表……143
粮油市场管理……144
强化对夏粮和秋粮收购督查……144
普及放心粮油……144
加大基本建设投入……144
供销合作商业……144

概况 …… 144
招商引资 …… 144
为农服务 …… 144
服务平台建设 …… 145
农产品流通 …… 145
做好产品信息上报 …… 145
基层基础建设 …… 145
开展安全生产专题活动 …… 145
食盐专营 …… 145
概况 …… 145
盐政管理 …… 145
连锁经营 …… 145
非盐营销 …… 145
启动“全民减盐行动” …… 145
·链接·
食盐摄入量超标危害大 …… 146
每人每天食盐多少为宜 …… 146
应食用加碘盐 …… 146
陇海步行街 …… 146
概况 …… 146
街区建设 …… 146
街区经济 …… 146
街区管理 …… 146
创建特色街区 …… 146

旅游业

综述 …… 147
旅游项目 …… 147
景区创建 …… 147
旅游街区建设 …… 147
景区开发 …… 147
乡村旅游 …… 147
彰显旅游特色 …… 147
完善配套服务 …… 147
推出新旅游产品 …… 147
行业管理 …… 147
创先争优引领繁荣 …… 147
加大执法力度 …… 148
培养旅游管理人才 …… 148
节庆促销 …… 148
旅游节庆活动 …… 148
市级促销活动 …… 148
区级促销活动 …… 148

农林水牧渔业

综述 …… 149
种植业 …… 149
粮食生产 …… 149
现代高效农业 …… 149
农产品打假 …… 149
农业政策性保险 …… 149
农业综合补贴 …… 149
农业开发 …… 149
土地治理 …… 149
产业化扶持 …… 150
丘陵山区开发 …… 150
林业 …… 150
概况 …… 150
绿化造林 …… 150
森林防火 …… 150
水利建设 …… 150
农田水利建设 …… 150
防汛防旱 …… 150
沭新渠征迁改造 …… 150
实施“河长制”管理蔷薇河 …… 151
养殖业 …… 151
概况 …… 151
规模化养殖 …… 151
畜禽防疫 …… 151
畜产品质量安全 …… 151
渔业 …… 151
概况 …… 151
水产品质量监管 …… 151
打造泥鳅养殖品牌 …… 151
农经管理 …… 151
城乡统筹 …… 152
农村经营管理体系建设 …… 152
土地流转 …… 152
一事一议 …… 152
脱贫攻坚 …… 152
农民专业合作组织 …… 152
农业会展 …… 152
规范集体资产管理 …… 153
开通农业信息网 …… 153
农机监理与管理 …… 153
农机监理 …… 153
农机推广 …… 153
农机培训与跨区作业 …… 153
秸秆综合利用 …… 153
水稻生产全程机械化 …… 154
表10：2013年新浦区获省认定的无公害农产品基地表 …… 154
表11：2013年获省认证的无公害农产品表 …… 155
表12：2013年新浦区绿色食品认证表 …… 158
表13：2013年新浦区农民专业合作组织表 …… 158

综合经济管理

经济发展与改革 …… 164
概况 …… 164

计划执行情况 …… 164
打造服务品牌 …… 164
经济运行监测 …… 164
投资项目管理 …… 164
沿海开发 …… 165
目标管理 …… 165
产业转型升级 …… 165
统计工作 …… 165
概况 …… 165
年定报工作 …… 166
第三次全国经济普查 …… 166
完成各项调查任务 …… 166
规范化建设通过省达标验收 …… 166
提供信息服务 …… 166
审计工作 …… 166
概况 …… 166
财政审计 …… 166
任期经济责任审计 …… 166
计算机审计 …… 166
固定资产投资审计 …… 167
重点工程项目招标前控制价审核把关 …… 167
核减工程款2451万元 …… 167
对19个项目跟踪审计 …… 167
物价管理 …… 167
概况 …… 167
价格总水平调控 …… 167
价格监督检查 …… 167
平价商店建设 …… 167
增强平价商店社会效应 …… 167
收费年审 …… 167
政策宣传 …… 167
涉企收费 …… 167
工商行政管理 …… 168
概况 …… 168
创新举措助推发展 …… 168
多路并进支持民资 …… 168
推进转型优化服务 …… 168
打击网络传销 …… 168
加强食品监管 …… 168
打造放心消费环境 …… 168
强化网络构建 …… 168
强化行业整治 …… 168
强化消费教育 …… 168
安全生产监督管理 …… 168
概况 …… 168
落实安全生产责任制 …… 168
隐患排查治理 …… 168
建立“隐患排查治理信息系统” …… 169
专项整治 …… 169
打非治违 …… 169
执法检查 …… 169
安全生产大检查 …… 169
开展安全生产大检查回头看 …… 169
安全标准创建 …… 170
安全生产应急管理 …… 170
职业健康安全监管 …… 170
教育培训 …… 170
创建安全“星级”乡镇 …… 170
城区质监管理 …… 170
概况 …… 170
认证工作 …… 170
计量工作 …… 170
标准化工作 …… 170
食品生产监管 …… 170
特种设备安全工作 …… 170
质量监督与行政执法 …… 170
国有资产经营与管理 …… 171
概况 …… 171
全力提升综合经济实力 …… 171
全力推进资产整合 …… 171
加强平台建设 …… 171
推动社会事业发展 …… 171

财 税 金 融

财政 税务

财政 …… 173
概况 …… 173
公共预算收入项目 …… 173
一般预算支出项目 …… 173
缓解企业生产资金压力 …… 173
完善机制促征管 …… 173
加快项目融资进程 …… 174
加大工程投入规模 …… 174
坚持教育优先支付原则 …… 174
补发津补贴和绩效工资 …… 174
支持社保体系建设 …… 174
促进城市改造出新 …… 174
落实支农惠农政策 …… 174
拓展财政核算管理 …… 174
强化财政监督 …… 174
税务 …… 174
国税三分局 …… 174
概况 …… 174
国税收入 …… 175
表14：2013年国税三分局税种收入情况表 …… 175
税收分析和税源预测 …… 175
重点税源监控分析 …… 175
流转税管理 …… 175
所得税管理 …… 175

个体税收征管 …… 175
税收风险应对 …… 175
表15：2013年国税三分局风险管理成果情况表 …… 176
税收宣传月 …… 176
纳税提醒 …… 176
落实优惠政策 …… 176
税收执法责任制 …… 176
地税六分局 …… 176
概况 …… 176
实现税费新增长 …… 176
加强重点税源监控 …… 176
发挥风险应对功效 …… 176
加强薄弱环节税收征管 …… 177
提升风险应对质效水平 …… 177
推进依法治税进程 …… 177
强化常规化业务培训 …… 177
推进惩防并举机制建设 …… 177
热衷公益事业 …… 177

金 融

驻地银行 …… 178
中国人民银行连云港市中心支行 …… 178
中国工商银行股份有限公司连云港分行 …… 179
中国建设银行股份有限公司连云港分行 …… 179
交通银行股份有限公司连云港分行 …… 179
中国农业银行股份有限公司连云港分行 …… 180
中国农业发展银行连云港市分行 …… 180
江苏银行连云港分行 …… 181
连云港东方农村商业银行 …… 181
中国邮政储蓄银行连云港市分行 …… 182
驻地保险公司 …… 182
中国人寿保险股份有限公司连云港市分公司 …… 182
中国人民财产保险股份有限公司连云港市分公司 183
中国太平洋人寿保险股份有限公司连云港中心支公司 …… 184
中国太平洋财产保险股份有限公司连云港中心支公司 …… 184
中华联合财产保险股份有限公司连云港中心支公司 …… 185
天安财产保险股份有限公司连云港中心支公司 …… 185
阳光财产保险股份有限公司连云港中心支公司 …… 186

都 市 风 貌

城 市 规 划

概况 …… 188
民房管理 …… 188
规划管理 …… 188
服务于区委、区政府各项工作 …… 188
为区各项重点工程提供规划服务 …… 188

城 市 建 设

综述 …… 189
市政建设 …… 189
市政养护管理 …… 189
市政道路桥梁 …… 189
道路维修及小街巷整治 …… 189
城区防汛 …… 189
城区绿化 …… 189
旧城改造 …… 189
地块征收 …… 189
房屋收购和拆除 …… 190
建筑业 …… 190
建筑业发展 …… 190
资质晋升 …… 190
市场开拓 …… 190
清欠工作 …… 190
质量安全管理 …… 190
农村建设 …… 190
村庄环境整治 …… 190
农村公路建设 …… 190
房管物管 …… 190
城区住房保障 …… 190
物业管理 …… 190

滨河新城开发

概况 …… 191
规划设计 …… 191
基础设施建设 …… 191
景观环境 …… 191
招商引资 …… 191
融资工作 …… 191
拆迁征收 …… 191

城 市 管 理

综述 …… 192
市容管理 …… 192
市容秩序整治 …… 192
农贸市场专项整治 …… 192
道路改造出新 …… 192
禁违拆违 …… 192
城管示范创建 …… 192
环卫工作 …… 192
环境卫生 …… 192
环卫设施建设 …… 192
环卫精细化管理 …… 193

道路机械化清扫 …… 193
环卫城乡统筹 …… 193
社区小街巷环卫督察 …… 193
重大活动保障 …… 193
软环境建设 …… 193
执法队伍建设 …… 193
依法行政 …… 193
数字化城管 …… 193

国土资源管理

综述 …… 194
土地管理 …… 194
耕地保护 …… 194
土地利用 …… 194
修编土地利用总体规划 …… 194
地政地籍管理 …… 194
矿产资源管理 …… 195
地质灾害监测 …… 195
宣传与监督 …… 195
国土法规宣传 …… 195
执法监察 …… 195
信访工作 …… 195

环境保护

综述 …… 196
环保规划基础工作 …… 196
推进生态文明建设工程 …… 196
开展生态创建工程 …… 196
规范项目审批和验收 …… 196
加大农村生态环境保护力度 …… 196
环保专项执法检查 …… 196
环境安全大检查专项执法活动 …… 196
燃煤浴室小锅炉专项执法活动 …… 197
餐饮油烟专项执法活动 …… 197
环境保护与管理 …… 197
大气污染源整治 …… 197
饮用水源保护 …… 197
危险废弃物检查 …… 197
环境信访查处 …… 197
秸秆综合利用与禁烧 …… 197
环保宣传教育 …… 197

交通运输

交通管理 …… 198
概况 …… 198
优化道路交通组织 …… 198
加强交通秩序管理 …… 198
完善交通安全设施 …… 198
提高科技管理水平 …… 198
落实源头监管措施 …… 198
严管严治重点违法 …… 199
排查整改安全隐患 …… 199
提升动态防控水平 …… 199
规范执勤执法 …… 199
提升队伍整体形象 …… 200
公路运输 …… 200
概况 …… 200
城市客运发展 …… 200
城乡客运 …… 200
交通物流基地建设 …… 200
市场监管 …… 200
行业转型升级 …… 200
运力结构调整 …… 201
打造生态运输行业 …… 201
铁路运输 …… 201
概况 …… 201
安全生产 …… 201
职工技能达标 …… 201
强化岗位安全责任 …… 201
确保安全有序可控 …… 201
隐患排查和整治 …… 201
坚持优质服务 …… 201
关心职工生活 …… 202
海通公交公司 …… 202
概况 …… 202
经营指标 …… 202
重点工作 …… 202
企业人事及劳动用工制度改革 …… 202
提升企业经营管理水平 …… 202
提升公交服务水平 …… 203
提高营运收入及线路覆盖面 …… 203
提升科学调度水平 …… 203
提升公司安全生产基础管理水平 …… 203
提升机务保障能力 …… 203
强化材料管控 …… 203
面向社会公开“十项服务承诺” …… 204
开展“星级驾驶员、站务员”评定活动 …… 204
成立投诉中心和稽查大队 …… 204
非在编人员转正 …… 204
领导班子和党员干部队伍建设 …… 204
企业文化 …… 204
海通航运公司 …… 205
概况 …… 205
货代促物流 …… 205
安全管理 …… 205
党风廉政建设 …… 205
运输管理 …… 205
概况 …… 205
教育培训 …… 205

安全监管 …… 205
推进货运业发展 …… 205
运输市场监管 …… 205

邮 电

邮政 …… 206
概况 …… 206
提升邮政服务质量 …… 206
信息网机房搬迁 …… 206
电信 …… 206
概况 …… 206
智慧港城建设 …… 206
通信设施建设 …… 207
经营管理服务 …… 207
联通 …… 207
概况 …… 207
业务发展 …… 207
通信建设 …… 207
客户服务 …… 207

科 教 文 卫

科 技 工 作

概况 …… 209
科技进步县区考核 …… 209
科技项目 …… 209
企业科技创新 …… 209
科技金融工作 …… 209
知识产权管理 …… 209

教 育 工 作

综述 …… 210
学前教育 …… 210
加强村级办园点建设 …… 210
优质幼儿园验收 …… 210
市级课程基地建设 …… 210
学前教师队伍建设 …… 210
基础教育 …… 210
7所学校被确立为课程基地 …… 210
人才引进 …… 210
支援乡镇农村办学 …… 210
首届“学生最喜爱的班主任”推选工作 …… 210
文体教学 …… 210
教科研工作 …… 210
教师队伍建设 …… 211
社会教育 …… 211
社区教育 …… 211
自学考试 …… 211
考试报名 …… 211
英语教材纳入校本课程 …… 211
教育行政 …… 211
教育装备提档升级 …… 211
加强校园安保 …… 211
优化网络中心软硬件 …… 211
校舍整修 …… 211
资助贫困生 …… 211
生源地助学贷款 …… 212
教育督导 …… 212
划片督导 …… 212
有偿家教治理 …… 212
中小学体育锻炼专项督导 …… 212
常规综合督导 …… 212
义务教育通过国家级验收 …… 212

文 化 体 育

综述 …… 213
群众文化 …… 213
“三送”工程 …… 213
民俗大联欢 …… 213
广场文化活动 …… 213
文化艺术创作 …… 213
基层文化建设 …… 213
文化遗产保护 …… 213
非物质文化遗产保护 …… 213
文物保护 …… 214
文化市场管理 …… 214
整顿文化市场 …… 214
文化产业 …… 214
社会监管 …… 214
安全生产 …… 214
体育工作 …… 214
体育阵地建设 …… 214
群众体育 …… 214
体育竞赛 …… 214
发挥体育总会作用 …… 215
表16：2013年新浦地区春节期间文化艺术活动一览表 …… 215

医 疗 卫 生

综述 …… 217
医药卫生体制改革 …… 217
基本药物制度改革 …… 217
农村卫生 …… 217
公共卫生 …… 217
社区卫生机构 …… 217
医政管理 …… 217

卫生监督 ……217
食品安全 ……217
中医药管理 ……217
医院管理 ……217
卫生行风建设 ……218
人才队伍建设 ……218
预防与保健……218
预防接种 ……218
妇幼保健 ……218
爱国卫生……218
农村改厕 ……218
病媒生物防制 ……218
营造居民健康环境 ……218
医药管理……218
概况 ……218
创建阳光药房 ……218
打造化妆品放心消费区 ……218
开展药品“两打两建”专项行动 ……218
开展保健食品“打四非”专项行动 ……219
完成GSP认证跟踪和完善市场监测 ……219
药械监管 ……219

计划生育

概况 ……220
“十二五”中期评估 ……220
加强基础建设 ……220
免费孕前优生健康检查 ……220
流动人口管理服务 ……220
创建计生幸福家庭 ……220
人口和家庭公共服务体系建设 ……220
利益导向机制建设 ……221

社会生活

劳动和社会保障

综述……223
就业与再就业……223
劳动就业 ……223
开展创业技能培训 ……223
就业服务 ……223
提升服务质量 ……223
搭建就业交流服务平台 ……223
创建就业示范社区 ……224
加强城乡基层平台建设 ……224
创业孵化基地建设 ……224
帮扶就业困难人员 ……224
社会保障……224
参保工作 ……224
收缴养老基金 ……224
完善社会保障制度 ……224
城乡居民医保全覆盖 ……224
离退休人员社会化管理 ……224
养老保险提标扩面试点工作 ……224
代管海州区4个街道养老保险……225
劳动维权……225
维权执法 ……225
劳动仲裁 ……225
强化执法检查力度 ……225
送法上门 ……225
信访工作 ……225

民政工作

综述……226
社会救助……226
提高城乡低保发放标准 ……226
低保动态管理 ……226
社会救助 ……226
社区建设……226
社区管理体制改革 ……226
社区基础建设 ……226
打造社区服务品牌 ……227
完成换届选举 ……227
拥军优抚……227
支持部队建设 ……227
落实优抚待遇 ……227
社会事务……227
规范婚姻登记 ……227
社会组织管理 ……227
全面落实尊老金发放制度 ……227

关心下一代工作

概况 ……228
“老少共话中国梦”主题教育活动 ……228
校外教育辅导站建设 ……228
网吧义务监督 ……228
关爱青少年特殊群体 ……228
创建“未成年人零犯罪社区(村)” ……228
“五有五好”示范社区创建活动 ……229
宣传报道 ……229
区关工委成立20年周年纪念活动 ……229

镇街场

浦南镇

综述……231

经济工作……231
经济指标……231
工业经济……231
招商引资……231
农业园区……231
农业生产……231
社会事业……231
城镇建设……231
民生工程……231
环境整治……232
禁违拆违……232
计划生育……232
民政工作……232
社会保障……232
文化工作……232
教育事业……232
医疗卫生……232
党建工作……232
妇联工作……232
中心组学习……232
村级换届选举……232
党组织帮扶活动……233
建成村级远程教育接收站点……233
强化党风廉政建设……233
行政村（社区）简介……233
太平村……233
尹巷村……233
下滩村……233
潘圩村……233
富安村……233
半滩村……233
浦南村……233
许安村……233
龙浦村……233
汪新村……233
浦北村……233
新圩村……233
草舍村……234
江浦村……234
新湾村……234
唐顶村……234
官阳村……234
新建村……234
康宁社区……234

花果山街道

综述……235
经济建设……235
财税工作……235
招商引资……235
高效农业……235
重点工程……235
农业经济……235
林业经济……235
安全防范……235
社会事业……235
劳动保障……235
环境治理……235
计划生育……235
文化宣传……235
卫生整治……236
民政工作……236
党群工作……236
组宣工作……236
共青团工作……236
妇联工作……236
信访工作……236
行政村（社区）简介……236
新滩村……236
当路村……236
前进村……236
小村村……236
前云村……236
新村村……236
飞泉村……236
大村社区……237

南 城 街 道

综述……238
经济建设……238
街道经济……238
招商引资……238
重大项目……238
“三农”工作……238
安全生产……238
争资立项……238
社会事业……238
民生工程……238
“生态南城”建设……239
教育事业……239
卫生工作……239
计划生育……239
文化、旅游及体育工作……239
社会保障……239
依法治街……239
党群工作……239
工会工作……239
妇联工作……240
共青团工作……240
效能建设……240

社区简介……240
凤凰社区……240
青春社区……240
宁海社区……240

新东街道

综述……241
经济建设……241
经济指标……241
重大项目……241
安全生产……241
社会事业……241
社区建设……241
旧城改造……241
社会保障……241
计划生育……241
信访稳定工作……242
文化体育……242
城市管理……242
绿化工作……242
城镇管理……242
党建工作……242
基层组织换届选举……242
党建工作者培训……242
组建党员志愿者队伍……242
人民武装……242
社区简介……242
龙尾社区……242
东苑社区……242
广场社区……242
振东社区……243
艺北社区……243
新城社区……243
东风社区……243
淮海社区……244
巨龙社区……244
利民社区……244
外仓社区……244
苍梧社区……244
文昌社区……244
河滨社区……244

浦东街道

综述……246
经济建设……246
外引内联……246
协税护税……246
工业经济……246
发展服务业……246
固定资产投资……246
重点项目推进……246
安全生产……246
防汛救灾……246
社会事业……246
社会稳定……246
计划生育……246
民政工作……246
劳动就业……247
城建城管……247
综治司法……247
社区文化活动……247
党的建设……247
开展创先争优活动……247
基层党建工作……247
服务性党组织建设……247
社区简介……247
民主社区……247
万润社区……247
市东社区……247
市化社区……248
路北社区……248
陇东社区……248
同兴社区……248
菜市社区……248
站北社区……248
浦河社区……249
新桥社区……249
建国社区……249
龙苑社区……249
市民社区……249
机关社区……249

浦西街道

综述……250
经济建设……250
经济工作……250
重大项目……250
重点工程……250
社会事业……250
民政工作……250
城市管理……250
禁违拆违……251
计划生育……251
劳动保障……251
住房管理……251
综合治理……251
司法工作……251
思想政治工作……251
党建工作……251

武装工作 ······ 251
信访工作 ······ 251
社区简介 ······ 251
同和社区 ······ 251
西桥社区 ······ 251
通池社区 ······ 252
后河社区 ······ 252
蔷薇社区 ······ 252
沈圩社区 ······ 252
新站社区 ······ 252
电台社区 ······ 252
财苑社区 ······ 252
新中社区 ······ 252
新西社区 ······ 252
新洪社区 ······ 253

路南街道

综述 ······ 254
经济工作 ······ 254
招商引资 ······ 254
协税护税 ······ 254
固定资产投资 ······ 254
重大项目推进 ······ 254
安全生产 ······ 254
社会事业 ······ 254
民政工作 ······ 254
计划生育 ······ 254
住房管理 ······ 254
劳动保障 ······ 255
司法工作 ······ 255
第三次全国经济普查 ······ 255
城建城管 ······ 255
老旧小区改造 ······ 255
街巷环境卫生 ······ 255
专项整治 ······ 255
城市绿化 ······ 255
数字城管 ······ 255
禁违拆违 ······ 255
党建工作 ······ 255
党组织概况 ······ 255
党总支换届 ······ 255
党员冬训 ······ 255
宣传报道 ······ 255
社区简介 ······ 255
扁担河社区 ······ 255
葵花社区 ······ 255
向阳社区 ······ 256
贾圩社区 ······ 256
延东社区 ······ 256
公园社区 ······ 256
盐河社区 ······ 256
朝阳社区 ······ 256
路南社区 ······ 256

新南街道

综述 ······ 257
经济建设 ······ 257
招商引资 ······ 257
固定资产投资 ······ 257
协税护税 ······ 257
重大项目 ······ 257
社会事业 ······ 257
社会稳定 ······ 257
特色志愿服务 ······ 257
家庭养老服务 ······ 257
便民服务 ······ 257
城市建设 ······ 257
环境整治 ······ 257
创建智能社区 ······ 258
党建工作 ······ 258
组织建设 ······ 258
作风建设 ······ 258
发挥党员模范作用 ······ 258
社区简介 ······ 258
海南社区 ······ 258
海宁社区 ······ 258
建康社区 ······ 258
建南社区 ······ 259
九龙社区 ······ 259
兴业社区 ······ 259
玉带社区 ······ 259
玉龙社区 ······ 259
延南社区 ······ 259
云海社区 ······ 260
紫云社区 ······ 260
新龙社区 ······ 260

新海街道

综述 ······ 261
经济工作 ······ 261
工业经济 ······ 261
固定资产投资 ······ 261
重点项目推进 ······ 261
招商引资 ······ 261
协税护税 ······ 261
科技项目 ······ 261
社会工作 ······ 261
社区建设 ······ 261
社会治安管理 ······ 261

文体活动 …… 261
惠民服务 …… 261
环境综合整治 …… 261
党的建设 …… 262
发挥党员模范作用 …… 262
打造党建工作品牌 …… 262
队伍建设 …… 262
社区简介 …… 262
西苑社区 …… 262
星化社区 …… 262
新潮社区 …… 262
富强社区 …… 263
新孔社区 …… 263
常乐社区 …… 263
镇海社区 …… 263
河西社区 …… 263
幸福社区 …… 264
海连社区 …… 264

海州街道

综述 …… 265
经济建设 …… 265
工业经济 …… 265
外引内联 …… 265
重点项目 …… 265
安全生产 …… 265
社会事业 …… 265
社会管理 …… 265
治安维护 …… 265
志愿服务 …… 265
特色工作 …… 265
城市建设 …… 266
街巷改造 …… 266
农贸市场改建 …… 266
广场绿化 …… 266
道路管理 …… 266
党建工作 …… 266
基层党组织换届 …… 266
作风建设 …… 266
社区简介 …… 266
古楼社区 …… 266
双龙社区 …… 266
新建社区 …… 266
砚池社区 …… 266
南门社区 …… 266

幸福路街道

综述 …… 267
经济建设 …… 267
经济指标 …… 267
招商引资 …… 267
重点工程 …… 267
社会事业 …… 267
创建平安法治街区 …… 267
民生事业 …… 267
社会保障 …… 267
第三次全国经济普查 …… 267
城市管理 …… 267
城市建设 …… 267
禁违拆违 …… 267
物业管理 …… 267
党建工作 …… 267
后备干部培养 …… 267
发挥党员模范作用 …… 268
开展志愿服务活动 …… 268
社区简介 …… 268
西大岭社区 …… 268
文化社区 …… 268
幸中社区 …… 268
幸南社区 …… 268
江化社区 …… 268

朐阳街道

综述 …… 269
经济工作 …… 269
农业经济 …… 269
工业经济 …… 269
财税收入 …… 269
重大项目 …… 269
表17：2013年朐阳街道主要工业企业情况表 …… 269
城市建设 …… 270
道路整修 …… 270
环境整治 …… 270
禁违拆违 …… 270
自来水改造 …… 270
社会事业 …… 270
劳动保障 …… 270
关心弱势群体 …… 270
治安信访工作 …… 270
文体活动 …… 270
党建工作 …… 270
建立特色村（社区） …… 270
传统教育 …… 270
组织发展 …… 270
行政村（社区）简介 …… 270
网疃村 …… 270
西门村 …… 270
园林村 …… 271
孔望山村 …… 271

西门社区 …… 271
锦化社区 …… 271
孔望山社区 …… 271
香江社区 …… 271

洪 门 街 道

综述 …… 272
经济工作 …… 272
财政税收 …… 272
工业经济 …… 272
农业经济 …… 272
重点工程 …… 272
商贸物流业 …… 272
洪门工业园 …… 272
洪门农贸市场 …… 273
四季农产品交易中心 …… 273
社会事业 …… 273
劳动保障 …… 273
民政工作 …… 273
计划生育 …… 273
文体活动 …… 273
综合治理 …… 273
城乡建设 …… 273
环境整治 …… 273
禁违拆违 …… 273
街巷建设 …… 273
审核廉租房 …… 273
党的建设 …… 273
思想政治建设 …… 273
纪检工作 …… 273
宣传工作 …… 273
组织建设 …… 273
行政村（社区）简介 …… 274
洪门村 …… 274
新庄村 …… 274
红旗社区 …… 274
洪门社区 …… 274
洪新社区 …… 274

云 台 街 道

综述 …… 275
经济建设 …… 275
经济指标 …… 275
招商引资 …… 275
重大工程 …… 275
安全生产 …… 275
新农村建设 …… 275
农田管理 …… 275
土地流转 …… 275
秸秆禁烧 …… 275
社会事业 …… 275
矛盾调处 …… 275
劳动保障 …… 275
行政村（社区）简介 …… 275
西山村 …… 275
丹霞村 …… 275
前关村 …… 275
后关村 …… 276
山东村 …… 276
东磊村 …… 276
渔湾村 …… 276
朱麻村 …… 276
凤凰村 …… 276
凌州社区 …… 276

江苏省云台农场

综述 …… 277
经济工作 …… 277
工业经济 …… 277
种植业 …… 277
养殖业 …… 277
外向型农业 …… 277
房地产业 …… 278
项目审批 …… 278
生态旅游农业 …… 278
专业合作社 …… 278
基础设施建设 …… 278
社会事业 …… 278
社会保障 …… 278
居民区建设 …… 278
安全信访 …… 278
农业标准化体系建设 …… 278
实施信息化管理 …… 278
实行“五统一”配送模式 …… 278

江苏省岗埠农场

综述 …… 279
经济建设 …… 279
经济概况 …… 279
联合承包管理 …… 279
良种培育 …… 279
粮食收储 …… 279
高效农业 …… 279
农业科技 …… 279
农业机械化 …… 279
养殖业 …… 280
林业经济 …… 280
基础设施建设 …… 280

供电供水 ……280
安全生产 ……280
农业专业合作社 ……280
创新工作室 ……280
社会事业……280
环境整治 ……280
关注民生 ……280
文体活动 ……280
党群工作……281
政治学习 ……281
工会工作 ……281
党建工作 ……281
召开职代会 ……281
职工培训 ……281
服务职工 ……281
基层工会建设 ……281
宣传工作 ……281
信访工作 ……281

南云台林场

综述……282
经济工作……282
招商引资 ……282
山林管理 ……282
森林防火 ……282
项目申报 ……282
社会事业……282
农村环境整治 ……282
治理山石开采 ……282
安全生产 ……282
秸秆禁烧 ……282
党建工作……282
宣传报道 ……282
组织建设 ……283
整顿作风 ……283
队伍建设 ……283

人　物

新浦区第十七届人大第三次会议当选的区人大常委会主任简介……285
新浦区第十七届人大第三次会议当选的区政府区长简介……285

新 浦 风 采

光荣榜……287
镇街之窗……288
现代农业让农民当上农场主 ……288
浦西失业人员创业一条街成市级创业孵化基地 …288
社区新事……288
公园社区为居民建诚信档案 ……288
新洪社区出租房有了“身份证” ……289
党员风范……290
老党员姜姨帮助别人快乐自己 ……290
党员朱家伦服务社区三十年 ……290
爱的奉献……290
李文伦3年捐赠90多个阅览室 ……290
爱心救护车一路疾驰守护“最美”少年 ……291
创业之星……291
徐建文创业路上的三级跳 ……291
小小“鱼丸档”撑起祁大姐一家生活 ……292
护绿使者……292
社区志愿者为树木“松绑” ……292
陈根宝20年坚守只为南云台的绿色 ……293
老有所乐……293
古稀老人与摄影结缘20多年 ……293
花甲伉俪演绎快乐人生 ……294
百岁寿星……294
陈作英 ……294
季陈氏 ……294
李传喜 ……294
孟凡英 ……294
秦洪芝 ……294
徐希善 ……294
陈徐氏 ……295
芦景兰 ……295
潘彩成 ……295
王殿英 ……295
孙广年 ……295
张月英 ……295
孙广才 ……295
尹士明 ……295
周继英 ……295
鄂淑华 ……295
邵王氏 ……295
奇闻异事……295
石棚山有棵大树横着长 ……295
大圣湖惊见大鳄龟 ……295

统 计 资 料

综合统计资料……297
表18：2013年新浦区总人口及其构成 ……297
表19：2013年连云港市各县区社会经济主要指标完成情况 ……298
经济建设统计资料……300
表20：2013年新浦区社会经济主要指标 ……300

表21：2013年新浦区农村经济主要指标 ············300
表22：2013年新浦区个体工商业基本情况 ·········302
表23：2013年新浦区私营企业基本情况 ············304
表24：2013年新浦区财政收入 ·······················305
表25：2013年新浦区财政支出 ·······················306
表26：2013年新浦区社会消费品零售总额 ·········307
表27：2013年新浦区医疗卫生机构基本情况 ······307
教育事业统计资料···308
2013年新浦区社会经济主要指标 ·······················308
表28：2013年新浦区小学分年级学生情况 ·········308
表29：2013年新浦区普通中学基本情况 ············308
表30：2013年新浦区幼儿教育分年龄学生数 ······308
表31：2013年新浦区特殊教育班数、学生数 ······309

附 录

区委书记王立斌在全区党建工作会议上的讲话 ···311
政协连云港市新浦区第八届委员会第三次会议提案工作报告 ···313
新浦区人民法院工作报告 ·································315
新浦区人民检察院工作报告 ······························319
新浦区2013年财政预算执行情况和2014年财政预算草案报告···323
新浦区2013年国民经济和社会发展计划执行情况与2014年国民经济和社会发展计划（草案）的报告 ··· 326
区委及区政府重要行文目录 ·····························330
表32：2013年中共新浦区委重要行文目录 ·········330
表33：2013年新浦区人民政府重要行文目录 ······331

索 引

Main Contents

Special Report

The Vicissitude of 100-year Xinpu Old Street ··· 2
One Bridge Make the City and Village Together ··· 6
National Economic and Social Development Statistics Bulletin, Xinpu District, Lianyungang City 2013. ··· 6

Important Documents

Bite the Established Goal, Continuous Pressurizing Endeavor and Strive to Create a New Situation of Economic and Social Development of Xinpu ··· 11
To Promote the Six Breakthrough, Four Ascending Struggling and Write a New Chapter of Gathering of Talents in Beautiful Xinpu ··· 16
NPC and CPPCC Report of the Xinpu District ··· 23
Government Work Report ··· 23
Xinpu District Standing Committee of the People's Congress Work Report ··· 29
CPPCC Lianyungang City Xinpu District of the Standing Committee Work Report ··· 33

Xinpu Chronicle

Events Chronicle of Xinpu, 2013. ··· 38
Important News of Xinpu, 2013. ··· 46

The General View of the Situation of the Xinpu District

Environmental and Resources
Geographical Environment ··· 51
Position, Area ··· 51
Terrains and Land-forms ··· 51
Geological, Base ··· 51
Soil ··· 51
Hill, Mountain, Ridge ··· 51
Ditch, Stream , Deep Pool ··· 52
River, Reservoir ··· 52
Meteorological Knowledge ··· 52
Air Temperature ··· 52
Sunshine ··· 52
Wind Vane ··· 52
Precipitation ··· 52
Frost Descent ··· 52
Disaster Weather
Biological Resources ··· 52
Plant Resources ··· 52
Animal Resources ··· 52
Other Resources ··· 52
Mineral Resources ··· 52
Tourism Resources ··· 52
Links: Meteorological Knowledge ··· 52
Haze and defense ··· 52
Haze Formation Meterorological Conditions ··· 53
District Division, Population
Town ··· 54
Street Office ··· 54
Farm ··· 54
Population of Ethnic ··· 55
Total of Population ··· 55
Population Distribution ··· 55
Ethnic Composition ··· 55
Organization and Leader

Party and Politics Integration

CPC Xinpu District Committee

Important Meeting ········· 69
The Whole District Party Construction Work Meeting ········· 69
The Whole District Stable Working Meeting of Political and Legal Petition ········· 69
Ninth Session of the fifth Plenary Enlarged Meeting of the District Party Committee ········· 70
Ninth Session of the Sixth Plenary Enlarged Meeting of the District Party Committee ········· 70
Organization Work ········· 70
Leadership and Cadre Construction ········· 70
Competitive Selection of Cadres ········· 70
Establish Training and Selection of Cadres Chain Line ········· 71
Cadres Education and Train ········· 71
Cadres Supervise and Management ········· 71
Choose College-Graduate Village Officials ········· 71
Human Resource Procession Construction ········· 71
Party Organizations Elections of Villages(Communities) ········· 71
Preparations of Party's Mass Route Educational Practice ········· 71
Develop the Rural Comprehensive Service Center ········· 71
Basic Service-oriented Party-building ········· 71
Make Non-communally Party Workstation ········· 71
Table 1: The Structure of CCP Basic Level Members in Xinpu District, 2013 ········· 72
Propaganda Work ········· 73
Center Group Study and Research Activities ········· 73
Carry Out "the Spirit of the Party's Eighteenth" Propaganda Activities ········· 73
Carry Out "Build Beautiful Xinpu" Essay Activities ········· 73
Winter Training of Party Members ········· 73
News Broadcast ········· 73
Increased Media Propaganda ········· 73
Livelihood Propaganda ········· 73
Publicity Work ········· 73
Establish and Improve News Management System ········· 73
Public Opinion Supervision ········· 73
The Creation of a Civilized Units ········· 73
Moral Loving Activities ········· 74
Choose the Typical Public Model ········· 74
Volunteer Activity ········· 74
Education Activities of Moral Topic ········· 74
United Front Work ········· 74
Adhere to the "Five System" ········· 74
Strengthening Non-Party Representatives the Ideological and Political Education ········· 74
Non-Party Personages Political Arrangements and Position Arrangements ········· 74
Do the Masses of Ethnic Minority Service Work ········· 74
The Administration of Religious Affairs ········· 74
Carry Out Charitable Activities ········· 74
Purification Religious Places ········· 74
Build "Peace Religious Activities Places" ········· 74
Build Team Members ········· 74
Serve for Member Enterprises ········· 74
Honor Undertaking Activities ········· 74
People of Non-public Economic Ideal and Belief Education Practice ········· 75
Sound Mechanism for the United Front Work Overseas ········· 75
Relying on the Community do a Good Service for Overseas ········· 75
Strengthen Overseas Propaganda ········· 75
Relying on Overseas Relationship Import the Capital and Talented Person ········· 75
Carry Out Rectification of Style ········· 75
Promote the Spirit of the Party's Eighteenth ········· 75
Taiwan Related Affairs ········· 75
Encourage Attracting Taiwan Investments ········· 75
Encourage the Acceleration Development for Taiwan Private Enterprises ········· 75
Taiwan Relatives to Help the Development of Theme Contest ········· 75
Strengthening Exchanges with Taiwan ········· 75
Find Exchange Potential ········· 76
Strengthening Standardized Management ········· 76
Basic Level and Groundwork Related with Taiwan ········· 76
Pay Attention to the Taiwan' s Cadre Team Construction ········· 76
Carry Out Learning Party Activities ········· 76
Study and Implement of the Spirit of the Party' s Eighteenth ········· 76
Strengthening System Standardized Construction ········· 76
Strengthening Party Task Training ········· 76
Party Members Development Works ········· 76
Activists Held Training Sessions ········· 76
Implementation of Incentive Mechanisms Helping Care ········· 76
Organ Style Rectify ········· 77
Improve the Execution ········· 77
Volunteer Activity in Xinpu ········· 77
Cultivate and Select Fore-type ········· 77
Make Network Propaganda Plate-form ········· 77
Retired Cadres Management ········· 77
Implement the Veteran Political Treatment ········· 77
Implement Veteran Living Conditions ········· 77
Family Services of Old Cadres ········· 77
Carry Out Culture and Sports Activities ········· 77
Work of Archives ········· 77
Archives Arrangement and Storage ········· 77
Learning and Training of Archives Management Affairs ········· 77
Archives Informational Construction ········· 77
Carry Out Archives Target Management Upgrade Work ········· 78
Usage of Archives ········· 78
Annual Checks Examination for Archives Works ········· 78
Xinpu Standing Committees
Summarize ········· 79
Main Work ········· 79
Work Supervision ········· 79

Legislative Supervision ······ 79
Representative Work ······ 79
Petition Work ······ 79
Important Meeting ······ 79
The Seventeen Session of the Second Meeting of NPC ······ 79
The Seventeen Session of the Tenth Meeting of the Standing Committee ··· 80
The Seventeen Session of the Eleventh meeting of the Standing Committee ··· 80
The Seventeen Session of the Twelfth Meeting of the Standing Committee ······ 80
The Seventeen Session of the Thirteenth Meeting of the Standing Committee ······ 80
The Seventeen Session of the Fourteenth Meeting of the Standing Committee ······ 80
The Seventeen Session of the Fifteenth Meeting of the Standing Committee ······ 81
The Seventeen Session of the Sixteenth Meeting of the Standing Committee ······ 81
The Seventeen Session of the Seventeenth Meeting of the Standing Committee ······ 81

Xinpu District People's Government

Government Executive Meeting of the District ······ 82
District Office Conference ······ 86
Law-based Administration Work ······ 87
Clear Objectives and Tasks of Administration According to Law ······ 88
Strengthen the Leading Cadres Learning and Applying Laws ······ 88
Implementation of the Normative Document Filing and Examination System ······ 88
Implementation of the Legal Advisory Group System ······ 88
Strengthening Administrative Reconsideration Work ······ 88
Overseas Chinese Affairs ······ 88
Community Overseas Affairs ······ 88
Overseas Chinese Law Advocacy ······ 88
Provide the Services for the Overseas ······ 88
Provide the Services for the Overseas ······ 88
Outreach by the Department Work ······ 88
Overseas Chinese Donations ······ 89
Human Resource Work ······ 89
Human Resource Salary Management ······ 89
Standardized Placement Work ······ 89
Civil Servants Management ······ 89
Professional Title Appraisal ······ 89
Professionals&Technical Appointment ······ 89
Receive Escrow Work ······ 89
Institutions Inspection ······ 89
Recruitment ······ 89
Petition Work ······ 89
Leaders Reception Petition ······ 90
Petition the Responsibility to Implement ······ 90
Investigation Conflicts and Disputes ······ 90
Resolve the Pending Petition ······ 90
Emergency Handling Petition ······ 90
The Petition of Basic Level Construction ······ 90
Flood Prevention and Relief of Natural Disasters Works ······ 90
Implementation of the Joint Conference System for Earthquake Disaster Reduction ······ 91
Increase Target Responsibility Assessment of Earthquake and Disaster Reduction ······ 91
Construction of Seismic Safety Community ······ 91
Earthquake Emergency Evacuation Drills ······ 91
Popular Science of Flood Prevention and Relief of Natural Disasters Propaganda ······ 91
Build Popular Science Schools ······ 92
Popular Science Competition of Flood Prevention and Relief of Natural Disasters ······ 92
Strengthen Flood Prevention and Relief of Natural Disasters Awareness ··· 92
Accelerate the "Three-network and One-staff" Team-building ··· 92
Build Four New Macro Observation Points ······ 92
Ethnic and Religious Work ······ 92
Policy Advocacy ······ 92
Participate in the Second Session of National Minority Sports Competition ······ 92
Build "Harmonious Temples and Churches" ······ 92
Build "Peace Religious Activities Places" ······ 92
Charity Events ······ 92
The Construction of Venues for Religious Activities ······ 92
Religion Management ······ 92
Records of Work ······ 92
"New Yearbook of Xinpu District, Lianyungang City" Final Draft Assessment ······ 92
"New Yearbook of Xinpu District, Lianyungang City" Final Draft Assessment ······ 92
Organizing Yearbook Training Courses ······ 93
Improve the Printing and Binding Quality for Xinpu Yearbook ······ 93
Do the Xinpu District Escrow Units Yearbook Work ······ 93
Yearbook Recognition of Advanced Units and Writer ······ 93
Suggestions and Proposals for the National People's Congress ······ 93

CPPCC of Xinpu District Committee

Important Meeting ······ 94
The Second Plenary Session of the Eighth Committee ······ 94
The Standing Committee Meeting ······ 94
The Chairman's Meeting ······ 94
Main Work ······ 95
Handle Proposals ······ 95
Carry Out Proposals ······ 95
Research and Inspect ······ 95
Democratic Supervision ······ 95
Theoretical Propaganda Work ······ 95
Social Activities ······ 95
Participate in Key Works of Xinpu District ······ 96
Help Impoverishment ······ 96

Contact Friendship Activity ······ 96

Xinpu District Commission for Discipline Inspection of the CPC

Important Meeting ······ 97
The Work to Rectify Efficiency Construction Mobilization Meeting and Inspection Meeting ······ 97
The Whole District Discipline and Supervision Work of Update Meeting ··· 97
Main Work ······ 97
The Style Construction ······ 97
Cases Handling ······ 97
Supervision and Inspection ······ 98
Anti-corruption and Building an Honest Government System ······ 98
Construction of Cadres ······ 98

The Democratic Parties Industry and Commerce Federation

The Kuomintang Revolutionary Committee of Xinpu Regional Organization ······ 99
The Peasants and Workers' Democratic Party of Xinpu Regional Organization ······ 99
The Democratic National Construction Association of Xinpu Regional Organization ······ 100
The Association Promoting Democracy of Xinpu Regional Organization ······ 101
The Peasants and Workers' Democratic Party, Xinpu Regional Organization ······ 102
The ZhiGong Party Xinpu Regional Organization ······ 103
The JiuSan Society, Xinpu Regional Organizations ······ 104
The Xinpu association of industry and commerce ······ 106

Organization

The Xinpu Federation of Trade Unions ······ 107
Organizational Building ······ 107
Recommend Commend Advanced Typical ······ 107
Help Impoverishment ······ 107
Rights Protection ······ 107
Carry Out Contest ······ 107
Demonstrate the Consulting Effects Between Government, Labor Union and Enterprises ······ 107
Carry Out Services in Collective Wage Negotiations ······ 107
Model Selection and Sympathy ······ 107
Carry Out the Labor Competition Activities ······ 107
Promote Team Building and Staff Technical Innovation ······ 108
Carry Out the "Reading Month" Activities ······ 108
Strengthening the Rule of Law Training ······ 108
Provide Education, Skills and Training for Female Workers ······ 108
Establish "Grid Labor Union" ······ 108
Communist Youth League, Xinpu District Committee ······ 108
The Thematic Education Activities ······ 115
Update the Communication Platform of Youth ······ 108
Serve Youth to Start a Career ······ 108
"Achieve China Dream Together" Education Activities ······ 108
The Theme of Education Practice ······ 108
Update the Communication Platform of Youth ······ 108
Serve Youth to Start a Career ······ 108
Guide Youth be Talented Person ······ 108
Carry Out Youth Volunteer Service Actions ······ 108
Strengthening Youth Rights Protection ······ 109
Carry Out Undertaken Youth Growth Activities ······ 109
Carry Out Love Twinning Activities ······ 109
Carry Out Love Hand in Hand Activities ······ 109
Construct Health and Harmonious Environment for Youth Growth ··· 109
Strengthening basic Youth League Construction Work ······ 109
Strengthen League Cadres Learning and Training ······ 109
Strengthening Youth League Style Building ······ 109
Xinpu Woman's Federation ······ 109
Women Employment and Self-employment ······ 109
Heroine Volunteer Service ······ 109
Festival Activity ······ 110
"Heroine Warm Winter" Action ······ 110
"Smile" Action" ······ 110
A Series of "Hai Mother" Activities ······ 110
The District Woman's Federation Won the Provincial Title of "Heroine Civilized Post" ······ 110
"Home of Women and Children" Upgrade ······ 110
Xinpu Science and Technology Association ······ 110
Carry Out Science Popularization Joint Activities ······ 110
25th Scientific Propaganda Week ······ 110
National Science Day ······ 110
Science Universal Favorable Peasants ······ 110
Science and Technology to the Countryside ······ 111
Basic Science and Technology Association ······ 111
Xinpu Disabled Persons' Federation ······ 111
Providing Earmarked Subsidy ······ 111
Providing Rehabilitation Aid Devices ······ 111
Provide the Free Rehabilitation Service for the 0-6 Year Old Disabled Children ······ 111
Rehabilitation in Family Service ······ 111
Establish Disabilities Employment, Unemployment Information Database ······ 111
Build New Disabled Care Institutions ······ 111
"Love Card" Handling ······ 111
Handling the Letters and Visits of Disabled People ······ 111
Carry Out Party Member Helping Day ······ 111
Xinpu Astronomical Union ······ 111
Carry Out Cultural Convenience Masses Activities ······ 112
Make Excellent Literature and Arts ······ 112
Show the Art Result ······ 112

Legalistic Xinpu

Social Comprehensive Management

Build Xinpu of Peace ······ 114

Establish Stability Working Mechanism ························ 114
Strengthening Information Early Warning and Emergency handle ························ 114
The Source to Prevent and Resolve Contradictions and Disputes ······ 114
Crackdown on Cults and Disruptive Activities ························ 114
Carry Out a Comprehensive Security Precautions ························ 114
Investigation and Remediation Key Areas ························ 114
Strike Out Remediation Order ························ 115
Construction of Legalistic Xinpu ························ 115
Strengthening Administrative Law ························ 115
Promote Policy Opening ························ 115
Carry Out Transparent Enforcement ························ 115
Construction of Team of Politics and Law ························ 115
Carry Out "Double Hundred, Double Thousand" Activities··· 115
The Theme Education Activities ························ 115
Basic Construction ························ 115
Work Together to Build a Platform ························ 115
Promote Cultural Construction of Fronts ························ 115
Increase Funding Investment ························ 116
Create Publicity Atmosphere ························ 116
Innovate Social Management ························ 116
Strengthening Floating Population Management ························ 116
Strengthening Special Population Management ························ 116
Implement the "Two Coverage" Action Plan ························ 116
Cultivate and Innovation Highlights Project ························ 116

Public Security Works

Maintaining Social Stability ························ 117
Information Leading Stability Control ························ 117
Push the Petition Cases Handled ························ 117
Resolve Conflicts and Disputes ························ 117
Punishment and Prevention Management Control System Constructions ························ 117
Promptly Investigate and Crack Down Criminal ························ 117
Focus on Small Cases of People' s Livelihood ························ 117
Deepen the Special Rectification ························ 117
Synthesis Investigation Mechanism ························ 117
Control and Prevention Upgrade of Network ························ 118
Patrolling and Defending Standardization ························ 118
Basic Work ························ 118
Office Standardization ························ 118
The Transformation of the Old Residence Community ························ 118
Deepening the Source Information Collection ························ 118
Specifications the Operation of the Hotel Industry ························ 118
Enhance the Effectiveness of Public Service Management ························ 118
Police and Enterprise Assistance ························ 118
Make People Services System ························ 118
Fire Safety Regulation ························ 118
Dangerous Goods Regulation ························ 118
Network Security Regulation ························ 119
Promote the Construction of Public Security Team ························ 119
Talent Selection and Appointment ························ 119
Improve Education Training ························ 119
Make Incorruptible Police Forces ························ 119
Improve Behavior Style ························ 119

Procuratorial Work

Fight Against Serious Criminal Offenses ························ 120
Punishing Various Criminal ························ 120
Crackdown on All Kinds of Economic Crime ························ 120
In Accordance with the Law to Implement the Criminal Policy of Combining Punishment with Leniency ························ 120
Punishing and Preventing Duty Criminal ························ 120
Penalize Corruption Crime ························ 120
Penalize Malfeasance Crime ························ 120
Litigation Supervision ························ 121
Supervision of Criminal Case Filing and Investigation ························ 121
Criminal Justice and Penal Execution Supervision ························ 121
Civil Litigation and Administrative Oversight ························ 121
Encourage the Innovation of Social Management ························ 121
Expand the Service Platform of the Masses ························ 121
Legal Supervision Tentacles Extending ························ 121
Procuratorial Infrastructure ························ 121
Information Publicity and Research ························ 121
Strengthening Representatives and Members Contact ························ 121
Internal Supervision ························ 121
Improve the Quality of Police Service ························ 121

Trial Work

Maintaining Social Harmony and Stability ························ 122
Enforcement of Laws and Dealing with the Cases ························ 122
Deal with Civil Dispute ························ 122
Commercial Trial ························ 122
Supervision and Support of Administrative Law ························ 122
Strengthen the Case Execution ························ 122
Extension Trial Functions ························ 122
Provide Judicial Services for Demolition ························ 122
Financial Risks Prevention and Elimination ························ 123
Construction Social Credit System ························ 123
Improve the Mechanism of Trial Work ························ 123
Improve the Mechanism of Justice for the People ························ 123
Innovate Transparent Judiciary Mechanism ························ 123
Perfect Mechanism for Fair Trial ························ 123
Improve the Execution System ························ 123
Perfect the Judicature Style ························ 123
Improve the Judicature Ability ························ 123
Promote Honesty and Justice ························ 124
Strengthen Judicial Guarantee ························ 124
Strengthen Talented Person Guarantee ························ 124
Strengthened Funding Ensure ························ 124
Enhance Information Guarantee ························ 124

Judicial Administrative Work

Legislation Service ························ 125

Notaries Work ············ 125
Lawyer ············ 125
Establish Public Legal Service System ············ 125
Build Community Legal Service Station ············ 125M
People's Mediation ············ 125
Establish Mediation Information Platform ············ 125
Improve Mediation Organization Construction ············ 125
Constitutionality Publicity ············ 125
"Sixth Five-Year" Legal Education ············ 125
Classical Project of Constitutionality Culture ············ 126
Build Villages(Communities)of Democracy & Constitutionality ······ 126
Community Correction ············ 126
Improve Community Correction Enforcement Capacity ············ 126
Education Means Rich Correction Method ············ 126
Resettlement ,Help and Education ············ 126
Perfect Placement and Assistance Education Network ········· 126
Make Bases For Settlement of Helps and Educations ············ 126
Legal Aid ············ 126
Establish 14 Legal Aid Work Site ············ 126
Provide Legal Aid Quality Services ············ 126
The Establishment of Counseling Room ············ 126

Local Military Affairs

People's Armed Forces

Xinpu People's Armed Forces Department ············ 128
Ideological and Political Work ············ 128
Hold Standing Committee on Army ············ 128
Readiness Training ············ 128
"Huaihai10th" Exercise ············ 128
Militia Whole Group ············ 128
Conscription Work ············ 128
Militia Weapons and Equipment Management ············ 129
To Establish the Grass-roots Armed Forces Department ············ 129
Support Construction ············ 129
People's Air Defense ············ 129
Establish People' s Air Defense System ············ 129
Air Defense Exercise ············ 129
The Structure Change and Exercise of the Civil Air Defense ········· 129
Installation and Maintain of Air Defense Alarm Devices ············ 129
Civil Air Defense Engineering and Maintenance Management ········· 129
Civil Air Defense Knowledge Publicity ············ 129
Fund Raising ············ 129

Local Garrison

The Armed Police Detachment of Lianyungang City ············ 130
Ideological and Political Work ············ 130
Law Enforcement Standardization ············ 199
Manage the Police in Accordance with the Law ············ 130
Basic Construction ············ 130
The Construction of Modern Logistics ············ 130
Carry Out the leader Under grass-roots activities ············ 131
Lianyungang City Public Security Frontier Detachment ······ 131
Steady the Strategy of Patriotism and defense ············ 131
Maintaining the Area Stability ············ 131
Construction of Law Enforcement Standardization Work ············ 131
Basic Level Construction ············ 131
Comprehensive Guarantee ············ 131
Construction of Cadre ············ 131
Xinpu Fire Brigade ············ 132
Ideological and Political Work ············ 132
Fire Supervision and Law Enforcement ············ 132
On Duty Training and Fire and Rescue ············ 132

Economic Review

Industrial Economics

Industries Development Acceleration of Urban Areas ············ 134
West Zone of Xinpu Economic Development Zone becomes the Main Battlefield of Industry ············ 134
The Small and Medium-sized Enterprise Park Construction Require Fast and Good ············ 134
The Transformation and Upgrading of Boosting Industrial Upgrade ··· 134
Increase Capital Investment and Boost Enterprise Transformation ············ 134
Accelerate Technological Innovation ············ 134
Intelligent Warehouse Built Using ············ 134

Open Economy

Foreign Trade of Export On Its Own ············ 136
The Export of Labor Services ············ 136
Attract/Invite Investments ············ 136
Table 2: Foreign Trade of Import and Export (On Its Own) Table of Xinpu, 2013. ············ 136
Table 3: The Actual Use of Foreign Investment for Xinpu, 2013. ··· 137
Table 4: The Situation of Recently Approved Three-capital Enterprises in Xinpu, 2013. ············ 138

Xinpu Economic Development Zone

Economic Development ············ 139
Industrial Economics ············ 139
Fiscal Revenue ············ 139
Attract/Invite Investments ············ 139
Promote the Project ············ 139
Agricultural Economy ············ 139
The Construction of the Industrial Park ············ 139
Infrastructure Construction ············ 139
The Small and Medium-sized Enterprise Park Construction ········· 139
Build Brand ············ 140
Social Undertakings ············ 140
Villages Constructions ············ 140

Livelihood Security ······ 140
Environmental Remediation ······ 140
Safety and Environmental Protection ······ 140
Party Building Works ······ 140
Basic Party Organization Construction ······ 140
Party and Mass Affairs Workstation ······ 140
Labor Union Work ······ 140
Administrative Village Introduction ······ 140
Xinlong Village ······ 140
Xia' he Village ······ 140

Commerce Industry

Commercial Circulation ······ 141
Business Services ······ 141
The Operation of the Market Monitoring and the Record for the Wine ······ 141
The Built of "Shopping Basket" Improvement Project 141 M
Food Market Upgrading ······ 141
Baihu Mountain Temple Fair ······ 141
Grain and Oil Buying and Selling ······ 142
Grain Purchase ······ 142
Table 5: Statistical table of Grain Purchases for National Owned Grain Purchase Enterprises in Xinpu, 2013. ······ 142
Grain Sales ······ 142
Table 6: Statistical Table of Grain Sales for National Owned Grain Purchase Enterprises in Xinpu, 2013. ······ 142
Grain Sales Reducing 2,000 tons ······ 142
Table 7: Statistical Table of Grain storage for National Owned Grain Purchase Enterprises in Xinpu, 2013. ······ 143
Grain Processing Industry ······ 143
Table8: Statistical Table of Grain Production for Grain Processing Enterprises in Xinpu, 2013. ······ 143
Grain and Oil Prices ······ 143
Table9: Statistical Table of Grain Change Case for Grain and Oil Prices in Xinpu, 2013. ······ 143
Grain Market Management ······ 144
Strengthen the Summer and Autumn Acquisitions Inspector ······ 144
Popularize Assured Grain and Oil ······ 144
Increase Investment in Infrastructure ······ 144
Supply and Marketing Cooperation Business ······ 144
Attract/Invite Investments ······ 144
Provide the Services for the Farmers ······ 144
Service Platform Construction ······ 145
Circulation of Agricultural Products ······ 145
Do the Product Information Report ······ 145
Basic Level Construction ······ 145
Carry Out Safety Special Events Activities ······ 145
Salt Monopoly ······ 145
Salt Management ······ 145
Chain Management ······ 145
Non-Salt Products Marketing ······ 145
Start "National Salt Reduction Action" ······ 145
Longhai Walking Street ······ 146
Street Office Area Construction ······ 146
Street Office Area Economy ······ 146
Street Office Area Management ······ 146
Build Special Streets ······ 146

Tourism

Tourism Projects ······ 147
Scenic Create ······ 147
Build Tourist Street Area ······ 147
Landscape Development ······ 147
Rural Tourism ······ 147
Highlight the Characteristics of Tourism ······ 147
Improve Supporting Services ······ 147
Introduction of New Tourism Product ······ 147
Management of Trades ······ 147
Take Precedence and Lead Flourishing ······ 147
Strengthen Law Enforcement ······ 148
Train Travel Management Personnel ······ 148
Festive Promotions ······ 148
Tourism Festivals ······ 148
Sales Promotion Activity in City ······ 148
Sales Promotion Activity for the District ······ 148

Agriculture, Forestry,Animal Husbandry and Fishery Water

Planting Industry ······ 149
Grain Production ······ 149
Modern Efficient Agriculture ······ 149 M
Agricultural Crackdown ······ 149 M
Agricultural Policy Insurance ······ 149
Comprehensive Agricultural Subsidies ······ 149
Agricultural Development ······ 149
Land Management ······ 149
Industrialization Support ······ 150
Hilly and Mountainous Area Development ······ 150
Forestry ······ 150
Afforestation ······ 150
Forest-fire Prevention ······ 150
The Construction of Water Conservancy ······ 150
Build Construction of Water Conservancy ······ 150
Flood Prevention and Drought Prevention ······ 150R
Shuxin Canal Relocation and Transformation ······ 150
The Implementation of the "River Length" System and the Management of Qiangwei River ······ 150
Fish Breeding and Poultry Raising ······ 151
Animal Epidemic Prevention ······ 151
The Quality and Safety of Animal Products ······ 151
Fishery Industry ······ 151
Aquatic Products Quality Supervision ······ 151
Make Loach Cultivation Brand ······ 151
Agricultural Economics Management ······ 151

Urban & Rural Development Coordinate ······151
Management System of Rural ······152
Land Circulation ······152
The Special Matter Especially Manages ······152
Poverty Alleviation ······152
Farmer Cooperative Organizations ······152
Agricultural Exhibition ······152
Specifications Collective Asset Management ······153
Establish Agricultural Information Network ······153
Agricultural Machinery Commission and Management ······153
Agricultural Commissioner ······153
Agricultural Machinery Extension ······153
Agricultural Machinery Training and Cross Zone Operating ······153
Straw Utilization ······153
Rice Production Mechanization ······154
Table 10: Xinpu Pollution-free Agricultural Products Bases Certificated by Jiangsu Province,2013. ······154
Table 11:Table of Pollution-free Agricultural Products Certificated by Jiangsu Province,2013. ······155
Table 12: Table of Xinpu Certificated Green Food,2013. ······158
Table 13: Specialized Cooperative Organizations of Farmers,Xinpu,2013. ······158

The Comprehensive Economic Management

Economic Development and Reform ······164
Plan Implementation ······164
Make Services Brands ······164
Economic Operation Monitoring ······164
Investment Project Management ······164
Coastal Development ······165
Management by Objectives ······165
Industrial Transformation and Upgrading ······165
Statistic Services ······165
The Scheduled Report Job for Year ······166
3rd Time National Economic Census ······166
Complete the Survey Mission ······166
Standardized Construction Standards Acceptance by Province ······166
Standardized Construction Standards Acceptance by Province ······166
Provide Information Services ······166
Audit Work ······166
Public Finance and Audit ······166
Audit of Term Economic Responsibility ······166
Computer Audit ······166
Fixed Assets Investment ······167
Key Engineers and Projects Before Bidding Control Price Examination ······167
Subtract 24.51 Million Yuan for Projects ······167
Tracking Auditing for 19 Projects ······167
Commodity Price Control ······167
Regulating the Overall Price Level ······167
Price Supervision and Inspection ······167
Build Discount Stores ······167
Strengthen the Social Effects of Parity Shop ······167
Charging and Annual Evaluation ······167
Policy Advocacy ······167
Enterprise Charges ······167
Administration for Industry and Commerce ······168
Innovations Push Development ······168
Supporting Private Capital Development Through Multi-threads ······168
Promote the Transformation and Optimization Services ······168
Fight Against Network Illegal Pyramid Selling ······168
Strengthen Food Regulatory ······168
Make Assured Consumption Environment ······168
Strengthen the Network Construction ······168
Strengthen the Industry Regulation ······168
Strengthen the Education of Consumption ······168
Safety Production Supervision and Management ······168
Implementation Safe Production Responsibility System ······168
Establishment "Troubleshooting Management Information System" ······169
Special Rectification ······169
Fight Against Illegal Publications and Control Offenses ······169
The Inspection of Law Enforcement ······169
Conduct Safety Inspections Looking Back ······169
Safety Standard Creation ······170
Safety Production Emergency Management ······170
Occupation Health and Safety Regulation ······170
Education and Training ······170
Build "Star-level" Peace Villages and Town ······170
Quality and Technical Supervision for Urban Area ······170
Certificate Work ······170
Measurement Working ······170
Work of Standardization ······170
Food Production Supervision ······170
The Safety of the Special Equipment ······170
Quality Supervision and Administrative Enforcement of Law ······170
State-owned Assets Operation and Management ······171
Promote the Integration of Assets ······171
Strengthening Platform Construction ······171
Promote the Development of Social Undertakings ······171

Fiscal ,Taxation and Finance

Public Finance and Tax Inspection

Public Finance ······173
Public Budget Revenue Items ······173
The General Budget Expenditure Project ······173
Ease of Production Financial Pressure ······173
Improve the Mechanism of Promoting Administration ······173
Accelerate Project Financing Process ······174

Increase Project Investment Scale ………… 174
Adhere to Education Priority ………… 174
Subsidy and Performance Wage Compensation ………… 174
Support the Construction of Social Security System ………… 174
Encourage the City Alteration & Facelift ………… 174
Implement Policies to Support and Benefit agriculture ………… 174
Expand the Financial Accounting Management ………… 174
Strengthen Financial Supervision ………… 174
Tax Administration ………… 176
3rd Branch , Bureau of National Taxation ………… 174
Revenue of National Taxation ………… 175
Table 14: Income Tax Form of IRS 3rd Branch, 2013. ………… 175
Tax Analysis and Tax Forecasting ………… 175
Strengthening TRAS analysis ………… 175
Turnover Tax Management ………… 175
The Management of the Income Tax ………… 175
Levy of Private Taxation ………… 175
Tax Risk Response ………… 175
Table 15: Risk Management Outcomes of IRS 3rd Branch, 2013. ………… 175
Tax Revenue Publicity Month ………… 176
Tax Reminder ………… 176
Implement Preferential Policies ………… 176
The Tax Law Enforcement Responsibility System ………… 176
6th Branch ,Bureau of Local Taxation ………… 176
New Growth of the Tax ………… 176
Strengthening TRAS ………… 176
Demonstrate the Effects of Risk Response ………… 176
Strengthen Tax Weak Links Administration ………… 177
Enhance the Risk Response Quality Level ………… 177
Promote the Tax Law Course Process ………… 177
Strengthen routine Business Training ………… 177
Promote Prevention and Punishment Mechanism Construction ………… 177
Active in Public Charities ………… 177

Financial

Resident Bank ………… 178
The People's Bank of China Lianyungang City Central Sub-branch 178
Industrial Commercial Bank of China Ltd Lianyungang Branch ………… 179
China Construction Bank Corp Lianyungang Branch ………… 179
Bank of Communications Co., Ltd. Lianyungang Branch ………… 179
Agricultural Bank of China Limited by Share Ltd Lianyungang Branch ………… 180
China Agricultural Development Bank Lianyungang City Branch ………… 180
Bank of Jiangsu Lianyungang Branch ………… 181
Lianyungang Oriental Rural Commercial Bank ………… 181
Chinese Lianyungang City Branch of the Postal Savings Bank ………… 182
Resident Insurance Company ………… 182
Chinese Life Insurance Limited by Share Ltd Lianyungang City Branch ………… 182
Peoples Insurance Company of China Lianyungang City Branch ………… 183
China Pacific Life Insurance Co Lianyungang Branch ………… 184
China Pacific Property Insurance Co Lianyungang Branch ………… 184
China United Property Insurance Company Lianyungang Branch ………… 185
Tian An Property Insurance Limited by Share Ltd Lianyungang Branch ………… 185
Sunshine Property Insurance Limited by Share Ltd Lianyungang Branch ………… 186

Urban Scene

City Planning

Houses Management ………… 188
Planning and Management ………… 188
Serve for District Committee and Government ………… 188
Provide Services for the Area of Each Major Project Planning ………… 188

City Construction

Municipal Construction ………… 189
Municipal Road and Bridge ………… 189
Road Maintain and Lane Improvement ………… 189
Flood Defense for Urban Area ………… 189
Plantation for Urban Area ………… 189
Urban Renewal ………… 189
Land Collection ………… 189
House Repurchase and Destruction ………… 190
Construction Industry ………… 190
Construction Industry Development ………… 190
Qualification Promotion ………… 190
Market Development ………… 190
Pay Off Debt Work ………… 190
The Quality and Safety Management ………… 190
Rural Construction ………… 190
Environment Improvements ………… 190
Build Motorway in Village ………… 190
Real Estate & Residential Management ………… 190
Housing Support for Urban Area ………… 190
Property Management ………… 190

The Development of Binghe New City

Planning and Design ………… 191
Infrastructure Construction ………… 191
Landscape Environment ………… 191
Attract/Invite Investments ………… 191
Financing Work ………… 191
Demolition and Collection ………… 191

Urban Management

City Appearance and Environmental Sanitation Administrative Management ………… 192
Cityscape Order Rectification ………… 192
Farmers Market Rectification ………… 192
Road Alteration & Facelift ………… 192
Ban Illegal Building and Dismantle Illegal Building ………… 192

Urban Management Demonstration Establishing ······192
Environmental Health Work ······192
Environmental Health ······192
Build Facilities of Environmental Health ······192
Fine Management of Environmental Health ······193
Clean Roads by Mechanized Equipment ······193
Plan Urban and Rural Sanitation of Environmental ······193
Community Sanitation Inspector of Small Streets and Alleys ······193
Important Activities Guarantee ······193
Soft Environment Construction ······193
The Construction of Law Enforcement Contingent ······193
Law-based Administration ······193
Digital Urban Management ······193

Land and Resource Management

Land Administration ······194
Cultivated Land Protection ······194
Land Use ······194
The Revision of the Overall Land Use Planning ······194
Lands Cadastral Management ······194
The Management of Mineral Resources ······195
Geological Disaster Monitoring ······195
Propaganda and Supervision ······195
Translations of Homeland Regulations ······195
Law Enforcement and Supervision ······195
Petition Work ······195

Environmental Protection

Environmental Planning Foundation Work ······196
Promote the Project of the Construction of Ecological Civilization ······196
Carry Out Ecological Create Engineering ······196
Specifications of Project Approval and Acceptance ······196
Increase Rural Ecological Environment Protection ······196
Environmental Special Law Enforcement Inspection ······196
Environmental Safety Inspection Special Law Enforcement Activities ······196
The Special Law Enforcement Activities for the Small Coal-fired Boiler in Bathroom ······197
The Special Action for Cooking Fume Pollution Control ······197
Environmental Protection and Management ······197
Atmospheric Pollution Sources Controlling ······197
Drinking Water Source Protection ······197
Hazardous Waste Inspection ······197
Investigate Environmental Petition ······197
Straw Utilization and Burning Ban ······197
Environmental Publicity and Education ······197

Transportation

Transportation Governance ······198
Optimization the Road Traffic Organization ······198
Strengthen Traffic Order Management ······198
Improve Traffic Safety Facilities ······198
Improve the Management Level of Science and Technology ······198
Source Implementation of Regulatory Measures ······198
Management Focuses on Illegal Strictly ······199
Investigation and Rectification Security Risks ······199
Enhance the Dynamic Level of Prevention and Control ······199
Law Enforcement Standardization ······199
Enhance the Overall Image ······200
Highway Transportation ······200
Development of City Passenger Transport ······200
Passenger Transport for Urban & Rural Area ······200
Transportation Logistics Base Construction ······200
Market Supervision ······200
Industry Transformation and Upgrading ······200
The Adjustment of Transportation Structure ······201
Make Ecology Transport Industries ······201
Railway Transportation ······201
Safety Production ······201
Skills Required of Employees ······201
Strengthen Job Security Responsibilities ······201
Ensure the Safe and Orderly Controllable ······201
The Investigation and Remediation of Hidden Trouble ······210
Adhere to Quality Service ······201
Care of Staff' s Life ······202
Haitong Bus Company ······202
Business Indicators ······202
Key Works ······202
Company Personnel and Reform Labor System ······202
Improve Enterprise Management Level ······202
Improve the Public Transport Service Level ······203
Improve the Operating Income and Line Coverage ······203
Enhance the Scientific Level of Scheduling ······203
Improve the Basic Management Level of Safety in Production Company ······203
Enhance the Guarantee Capability ······203
Strengthen Material Management and Control ······203
For the Public, "Ten Pledge" ······204
Carry Out "Star Drivers, Station Staff" Assessment Activities ······204
The Establishment of Complaint Center and Inspection Group ······204
Non-permanent Staff Obtain Permanent Status ······204
Leadership and Party-member Cadre Construction ······204
Corporate Culture ······204
Haitong Shipping Company ······205
Freight Forwarding Promote to Logistics ······205
Safety Management ······205
Construction of Clean and Honest Party ······205
Traffic Control ······205
Education and Training ······205
Safety Supervision ······205
Promote Freight Industry Development ······205
Transport Market Supervision ······205

Post and Telecommunications

Postal ……206
Enhance the Quality of Postal Service ……206
Information Network Computer Room Relocated ……206
Telecommunications ……206
Wisdom Lianyungang City Construction ……206
Communication Facilities……207
Management Services ……207
Unicom ……207
Business Development ……207
Communication Construction ……207
Customer Service ……207

Culture, Education, Culture, Hygiene

The Work of Science and Technology

Assessment of Science and Technology Advanced County and District ……209
Science and Technology Projects ……209
Company Innovation of Science and Technology ……209
The Work of Science and Technology and Finance ……209
Intellectual Property Management ……209

Education Work

Preschool Education ……210
Enhancement Village Kindergarten Construction……210
Check and Acceptance of the Good Kindergarten ……210
Construction of Municipal Course Base ……210
The Construction of Preschool Teachers ……210
Basic Education ……210
Established 7 Schools as the Curriculum Base……210
Talent Introduction ……210
Support Rural School ……210
The First "Students' Favorite Teacher" Selection Work ……216
Style of Teaching ……210
Educational and Technology R & D Work ……210
Teacher Development ……211
Social Education ……211
Community Education ……211
Self-taught Examination ……211
English Book Bring Into the School Curriculum ……211
Educational Administration ……211
Educational Equipment Upgrading ……211
Strengthening Campus Security ……211
Optimization the Network Center Software and Hardware ……211
Schoolhouse Repairs ……211
Funding for Poor Students ……211
Locally-granted Student Loan ……212
Educational Supervision ……212
Dicing Steering ……212
Paid Tutor Governance……212
Special Supervision of Physical Exercise in Primary and Middle School ……212
Conventional Integrated Steering ……212
Compulsory Education Through the National Acceptance 212

Cultural and Sports

Mass Culture ……213
"Warm, Care and Harmonious" Engineering ……213
Folk Get-together ……213
Squares Cultural Activities ……213
Culture and Art Creation ……213
Basic Cultural Construction ……213
The Protection of Cultural Heritage ……213
Non- material Cultural Heritages Protection ……213
Preservation of Cultural Relics……214
Control of the Cultural Market ……214
Rectify the Cultural Market ……214
Culture Industry ……214
Social Supervision ……214
Safety Production……214
Sports Work ……214
Physical Education Position Construction ……214
Mass Sports ……214
Sport Competition ……214
Demonstrate the Effects Sports Federations ……215
Table 16: List of Spring Festival Arts and Cultural Activities, Xinpu District,2013 ……215

Health Care

Health System Reform …… 217
Basic Drug System Reform ……217
Rural Health ……217
Public Health ……217
Community Health Service Institutions ……217
Hospital Policy Management ……217
Sanitary Control ……217
Food Safety ……217
Administration of Traditional Chinese Medicine ……217
Hospital Management ……217
Health Professional Moral Construction ……218
Human Resource Procession Construction ……218
Prevention and Health Care ……218
Vaccinate……218
Health Care for Women and Children ……218
Patriotic Health ……218
Reconstruction Toilet in Village ……218
Prevention and Control of Vector Creatures ……218
Create a Healthy Environment of Residents……218
Medicine Management……218
Build Sunny Pharmacy……218

Make Assured Consumption Areas for Cosmetic ……218
Carry Out Drug "Two Strike and two Building" Special Action……218
Carry Out Health Food Special Action ……219
Complete the GSP Certification Tracking and Improve Market Monitoring ……219
Drug and Machine Supervision ……219

Family Planning

"Twelve and Five" Interim Evaluation ……220
Strengthen Infrastructure ……220
Free Pregnancy Health Check ……220
Floating Population Management Services ……220
Build Happy Families of Family Planning ……220
The Construction of Public Service System for Population and Family ……220
Interest-oriented Mechanism Construction ……221

Civil Life

Labor and Social Guarantee

Employment and Reemployment ……223
Labor and Employment ……223
Carry Out Entrepreneurial Skills Training ……223
Employment Services ……233
Enhance the Quality of Service ……223
Set up Communications and Services Platforms for Employments……223
Build Model Communities of Employment ……224
Strengthening Urban and Rural Grassroots Platform Construction ……224
Constructions of Business Incubator ……224
Help the Unemployed ……224
Social Security ……224 M
Insure Work ……224
The Collection of Pension Fund ……224
Improve the Social Security System ……224
Full Coverage of Medicare Insurance for Urban & Rural Residents……224
Retiree Socialization Management ……224
Endowment Insurance Pilot Work Standard Extended Surface……224
Old-Age Insurance Situation for 4 Streets in Haizhou(take charge by Xinpu) ……225
Labor Rights Protection ……225
Law Enforcement ……225
Labor Arbitration ……225
Strengthen the Law Enforcement and Inspection Efforts ……225
Send Law to Home ……225
Petition Work …… 225R

Civil Administration Work

Social Assistance ……226
Improve the Urban and Rural Distribution Standard ……226
Momentum Management of Minimum Guarantee Project ……226
Social Assistance ……226
Community Construction ……226
Community Management System Reform ……226
Community Infrastructure ……226
Make Community Services Brands ……227
The Completion of the General Election ……227
Implement Special Care Treatment ……227
Social Affairs ……227
Specifications Marriage Registration ……227
Social organizations management……227
Carry Out the Respecting Payment System ……227

Care of the Next Generation

"Everyone Discussion China Dream" Theme Educational Activities ……228
Off Campus Construction of Education Guidance Station……228
Internet Cafes Obligations of Supervision……228
Care of Special Group of Youth ……228
Build "None-minor Offender Communities(Villages)" ……228
"Five Activities to Create Five Good" Demonstration Community ……229
Publicizing and Reporting ……229
20 Years Anniversary of the Founding of Memorial Activities of District and Committee……229

Town, Street Office, Farm

Punan Town

Economic Work ……231
Economic Indicators ……231
Industrial Economics ……231
Attract/Invite Investments Agriculture Park……231
Agricultural Production ……231
Social Undertakings……231
Town Construction ……231
Livelihood Projects ……231
Environmental Remediation…… 232
Ban Illegal Building and Dismantle Illegal Building Family Planning Civil Administration Work…… 232
Social Security Culture Work ……232
Education……232
Health Care ……232
Party Building Works ……232
Work of Woman's Federation Study of Center Group ……232
Village Level Elections ……232
Helping Activities by Party Organizations ……233
Built Village-level Distance Education Receiving Site ……233
Strengthen Construction of Clean and Honest Party……233
Administrative Village (Community) Introduction ……233
Taiping Village ……233
Yinxiang Village ……233

Bantan Village ······233
Panwei Village ······233
Fu' an Village ······233
Bantan Village ······233
Punan Village ······233
Xu' an Village ······233
Longpu Village ······233
Wangxin Village ······233
Pubei Village ······233
Xinwei Village ······233
Caoshe Village ······234
Jiangpu Village ······234
Xinwan Village ······234
Tangding Village ······234
Guanyang Village ······234
Xinjian Village ······234
Kangning Commnunity ······234

Huaguoshan Street Office

Economic Development ······235
Fiscal and Taxation Work ······235
Attract/Invite Investments ······139
High Efficiency Agriculture ······235
Key Engineer ······235
Agricultural Economy ······235
Forestry Economy ······235
Safety Protection ······235
Social Undertakings ······235
Labor Guarantee ······235
Environmental remediation ······235
Family Planning ······235
Cultural Propaganda ······235
Health Improvement ······236
Civil Administration Work ······236
Party and Mass Affairs Work ······236
Organization and Propaganda Work ······236
Work of Communist Youth League ······236
Work of Woman's Federation ······236
Petition Work ······236
Administrative Village (Community) Introduction ······236
Xintan Village ······236
Danglu Village ······236
Qianjin Village ······236
Xiaocun Village ······236
Qianyun Village ······236
Xincun Village ······236
Feiquan Village ······236
Dacun Community ······237

Nancheng Street Office

Economic Development ······238
Street Office Economy ······238
Attract/Invite Investments ······238
Key Projects ······238
"Agriculture, Rural Areas and Farmers" Work ······238
Safety Production ······238
Attract investment and Set Up projects ······238
Social Undertakings ······238
Livelihood Projects ······238
"Ecological Nancheng" Construction ······239
Education ······239
Health Work ······239
Culture, Tourism and Sports Work ······239
Social Security ······239
Manage the Streets in Accordance with the Law ······239
Party and Mass Affairs Work ······239
Labor Union Work ······239
Work of Woman's Federation ······240
Work of Communist Youth League ······240
Efficiency Construction ······240
Community Introduction ······240
Fenghuang Community ······240
The Youth Community ······240
Ninghai Community ······240

Xindong Street Office

Economic Development ······241
Economic Indicators ······241
Key Projects ······241
Safety Production ······241
Social Undertakings ······241
Community Construction ······241
Urban Renewal ······241
Social Security ······241
Family Planning ······241
Petition and Stability Work ······242
Cultural and Sports ······242
Urban Management ······242
Greening ······242
Town Management ······242
Party Building Works ······242
Basic General Party Organization ······242
Party Building Workers Training ······242
Build Party Members Volunteer Team ······242
People's Armed Forces ······242
Community Introduction ······242
Longwei Community ······242
Dongyuan Community ······242
Guangchang Community ······242
Zhendong Community ······243
Yibei Community ······243
Xincheng Community ······243
Dongfeng Community ······243

Huaihai Community ……244
Julong Community ……244
Convenience Community ……244
Waicang Community ……244
Cangwu Community ……244
Wenchang Community ……244
Hebin Community ……244

Pudong Street Office

Economic Development ……246
Introducing Foreign Capital and Establishing Domestic Connections ……246
Assistance and Protection of Tax ……246
Industrial Economics ……246
Developing Service Industries ……246
Fixed Assets Investment ……246
Key Projects Promotion ……246
Safety Production ……246
Flood prevention and Relief of Natural Disasters ……246
Social Undertakings ……246
Social Stability ……246
Family Planning ……246
Civil Administration Work ……246
Labor and Employment ……247
Urban Construction and Urban Management ……247
Management Justice ……247
Community Cultural Activities ……247
Party Build ……247
Carry Out Advanced and Priorities Activities ……247
Basic Party Building Working ……247
Service Party Organization Construction ……247
Community Introduction ……247
Minzhu Community ……247
Wanrun Community ……247
Shidong Community ……247
Shihua Community ……248
Lubei Community ……248
Longdong Community ……248
Tongxing Community ……248
Caishi Community ……248
Zhanbei Community ……248
Puhe Community ……249
Xinqiao Community ……249
Jianguo Community ……249
Longyuan Community ……249
Civil Community ……249
Community Agencies ……249

Puxi Street Office

Economic Development ……250
Economic Work ……250
Key Projects ……250
Key Engineer ……250
Social Undertakings ……250
Civil Administration Work ……250
Urban Management ……250
Ban Illegal Building and Dismantle Illegal Building ……251
Family Planning ……251
Labor Guarantee ……251
Housing Management ……251
Comprehensive Govern ……251
Judicial Work ……251
Ideological and Political Work ……251
Party Building Works ……251
Armed Work ……251
Armed Work ……251
Petition Work ……251
Community Introduction ……251
Tonghe Community ……251
Xiqiao Community ……251
Tongchi Community ……252
Houhe Community ……252
Qiangwei Community ……252
Shenwei Community ……252
Xinzhan Community ……252
Diantai Community ……252
Caiyuan Community ……252
Xinzhong Community ……252
Xinxi Community ……253
Xinhong Community ……253

Lunan Street Office

Economic Work ……254
Attract/Invite Investments ……254
Assistance and Protection of Tax ……254
Fixed Assets Investment ……254
Key Projects Promotion ……254
Safety Production ……254
Social Work ……245
Civil Administration Work ……254
Family Planning ……254
Housing Management ……254
Labor Guarantee ……255
Judicial Work ……255
3rd Time National Economic Census ……255
Urban Construction and Urban Management ……255
The Transformation of the Old Residence Community ……255
Street Sanitation ……255
Special Rectification ……255
City Greening ……255
Digital Urban Management ……255
Ban Illegal Building and Dismantle Illegal Building ……255
Party Building Works ……255
Profiles of Party Organizations ……255

Election at a Expiration of General Party Branch ……255
Winter Training of Party Members ……255
Publicizing and Reporting ……255
Community Introduction ……255
Biandanhe Community ……255
Kuihua Commnunity ……255
Xiyang Community ……256
Jiawei Community ……256
Yan' dong Community ……256
Gongyuan Communication ……256
Yanhe Community ……256
Chaoyang Community ……256
Lunan Community ……256

Xin' nan Street Office

Economic Development ……257
Attract/Invite Investments ……257
Fixed Assets Investment ……257
Assistance and Protection of Tax ……257
Key Projects ……257
Social Undertakings ……257
Social Stability ……257
The Characteristics Volunteer Service ……257
Family Pension Services ……257
Convenience Services for Citizens ……257
City Construction ……257
Environmental Remediation ……257
Build Intelligent Communities ……258
Party Building Works ……258
Organizational Building ……258
The Style Construction ……258
Play the Paragon Role of Party Member ……258
Community Introduction ……258
Hainan Community ……258
Haining Community ……258
Jiankang Community ……258
Jiannan Community ……259
Jiulong Community ……259
Xinye Community ……259
Yudai Community ……259
Yulong Community ……259
Yanlan Community ……259
Yunhai Community ……260
Ziyun Community ……260
Xinlong Community ……260

Xinhai Street Office

Economic Work ……261
Industrial Economics ……261
Fixed Assets Investment ……261
Key Projects Promotion ……261
Attract/Invite Investments ……261
Assistance and Protection of Tax ……261
Science and Technology Projects ……261
Social Work ……261
Community Construction ……261
Social Security Management ……261
Recreational and Sports Activities ……261
Waste Management Services ……261
Comprehensive Improvement of Environment ……261
Party Build ……262
Play the Paragon Role of Party Member ……258
Make Party Building Brands ……262
Construction of Cadres ……262
Community Introduction ……262
Xiyuan Community ……262
Xinghua Community ……262
Xinchao Community ……262
Fuqiang Community ……263
Xinkong Community ……263
Changle Community ……263
Zhenghai Community ……263
Hexi Community ……263
Xingfu Community ……264
Hailian Community ……264

Haizhou Street Office

Economic Development ……265
Industrial Economics ……265
Introducing Foreign Capital and Establishing Domestic Connections ……265
Key projects ……265
Safety Production ……265
Social Undertakings ……265
Social Management ……265
Maintenance of Social Order ……265
Voluntary Service ……265
Characteristics Work ……265
City Construction ……266
Street Reconstruction ……266
Farmers Market Reconstruction ……266
Squares Plantation ……266
Road Management ……266
Party Building Works ……266
Basic General Party Organization ……266
The Style Construction ……266 M
Community Introduction ……266
Gulou Community ……266
Shuanglong Community ……266
Xinjian Community ……266
Yanchi Community ……266
Nanmen Community ……266

Happy Road Street Office

Economic Development ……267

Economic Indicators ······ 267
Attract/Invite Investments ······ 267
Key Engineer ······ 267
Social Undertakings ······ 267
Build Streets of Peace and Constitutionality ······ 267
Livelihood ······ 267
Social Security ······ 267
3rd Time National Economic Census ······ 267
Urban Management ······ 267
Ban Illegal Building and Dismantle Illegal Building ······ 267
Property Management ······ 267
Party Building Works ······ 267
Reserve Cadre Training ······ 267
Play the Paragon Role of Party Member ······ 268
Carry Out Volunteer Service Activities ······ 268
Community Introduction ······ 268
Xidalin Community ······ 268
Wenhua Community ······ 268
Xin' zhong Community ······ 268
Xin' nan Community ······ 268
Jianghua Community ······ 268

Quyang Street Office

Economic Work ······ 269
Agricultural Economy ······ 269
Industrial Economics ······ 269
Key Projects ······ 269
Table 17: The Situation of Major Industrial Enterprises in Quyang Street, 2013. ······ 269
City Construction ······ 270
Road Repair ······ 270
Environmental Remediation ······ 270
Ban Illegal Building and Dismantle Illegal Building ······ 270
Water Transformation ······ 270
Social Undertakings ······ 270
Labor Guarantee ······ 270
Care of Vulnerable Group ······ 270
Public Security Petition Work ······ 270
Recreational and Sports Activities ······ 270
Party Building Works ······ 270
Establish Characteristics of Village (Community) ······ 270
Traditional Education ······ 270
Organization Development ······ 270
Administrative Village (Community) Introduction ······ 270
Wangtong Village ······ 270
Ximen Village ······ 270
Yuanlin Village ······ 270
Kongwangshan Village ······ 271
Ximen Community ······ 271
Jinhua Community ······ 271
Kongwangshan Community ······ 271
Xiangjiang Community ······ 271

Hongmen Street Office

Economic Work ······ 272
Public Finance and Taxation ······ 272
Industrial Economics ······ 272
Agricultural Economy ······ 272
Key Projects ······ 272
Business Logistics ······ 272
Hongmen Industrial Park ······ 272
Hongmen Farmers Market ······ 273
The Four Seasons Agricultural Products Trading Center ······ 273
Social Undertakings ······ 273
Labor Guarantee ······ 273
Civil Administration Work ······ 273
Family Planning ······ 273
Recreational and Sports Activities ······ 273
Comprehensive Govern ······ 273
Urban & Rural Construction ······ 273
Environmental Remediation ······ 273
Ban Illegal Building and Dismantle Illegal Building ······ 273
Street Construction ······ 273
Audit of Low-rent Houses ······ 273
Party Build ······ 273
The Ideological and Political Construction ······ 273
Discipline Inspection Work ······ 273
Propaganda Work ······ 273
Organizational Building ······ 273
Administrative Village (Community) Introduction ······ 274
Hongmen Village ······ 274
Xinzhuang Village ······ 274
Hongqi Community ······ 274
Hongmen Community ······ 274
Hongxin Community ······ 274

Yuntai Street Office

Economic Development ······ 275
Economic Indicators ······ 275
Attract/Invite Investments ······ 275
Major Projects ······ 275
Safety Production ······ 275
The New Rural Construction ······ 275
Farm Management ······ 275
Land Circulation ······ 275
Straw Burning Ban ······ 275
Social Undertakings ······ 275
Conflict Mediation ······ 275
Labor Guarantee ······ 275
Administrative Village (Community) Introduction ······ 275
Xi' shan Village ······ 275
Danxia Village ······ 275
Houguan Village ······ 276

Shangdong Village ······276
Yuwan Village ······276
Zhuma Village ······276
Fenghuang Village ······276
Linzhou Community ······276

Jiangsu Province Yuntai Farm

Economic Work ······277
Industrial Economics ······277
Planting Industry ······277
Fish Breeding and Poultry Raising ······277
Extroversion Agriculture ······277
Real Estate Industries ······278
Project Approval ······278
Agriculture Ecological Tourism ······278 L
Specialized Farmers Cooperatives ······278
Residential Construction ······278
Safety Operation for Letters and Visits ······278
Build Agricultural Standardization System ······278 R
The Implementation of Information Management ······278
The Implementation of the "Five Reunification" Distribution Mode ······278

Jiangsu Province Gangbu Farm

Economic Development ······279
Economic Development ······279
Economic Overview ······279
Joint Contract Management ······279
Good Seed Cultivate ······279
Grain Purchasing and Storage ······279
High Efficiency Agriculture ······279
Agricultural Mechanization ······279
Fish Breeding and Poultry Raising ······280
Forestry Economy ······280
Infrastructure Construction ······280
Electricity and Water Supply ······280
Safety Production ······280 L
Agricultural Cooperatives ······280
Creative Studio ······280
Social Undertakings ······280 M
Environmental Remediation ······280 M
Focus on People's Livelihood ······280
Recreational and Sports Activities ······280
Party and Mass Affairs Work ······281
Political Study ······281
Labor Union Work ······281 L
Party Building Works ······281 L
Hold the Convening of Meetings ······281
Serve for Staffs ······281
Basic Labor Union Construction ······281
Propaganda Work ······281
Petition Work ······281

South of Yuntai Farm

Economic Work ······282
Attract/Invite Investments ······282
Forest Management ······282
Forest-fire Prevention ······150 M 282
Project Application ······282
Social Undertakings ······282
Environmental Remediation in Village ······282
Governance Stone Mining ······282
Safety Production ······282 R
Straw Burning Ban ······282
Party Building Works ······282
Publicizing and Reporting ······282
Organizational Building ······283
Rectify the Style of Work ······283
Construction of Cadres ······283

Figure

Xinpu Elegant Demeanor

Statistical Date

Appendix

特　载

百年新浦老大街的变迁

——写在新浦民主路文化街保护工程实施前后

黄海之滨，花果山下，风光旖旎的连云港市的中心城区新浦，有条百年老大街——民主路。它初称新浦大街，民国初定名中山路，新中国成立后更名民主路。这条路的中段（今民主中路）虽只有1500米长、3~7米宽，无法与现代城市大道相比，但它在新浦乃至连云港市、苏北、鲁南一带经济、社会发展中曾经发挥过无可替代的作用，至今沿街那些保存完好的中西合璧的民国建筑仍让人赞叹不已。直到现在，人们依然习惯称它为“新浦大街”。

崛起于大海边的街市

连云港市中心城区新浦，200多年前还是一片汪洋，为千年古城海州的近海域。后因黄河夺淮从苏北入海及清初裁海（把海中的云台山与大陆隔开，禁止陆上人出海登山）、康熙七年（1668）山东郯庐发生8.5级大地震等因素，逐渐形成了自清康熙四五十年间，云台山与海州古城之间的海域迅速淤垫、海岸东移现象。到乾隆后期、嘉庆初年，因孔老夫子登山观海而得名的孔望山之东北一带，也脱离了大海。海退使武则天垂拱四年（688）开挖的运盐河的入海河段，不断向东北延伸，入海口也不断更新。到嘉庆三年（1798），淮北盐商，急于盐运，自发捐资，将自原盐河入海口卞河口以下至孔望山东北脚下，新形成的一条小河——“新浦”（当地民称“朐山河”）拓宽挖深，并将新浦这条新河段的入海口立为“新浦口”（今新浦玉带河桥附近），建坨地，取代了卞河口的原盐集运功能。嘉庆九年（1805），海州知州唐仲冕顺应州人民意，组织人役，从海州城的东门外护城河至新浦口，开挖一条河道，因年逢甲子，故名曰“甲子河”。甲子河的开挖，使古城海州与京杭大运河沟通，为将海州东南乡村的粮草运进城，提供了一条黄金水道，解决了“自孔望山至州城七八里，崖岸荦确，舟楫不通，城无市廛，米薪缺乏”（《嘉庆海州直隶州志》载《甲子河记》）之难，给州城人民带来了实惠。正因为这条甲子河的开挖，给刚形成的“新浦口”带来了极好的发展机遇，使其由单纯的坨地，变成了海属地区一个新兴的海河转运口。

在这之后五六十年间，“新浦口”随着海退不断移位，直至咸丰、同治年间，移至如今新浦区所在地时，人们不再跟着大海跑了，因为这儿既濒临大海，更为沭河下游蔷薇河和运盐河这两条大河入海之处，离海州城又很近，地理位置极为优越。于是这儿很快就由盐滩、渔村，发展成了苏北、鲁南土产物资的集散地。海州城里的富户，甚至是北边胶东一带商人都到此在前河、后河之间占地皮，开设货栈、渔行、客栈，专门从事南北土产交易和为外地商人提供食宿服务，使新浦形成了一个新兴集镇，在前河北岸也初步形成了一条长约500米、宽约3~7米不等的东西向街市。尽管街两旁的货栈、商行建筑极为简陋、矮小，但毕竟是这片新生土地上的第一条像模像样的街市，人们开始称它为“大街”。

为适应当地商户、渔民信仰需要，在其北的富安（今新浦区浦南镇富安村）籍商人刘振家、刘振鼎等审时度势，于光绪十八年（1892）倡修供奉“天后娘娘”的天后宫，得到鲁商林乾一、林栋臣等响应和赞助，历经十年，新浦天后宫在大街东端（今民主路177号、新浦区政府处）建成。新浦天后宫一度成为苏北鲁南沿海一带香火极为兴盛之处。从此，大街乃至整个新浦逐步繁荣起来。

昔日海属地区的经济中心

光绪三十一年（1905），位于新浦北面5公里临洪河口的大浦，以“胶海关海州分关”名义自行开放，成为当时全国32个“自开商埠”之一，物资贸易十分活跃，海属地区的大麦、小麦、玉米、大豆、花生、豆饼等土产品，由大浦港出海远销山东、上海等地；北方山东的水果，南方的布匹、百货，也从海路运来，经大浦转运，销售各地。

而此时大浦港除简易码头、货场外，市政设施、商店、客栈等均未跟上，南北商人仍以新浦为生活和商务活动的落脚点。新浦自然而然地成了大浦港的依托。就在此时，清政府又批准将陇海铁路从徐州延伸到海州、新浦。这两大机遇，使新浦大街进入了一个迅速发展的崭新阶段。从这时起，到民国14年（1925年）7月1日，徐州至新浦铁路建成通车这20多年间，山东、河北、安徽、山西、清江等各路商贾，纷至沓来，或在大街两旁开店经商，或在大街前后建厂办企业。很快新浦大街原有的简易货栈就被河北商帮开办的“生庆公茶庄”（1919年开业），公大、义信、德厚成百货店，华中裕商店，谦祥泰布庄，萃丰五金行；山东商帮经营的源兴涌布庄及第一饭店、九如饭店、四五饭庄、天顺楼、四海春等10多家饭庄；豫商经营的“三和兴”药店等所替代。海属地区一些大户也在大街及其附近加大投入兴办企业。“江北三名流”之一赣榆籍实业家许鼎霖，在大街南侧先后投资28万元开办新浦第一家半机械化面粉企业“海丰面粉公司”（今中央国际处）、投资42万元开办赣丰油饼公司（今汇金购物广场处）；“江北三名流”之一的海州沈云沛之子沈仲长，在新浦天后宫东南角（今东方大厦处）创办“新东电灯股份公司”。至20世纪30年代中后期，新浦大街已有大小店面上百家，其中布店就有50多家。此时，新浦的工商企业也已达300余家。

工商业的迅速发展，带动了其他各业的发展。1923年，中国银行和江苏省银行首先在大街设立新浦办事处。紧接着大中银行、长安银行、徐州国民银行、金城银行、浙江兴业银行、中央银行、交通银行、中国农民银行等10多家银行在新浦设立办事处，英商太保保险公司、美商花旗保险公司等也在新浦设立代理处。第一池、陇海公寓、中央旅社、东亚旅社、海州旅社一批档次较高的服务企业建成营业；第一个室内营业性剧场新新舞台、可与上海天赡舞台媲美的“更新舞台”相继开张。

20世纪20、30年代，新浦大街的繁荣昌盛，不仅表现在工商贸易兴旺发达上，还体现在沿街建筑的巨大变化上。经各商家大兴土木，原来那些矮小的土墙、草顶的小门面房，都变成了一座座兼容中西风格，又各有特色的两层商用楼房。大街也由原来500米长，向东西延长到了1500米，并且铺成了沙石路面。大街中段还安起了电力路灯。很多商店都用上了电灯、电话。

新浦大街以兴旺的商铺，整齐美观、充满时代气息的中西合璧风格的沿街建筑，标志着现代文明的电灯、电话、电报的使用，以及海上小火轮客货营运，陆上火车、汽车客货营运的兴起，一时间，使新浦这座新兴商埠成为苏北鲁南的商贸中心，并获“苏北小上海”之美誉。

现代文明荟萃之街

新浦大街不仅是一条百年商贸街，而且具有丰富的文化底蕴。

早在新浦大街初成之时，新浦的第一所小学校就创办于此。1913年，大街上的一些开明商人深感私塾跟不上培养文明时代人才需要，于是，本地商人刘振基、刘振殿、周锐卿等——发出兴办“洋学堂”的倡议，便得到众人响应，刘振沛、刘振鼎首捐巨资，殷维盘、王开基、董秋成等商户也纷纷解囊助学。很快就在新浦天后宫西侧建起6间堂屋、4间西屋作为校舍，并备齐各式设备，聘请清末举人、富安人刘鸿猷（字允生）任校长，海州人姚焕玉、淮阴人程某等任教员。一所由地方筹资兴办的县立初级小学——东海县第二国民小学（因此前海州已办第一国民小学）便在天后宫内开学了。这所小学虽然只办了6年，但却以开新浦现代教育之先河而载入史册。

新浦的现代医疗机构也始于大街。1923年，四川籍医生萧隐慈在大街东头开办新浦第一家西医诊所——隐慈医院。接着，东海医院、华东医院、健之医院、益龄医院、海天外诊所等西医诊所、医院相继在大街开业。其中，尤以益龄医院在海属地区影响较大。

益龄医院为东海富安人、古海州第一个医学博士刘一麟开办。刘一麟出生于1908年，1924年以优良成绩于江苏省第十一中学（今海州高级中学前身）提前毕业，考入上海同济大学。1931年，毕业后应聘任上海宝隆医院内科医师。1932年，自费留学德国罗司多克大学医学院，后转汉堡热带病研究院，获医学博士学位。次年回家乡，在新浦中山路107号开办益龄医院。医院有楼房28间，平房26间，设48张床位，并有显微镜等先进的医疗设备。刘一麟博士自任院长兼内儿科医师，并聘名医开设外科、妇产科临床科室。刘一麟以精湛医术，更以高尚医德誉满海属大地。1939年春，日本侵略军侵占新浦，刘一麟举家迁至灌云县德兴庄开办诊所，为当地农民看病防病，深得农民赞誉。抗战胜利后，益龄医院在新浦复业。1950年10月，刘一麟博士带着益龄医院全部设备及部分人员，加入坐落于新浦大街东段的新海连市工人医院（市第一人民医院前身）。即使在以后担任市医院副院长、院长、副市长、市政协副主席期间也没有离开医疗岗位，直至1985年3月病逝。堪称港城医卫界楷模。

大街东段，紧靠龙尾河边的陇海公寓，更是值得人们怀念的老建筑。它初为海州镇守使白宝山部下一个营长、河南人雷鹤亭解甲经商，于1925年在此兴建的一座高级旅馆，因时值陇海铁路通到新浦而得名。公寓是一座整体相连的两层楼四合院。整个建筑物设计装潢精致典雅，中西合璧。沿街四间门面房近20米长、15米高。东首第二间为拱顶大门、大门两旁方石墙群以上各为一根紫红色圆柱。圆柱与砖镶拱形门顶之间为彩色浮雕茶花；二楼四个窗下，各砌一个凸出于墙面的长方形边框，框内自左至右为立体的“迎宾”、“群贤毕至”、“陇海公寓”和“少长咸集”字样；楼顶砌有五根圆顶方柱，柱间除大门之上为半圆形，半圆顶端为一寓意吉祥如意的大宝葫芦外，均为三角形饰墙。公寓院内，二楼全是大红雕花护栏、四边连通的外走廊。天井顶部为大型玻璃天窗，风雨不透。楼上楼下为客房，单人间、双人间、四人间、夫妻间配套齐全。楼上客房设备讲究，并装有电话。在苏北鲁南名噪一时。

而更使陇海公寓闻名的是，抗日战争爆发后，中共长江局军分区派张文海、刘曼生（谷牧）等秘密到新浦，住进陇海公寓，并以此为基地，开展抗日统一战线工作。在这里发展抗日将领——五十七军六六七团团长万毅为中共特别党员。万毅所率部队积极拥护抗日，在连云港保卫战中，抗日官兵三次与日寇肉搏战，均获全胜。为弘扬党的光荣传统，1987年6月6日，中共连云港市委、连云港市人民政府决定，将陇海公寓作为连云港市革命纪念馆。

新浦大街从20世纪初到30年代前后鼎盛一时。可是，至20世纪30年代后期，日本军国主义者发动侵华战争，日机轰炸新浦，特别是1939年3月日军占领新浦后，日货充斥市场，地方资源被日军大肆掠夺，民族工商业受到严重摧残。抗战胜利后，国民党急于打内战，苛捐杂税，派粮草，抓壮丁，物价飞涨，民不聊生，新浦大街一片萧条。

曾经的港城政治经济中心

1948年11月7日，新浦解放。刚刚成立的新海连特区政府，一面组织救济贫民，安定民心，一面号召私营工商户恢复生产，新浦大街很快开始复苏。在20世纪50年代初，私营商业遇到困难，大街贸易出现冷落时，人民政府及时撤销4个国营、合作商业零售点，并将百货、杂货、文具等类579种商品，让给私营商户经营，取消批发起点限制，放宽对私商贷款额度，大街上的工商企业很快恢复生气。

20世纪50年代中期起，随着人民政权进一步巩固，社会治安安定，胜利度过了国民经济三年恢复时期，开始执行第一个“五年计划”，新浦大街也呈现出了繁荣景象。在东西约1500米的大街两旁，密布着党政机关和各种商贸服务企业。原新浦天后宫为市人委办公大院、原海昌里东一宅为新浦区人委驻地。中共新海连市委紧靠大街，坐落于今市机关幼儿园北半部。很多市级机关单位也驻于大街两旁。老大街成了新海连市及至以后的连云港市的政治活动中心。

此时的新浦老大街也是全市市政建设的重点。至20世纪50年代中后期，大街路面率先由砂石路面铺筑为泥结碎石路面。60年代初，又率先铺成沥青路面（时称“柏油马路”）。大街两旁已安装弯型路灯。市广播宣传站（市有线广播站前身）还在大街路旁电线杆上安装57只舌簧喇叭，每天两次向群众播放新闻和文娱节目……

新浦老大街呈现了从来没有过的繁荣景象。

一度面临困境的老街

“文化大革命”之后，市、区党政领导，认真贯彻党的十一届三中全会精神，坚持以经济建设为中心，港城经济社会发展步伐不断加快，新浦老大街有限的承载量，难以适应港城中心城区经济社会发展的需求。新浦城区开始向南、向东、向西拓展。大街南的解放路（今解放中路）迅速发展起来。市委、市政府办公大院建成投入使用，市第一百货公司（今中央国际前身）、迎春商场（市第一百货公司对面）、红光五交化商场、供销贸易中心、东方贸易大厦、轻工商场、市彩色照相服务中心等大中型商场和档次较高的餐饮服务企业先后建成营业，解放路成了人们新的购物中心。继之，海连路（今海连中路）及其沟通海连路、解放路的通灌北路、海昌北路、南极北路两旁高楼渐多，商家汇集，形成了新的商贸服务街区。

而就在这新浦城区经济和社会事业日益兴旺的同时，新浦的百年老街——民主路上的商贸气氛逐渐淡薄，失去了港城政治、经济、文化中心街区地位。在此大环境影响之下，老街上不少商家退场，到热闹地段租房经营。原来的商业用房转为他用。沿街一些老建筑被拆除翻建成现代平顶办公楼、居住楼。特别是20世纪80年代末、90年代初，大规模的旧城改造兴起之后，老街两旁20世纪20~30年代的老建筑更面临了被当作“棚户区”而被拆除改造的困境。

面对这种情况，市、区一些专家、学者及众多“老新浦”，积极呼吁保护新浦老大街，留住新浦经济社会发祥地的历史面貌，传承新浦历史文化。1993年，在新浦区政协举办的《新浦兴盛百年研讨会》上，张传藻、刘洪石、彭云、王恒栋等专家学者也建议市、区领导保护、修复好民主路上民国年间的老建筑物，把民主路重新改造、恢复为特色商业街。可惜，当时这些颇有远见的建议没有引起市、区决策层的足够重视。于是乎，到20世纪90年代中后期，便出现了成片拆除改造新浦百年老街——民主路的“热潮”。先是1996年春，新浦区地产公司与台商大宏建设股份有限公司共同开发市化路商业街，成片拆除了老大街南侧、海昌路以西一片很有民国年间建筑风味的海昌里建筑群之西一宅及大华药房、万康祥食品店、馨祥酱园等沿街建筑。建成了昌旺购物中心。2001年，海昌路东侧、原海昌里东一宅四合院两层楼连体建筑群（原味芳楼、海燕照相馆等在此经营）被成片拆除改造，建成了国大商厦。接着，龙尾桥西首、大街路北侧，包括市革命纪念馆（原陇海公寓）、原市广播电台用房在内的民国年间建筑风味很浓的老建筑，被成片铲除，建成了现代商住楼。市民路西、老街街南侧原华中裕等一片老建筑物（原新浦区政府对面）也被拆除……新浦百年老街的历史风貌受到了新中国成立以来最严重的损伤。

新浦百年老大街能否保存下去？众多“老新浦”和有关人士忧心忡忡。

喜逢幸遇的百年老街

值得庆幸的是，在此关键时刻，市委、市政府和本届区委、区政府对新浦百年老街——民主路的保护和恢复性改造十分重视。2013年初，区委、区政府即着手恢复新浦百年老街民国建筑风情，建设民主路特色街区工程。笔者有幸参加了区委、区政府为此召开的首场座谈会，深感区委、区政府对此举意义的重视，不单纯是着眼于经济建设，而是一开始就把他当作一项综合性的文化工程、惠民工程。是要通过此项工程的实施，传承新浦的历史文化，留住新浦这座现代城市的兴起之地、发祥之根；整个工程的实施不是单纯地从外表上恢复原有风貌，更要为沿街商家和居民创造优雅、方便的经营、生活环境。因此，在具体操作上也摆脱了拆除重建和只顾经商而忽视民生的做法。在对老街沿街经营、办公、居住情况进行全面调查的基础上，分别采取不同的修复改造措施。对现存的一些老建筑，按“修旧如旧”的原则，作修复性改造；对后建的一些现代建筑，按老街整体建筑风格，在其沿街墙面上增加一些体现民国建筑风格的构件；对一些破损严重、难以修复的建筑物，予以收购拆除，按民国建筑风格设计新建。对涉及沿街商家、居民生活的上下水管道、电线、电话线、通信网络线及燃气管道等，绝不修修补补，而是彻底改造，原架在老街上空的线路全部转入地下。在老街上还将兴建新浦历史博物馆等一批文化场所，以丰富民众的文化生活。最终建成重现民国建筑风情，集商贸、文化娱乐、观光旅游于一体的特色街区。

为此，区委、区政府成立了民主路特色街区建设改造指挥部，由区委常委、宣传部部长房忠涛任指挥长。并抽调精兵强将组成若干专业组。于2013年4月1日老街建设改造工程正式启动。其一期工程为东起通灌路口，西至南极路口，全长约650米，总投资约2.5亿元。经过8个月的艰苦细致的工作，沿街先后修复文物保护类建筑物18处，改造新老建筑墙面25000平方米，拆除危房，按民国建筑风格新建沿街店面1万多平方米。并于2013年12月26日，通过简朴而充满洋洋喜气的仪式，以“如旧”的新面貌开街，赢得广大市民的认同，唤起了“老新浦”们的记忆。

迎接新的繁荣景象的新浦老大街

新浦民主路文化街保护（一期）工程的实施，浸透着市、区领导的心血。早在2013年2月22日，民主路文化街保护工程开始酝酿之时，市委书记、市人大常委会主任李强即就此明确指出要“精心打造民主路工程，来留住城市的记忆。”“留住城市的记忆”就是要留住新浦民主路的历史面貌。为了做到这一点，区委、区政府在认真调查研究，广泛听取社会各方意见的基础上，确立了“修旧如旧，统一风格，整合业态，提升商业风貌”的工程实施原则。在整个施工过程中，市委书记李强、代市长赵晓江等市领导及区委书记王立斌、代区长单晓敏等区领导，更是经常到现场调研，会商解决难题，使工程得以不离工程实施原则地顺利进行，使百年新浦老大街在最后时刻得以保护和一定程度的恢复，留住了新浦这座新兴城市之根。

新浦民主路文化街保护工程的实施，使东起通灌路口西至南极路口的民主路主要路段发生了明显变化。变化之最凸显的亮点是整个街面通过施工，旧的“复旧”，新的“做旧”。“新旧”“老旧”融为一体，全街体现了浓厚的民国建筑风格。工程实施之前，几经拆除开发，一大批民国建筑物被拆除，建成现代楼房。所剩下的一些老店面，也因年久失修和各自装饰变得面目全非、杂乱无章。如今，不仅生庆公、三和兴、原百货总公司、大华百货商店、公大商行等已恢复“如旧”；前些年开发新建的国大商厦、市机关幼儿园、列奇达商住楼等现代楼房，经过墙面改造，也有了些“旧”味，与沿街建筑浑成一体。通灌路口按照民国建筑风格设计新建的钟楼，虽是老大街上不曾有过之物，但他已融入老大街，没给人们留下“出格”的感觉。而且，成了老大街的新标志。海昌路口新建的牌坊门，面南门额上刻着“大街”二字，留下了一代代“老新浦”的记忆和沿袭百年的称呼，也向外来人昭示：这里就是新浦的源头，新浦的根。牌坊北的大街北侧，历史遗留下的一片空地，已因地制宜地建成了“新浦广场”，成了新浦一处新的文化活动场所和市民休闲自娱好去处。

民主路文化街保护工程的实施，第二个亮点是老街变得宽敞整洁了。本次工程是新浦大街有史以来第一次“开肠破肚”动大手术，改变了过去头疼医头，脚疼医脚的做法。新中国成立以来，随着经济建设和社会事业的发展，作为港城中心城区的新浦，供电、供水、电话、广播都优先发展，在给沿街商家、住户带来方便的同时，各种线路也在老大街上空率先交织成网，大煞老街风光。此次老街保护性改造工程一开始，区委、区政府就通盘考虑，将净化老街空间，根治给排水系统纳入整体规划，同步施工；将原来地面上的各种管道、线路全部转入地下，彻底更新给排水管道，并与沿街用户对接；大街路面，全部按民国建筑风格，铺上石板和青砖。现在的大街头顶上清亮了，脚底下平整了。街面两旁竖立的一根根仿20世纪30年代的风格的路灯杆，摆放的一个个大木段做成的座位、古色古香的花坛和“卖馄饨”“拉洋车”的街头小品，更增添了大街的“老味”。

民主路文化街保护工程的实施，第三个亮点是老街上的业态正在发生着变化。传承地方发展历史，重振新浦大街商机，繁荣大街景象，这是区委、区政府实施改造工程的出发点和落脚点，也是检验工程成功程度的重要标尺。因此，区委、区政府一开始就广泛征求社会各界意见和建议，学习外地老街改造经验，从新浦城区商贸中心早已转离老大街，以及老大街上民国年间建筑的商店单体建筑体量小、设施不全等实际情况，对大街的业态分布进行全面的研究，围绕市民物质、文化生活需求，予以特色定位，加大对大街市场经营的指导力度，制定优惠政策，做好大街业态功能置换的引导工作。开街半年来，老街上过去那种经营特色不明显，吸引力不强的状况已开始有所改变。现在，民主路文化街上，除了百年老店生庆公茶庄、三和兴药店等继续经营外，其他有特色的店铺也日渐增多：馨祥酱菜店、吉星祥油坊开张了；在市民路西不远的路南侧，赫然挑出一面印有“海州辣黄酒”5个大红字的杏黄旗，很引人注目、投足。凡有人进店，店家都热情介绍载于李汝珍《镜花缘》的“海州辣黄酒”的特色，并让客人品尝此酿佳味。“海州辣黄酒”附近街两旁，由生庆公、清和园等10多家茶业店集聚形成的茶叶销售市场和由老牌红星文具店等多家门点集聚而形成的办公文具、文化用品经销市场正在显现经营特色和集聚效应。市民路以东地段，已进驻半年多的“老海边煎饼”，经营者是赣榆县宋庄镇店主郑运泽经营灵活，他以市非物质文化遗产——煎饼烙制工艺，烙制、出售赣榆名特食品咸煎饼，并可为顾客现磨糊嘟，就着咸煎饼吃，还可为顾客加工盒装礼品煎饼。开业以来，生意看好。“老嫚店”“阿龙成衣坊”“阿君成衣坊”“薇薇粗布坊”等也自成特色；85度C音乐西餐厅、雪芙豪德国啤酒花园等入驻开张，让老街散发了现代气息。藏宝阁、醉纸轩、美玉传奇、福佑翡翠等店出现，原大华百货商店用房内不时组织民间戏曲演唱，举办各种展览，新浦广场上的文化活动……更浓厚了大街的文化氛围。

开街半年的实践证明，新浦民主路文化街保护性工程的实施，不仅使百年新浦老大街以新的“旧貌”留住了新浦这座城市的记忆，沿街业态也在量变之中向着他的出发点和落脚点一步步靠近，迎接着新的繁荣景象。（韩世泳）

一桥飞架南北 城乡一体变通途

新浦区东站引河大桥开工建设

2013年8月26日，备受港城市民关注的新浦东站引河大桥正式开工建设。据悉，该桥跨度247米，桥宽50.5米，路面为双向八车道，工程造价约6000万元，预计将于2015年3月建成通车。

新浦区浦南镇地处城区西北部，人口5.6万人，面积104平方千米，地理位置优越，资源得天独厚。但由于受到多方条件制约，城乡距离进一步拉大，为了让农民群众共享改革发展成果，年初，市委、市政府将浦南镇纳入全市首批城乡统筹示范镇，决定用3年左右的时间，把浦南镇建成发展规划、产业布局、基础设施、公共服务、就业保障、社会管理和交通道路七个“一体化”。

东站引河大桥是新浦区实施城乡一体化、加快城市建设步伐的战略性节点工程。据悉，该项目建设完工后，市区与浦南镇紧密联系在一起，将缩短市区到浦南镇的路程约三分之二，这对于加快完成浦南镇城乡统筹试点镇建设，完善城市的路网结构，提升城市功能的发挥起到积极的作用。

（王一平　张　洲）

连云港市新浦区 2013年国民经济和社会发展统计公报

2013年，面对极为错综复杂的内外部经济形势，全区上下紧紧围绕“稳中求进，加快转型”的年度工作主题，以“城乡统筹、开发区西拓、新城开发、旧城改造”四大工程为主抓手，齐心协力、克难求进，把稳增长、调结构、惠民生、促和谐的各项举措落到实处，经济社会保持了平稳健康发展的态势。

一、综合

经济总量持续增长。全区实现地区生产总值121.1亿元，增长10.5%。第一产业增加值实现5.93亿元，增长5.5%；第二产业增加值实现26.25亿元，增长9.4%。其中，工业增加值15.98亿元，同比增长10.4%；第三产业增加值实现88.9亿元，增长11.3%。产业结构进一步优化，三次产业协调性增强，逐步形成第一、第二、第三产业相互促进发展的格局。三次产业的结构由上年的5.2∶22.4∶72.4调整为4.9∶21.7∶73.4；一二产业分别下降0.3、0.7个百分点，三产占比较去年提高1个百分点。

财政收入稳步增长。全区完成财政总收入38.5亿元，增长5.9%；完成公共财政预算收入26.7亿元，增长7.5%。财政一般预算支出20.7亿元，同比增长19.3%。实现税收收入21.9亿元，增长28%，占公共财政预算收入的比重为82.1%，比上年上升了5.1个百分点。

二、农林牧渔业

粮食生产稳定。2013年，全区粮食播种面积32.88万亩，比上年减少4350亩；单亩产水平为465公斤，比上年减少6公斤；总产152793吨，下降2.6%。夏粮种植面积15.9万亩，比上年减少2400亩；单亩产水平为388.7公斤，比上年减少10.6公斤；总产61797吨，比上年减少2655吨。秋粮种植面积16.98万亩，比上年减少1950亩；单亩产水平为536公斤，比上年减少2.5公斤；总产达到90996吨，比上年减少1498吨。其中水稻种植面积16.74万亩，比上年增加450亩；单亩产水平为539.4公斤，比上年减少6.9公斤；总产水平为90289吨，比上年减少923吨。

经济作物生产快速增长。2013年瓜果蔬菜和油料作物栽种面积31200万亩，比上年增加8100亩。其中：蔬菜28050亩，比上年增加7650亩，总产量87828吨，增长88%；瓜果种植面积2700亩，比上年增加450亩，总产量5989吨，增长3.6%。

现代农业发展加快。高效农业规模扩张，新增土地流转面积1.39万亩、设施农业6500亩，高效设施农业（渔业）面积比重21.7%；新增适度规模经营面积2.77万亩，适度规模经营面积占全区耕地比重达90%。新增省级菜篮子基地2个，基本建成花卉苗木、特种水产养殖和设施蔬菜三大基地管理服务中心，省级农业龙头企业增加到4家。新增合作组织8个，入社农户546户，新发展家庭农场21家；新办农产品加工企业2家。一村一品示范村增加到5个，农产品质量新增三品数23个,"三品"基地占有耕地比重增加93%。新增农田灌溉面积1万亩,新建高标准农田面积1万多亩;推广水稻插秧机211台,农业综合机械化水平达78.3%。农业生产保障能力增强,疏浚区乡级河道116公里,新建泵站12座,防渗渠道52公里。完成绿化造林0.78万亩,森林抚育面积0.8万亩,农田林网更新完善1.69万亩,四旁植树87万株,苗木花卉0.12万亩;全区森林覆盖率达到28.5%。

三、工业和建筑业

*工业经济难中有进。*年末规模以上工业35家,全年实现规模以上工业增加值11.3亿元,增长10.3%;规模以上现价工业总产值61.3亿元,增长2.4%;实现销售收入54.3亿元,微降0.32个百分点;企业规模日益壮大,规模企业产值单体规模1.75亿元,比上年增加800万元;产值过亿元企业比上年增加2家,达到20家,亿元企业经济总值占比达到88.7%,比上年上升2.4个百分点。全区着力强化政策支持和要素保障,力保工业企业健康运行,产业招引取得新突破,签约投资过亿元工业项目13个,总投资8亿元的品苏制造、总投资5亿元的洪港装备等10个项目开工建设;25个工业投资项目年内完成投资26.6亿元,有19个项目竣工投产,形成工业经济新的增长点。

*建筑业发展平稳。*建筑业总产值105.9亿元,增长12.9%;竣工产值94.9亿元,比上年增长45.1%。房屋建筑施工面积为935.4万平方米,其中本年新开工面积达368.4万平方米。

四、固定资产投资

*固定资产投资持续较快增长。*全年完成全社会固定资产投资232.5亿元,增长21.7%;全社会工业投资49.6亿元,增长18.9%;规模以上固定资产投资202.4亿元,增长20.2%;规模以上工业投资41.6亿元,增长24.8%。投资结构进一步优化。第三产业完成投资182.9亿元,增长22.4%,占比达到78.7%。其中现代服务业投资高速增长,信息传输、软件和信息技术服务业完成投资额9.4亿元,比上年增长了7.5倍;科研和技术服务完成投资3.6亿元,增长了19倍;教育投资11.9亿元、卫生投资1.2亿元,分别增长72.5%、32.9%。

*房地产开发投资略有下滑。*全年完成房地产开发投资57.8亿元,同比下降8.3个百分点。房屋施工面积831.1万平方米,与上年基本持平;当年新开工面积144.7万平方米,增长23%。房屋施工面积中,商品住宅626.2万平方米,增长2.3%;办公和经营用房114.5万平方米,下降13个百分点。本年竣工房屋面积93.9万平方米,较上年下降39.9%。从销售情况看,全区商品房销售面积为125.9万平方米,增长2.5%;商品房销售额为72.7亿元,下降2.8%;商品住宅销售单价5751.6元/平方米,每平方米比上年上涨了68.7元。

五、国内贸易

*消费需求稳中有升。*社会消费品零售总额163亿元,增长14.1%;其中限上企业完成91.6亿元,增长15.8%;限下零售额71.4亿元,增长11.9%。批发零售业销售额386.1亿元,增长17.7%;其中限上企业完成181.6亿元,增长12.8%;限下完成204.5亿元,增长22.5%。加快推进商贸流通重点项目建设,苏宁广场等7家重大商贸项目建设顺利。苏宁广场八层裙楼封顶、2号主楼已建成37层、两栋27层辅楼业已封顶;新浦公园二期商业街和民主路特色街区基本完成硬件改造,水晶一条街开街营业;兴隆国际商贸广场开工建设;中央华府农贸市场完成了主体框架建设。

六、对外经济

*招商引资成果丰硕。*在全国外贸形势较为低迷的情况下,重抓招商引资,开展招商活动145次,全年新批外资企业21家,实际利用外资5809万美元,增长15%;新增内联项目1100个,投产新开业1099个,引进内联客方到位资金61.3亿元,增长21.5%,其中引进亿元以上签约项目27个。外贸进出口总额9.19亿美元,增长5.2%,其中出口8.03亿美元,增长2.5%。

七、教育和科学技术

*教育事业持续健康快速发展。*深入开展"省学前教育改革发展示范区"创建,5所幼儿园通过市优质幼儿园验收,按省优标准建设的全区第一所村级公办幼儿园江浦幼儿园和商业幼儿园新海分园开园招生;全区在园幼儿1.7万人,学前三年毛入园率达99.79%,优质学前教育资源覆盖城乡。顺利通过"全国义务教育发展基本均衡区"评估验收,成绩列全市第一。初中毕业生升学率、高中阶段毛入学率均达99%以上。社区教育多元发展,荣获"全国社区教育实验区"称号。全区镇街社区教育中心均达市级标准,14所居民学校达市级标准化水平;社区教育中心开展居民培训讲座60余次;编写的《走进家乡的西红柿》、《鲜切花栽培技术》社会教育教材,均被评为市社会教育"优秀自编教材",对推动农业结构调整和农村经济发展起到了积极推动作用。基础设施和教育装备提档升级。新浦中学、解放路小学郁州分校新建教学综合楼、大村中心小学一期工程竣工,浦南新镇区中小学、太平小学、海庆中学教学综合楼主体封顶,凤凰中学异地新建工程启动建设。全年新建校舍4.16万平方米,加固校舍1.21万平方米。新建塑胶操场2.25万平方米,硬化操场、篮球场地1.15万平方米;全区中小学添置课桌凳7150套,电脑398台,多媒体投影设备70套。全区所有中小学校教育技术装备都达到了省定二类标准及以上,办学条件达省标准化要求。加强对口交流,均衡师资力量。区内所有义务教育学校均参与交流,教师交流比例超过符合交流条件教师总数的15%以上,优质学校校长、教师流入学校师生满意率达92.27%。

*科技创新能力提升明显。*全区技改投入近10亿元,竣工技改项目8个;获批国家级科技项目3项、省级6项,争取科技扶持资金3000多万元;如年实业等3家企业获批国家级高新技术企业;获批省级高新技术产品13个;新增省级研发机构2个,大中型工业企业研发机构实现全覆盖。申请发明专利1227件、授权763件,万人有效发明专利拥有量4.9件。推进"政产学研用"一体化,新浦区与南京财经大学合作共建了高端人才培育基地,5家企业与清华大学、中国科技大学等高校建立了产学研合作平台。

深化“百名高端人才新浦行”活动，邀请了海内外高层次人才50多人、人才组织团体10多个到我区考察洽谈。引进城乡规划、金融投资急需人才8名，面向全国招聘复合型领军人才3名、高级管理人才16名、高端专业人才15名；现拥有高层次人才、技术性人才达4052人，全市领先。顺利通过全国科技进步县区考核，新东街道创成省级科普示范街道，西苑社区创成全国科普示范社区。

八、文体旅游和卫生事业

公共文化服务体系进一步完善。进一步打造完善了“城区15分钟文化圈”、“乡村三里文化圈”服务网络；新浦记事馆开馆迎客，新浦图书馆新增藏书5000余册，并实现面向社会免费开放；投入4000万元新建浦南文体中心，投入200多万元改造升级了社区文化场所。创新开展了“社区文化大讲堂”活动；加快推动镇街文化阵地提档升级，花果山街道荣获省公共文化体系示范乡镇。

文化市场繁荣有序。成功举办了春节民俗大联欢、元宵焰火晚会、白虎山庙会等重大节庆文化活动；大力开展广场文化活动，举办青年歌手大赛、“幸福新浦”夏季文化广场开幕式、“连云港好声音”歌手大赛等大型文化活动100余场，中小型文化活动600余场次，观众人数超过20万人次。精心组织开展了“三送”工作，举办“三下乡——走进花果山”、淮海戏等各类送文化下乡活动50余场次；送电影下乡260场次；送图书下乡15000余册。对外文化交流打造地区名片、提升了地区形象。编排集体舞蹈《山海情》，荣获第十届全国舞蹈比赛一等奖；组队参加江苏省新编广场舞比赛，获最高奖项——优秀表演奖；组队参加上海海派秧歌邀请赛，荣获规定套路、自选套路两项金奖。文化艺术创作健康发展。修改《扁担会后传》并由花果山艺术团完成公演；参加连云港市第七届“和谐港城”文艺作品征稿活动，一、二等奖各一名，三等奖5名，同时获优秀组织奖；组织参加市民间艺人技能大赛，获一等奖三等奖各一名。积极开展文物保护，挖掘并弘扬历史文化。联合举办了“新浦区石刻精品拓片展”系列活动，对辖区各文物点开展巡视70余次。大力开展文化市场整治，有效净化了市场环境。组织开展了扫黄打非“春季净化”行动、歌舞厅娱乐场所专项整治“清风行动”、“绿色暑期”网吧专项整治70多次，立案查处违规经营户94家；在打击侵权盗版工作中，被国家版权局评为全国打击侵权盗版有功集体二等奖。

群众体育事业蓬勃发展。精心打造“十分钟健身圈”和全面健身中心工程，铺装塑胶地面5000平方米，新装健身路径23条，篮球架、羽毛球网4套；成功举办首届迎春拔河、跳绳比赛、“佳木斯健身操舞”展示活动、社区鼓王大赛、舞蹈大赛等各类活动和赛事100余项次，参与群众20余万人，群众健身影响面进一步扩大。培育特色群众体育团队20多支，阳光跆拳道运动协会成功申报为A级体育运动协会。组队参加市木兰剑比赛获一等奖、市妇女节广场舞比赛一等奖、市新优项目比赛一等奖。

旅游产品提档升级。市革命纪念馆成功创建国家AAAA级旅游景区，新浦公园、云台水生花卉园成功创建国家AA级景区。乡村旅游大力发展，浦南镇片区依托“一路三园”打造特色农业旅游区；花果山依托茶产业，形成茶文化旅游区；南城、朐阳片区依托山体林地，形成森林游憩观光区；云台农场依托水生花卉种植，形成湿地旅游区；港埠农场建成鲜切花、水产养殖生态旅游区。6家乡村旅游饭店升级为市级农家乐饭店。旅游行业管理规范和服务质量进一步提升，云台宾馆、中国国际旅行社获评省旅游行业文明单位；青年旅行社、中韩国际旅行社、康宏旅行社做大做优，成功获评为具有出境资质的旅行社；中远、宏达、景程、万通4家旅行社创成三星级旅行社，华云创成二星级旅行社。旅游经济效益快速增长，全年游客接待量657万人次、旅游总收入85.74亿元，分别增长12.27%、15.7%。

医改成果惠及民生。市第一人民医院浦南分院门诊楼在城乡统筹8个重点项目中率先封顶，全市2家全国示范社区卫生服务中心均落户该区，建成省级城市示范社区卫生服务中心10个，建成星级社区卫生服务中心4家，星级社区卫生服务站（室）8家；创建省级爱国卫生先进单位2个、卫生村3个、全民健康生活方式市级示范单位1家、城乡居民健康素养监测评估工作领先全市。投资1050万元对路南、新海等4个社区卫生服务中心进行了改造扩建。政府办基层医疗机构和村卫生室全部实施了国家基本药物制度，完成网上集中招标采购基本药物3600万元，药品让利1080万元；新农合政府补助标准提高至每人280元，年内全区新农合参合率达99.8%；在全市率先发放居民健康卡2.8万张。基本覆盖区内参合农民。开展了“家庭医生签约式服务”，重点人群签约率达50%以上，免费为辖区65岁以上老年人及高血压、糖尿病患者体检计3万多人，基本公共卫生服务项目和重大公共卫生服务项目实现了“盖边沉底”，全区居民电子健康档案建档率达到了87%。全区急性传染病防控疫情管理、报告与审计质量、疫苗接种率均居全市前列；慢性病防治工作走上规范化、制度化轨道；全区农村和高危孕产妇住院分娩率均为100%；建成了9家数字化儿童保健门诊。进一步加大卫生监督，严格规范卫生许可证审批程序，全年新审核发放各类卫生许可证1363户，建档1363户，及时办结率100%。

九、城市建设和环境保护

城市规模不断扩大。滨河新城立足“活力水都、生态绿肺”城市总体定位，组团式推进开发建设，征收房屋2.5万平方米，新增绿化面积7万平方米，新建城市主次干道10公里，呼应城乡统筹的郁州西路开工建设，郁州北路下穿铁路立交提前实现通车，实现新老城区无缝对接。新增滨河新城建成区面积2.5平方公里。孔望山新城盐河南路、孔望山公园二期园区道路基本建成，易居公馆、孔望尚府等项目建设加快；凤凰新城新建东路、学院南路等7条道路全面推进；凤凰中学、花果山片区科技创业中心、康达学院、花果山国际酒店等20多个重点工程项目建设成效显著。

旧城改造稳步推进。全区启动拆迁和征收地块35个，全面推进车管所、财经学校等6个地块的国土筹备地块；体育局、天然居、财经学校A西地块等重点项目征收完成；完成龙浦路地块、郁州路北延、新建东路及北侧棚户区项目、民主中路街区改造项目、铁路西货场、盐河巷、中药学校、鑫牛集团、新海路等12个项目的征收。新浦辖区房屋征收面积108万平方米。街巷整治全面落实。实施小街巷提升工程，投入2000万元，集中修建便民路27条，整治背街小巷138条，清掏下水管道146条，累计整修路面4万平方米。实施防洪排涝工程，完成东方花园、陇海花园等7个易淹易涝片区提升改造；加固改造包庄桥、二总桥等危桥11座。

城市绿化有效提升。共投资2.37亿元，完成27项城市绿化项目，新建改造绿地75公顷。提升改造海宁桥、玉带等游园绿地15个，全区绿化绿地率达37%，绿化覆盖率达41%，人均公园绿地面积11.7平方米；见缝插针栽植垂直绿化30余处，计4.03公里长，补植街巷行道树13条，实施中小学校园绿化整治32所；城区栽植各类苗木31.8万株；打造交通绿色通道10项，共完成汾灌高速、宁连高速新浦境内段和310、204国道、242省道等道路绿化108公里。

环境保护工作取得新进展。推进生态文明创建工作。《新浦区生态区建设规划》和涉农的镇、街道生态建设规划均通过省厅专家评审。全面完成垃圾处置、绿色创建、环境突出问题整治、大气污染防治23项生态文明建设重点工程。花果山街道获得省级生态乡镇称号。严格规范项目环评审批，共审批建设项目400个，审批环评报表150个，拒批项目40个，建设项目环评率和“三同时”执行率均达100%。开展环境保护执法行动。对连云港贝斯特化工有限公司进行了强制搬迁，强制关停了贤能医药化学有限公司、连云港云台电镀厂，对杰圩化工厂实行了强制停产措施；拆除禁燃区燃煤小锅炉45家；对辖区沿街饭店油烟排放实行了重点整治，采取高空排放、关停并转等方式，收到了较好效果。堵疏结合，加强秸秆禁烧和综合利用工作。全年夏秋两季实现了零点火，秸秆综合利用率达98%以上。加快基础设施建设，落实工程减排。开展了浦南镇、新浦经济开发区和岗埠农场污水管网整体规划编制，投资1500余万元，浦南污水处理厂一期建设工程及配套管网建设工程已全部完工；蔷薇河综合整治力度加大，完成了东海尾水通道的交接，启动了尾水通道的4、5号泵站和浦南污水处理厂的运行工作，确保污水达标排放；全面清理了河堤内外的违章建筑、种植、养殖和生活垃圾；完成了河堤内的坟墓迁移，落实了水源地长效管理机制，建立了河长制。争取省市级引导资金410万元，开展了滨河新城郁州北路管网建设、花果山污水管网改造和南城镇青春社区养猪场搬迁工程。

市容管理亮点纷呈。开展了“清洁环境、美化市容”综合整治活动。高标准完成城区道路、绿化带保洁工作，清运各类垃圾12万余吨，清理“三乱”小广告10万多条。圆满完成了海连西路、朝阳路、解放路、苍梧路、郁州路沿街景观改造出新。创建兴业金色家园、蓝天华侨城2个垃圾分类收集试点小区。新设置了8个公共信息张贴栏。开工新建了朝阳桥、九岭、江浦三座垃圾中转站；新建8座公厕、改建5座；新增规范设置果皮箱350只，垃圾桶300个。完成14个农贸市场施工保障及周边秩序整治。积极推进城乡统筹建设。组建了浦南环卫分公司，配置环卫车辆9辆，新建了江埔垃圾中转站，新建垃圾池114座，实现了浦南镇环境卫生工作常态管理，在全市率先实现了城乡环卫一体化管理。城市数字化管理水平进一步提升。完成了新浦地区部件收集统计汇总，编制了《新浦区数字化城管监督指挥手册》、绘制了《数字化城管地界管理图》，通过数字化城管平台接收案件9.5万次（件），总体处置率97.91%，结案率99%，大大提升了数字城市管理效能，促进了城市管理水平不断提升。强力推进禁违拆违。组织大规模集中拆违行动20次，拆除违建5.5万平方米。

十、人口、居民生活及社会保障

人口规模有序扩大。2013年年末户籍总人口达到449824人，比上年末增加10153人。全区人口出生率13.1‰，自然增长率为6.6‰；出生政策符合率达到98%，独生子女率75%；出生人口性别比降幅达到省定标准。人口计生公共服务水平进一步提升，家庭健康服务率达92%。

居民收入持续增长。2013年全区在岗职工平均工资58606元同比增长6.2%。城镇居民人均可支配收入达26898元，增长10.5%。其中：其中工资性收入16187元，增长9.7%；经营净收入2486元，增长6.8%；财产性收入328元，增长18.5%；转移性收入9985元，增长9.7%。城市居民人均消费17172元，增长10.0%。农民人均纯收入15575元，增长15.2%，增速高于全市3个百分点，快于经济和城市居民可支配收入增速均为4.7个百分点。

保障体系进一步完善。2013年，突出“创新发展增优势、就业社保大跨越”工作主题，社会保障事业和就业服务体系跨上新台阶。以劳动保障平台为基础，打造城乡居民充分就业新高地。建成省级“充分就业社区”90个，建成率全市第一；创建“充分就业示范区”6家，创成数全市领先。开展大中专毕业生职前培训278人，创业培训2000余人，就业技能培训5900多人，农村劳动力转移培训人数10035人。采集工作岗位2.7万个，成功安置1.6万人；城镇新增就业8350人，城镇登记失业率控制在2.52%。城乡居民社会养老、医疗、失业保险覆盖率100%。城镇居民医保财政补助提高至每人240元；新农合参合率达99.8%；发放城乡低保金1522万元；发放廉租住房货币补贴757户，安置低保户廉租房170套，经济房竣工408套。老年人事业进一步发展，全区民办养老机构增至13家，家庭托老所增至11家，提供老年人居家养老服务200余项。

注：1.公报中地区生产总值和各产业增加值绝对值按现行价格计算，增长速度按可比价格计算。

2.公报中部分数据为初步统计数，正式统计数据以《新浦区统计年鉴》为准。

重要文献

区委全会报告

咬住既定目标 持续加压奋进
努力开创新浦经济社会发展新局面

——区委书记王立斌在区委九届五次全体（扩大）会议上的讲话

（2013年7月20日）

同志们：

区委九届五次全体（扩大）会议主要任务是，认真贯彻省、市委全会精神，总结上半年工作，分析当前形势，部署下半年任务，动员全区各级党组织和广大干群，继续发扬不畏艰难、连续作战的拼搏精神，再加一把劲，再努一把力，一鼓作气，以更加创新的思维，更加务实的举措，强势推进工作，确保完成或超额完成全年各项目标任务。

会上，晓敏同志将对全区经济工作作具体总结部署。下面，我代表区委常委会，先讲三个方面意见。

一、精心谋划，务实苦干，以更加清晰的思路引领新浦步入快车道

今年以来，面对国内外复杂多变的经济形势，面对异常繁重的工作任务，全区上下以学习宣传贯彻党的十八大精神为动力，认真贯彻市委“五个加快、十个突破”的总体要求，围绕“建成更高水平小康社会”的目标，紧扣“做美城市、做强产业”两条主线，突出“城市建设、产业发展、城乡统筹、民生改善”四大重点，狠抓“基础投入、项目建设、招商引资、资本运作、效能提升”五大关键，万众一心、众志成城，在跨越之年的上半程收获了精彩、赢得了先机。

主要经济指标全部达到预期。实现地区生产总值57亿元，增长13%。公共财政预算收入13.8亿元，增长20%，增幅高于去年同期6个百分点。税收过千万元企业28家，比去年同期增加14家。全社会固定资产投资99.4亿元，增长25.3%。实际利用外资3281万美元，增长62%；内联客方到位资金27亿元，增长28.3%。整合土地40公顷、房产9万平方米，融资到账2.4亿元，创历史新高。在上半年主要经济指标考评中，花果山街道、新东街道、幸福路街道荣获一等奖。

重点工程、重大项目可圈可点，突出表现在六个方面：

*一是以滨河新城为重点的城市建设如火如荼。*按照“加速新城、突破旧城、提升三产、繁荣城区”要求，以滨河新城、孔望新城、BRT沿线地块改造为重点，着力完善城市功能，提升城市品质。滨河新城开发取得重大节点性胜利。历经八个多月的紧张施工，6月16日，郁洲北路下穿铁路立交4个箱涵顺利顶进到位，提前一个月实现南北贯通，标志着连接新老城区的交通大动脉——双向八车道的郁洲北路建设取得了实质进展，这也是连云港市近年来继海棠路立交之后的第二大立交。振华路等3条主干道实现通车，新城“八路两桥”路网体系基本形成，为下一步重大项目进驻创造了良好条件。孔望新城建设有序推进。突出基础设施、商业开发两大重点，盐河南路、新孔南路、孔望山公园二期、梧桐蓝山小区等13个重点项目快速推进。新海路拓宽改造、顾庄大桥北连接线征迁等市重点工程保障有力。旧城改造实现历史性突破。集中全区副处级以上领导干部，成立21个分指挥部，分赴各拆迁地块牵头抓好落实，上半年累计完成房屋征收31.4万平方米，同比增长70%。外仓街、东上渔场地块在多年停滞不前的情况下，房屋征收全面破题，外仓街签约突破140户，东上渔场征收前期工作全部完成。城市面貌更加靓丽。配合实施郁洲北路、苍梧路等5条道路黑色化工程，全面推动朝阳路、解放路、江化北路等14条主次干道出新。大力实施城建民生工程，投入1500万元大修背街小巷26条，整修路面2万平方米，铺设下水管道3000余米。强化城市管理，加大环卫作业密度，提升工作标准，居民的生活环境明显改善，赢得广大市民交口称赞。支持新海新区建设，一批基础设施项目初步建成。

二是以民主路改造为重点的特色街建设蓬勃兴起。民主路改造全面启动，按照民国建筑风格，对有历史价值的街面全方位改造，对无保护价值的建筑重新翻建，最大可能还原历史原貌，再现当年繁华景象。通过近四个月的艰苦努力，克服房屋征收、资金瓶颈等困难，已全面完成规划设计、管线铺设、区政府搬迁等工作，10月初将以崭新的面貌呈现给全市人民。盐河巷文化街基本建成，按照明清建筑风格，借鉴南京1912街区的业态和经营理念，打造具有深厚文化氛围的特色街区。目前招商异常火爆，已有星巴克、瓦库等多家知名企业意向入驻。水晶街在短短三个月的时间内改造完成，5月1日顺利开业。

三是以新镇区建设为重点的城乡统筹风生水起。全区抽调18名四套班子领导、86名机关干部奔赴建设一线，掀起了一场声势浩大、波澜壮阔的镇村建设大会战。高标准完成规划编制。委托南京华汇、南京园林院等8家国内知名设计公司，对24个项目同步展开规划设计。浦南镇总规、控规、农业产业规划调整完毕，新镇区“八个一”公建项目（医院、社会福利中心、中学、小学、文化中心、体育中心、樱花社区、商业中心）通过市规委会审查。各单体设计获得了市委、市政府的高度肯定。大力度推进项目建设。新镇区完成土地征收193.33公顷、迁移坟墓279座，“四路一湖”项目完成工程量的70%，“八个一”公建项目正在实施桩基工程。江浦中心社区服务中心、幼儿园、污水处理厂等公共配套设施主体完工，首期80户村民自建房基本建成。东站引河、蔷薇河大桥完成方案设计，龙浦路—204国道连接线正在施工，汪新大桥、郁洲北路西延工程序时推进。高标准推进农业现代化。浦南片区高效水产、设施蔬菜、花卉苗木三大基地，农产品加工集中区、农业休闲旅游区完成规划设计。新增水产养殖282.66公顷、设施蔬菜180公顷、花卉苗木100公顷。新浦农业园区纳入省级蔬菜示范基地。农业机械化水平不断提高，全市秸秆机械化还田、水稻机插秧现场会在新浦区召开。全方位加强政策配套。完成浦南镇城乡统筹三年规划及2013年工作目标编制，率先制定出台农村居民集中居住、规范土地承包经营权流转、发展农业旅游、发展家庭农场等八项配套政策。浦南镇城乡统筹工作经验在全市推广。

四是以开发区西区建设为重点的工业发展高点起步。牢固树立“工业兴区”理念，按照“拓展载体、强化配套、集聚产业、形成特色”的要求，突出抓好载体拓展、招商引资、项目建设，工业经济稳步提升。上半年，50家规模企业实现工业总产值39.6亿元，增长5.9%；全社会工业固定资产投资24.3亿元，增长20.3%。25平方千米核心区建设步伐加快，总长25千米的“四横三纵”主干道实现简易通车，发展框架全面拉开。大力实施园区绿化提升工程，投入2300万元，新增绿化面积22万平方米，其中道路绿化14万平方米。加快中小企业园建设，6万平方米标准厂房建成使用，亚桥游艺项目顺利入驻。招商引资成效显著。围绕数控机床、医疗器械产业方向，组织专业招商队伍，多次赴浙江、上海、沈阳、西安等地，开展登门招商，项目招引实现历史性突破，总投资8亿元的浙江群鹰电动滑板车及户外装备、总投资5亿元的浙江威力士智能数控机床等7 个过亿元项目签约。推行“差异化、个性化”服务，全力推进在手项目快开工、快建设、快达效。帅宝石化机械、晨鸿纺织机械2个过亿元项目如期开工，大口径管桩生产线、益云金属、东浦医药包装等7个项目相继投产，形成了新的增长点。洪门工业园结合片区产业定位，重点壮大机械制造、包装材料、现代物流配送主导产业，发展潜力进一步加大。

五是以保障民生为重点的社会建设持续深入。始终把保障和改善民生作为核心任务来推动，努力让人民享受到更多的发展成果。教育现代化成效更加显著。改扩建校舍2.6万平方米，拆除危房1万平方米，新浦中学和市东小学教学综合楼、大村中心小学、江浦幼儿园即将投入使用。我区获得“全国社区教育实验区”荣誉称号。文体事业更加繁荣。完善“城区15分钟文化圈”、“乡村三里文化圈”，举办“和谐文化进万家”等群众性文化活动200余场次，270万字的《新浦区新志》通过初审。着力“传承开发”，白虎山庙会、南城庙会回归传统。加快以新浦公园为中心的文化产业园建设，进一步整合数字影城、露天影院、演艺公司、少年宫、盐河巷等文化资源，全力打造全市文化产业高地。深入推进平安法治创建活动，社会管理创新、源头预防治理、基层基础建设、公共安全感工程四项重点工作全面加强。开展群众性义务巡防，在全区配备1万名义务红袖标和300名专职巡防队员，政法工作效能和群众工作能力得到有效提升。社会保障更加健全。组织开展“春风行动”、“送岗位进社区”等招聘活动，新增就业6982人，再就业2029人。高度重视社会养老工作，民办养老机构增至13家，家庭托老所11家。

六是以服务基层为重点的党建科学化水平不断提升。重抓党委中心组学习，成立学习贯彻党的十八大精神区委宣讲团，开展学习宣讲活动280余场（次）。坚持正确舆论导向，连云港报幸福新浦专版（专栏）在市级主流媒体上的影响力不断增强，“新浦先锋——最美基层干部”评选活动反响热烈。紧抓基层党建服务品牌，广泛开展以“美丽新浦”为主题的志愿者行动，吸引了来自全市3500余名党员骨干、7500余名注册志愿者参加，服务群众2万人次，志愿行动成为活跃在新浦大街小巷的一道靓丽风景。坚持从领导干部做起，深入开展挂“三解三促”联系点、挂联系镇街、挂重点企业、挂重点项目、挂重点信访案件包案“五挂钩”活动，帮助基层解决问题。深入实施“新浦区135人才引进工程”，公开选拔8名急需专业型干部和26名高层次人才。深化干部“三百成长工程”，抽调近300名干部到26个重点工程指挥部挂职锻炼。认真贯彻中央八项规定、省委市委十项规定，出台《关于深化作风建设提升执行力的通知》，深入开展以治散、治懒、治庸、治满、治浮“五治”作风整顿活动，组织开展公款消费、公车使用、工作纪律等专项督察94次，干部作风建设明显加强。

回首半年来的跨越历程，我们经受住了种种考验，克服了重重困难，不但缔造了新浦速度，而且创造了新浦经验，更是充分展示了70万新浦人乐于奉献、敢于攻坚、勇于创新的卓越风采。无论是重点工程、重大项目，还是主要经济指标，全部实现了时间过半、任务过半，我们的工作业绩得到了市委市政府的充分肯定，也赢得了市民的高度赞许。

半年来，我们深刻地感受到，市委市政府对新浦的深切厚爱。为做大做强中心城区，市委决定，将海州4个街道与新浦区共同组建新的中心城区，我们积极响应号召，在资产尚未正式移交到位的情况下，认真做好4个街道和22家事业单位1300余人的交接工作，确保不因区划影响到全区的发展。为做大做强中心城区，市委书记李强、市长赵晓江对新浦区倾注了大量心血，先后16次亲临新浦区，就城市建设、产业发展、城乡统筹、民生事业现场专题指导，市委李书记还亲自挂帅浦南城乡统筹工作。两位领导的深切厚爱，既给我们带来了压力，更给我们增添了发展的动力。

半年来，我们深刻地感受到，驻区各单位各部门对我们的倾情帮助。各单位各部门发扬主人翁精神，把新浦的工作当作分内事，倾其所能给予我们最大的帮助。市发改、规划、国土等部门对新浦区的项目审批开设绿色通道，市纪委、机关工委、水利局等部门对新浦区的房屋征收给予了大力支持，市供电、电信、住房局等单位对新浦区的民主路改造提供了积极帮助，市农委、农工办、交通、城建以及省属岗埠农场、云台农场等单位和部门主动参与到新浦区城乡统筹和开发区建设中去，市财政局全力促成新浦开发区享受土地优惠政策。驻区单位的支持帮助，让我们的发展后劲更足、发展信心更强。

半年来，我们深刻地感受到，全区各级干部干事创业的激情空前迸发。今年的工作任务多于往年、工作难度高于过去，全区各级干部勇于挑重担，敢于破难题，信心百倍，永不言败，在工作实践中诠释新时期“铁人”精神。区各大指挥部领导，不讲条件、不计得失，带领全区广大干群昼夜奋战在重点工程一线，为项目快速推进立下了汗马功劳。各镇街、各单位、各部门党政班子，团结一心、不畏艰难，不论在重点工程建设现场，还是在秸秆禁烧、春季绿化等重要任务时期，都能够坚决服从命令，听从指挥、冲锋陷阵，为全区各项工作全线飘红添砖加瓦。各村、社区以及在一线工作的广大干部职工，面对纷繁琐碎的工作任务，甘于奉献，任劳任怨，用他们的实际行动，为新浦的繁荣稳定贡献力量。

半年来，我们深刻地感受到，新浦的外界影响力在不断扩大。随着我们城市配套功能的不断完善，创新载体建设的不断加强，新浦越来越成为国内外关注的热点和焦点。今年以来，大连万达、中兴通讯等一批国内行业龙头企业纷纷来新浦区洽谈合作事宜，仅连云港之夏期间，就接待韩国、日本、菲律宾等国与中国香港、台湾等地，以及浙江、陕西、辽宁等地的知名企业家40余人次，上半年累计接待客商500余人次。同时，我们的党建、特色街区打造、城乡统筹等先进做法，也吸引了来自省内外及周边兄弟县区来新浦区考察学习，上半年累计接待浙江缙云、山东济宁、我省清河、宝应等县区党政考察团18批次。

半年来，我们深刻地感受到，广大人民群众对我们工作的信任、理解和支持。新浦人民是最通情达理的，这在全区各项重点工程推进过程中得到了证实。面对新镇区建设、204国道沿线环境整治等艰巨任务，浦南群众舍小家为大家，在土地征用、迁坟和清洁家园工作中，表现出了极高的思想觉悟。花果山居民为新海新区的开发建设给予了极大的支持。在沭新渠整治、市区道路黑色化、民主路改造等省市级重点工程中，广大市民以大局为重，积极协助政府开展工作，保证了重点工程的顺利推进。尤其在今夏秸秆禁烧工作中，广大人民群众积极配合，首次实现了零火点，取得夏季禁烧工作的完胜。

所有这一切一切，让我们为之感动、为之动容，在此，我代表区委、区政府向为全区各项工作作出贡献的同志们，表示衷心的感谢和崇高的敬意！

在充分肯定成绩的同时，我们也清醒地认识到，新浦的基础还很薄弱，不少工作还刚刚起步，新浦明天的进步还需要更多领导、客商一如既往的支持帮助，还需要在座各位付出更多的汗水，花费更多的心思，勇担重任，同舟共济，风雨兼程，向着既定目标奋勇前行。

二、突出重点，狠抓落实，以更加出色的业绩助推新浦走向新时代

当前，新浦的发展已步入良性轨道，我们欣喜地看到，世界经济出现新情况、新问题，但曲折复苏的总体态势没有变；国内经济面临一些困难，但宏观经济基本面没有变；全市经济虽然下行压力较大，但新一轮发展已经全面启动，总体质量和效益更加趋好；全区大开发、大建设的发展态势正在加快形成，综合发展活力持续增强。作为新一届领导班子，必须抢抓机遇，借势发力，对全区人民作出的庄严承诺，必须言而有信。要继续秉承业已形成的强劲态势，把提高质量效益作为解决问题的最大着力点，贯穿于经济社会工作的方方面面，认真抓好下半年工作，着力在五个方面取得突破。

第一，要以整合区域规划为突破口，抓好发展战略的谋划

近年来，市委、市政府高度重视中心城区的发展，先后对新浦区提出了许多建设性意见。460平方千米的区域里，掀起了一轮又一轮发展热潮。城区东部，新海新区指挥部正在打造连云港市新的城市副中心；城区南部，凤凰新城规划正在付诸实施；城区北部，滨河新城正在加快崛起，城区东北部汽车城和建材专业市场正在形成；城区西南，孔望新城城市组团有序推进；城区西北部，作为全市城乡统筹试点镇的浦南镇正在发生深刻变化；城区西部拓展了工业新区；城区中部，市委、市政府规划了3平方千米的中心商务区。这些新载体都邀请国内一流的规划设计单位进行了规划设计，是引领新浦区当前和今后一段时间发展的方向标、指南针。当前，我们要充分发挥区规委会的统筹协调作用，围绕正在实施的区域规划，进行充分整合，形成具有新浦特色的发展战略规划，为新浦的跨越发展指明前行方向。

第二，要以重点工程为突破口，再掀城市建设新热潮

城市建设要集中资源、突出特色，以新城开发、旧城改造、生态建设为主要内容，全面增强中心城区的集聚与辐射能力。

一要突出新城建设。加快推进滨河新城开发。重抓基础设施，郁洲北路下穿铁路立交年内建成，5条主次干道7月底建成通车，“八路两桥”路网体系全面形成。重抓产城一体推进，开工建设一批商业龙头项目，带动项目汇集、产业集聚，实现以产带城。启动56万平方米的中兴4G云港城建设，打造全市高科技现代服务业集聚区。对接万达集团，确保商业广场项目年内落户，再造一个区域性城市地标。重抓公共设施配套，启动学校、医院和文艺中心建设，统筹推进商务组团、教育组团、医疗组团等优质要素向新城汇集。以郁洲北路、大浦河两岸景观绿化为重点，建成一纵一横绿色休闲生态廊道。加快推进孔望新城建设。年内实施西出入口改造，白鹭公园开园，孔望山路、振海南路建成通车，孔望尚府、易居公馆等住宅项目主体封顶，五星级大酒店加快推进。服务新海新区。推进新世界文化城、徐新公路等重点项目地块征收工作，保障科创城二期、人民医院、连云港实验学校、花果山社区中心等重点项目按序时推进。

二要突出旧城改造。各指挥部、街道要合力攻坚，迅速推进市国土储备的5个地块，确保体育局及技校、天然居、车管所地块在9月底，财校、东上渔场地块在春节前完成征收。继续抓好外仓街、黄海度假村等结转地块征收工作，年内片区形象实现大提升。要将旧城改造与提升服务业的业态水平紧密结合起来，引进大品牌、大商家、大市场，力促菲律宾SM生活广场、弘阳广场、奥克斯城市综合体、德邦商业大厦等项目早落地、早开工。要将旧城改造与提升片区功能紧密结合起来，优先考虑教育、社区用房、周边道路等配套建设，提升宜居水平。要全面推进旧城改造在建项目，对年初排定的23个城建项目、39个房地产项目，强化调度，跟踪服务，确保按计划推进。要扎实做好便民路、背街小巷整治等民生工程，年内整治背街小巷100条、下水道100条。要全力保障全市道路出新工程，促进解放路、朝阳路、人民路等道路周边形象大提升。

三要突出生态文明建设。继续做好老城区小游园、街旁绿地建设改造，新建改造绿地68公顷。强化绿色通道建设，做好310、204国道沿线补绿及花坛修建，加强绿化养护和管理督查，加大沿线禁违拆违力度，发现一起，拆除一起。狠抓大气污染治理，广泛开展餐饮油烟整治、小锅炉整治和工地扬尘治理。狠抓秋季秸秆禁烧工作，确保不着一把火。配合取水口上移工程和蔷薇湖开挖工程，做好沭新河送清水整治工程，保障市重点项目顺利推进。加强城市管理。以常态管理、制度管理、压力管理，促进城市管理全面落实，有序运转。扎实做好防汛工作，在汛期来临之前，对市区主次干道下水道进行全面清掏，对破损的窨井盖全部更换，确保城区平安度汛。结合国家卫生城市创建，年内创建市级市容管理示范路1条、城管示范社区2个。

第三，要以招商引资为突破口，再掀产业发展新热潮

按照“一产优、二产强、三产兴”的要求，集中精力抓好产业招商，为转型突破、加快发展提供坚实支撑。

一要加快发展现代服务业。服务业是新浦的优势所在，要将传统优势转化为产业优势，强化集聚辐射功能。现代服务业集聚区要抓好规划设计，力促海通技校、服务业孵化中心等项目开工建设，密切跟踪蓝莓电子商务、海洋展览馆等项目，大力发展电子商务、仓储物流等新兴业态。要加快传统服务业提档升级，苏宁广场裙楼、招商银行、国际商务大厦对外营业，推进丰联广场项目建设，引进奥特莱斯名品折扣店。要加快菜市场改造步伐，年内完成西城、江山、沈圩桥、艺北、八佰5个菜市场改造，新建中央华府、茗馨花园菜市场，全面提升城区生活品质。要加强专业市场建设，推进振兴汽车城奥迪4S店项目，发展壮大五金机电城、白虎山批发市场、四季农贸市场、义乌小商品城、兴隆装饰城等大型专业市场，做大做强特色经济。继续推进特色街区建设，按照打造全市独具特色的历史文化旅游街区定位，抓好民主路民国特色街业态调整，恢复民国风貌，留下城市记忆。盐河巷要加快天后宫、老戏台建设，完善业态规划，做好城市家具、小品和街区绿化工作。水晶街要继续做好招商引资和运营管理工作。启动海港城项目建设，打造全市最具特色的海鲜美食街区。

二要加快发展都市工业。都市工业是新浦区跨越赶超的潜力所在、后劲所在，必须坚定不移地推进工业洼地崛起，实现后发先至。要围绕数控机床、医疗器械产业方向，全力以赴抓好产业招商，突出长三角、东三省、日韩港台等重点地区，瞄准央企和领军型民企再发力，着力招引产业链上的核心项目、外资项目，确保年内再招引10个以上过1亿元项目。要按照“共建共用，利益共享”的原则，每个街道年内至少招引1个过5000万元项目进驻园区。西区要按照“拉开框架、完善配套、大上项目、形成特色”的要求，集中精力抓好基础及配套建设，推动西区建设由打基础向大招商、大发展迈进。完成“四纵三横”25千米园区道路，开工过亿1元项目5个以上，建设2万平方米综合服务楼、2万平方米邻里中心，确保中小企业园进园企业4个以上。洪门工业园要加快推进景悦食品、晨虹商贸、托普科技等3个过5000万元项目，力争尽快投产达效。要支持企业创建研发平台，鼓励东海硅微粉、晶瑞石英、如年机械等企业争创省级、国家级技术中心。要牢固树立“亲

商、安商、帮商”的理念，组建中小企业服务中心，打造全市最具吸引力的都市开发区。

三要加快发展现代农业。大力推进农业现代化，依托新浦、云台农场两个省级现代农业产业园，全年出口创汇过一千万美元，带动农户过1万户。扎实推进岗埠、龙浦两个市级水产园区建设，花果山林果茶农业园区创成市级。大力推进农业龙头企业的引进和培育，力群集团总投资5000万元的食品加工项目、浙江飞雄公司投资1.8亿元的农业观光园项目力争落户，争创省级农业龙头企业1家，市级龙头企业2家。大力推进农业机械化，培育壮大农机合作社，推广农业托管新模式。推进无公害农产品基地建设和“三品”认证，全年“三品”认证超过10个。夯实产业发展基础，认真梳理包装农业项目，争取更多的项目纳入国家、省、市盘子。

第四，要以项目建设为突破口，再掀城乡统筹建设新热潮

紧紧围绕市委书记李强提出的“农村社区化、农业园区化、农民市民化”目标，加快推进城乡统筹工作，力争通过三年努力，将浦南镇建设成为江苏现代农业重镇、苏北农村改革名镇、连云港市城乡统筹发展示范镇。要紧盯时间节点，开展“百日竞赛”活动，新镇区环湖道路、龙浦大道连接段8月底建成通车，郁洲北路西延段本月底开工，蔷薇河大桥、东站引河大桥9月初开工，公建项目10月份主体完工，汪新大桥12月底建成，包青路、鲁兰河大桥加快修复。年内三大农业产业基地管理中心建成，三大园区路网、水利等基础设施配套到位，同步推进招商工作，农产品加工集中区确保1家企业进驻。要扩大试点范围，对列入全市第二批试点镇村的花果山街道、新滩村、浦南镇太平村，突出区位特点和发展定位，做好规划，精心组织，确保各重点项目按序时推进。要继续用改革的思维，先行先试、大胆创新，在土地政策、宅基地置换、投融资、产业配套、基础设施、公共服务、社会保障等方面进一步研究探索，积累经验，为全市城乡统筹发展做出更大贡献。

第五，要以民生事业为突破口，再掀社会建设新热潮

改善民生，提高群众的生活水平和生活质量，始终是我们推进一切工作的出发点和落脚点。要围绕教育、卫生、文化、社保、就业、养老等重点民生领域，大力推进全民健身中心、新浦社区服务中心、师专二附小、新浦区第一人民医院、区社会福利中心等25项社会事业重点项目，让群众享受更丰富的民生幸福。要大力发展社会养老事业，加快区社会福利中心建设，扶持民办养老机构提档升级，将玉龙路“家庭托老一条街”打造成为全省闻名的为老服务品牌。要重抓“红袖标”工程、技防城工程和社会矛盾纠纷信息平台，确保社会管理创新、平安法治创建、社会稳定工作继续走在全市前列。要抓好基层党组织工作，扎实做好村（社区）“两委”换届工作。要建立健全突发事件处置预案，确保遇到突发事件阵脚不乱、处置果断。要注重网络舆情的研判和引导工作，不断凝聚加快新浦发展的正能量。要扎实开展“百案百日化解攻坚行动”，切实解决群众反映强烈的突出问题，及时了解和掌握老百姓的诉求和声音，做到信息上下互通，把问题解决在基层、解决在萌芽状态。各级领导干部对待群众上访，既要依法依规，又要和风细雨，拿出更多的时间精力，接地气、通下情。

三、强化宗旨，倡导实干，以更加优良的作风锤炼敢于担当好干部

在全党开展以为民务实清廉为主要内容的群众路线教育实践活动，是党中央做出的重大战略部署。在这次教育实践活动中，要抓住党和人民群众关系这个根本问题，把“照镜子、正衣冠、洗洗澡、治治病”总要求贯穿始终，以好的作风深入开展教育实践活动。当前，新浦发展正处于关键阶段，我们各级干部要以这次教育实践活动为契机，提升本领，创新实干，推动新浦又好又快发展。

一要有干事的本领。目前，我们有些干部对突发的事件、复杂的局面，缺乏分析和应对能力，不能适应形势发展。我们要以创建“学习型组织”、“学习型班子”为载体，以争当“十有”型干部为目标，自觉学习，主动学习，与时俱进，学以致用。要注重创新理念，坚决突破思维定势，既要立足新浦，更要跳出新浦，自觉把新浦的发展放到全市、全省乃至全国的坐标中去定位。要强化实践锻炼，特别是年轻干部一定要主动投身实践，在发展的一线增阅历、长本领，在深入群众、服务群众的过程中学知识、炼作风，不断提高驾驭全局和解决复杂问题的能力。

二要有拼搏的精神。拼搏是一种追求，是一种品格，是一种责任。如果没有广大党员干部的拼搏实干，就不可能有新浦今天经济快速发展、社会安定团结、城乡面貌变美的局面。今年以来，区委、区政府多次召开重点工作推进会，研究部署城乡统筹、滨河新城、旧城改造、民主路改造等重点工作。这些重点工作能否得到有效推进，关键在于分管领导、责任部门的奋力拼搏。全区上下要大力弘扬真抓实干、务实发展的精神，坚定不怕吃苦、勇挑重担的决心，对照年初制定的目标任务，进一步完善思路、细化措施、抓好落实，确保各项指标达序时。

三要有团结的意识。一个地方，一个部门，最可怕的是内耗，最可贵的是团结，团结出凝聚力，出战斗力。区四套班子要带头讲团结，坚持以大局为重，思想高度统一，步调协调一致，众志成城谋发展。各单位的主要负责同志对班子团结负有主要责任，发挥着关键作用，要注意多听取不同意见，加强与班子成员的沟通交流，取长补短，相互包容。要确保政令畅通，严格执行区委、区政府作出的重大决策部署，有令则行，有禁则止，切实提高执行力，做到一个目标干到底，一个责任负到底。

四要有廉洁的品质。廉政是对党员干部工作作风最基本的要求，是提升干部队伍凝聚力和战斗力的重要保障。要认真落实党风廉政建设责任制，扎实推进廉政风险防范管理，各单位、各部门要加强财务管理，逐步推进财务公开，区纪委、审计局要定期抽查“三公”经费支出。各指挥部要加强项目建设流程管理，招标

前、施工中、竣工后全过程审计监察，严把工程建设质量关，严格追究失职、渎职行为，做到工程快速推进，干部清正廉洁。各级干部要主动接受监督，带头约束自己行为，在全区形成上行下效的良好风气。

同志们，风正潮平，自当扬帆破浪；任重道远，更需策马扬鞭。今日的新浦，天时、地利、人和，心齐、气顺、劲足，正是我们干实事、干大事、干成事的最佳时机。让我们始终保持昂扬向上、奋发有为的精神状态，始终保持团结一心、攻坚克难的意志品质，始终保持雷厉风行、经久不衰的工作激情，努力创造出无愧于人民的新业绩，创造出堪载史册的新辉煌！

推进六个突破　促进四个提升 奋力谱写人文荟萃美丽新浦新篇章

——区委书记王立斌在区委九届六次全体（扩大）会议上的讲话

（2013年12月31日）

同志们：

这次区委九届六次全体（扩大）会议主要任务是，认真贯彻党的十八届三中全会、省委十二届六次全会、市委十一届七次全会以及中央、省经济工作会议精神，回顾总结2013年发展业绩，研究部署2014年工作任务，动员全区各级党组织和广大干群进一步统一思想，凝聚共识，齐心协力抓好各项改革任务的落实，为推动新浦新一轮快速发展而共同奋斗。下面，我根据区委常委会研究讨论的精神，讲五点意见：

一、坚持求真务实，全区经济社会取得新业绩

今年以来，面对国际国内经济下行的严峻形势，全区上下紧紧围绕全市“五个加快、十个突破”的总体要求，以提高经济质量和效益为中心，协调推进经济建设、政治建设、文化建设、社会建设、生态文明建设和党的建设，着力开创新局面、营造新风气，各项工作取得新进展，主要经济指标保持在合理区间。预计全年实现地区生产总值127亿元，增长12%；公共财政预算收入25.6亿元，增长7%；全社会固定资产投资228亿元，增长25%；社会消费品零售总额160亿元，增长13%；内联客方到位资金65亿元，增长21%；实际利用外资8100万美元，增长38%；城镇居民人均可支配收入27000元、增长12%，农民人均纯收入15500元、增长15%。

具体来讲，着重抓好四个方面的工作：

一是注重全局工作的谋划和指导。区委立足发展全局，把主要精力放在抓方向、议大事上，集中精力抓好带有全局性、战略性的重大问题，积极探索并不断完善符合区情的发展思路。针对新浦实际，我们提出构建“生态宜居、人文荟萃、经济繁荣、社会文明”现代化中心城区的奋斗目标，重点抓好“开发区西区、新城开发、城乡统筹、旧城改造”四大片区建设。为推进工作落实，我们成立了六大工程指挥部，充分发挥各指挥部之间的统筹协调作用，在较短的时间里，推动新浦发生了巨大的变化。开发区西区围绕建成全市重要的装备制造业基地，内激活力、外展形象，编制完成35平方千米控制性规划，新建环线道路20千米，中小企业园一期16万平方米建成使用。滨河新城历经三年开发，路网体系基本建成，郁洲北路下穿铁路立交、大浦河桥正式通车，新城与主城区实现无缝对接。贯穿孔望新城的盐河南路、新孔南路投入使用，一批新型住宅小区快速推进。服务新海新区做好拆迁和社会稳定工作，有力支援新区建设。旧城改造成立了45个前线指挥部，充分借力全市资源，近千名干部抽调到拆迁一线，累计征收房屋108万平方米。连盐铁路征收工作全面启动，天然居、车管所、体育局、财校A西四个地块具备交地条件，历时十余年的征收老大难地块——东上渔场、外仓街，取得历史性突破，完成征收任务的80%以上。城乡统筹累计投入5亿元，高标准完成浦南镇总规、新镇区控规等22项规划编制和38个单体项目设计，新镇区学校、医院等“八个一”项目主体封顶，三大产业基地管理中心基本建成。新建汪新大桥，维修鲁兰河大桥，打通顾庄大桥连接段，开工东站引河大桥，浦南镇基础设施进一步完善。现代服务业集聚区开始启动，基础设施和招商工作同

步开展。认真落实市委关于做大做强主城区的战略部署，顺利接管4个街道及22个事业单位，在财力十分紧张的情况下，我们拿出近6000万元，逐步解决代管街道和22个事业单位的历史遗留问题。

二是主抓重点产业项目的落实推进。年初，区委对事关全区发展的重点项目进行了专题研究，排定140个重点项目，年内计划投资122亿元。区领导班子带头抓好落实，形成一个项目、一名责任领导、一套工作班子。特别对纳入市级考核的23个重点项目，坚持每月一次推进会，抓督察、促进度，确保了项目按序时推进。商贸服务业方面：备受瞩目的民主路文化街、盐河巷古街、水晶街3条特色街区在不到一年时间里，相继建成开街，在全市年中、年末两次重点项目现场观摩会上得到与会领导的一致好评。海港城海鲜美食街开工建设。苏宁广场建至地面38层，全球招商活动全面启动，明年九月份开业。菲律宾SM生活广场成功签约，奥克斯地产、凤凰传媒、香港新世界百货、台湾蓝天电脑城等知名企业来区洽谈落户。都市工业方面：围绕高端装备制造主导产业，区领导带队赴长三角、珠三角、东北老工业基地拜访招商，成功引进沈阳机床4S店、浙江威力士智能数控机床等15个过1亿元项目，其中10个项目开工建设。继续加大技改投入和科技创新力度，正大天晴、东海硅微粉、乐园新材料等企业分别通过国家级、省级技术中心认定，如年机械等3家企业获批国家级高新技术企业。现代农业方面：全面推广水稻生产全过程机械化，粮食生产实现“十连增”，全年粮食总产量达到17.8万吨，农民人均纯收入继续稳居全市榜首。推进农业规模经营，新增土地流转面积866.66公顷，总投资2亿欧元的西班牙麦卡莎农产品加工及冷链物流项目签订合作协议，农业现代化发展后劲进一步增强。

三是推进以改善民生为重点的社会建设。坚持把“人民对美好生活的向往”作为价值追求和奋斗目标，坚持把公共财政的70%以上用于保障和改善民生。大力改善居民生活环境，投入2000多万元，整治便民路、小街巷200多条，清掏下水道146条。坚持就业优先发展目标，大力促进创业带动就业，加强重点人群和困难群众就业帮扶，全年新增城镇就业2.1万人。完善覆盖城乡的社会保障体系，扶持提高各类社会保险的覆盖面。启动新一轮更高水平教育现代化建设，新建新浦中学、太平小学教学楼等校舍4万平方米，高分通过义务教育发展均衡区国家督导验收。加强城乡医疗和公共卫生服务体系建设，海州社区卫生服务中心通过国家级示范中心验收。完善覆盖城乡的公共文化服务体系，春节民俗大联欢、元宵焰火晚会、白虎山文化旅游庙会等节庆活动，成为广大市民喜闻乐见的地方特色文化盛会。高度重视社会管理创新，全面推行重大决策、重大项目社会稳定风险评估，健全领导干部定期接访制度，全区信访量稳中有降。加强社会治安综合治理，实施106个老旧小区改造，组建万名“红袖标”巡防志愿者活动，组织开展突出治安问题专项打击行动，坚决遏制刑事犯罪活动高发态势。强化公共安全监管，大力开展安全生产大检查，全区安全形势进一步好转。

四是全面提升党建的科学化水平。按照中央、省市委的统一部署，坚持党要管党、从严治党，把党建工作创新作为基础工程和保障工程，全面加强党的建设。加强党员干部理论培训和党性教育，通过开展党委中心组学习、专题调研等方式，强化对党的十八大精神特别是习近平总书记系列重要讲话的学习，用科学的理论武装头脑。注重宣传思想工作，充分发挥宣传思想文化作为“一条主战线、一个主阵地、一支主力军”的作用，《连云港日报》“新浦”专版和市电视台“新浦新闻”专栏，成为宣传新浦的重要阵地。加强网络舆情监管，认真研判舆情情况，及时采取有效措施化解矛盾。集中推出一批最美爱心市民、最美基层干部、最美少年等典型事迹，推动社会主义核心价值观深入人心。开展“五治”作风整顿活动，坚持从领导干部做起，一级抓一级、层层抓落实，对违反规定的做到“零容忍”，不搞“下不为例”。建立作风建设大督察机制，确保把上级规定不折不扣落到实处。加强干部培养锻炼和教育管理，把更多的干部推向重点工程、招商引资和旧城改造一线。深入推进“阳光监督”，利用“四化三评价”动态管理系统，提升干部选用的科学性。统筹推进各领域基层党建工作，扎实推进村、社区两委换届工作，基层党组织的凝聚力和战斗力进一步增强。此外，进一步加强民主法治建设，支持人大及其常委会依法行使职权，支持政协参政议政、履行职能。扎实抓好统战、宗教、人武、工会、团委、妇联、残联、对台和侨务工作，全区上下形成共促发展的良好氛围。

成绩来之不易，发展有目共睹。这些成绩的取得，是市委、市政府正确领导的结果，是全区干部群众奋力拼搏的结果，是各界人士大力支持的结果，是广大客商积极参与的结果，是全区老干部关心的结果。在此，我谨代表区委、区政府，向为全区经济社会发展作出重要贡献的广大干群和社会各界人士表示衷心的感谢并致以崇高的敬意！

奋斗充满艰辛，经验弥足珍贵。回顾一年来的工作，我们深深地体会到：

市委、市政府的坚强领导以及各部门、驻区单位的大力支持是我们快速发展的重要保证。一年来，市委李强书记多次来新浦区指导工作，为开发区建设、产业发展、城乡统筹、特色街区等重大事项、重点工程出谋划策、指明方向，并亲自挂帅新浦区城乡统筹工作，从控制性规划到建筑的单体设计，从产业的定位到经营的业态，从立面的选材到颜色的搭配，都给予专业性指导。市长赵晓江对新浦区的工业发展以及民生工程寄予深切厚望，前不久连续两天来新浦区调研社区和学校，提出许多指导性意见。各条线分管领导也多次来区调研，现场指导工作。驻区各单位把新浦的事当成分内事，积极参与、主动融入，让我们倍感温暖、备受鼓舞。

领导干部率先垂范是我们快速发展的关键所在。面对今年全区重点工作面广量大、纷繁复杂的实际情况，区四套班子全体领导同志不分先后，主动请缨，在各重点工程一线指挥作战。为了抢时间、赶进度，经常加班加点，舍弃节假日和双休日，不言累、不畏难、不挑拣，创造了新时期新浦速度。正是区四套班子领导同志这种率先垂范的奉献精神，深深地影响和带动了全区各级干部创新创业，谱写了一曲曲感人至深的胜利凯歌。

全区上下的团结拼搏是我们快速发展的强大动力。各镇、街广大党员干部坚持守土有责，主动作为，在房屋征收、社会稳定等重要工作中发挥了主人翁作用。各部委办局围绕服务大局，发挥职能作用，在融资、招商、审计、安全、保障等领域为全区经济发展勇挑重担。各村社区一线工作者，舍小家、顾大家，默默无闻，无私奉献，在平凡的岗位上作出了不平凡的业绩。正是全区上下勇于担当、真抓实干的作风，同心同德、合力攻坚的决心，凝聚起我们快速发展的强大力量。

思路创新和方法转变是我们快速发展的不竭源泉。在建设资金严重缺乏的情况下，我们创新融资办法，多方寻求合作伙伴，做大做强融资平台，切实解决了资金瓶颈问题。在加快城市化推进过程中，我们创新管理机制，花果山、南城撤乡镇设立街道办事处，成立滨河新城管委会。在老大难地块征收、民主路改造、城乡统筹征地等重点工程推进过程中，面对各种矛盾和阻力，我们积极创新思路和办法，化解了一个又一个难题。在城市建设过程中，借力而为，乘势而上，背街小巷整治、低洼片区改造、菜市场改造升级、绿化新浦、沿街景观出新、校安工程等一大批民生工程的实施，顺应了民心，赢得了赞誉。

二、准确把握形势，以改革创新统揽全局

2014年是深入贯彻落实党的十八届三中全会精神、全面深化改革的重要一年，是全面实施“十二五”规划的第四年，做好明年工作至关重要。

综合明年的形势，尽管宏观经济环境中的不确定不稳定因素仍然较多，新的动力源尚不明朗，我国经济发展面临的增长速度换档期、结构调整阵痛期和前期政策消化期“三期叠加”的问题错综复杂。但是我国经济发展长期向好的基本面没有改变，我省经济加快转型升级、稳中向好的态势没有改变，我市经济呈现出的快速发展趋势没有改变，特别是随着建设丝绸之路经济带和21世纪海上丝绸之路“一带一路”重大战略的全面推进，一座5000万吨炼化一体项目获得国家发展委批准，以及江苏沿海地区发展、长三角一体化、东中西区域合作示范区建设和创新型城市试点等国家战略的深入实施，我市的战略优势正在不断叠加，政策效应正在不断扩大，发展机遇正在不断强化。加之我区历届区委、区政府打下的基础和开发区西区、新城开发、城乡统筹、旧城改造等一批重大载体的建设，为新浦区在更高平台上更好更快发展，创造了有利条件，提供了坚实基础。为此，我们既要看到形势总体好的一面，也要清醒地认识到面临的挑战和自身的不足，着眼长远、谋划全局，找准切入点，选好突破口，以“一切归零、从头再越”的理念和“功成不必在我”的胸襟，一张蓝图绘到底，甘做铺垫工作，甘抓未成之事，务实苦干、大胆突破、勇于创新，走出一条具有时代特征、阶段特点、区域特色的发展新路。

做好2014年工作的总体要求是：**深入贯彻落实党的十八届三中全会精神，按照中央省经济工作会议和市委全会部署，紧紧围绕建设区域性经济文化中心、更高水平小康社会两大目标，坚持以改革统领全局，把改革创新贯穿于经济社会发展的各个领域，以“六个突破、四个提升”为重要抓手，致力把新浦建设成为生态宜居、人文荟萃、经济繁荣、社会文明的现代化中心城区。**

主要预期目标为：地区生产总值增长12%，公共财政预算收入增长14%，固定资产投资增长25%，城乡居民收入分别增长14%，社会消费品零售总额增长25%，突破200亿元；内联客方到位资金增长23%，达到80亿元；外资到账增长24%，达到1亿美元。

做好2014年的各项工作，要牢牢把握住“稳中求快、改革创新”这一经济工作的核心要求，瞄准**都市工业集聚区、现代服务业核心区、现代农业示范区、城乡统筹样板区、生态宜居城区五大功能区定位，**以改革创新统领全年工作，促进经济持续健康发展、社会和谐稳定，在新的起点上不断开创各项工作新局面。具体工作中，要把握好几个方面要求：

一要深入学习，吃透精神。推动新一轮改革，加强学习、吃透精神是前提。党的十八届三中全会提出，全面深化改革的总目标是完善和发展中国特色社会主义制度，推进国家治理和治理能力现代化。要围绕市场在资源配置中起决定性作用，深化经济体制改革；要围绕坚持党的领导、人民当家做主、依法治国有机统一，深化政治体制改革；要围绕更好保障和改善民生、促进社会公平正义，深化社会体制改革等等，这些新思想、新论断、新举措，是我们改革需要把握的总原则、坚持的总方向，我们要联系实际、研机析理、反复琢磨、学深悟透，系统把握中央省市委改革部署的新要求。

二要全面熟悉市委关于全面深化改革的要点。按照《中共连云港市委关于全面深化改革重点工作的实施意见》的要求，结合新浦实际，围绕“积极推进市场化改革，充分激发经济发展活力；加快政府职能转变，建设法治政府和服务型政府；全面提升开放型经济水平，以开放促改革；健全城乡发展一体化体制机制，促进城乡协调发展；加强民主法治建设，确保社会和谐安定；推进文化体制机制创新，加强建设文化强区；改革创新社会事业，大力增进民生幸福；加快生态文明建设，打造美丽新浦”等八个方面加大改革创新力度，加大改革创新试点。

三要处理好改革过程中几个方面的关系。一是处理好稳增长和调结构的关系，坚持在扩量中调结构。

二是处理好积极作为和防范风险的关系，把困难估计得更充分一些，任何事情都要科学研判，使发展具有可持续性。三是处理好政府和市场的关系，既要发挥市场在资源配置中的决定性作用，又要发挥政府的引领作用，形成政府和市场互促互进、正向叠加的良好效应。四是处理好循序渐进和重点突破的关系，找准着力点和突破口，从最急迫事项改起，从老百姓最期盼的领域改起，从经济社会发展最突出的问题改起，从社会各界能够达成共识的环节改起，坚持先易后难，扎扎实实把改革向前推进。

四要选择一些重点领域进行试点。改革势在必行、迫在眉睫，尤其在我们中心城区，要勇当改革创新的排头兵，区里要成立改革领导小组，拿出改革实施意见。要选择一些领域先行先试，为下一步深化改革探出路子，提供经验。要以提升行政效能为突破口，大力推行阳光政务，进一步完善“首问负责制”和“限时办结制”。要以城乡统筹为突破口，探索农村土地承包经营权置换城镇社会保障改革，鼓励农民进城入镇，推进农民转化为市民。要以破解生产要素制约为突破口，加快发行地方政府平台债券，切实解决融资难题。

五要创新思维，牢固树立“大新浦”概念。新浦是中心城区，投资多元化是新浦的主要特征，大量的城市基础设施由市投资平台出资建设，更多的商贸服务业是社会资金投入，每个项目都在为新浦发展添砖加瓦。各镇街要学会运用“巧实力”，主动参与，融入服务。要抽调4至5名专业人员，成立经济发展办公室，对应区经发、商务、统计三个部门，将辖区内的所有新建项目逐一统计上报。区目标办要强化专项考核，确保贯彻落实到位。

三、以“六个突破”为重点，推动经济再上台阶

当前，全区城市建设、产业发展已经取得较好业绩，明年要紧紧围绕既定目标，力争实现“六个突破”。

一是城市建设取得突破。以建设更具辐射力和更强带动力的中心城区为目标，坚持新城拓展与旧城改造并举，打造全市商贸文化高地和整洁美丽、功能完善的生态宜居城区。重点围绕服务一个新区、建设三个新城、提升两个旧城开展工作。服务好新海新区，全力做好房屋征收和土地征用工作，为新海新区快速崛起提供稳定的社会保障。建设三个新城，即建设滨河新城、凤凰新城、孔望新城。滨河新城重点实施学校、医院、安置小区等公共配套项目，建成东站引河主桥、蔷薇河引桥，打通郁洲西路，形成主城区与浦南卫星镇十分钟交通圈。同时，有序出让地块，促进中兴通讯智慧城项目落户、大连万达城项目取得实质进展。孔望新城重点完善路网建设和基础配套，改造孔望山景区，建成孔望山路和白鹭公园，推进商品房小区建设。凤凰新城重点推进新建东路等5条道路和2个安置小区建设，加快南城古城改造步伐。提升两个旧城，即新浦老城区和海州古城。新浦老城区以旧城改造为突破口，重点推进连盐铁路、烟草巷等62个地块征收改造，尽快改变老城区形象，年内征收面积突破140万平方米。海州古城以复兴工程为抓手，完成秦东门广场至朐阳门广场沿街店面改造，启动锦屏山北片区开发。

二是现代服务业取得突破。以发展提速、层次提升、布局合理为目标，打造以步行街为主轴，通灌路、海昌路为两翼的商贸服务业核心区，积极争创省级服务业集聚区。要加快大型商贸设施建设，推进苏宁广场建成营业，在成功引进横店院线、百盛、星巴克、必胜客、亨得利世界名表中心等基础上，吸引更多具有影响力的国际品牌入驻。推进国际商务大厦运营，五星级希尔顿酒店、秦东门度假村开工，力促利群、恒润、弘阳广场、菲律宾SM生活广场、奥克斯五个城市综合体落地。要提升特色街区品质内涵，将文化、旅游、风土人情、生态元素完美融入民主路文化街、盐河巷古街，重现昔日繁华盛景。开工建设盐河巷古街二期，加快推进海港城项目。要优化提升现代服务业布局，规划建设沿310国道物流园区，建设振兴汽车城；开工海通技校、顺丰物流、蓝莓电子商务等项目，繁荣现代服务业集聚区；放大白虎山批发市场、义乌小商品城辐射效应，做强小商品集聚区。加快发展现代金融保险业，力促恒丰、民生等商业银行进驻，积极引进证券、信托、财务、期货等非银行金融机构，形成现代服务业发展新的增长极。

三是都市工业取得突破。以总量扩张和产业化为目标，建设都市工业集聚区，确保新浦开发区成功晋级省级开发区。西区要持续加大基础投入，全力推进装备制造产业园建设。建成综合服务中心、邻里中心等公共服务平台，开工建设连接东西两大片区的滨河路，继续完善园区绿化、水电气等配套，为项目进驻提供必要条件。积极推进项目建设，实现品苏制造、虹港装备等30个总投资66亿元的重大项目投产达效。加快中小企业园建设，新建标准厂房20万平方米，力争进园企业40家。开发区东区及洪门工业园抓好退二进三，规划建设富有特色的欧洲小镇，组建以汽车货运为主的现代物流业。扎实抓好工业企业生产经营，实施正大天晴等26个企业技改，促进王子啤酒与青岛啤酒商业合作，启动德邦化工搬迁重建，全面提升工业竞争力。

四是现代农业取得突破。以争创国家级现代农业示范园区为目标，以浦南镇扩权强镇试点为契机，全面落实强农惠农富农政策，加快转变农业发展方式，确保现代农业发展继续走在全市前列。要着力提高农业发展质量和效益，围绕农业劳动生产率、土地产出率、农民收入“三个最大化”，积极推进“菜篮子”工程蔬菜基地和浦南“三基地、三园区”建设，大力发展设施农业、观光农业，引导和鼓励工商资本到农村发展企业化经营，延长产业链，提高附加值。年内新增流转土地面积1200公顷，配套的3个管理服务中心投入使用，全力推进西班牙麦卡莎农业加工项目落户。要创新农业生产经营体制机制。推进土地确权，有序促进土地承包经营权流转，大力培育家庭农场、专业大户、合作社等新型农业经营主体，不断健全农业社会化服务体系，发展多种形式的规模经营，推进农业经营向集约化、规模化发展。要稳步推进农业信息化，强化信息技术在农业生产领域的集成应用，以信息化促进农业产业升级。加强对农民专业合作社的指导，让新浦区优质农产品直接进入全市各大超市的采购体系。

五是城乡统筹取得突破。以建设“全市城乡统筹样板区、苏北名镇和城市后花园”为目标，认真落实中央城镇化工作会议精神，坚持以人为核心，以提升质量为关键，推动新型城镇化和城乡一体化不断取得新进展。要继续抓好试点工作，浦南新镇区建设加快进度，“八个一”项目建成交付，同步引导农民往新型住宅小区集中居住；江浦社区一期建成，150户村民搬入新居；推进新镇区以及汪新、草舍道路环线建设，形成环网相连、快捷畅通的交通体系。加强生态建设，着力打造星光湖生态公园、龙浦路生态景观线，形成独具魅力的生态廊道。要深化农村环境整治，大力整治村口、道路、河塘等公共场所环境，开展农村家庭文明卫生星级评比，促进家前屋后等周边环境的改善。要推进城市公共服务向农村延伸，深入实施新一轮农村实事工程，促进城乡基本公共服务均等化。要全面推进城镇融合，花果山街道加快融入新海新区，南城街道加快融入凤凰新城，朐阳、洪门街道加快融入孔望新城，让广大市民共享现代化成果。

六是招商引资取得突破。紧紧围绕“丝绸之路经济带”国家战略，立足东桥头堡优势，积极创新合作模式，提升开放水平。要突出产业招商，面向西部陆桥沿线城市以及苏南、浙江等地的央企国资、优质民企，开展登门招商，大力引进一批装备制造项目。要加大中小企业园项目招引，着力引进一批资源占用少、生态效益好、投资强度高、收益见效快的项目，年内每个镇街至少要引进两个投资过2000万元以上的工业项目进中小企业园。要讲究招商技巧，充分发挥企业主体作用，引导和动员商会、企业积极为招商引资牵线搭桥，推动以商引商，切实提高招商实效。要强化分类推进，区级领导要继续发挥表率作用，镇街的主要领导要冲锋在前，商务局要自觉当好招商尖兵，确保做到不见成效不收兵。开发区要充分发挥全区工业突破的主阵地、火车头作用，引进更多具有牵动力、支撑力和辐射力的大项目，力争每月都有过1亿元项目开工。

四、以“四个提升”为抓手，促进社会全面发展

文化建设、生态建设、城市管理、社会建设与广大市民切身利益息息相关，要采取措施，强势推进，力促实现更大提升。

一是文化建设水平实现提升。大力发展文化产业，用好各类文化专项资金和扶持政策，促进文化产业做大做强。要加强硬件建设，扶持杰瑞文化创意产业园、新浦文化产业园发展，力争进园企业100家，产值突破10亿元。新建一个全民健身中心，建成孔望山公园。要提升软件水平，组织好一年一度的春节庙会、文化灯会等节庆活动，积极开展文化“三送”活动，大力支持民间文艺团队，不断扩大海州“五大宫调”、淮海戏、童子戏等非物质文化遗产的影响力，为广大市民提供丰盛的文化大餐。要高度重视做好新形势下舆论引导工作，加强社会舆情分析研判，加强社会热点问题正面引导，稳妥应对敏感问题和突发事件。持续开展最美市民、最美基层干部、最美少年评选，弘扬真善美，传递正能量。要做大旅游产业，充分利用古街、山体、农业等资源优势，形成民主路文化街、盐河巷古街、水晶街城区游，孔望山、凤凰山宗教文化游，浦南镇、云台农场生态游三条旅游精品路线。

二是生态建设水平实现提升。生态文明建设关系民生福祉，关系新浦发展大计。要把生态文明建设作为全面发展的重要标杆，从更高层面定位生态文明建设目标，以更严格标准落实生态文明建设任务，更加自觉地推进绿色发展、循环发展、低碳发展，一切发展和建设要坚守生态底线，绝不以牺牲环境为代价换取一时的增长。要坚持不懈抓好绿色生态新浦建设，进一步提升玉带河、蔷薇河、鲁兰河、乌龙河4条横向生态走廊和西盐河、东盐河两条纵向风光带建设，辅之以山体绿化、游园绿化、农田林网、村庄绿化，打造点线面相结合的立体生态系统。要扎实开展“生态社区、花园式学校、花园式工厂”评比活动，形成人人参与的良好氛围。要加快实施节能减排各项重点工程，对能耗增长过快的企业及时进行预警，加大对污染排放超标企业的处罚力度，确保单位GDP能耗下降和四项主要污染物排放削减量达到序时。要严格落实沭新渠饮用水源长效保护机制，确保城乡居民饮水安全。要坚决落实秸秆禁烧工作，加强工业废气、机动车和扬尘三大污染源治理，切实减少雾霾天气发生，让新浦“水更清、山更绿、天更蓝”。

三是城市管理水平实现提升。要加强城市精细化管理，加大环卫设施投入和保洁清扫力度，率先在城区主次干道实现机械化清扫率100%，建设最干净、最整洁的文明城区。要加大市区主干道整治出新和便民路、小街巷、低洼片区改造，推进朝阳路、新海路等道路景观出新，整治便民路、小街巷100条，改造低洼片区3个，大力改善居民生活环境。要加快推进数字化城管建设，创新无物管小区管理，及时解决居民反映的急事、难事。要将管理触角向城乡结合部延伸，加大禁违拆违力度，突出整治城市不文明行为。各级党委要切实负起责任，将城市管理作为检验战斗力的试金石。

四是民生幸福水平实现提升。不断改善人民生活水平，是改革发展的根本目的。要按照“守住底线、突出重点、完善制度、引导舆论”的思路，扎实做好保障和改善民生的各项工作。要把提高就业质量摆到突出位置，就业是民生之本，就业带来收入，有收入才能人心安、社会稳。要统筹做好农村转移劳动力、城镇就业困难人员的就业工作，完善就业服务，鼓励创业就业，确保城镇登记失业率控制在3.5%以内。要加强基本

公共服务体系建设，围绕更高水平教育现代化建设目标，深入推进基础教育优质均衡发展，促进教育教学质量提高。进一步健全医疗卫生服务体系建设，完善社区卫生服务中心和村级卫生室建设，提升家庭医生服务水平，扎实做好双向转诊工作，满足广大市民的健康需求。加快发展养老服务业，力促区社会福利中心、花果山敬老院投入使用，打造省级虚拟养老品牌。进一步健全社会保障体系，持续扩大社会保险覆盖面，稳步提高社会保障水平。更加注重改善困难群众生活，做到及时救助、应保尽保，区级机关要加大对特困家庭一对一的帮扶力度。要提高社会治理水平，以打造现代化的社会治理体系为目标，最大限度地增加和谐因素，增强社会活力。要着力抓好食品药品安全，确保广大人民群众"舌尖上的安全"。要深入推进安全生产、平安新浦、法治新浦工作，开展"智慧社区"试点，进一步深化志愿新浦、红袖标义务巡防活动，把新浦打造成为全省最安全的城区。

五、加强党的建设，为经济社会发展提供坚强保障

事业兴衰，关键在党；工作成败，关键在人。要全面加强党的建设，夯实基层基础，提高执行能力。

一要大力加强思想建设。把学习贯彻党的十八届三中全会精神作为当前和今后一段时期首要的政治任务，各基层党组织要切实加强领导，周密安排，迅速掀起学习宣传、贯彻落实三中全会精神的热潮。要创新举措，充分利用讲座、辅导、研讨等多种形式，开展丰富多彩的学习宣传活动，把全会精神及时、全面、准确地传达到广大党员干部和群众中去。要全面开展群众路线教育实践活动，坚持一把手作表率，落实"第一责任人"责任，扎扎实实查摆问题、开展批评和自我批评，确保教育实践活动聚焦"四风"、突出重点，不虚、不空、不偏，打牢开展党的群众路线教育实践活动的思想基础。

二要扎实加强队伍建设。实现既定目标，核心在班子，关键在干部。要增强学习能力，把学习作为增强工作本领、实现自我价值的重要途径，把学习当成一种生活习惯、一种人生追求，坚持学用结合、学以致用，做到学有所思、思有所悟。要增强创新能力，敢于超越前人、敢于否定自我、敢于挑战难题，努力在干实事中探索新路子，在解难题中开拓新局面。要增强执行能力，多一些真抓实干，少一些坐而论道；多一些干事激情，少一些牢骚怪话；多一些深化细化具体化，少一些空话套话不管用的话。要敢于担当，勇于负责，不说"不能做"，少说"再研究"，大胆创新，勇于担责。区委也将旗帜鲜明地坚持"以发展论英雄、凭实绩用干部"的用人导向，让埋头苦干、开拓奋进的干部有舞台，让不干实事、投机取巧的人没位置，努力形成全区上下共创事业的良好氛围。

三要全力加强作风建设。加强作风建设是党和国家各项事业成功的保障。要以落实中央八项规定、省委十项规定和市委二十条实施办法为抓手，以密切联系群众为核心，狠抓作风建设，以钉钉子的精神抓好各项制度规定的执行，以优良作风推动改革发展各项任务的落实。要集中开展以"五治"为主要内容的作风整顿活动，力戒机关"散、懒、庸、浮、满"五种弊病，提升工作效率。要推广一线工作法，做到在一线调查研究，在一线解决问题，在一线督查指导，在一线干出成效，让干部在一线得到成长锻炼。要强化抓落实的成效，不将就，不凑合，力求把工作做到极致、做成经典，做到不定则已，定必落实，不干则已，干则一流。

四要扎实加强廉政建设。要严格执行党风廉政建设责任制，认真落实"一岗双责"，完善廉政预警机制，坚持"抓早抓小"，对苗头性、倾向性问题早发现、早告诫、早纠正。要深化重点领域、重要岗位和关键环节的廉政风险防控工作，坚持用制度管权管事管人，扎紧扎牢制度的"笼子"。要坚持重大决策、重大项目安排集体讨论决定，加大重点工作和重大项目的监督检查，构建决策科学、执行坚决、监督有力的权力运行体系。要严格绩效管理，强化行政问责，严厉查处不作为、慢作为、乱作为，坚决整肃风纪。要强化案件查办，坚决遏制一些重点领域和关键环节腐败现象，切实维护好群众利益，做到干部清正、政府清廉、政治清明，以实际成效取信于民。

同志们，新的形势时不我待，新的目标催人奋进。让我们以敢为人先的魄力，敢谋新篇的勇气，敢于担当的作风，抢抓机遇，跨越奋进，为建设区域性经济文化中心、更高水平小康社会两大目标作出新的更大贡献。

附：区委九届五、六次全会报告相关词语解释

1.五个加快、十个突破：

五个加快：

（一）加快全面小康和基本现代化进程。

（二）加快转型升级步伐。

（三）加快港产城联动发展。

（四）加快提升中心城市现代化和国际化水平。

（五）加快县域经济发展。

十个突破：

（一）在港口建设及港容港貌上要有大的突破。

（二）在重大产业项目及特色产业和园区建设上要有大的突破。

（三）在现代农业及农田水利设施建设上要有大的突破。

（四）在服务业集聚区及重点设施建设上要有大的突破。

（五）在新城建设及老城改造和环境整治上要有大的突破。

（六）在重大基础设施上要有大的突破。

（七）在科技创新能力及平台载体建设上要有大的突破。

（八）在重点旅游景区及配套设施建设上要有大的突破。

（九）在重大文化设施及产业发展上要有大的突破。

（十）在城乡统筹试点镇村建设上要有大的突破。

2.八路两桥：规划六路、郁州路、聚贤路、振华路、规划八路、同心路、同仁路、浦发路，大浦河桥、郁洲北路立交桥。

3.四路一湖：浦南新镇区建设内容，包括，龙浦路、水杉路、樱花路、国槐路，星光湖。

4.十五分钟文化圈、乡村三里文化圈：城区市民出门15分钟，乡村方圆三里，就有社区文化活动中心、图书馆、博物馆、美术馆等各种公共文化场所。

5.三解三促：是江苏切实加强新形势下群众工作、推进社会管理创新工程的重要举措，将形成长期坚持的制度，实现领导干部下基层“了解民情民意、破解发展难题、化解社会矛盾，促进干群关系融洽、促进基层发展稳定、促进机关作风转变”。

6.三百成长工程：围绕我区城市空间布局优化、产业转型升级、社会管理创新和群众工作需要，选派100余名干部到旧城改造、新城建设前沿，100余名干部到招商引资、园区建设一线，100余名干部到社会管理、民生稳定网格砥砺锤炼。

7.三品认证：“三品”是由国家认监委管理的，是指定的认证机构来认证的，通常指产地认证、质量认证、标准认证。

8.红袖标：区委政法委牵头，在全区组织万名老人，统一佩戴红袖标，开展以社会治安防控为主要目的的义务巡查。

9.十有干部：市里提出的，有激情、有干劲、有担当、有责任、有落实、有成效、有能力、有办法、有正气、有操守的“十有”干部。

10.三公经费：指政府部门人员因公出国（境）经费、公务车购置及运行费、公务招待费产生的消费。

11.五治：全市开展的，在党员干部职工中开展以“治散、治庸、治懒、治浮、治满”为主要内容的“五治”作风整顿活动。

12.四化三评价：突出信息集成化、功能复合化、采集动态化、应用自动化的“四化”原则，通过对干部基本情况、任职轨迹、社区评价、反向测评等40余项信息的采集存储和统计分析，形成年度定量评价、定性评价和即时评价三类评价。

13.三个最大化：农业劳动生产率、土地产出率、农民收入最大化。三基地、三园区：设施蔬菜基地、特种水产养殖基地、花卉苗木基地，中小企业园、农产品加工园区、农业休闲观光园。

14.文化三送：送戏、送电影、送图书。

民主路文化街夜景　（区文联　供）

区两会报告

政府工作报告

——代区长单晓敏在新浦区第十七届人民代表大会第三次会议上

（2014年1月8日）

各位代表：

现在，我代表区人民政府向大会作工作报告，请予审议，并请各位政协委员提出意见。

2013年工作回顾

过去一年，是新浦区经济社会发展稳中求进、好中求快的一年。在市委、市政府和区委的正确领导下，团结和带领全区人民深入贯彻落实科学发展观，坚持以建成更高水平小康社会为奋斗目标，以“城乡统筹、开发区西拓、新城开发、旧城改造”四大工程为主抓手，奋力拼搏，加快赶超，较好完成区十七届人大二次会议确定的各项任务，预计全年完成地区生产总值127亿元，增长12%；公共财政预算收入26.7亿元，增长7.5%；全社会固定资产投资228亿元，增长25%；工业固定资产投资46亿元，增长23%；社会消费品零售总额160亿元，增长13%，全区上下呈现出风正气顺、人和业兴的良好态势。

一年来，主要做了以下工作：

一、抓产业、调结构，在转型升级中有效提升发展层次

现代服务业加快集聚。完成服务业增加值90.5亿元，增长14%。传承历史文脉、再现民国风貌的民主路老街，修复文保建筑18处，新建改建房屋3.5万平方米，9个月内实现开街。具有明清建筑风格的盐河巷古街，建成主体建筑9组7600平方米，引进休闲品牌10家。彰显本地特色的水晶街正式运营，海港城海鲜美食街开工建设，陇海步行街管委办荣获全国商业街管理先进集体称号。新增限额以上商贸企业70家，苏宁广场41层主楼封顶，6万平方米的裙楼完成外部装修。新浦区被省政府表彰为放心消费创建工作先进区，“天晴”获批中国驰名商标。招商银行、海通证券等4家大型金融保险机构入驻。

都市工业发展提速。完成规模以上工业总产值88.9亿元，增长6.9%；规模以上工业增加值11.5亿元，增长10.5%。签约投资过亿元工业项目15个，总投资8亿元的品苏制造、总投资5亿元的虹港装备等10个项目开工建设。高纯硅微粉、森呼吸食品等5个续建项目以及东浦管桩自动化混凝土、益云金属等3个新建项目相继投产，新增规模以上工业企业6家。如年实业、三得利食品等重点企业在逆境中持续壮大，全区产值过1亿元企业30家。

现代农业特色彰显。新增土地流转面积866.66公顷、设施农业433.33公顷，适度规模经营面积占全区耕地比重达90%。新增省级菜篮子基地2个，基本建成花卉苗木、特种水产养殖和设施蔬菜三大基地管理服务中心，省级农业龙头企业达4家，兆绿花卉苗木基地成为省林科院产学研协作基地。农村新型经济组织建设成效明显，新发展家庭农场21家、农民专业合作社8家。建成高标准农田666.66公顷，水稻生产全程机械化工作通过省级验收，粮食生产实现“十连增”。

二、抓载体、增后劲，重点工程建设取得新的突破

试点镇村建设全面推进。制定城乡统筹建设三年规划，完成浦南镇总规、新镇区控规等22个规划编制和38个单体项目设计。加快推进1个新镇区、2个新社区、3个农业基地、3个产业园区等28个重点项目，区第一人民医院、社会福利中心等32个单体建筑封顶，新建改造樱花路、龙浦路等7条道路18.5千米，星光湖公园完成水面、护岸施工，汪新大桥建成通车。江浦社区一期建成新型住宅81户，社区服务中心、生活污水处理厂、垃圾中转站等配套工程竣工，江浦幼儿园投入使用。制定出台村民集中居住、现代农业发展等政策，形成较为齐全的城乡统筹配套政策体系。

城市开发成效凸显。滨河新城征收房屋2.5万平方米，新增绿化面积7万平方米，接通310国道的浦发路、连接解放东路的振华路等9条重点道路相继建成，新建城市主次干道

10千米，有效缓解城区北部交通压力。呼应城乡统筹的郁洲西路、东站引河大桥等节点性工程开工建设，郁洲北路下穿铁路立交提前通车，新老城区发展破除天堑，实现贯通。孔望山新城盐河南路、孔望山公园二期园区道路等基本建成，易居公馆、孔望尚府等项目加快建设。凤凰新城新建东路、学院南路等7条道路全面推进，凤凰中学开工建设。花果山片区科技创业城、康达学院等20多个重点工程建设取得显著成效。

开发区西区框架拉开。编制完成35平方千米控规以及综合服务中心、工业邻里中心设计方案，确定以高端装备制造业为产业主攻方向。按照“三块板”建设标准，总长20千米的5条园区道路全线贯通，创新路、国安路、祖平路改造工程竣工，完成征地133.33公顷，园区核心区基本具备项目入驻条件。整合新浦工业园资源，中小企业园在建成16万平方米标准厂房的基础上，新建标准厂房15万平方米、配套工程5万平方米，目前主体完成。园区引进企业25家，沈阳机床特许中心开业，烯碳科技产业园一期即将运营。

三、抓城建、强配套，努力营造可持续发展的城乡环境

旧城改造攻坚克难。抢抓市四套班子领导挂钩具体征收地块机遇，借助市级部门挂职干部力量，市、区、街道、社区共计800余人参与征收工作。将62个地块列入年度旧城改造范围，全面推进车管所等6个国土储备地块、原飞雁毛毯厂等8个毛地出让地块、连盐铁路沿线等重点工程地块房屋征收工作，主动协调解决规划方案、安置房源、资金筹措等难题，体育局地块、天然居地块、财经学校A西地块等重点项目征收完成，东上渔场、外仓街等地块征迁取得重点突破，征收房屋108万平方米。做好市重点工程征收保障工作，历时多年的顾庄大桥北连接线工程通车，沭新渠送清水工程通水，市区饮用水源取水口上移、新海路拓宽工程征收工作完成。

城市建管深入推进。投入2000万元，集中修建便民路27条，整治背街小巷138条，清掏下水道146条，改造新市路、海州二农宿舍等片区6个，累计整修路面4万平方米。完成东方花园、陇海花园等7个低洼片区提升改造，加固改造包庄桥、二总桥等危桥11座。改造海宁西路、海连西路等道路沿街景观，开展204、310国道沿线环境综合整治，解放东路等14个菜市场周边环境有效改善。新建垃圾中转站3座、垃圾池114座，新建改建公厕13座，新增大型环卫作业车辆12台，浦南镇环卫工作纳入区级管理，实现全区城乡环卫管理一体化。加大禁违拆违力度，拆除违建5.5万平方米。

人居环境持续改善。改造提升海宁桥、玉带等游园15个，新增绿地面积68公顷，朐阳、洪门街道创成国家级生态乡镇，花果山街道创成省级生态乡镇，前云村获评江苏最美乡村。完成绿化造林面积520公顷，四旁植树77万株，打造绿色通道108千米，凤凰西山废弃塘口1万平方米植被恢复和景观再造工程竣工，新增省级绿化示范村5个。修建农村道路18千米，完成农村改厕1527座，整治河塘78个。推进高污染燃料禁燃区建设，燃煤小锅炉拆除率达95%。加大餐饮油烟整治力度，整改餐饮企业32家。打赢秸秆禁烧禁抛攻坚战，坚持疏堵结合，夏秋两季实现秸秆焚烧零火点。

四、抓改革、激活力，在区域竞争中资源要素加快集聚

招商引资成效显著。签约亿元以上项目27个，引进内联客方到位资金61.3亿元，增长15%；引进过500万美元项目9个，实际利用外资8100万美元，增长31.6%；实现外贸出口8.5亿美元，增长10%。实行“园区共建”和“驻点定片”招商，在香港、台湾等地设立经贸代表处，在南京、南通开发区专人挂职“驻点招商”，在浙江温岭、丽水“定片招商”，与昆山、常州实行“园区互联共建”，利用连云港之夏、西游记文化节等市级平台签约项目17个，总投资15亿元的红钻文化商业广场、总投资2亿美元的菲律宾SM广场等大项目取得实质性进展。

优质要素有效整合。财税运行质量提高，52家企业纳税过1千万元，纳税额占全区税收总额54%。整合政府办公资源，老区政府地块让渡特色街区开发，新区政府实现顺利搬迁，东河新城土地房产加快盘活。投融资平台建设取得突破，江苏瀛洲集团升级为市级投融资平台。政府资产迅速壮大，总资产达25亿元，净资产15亿元，实现当年融资6亿元。金融环境有效改善，稳妥做好瑞阳非法集资等案件处置工作，取缔非法融资机构45家。发展制约因素有效破解，土地指标争取和闲置土地清理力度加大。推进教育体制改革，促进义务教育优质均衡发展。全面实施基本药物制度，医药卫生体制改革稳步推进。

创新能力明显提升。全区技改投入近10亿元，竣工技改项目8个。获批国家级科技计划项目3项、省级6项，争取科技扶持资金3000余万元。获批国家级高新技术企业3家、省级高新技术产品13个。新增省级研发机构2个，大中型企业研发机构实现全覆盖。申请专利1227件、授权763件，万人发明专利拥有量4.9件。与南京财经大学合作共建高端人才培育基地，5家企业与清华大学、中国科技大学等建立产学研合作平台，1人入选第九批国家“千人计划”。顺利通过全国科技进步县区考核，新东街道创成省级科普示范街道，西苑社区创成全国科普示范社区。

五、抓民生、促和谐，发展成果更多惠及群众

社会事业稳步发展。新建校舍4.3万平方米，维修加固校舍1.2万平方米，新浦中学及师专一附小教学综合楼、解放路小学郁洲分校建成使用，大村中心小学一期工程竣工，太平小学、海庆中学教学综合楼主体封顶，连云港实验学校、师专二附小等3所学校开工建设。新浦中学通过省三星级高中复评，新浦区高分通过国家义务教育发展基本均衡区督导验收，荣获全国社区教育实验区等称号。海州社区卫生服务中心获评国家级示范服务中心，完成新海、路

南等4个社区卫生服务中心改扩建工程。发放居民健康卡2.3万张，家庭医生服务重点人群签约率达55%。积极推进人口计生工作，免费婚检、孕检一体化服务水平得到提升。建成浦南镇妇女儿童活动中心，新增省级妇女儿童之家11个。举办民俗大联欢、白虎山文化旅游庙会等大型文体活动100余场，荣获全国排舞比赛一等奖、上海健身秧歌邀请赛冠军。打击侵权盗版工作获得国家版权局表彰，花果山街道获评省公共文化服务体系示范乡镇，南城普照寺安养院、念佛堂竣工，新浦公园、云台农场水生花卉园创成国家AA级景区。

社会保障更趋完善。抓好惠民实事，新增"周末菜场"3家，提档升级菜市场9家，市民服务中心建成使用，残疾人康复中心主体竣工，区社区服务中心开工建设，连续8年面向困难群众半价销售米面，慈善总会、红十字会募集款物200万元。新增城镇就业2.1万人，转移农村劳动力930人，创建省级充分就业示范社区6个，城市居民人均可支配收入27000元、农民人均纯收入15500元，分别增长12%、15%。以扶老、助残、救孤、优抚、济困为重点，发放保障资金3264万元，惠及群众2.1万人。发放廉租住房货币补贴757户，安置廉租住房170套，经济适用住房竣工408套。全区民办养老机构增至13家、家庭托老所增至11家，玉龙路家庭养老特色街成为全省知名养老服务品牌，虚拟养老院通过省级验收。省级双拥模范区实现"五连冠"，民兵双25高炮连实弹战术演习获省军区表彰。

社会管理不断创新。稳步推进机制体制改革，花果山、南城撤乡镇设立街道办事处，成立滨河新城管委会。基层组织建设水平提升，依法组织村委会、居委会换届选举工作，获评省和谐社区建设示范区。按照"六有"标准，完成106个老旧小区安全防范改造，技防入户率达80%以上。启动"万人红袖标工程"，全区可防性案件持续下降。安全生产及食品药品安全保持平稳态势，新增安全生产五星级乡镇2个，涉药单位信息化监管率达95%以上。围绕"百日百案化解"等活动，重点化解一批信访积案，社会稳定形势逐步好转。特别是2012年4月1日以来，根据市委、市政府对区划调整工作的重大部署，主动积极做好4个街道及22个事业单位代管接收工作，确保代管地区和单位的平稳过渡。

精神文明和民主法制建设不断加强。开展"美丽新浦、最美人物"系列评选活动，推荐"身边好人"9位，推荐1人参选"中国好人"，3人入围"江苏省第四届道德模范"，获评省级文明单位78家、省级文明社区5个、省级文明村6个。扎实推行政务公开及行政权力网上公开透明运行，自觉接受区人大及其常委会的法律监督和工作监督、区政协的民主监督和社会各界监督，认真办理人大代表建议和政协委员提案，广泛听取社会各界、各人民团体的意见和建议。落实党风廉政建设责任制，出台政府投资项目资金管理等办法，加强预算执行、重点工程建设和审计监督。强化作风转变，严控"三公"经费支出，有效开展办公用房超标清退、公车治理等活动。"十百千法治强基工程"、"一刻钟法治惠民圈"等工作得到省委政法委充分肯定，连续七年被省命名为社会治安安全区，获评省"六五"普法中期先进区。

与此同时，人防、外事、侨务、档案、地方志、供销、防震减灾、扶贫开发、关心下一代等工作均取得新成绩。

各位代表，在刚刚过去的一年里，全区能够取得这样的成绩非常不易。这是区委科学决策、正确领导的结果，是全区人民齐心协力、艰苦奋斗的结果，是人大、政协加强监督、大力支持的结果，是社会各界共同参与、共谋发展的结果，也是老干部、老同志关心帮助、理解支持的结果。在此，我谨代表区人民政府，向所有关心新浦发展、参与新浦建设的各界人士，表示衷心的感谢和崇高的敬意！

在肯定成绩的同时，也要清醒地认识到，全区经济社会发展还存在不少困难和问题。主要是：经济结构还需要优化，发展速度还需要加快；招商引资过程中，意向签约项目较多，合同签约项目较少，项目投产达效有待提升；工业经济与周边地区相比，差距较大，缺乏能够形成产业支撑的龙头企业；民生领域欠账仍多，与广大群众期盼还有差距；政府效能有待提高，发展环境仍需优化。对这些问题，将通过艰苦细致的工作和坚持不懈的努力，在加快发展中认真加以解决。

2014年主要工作任务

新的一年，是新浦区在党的十八届三中全会精神指导下，全面深化改革的启动之年；是在深入开展党的群众路线教育实践活动的同时，实施"十二五"规划的关键一年。纵观当前，全国启动的新一轮改革，必将进一步激发市场创造活力和发展内生动力。全市发展机遇叠加效应的持续释放，为新浦带来了新契机。市委、市政府对中心城区发展的殷切期望，城乡统筹等重点工程的纵深推进，一批大项目、好项目的洽谈引进，都为新浦积蓄了新能量。我们将在全市"丝绸之路经济带"东方桥头堡建设过程中，踩准港产城联动发展的节拍，借势发力，主动作为，加快构建现代产业体系，增强城市综合服务功能，奋力把新浦科学发展、跨越发展推向新的水平。

2014年政府工作的指导思想是：深入贯彻落实党的十八届三中全会精神，按照中央、省经济工作会议和区委九届六次全会部署，紧紧围绕建设区域性经济文化中心、更高水平小康社会两大目标，以改革总揽全局，以创新驱动发展，以"六个突破、四个提升"为工作主抓手，致力把新浦建设成为生态宜居、人文荟萃、经济繁荣、社会文明的现代化中心城区。

主要预期目标是：地区生产总值增长11%，公共财政预算收入增长12%，全社会固定资产投资增长22.4%，社会消费品零售总额增长14%，引进内联客方到位资金65亿元，实际利用外资7000万美元，城市居民人均可支配收入增长11.5%，农民人均纯收入增长13%。

围绕以上目标要求，将重点做好以下工作：

一、注重内涵提升，进一步增强城市服务功能

增强城市发展承载力。以城市规划、建设、管理三个导则为指导，同步推进新城开发和旧城改造。滨河新城解放路小学分校、眼科医院新院区开工建设，滨河社区卫生服务中心竣工，建成大浦河景观廊道。推进中兴智慧城、万达城项目落户，开工建设红钻文化商业广场一期。孔望山新城新孔南路、孔望山路、磨盘山路等片区道路全面通车，孔望山公园二期完成，开工建设锦屏山北生态休闲区。花果山片区加快推进市第一人民医院新区医院、花果山社区服务中心建设，科技创业城、新世界文化城主体竣工。凤凰新城启动瀛洲路沿线地块规划建设，新建东路延伸段建成通车。旧城改造启动瑞安花园、凤舞铭居、金凤小区等安置小区建设，完成连盐铁路、黄海度假村、烟草巷等38个地块征收，力争征收面积达140万平方米。

增强城市辐射带动力。优先培育发展与"丝绸之路经济带"建设密切相关的仓储物流等生产性服务业，改造提升生活性服务业。在城区，开工建设希尔顿五星级酒店以及利群、恒润郁洲府等城市综合体，苏宁广场、国际商务大厦投入运营，巩固提升杰瑞文化创意产业园，扩建兴隆国际商贸城，改造白虎山批发市场。推动民主路老街向南北纵深拓展，建成盐河巷古街二期、水晶街二期和海港城海鲜美食街，争取打造省级现代服务业集聚区1家，陇海步行街争创国家级城市中央休闲区。保护修缮海州古城、南城古镇等历史街区，启动实施部分规划项目。在城郊，以204、310国道为轴线，提档升级四季农产品批发市场，推进振兴汽车城和奥迪4S店建设，全力服务蓝莓电子商务园区及海通技工学校等重点项目，促成顺丰快递和天马网络合作，争取开工建设区域性快递分拣中心，打造城市电商集聚地。

彰显生态宜居城市魅力。大力实施城乡绿化、山体绿化工程，完成绿化造林面积300公顷，四旁植树30万株，新建改造绿地80公顷，争取建成省级生态区，花果山街道争创国家级生态乡镇，浦南镇、南城街道创成省级生态乡镇，新增省级绿化示范村5家。突出大气污染防治和应急工作，保持秸秆综合利用与禁烧工作成效，实现长效管理。逐步解决餐饮油烟扰民问题，打造餐饮油烟整治示范街2条以上。实施城区河道清水工程，改善西盐河、龙尾河等河流水质，整合沿河原有绿化，提升景观层次。完成浦南镇、开发区和岗埠农场污水管网整体规划，切实提高开发区污水处理厂运营能力，初步建成统一的西片区污水管网系统。

深化改革增强发展活力。加强公共财政管理，设立服务业、文化等重点产业发展引导资金，培育发展骨干企业和重点产业。发挥财政存量资金使用效益，促使增量资金向稳增长、惠民生等领域倾斜。切实抓好地方政府债务管理，加快江苏瀛洲集团向现代企业发展，适时启动发债工作。用足用好土地资源，积极为大项目争取点供渠道，同时加大力度盘活存量土地。树立招商为先理念，抓住"丝绸之路经济带"建设、新型城镇化、苏南产业转移等机遇，用好商会、协会等平台，大力开展专业招商、产业链招商和以商引商。加强招商项目库建设，争取引进投资过亿元项目30个以上。整合包装重大项目，在政策扶持、资金补助等方面争取上级更多支持。继续提升项目服务效能，完善重大项目领导挂钩帮扶、部门会办等制度。

二、注重产业升级，进一步扩大工业经济规模

突出园区带动。开发区西区实施创业路西延、发展路提升工程，开工建设滨河路，贯通东西两大片区。加快中小企业园建设，将其打造成为规模企业孵化器，二期标准厂房及配套工程投入使用，三期标准厂房、综合服务中心启动建设，年内招引项目入驻50个以上。开发区东区加快"退二进三"步伐，依托云顶华庭、蓝云馨苑等项目，打造欧洲特色小镇。洪门工业园物流大楼投入使用，引进物流企业10家以上。激活太平工业园发展潜力，建设标准厂房，做大现有企业。现代服务业集聚区启动园区内4条道路以及电子商务创业平台建设。

突出项目拉动。围绕1百亿园区、1百亿产业目标，重点壮大专用设备制造业，培植产业集群。提高在谈项目签约率，跟踪推进美和医疗器械、天喜小家电等项目，争取早落户。提高签约项目开工率，做好润利新材料、众泰医疗设备等项目服务工作，确保新开工过亿元工业项目10个以上。提高开工项目竣工率，重点推进品苏制造、虹港装备等项目，年内竣工投产15个，其中过1亿元项目10个以上。提高竣工项目增资扩股率，促进三得利食品与青岛啤酒合作扩张，推动齐天铁塔、康达智等企业扩大生产，力争产值过1亿元企业40家以上，其中过10亿元企业2家。

突出创新驱动。引导企业对传统设备、工艺改造升级，实施技改项目26个，新增规模企业6家。引导骨干企业借助资本市场做大做强，推动东海硅微粉进入上市辅导期。抓好创新型企业培育和科技平台建设，新增国家高新技术企业1家，省级以上"三站三中心"5家、产学研合作项目8项，省级以上科技成果转化项目2项、高新技术产品6个。专利申请量1300件以上，授权量800件以上。重视本地人才的培养使用，积极引进创新创业人才。

三、注重城乡统筹，进一步增强城镇带动作用

加快城乡一体化进程。扩大城乡统筹前期成果，重点推进试点镇村建设，推动基本公共服务向浦南新镇区延伸，区第一人民医院、社会福利中心、文化体育中心、浦南中学投入使用，商业中心二期、浦南小学建成，樱花社区二期启动建设，星光湖公园对外开园。江浦社区二期新建民宅120户，加快引导居民向新镇区、新社区集中居住。加快基础设施建设，完成郁洲西路、龙江路等7条道路建设，建成跨东站引河主桥和蔷薇河便桥，打造市中心到浦南镇"十分钟车程"。将龙浦路两侧建成现代高效农业示范园区，江浦村争创江苏最美乡村。三大基地管理服务中心、新镇区污水处理厂、垃圾中转站等投入运行。巩固村庄环境整治成果，开展农村家庭文明卫生星级评比，促进家前屋后等周边环境改善，干部群众合力打造干净整洁美好家园。

加快农业现代化建设。围绕在全市率先基本实现农业现代化目标，大力发展高效农业，新浦现代农业产业园争创国家现代农业示范区。新增流转土地面积1200公顷，新增设施蔬菜66.66公顷、花卉苗木200公顷、特种水产养殖200公顷。按照省级农业园区标准规划建设花果山林果茶基地，建成云台农场果蔬种植基地，壮大岗埠农场渔业产业园。新增连栋智能日光温室大棚1万平方米，建成标准化生产示范基地2个，农业信息化服务实现全覆盖。扶持农业龙头企业发展，新增省级农业龙头企业1家、市级2家。注重农产品质量与食品安全，新增无公害、绿色、有机农产品品牌10个。推进农业重点项目建设，浦南镇万亩高标准农田示范工程基本完工，吉本多食品蔬菜加工项目建成投产，麦卡莎农副产品加工项目启动建设。完成仓容量3.3万吨的危仓老库改造，提高粮食存储能力。

加快农村经济发展。坚持强村富民，扶持一批示范大户典型，争取集体收入过1百万元强村5个以上。探索农民增加财产性收入渠道，规范运作浦南土地流转服务中心，加快推进农村集体土地所有权、土地承包经营权确权登记颁证工作，实现浦南镇登记发证工作全覆盖。积极发展家庭农场等新型经营主体，新增农民专业合作经济组织6个以上，农民参加专业合作经济组织覆盖率达90%。整合农业旅游资源，云台农场云鼎休闲农庄主体封顶，浦南农业休闲观光园建成，打造集自助采摘、农事体验、科普教育为一体的“城市后花园”。

四、注重民生改善，进一步提高群众幸福指数

办好群众满意教育。继续推进校安工程建设，新建校舍2.1万平方米，维修加固校舍7800平方米，海庆中学教学综合楼、太平小学投入使用，凤凰中学、师专二附小等4所学校主体封顶，实施景山秀水小学、大村中心小学二期工程。启动新一轮教育现代化建设，促进优质教育均衡发展，义务教育学校教师流动比例达15%以上，95%课堂使用教育信息化设备。不断发展学前教育，创建省优质幼儿园4所、市管理规范示范园3所，创成省级学前教育改革发展示范区。提高职业教育办学水平，海州中等专业学校创建省级实训基地。构建终身教育体系，创建市级标准化市民学校10所。打造特色教育品牌，创建省级课程基地、省绿色学校等特色学校12所，争创国家级科普示范区。

提高群众健康水平。加强基层医疗卫生机构建设，新增政府办社区卫生服务中心2家，争创省级社区卫生服务中心1家，争取区疾控机构建设达国家标准。做好基本公共卫生服务工作，居民电子健康档案建档率达87%，家庭医生服务重点人群签约率达70%，新建健康步道3条，新增健康主题公园2个。创新服务模式，拓展基层医疗机构与市级大医院“双向转诊”，推进2家社区卫生服务中心与市第一人民医院签约建设远程医疗系统，争取新增省级中医药特色社区卫生服务中心1家。加强食品药品安全和卫生监督执法工作，争创省级餐饮服务食品安全示范区，建成省级示范街道1家。提升计生服务水平，免费孕检率达90%。

丰富群众文体生活。加强公共文化服务阵地建设，全区社区文化中心面积增至5.4万平方米，提档升级文化广场10个。开展惠民文化活动，举办春节文化庙会、美丽新浦欢乐行等文化活动200场以上，深入开展文化“三送”活动，组织文化义工进社区系列活动20场以上。传承保护非物质文化遗产，挖掘提升海州五大宫调、新浦秧歌等民间传统文化。加强娱乐业、出版业等文化市场监管，打造良好的文化环境。开展丰富多样的群众体育活动，建成滨河新城全民健身中心，启动建设孔望山新城全民健身中心，新增城市健身点10个，培育社会体育指导员200人。围绕“大锦屏山旅游、特色街区旅游、乡村旅游”三个重点，创建省级乡村旅游点3个，陇海商务文化旅游区、云台农场水生花卉园争创国家AAA级景区。

五、注重社会建设，进一步营造和谐稳定环境

大力发展惠民事业。改善群众生活环境，开展财苑社区等3个低洼片区改造工作，整治便民路、背街小巷100条，清掏下水道170千米，创建市级市容管理示范路2条、城管示范社区1个。继续推进老旧小区改造，年内完成23个老旧小区安全技防设施配建。高度重视无物管小区问题，指导相关小区成立业主委员会或物业管理委员会，全区物业管理覆盖率力争85%以上。完善城市管理体系，重点解决店外经营、占道经营等突出问题，坚决查处违法用地和违章建筑，严格控制新的违建产生。着力推进菜市场建设，建成中央华府菜市场、浦南菜市场，升级改造巨龙路菜市场、岗埠菜市场。强化社会服务保障，区社区服务中心完工，残疾人康复中心投入使用，新增社区用房6000平方米。提升浦南镇中心敬老院、花果山敬老院、玉龙路民办家庭养老机构的服务水平，新增家庭托老机构6家，新增养老床位500张。通过虚拟养老院拓展养老服务项目，推动具有新浦特色的社会养老体系快速发展。

做好社会保障工作。大力实施居民收入倍增计划，突出农民、企业职工、中低收入者和困难家庭等群体增收，城市居民人均可支配收入30105元，农民人均纯收入17515元。做好群众就业工作，完成城乡职业技能培训1万人次，新增城镇就业2.2万人，新增转移农村劳动力980人，城镇登记失业率控制在3%以内。打造全国人力资源社会保障系统优质服务窗口，推进特色街区创业孵化基地建设，争取新增省级充分就业社区2家。整合“大民政”救助体系，通过节日补助、慈善援助、临时救助等途径，扩大救助覆盖面。注重住房保障，开工建设限价房100套，发放廉租住房货币补贴150户。

加强社会治理创新。推进政府治理和社会自我调节、居民自治良性互动，探索推广“政社互动”、“三社联动”试点工作，提高社会工作者的积极性，争创省级和谐街道2个。用群众工作统揽信访工作，完善重大决策社会稳定风险评估机制，加强应急管理，重视网络信息监管和应对，畅通群众诉求表达渠道。持续开展领导干部接访约访下访，推进信访积案化解，有效预防和化解社会矛盾。进一步优化金融环境，宣传引导正确理财观念，加大对非法集资打击查处力度。加强公共安全体系建设，依法打击各类犯罪活动，新增省级民主法治示范村（社区）3个。抓好安全生产工作，坚决杜绝较大以上事故发生。

各位代表，新形势，新机遇，对政府工作提出了新要求。我们必须不断增强责任心和进取心，优化服务环境，提升行政效能。一是坚持改革创新理念。大力倡导敢为人先、敢闯敢试的实践探索精神，用改革的理念优化决策，用创新的方法破解难题，打造敢担当、有作为的政府。善于站在群众的立场把握好涉及改革的重大问题，尊重群众的首创精神，在改革中集纳民智、凝聚民心，为深化改革获取更多正能量。二是牢记勤政为民理念。深入开展党的群众路线教育实践活动，以人民满意作为工作标准，发扬“说了就算、定了就干、干就干好”的工作作风，切实提高政府执行力和公信力。围绕群众所需、所盼，踏踏实实办一些群众关注的小事、实事。树立“大新浦”概念，主动对接市级部门及驻区单位，争取更多资源为辖区百姓服务。三是强化依法行政理念。全面推进依法行政，严格按照法定权限和程序行使权力、履行职责。健全行政执法责任制，促进规范公正文明执法。深入推进政务公开，不断提高行政权力网上公开透明运行水平，主动接受社会和舆论监督。四是恪守清正廉洁理念。切实执行中央八项规定和国务院“约法三章”，大力倡导勤俭节约，坚决反对铺张浪费，集中财力保障和改善民生。严格落实党风廉政建设责任制，筑牢思想道德防线，严厉查处各类违法违纪行为，努力保持政府清正廉洁、为民务实的良好形象。

各位代表，新浦区正站在新的历史起点上，向着更高的目标迈进。肩负着新浦发展重任，肩负着全区人民重托，我们深感责任重大，决心倍加努力。让我们在中共新浦区委的正确领导下，锐意进取，攻坚克难，扎实工作，为新浦人民生活得更加美好而努力奋斗！

附：《政府工作报告》相关词语解释

1.三块板：城市道路断面形式之一，三块板有两条分隔带，把车行道分成三部分，中间为机动车道，两旁为非机动车道。

2.周末菜场：属于公益性市场，利用社区广场资源，周末上午由社区负责提供场地，免摊位、管理等费用，由专业合作社或农产品流通企业组织农民进城销售自产蔬菜，价格比周边集贸市场低，且新鲜程度高。

3.“六有”标准：有值班室、有大门、有视频监控、有封闭或半封闭式围墙、有路灯、有停车场。

4.万人红袖标工程：组织由市区沿街商户、小区保安、环卫工人等万名志愿者参与的巡防队伍，在责任区域内开展巡防活动。

5.十百千法治强基工程：加强镇街、开发区的法治工作中心建设，规范百个村（社区）法治工作室建设，在区各部门、学校、医院、企业等组建近千个法治工作站（点），推动基层法律宣传、法律服务、调处纠纷等工作开展。

6.一刻钟法治惠民圈：以居民生活区为圆心，以路程不超过15分钟为半径，依托司法所、法治文化阵地、综治办、调解中心等管理服务站点，打造法律援助圈、法治文化圈、治安防控圈、矛盾调处圈、娱乐健身圈、医疗服务圈。

7.六个突破、四个提升：指区委九届六次全会报告中提出的城市建设、现代服务业、都市工业、现代农业、城乡统筹和招商引资取得突破，文化建设、生态建设、城市管理和民生幸福水平实现提升。

8.三站三中心：主要是指依托企业设立的博士后科研工作站、院士工作站、研究生工作站、工程技术研究中心、企业技术中心、工程研究中心。

9.政社互动：政府调控同社会协调互联、政府行政功能同社会自治功能互补、政府管理力量同社会调解力量互动。

10.三社联动：社区、社会组织和社工参与社区建设和自我管理，开展居民互助服务。

11.约法三章：李克强总理提出的，本届政府内，一是政府性的楼堂馆所一律不得新建；二是财政供养的人员只减不增；三是公费接待、公费出国、公费购车只减不增。

12.“三公”经费：公务出国、公务用车、公务接待。

13.退二进三：退出第二产业，进入第三产业。

14.文化三送活动：送电影、送图书、送戏剧。

新浦区人民代表大会常务委员会工作报告

——区人大常委会副主任陈周德在新浦区第十七届人民代表大会第三次会议上

（2014年1月9日）

各位代表：

我受区第十七届人民代表大会常务委员会的委托，向大会报告工作，请予审议。

2013年工作回顾

刚刚过去的一年，是新浦稳中求进、经济社会发展亮点纷呈的一年，也是常委会深入推进依法履职、全面融入发展大局的一年。一年来，常委会在区委的正确领导下，围绕“建成更高水平小康社会”的目标，紧扣“做美城市、做强产业”两条主线，突出重点，积极作为，先后开展视察调研和执法检查活动27次，召开常委会会议和主任会议24次，听取和审议专项工作报告及情况汇报15项，作出决议决定20项，发出审议意见书7份；依法任免174人次，其中任免国家机关工作人员91人次，任命人民陪审员83人；接受辞职8人，撤职1人；补选市十三届人大代表3人，区十七届人大代表8人。各项工作进展顺利，较好地完成本届人大二次会议确定的各项任务。

一、以助推跨越发展为重点，依法促进中心工作落实

认真审议计划和财政预算执行情况。常委会高度重视宏观经济运行和财政预算管理工作，听取并审议区政府关于2013年上半年国民经济与社会发展计划执行情况、财政预算执行情况的工作报告及2012年区级预算执行情况和其他财政收支情况的审计报告。在充分肯定成绩的同时，建议政府进一步科学研判影响全区经济发展的重大问题，密切跟踪国家宏观政策调控趋势，及时调整思路和发展方向，突出产业转型升级，加快城市建设经营，努力促进民生改善，深化财政管理体制改革，充分发挥财政资金政策的扶持引导作用，确保年度经济和社会事业发展任务的落实。

深入调研滨河新城开发。滨河新城开发是区委、区政府确立的重大项目之一。常委会组织部分组成人员和人大代表，实地察看东站引河大桥、郁洲北路下穿铁路地涵、瑞安花园等建设现场，听取相关情况汇报，对项目规划设计、基础设施建设、景观环境美化、招商引资推进、融资用地保障等工作给予了充分的肯定，建议政府继续围绕“三年出形象、五年见规模、八年成新区、未来大跨越”的建设思路，统筹做好片区详规及其他专项规划，加快推进基础设施和公共服务配套建设，完善组织架构，强化招商引资，拓宽融资渠道，加快项目推进，全面落实各项建设任务，努力保持良好发展态势。

密切关注新浦经济开发区建设。常委会认为，新浦经济开发区围绕年初确定的各项目标任务，突出抓好基础设施、中小企业园、招商引资、项目建设四个方面工作，取得了明显成效。同时建议新浦开发区要立足更高起点，重抓园区基础设施建设，打造产业项目承载坚实平台；重抓36万平方米标准厂房建设，扩大中小企业园发展规模；重抓招商引资和项目推进，尽早形成工业经济新增长点；重抓土地指标、资金等制约瓶颈破解，努力保持园区活力；重抓园区规划优化提升，加快打造在全市有影响、有实力的新型工业集聚区。

积极推进城乡统筹建设。2013年以来，全区按照“农村社区化、农业园区化、农民市民化”的要求，以浦南镇为主战场，立足于新镇区、新社区、新园区的功能定位，全面开展规划设计编制、用地指标申报、单体项目建设、资金用地保障、政策体系配套等工作，展现出强烈的责任意识、昂扬的奋战激情、骄人的工作实绩。常委会建议政府要始终如一地推进基础设施建设、产业园区开发、公共服务完善、政策配套支持，同步开展村容村貌出新工程，加快沟渠河塘整治，努力把浦南打造成为城区卫星镇、全市城乡统筹示范点。

二、以促进社会和谐为目标，积极关注民生问题解决

坚持不懈推进食品安全监督。常委会全年共组织73名组成人员和

人大代表，对《中华人民共和国食品安全法》在新浦区的贯彻落实情况进行视察、调研和执法检查6次，明察暗访农贸市场、餐饮企业、食品加工点、建筑工地食堂等场所28处，并听取和审议政府专项工作报告。常委会认为，区政府及其相关职能部门对《中华人民共和国食品安全法》的贯彻实施以及全区食品安全工作是高度重视的，食品监管、检验检测、行政执法、社会监督“四位一体”的监管模式初步形成，监管链条更加稳固，监管盲区逐步减少，新浦地区食品安全环境进一步好转。针对当前存在的重点区域监管力度不够到位、食品进购把关不够严格、非法使用添加剂现象仍然存在等问题，建议政府进一步理顺监管体制，不断强化工作合力；开展专项整治，净化食品安全环境；加大经费投入，保障监管工作高效运行；推行信息公开，强化宣传教育，动员全社会力量积极参与食品安全监管工作。

持续扎实监督饮用水源保护。饮用水源保护工作，关系到人民群众日常生活和生命安全，是常委会关注的重点事项之一。近年来，区政府及其相关职能部门采取有效措施，不断完善环保配套设施，加强重点流域水环境综合整治及饮用水源保护，在加大投入、强化宣传、规范管理等方面做了大量工作，饮用水源保护取得明显成效。常委会在视察和审议饮用水源保护工作时，建议政府继续坚持“控污治污、清污分流、优化布局、强化监管”原则，加强宣传教育，努力营造人人珍惜水资源，关心重视饮用水安全，自觉保护饮用水源的社会氛围；加大经费投入，继续推进基础设施建设；加强《中华人民共和国水法》《中华人民共和国水污染防治法》《江苏省人民代表大会常务委员会关于加强饮用水源地保护的决定》等法律法规的贯彻落实，严格控制工业污染、城镇生活污染，防止农业面源污染，积极推进生态治理工程建设，预防、控制和减少水环境污染和生态破坏。

深入全面关注农村环境综合整治。农村环境综合整治工作涵盖辖区内32个行政村（居）109个自然村。此项工作自2011年启动以来，区政府高度重视，责任分工明确，工作措施得力，整治重点突出，宣传氛围浓厚，长效管理机制逐步健全，为打造清洁舒适、整洁优美、文明和谐、宜居宜业的城乡环境做出积极努力。常委会组织视察组，实地察看了部分农村村庄环境整治现场，听取审议了政府专项工作报告，建议政府继续加强环境卫生宣传教育工作，引导和动员群众广泛参与，共同维护村庄环境整洁卫生；继续加大经费投入，更新完善农村硬件设施，加快建立城乡一体垃圾清运体系，落实长效管理机制，彻底杜绝环境卫生“脏、乱、差”回潮现象；进一步坚持因地制宜，重视历史底蕴和文化保护，保持村庄鲜明特色。

此外，常委会还就校园危旧房改造、“阳光计生”等方面的工作开展视察调研活动，听取情况汇报，提出相关建议和意见。

三、以维护公平正义为导向，扎实推进民主法制进程

切实加强司法监督。常委会听取和审议了区法院关于审判管理工作的报告，认为该院逐步建立完善“以审判质量和效率为核心、审判绩效为关键、审判流程为辅助”的多层次审判管理体系，有效提升审判工作水平和效率，较好服务了地方经济社会发展。建议法院继续加强队伍建设，针对不同年龄段法官的特点，尽快提高业务技能、丰富工作经验，更好地发挥司法审判职能作用；继续坚持审判工作法律效果和社会效果的有机统一，提高信息化管理档次，重视研判分析，狠抓办案质量，最大限度地消除诉后矛盾。在视察检察院控告申诉工作时，常委会对该院在履行控告申诉检察职能、加强举报线索管理、查办申诉案件、处理涉检信访、化解社会矛盾等方面作出的成效和努力给予了充分肯定，建议检察院将控申工作全面融入全区“大信访、大调解”工作格局，进一步创新工作机制，提升办案水平，密切部门沟通，加强对外宣传，努力化解社会矛盾，维护司法公正。

认真开展“六五”普法中期评估。2013年是开展“六五”普法工作的第三年，常委会通过听取情况汇报、查阅台账资料、实地走访调研等形式，全面了解“六五”普法工作现状。认为区政府自开展“六五”普法工作以来，目标明确，重点突出，机制健全，成效明显。建议政府在今后的工作中，进一步完善考核机制，创新普法载体，抓亮点、塑典型，提高普法针对性和实效性；继续坚持普治并举，围绕区委、区政府中心工作找准着力点，重点结合经济发展、民生保障、城市建管、生态文明等方面开展普法工作，不断提升社会管理科学化水平。

高度重视法律援助工作。法律援助工作对实现社会公平正义、保护弱势群体合法权益、维护社会稳定具有重要作用。近年来，区政府按照“应援尽援”的工作目标，在组织机构、队伍建设、社会网络和服务规范化等方面做了大量的工作，法律援助覆盖面和知晓面不断扩大，法律援助案件大幅增加，社会影响力显著提高。常委会建议政府进一步重视办案力量薄弱、经费投入不足、规范化建设需要继续加强等问题，从倡导和维护公平正义的高度，加强队伍建设，提升服务质量，加大保障力度，注重氛围营造，更加有效地维护弱势群体合法权益，促进全区社会和谐稳定。

四、以主题实践活动为抓手，充分彰显代表主体地位

组织领导坚强有力。为充分发挥人大代表的模范带头作用，市人大决定从2013年3月至2014年12月，在全市市、县、乡三级人大代表中开展“我与小康社会建设同行”主题实践活动。常委会高度重视此项工作，紧密结合区委、区政府重点工作，把主题实践活动作为提升代表工作水平、拓展代表活动内容、创新代表工作方式、服务发展大局的重要举措，及时成立组织机构，研究落实实施方案，结合年度代表活动计划，动员和组织辖区内的市、区、镇三级人大代表全面参与，聚力发展做贡献、服务群众有作为、履职为民办实事，为推动新浦区在全市率先开启基本实现现代化新征程建功立业。

阵地建设全面升级。常委会注重规范"一个载体，两项制度"建设，按照"七有"、"五规范"标准，更新完善"人大代表之家"14个，为代表履职和开展活动提供阵地保障。按照地域归属原则，科学划分代表小组，充分利用"人大代表之家"这一平台，组织辖区内三级人大代表深入开展学习培训、调研视察、接待选民、向选民述职等活动。部分基层人大创新工作思路，外延活动范围，将"人大代表之家"固定活动地点与流动场所有机结合，适时把活动现场搬到社区第一线，进一步加强代表与群众之间的沟通联系，受到广大人民群众的好评。

代表活动形式多样。常委会以"助推发展、履职为民"为宗旨，科学谋划、创新机制、丰富内容、精心指导，相继开展"走进一线，聚力发展做贡献"、"走进基层，服务群众有作为"、"走进民生，履职为民办实事""与小康社会同行，我为新浦发展献一计"、"争当双优，我为代表添光彩"等"三走进、两争当"活动。各级人大代表亲历亲为，积极参与，围绕全区重点项目和重点工程推进、社区"两房"建设、棚户区居民出行难、背街小巷整治、中小企业发展等群众普遍关注的事项，真心诚意察民情、献良策、办实事、解难题，累计开展视察调研46次，向"一府两院"提出工作意见和建议126条，协调相关单位解决实际困难31件。

建议办理注重实效。区十七届人大二次会议期间，代表提出的39件建议已经全部办结，代表对建议办理情况满意的38件，占97%，基本满意的1件，占3%。常委会从解决实际问题、推动具体工作出发，把群众关注度高、共性问题集中的建议作为督办重点，努力促进相关问题有效解决，如《关于东西凤凰山排洪难的建议》《关于要求修建临洪路的建议》《关于包庄大桥成为险桥、危桥的议案》的办理都取得明显成效，彻底解决周边群众多年来的出行难问题。

五、以加强自身建设为根本，全面提升依法履职水平

努力营造良好的工作环境。坚持党对人大工作的领导，主动向区委报告人大工作，反映社情民意，执行区委决策。依法行使重大事项决定权，对涉及全区发展的重大事项，认真审查，集体表决，批准将31个旧城区改造新增项目和城乡统筹浦南新镇区建设项目纳入全区国民经济和社会发展计划，涉及居民6787户、建筑面积114.7万平方米。依照法定程序任免国家机关工作人员，为常委会和"一府两院"工作的顺利开展提供组织保障。坚持监督支持并重，加强与"一府两院"的对接交流，共同促进相关问题的有效解决。密切与省、市人大的联系，强化基层人大工作的指导和领导，重视与社会各界沟通联系，切实做到思路清晰、定位准确。总结工作经验，挖掘工作亮点，加强人大信息宣传工作，不断提高社会知晓率和关注度。

着力加强机关内部管理。突出队伍建设，以提高整体素质为目标，定期开展集中学习研讨活动，强化思想教育、提升业务技能，人大机关向心力、凝聚力、战斗力显著增强。突出效能建设，坚持依法、创新、规范、高效的原则，进一步整合工作机制，完善工作制度，理顺工作关系，形成工作合力，为常委会依法全面履职行权提供有力保障。突出作风建设，引导和鼓励机关工作人员立足本职，全面加强以"五治"为主要内容的作风整顿，扎实开展推动"三行一改"做好党的群众路线教育实践活动，深入基层调查研究，帮助解决实际困难，努力在实践中树立务实形象。

主动置身发展建设一线。张德江委员长指出：人大工作是"一线"，有时还是"火线"。在工作实践中，常委会机关全体人员始终在精神上保持一线状态、工作上保持一线作为、实践中发挥一线作用。服从区委安排，常委会领导带领机关工作人员，分赴财校及周边地块、人民西路8号地块、黄海度假村地块、万家欣建材市场地块、南城新大街东侧地块、东上渔场地块、郁洲北路下穿铁路地涵等建设现场，起早贪黑，任劳任怨，有力推进了各个重点项目的开展。认真做好区级领导干部信访包案工作，深入调研、精心研析，务实推进积案化解，维护全区和谐稳定大局。及时办理信访事项，累计接待群众来信来访32件（次），转办上级人大常委会交办案件4件。深入开展"三解三促"活动，结合实际落实联建帮扶措施，深入基层为民解忧。积极参与全区社会管理创新工作，认真加强规范性文件备案审查，着力完善社会管理法规政策体系。

各位代表，回顾过去一年，常委会工作所取得的成绩和进步，得益于区委的坚强领导，得益于"一府两院"的大力支持和密切配合，得益于全体代表的共同努力和广大人民群众的积极参与。在此，我代表区十七届人大常委会，向各位代表，向所有关注、关心、支持、配合人大工作的单位和人士，表示衷心的感谢和崇高的敬意！

在肯定工作的同时，我们也清醒地认识到，常委会工作还存在着一些差距和不足，主要表现在：学习培训力度需要进一步加大；依法监督方式方法需要进一步创新；代表活动组织化程度需要进一步加强等。在今后的工作中，我们将自觉接受人民群众和人大代表的监督，虚心听取各方意见，不断加以改进。

2014年工作意见

2014年是全面深化改革创新、实现新浦经济社会更好更快发展的关键一年，也是区人大常委会依法履职，与时俱进推进民主法制进程取得更大突破的重要一年。在新的一年里，常委会要在区委的坚强领导下，按照十八届三中全会对人大工作赋予的新使命、提出的新要求，紧紧围绕区委九届六次全体（扩大）会议确定的"建设区域性经济文化中心、更高水平小康社会"两大目标，密切关注和积极融入"六个突破、四个提升"，依靠全体人大代表和广大人民群众，创新工作理念，服务科学发展，严格依法履职，维护群众利益，奋力

开创人大工作崭新局面。

一、抓学习、讲党性，认真贯彻十八届三中全会精神

常委会要把学习好、贯彻好、落实好全会精神作为当前和今后一段时期最重要的政治任务，通过集中培训、组织宣讲等多种形式，进一步动员区、镇两级人大工作者和全体人大代表，紧密结合新形势下人大工作实际，深刻理解和全面贯彻十八届三中全会、习近平总书记系列讲话精神，牢固树立进取意识、机遇意识和责任意识，把学习成效转化为统一思想、凝聚力量、改革创新、开拓进取、加快发展的动力和活力，切实做到理想信念进一步坚定，思想认识进一步统一，理论水平进一步提升，大局意识进一步增强，工作作风进一步转变，不断加强和改进人大工作，努力开创新时期人大工作新局面。

二、抓重点、求实效，依法开展监督工作

围绕改革创新，切实保障和改善民生，突出重点，创新方法，健全机制，综合运用听取审议专项工作报告、调研视察、执法检查、专题询问等监督方式，进一步增强监督工作针对性、实效性。听取和审议计划和财政预算执行情况，密切关注宏观经济运行，推动区委战略决策部署的落实；进一步加强对城乡统筹建设、科技成果转化、文化产业园区建设等重点工程和重大项目的视察检查，全力助推美丽新浦建设；继续加大对食品安全、城建城管、教育均衡化、居家养老、社区矫正等民生热点的监督力度，保障人民群众合法权益；认真履行法律监督职能，听取审议“两院”刑事审判和查办职务犯罪工作报告，重点对《中华人民共和国食品安全法》《中华人民共和国义务教育法》《中华人民共和国促进科技成果转换法》等法律法规贯彻实施情况进行执法检查。坚持党管干部和人大依法任免干部的有机统一，严格按照领导干部选拔任用条例和法律规定程序，行使好人事任免权，积极探索加强对任命干部的监督约束机制。加强对审议意见落实情况的跟踪监督，做好规范性文件备案审查。支持、帮助、促进“一府两院”把全面深化改革的目标任务落到实处，切实当好区委制定决策的助手、解决困难的帮手、工作落实的推手，全面服务于全区工作重点、改革发展大局。

三、抓服务、强基础，努力保障代表履职活动

继续加强代表学习培训工作，以贯彻十八届三中全会和区委九届六次全体（扩大）会议精神、履行代表职责、提好议案建议为主要内容，进一步增强代表履职意识，提升代表履职能力。继续深入开展“我与小康社会建设同行”主题实践活动，巩固“一个载体、两项制度”创建成果。探索代表工作新途径，加强代表小组活动机制建设，丰富闭会期间代表活动形式，努力提高代表参与率、活动成果转化率，增强代表活动的实效。继续密切与代表联系，做好常委会组成人员走访联系代表、代表列席常委会会议等工作，进一步畅通代表知情知政、议政议事渠道，优化履职环境，督办代表议案建议，充分发挥代表职能作用。继续夯实工作基础，加强对基层人大工作的指导和领导，切实做到联系基层制度化、指导工作经常化、基础创建规范化、措施落实目标化。

四、抓队伍、优管理，不断提高人大工作水平

坚持以队伍建设为基础，不断加强政治思想教育、法律法规研析、业务技能培训，切实提高人大工作者研判形势、把握政策、高效工作的能力。坚持以优化管理为重点，主动适应新时期、新形势、新任务对人大工作提出的新要求，认真梳理、调整和完善各项规章制度，提高机关工作制度化、精细化管理水平。坚持以作风建设为抓手，全面开展党的群众路线主题实践活动，紧扣人大工作的特点，改进文风会风、深入调查研究，加强对外交流，切实做到讲真话、解难题、重实效。坚持以勤政廉政为目标，积极参与“一线”工作，认真处理群众来信来访，自觉遵守廉洁从政规定，努力展现为民、勤奋、务实、清廉的良好形象。

各位代表，合力促进发展，实干铸就辉煌。让我们在区委的坚强领导下，紧紧团结和依靠全区人民，求真务实勇于担当，锐意进取乐于奉献，为建设生态宜居、人文荟萃、经济繁荣、社会文明的现代化中心城区作出新的更大的贡献！

附：区人大常委会工作报告相关词语解释

1.一个载体，两项制度：以代表之家为载体，向选民述职和接待选民制度。

2.七有、五规范标准：七有：“有阵地、有制度、有活动计划、有学习资料、有活动台账、有召集人和联络员、有实效”；五规范：名称、制度、台账、学习资料、墙面布置规范。

3.三走进，两争当：走进一线，走进基层，走进民生。争当优秀人大代表，争当优秀代表小组。

4.社区两房建设：社区办公用房建设、社区活动用房建设。

5.一府两院：人民政府、人民法院和人民检察院。

6.五治：散、懒、庸、浮、满。

7.三行一改：联系群众先行、改善民生先行、化解矛盾先行和不良作风先改。

8.三解三促：了解民情民意、破解发展难题、化解社会矛盾，促进干群关系融洽、促进基层发展稳定、促进机关作风转变。

9.六个突破、四个提升：六个突破：城市建设取得突破、现代服务业取得突破、都市工业取得突破、现代农业取得突破、城乡统筹取得突破、招商引资取得突破；四个提升：文化建设水平实现提升、生态建设水平实现提升、城市管理水平实现提升、民生幸福水平实现提升。

政协连云港市新浦区第八届委员会常务委员会工作报告

——区政协主席汤成元在政协连云港市新浦区第八届委员会第三次会议上

（2014年1月7日）

各位委员：

我受政协新浦区第八届委员会常务委员会的委托，向大会报告工作，请予审议。

2013年工作回顾

2013年是新浦区团结奋进、勇攀新高，各项事业快速发展的一年，也是区政协围绕中心、积极作为，履行职能卓有成效的一年。一年来，在中共新浦区委的坚强领导下，区政协团结带领参加政协的各单位和全体委员，结合建成更高水平小康社会奋斗目标，把握全区“城乡统筹、开发区西拓、新城开发、旧城改造”四大建设主线，认真履行政治协商、民主监督、参政议政职能，为全区经济社会健康快速发展做出了应有的贡献。

一、坚持围绕中心、融入大局，倾心服务全区经济社会又好又快发展

区政协认真把握全区工作重心，以区委提出的在全市率先开启实现基本现代化的目标为努力方向，把服务中心工作作为履职重点，扎实开展协商议政，密切融入全区发展大局。

1.与时俱进，凝聚科学发展共识。中共新浦区委把听取政协年度工作情况汇报列入常委会议程，将政协工作纳入党委工作整体布局。出台《关于进一步加强和改进新形势下人民政协工作的实施意见》，把政协工作向基层延伸，在浦南镇、花果山街道和南城街道成立政协工作委员会。区政协注重传达学习中央和省、市、区有关文件精神，自觉在思想和行动上与党委保持高度一致，夯实政治基础，明确奋斗目标。通过召开全体会议、常委会议、主席会议、专题会议和组织界别联组活动等方式，向委员传达区委工作方向和全区发展重点，把委员议政重心统一到全区中心工作上来，把委员建言核心凝聚到推进新浦地区经济社会又好又快发展上来。

2.协商议政，共谋和谐发展良策。区政协发挥优势，在不同层面开展协商议政活动。例会期间，广大委员围绕全区经济社会建设重点工作，有针对性地对服务业发展升级、医药卫生流通和管理、小区物业规范管理及居民用水等情况通过大会发言的形式提出意见和建议。常委会对政府半年工作情况与区政府领导面对面协商；对政府提案办理情况进行民主评议，就区政府在住宅小区业委会建设、特殊人群关爱、食品安全监管、电梯超期服役清理等方面的工作提出建议。主席会议成员应邀出席区委常委会和区委区政府其他重要工作会议，对全区重大事项参与协商。各专委会积极推进对口协商，与经发局、文化局、检察院等相关部门交流工作，提出建议。

3、身体力行，融入跨越发展大局。2013年以来，区委统筹谋划，成立多个专项指挥部推进全区跨越发展，四套班子领导全部兼任指挥部工作。区政协自觉融入全区发展大局，认真参与重点工程和重大项目建设。政协领导班子成员分别担任孔望新城、开发区西区、城乡统筹、现代服务业集聚区等重点项目指挥长，广大委员积极参与重点工程指挥部工作，在旧城改造一线，许多委员细致耐心地开展群众动迁工作；在特色街区改造、工业园区建设等重点工程现场，也都活跃着政协委员的身影。各项目指挥部工作进展顺利，受到区委区政府领导充分肯定。

二、坚持深入实际、调查研究，集思广益共建美丽新浦

区政协通过开展调研视察活动、发动委员提交提案、参与职能部门相关会议座谈等方式，为新浦经济社会发展谋长远之计，建睿智之言。

1.围绕重点工作选题，扎实开展调查研究。常委会着眼中心，把服务业提档升级作为调研重点，通过对城区三产经济和现代服务业集聚区建设规划调研，撰写《新浦区现代服务业发展思考》。依托九三科技界别联组，会同有关部门，调研全区秸秆综合利用和禁烧工作情况，成果通过《协商与监督》报送区委区政府领导，批转有关部门研究落实。《关于全区家庭农场发展情况的调查》等一批调研成果报送到区委区政府，为领导决策提供参考。常委会赴开发

区西拓工程现场和现代农业产业园区调研，与有关部门共议发展之策。主席会议结合城市建设管理重点，对古城保护改造和新城开发建设进行调研，建议用好古城文化资源，推进复兴计划；抓住新城开发时机，利用差异优势，打造特色区域。学习文史委、联络委分别对非遗情况和全区物业管理情况开展调研，并形成初步成果。

2.利用提案建议方式，为改善民生建言献策。提案是政协履行职能的重要方式。八届二次会议期间，共收到委员提案建议58件，其中立案46件，交由区政府21个部门办理，截至8月底，全部办结完毕，委员满意率和基本满意率达100%。委员提案涵盖多个方面，且紧贴实际。在经济建设方面，提出了加快我区现代服务业转型发展和扶持新浦区中小企业发展等建议；在科教文卫方面，提出了禁止在职教师从事有偿家教和加大我区社区卫生服务中心建设力度等建议；在城市建设和生态环境方面，提出了拆除泰源美食城等餐饮业违建和整治学校（幼儿园）周边环境等建议；在信访稳定方面，提出了关注诉讼中的信访现象等建议。区政协采取多种形式促进提案办理，筛选出其中4件作为重点提案，以主席领衔、常委参与、邀请提案人参加的方式督办，与承办部门面对面协商办理。在民主路、盐河巷等重点工程改造中，还收到恢复民主路百年老店等建议，及时转交有关部门研究会办。坚持报送社情民意信息，如实反映社会各界呼声。其中，蒲凡凡委员提出的关于对市区部分荒山进行艺术美化的建议，市领导批转有关部门参考借鉴。

3.以监督议政为抓手，合力推进法治建设。区政协深入贯彻落实中共十八大提出的健全社会主义协商民主制度，着力促进改善民主监督环境，加大委员监督力度，促进政治文明建设。常委会部分成员对区检察院工作开展视察。选派部分委员担任新浦区法院人民陪审员、组织部干部监督员、职能部门政风行风监督员和检察院、公安局等部门人民监督员。充分参与行政司法部门调研，如选派部分委员参与省政府办公厅调研依法行政、省高检调研检察院工作、省高院群众路线教育实践活动座谈等。一年来，有40余人次参加上级来区调研座谈活动，为促进法治政府建设提出建议。

三、坚持委员主体、关注民生，同心同德共筑和谐家园

区政协委员通过政协组织平台，密切联系群众、广泛关注民生，充分发挥主体作用，表达各方利益诉求，帮扶社会弱势群体，为共同建设美好家园凝心聚力。

1.发挥主体作用，展现委员风采。委员是各行各业的精英代表，在完成本职工作和履行政协职能的同时，也为推进经济社会事业建设贡献力量。陈宗华委员引介中兴通讯到滨河新城考察，推进合作商谈。李文伦委员多年来向新浦地区90多个社区捐赠图书40000余册，价值60余万元。庄敏委员为新浦地区中小学校协调捐赠图书10000余册，价值11万余元，被省委宣传部、省教育厅联合评为“书香江苏”全民阅读先进个人。胡磊委员创办的踏歌行文化传媒公司今年争取到省、市文化产业引导扶持资金近百万，承办了第二届江苏省青少年小茉莉花奖大赛等活动；踏歌行文化广场坚持免费为市民播放露天电影，丰富了市民业余文化生活。赵家红委员创办的为民家政服务网络中心不仅在我区有所作为，还与浙江温岭、常州等地共同承担社区居家养老工作。林备战委员在绥芬河举办的中国国际口岸发展论坛上作主题演讲，指出亚欧陆桥物流业和中国大陆桥口岸现状与存在问题，并提出相关建议，受到与会专家高度评价。周翔委员被国际应急救援协会授予江苏省分会负责人，在今年的雅安抗震救灾中，指挥国际应急救援协会连云港救援队第一时间对灾区开展救助。还有一些委员在各自岗位上默默奉献，建功立业，为政协大家庭增光添彩。

2.把握时代脉搏，开展专项视察。按照中共中央提出的反对“形式主义、官僚主义、享乐主义和奢靡之风”要求，区政协改进视察机制，以主席会议成员联合对口常委形式，或以界别联组的形式开展专项视察活动，把涉及面广、影响力大的事项作为视察内容，注重节约视察资源，提高视察效果，并将视察建议向有关部门通报。主席会议对社区服务、廉政反腐教育、背街小巷整治和城乡一体化建设等开展视察活动，区领导和有关部门高度重视，对提出的意见建议认真研究处理；还有一些界别联组组织开展遏制舌尖上的浪费视察，全市园区产业转型升级情况视察和岗埠农场高效农业发展情况视察，均收到了较好的社会效果。

3.关心民生事业，帮扶弱势群体。关注民生、服务民生、改善民生，是政协履职的重要内容。八届二次会议期间，广大委员自觉捐出会议补贴，成立区政协委员爱心基金，用于救助品学兼优的贫困学子。此后，一些委员又陆续向爱心基金提供捐助，暑假期间，政协委员爱心基金向第一批被救助学生捐出善款23000元，帮助7个家庭9名学生完成学业。工商联等界别多次组织委员慰问贫困户。民进医卫支部成立义诊团，多次开展义诊活动。委员们还利用空余时间开展慰问、帮扶困难群众活动。有的委员看望特殊学校学生；有的委员帮扶留守儿童和单亲家庭；有的委员组织开展向廉租房住户“送温暖、献爱心”活动；还有一些委员自发组织开展慰问高龄老人活动。广大政协委员用自己的爱心向社会传递着正能量。

四、坚持团结民主、党派合作，发挥优势凝聚发展合力

区政协坚持弘扬团结与民主两大主题，突出各民主党派在政协中的作用和开展社会活动的主导地位，组织委员以界别为依托开展小组活动，加强对外交流和访问，发挥政协组织优势和人才智力优势，为促进新浦发展凝聚各方力量。

1.突出民主党派在政协平台的作用。区政协坚持在参政建言和社会活动中突出民主党派的优良传统。八届二次会议期间，7个民主党派全部提交发言材料，积极参政建言。在

对优秀提案和提案积极分子表彰中，6个民主党派共计10人获得表彰，占全部受表彰人数的63%。区政协支持各民主党派开展多项主题活动。致公党界别对新浦区食品药品监督管理情况进行视察。九三界别针对我区绿化情况开展视察。民革界别开展养老服务体系专题调研。民盟界别与民建界别联合开展“探索晋商文化之旅”。民进省委领导来连调研期间，对我区新浦中学大力支持民进支部活动给予充分肯定。

2.发挥界别在开展活动中的特色。突出界别特色，开展社会活动是政协发扬民主的重要渠道，也是促进社会和谐的重要力量。文广新界别年初开展为市民义务写春联、送春联活动；在岁末又组织举办“纪念毛泽东同志诞辰120周年主题活动暨艺术作品展览”。致公党、医卫、社科界别联组在盛夏开展慰问交巡警活动。农工党、农业农村、侨台界别联组分别到浦南现代农业园区和东磊景区视察，提出生态科技农业和城郊旅游发展的相关建议。教育界别委员参与“国家教育均衡区”验收活动；会同民进界别对职业教育情况进行视察，提出推进现代职业教育发展的相关见解。

3.广泛开展促进联谊交流的活动。区政协注重加强对外友好交流，参与接待了青海省政协、甘肃省张掖市政协、民革广东省委等多批来访活动，参与市政协异地视察，交流工作经验。与阿克苏市、常熟市、太仓市等地政协进行文史资料交流。工会、妇联、共青团界别联组开展“三走进”活动，组织各界人士座谈，促进相互交流。工商联界别组织台资企业家和归侨侨眷代表开展联谊，巩固统一战线成果。

五、坚持求真务实、开拓创新，切实提升服务能力和履职水平

区政协主动适应新形势、新任务的要求，坚持求真务实、开拓创新，不断提升委员素质和履职能力，完善工作制度，改进机关作风，进一步加强政协组织的自身建设。

1.注重履职考核，提升参政水平。进一步树立委员主体意识，增强使命感和责任感，提升政治素质。积极组织委员参加视察、调研、民主评议、专题议政等活动，为委员履行职能提供必要条件，扩大委员的知情面，提高委员参与率。开展评选优秀界别联组和优秀委员活动，激励委员认真履行自身职能。同时，以专委会为单位，对所联系的界别委员建立健全委员履职档案，适时向委员所在党派或单位通报委员履职情况。

2.注重作风建设，提升服务水平。区政协认真贯彻区委《关于进一步加强和改进人民政协工作的实施意见》，加强机关作风建设，持续开展“反四风”、“五治”、“三行一改”等作风整顿活动，完善“三联系”等制度，创新工作方法，改进调研视察活动方式，进一步强化服务意识、提升服务水平。适应工作开展需要，调整了部分专委会的结构和名称。在社区换届期间，组织机关工作人员到对口社区提供服务。在开展秸秆综合利用和禁烧工作期间，轮班到对口联系村开展督查，并捐助部分资金用于村级建设。积极参加“党员集中活动日”等志愿者服务活动。

3.注重理论研究，提升宣传水平。配合市政协文史委征集“亲历、亲见、亲闻”的史料，开展非遗征稿和沿海开放城市30周年重大事项纪实征稿。开展政协理论探讨，在市级以上媒体发表文章10余篇。对中共十八大提出的健全基层协商民主课题进行深入研究，撰写《浅谈基层协商民主现状与出路》理论文章，在《江苏政协》刊发，在市政协理论文章评比中获优秀奖。

各位委员，区政协2013年以来的工作取得了一定的成绩，这些成绩的取得，离不开中共新浦区委的坚强领导，离不开市政协的精心指导，离不开区人大、区政府及社会各方面的关心、支持和配合，同时也离不开各参加单位和广大委员的积极参与。在此，我谨代表区政协八届委员会向所有关心支持政协工作的各级党政领导、社会各界人士、各有关单位表示崇高的敬意和衷心的感谢！

在肯定成绩的同时，我们也清醒地认识到，与我们面临的目标任务和社会各界对政协工作的期望相比，还存在一些需要改进的地方。如开展活动的方式方法有待进一步丰富；委员的主体作用和专委会的基础作用有待进一步加强；政协工作制度有待于进一步完善等。对这些问题，我们要认真研究，在今后的工作中逐步加以改进。

2014年工作安排

中共新浦区委九届六次全体（扩大）会议提出，2014年全区将以“建设区域性经济文化中心、更高水平小康社会”为奋斗目标，着力实现“六个突破、四个提升”。围绕区委整体部署，区政协将在中共新浦区委的坚强领导下，以科学发展观为指导，牢牢把握团结和民主两大主题，秉承务实和创新的工作理念，服务中心，切实履职，协同推进，为建设美丽新浦做出新的贡献。

一、深入学习研究，紧扣发展主线，在开创工作局面上有新作为

不谋全局者，不足谋一域。要站在全局的高度看待新浦发展和人民政协工作，坚持中国共产党领导下的多党合作和政治协商制度，充分发挥政协党组在政协组织中的领导核心作用，积极协助区委推进各项决策贯彻落实，使党的主张成为各党派、各团体和社会各界人士的广泛共识。通过组织学习十八届三中全会和省、市、区党委会议精神，强化委员主体意识和责任意识，把广大政协委员的思想观念统一到全区中心工作上来。牢固树立“大新浦”概念，积极探索“辖区化”管理服务机制，致力完善城区功能、增强城区魅力，为新浦发展添砖加瓦。

不断增进对中国特色社会主义的政治认同，不断深化对新时期人民政协使命和责任的认识。在紧扣区委区政府工作主线的前提下，充分发挥政协工作的主动性，不袖手旁观、不指手画脚。要以服务中心、促进发展为己任，积极参政不扰政、认真议政不拆台、诚心帮忙不添乱。切实把政协各参加单位、广大政协委员和社会各界人士的思想行动、智慧力量统一和凝聚起来，全面融入发展大局，自觉承担历史责任，以区委工作方向作为履职目标，奋力开拓新的工作局面。

二、立足民本民生，积极建言献策，在推进社会发展上有新突破

十八届三中全会指出，要拓展协商民主形式，更加活跃有序地组织专题协商、对口协商、界别协商、提案办理协商，增加协商密度，提高协商成效。区政协要着眼全区中心工作，找准履职方向，发挥自身优势，使协商议政活动更加符合经济社会发展需要。围绕我区加快产业转型升级，新城开发、旧城改造、统筹城乡一体化发展等重大问题，开展专题调研和协商讨论，多献务实之策，多谋创新之举。

要不断深化对人民政协人民性的本质属性认识，把为民履职的工作理念落实到工作实践中，使政治协商成为民意进入党政决策的重要渠道，使民主监督成为保障公众权益的有效方式，使参政议政成为促进群众利益实现的重要过程。重点关注社会就业、社保医保覆盖、教育优先发展、医药卫生服务升级、住房保障体系建设、养老事业发展、食品药品安全、社会管理创新等问题，通过提交提案、报送信息、开展视察等方式，充分反映民意，致力为民谋利，努力促进基本公共服务均等化。继续发挥政协委员爱心基金作用，扩大覆盖面和影响力，为十八届三中全会提出的“健全家庭困难学生资助体系”做出贡献。

三、把握工作主题，努力协调关系，在实现和谐共建上有新成果

要坚持把发扬民主、增进团结作为履行职能的重要着力点，努力协助区委区政府做好协调关系的工作，为促进政党关系、宗教关系、阶层关系的和谐发挥积极作用。充分发挥多党合作制度的政治参与、利益表达、民主监督的功能，加强同各民主党派、工商联、无党派人士的合作共事，使他们更好地发挥在政协工作中的骨干作用。不断研究和探索开展扩大联谊的方法和渠道，组织委员以界别为单位开展联组发言讨论、界别联谊、界别调研等活动。

要充分调动人民团体的履职积极性，关注不同阶层的利益诉求，反映所联系群众的愿望呼声，协调各阶层人士的利益关系。发挥政协在镇、街道工作委员会的作用，进一步加强同基层群众的联系，借助群众路线教育实践活动平台，深入研究探索“请群众走进政协”、“让政协深入群众”的方法途径。按照十八届三中全会提出的“形成以工促农、以城带乡、工农互惠、城乡一体的新型工农城乡关系”目标，组织科技、农业农村、医卫、文广新等界别的委员和专家，开展科技兴农、扶贫义诊、文化惠民等活动，做好对口联系点的结对帮扶工作。

四、坚持务实创新，不断开拓进取，在加强自身建设上有新进步

要积极适应人民政协事业发展的新要求，进一步加强创新能力建设，不断提高工作科学化水平。要加强常委会建设，提升常委会议议事质量，提高新形势下常委会领导政协工作的能力。要积极探索界别活动的新方法新途径，强化界别的民意通道功能，提高界别履职的组织化程度。要加强委员队伍建设，保障委员民主权利，提升委员议政质量，强化委员履职管理。要发挥专委会在重点课题调研、重点提案督办、联系界别和委员中的基础作用。

全面落实中共新浦区委《关于进一步加强和改进新形势下人民政协工作的实施意见》，完善政协工作制度，加强各镇、街道政协工作委员会建设，逐步扩大街道工作委员会覆盖范围，配齐配强工作人员，努力促进基层协商民主制度发展健全。加强政协机关思想、组织、作风和信息化建设，提升服务水平。组织机关工作人员融入全区发展主战场，增强爱岗敬业、忠诚服务的使命感和责任感，保障政协工作务实、创新、高效。

各位委员，团结奋进创伟业，继往开来谱华章。面对新形势新任务新目标，让我们在中共新浦区委的坚强领导下，全面贯彻落实科学发展观，凝心聚力谋发展，知情助力惠民生，同心协力促和谐，为把新浦建设成为生态宜居、人文荟萃、经济繁荣、社会文明的现代化中心城区而共同奋斗！

附：区政协工作报告相关词语解释

1.三走进：走进城市规划馆、走进特色街区、走进委员所在企业。

2.反四风：反对形式主义、官僚主义、享乐主义和奢靡之风。

3.五治：治散、治懒、治庸、治浮、治满。

4.三行一改：联系群众先行、改善民生先行、化解矛盾先行、不良作风先改。

5.三联系制度：党总支联系支部、支部联系党员、党员联系群众制度。

6.六个突破、四个提升：城市建设取得突破，现代服务业取得突破，都市工业取得突破，现代农业取得突破，城乡统筹取得突破，招商引资取得突破。文化建设水平实现提升，生态建设水平实现提升，城市管理水平实现提升，民生幸福水平实现提升。

新浦纪事

大事记

1月

18日 上午，市委书记、市人大常委会主任李强、副市长董春科及市国土、规划、住房等相关部门负责人到新浦区视察旧城改造工作。区领导尹哲强、徐雪峰陪同。

23日 区政府召开全区消防工作会议。贯彻落实省、市“除火患、保平安”冬春专项行动暨加强冬季防火工作会议。部署全区消防工作任务。各乡镇、街道、新浦经济开发区、区消防安全委员会成员单位的分管领导、公安派出所和消防重点单位负责人参加会议。

23日 下午，区政府召开招商引资工作会议。区委常委、区纪委书记姚超，副区长郑斌，区政协副主席、区商务局副局长刘建春出席会议。各乡镇、街道、新浦经济开发区招商局及区各相关单位分管领导参加会议。

24日 新浦区部分民营企业家到浦南镇、浦西街道、新海街道开展“送温暖、献爱心”活动。区政府副区长、工商联主席于卉，区政协副主席、统战部部长张景友等区领导参加，走访慰问困难群众。

28日 市政协副主席，区委书记、区人大常委会主任尹哲强，区长王立斌等四套班子领导深入基层开展春节走访慰问活动，为离退休老干部、优秀人才、生活困难党员、困难职工和城市低保户等送去节日慰问和新春祝福。

2月

4日 上午，区领导尹哲强、王立斌、汤成元、陈周德、周国强、于卉等到警备区看望慰问全体官兵，为他们送去节日的慰问和新春的祝福。

5日 上午，全区政法信访稳定工作会议在区政府424会议室召开。会议表彰2012年度政法工作先进集体、2012年度平安和谐村（社区）、2012年度综治、法治建设先进个人、2012年度信访工作先进集体和先进个人、2012年度社会矛盾纠纷“大调解”工作先进集体和先进个人、2012年度公正廉洁执法先进个人。区委常委、政法委书记王友君作题为《公正廉洁服务大局 精铸和谐维护稳定 在更高起点上提升平安法治队伍建设水平》的工作报告。

是日 新浦区经济技术开发区2月开始狠抓项目建设早起步。19家规模企业恢复生产，墨博建材、高纯硅微粉等7个在建重点项目复工建设。

是日 浦东街道切实做好民主路特色街区改造摸底工作。领导牵头，成立36人工作队伍，明确任务分工。按照民主社区、同兴社区、市化社区、建国社区属地负责的原则，将任务细分为4个区域。基本掌握区域情况。排查民主路特色街区涉及浦东地区改造房屋总面积15912.14平方米，其中公房总面积为9435.81平方米、私有房屋面积为6476.33平方米。

是日 新东街道重抓社区建设。已建成800平方米的街道综合服务中心、400平方米的河滨社区服务中心、200平方米的新城社区居家养老服务中心。500平方米的东苑社区服务中心即将投入使用，800平方米的巨龙社区服务中心即将动工建设。

是日 中共新浦区委、新浦区人民政府根据《2012年度全区经济建设和社会发展目标综合考评办法》规定，决定授予浦南镇、浦东街道、区教育局等12家单位“2012年度经济建设和社会发展目标考核一等奖”；授予新海街道、区经发局（中小企业局）等13家单位“2012年度经济建设和社会发展目标考核二等奖”；授予区科技局、区环保局等6家单位“2012年度经济建设和社会发展目标考核三等奖”；授予区纪委（监察局）、区委组织部（老干部局）等8家单位“2012年度经济建设和社会发展目标考核优秀服务一等奖”；授予区委统战部（民族宗教局）、区工商联等4家单位“2012年度经济建设和社会发展目标考核优秀服务二等奖”；授予区科协、区残联等6家单位“2012年度经济建设和社会发展目标考核优秀服务三等奖”；授予新浦国土分局、市药监局新浦分局等8家单位“2012年度建设新浦有功单位奖”；授予新浦工商分局、新浦物价分局等15家单位“2012年度建设新浦先进单位奖”；授予滨河新区开发建设指挥部、开发区西区开发建设指挥部等4家单位“2012年度经济建设和社会发展重点工程推进奖”；对区委政法委、新浦工商分局获省委、省政府以上荣誉的单位进行表彰；对区财政局、区农水局等5家争取政策资金成绩优秀的单位进行表彰；对在2012年全区经济发展中纳税额1000万元以上的江苏正大天晴药业股份有限公司、江苏齐天集团等10家企业授予“2012年度经济建设和社会发展目标突出贡献奖”；授予区商务局、区审计局等10家单位“2012年度软环境建设十佳单位”；授予浦南镇江浦村、花果山街道前进村、新南街道玉龙社区等12家单位“2012年度经济建设和社会发展先进村、社区”。

10日　市委书记李强到新浦区视察走访港城大集、蛇年夜市以及十里华灯。区委书记王立斌陪同。

13日　区委书记王立斌调研开发区西区、浦南镇城乡统筹工作。区领导王建明、徐风良、郑斌陪同。

17日　代区长单晓敏到浦南镇、花果山乡、南城镇、新浦经济开发区调研。

是日　区政府召开全区部分行政区划调整工作会议。根据《关于调整新浦区部分行政区划的通知》，花果山乡、南城镇党委变更为中共新浦区委花果山街道、南城街道工作委员会；花果山街道、南城镇人大变更为新浦区人大常委会花果山街道、南城街道人大工作委员会；花果山街道、南城街道人民政府变更为新浦区人民政府花果山、南城街道办事处；花果山街道、南城镇纪委变更为中共新浦区纪委花果山、南城街道工作委员会；花果山街道、南城街道武装部变更为新浦区人民政府花果山、南城街道人民武装部。

18日　市委副书记张同生调研新浦经济开发区，区委书记王立斌陪同。

20日　上午，区政府在大礼堂召开目标管理暨软环境建设总结部署大会。会议总结过去一年的目标管理工作、重大事项推进和软环境建设，安排部署新一年的目标任务，动员组织全区上下进一步强化目标责任。

22日　区政府召开新浦区安全生产工作会议。会议表彰2012年度安全生产目标管理优秀单位、2012年度“安全社区”创建活动先进单位以及安全生产工作先进个人。

23日　上午，区委召开政治工作会议。会议要求组织工作要切实抓好基层组织建设，宣传工作要把握主基调、唱响主旋律，政法工作要把握好完善社会管理格局，统战工作要着力提升服务科学发展的成效。对2011年“周六义务劳动”的做法进行深化，开展“志愿行动在新浦”活动。

25日　上午，区政府召开经济形势分析调度会。要求招商引资早发动，年内签约过亿元项目10个，加快西区10平方公里核心区基础设施建设，中小企业一期6栋标准厂房加快进度。

28日　区委王立斌书记会见苏宁集团客人。

3月

2日　上午，新浦区举办“美丽新浦”万名志愿者大行动启动仪式，正式拉开志愿者活动的序幕。号召全区广大党员干部、优秀青年和社会各界人士，服务社会、奉献爱心、弘扬文明，共建美丽新浦。区委为机关、巾帼、青年、医疗等志愿者服务队授旗，全区各行各业10支志愿者服务队以及部分志愿者代表300余人参加仪式。区委副书记王建明、区委组织部部长施为民、区政协主席汤成元参加启动仪式。

4日　区政府在617会议室召开民主路特色街区改造研讨会。会上听取设计部门的设计方案及思路，市文广新局副局长王亚平提出特色街区建设要注意保护周边环境、空间，要保护业态、延续传统。市规划局书记王学明强调要做好功能定位、形态和交通。新浦区委书记王立斌指出民主路改造的定位是政府工程，不是商业开发，以保护为主，力图恢复建筑的原貌，新建的优先考虑以历史上有记载的建筑，整体以民国风格为主，为广大新浦区民众还原一个原汁原味的“后街”。

7日　区委书记王立斌、代区长单晓敏一行到市规划、国土部门，对接城乡统筹等事宜。区领导汤成元、王建明、朱加刚、陈周德参加。

8日　区委宣传部、区文明办研究决定。在全区开展“与雷锋车同行 践行志愿服务 共创美丽新浦”主题活动。

11日　中共新浦区委、新浦区人民政府调整新浦区城乡统筹建设指挥部。王立斌任总指挥，单晓敏、王建明任副总指挥。朱加刚、王友君、姚超、施为民、徐风良、房忠涛、孙晓兵、袁丽霞、徐雪峰、于卉、章冬斌、王宏新、张景友、葛梦阳、吴明、魏苏平、张宜奎、邱洪建任各区域指挥长。

是日　中共新浦区委、新浦区人民政府调整旧城改造建设指挥部。王立斌任政委、单晓敏任总指挥长。

是日　中共新浦区委、新浦区人民政府、成立滨河新城开放建设专项指挥部。朱加刚任指挥长，杨中云、孙晓兵、袁丽霞、邱洪建任副指挥长。

12日　区委书记王立斌接待山东利群集团客人。商谈城市综合体项目。

13日　区委书记王立斌接待菲律宾SM集团客人。商谈城市综合体项目。

是日　代区长单晓敏率队到连云区考察历史文化街区建设。区领导房忠涛参加。

是日　副省长缪瑞林到连云港市及新浦区调研苏北经济发展工作。代区长单晓敏陪同。

15日　代区长单晓敏拜访市交通局，会商郁洲北路跨河桥梁规划建设等事宜。区领导王建明、朱加刚陪同。

20日　省民政厅基层政权处处长仲锦到新浦区调研社区工作。区领导章冬斌陪同。

是日　中共新浦区委调整机构编制委员会成员，区委副书记、代区长单晓敏任主任，区委常委、常务副区长朱加刚，区委常委、组织部部长施为民任副主任。

是日　中共新浦区委调整新浦区人才工作领导小组。区委书记、区人大常委会党组书记王立斌任组长。

22日 区委召开区四套班子（扩大）会。讨论研究城乡统筹、民主路改造、水晶街特色街区、新浦公园二期（盐河巷）、滨河新城、开发区西区建设等问题。区城乡统筹指挥部各组负责人列席会议。

23日 上午，市委书记李强在市行政中心主持召开新浦区城乡统筹规划建设汇报会。区领导王立斌、单晓敏、王建明、朱加刚、徐风良、于卉等区领导参加。

是日 区领导王建明、施为民、袁丽霞、于卉、王宏新与市规划局、上海华汇集团对接浦南规划事宜。

24日 浦南镇新镇区道路建设快速推进。包括国槐路、水杉路、樱花路、龙浦路等四条路，道路全长4.6千米，总投资1亿元。樱花路已完成1200米机动车道路床开挖，回填山土碎石厚约1米，土方开挖54600立方米，山场碎石回填40000立方米；龙浦路机动车道路床开挖约120米，土方开挖2500立方米；国槐路机动车道路床开挖约220米，土方开挖4000立方米，山场碎石回填2200立方米；水杉路施工便道基本开通。

是日 区委副书记、区城乡建设统筹指挥部副总指挥王建明考察灌云县规划展示馆规划建设情况。

25日 上午，区委副书记、区城乡建设统筹指挥部副总指挥王建明，副区长、指挥部指挥长于卉会同市委农工办，赴安徽省郎溪县考察学习家庭农场建设情况。

是日 市领导吴海云到新浦区检查指导山体绿化工作，代区长单晓敏陪同。

是日 区政协副主席、教育局局长、指挥部指挥长王宏新实地查看浦南新镇区学校调整地块，与浦南镇及规划、设计部门对接规划调整事宜。

27日 上午，市人大常委会组织部分人大代表到花果山街道调研失地农民（失海渔民）就业安置和社会保障情况。区领导章冬斌陪同。

4月

1日 上午，新浦区召开关于海州区4个街道办事处划归新浦区代管工作会议。区委书记王立斌、代区长单晓敏、区政协主席汤成元等四套班子领导参加。

是日 下午，市委书记李强、市长杨省世等到新浦开发区察看春季绿化造林情况。区委书记王立斌，代区长单晓敏，副区长徐风良、于卉陪同。

2日 下午，副市长董春科及相关部门负责人到新浦区察看春季绿化造林情况，代区长单晓敏陪同。

5日 上午，区委书记王立斌，副书记王建明，副区长徐风良、于卉察看龙浦路、许安路沿线绿化、龙浦路沿线村庄环境、浦南新镇区道路及景观公园建设、郁洲北路房屋拆迁等道路环境建设情况。

7日 上午，青海省政协副主席鲍义志参观孔望山景区。区领导徐雪峰陪同。

是日 下午，副市长董春科及市相关部门在新浦区召开民主路历史街区改造会办会。区领导王立斌、单晓敏，房忠涛、袁丽霞、徐雪峰参加。

9日 下午，市规划委员会第38次例会在新浦召开。市委书记李强听取浦南新镇区中小学校规划、民主路特色街改造方案汇报。区领导王立斌、房忠涛、袁丽霞、徐雪峰、王宏新参加。

是日 朐阳街道扎实开展绿化工作，在游园绿化、海滨绿化、小区绿化和主干道绿化狠下功夫。白鹭园完成绿化面积10.8公顷；玉带海滨（新孔路至青河路段）完成绿化面积2.25公顷；香溢、孔望山等小区完成绿化面积17.25公顷；秦东门大街等主干道栽种树木2.57万株。“四旁”植树0.57万株，新建花卉苗木7.8公顷。石棚山景区、陈庄等为重点地域绿化造林33.15公顷。

10日 下午，市领导杨莉到新浦区调研信访稳定工作。区委书记王立斌、代区长单晓敏和区领导王友君、孙晓兵参加。

14日 区领导王立斌、袁丽霞、徐雪峰对新代管的海州片区孔望山公园、石棚山公园等地进行调研，并对2013年海州白虎山庙会举办进行研究。

16日 上午，市委副书记张同生主持召开新浦区代管海州区4个街道办事处交接会议。区委书记王立斌、代区长单晓敏参加。

是日 区委书记王立斌听取黄海度假村地块旧城改造工程推进情况汇报。区人大副主任刘振华参加。

17日 上午，区领导王立斌、王建明、施为民、徐雪峰、于卉、王宏新、张景友视察并部署浦南新镇区项目集中开工筹备情况、204国道沿线绿化及环境整治工作。

21日 区委、区政府召开街区建设、改造工作会议，研究部署水晶街开业、步行西街改造、新浦文化产业园等相关事宜。区领导王立斌、房忠涛、孙晓兵、郑斌、徐雪峰参加。

22日 上午，代市长赵晓江到新浦区调研经济社会发展情况，听取新浦区经济发展情况汇报。区委书记王立斌、代区长单晓敏等四套班子领导参加。

是日 市农机局局长赵健康一行到新浦区督查推进水稻生产全程机械化工作。区委书记王立斌、代区长单晓敏、副区长于卉陪同。

是日 下午，区委书记王立斌、代区长单晓敏、副区长朱加刚与市地税局局长苏延法一行接洽商谈润科现代服务业中心相关事宜。

24日 上午，区委书记王立斌接待南京客商。洽谈旧城改造事宜。

是日 省农委纪律检查委员会书记朱洪生、市农委主任王以标一行到新浦区调研现代农业产业园区建设情况。区领导单晓敏、王建明陪同。

是日 省国土厅执法局到新浦区巡察用地情况。区领导王立斌、王建明、朱加刚、施为民陪同。

25日 上午，区委书记王立斌、副区长徐雪峰视察高速公路沿线绿化、国道两侧环境整治，调研洪门工业园、四季农贸市场，督察推进明清文化一条街项目建设。

26日 上午，区委书记王立斌接洽深圳客商，并现场考察项目用地事宜。区领导张景友、刘建春参加。

27日 上午，新浦区举办城市规划、建设、管理专题讲座。区委书记王立斌、代区长单晓敏、区政协主席汤成元等四套班子领导参加。

29日　上午，市委书记李强走访慰问驻区全国劳模、BRT调度室工作人员及区环卫工人。市领导李国章、董春科，区领导王立斌、徐雪峰参加。

是月　（据统计1~3月份）新浦区房地产实现投资14.08亿元，同比增长20.94%；商品房销售面积29.12万平方米，增长5.86%；实现销售额17.19亿元，增长8.21%。

是月　新浦区新东街道荣获全省唯一一家省级科普示范街道的荣誉称号，新海街道西苑社区、路南街道贾圩社区被评为省级科普示范社区。

5月

1日　连云港市水晶街于5月1日在新浦通灌北路改造建成开街。区委书记王立斌、代区长单晓敏及区四套班子领导参加开街仪式。

3日　上午，市委书记李强视察蔷薇湖生态净化暨应急水源工程。市领导张同生、曹永林、董春科，区领导王立斌、徐雪峰参加视察。

是日　下午，区领导王立斌、袁丽霞、徐雪峰听取海州古城复兴规划方案汇报，察看白虎山庙会筹备工作。

5日　上午，市委书记李强调研新浦经济开发区产业定位情况。市领导曹永林，区委领导王立斌、单晓敏、王建明、朱加刚、郑斌陪同。

7日　上午，区委常委、常务副区长朱加刚陪同中航集团代表观览滨河新城建设，会谈融资事宜。

8日　上午，区委常委、常务副区长朱加刚接待中厦集团公司客商。

9日　下午，连云港市居民健康卡发放仪式在新浦区浦南镇龙浦村举行。省卫生厅办公室副调研员管正涛、市卫生局局长周伟、代区长单晓敏、副区长袁丽霞等领导参加发放仪式。

10日　上午，新浦区召开代管海州区22个事业单位接收会议。区委书记王立斌、代区长单晓敏、区政协主席汤成元等四套班子领导参加。

11日　上午，代市长赵晓江、副市长董春科调研市区综合交通运输工作以及包青路二总桥、包庄桥建设情况。区委书记王立斌、代区长单晓敏、副区长徐雪峰参加调研。

15日　上午，区委书记王立斌、代区长单晓敏调研海通集团交通技工学校项目招引相关事宜。区领导徐风良、王宏新、刘建春参加。

15日上午，连云港市农业工作现场会在新浦区召开。市委副书记张同生、副市长吴海云带领市相关部门和县区相关负责人到新浦区现场观摩家庭农场建设情况。区委书记王立斌、副书记王建明陪同。

16日　下午，市委书记李强听取民主路城市家居设计、城乡统筹优化设计、开发区西区规划设计汇报。区领导王立斌、王建明、徐风良、房忠涛参加。

18~19日　区委书记王立斌、副区长徐风良到浙江、上海等地招商，参观考察浙江天喜控股集团公司、丽缙五金机电科技产业园。

20日　上午，区委书记王立斌、副区长徐风良在上海听取同济大学规划设计院关于海州古城复兴规划方案汇报，参观考察上海花冠乳品营养公司。

21日　上午，区领导王立斌、王建明、徐雪峰、王宏新、张景友、刘建春察看浦南新镇区、江浦新村、现代服务业集聚区建设及204国道、龙浦大道沿线环境整治工作及郎墩小学、浦北小学盐河巷建设情况。

是日　下午，区领导王立斌、单晓敏、朱加刚、徐风良、章冬斌会见浙江天喜集团等客商。

25日　上午，新浦区举办“科学引领、中国梦兴”——学习十八大精神专题报告会。区委书记王立斌等四套班子领导参加。

27日　上午，区委书记王立斌、代区长单晓敏、区人大常委会副主任陈周德在南京拜会苏宁云商集团董事长张近东。

是日　下午，区委书记王立斌、代区长单晓敏在南京拜会省农垦集团董事长李春江，区领导徐风良、陈周德、章冬斌参加。

29日　上午，区城乡统筹建设指挥部召开第五次指挥长会议。区委书记王立斌、代区长单晓敏、区委副书记王建明及各指挥长参加。

30日　上午，“红领巾相约中国梦”——2013年连云港市庆“六一”主题队会活动在新浦区解放路小学举行。市委常委、组织部部长祁彪出，区领导王立斌、施为民、袁丽霞、王宏新出席。

是月　中共新浦区委员会印发新委发〔2013〕30号文，决定成立中共新浦区总工会党组。

6月

1日　上午，新浦区举行义务治安巡防“万人红袖标”工程启动仪式。区领导单晓敏、王建明、王友君、陈周德、孙晓兵、张景友参加启动仪式。

1–2日　区委书记王立斌、副区长徐风良到沈阳进行招商引资活动。

3日　上午，区委书记王立斌、副区长徐风良在青岛拜会利群集团。

5日　上午，市委书记李强接待到新浦区考察工作的盐城市党政代表团。区委书记王立斌、代区长单晓敏参加。

6日　上午，新浦区举行民主路老街改造开工仪式。区领导单晓敏、汤成元、房忠涛、陈周德、袁丽霞、徐雪峰参加。

是日　区委书记王立斌、代区长单晓敏、常务副区长朱加刚、政协副主席刘建春接待中兴通讯华东区总经理焦长喜一行。

7日　上午，区委书记王立斌，副区长徐风良、章冬斌接待浙江客商。

8日　上午，区委书记王立斌，代区长单晓敏，副区长徐风良、徐雪峰会见奥克斯地产集团总裁刘珏一行。

13日　下午，区领导王立斌、王建明、朱加刚、徐风良、袁丽霞、刘建春听取2013年“连云港之夏”招商项目筹备情况汇报。

14日　上午，区委书记王立斌、

代区长单晓敏、区委副书记王建明研究部署全市经济发展重点项目观摩现场会筹备工作。

17日 上午，全市举行食品安全宣传周启动仪式。代区长单晓敏，副区长袁丽霞参加。

18日 下午，区委书记王立斌、副书记王建明接待中太建设集团客商。

19日 下午，省委、省政府第八督查组组长盛克勤一行到新浦区督查“八项工程”推进情况。市委书记、市人大常委会主任李强、市领导祁彪陪同，区委书记王立斌、代区长单晓敏、区委副书记王建明、组织部部长施为民参加。

23日 区住建局落实防汛工作责任制。组建4支总计80人的抢险应急队伍，落实应急抢险物资储备。发电机组3组、水泵12台、编织袋1200只、铁丝300千克、铁锹170把。铲车等各类车辆13辆。已对城区主次干道及街巷雨水井进行全面清掏，完成巨龙路、朝阳路等近90条道路清掏工作，疏通排水干管9万米，清掏雨水井5000余口。

是日 新浦经济开发区西区规划建设工业配套工程5万平方米。包括中小企业园孵化器及设施用房1万平方米、综合服务楼1万平方米、下禾邻里中心公共租赁用房2万平方米和商业设施配套1万平方米。实现规模以上工业固定资产投资30亿元，增长25%。建成中小企业园6万平方米标准厂房。

是日 区科技局加快创新载体建设。新申报省级国际科技合作研究中心5家、省级工程技术研究中心7家、市级工程技术研究中心26家。新批省级企业重点实验室2个，新批研究生工作站5个。培训科技型企业120家，帮助企业申报国家和省市级科技计划60余项，争取资金892万元。

是日 区审计局对滨河新城规划六路、郁洲路204国道新浦连接线、新浦公园一期改造工程的跟踪审计和竣工决算审计工作，送审总价6347万元，审计后核减工程造价1740万元，综合审减率27.41%。

是日 朐阳街道打造宜居新城，计划投资16.7亿元推进新城建设。

是日 幸福路街道提请做好防汛工作，成立防汛应急抢险队30支，发放防汛宣传资料3000余份，筹备编织袋500条，小型移动水泵7台以及铁锹、砂石料等防汛物资。

28日 下午，区政府召开2013年连云港之夏旅游节暨江苏沿海发展论坛部署会。区领导单晓敏、朱加刚、郑斌、袁丽霞参加。

是日 下午，区委、区政府召开民主路特色街改造推进会。区领导王立斌、房忠涛、袁丽霞、徐雪峰参加。

29日 上午，区委书记王立斌、代区长单晓敏、副区长郑斌接待苏宁置业集团总裁助理陈艳一行。

7月

3日 上午，区委书记王立斌、副区长朱加刚在宁拜访中兴通讯公司。

是日 代区长单晓敏，副区长徐风良、章冬斌赴浙江绍兴市开展产业招商。

6日 上午，南师大中北学院2013年赴连云港村官孵化实训社会实践启动仪式在新浦区举行。代区长单晓敏、副区长袁丽霞参加。

是日 下午，区委书记王立斌、代区长单晓敏、副区长徐雪峰会见德邦集团董事长赵祥海一行。

8日 上午，省农业农村工作第六调研组到新浦区考察调研连云港市农业生产情况。市领导吴海云，区领导王立斌、王建明、张景友陪同。

9日 全市经济社会发展重点项目观摩现场会在新浦召开。区委书记王立斌、代区长单晓敏参加。

11日 区委书记王立斌、代区长单晓敏、区政协主席汤成元，副区长郑斌、徐雪峰会见北京清大博雅集团董事长杨珍平一行，并听取锦屏山北片区文化旅游综合体创意设计方案汇报。

是日 新浦区举行’2013“连云港之夏”旅游节暨江苏沿海开发论坛签约仪式。区委书记王立斌、代区长单晓敏、区政协主席汤成元等四套班子相关领导参加。

12日 2013“连云港之夏”旅游节暨江苏沿海开发论坛活动开幕。区委书记王立斌，代区长单晓敏，副区长朱加刚、徐风良、郑斌参加。

13日 上午，区委书记王立斌，代区长单晓敏，副区长郑斌、徐雪峰接待菲律宾SM集团中国区首席营运官何家华一行，会商对接合作事宜。

16日 上午，市财政局局长孙宗凤一行到新浦区调研规范化财政所建设情况。区委书记王立斌接待。

是日 下午，市委副书记张同生召开沭新渠改造工程会办会。区委书记王立斌、副书记王建明参加。

18日 上午，市政协副主席李广成一行到新浦区开展“六五”普法中期考核检查。区领导单晓敏、朱加刚、王宏新参加。

19日 下午，区政府召开区重点项目现场观摩会。区委书记王立斌、代区长单晓敏、区政协主席汤成元等区四套班子领导参加。

21日 上午，新浦区与市城投公司会商孔望新城开发建设事宜。区领导王立斌、汤成元、王友君、姚超、施为民、徐雪峰、王宏新参加。

25日 省委书记、省人大常委会主任罗志军到连调研交通公路改造、沿海开发情况。召开全省沿海开发座谈会。区委书记王立斌参加。

29日 区委书记王立斌、代区长单晓敏、区政协主席汤成元等四套班子领导先后到连云港警备区、区人武部等10家部队，亲切看望慰问部队官兵，代表区委、区政府向他们致以亲切的慰问。

是日 上午，区委书记王立斌与市海通集团党委书记、董事长吴孟军一行商谈海通技工学校项目建设事宜。区政协副主席刘建春参加。

8月

1日 市委副书记张同生一行到新浦区参加重点信访案件会办会。区领导单晓敏、王建明、王友君、陈周德、张景友参加。

是日 上午，区委、区政府为加

强防范和查处虚假诉讼活动，召开公检法司四长联席会议。会议由区政法委书记王友君主持。副区长、公安局局长孙晓兵、法院院长葛梦阳、检察院检察长吴明参加。

4日　区委书记王立斌出席振兴汽车城奥迪城市展厅项目签约仪式。区领导郑斌参加。

是日　上午，区委书记王立斌接待西班牙麦卡莎集团客商。区领导王建明、徐风良参加。

6日　下午，区委、区政府举办与万鼎集团玻璃项目签约仪式。区领导王立斌、徐风良、郑斌参加。

7日　市委书记、市人大常委会主任李强到新海电厂、海州水厂慰问高温下作业的一线工人。区委书记王立斌参加。

8日　上午，省"六五"普法中期考核组到新浦检查工作。区领导王立斌、单晓敏、朱加刚、王友君、陈周德、王宏新参加。

是日　省农村工作第六调研组到新浦区考察调研。市领导吴海云，区领导王立斌、王建明、张景友陪同。

9日　区委书记王立斌、代区长单晓敏、副区长朱加刚接待中国农业银行连云港分行孙羊生行长一行。

10日　区政府召开全区村、社区党组织换届工作会议。区委书记王立斌、副书记王建明、组织部部长施为民参加。

是日　区政府举办"残疾人活动日"活动。8月11日是第四个全国"肢残人活动日"，本次活动以"关注农村肢残人兄弟姐妹"为主题。新浦区残联带着党和政府的关怀，为肢体残疾人送去助残器材轮椅，助行器、拐杖、特殊配置儿童轮椅、儿童阶梯框式助行器，儿童带轮助行器、儿童站立架等辅助器具共116件，极大地方便了肢残人的日常生活。

16日　上午，副市长董春科视察顾庄大桥北连接线工程建设情况。区领导王立斌、徐雪峰参加。

是日　区政府、市广电总台举办水晶街开街仪式。晚上，举行"梦想水晶街"——新闻主播走进水晶街联欢晚会。区领导王立斌、房忠涛、郑斌观看了晚会。

19日　上午，市司法局在新浦区召开的网格化矛盾纠纷排查现场会。区政法委书记王友君参加。

20日　上午，区委书记王立斌、代区长单晓敏拜访市供电公司。区领导朱加刚、徐风良、陈周德、徐雪峰、刘建春参加。

22日　连云港市赴苏南招商系列活动在苏州举行。区委书记王立斌、副区长郑斌参加。

23日　连云港市赴苏南招商系列活动在南京举行。区领导王立斌、朱加刚、郑斌、刘建春参加。

是日　上午，区委书记王立斌拜访东南大学教授段进，会商新浦区战略发展规划相关事宜。

26日　上午，新浦区东站引河大桥建成，打通了城区北拓通道，提升沈圩片区形象。

27日　上午，区领导王友君陪同市委常委、政法委书记王加培视察新海派出所、西苑社区警务室李浩N十警务系统活动。

是日　上午，区委书记王立斌拜访台湾蓝天电脑集团，洽谈百脑汇资讯广场项目。

是日　下午，区委书记王立斌拜访台湾农特产品协会，洽谈新浦现代农业产业园区合作开发事宜。

28日　上午，区委书记王立斌拜访中华两岸连锁经营协会理事长王国安，举办新浦区驻台联络处揭牌仪式，考察台北金融大楼股份公司。

是日　下午，区委书记王立斌陪同市长赵晓江拜访台湾正崴集团董事长郭台强，参加市政府与台湾电电公会合作协议签约典礼。

29日　上午，区委书记王立斌拜访台湾海丽光碟科技公司董事长刘益民。

30日　上午，区委书记王立斌考察台湾义联集团、泛乔股份公司。

是日　下午，区委书记王立斌陪同代市长赵晓江参观台湾正修科技大学。

9月

1日　新浦区盐河巷古街改造全面进入扫尾工作，仿古菠萝石里面、青色白纹路墙面的店铺，金黄色的玻璃砾瓦，屋檐翘起，还有古色古香的门窗……，使新浦区盐河巷呈现崭新仿古风貌。

3日　上午，新浦区驻香港经贸代表处举行揭牌仪式。区委书记王立斌、副区长郑斌参加。

是日　新浦区针对重点、难点、热点问题"下猛药"。制定出台《新浦区做大做强工业骨干企业暂行办法》《新浦区招商引资考核办法》《新浦开发西区共建共用办法》，实现保增长、调结构、促转型。

4日　上午，市委书记、市人大常委会主任李强主持召开市规划委员会第49次例会。区委书记王立斌、区领导徐风良参加。

5日　上午，新浦区召开四套班子联席会议。听取重点工程重大事项推进情况汇报，传达落实省委"十项制度规定"和"三项清理"文件精神。区委书记王立斌、代区长单晓敏、区政协主席汤成元等区四套班子领导参加。

6日　下午，区委书记王立斌接待台湾客商。区领导王建明、于卉参加。

7日　上午，全省召开领导干部警示教育电视会议。区委书记王立斌、代区长单晓敏、区政协主席汤成元等区四套班子领导参加。

10日　上午，代市长赵晓江召开赴台经贸考察总结会。区委书记王立斌参加。

12日　下午，市委常委、政法委书记王加培调研新浦经济开发区重点工业项目和园区建设。区委书记王立斌、区领导王友君、徐风良、章冬斌参加。

15日　区委书记王立斌、代区长单晓敏接待银河天成集团总裁姚国平。区领导徐风良参加。

20日　上午，新浦区举行民主路钟楼封顶仪式。区领导王立斌、单晓敏、房忠涛、陈周德、袁丽霞、徐雪峰、张景友参加。

24日　下午，区委书记王立斌与市交通局会商蔷薇河大桥建设事宜。区领导袁丽霞、徐雪峰参加。

27日 上午，新浦区举行旧城改造挂职干部欢迎仪式。区领导王立斌、单晓敏、汤成元、王友君、姚超、孙晓兵、郑斌、徐雪峰参加。

29日 上下午，区委书记王立斌在南京参加2013年连云港市推进新特产业技术创新联盟暨政产学研用合作恳谈会，并代表新浦区与南京财经大学签订“南京财经大学新浦区共建高端人才培育基地暨智力支持合作协议”。

是日 下午，区委书记王立斌在南京拜会南京财经大学副校长王开田，双方就校地人才建设进行了交流，区领导章冬斌参加。

10月

1日 市区改造出新的7条道路进入全面扫尾工程。

2日 民主路民国风情特色街区进入抢进度阶段、民主路钟楼进入安装，味芳楼即将完工。

3日 代区长单晓敏带队拜访青岛韩商会会长及朝鲜族企业协会会长。区领导朱加刚、郑斌参加。

8日 新浦区委、区政府开展“四促五帮”活动，推行城乡结对联建帮扶。党委部门联系弱村建设先进村，政法部门联系乱村建设稳定村，经济部门联系穷村建设富裕村，涉农部门联系专业村建设产业村，机关各单位全面按农业、农村、农民具体需求帮扶农村发展生产，帮助农民改善生活。

9日 下午，市委常委、市纪委书记吴自斌现场督查推进外仓社区、东上渔场等重点地块旧城改造工作。区领导王立斌、王友君、姚超参加督查。

10日 下午，区委书记王立斌、代区长单晓敏、区政协主席汤成元等区四套班子领导收看全省学习贯彻习近平总书记系列重要讲话电视电话会议。

11日 上午，市委书记、市人大常委会主任李强召开市重大工业项目、重点工业园区协调推进工作领导小组第一次（扩大）会议。区委书记王立斌、代区长单晓敏参加。

12日 上午，区委书记王立斌、代区长单晓敏接待南京客商。

是日 区委、区政府印发《2013年秋季秸秆综合利用工作实施意见》。采取加强领导、提高督查力度，实行考核奖惩和资金扶持的办法，禁止秸秆焚烧。秋季实行秸秆综合利用率达37.7%，秸秆机械化还田率达62%。

14日 下午，区委书记王立斌接待丽港稀土公司总经理李斌一行。区领导徐风良、郑斌、章冬斌参加。

15日 市政协主席仲琨到新浦区视察城乡统筹、盐河巷古街、民主路老街等重点项目推进情况。区领导王立斌、汤成元、王建明、房忠涛、袁丽霞、徐雪峰、于卉、王宏新、张景友参加。

17日 上午，省维稳办领导调研督查新浦区社会稳定工作，并对新浦区治安工作进行风险评估。下午，观摩省委政法委基层法治规范化建设现场。区政法委书记王友君陪同督查。

18日 下午，区委书记王立斌、代区长单晓敏与市铁路办会商连盐铁路安置小区建设相关事宜。

19日 上午，赣榆县党政代表团到新浦区参观考察。区领导王立斌、单晓敏、王建明、房忠涛、徐雪峰、于卉、王宏新、张景友接待。

23日 下午，区委书记王立斌会见奥特莱斯大中华区总裁王加祥。区领导郑斌、徐雪峰参加。

24日 上午，区委书记王立斌、代区长单晓敏会见菲律宾SM集团中国首席运营官何家华一行。区领导郑斌参加。

是日 下午，全国人大常委会原副委员长陈至立视察孔望山景区。省人大常委会副主任刘永忠、代市长赵晓江、市人大常委会副主任董恕娟、区委书记王立斌陪同。

是日 晚上，新浦区举行2013年西游记文化节开幕晚宴。副市长吴海云、区委书记王立斌、代区长单晓敏、副区长郑斌、政协副主席刘建春出席。

25日 上午，2013西游记文化节暨丝绸之路经济带（东中西区域）合作论坛开幕。区委书记王立斌、副区长郑斌参加。

27日 下午，区委书记王立斌会见香港新世界百货客商。区领导郑斌参加。

28日 下午，区委书记王立斌、代区长单晓敏、副书记王建明会见新奥燃气公司负责人。

30日 上午，浦南镇举行浦南新镇区第一人民医院门诊楼封顶仪式。区领导单晓敏、汤成元、王建明、刘振华、袁丽霞、于卉、王宏新参加。

31日 上午，区委书记王立斌听取赴北京、日韩招商活动筹备情况汇报。区领导郑斌参加。

11月

1日 上午，省铁路建设办公室负责人到新浦区调研连盐铁路拆迁工作。区领导王立斌、朱加刚、杨中云、袁丽霞陪同。

2日 全省沿海开发推进会在南通召开。区委书记王立斌、副区长朱加刚参加。

5日 上午，区委书记王立斌会见沈阳客商。区领导徐风良参加。

是日 上午，区委书记王立斌会商蓝云馨苑小区开发建设事宜。区领导徐风良参加。

是日 下午，区委、区政府召开纪念新浦区关工委成立20周年暨全区关心下一代工作表彰会。区领导王立斌、王建明、陈周德、章冬斌、张景友参加。

6日 下午，新浦区召开民主路、盐河巷指挥部赴上海、杭州等地参观考察特色街区建设专题汇报会。区领导王立斌、单晓敏、房忠涛、袁丽霞、徐雪峰参加。

9日 区委书记王立斌、代区长单晓敏听取原区政府大楼业态布置及民主路老街景观小品设计方案汇报。区领导房忠涛、袁丽霞参加。

11日 区委书记王立斌、代区长单晓敏研究会办东上渔场拆迁以及太平村管理与发展相关事宜。区领导朱加刚、王友君、姚超、杨中云、孙晓兵参加。

13日 上午，市委副书记张同生到新浦区调研新浦区经济开发区发展情况。区领导王立斌、徐风良、张景友参加。

14日 上午，省供销合作总社党委书记、理事会主任黄宝荣一行到新浦区调研现代农业产业园区建设。副市长吴海云，区领导王立斌、于卉陪同。

是日 下午，区委书记王立斌研究会办菲律宾SM集团投资开发相关事宜。区领导郑斌参加。

18日 下午，连云港（北京）合作发展恳谈会在京举行。区委书记王立斌参加。

19日 上午，区委书记王立斌在京拜访中国船舶重工集团公司第七一四研究所。区领导朱加刚、郑斌参加。

是日 下午，区委书记王立斌在京洽谈万达广场项目相关事宜。区领导朱加刚、郑斌参加。

21日 上午，区委书记王立斌会见中兴通讯公司亚太区总经理杨军一行。区领导朱加刚参加。

25日 新浦区纪委在全区范围内开展以厉行勤俭节约为主要内容的“清风行动”，通过实行“三公”经费月报制、“三公”管理暗访巡查制，2012年11月至2013年10月，各部门接待费较去年同期下降43.83%，普通公务用车运行费下降21%。

29日 下午，区委书记王立斌参观考察杰瑞科技创意产业园，区领导施为民、郑斌参加。

12月

2日 蔷薇河应急备用水源工程进入征收土地阶段，选址在锦屏镇和东海县张湾乡交界处，有效库容650万立方米，总投资14.89亿元。

是日 新浦区浦南镇党委、政府以注重培训、注重宣传、注重技能为重点，提升基层干部服务群众的能力。

是日 新浦区安监、消防等多部门联动，开展“安全生产年”活动，全区累计排查单位2115家，排查一般事故隐患3359处，已整改率达99.8%。

4日 新浦通往东部城区的重要交通节点苍梧立交桥拓宽工程完成沥青路面铺设。

5日 新浦区千米推进新浦开发区西区建设，投资5000万元以上工业项目19个，备案工业技改项目26个。

是日 新浦区2013年启动便民道路修建以及背街小巷和下水道整治工程。全年共整修路面2.5万平方米，背街小巷4万平方米。

是日 新浦区共发放廉租房货币补贴757户，安置廉租房170套。

16日 新浦区召开2013年复员军人安置工作协调会，专设复员退伍办公室。

17日 新浦区环卫处从2013年12月起迈入机械化清扫时代，投入1000万元，采购30辆清扫设备。

23日 经省人力资源和社会保障厅核准，市人力资源和社会保障局审查，新浦区浦西街道下岗失业人员一条街被认定为市级创业孵化基地。

26日 新浦区民主路文化街28日盛大开街。

是日 新浦区评出10家“阳光药房”。

是日 连接科苑路与玉兰路的杏坛建成通车。杏坛路南起玉兰路、北至科苑路，全长4.18千米，路宽40米，其中机动车道15米、人行道6米，非机动车道4.5米，绿化带2米。

4日 共青团新浦区委组织10余名苏北计划志愿者到新浦区市东社区，开展“青年志愿行”关爱农民工子女志愿服务活动。

16日 区委印发《关于进一步加强单位信息公开保密管理的通知》。

是日 区委印发《关于转发区献血工作领导小组开展2013年度献血工作的通知》。

迎春花 （韩世泳 摄）

新浦地区要闻

1月

6日　2012年连云港市卫生工作十大亮点。1.全面实施新农合混合支付方式改革。2.全面加强基层卫生人才队伍建设。3.全省首张符合国际标准的居民健康卡在本市首发。4.举办连云港市第四届健康节。5.创建慢性病综合防控示范区。6.开展基层医疗卫生机构星级创建活动。7.创新开展免疫规划系列主题活动。8.开展信息化妇幼保健服务。9.市中医院集团成立。10.市一院获批江苏博士后创新实践基地。

是日　市政协十二届二次会议在市文化艺术中心开幕。市委书记李强作重要讲话，市政协主席仲琨作工作报告。

8日　连云港市十三届人大二次会议在市文化艺术中心开幕。到会代表389人，市长杨省世作政府工作报告。

10日　2012年，连云港市增添6枚中国驰名商标，即："苏云""恒瑞""泰格""大圣""大姐吴兆娥""太阳雨"。

27日　连云港市举办第四届中小学生艺术节。获小学甲组课本剧一等奖9名，新浦区建宁小学陈亚廷、郭玲的《浪漫的PK》名列其中；获小学甲组朗诵一等奖的3名，解放路小学汪蓉梅、徐音、高丽丹的《祖国大地上的花朵》名列其中;获中学组朗诵一等奖的4名，新浦区海宁中学，王涛、贾文菁、应越的《读书成长快乐如斯》名列其中；小学美术组一等奖22名，新浦区建国路小学时子涵的《西游记》、米弘毅的《四月初八赶庙会》，浦南中心小学许采月的《阳光路上》，刘羽洁的《我要飞得更高》名列其中；中学组一等奖17名，新浦区浦南中学王秀茹的《二舅的故事》、新浦区海庆中学李侍雯的《雪景》名列其中。

31日　经省政府批准，连云港市部分县区行政区划进行调整。这次调整包括灌云、新浦、海州、连云等县区。新浦区行政区划调整方案为：撤销花果山乡，设立花果山街道办事处；撤销南城镇，设立南城街道办事处；撤销云台乡，设立云台街道办事处。

2月

1日　港城首月遇雾霾天气侵袭。1月份31天出现17个污染天。据四个监测点监测空气质量指数AQI分别为81、64、58、58，为二级。

5日　市委书记李强就新浦区民主路改造工作进行实地调研会办。3月14日确定民主路改造时间表。

18日　2012年度国家级、省部级科学技术奖公布，连云港市共有8项科技成果获奖。其中，国家级科技奖5项。淮海工学院承担的"海水池塘高效清洁养殖技术研究与应用"获国家科技进步奖；江苏豪森药业、中科院上海有机所承担的"抗肿瘤新药盐酸吉西他滨级制剂的研究与产业化"获得2012年中华工商业联合会科技进步一等奖；康缘药业的"面向临床安全性和有效性的中药注射剂质量控制体系建立及其应用"获得2012年度中华中医药学会科技进步一等奖，正大天晴药业的"核苷类抗病毒药物的研发与产业化"和恒瑞医药的"碘佛醇原料及制剂"获得江苏省科技进步二等奖，江苏正大天晴药业股份有限公司获得江苏省企业创新奖。

21日　江苏省暨连云港市"学雷锋好榜样"志愿服务启动仪式在市博物馆举行。来自全省的文明代表和连云港市各行各业数百名志愿者进行了宣誓，省委常委、宣传部部长、文明委主任王燕文，市委书记、市人大常委会主任李强为学习雷锋志愿服务队授旗。

22日　中国共产党连云港市第十一届纪律检查委员会第三次全体会议召开。

27日　花果山小村发现汉唐时釉陶。村民老梁在花果山旗杆夹刨土，在一米多深处，刨出一堆古代文物，发现类似现代酒坛、碗等坛高59厘米，腰围1.2米，上口直径17.5厘米，下口直径14厘米。碗直径18厘米。推测这些器具可能是春秋战国时期文物。

3月

15日　连云港市住房保障和房产管理工作会议公布。2012年，全市共投资11亿元，开工建设保障性住房10874套，竣工27373套，发放住房租赁补贴1985户。

是日 连云港市2013年共选聘255名高校毕业生担任大学生村官。赣榆县67名、东海县32名、灌云县96名、灌南县39名、新浦区9名、连云区3名、海州区8名、云台山景区1名。

23日 连云港市图书馆争创国家一级图书馆。

26日 连、淮、扬、镇铁路正式进入立项阶段。该线北起连云港、经淮安、扬州至镇江。全长311.6千米，设计速度250千米/小时。总投资接近400亿元。在长江下游镇扬河段五峰山处建主跨1120米悬索桥（公铁合建）跨长江、进入镇江、引入沪宁城际丹阳站，至上海方向。

27日 国家发改委印发《促进综合交通枢纽发展的指导意见》，意见公布42个全国性综合交通枢纽城市为北京、天津、哈尔滨、长春、沈阳、大连、石家庄、秦皇岛、唐山、青岛、济南、上海、南京、连云港、徐州、合肥、杭州、宁波、福州、厦门、广州、深圳、湛江、海口、太原、大同、郑州、武汉、长沙、南昌、重庆、成都、昆明、贵阳、南宁、西安、兰州、乌鲁木齐、呼和浩特、银川、西宁、拉萨。

30日 市老龄办和中国人寿连云港分公司联合启动“安康关爱行动”，向全市60至80周岁的所有老年人推出意外伤害综合保险。保险期限为1年，最低保费每份10元，需要持“老年人优待证”办理，参保遵循自愿的原则。

4月

3日 市人社局、市财政局联合下文，决定提高城乡居民社会养老保险基础养老金标准。即从每人每月70元调整到每月80元。从2013年1月起执行。

9日 《连云港日报》4月9日“港城业欣仁”——季度上榜名单（20名），新浦区路南街道公园社区居民郭文霞、新海街道西苑社区居民徐春花、新东街道龙尾社区居民赵云峰榜上有名。

10日 2013年连云港乡村旅游节暨第四届振兴郁金香文化节于2013年4月13日在连云港振兴花卉园隆重开幕。

13日 花果山上发现一珍稀新树种。此树长在一处幽静的山坡上，树胸径102厘米，树冠达到200多平方米，匍匐于地，其虬枝如盘龙、似卧虎。经专家会商，最终确定新发现的树种属于蔷薇科，树名叫“细齿稠李”。多分布于安徽、浙江、湖北、陕西、甘肃、四川、云南等省，江苏多产于宜兴。此树叶片长椭圆状卵形、边缘有细锯齿。结果时花萼脱落，花期5月。

18日 2012年8月连云港市出台《关于加快推进全市社会保障卡建设的意见》。10月，连云港市被省人社厅确定为省集中社保卡管理系统落地建设的首个试点城市。2013年连云港决定发放40万张社保卡。主要面向城镇职工和农村居民。

5月

1日 连云港市绿源苏合农产品销售专业合作联社成立，正式投入运营。该联社由兆平养猪、朗墩果蔬、绿福茶人等42家农民专业合作社发起，有成员单位123家，入社成员2.6万多户，有农产品种植基地13个、养殖业基地9个、食品加工企业11家，果蔬种植园12个。

4日 市人社局、财政局联合出台上调2013年企业退休人员基本养老金。2012年12月31日前办理退休、退职或领取定期生活费手续人员，从2013年1月1日起执行。2013年1月1日至6月30日期间办理退休、退职手续人员，从2013年7月1日起执行。养老金按调整前基础上增加10%。低于200元的再增发45元。另，退休人员70岁以上每人每月增发30元、75周岁增发40元、80周岁增发50元。退职人员及领取定期生活费人员、70周岁以上增发20元、75周岁以上增发30元、80周岁以上增发40元。

7日 连云港市荣获全国绿化委三等奖，连岛街道办事处被授予“全国绿化模范单位”称号；市林业局鲁金武、南云台林场江尧凯荣获“全国绿化奖章”。

8日 连云港市新增三处全国重点文物保护单位。从原来的6处增至9处。新增的为东海县温泉镇尹湾村6座汉墓、东连岛琅琊郡界域刻石两处和新浦区花果山街道飞泉村“狮子岩”下的16处石刻。

15日 2013年5月，连云港市出台《连云港市区控制和查处违法建设实施办法》。

是日 主城区4条道路改造稳步推进，正在改造的四条道路是朝阳西路、郁州南路、解放中路、幸福南路。同时解放中路的两桥解放桥、和平桥将加宽为40米。

19日 连云港市5年投资25亿元创建国家园林城市。在第14批审定中，连云港市等30个国家园林城市获批准，成为金牌国家园林城市。

22日 连云港市首个学前双语教育实习基地建立。该基地是由连云港师专国际教育学院与一家幼教机构共同建立的，是一个集教学、科研和培训为一体的国际化学前双语教育基地。

25日 连云港市首座220千伏室内变电站在新海新区建成投入运行。总投资1.39亿元，总建筑面积7911平方米。

28日 市区7条出新道路通过检查验收。海宁路（新海路—通灌路）、科苑路（苍梧路—海宁路）、学院路（苍梧路—海宁路）、海连西路（幸福路—蔷薇桥）、瀛洲路（龙河广场—宁海收费站）、新海路（海宁路—新海发电厂）、海宁路（通灌路—学院路）。

29日 连云港市第六届全民健身运动会于25日上午在东辛农场文化广场开幕，29日落幕。项目包含太极拳、太极器械、木兰拳、木兰器械等，30支代表队，460名选手参赛。新浦区武协新浦公园代表队、新盐河木兰拳代表队获木兰器械一等奖。

6月

1日 “2013汤沟国藏标”连云

港首届文化节在花果山门广场开幕。国内著名茶叶专家、茶文化学者、茶叶爱好者、茶企、茶商参加了开幕式。同时设置200个茶叶展销区域。

9日　国务院编制了《第三批禁止出境展览文物目录》。连云港市西汉汉墓木牍《集薄》被列入禁止出境文物的名单。《集薄》是尹湾汉墓出土的简牍的一部分，属西汉时期、正反面隶书书写，字迹较清晰，22行，约650字，记载了地区面积、行政机构、农作物构成、钱谷收支和人口等多方面情况。

18日　连云港市6月13日才进入夏天。往年入夏一般都是6月2日，今年夏天来得够晚。历史上入夏最晚的是1987年，是6月25日才入夏。6月13日入夏以来，首个高温日为6月17日，市区最高温度为36.5℃，东海、灌云两地最高气温一度达到37℃。

26日　省财政厅、省物价局、省民政厅发出通知《省财政厅、省物价局、省民政厅关于免收婚姻登记费的通知》，从2013年7月1日起，实行婚姻登记免费制度。

28日　连云港市出台《连云港市市级行政事业单位资产使用管理暂行办法》和《连云港市市级行政事业单位房屋资产出租管理操作规程》。《办法》规定资产出租到期必须进行新一轮租赁。《规程》规定资产出租必须按照“单位申请—主管部门审核，财政局审批—公开竞拍”的程序执行。

29日　市民政局统计，连云港市现有百岁老人144人，其中男48人、女96人；农村125人，市区19人。最年长的是赣榆县海头镇南朱皋村徐庄名，1901年生，112岁，女性。

7月

5日　国家发布《最低工资规定》。最低工资标准一般采用月最低工资标准和小时最低标准的形式，连云港市本次调整规定、月最低工资标准市区为1280元/月，11元/小时。四县为1100元/月，9.5元/小时。

11日　2013年7月10日，连云港市近几天一直是高温天气，10日中午气温保持在35℃以上。朝阳东路14：00地表温度56.7℃。苍梧绿园草坪13：00温度43.8℃。

12日　根据国务院《住房公积金管理条例》和《连云港市住房公积金归集管理暂行办法》有关规定，连云港市从7月1日起职工公积金缴存基数由2011年的平均工资调整为2012年的平均工资。机关事业单位和职工住房公积金缴存比例分别为12%，企业及其单位和职工各8%至12%。月缴存基数下限为我市最低工资标准，上限由11000元上调为12100元，超过12100元的按12100元，不足12100元的按实发工资计算。

8月

7日　全市投入9.7亿元进行农村水利防涝抗灾建设，其中农田水利建设投资6.85亿元，完成土方6469万立方米，完成旱改水2166.67公顷；新建、改造泵站253座，配套各类小型建筑物12051座，加固高圩堤306千米，新建防渗渠道483千米，修复水毁工程165处。

21日　连云港市针对城市居民消费形态的变化和需求的增加，全市范围内将规划建设26条特色街区。规划重点打造包括美食特色街、水晶特色街、海鲜特色街、文化特色街、旅游特色街、古玩特色街、宠物特色街、花卉特色街等特色街区，并分别规划布置在新浦区、新海新区、海州区、连云区和连云新城。其中新浦区8条、新海区5条、海州区4条、连云区8条、连云新城1条。

22日　连盐铁路力争10月前开始建设，市境内设7站，新建石桥、赣榆、海州站，改扩建连云港站。全长232.2千米。

9月

2日　连云港市交通运输部门在广泛征求市民意见和建议的基础上，新开通市区至机场公交专线。全长33千米。线路从云台宾馆发车，经苍梧路、海连路、瀛洲路、朝阳路、新孔路、海连路、新牛公路至白塔埠机场。

3日　连云港市出台消费纠纷调处与大调解对接实施意见。

7日　市民政局下发了《关于进一步做好低保长期公示工作的通知》，对低保对象经乡、镇人民政府或街道办事处受理，组织家庭经济状况调查和民主评议通过的对象名单进行第一榜公示。对乡、镇街道上报的新申请低保对象，经县级人民政府或管委会民政部门审核，入户抽查后，进行第二榜公示，将经县级民政部门审批后在社区、村公示栏进行第三榜长期公示，公示内容：户主姓名、家庭人口、家庭收入、保障标准、保障金额，起始享受年月，家庭住址、近亲属中是否有低保经办人员、公务员、村（居）干部、监督方式等。

10月

1日　江苏省首次公布13个地级市城市环境空气质量，连云港市排名第一。

12日　市民期待的茗昇花园廉租房正式上房，259户特困、低保户家庭喜领廉租房钥匙。年底还将有500户低收入家庭受益。

13日　连云港市首家价格研究基地成立。

是日　连云港市第五届文博会在市国展中心举行。

25日　下半年市区首批改造的64条便民路已有59条完成综合整治，其余5条已接近尾声。第二批的32条便民路已提前动工。

30日　上午，省委书记、省人大常委会主任罗志军到连调研并召开座谈会，区委书记王立斌参加。

31日　上午，全市第十届村民委员会换届选举工作会议召开。区委书记王立斌、副区长于卉参加。

11月

1日　连云港市首届大中专院校学生新创业大赛在苍梧绿园举行。历时3天，经过评委会初评，有30余件创业类作业，30余件创新发明类作业入选。

是日 全市第十届村委会换届选举工作启动。启动会议强调、集中3个月时间，组织好换届选举工作，要按照坚持党的领导、群众路线，依法办事的原则，搞好选举工作，提高村委会工作水平。

5日 上午，全市宣传思想文化工作推进会召开，现场观摩民主路老街改造。市领导杨莉、滕雯出席，区领导王立斌、房忠涛参加。

是日 江苏省第三届民间发明创新奖评选结果中，连云港市有6人获奖，富安紫菜机械有限公司王行安获一等奖并被授予"江苏省民间发明家"荣誉称号；东海县宏伟石英制品有限公司成士林、市弘扬石英制品有限公司徐传龙等5人分别获得二、三等奖和优秀奖。

是日 连云港市加强房屋的销售管理，进一步规范售房流程，首次实行保障房网签售房。

是日 江苏省第八届园博会在镇江扬中举行。连云港市苍梧绿园管理处等单位提交15件作品参赛，张祥森作品《永恒》获插花花艺二等奖，闫凡峰作品《和》、何俊平作品《韵舞》、张祥森作品《腾飞》分获三等奖。

6日 由江苏省文物局、南京市民俗博物馆、连云港市博物馆承办的钟表展在市博物馆开展。

11日 位于连云港市新圩新区的110千伏云湖变电站启动成功。该站是连云港市首座110千伏室内智能变电站。

13日 连云港市市区5条路1个广场起新名。绿园南路更名为绿园路；新生民路更名为新生路；西南路更名为西南湾路；凌州路、凌州东路更名为凌洲西路、东路；凌州广场更名为凌洲广场。

是日 连云港出台"三无"老人保障意见。供养标准得到明确，实施多种养老模式，医疗保障不断完善。对城镇居民中无劳动能力、无生活来源、无赡养人和扶养人，或者其赡养人和扶养人确无赡养或扶养能力的60周岁及以上老年人实行城市"三无"老人供养保障机制。市级每人每月1000元，县级每人每月500至800元。

18日 2013年省政府下达连云港市保障性安居工程（含棚户区危旧危房改造安置房）建设目标任务为新开工11907套，已完成8263套，发放廉租住房租赁补贴1610套。

27日 江苏省制定出台《江苏省征地补偿和被征地农民基本生活保障办法》（省政府令93号）。93号令将被征地农民分为未成年年龄段、劳动年龄段、养老年龄段三个年龄段。劳动年龄段可参加企业职工养老保险。养老年龄段按照不低于当地农村最低生活保障标准的1.1倍按月补助养老金。未成年年龄段（16周岁以下）不参加城乡社会养老保险，一次性领取生活补助费。

12月

4日 第二届连云港市青年科技奖评选结果揭晓。吕小光等10人获青年科技奖，白玲等10人荣获青年科技提名奖。

8日 连盐铁路开工建设，计划2017年5月建成设计时速200千米，将使环渤海与长三角"无缝对接"，未来将成为国内重要铁路枢纽。

26日 连云港宣传媒体团于12月26日成立，并印发特刊《新征程》。

是日 中共连云港市十一届七次全会29日在新浦举行。

27日 "四季金辉杯"连云港市十大孝星评选结果出炉，他们分别是：陈守涛、封必霞、高伟华、吉令红、钱加荣、侍龙山、孙艺阳、王佃巧、张峰林、祝学巧。

31日 市区2014年度首批公租房租金标准确定为东方之珠租金标准为7元/月·平方米，港城金三角项目租金为5元/月·平方米。

东盐河边新民居　　（韩世泳　摄）

区 情 概 览

地理环境

【方位 面积】 新浦区位于连云港市中部，北纬34°30′12.04″~34°42′3.07″、东经118°57′34.13″~119°24′39.28″，为中心城区。东北、北部与连云区接壤；东南与东辛农场连片；南、西南与海州区交界；西与东海县毗邻。

至2013年年底，新浦区总面积415平方千米。

【地形 地貌】 新浦区地形总体上为东西长，南北窄，呈长方形。

新浦区地貌特征明显。中部至东北部的南云台山区主要构造有剥蚀型、侵蚀堆积型、堆积形几种类型。构造剥蚀型地貌，分布于云台山海拔10米以上地区，岩石比较坚硬，有较陡峭的山峰，山坡北陡南缓，有大小不等的山谷；侵蚀堆积型地貌主要在海拔10米~25米不等地段，在海拔20米~50米段，与构造剥蚀型地貌相互交错。其岩层是由片岩及片麻岩分化而成的转石、碎块及砂砾组成；堆积型地貌，主要分布在山前平原地区，地表高度为海拔3米~4米。市区及其以西地区绝大部分为海积平原，少部分为河流冲积与海积共同作用形成的海积平原，原地表高度一般为海拔2.5米~3.5方米。其地貌有平原、洼地、古河道、河漫滩、微倾斜平地和低地等类型。

【地质基础】 新浦地区地质基础相当古老，属华北古陆的南缘，为震旦纪变质岩。其形成至少在距今19亿年前已经开始。19亿年前，这一带原为大海。后来，由于地壳隆起，云台山成为古老的山块，形成相对稳定的地块。以后地壳一度下沉，发生海浸。在以后漫长的地质变化过程中，特别是受到燕山期地壳运动、喜马拉雅造山运动等影响，使域内地块断裂发展和抬升。岩层受到强烈侵蚀。各种变质岩和混合岩，成了云台山的主要岩层。域内南云台山山体分为上、中、下三段：上段主要是变粒岩，厚度大约2280米；中段为云母变粒岩和钾长变粒岩，底部为白云蓝晶石英片岩，厚度为1305米；下段岩为白云二长变粒岩，局部为白云片岩。厚度大于706米。

南云台山边缘，广泛分布着第四系地层。东南部的云台乡一带，厚度大；西部的花果山乡和市区新浦厚度较薄。

【土壤】 地处南云台山的花果山街道、云台街道、南城街道、南云台林场一带，山地土壤为棕壤，呈中型偏酸。土壤厚度山顶一般为30厘米左右；山脊、陡坡为10厘米~20厘米；山坡及山涧底部为50厘米左右，局部厚达100厘米上下。

南云台山周围的山前平原及城区新浦地区多为盐土，其盐渍程度，离山体越远越重。

花果山街道、云台街道等地还有少量砂浆黑土，或零星分布的潮土。

浦南镇土壤PH值7.3~7.8，偏黏碱，属于湖黑土。镇西北部（新湾村、草舍村）偏黄淤土，可耕作土层厚度30厘米~40厘米。

【山体 山脊 山头】 南云台山系共有16座独立山体，111座大小山头。其中10座独立山体、94座山头在新浦区境内。

南云台山　为南云台山主体，山体面积9520公顷。由花果山、巨平山、九层顶、九岭山、虎窝山、推磨山、万年山、招崖山、双石人山、朱麻山、鬲峰山、新县大东山等12条山脊、88座山头组成。其中除鬲峰山、新县大东山两个山脊及其17个山头外，其他10条山脊、71个山头均在本区境内。最高峰为花果山玉女峰，海拔624.4米。

鸡鸣山　位于花果山街道境内。山体面积166.67公顷，最高峰海拔115.4米。

凤凰山　为南云合山系一个小分支。坐落在南城街道境内。山体面积191公顷。分为东凤凰山、西凤凰山，有大沟顶、仙人洞顶、石门顶、龟石顶、东小山、谢禄山、石婆山、奶奶山、团山等9个主要山头。仙人洞顶最高，海拔130.5米。

茅山　又名猫山。坐落于云台街道境内，西距东凤凰山2千米。山体面积2公顷。最高点海拔29.1米。

蒲山　又名浦山。位于云台街道境内，在茅山东北方。山体面积1.33公顷，最高点海拔12.8米。

葫芦山　位于云台街道境内。

在茅山东北2.5千米处。山体面积8.8公顷，最高点海拔66米。

东窑山 又称杨家山。位于云台街道境内，在葫芦山东1.5千米处。山体面积33.33公顷，最高点海拔48米。

鲤鱼山 位于云台街道境内。紧靠凌州社区。山体面积10公顷，最高点海拔65米。

大岛山 又名金蝉大岛。位于云台街道境内，在朱麻村东北，由大岛山和凰嘴两个山头组成。山体面积93公顷，最高点大岛山海拔217米。

小岛山 又名金蝉小岛。位于云台街道境内，在大岛山南1.5千米处。原山体面积100公顷，最高点海拔62米，现山体已基本开采殆尽。

【沟 涧 潭】 境内云台山地区有八寸沟、梧桐沟、船石沟、孔雀沟、老窑沟、铁山沟、棺材沟、香椿沟；九龙涧、飞泉涧、桃花涧、尿尿涧、恶涧、龙池涧、渔湾龙潭涧、朱麻龙潭涧、丹霞涧、东磊碧龙潭、郁林观乌龙潭、当路小龙潭、渔湾老龙潭、渔湾二龙潭、渔湾三龙潭、关中龙潭等主要沟、涧、潭。

【河流 水库】 境内主要河流为临洪河、西盐河、东盐河、大浦河、玉带河、烧香河、妇联河、新北河、黄圩河、云善河、新沭河、乌龙河、鲁兰河、淮沭新河等。

主要水库有大圣湖、唐王坝水库、当路水库、东磊水库、虎窝水库、渔湾水库、西隅水库等。

气 象

【气温】 新浦地区常年平均气温14.5℃，2013年平均气温14.3℃，比常年偏低0.2℃。其中4月和5月份明显偏低，7月和8月份明显偏高，其他月份正常。冬季（2012年12月~2013年2月）平均气温1.3℃，比常年偏低0.9℃；春季（3~5月）平均气温13.0℃，较常年偏低1.0℃；夏季（6~8月）平均气温26.7℃，较常年偏高1.0℃；秋季（9~11月）平均气温15.8℃，较常年偏低0.4℃。2013年极端最低气温-8.7℃，出现在12月29日，极端最高气温37.0℃，出现在7月12日。全年大于35℃高温日数14天，高温日数与常年相比异常偏多。

【日照】 年日照时数2374.9小时，比常年2259.9小时多5%。其中春、夏、秋、冬各季日照时数均正常，光照充足。

【风向】 全年主导风向为东南风。

【降水】 全年降水量823.6毫米，比常年少7%（常年平均降水量883.9毫米）。全年降水分布相对不均，6月和8月降水量明显偏少，5月和9月降水量明显偏多，7~9月降水量较常年偏多9.2%。

【降霜】 2013年，无霜期188天，比常年短27天。终霜4月21日，与常年相比正常偏晚21天，初霜10月27日，与历史同期相比略早6天。

【灾害天气】 全年灾害性天气主要有：寒潮2次、强冷空气大风1次、雷雨大风2次、暴雨4次、雾霾60天、高温日14天。全年有效积温较常年同期相比正常略少，光、水配置较好，春季出现干旱，给在田农作物生长造成一定影响。水稻总产量有所增长，小麦产量与常年持平，2013年气候年景总体较好。

（撰稿：刘 艳）

生物资源

【植物资源】 主要农作物有小麦、水稻、玉米、山芋、花生、棉花、藕等。

林木主要有黑松、赤松、杉木、侧柏、圆枯、刺柏、银杏、樱桃、杏树、板栗、榆树、朴树、槐树、黄檀、楝树、紫薇、楸树、梧桐、女贞、柳树等。

竹类有金镶玉竹、毛竹、丛竹、淡竹等。

茶类主要有云雾茶、糯米花茶、石花茶、银杏茶等。

药用植物多达800多种。主要有葛根、紫草、何首乌、茯苓、灵芝、太子参、卷丹百合、骨碎补、海州常山、石韦、海州香薷、海州漏芦、金银花、桔梗等。

名贵花主要有玉兰花、栀子花、映山红、紫薇花、油茶花、应春花、流苏、凌霄花等。

【动物资源】 野生动物主要有兔、狐、鼬、刺猬、猫、鼠等。

人工饲养动物主要有牛、马、驴、羊、兔子、奶牛、猪、狗、猫等。

野生鸟类主要有麻雀、喜鹊、白鹭、乌鸦、黄雀、苍鹭、苍鹰、黄斑苇、灰雁、岩鸽、山斑鸠、杜鹃、燕子、猫头鹰、雕鸮、雉等数十种。

人工饲养的禽类主要有鸡、鸭、鹅、鸭鸦、肉鸽、信鸽等。

爬行类动物主要有蜥蜴、蜈蚣、蛇、龟、鳖等。

昆虫类有蜻蜓、螳螂、蝴蝶、蝉、瓢虫、蜣螂等1000余种。

其他资源

【矿物资源】 主要有磷蓝晶石、石材、黏土、矿泉水等。

【旅游资源】 新浦区境内的南云台山主体部分，山灵水秀、风光宜人，名胜古迹随地可见。其间有“西游记文化”底蕴深厚、遐迩全国的国家AAAA级的花果山旅游景区；有山水独秀，自然生态完好，令游人驻足忘返的国家AAAA级的渔湾旅游景区。

境内既有古典小说《镜花缘》创作原型、遍布奇峰异石、神崖仙洞，又有全国玉兰花王生长地的东磊景区，还有“六朝一条街”千年古镇南城景区。

此外。还有生态农业观光带、花卉园等靓丽景点，令游人流连忘返。

链接：气象常识

【雾霾与防御】 1.什么叫雾？雾，是

指在接近地球表面、大气中悬浮的由小水滴或冰晶组成的水汽凝结物，是一种常见的天气现象。当气温达到露点温度时（或接近露点），空气里的水蒸气凝结生成雾。发生雾时，水平能见度将降低到1000米以内（能见度在1000~10000米称为轻雾），浓雾时能见度会降至几十米到几米。由于雾是由液态水或冰晶组成，其散射的光与波长关系不大，因而雾看起来呈乳白色或青白色。

2.什么叫霾？霾，是指原因不明的因大量烟、尘等微粒悬浮而形成的浑浊现象。霾的核心物质是空气中悬浮的灰尘颗粒，气象学上称为气溶胶颗粒。空气中的灰尘、硫酸、硝酸、有机碳氢化合物等粒子也能使大气混浊，视野模糊并导致能见度恶化，如果水平能见度小于10000米时，将这种非水成物组成的气溶胶系统造成的视程障碍称为霾（Haze）或灰霾（Dust-haze），香港天文台称烟霞（Haze）。霾的厚度比较厚，可达1~3千米。由于灰尘、硫酸、硝酸等粒子组成的霾，其散射波长较长的光比较多，因而霾看起来呈黄色或橙灰色。

3.什么叫雾霾现象？雾霾天气是造成大面积低能见度天气现象的统称，它实际包括雾与霾两种不同的天气现象。一般相对湿度小于80%时的大气混浊视野模糊导致的能见度恶化是霾造成的，相对湿度大于90%时的大气混浊视野模糊导致的能见度恶化是雾造成的霾，相对湿度介于80%~90%之间时的大气混浊视野模糊导致的能见度恶化是霾和雾的混合物共同造成的，但其主要成分是霾。

4.雾霾的危害有哪些？随着空气质量的恶化，霾天气现象出现增多、加重的趋势日益明显。不少地区把霾并入雾一起作为灾害性天气开展监测预报预警，将它们统称为“雾霾天气”。雾霾天气对公路、铁路、航空、航运、供电系统、农作物生长等均产生重要影响。雾霾天气会造成空气质量下降，影响生态环境，给人体健康带来较大危害。冬季雾霾天气时，若遇严重空气污染可能形成毒雾，严重威胁人的生命和健康。雾霾天气是心血管疾病患者的“健康杀手”，易诱发病情，甚至心脏病发作，引起生命危险。

5.怎样防范雾霾天气？①加强雾霾天气的交通安全管理工作；②雾霾天气时，人们应适当停止一些户外活动，尤其应停止晨练和一些剧烈的运动，注意防护雾霾天气对老人、儿童和体弱病人等敏感人群的健康造成不利影响；③注意加强电力系统设备维护工作，避免或减轻雾霾造成供电系统污闪事故的发生和危害；④冬季还须注意调控取暖燃煤和工业废气、汽车尾气等排放，避免或减轻雾霾的发生和危害；⑤遇有雾霾天气时，使用燃煤取暖的用户须注意防范煤气中毒。

【雾霾形成的气象条件】 1.雾形成的气象条件：一是微风，二是水汽充足，即大气中水汽含量达到90%以上至100%，并且伴有冷凝，产生雾滴。三是近地层空气形成下冷上暖的稳定层，或称逆温层，空气流动性差。雾一般是出现在晴朗、微风、近地面水汽比较充沛且比较稳定的夜间和清晨。有各种气象条件形成的雾，如辐射冷却形成的辐射雾；另一种是暖而湿的空气作水平运动，经过寒冷的地面或水面，逐渐冷却而形成的平流雾；有时兼有两种原因形成的雾叫混合雾等。还有锋面雾、坡面雾等。

2.霾的形成主要是空气中悬浮的大量微粒和气象条件共同作用的结果，其成因有三：

（1）在水平方向静风现象增多。城市里大楼越建越高，阻挡和摩擦作用使风流经城区时明显减弱。静风现象增多，不利于大气中悬浮微粒的扩散稀释，容易在城区和近郊区周边积累。

（2）垂直方向上出现逆温（逆温是指这种高空的气温比低空气温更高的现象，导致空气“脚重头轻”，气象上称这种现象叫“逆温”）。发生逆温的大气层叫“逆温层”，厚度可从几十米到几百米。逆温层形成后近地层大气稳定不容易上下翻滚而形成对流，这样就会使低层特别是近地面层空气中的污染物和粉尘在低层堆积，增加大气低层和近地面层污染程度。

（3）空气中悬浮颗粒物的增加。随着城市人口的增长和工业发展、机动车辆猛增，污染物排放和悬浮物大量增加。

（撰稿 刘 艳）

大圣湖塔 （孙寿鹏 摄）

区划　人口

行政区划

【概况】 至2013年底，新浦区辖江苏省云台、岗埠2个农场，浦南镇及花果山、南城、新东、浦东、浦西、路南、新南、新海8个街道，并代管原海州区海州、幸福路、朐阳、洪门4个街道。总面积415平方千米。2013年1月31日，连云港市对县区行政区划进行调整，撤销新浦区花果山乡和南城镇的乡镇建置。设立花果山、南城街道办事处。2013年4月1日，市政府决定将海州区的海州、幸福路、朐阳、洪门4个街道划归新浦区代管。新浦区镇（街道）下辖27个村、77个社区，并代管海州区4个街道下辖的6个村、17个社区。

【镇】 浦南镇　位于新浦城区西北部。东北部与连云区猴嘴街道相连，西与东海县黄川镇为邻，南与江苏省岗埠农场和东海县张湾乡接壤。辖18个村，1个社区，面积108.5平方千米。

【街道】 花果山街道　位于南云台山北麓。东北与连云区朝阳镇、猴嘴街道为邻，西与新浦区新东街道相连，南与南城街道和江苏省云台农场接壤。辖7个村，1个社区，面积39.7平方千米。

南城街道　位于南云台山最南端。东与江苏省云台农场接壤，西与海州区相连，南临烧香河，北与花果山风景区的云台街道搭界。辖3个社区，面积4.7平方千米。

新东街道　位于新浦老城区的东北部。东与花果山街道接壤，西至龙尾河、陇海商业步行街，南与海州区接壤，北至陇海铁路。辖14个社区，面积13.3平方千米。

浦东街道　位于城区中心。东至丁字路口与连云区猴嘴街道搭界，西隔东站引水河与浦南镇相望，西南至南极北路、新新路，南至陇海商业步行街，北至沈圩桥、临洪闸。辖15个社区，面积12.43平方千米。

浦西街道　为新浦老城区。东与浦东街道搭界，西与海州区接壤，南至陇海商业步街，西北临东站引水河与浦南镇相望。辖12个社区，面积10平方千米。

路南街道　位于城区中南部。东至龙尾河、西至西盐河，南至朝阳路，北至陇海商业步行街。辖9个社区，面积1.7平方千米。

新南街道　位与城区南部。东至龙尾河，西至西盐河，南与海州区接壤，北至朝阳路。辖12个社区，面积4.3平方千米。

新海街道　位于城区西南部。东至西盐河，西、南两面与海州区接壤，北至陇海商业步行街。辖10个社区，面积4.5平方千米。

海州街道　位于海州城南半部。东至甲子河、西至锦屏路与朐阳街道接壤，南至东风路、北以秦东门大街（新建路）为界与幸福路街道为邻，面积1.15平方千米。辖鼓楼、双龙、新建、砚池、南门5个社区。

幸福路街道　位于海州城北半部。东以振海路为界与新浦区新海街道接壤，西至西大岭电厂宿舍区，南以新建路（秦东门大街）为界，北至朝阳路、江化路与洪门街道、朐阳街道为邻。辖幸南、幸中、江化、文化、西大岭5个社区，面积1.76平方千米。

朐阳街道　位于锦屏山北麓。东抵西盐河，西以蔷薇河为界，北至玉带河。辖网疃、西门、园林、孔望山4个村和西门、锦化、孔望山、香江4个社区，面积17.9平方千米。

洪门街道　位于东海县、新浦区、海州区交界处。东与新浦区接壤，西接东海县张湾乡，南至玉带河，北临浦南镇。辖新庄、洪门2个村和红旗、洪门、洪新3个社区，面积8.85平方千米。

【农场】 云台农场　位于云台山南麓。东、西、北分别与花果山景区云台街道相连，南与江苏省东辛农场接壤。辖8个生产管理区和花果山外向型农业示范区管委会、产业园区管委会、社区管理委员会、农业技术服务中心等单位，面积31.3平方千米。

岗埠农场　位于新浦区西郊。东与新浦区浦南镇、东海县张湾乡相连，西与东海县白塔镇毗邻，南与东海县平明镇接壤，北与东海县黄川镇、新浦区浦南镇相望。辖6个生产管理区和1个社区，面积90.3平方千米。

人口民族

【人口总量】 至2013年底，全区户籍人口为139589户、449824人，分别比2012年增加3498户、10153人。

【人口分布】 浦南镇：14535户，56625人。

花果山街道：6043户，20459人。

南城街道：2206户，7071人。

新东街道：28960户，92637人。

浦东街道：15946户，47815人。

浦西街道：14242户，41210人。

路南街道：13760户，42177人。

新南街道：19026户，58819人。

新海街道：14581户，42036人。

云台农场：1835户，5489人。

岗埠农场：6411户，27221人。

新浦经济开发区：2044户，8265人。

代管海州区街道

海州街道：7125户，21315人。

幸福路街道：5624户，16844人。

朐阳街道：8270户，26372人。

洪门街道：4478户，13084人。

【民族构成】 新浦区居民中，有汉族、蒙古族、回族、藏族、维吾尔族、苗族、壮族、朝鲜族、满族、土家族、布依族等35个民族。其中汉族人口占99.66%。

晨练 （韩世泳 摄）

组织机构及领导人

中共新浦区委员会

【常务委员会】

书　记　王立斌（2013年2月7日任职）
　　　　尹哲强（2013年2月7日离任）
副书记　单晓敏（女，2013年2月7日任职）
　　　　王立斌（2013年2月7日离任）
　　　　王建明
常　委　王友君
　　　　朱加刚（2013年11月26日离任）
　　　　姚　超
　　　　施为民
　　　　徐风良
　　　　房忠涛（女）
　　　　周国强
　　　　郑　斌（2013年11月26日任职）

【工作机构】

办公室

主　任　李　锋（2013年5月29日任职）
　　　　苏　军（2013年5月29日离任）
副主任　郭宝光（2013年5月29日任职）
　　　　葛艳艳（女，2013年5月29日任职）
　　　　单新文
　　　　张建光（2013年5月29日离任）

台　办

主　任　葛艳艳（女，2013年5月29日任职）
副主任　刘琳琳（女，2013年1月17日任职）

组织部

部　长　施为民
副部长　郑纪东
　　　　王海鸥（女，2013年12月31日离任）
部务委员　孙桂香（女，2013年5月29日任职）
　　　　吴　昊（2013年5月29日任职）
　　　　赵加彬（2013年5月29日离任）

新社工委

书　记　王海鸥（女，2013年12月31日离任）

组织员办公室

副主任　吴　昊

人才工作办公室

副主任　王　伟（2013年5月29日任职）

宣传部

部　长　房忠涛（女）
副部长　范益军（2013年5月29日离任）
　　　　李敬伟
　　　　封其冰
　　　　石德学（2013年12月31日任职）

文明办

主　任　封其冰
副主任　贺颖颖（女，2013年1月17日任职）

统战部

部　长　张景友
副部长　刘文学
　　　　周自彬
　　　　吴海虹（女）

政法委

书　记　郑　斌（2013年12月17日任职）
　　　　王友君（2013年12月17日离任）
副书记　陈新民（2013年1月17日离任）
　　　　王统松
　　　　蒋海翔（挂职）
　　　　张少春（2013年12月31日任职）
委　员　于　辉（2013年8月20日调离）
　　　　刘海波
　　　　钱明斌（2013年1月18日任职）
　　　　李　李（2014年1月17日任职）

综治办

主　任　陈新民（2013年1月17日离任）
副主任　陈　健（2013年12月31日离任）

依法治区领导小组办公室

主　任　王统松
副主任　刘海波（2013年1月17日任职）

610办公室

主　任　孙晓兵（2013年10月22日任职）
副主任　李俊华（2013年10月22日任职）

老干局

局　长　孙桂香（女，2013年5月29日任职）
　　　　赵加彬（2013年5月29日离任）
副局长　孙桂香（女，2013年5月29日离任）
　　　　单培祝

机要保密局

局　长　王志强

信访局

局　长　赵斯忠
副局长　刘学祥（2013年12月31日离任）
　　　　赵　青（女）
　　　　田　勇
　　　　夏兴龙（2013年1月17日任职）
　　　　卞绍东（聘）

档案局

局　长　王　涛（女）

编　办

主　任　乔　敏（女，2013年5月29日任职）
　　　　张振亭（2013年5月29日离任）
副主任　陆卫国（2013年1月17日任职）

【党　组】

中共新浦区人大常委会党组

书　记　王立斌（2013年2月21日任职）
　　　　尹哲强（2013年2月21日离任）
副书记　陈周德

中共新浦区人民政府党组

书　记　单晓敏（女，2013年2月21日任职）
　　　　王立斌（2013年2月21日离任）
副书记　王友君（2013年11月26日任职）
　　　　朱加刚（2013年11月26日离任）

中共新浦区人民政协党组

书　记　汤成元

中共新浦区人民法院党组

书　记　傅成保（2013年11月26日任职）
　　　　葛梦阳（2013年11月26日离任）
副书记　丁汝成

中共新浦区人民检察院党组

书　记　吴　明
副书记　李永红（女，回族）

中共新浦区科学技术局党组

书　记　胡庆林

中共新浦区民政局党组

书　记　吴卫东（2013年5月29日任职）
副书记　卞　剑（2013年5月29日离任）
　　　　王家科（2013年1月17日离任）

中共新浦区司法局党组

书　记　卞　剑（2013年5月29日任职）
　　　　张义彪（2013年5月29日离任）
副书记　袁立成（2013年5月29日离任）

中共新浦区财政局党组

书　记　李　军（2013年10月22日任职）
　　　　邱洪建（2013年10月22日离任）
副书记　邱洪建（2013年10月22日任职）

中共新浦区人力资源和社会保障局党组

书　记　乔　敏（女，2013年10月22日任职）
　　　　张振亭（2013年5月29日离任）
副书记　金晓玲（女，2013年12月31日任职）

中共新浦区环境保护局党组

书　记　吴　军（2013年5月29日任职）
副书记　张家琪（2013年12月31日任职）
　　　　石德学（2013年12月31日离任）
　　　　张海涛（2013年1月17日离任）

中共新浦区农林水利局党组

书　记　郭守全（2013年12月31日离任）
副书记　王海鸥（女，2013年12月31日任职）
　　　　陈毅敏（2013年12月31日离任）

中共新浦区商务局党组

书　记　张玉梅（女，2013年5月29日任职）
　　　　葛艳艳（女，2013年5月29日离任）
副书记　杨守清

中共新浦区文化体育旅游局党组

书　记　孟小兵
副书记　刘　虹（女，2013年5月29日任职）
　　　　范益军（2013年5月29日离任）

中共新浦区人口和计划生育局党组

书　记　杨永成（2013年5月29日离任）

副书记　吕芳芳（女，2013年5月29日任职）

　　　　陈金芳（女，2013年5月29日离任）

中共新浦区审计局党组

书　记　张义彪（2013年5月29日任职）

　　　　乔　敏（女，2013年5月29日离任）

中共新浦区统计局党组

书　记　孙君玲（女，2013年5月29日任职）

副书记　何洪壮（2013年5月29日任职）

　　　　吕芳芳（女，2013年5月29日离任）

中共新浦区安监局党组

书　记　高学成

中共新浦区总工会党组

书　记　陈金芳（女，2013年5月29日任职）

中共新浦区工商联党组

书　记　吴海虹（女）

【镇党委】

中共新浦区浦南镇委员会

书　记　杨汝勇（2013年5月29日任职）

　　　　吴卫东（2013年5月29日离任）

副书记　杨育宏（2013年5月29日任职）

　　　　张少春（2013年12月31日离任）

　　　　纪　巍（2013年12月31日离任）

委　员　袁立成（2013年5月29日任职）

　　　　王　强

　　　　张传红（2014年1月17日任职）

　　　　徐成亮（2013年8月7日任职）

　　　　陆卫国（2013年1月18日离任）

　　　　李　宁（2014年1月17日离任）

　　　　李　绘（女）

　　　　王善仿

　　　　卞德喜（2013年1月18日任职）

　　　　王俊红（2013年5月29日任职）

　　　　高传彬

　　　　王春华（2013年1月30日挂职）

　　　　吕恒友（2013年2月1日聘）

　　　　韦妍君（女，2014年1月17日任职）

　　　　周言友（2014年1月17日任职）

【区委派出机构】

中共新浦区委新浦经济开发区工作委员会

书　记　徐风良

副书记　张正文（2013年5月29日任职）

　　　　杨汝勇（2013年5月29日离任）

　　　　吴卫东（2013年5月29日离任）

　　　　陆江彬（2013年12月31日离任）

　　　　张　涛（2013年12月31日任职）

委　员　陈洪海（2013年1月18日离任）

　　　　韩雪峰

　　　　杨育宏（2014年1月17日离任）

　　　　徐敏昌（2014年1月17日任职）

　　　　陶士勇

　　　　李　涛（2014年1月17日任职）

　　　　张　瑞（女）

　　　　司举香（2014年1月17日任职）

中共新浦区委滨河新城工作委员会

书　记　袁丽霞（女，2014年2月11日任职）

副书记　李　军（2014年2月11日任职）

委　员　许　建（2014年2月11日任职）

　　　　李　宁（2014年2月11日任职）

　　　　单培祝（2014年2月11日任职）

　　　　王东升（2014年2月11日任职）

　　　　朱泽东（2014年2月11日任职）

中共新浦区委区级机关工作委员会

书　记　陈忠燕（女）

副书记　掌效兰（女）

委　员　王俊红（2013年1月18日任职，2013年12月31日离任）

　　　　李洪兵（2013年1月18日任职，2013年12月31日离任）

　　　　马洪亮（2014年1月17日任职）

　　　　邹　涛（2014年1月17日任职）

中共新浦区委花果山街道工作委员会

书　记　朱晓云（女，2013年2月18日任职）

副书记　陈守权（2013年10月22日任职）

　　　　李　军（2013年2月18日任职，2013年10月22日离任）

　　　　吴　宏（2013年12月31日任职）

　　　　吴兴淦（2013年12月31日离任）

委　员　杨祖刚（2013年2月18日任职）

　　　　李　星（2013年2月18日任职）

　　　　夏兴龙（2013年8月7日任职）

　　　　江　健（聘）

　　　　徐善明（聘）

范德洋（2013年2月1日聘）
王　林（2014年1月17日任职）

中共新浦区委南城街道工作委员会

书　记　骆丙春（2013年1月17日任职，2013年2月18日改任）
陆　兵（2013年1月17日离任）
副书记　熊胜波（2013年5月29日任职）
骆丙春（2013年1月17日离任）
杨广远（2013年5月29日任职，2013年12月31日离任）
陈洪海（2013年12月31日任职）
顾永胜（2013年2月18日任职，2013年5月29日离任）
委　员　江尧珍（女，2014年1月17日离任）
杨广远（2014年1月17日任职）
张传红（2014年1月17日离任）
钱　敏（女，2013年12月31日离任）
余琼林
王成龙（2013年8月7日任职）
李洪兵（2013年5月29日挂职，2013年12月31日任职）
林玉亮（2013年2月1日聘）
孙兆锋（2014年1月17日任职）
万　倩（女，2014年1月17日任职）

中共新浦区委新东街道工作委员会

书　记　薛喜东（2013年12月31日任职）
李　锋（2013年5月29日离任）
副书记　纪　巍（2013年12月31日任职）
薛喜东（2013年12月31日离任）
姜海燕（女，2013年12月31日离任）
委　员　徐其兵
张德怀（2013年8月7日任职）
秦　玲（女，2013年12月31日任职）
鲁成卫
杨金龙
林　平（女，2013年2月1日聘）

中共新浦区委新南街道工作委员会

书　记　许　春
副书记　陆　兵（2013年12月31日任职）
张玉梅（女，2013年5月29日离任）
刘龙培
委　员　王　涛
陈宽贵（2013年1月18日离任）
宋　明
徐永华（2013年8月7日任职）
谷　慧（女，2013年2月1日聘）
汤　娟（女，2013年2月1日聘）
曹　江（2014年1月17日任职）

中共新浦区委路南街道工作委员会

书　记　田亚辉（2013年5月29日任职）
刘　虹（女，2013年5月29日离任）
副书记　张建光（2013年5月29日任职）
田亚辉（2013年5月29日离任）
熊胜波（2013年5月29日离任）
委　员　魏　东（2013年5月29日任职）
陶　冶（2013年1月18日任职）
沈　艳（2013年5月29日任职）
霍介会（2013年8月7日任职）
王树密（2013年12月31日离任）
闵　浩
严　明（2014年1月17日任职）

中共新浦区委浦东街道工作委员会

书　记　陈贤斌
副书记　陈守余（2014年1月17日任职）
何洪壮（2013年5月29日离任）
夏新军（2013年12月31日离任）
委　员　蒋崇辉
王学堂（2013年12月31日离任）
吴艳玲（女）
金同志
李安乐（2013年8月7日任职）
徐德俊（女，2013年2月1日聘）

中共新浦区委浦西街道工作委员会

书　记　周云祥（2013年12月31日任职）
张家琪（2013年12月31日离任）
副书记　陈　飞
顾永胜（2013年5月29日任职）
范庆立（2013年5月29日离任）
委　员　孙君玲（女，2013年5月29日离任）
周光树
孙　岚（女，2014年1月17日离任）
曹　霞（女）
朱泽东（2013年5月29日任职）
陈怀芝（2013年8月7日任职）
尚　明（女，2013年2月1日聘）

王　超（2014年1月17日任职）

中共新浦区委新海街道工作委员会

书　记　王从峰（2013年5月29日任职）
　　　　张正文（2013年5月29日离任）
副书记　董志红（女）
　　　　江世亚（2013年1月17日任职）
委　员　范　明
　　　　卞光启（2013年8月7日任职）
　　　　董浩宇（女，2013年1月18日任职）
　　　　李喜忠（2014年1月17日离任）
　　　　夏　倩（女）
　　　　孙秀敏（女，2013年2月1日聘）
　　　　胡　焱（女，2014年1月17日任职）

中共新浦区委朐阳街道工作委员会

书　记　张延广
副书记　殷成祥
　　　　赵　明
委　员　李　良
　　　　王万忠（2013年8月7日任职）
　　　　张　琪（女，2014年1月17日任职）
　　　　程爱春
　　　　刘继旺
　　　　徐兴军

中共新浦区委洪门街道工作委员会

书　记　许　巍
副书记　李明军
委　员　刘蓓蕾（女）
　　　　汪　伟
　　　　李雨轩（女）
　　　　陈永东（2013年8月7日任职）
　　　　张晓兵

中共新浦区委海州街道工作委员会

书　记　陈　东
副书记　朱鹏苏（女）
　　　　李晓光
委　员　郭　睿（女）
　　　　于　洋
　　　　朱大勇
　　　　卢发春（2013年8月7日任职）
　　　　耿　斌

中共新浦区委幸福路街道工作委员会

书　记　林秀兰（女）
副书记　张兴旺
　　　　李大蔚
委　员　汤　浩
　　　　卞绍向
　　　　马振波（2013年8月7日任职）
　　　　陈志敏
　　　　张　华

【部门及农场党委】

中共新浦区经济信息化与发展改革局委员会

书　记　李正海
副书记　单新文
委　员　吴同标（2014年1月17日离任）
　　　　许良军
　　　　杨绍文（2013年6月8日任职）
　　　　贾伊凡（女，2014年1月17日任职）

中共新浦区教育局委员会

书　记　范益军（2013年5月29日任职）
副书记　王宏新（女）
　　　　杨庆金（2013年1月17日离任）
委　员　韩树宾
　　　　杨长才
　　　　曹兴娣（女）

中共新浦区住房和城乡建设局委员会

书　记　刘亚军
副书记　魏苏平
委　员　尤新荣（女）
　　　　成祥之
　　　　胡海宁（女）
　　　　王　帅
　　　　徐　浩

中共新浦区城市管理局委员会

书　记　冯继明（2014年1月17日离任）
副书记　乔月亮（2013年12月31日任职）
　　　　周云祥（2013年12月31日离任）
　　　　范庆立（2013年5月29日任职）
　　　　魏　东（2013年5月29日离任）
委　员　董育传
　　　　朱泽东（2013年5月29日离任）
　　　　陈　健（2014年1月17日任职）

中共新浦区卫生局委员会

副书记　杨泗顺
　　　　黄　庆（女，2013年12月31日任职）
　　　　陈长坝（2013年10月22日离任）
委　员　王经建
　　　　刘　媛（女，2014年1月17日任职）

中共新浦区供销合作总社委员会

委　员　张　春（女）
　　　　郭加荣

中共新浦公安分局委员会

书　记　孙晓兵
副书记　赵斯斌
委　员　张义安（2013年4月28日离任）
　　　　周成刚（2013年6月27日离任）
　　　　张世态（2013年4月28日离任）
　　　　张　兵
　　　　葛高余（2013年6月27日离任）
　　　　孙　健
　　　　路　涛（2013年4月28日任职）
　　　　李柏沄（2013年4月28日任职）

徐德刚（2013年6月27日任职）

中共江苏省云台农场委员会

书　记　何荣方（女，2013年11月11日任职）
缪素华（2013年11月11日离任）
副书记　缪素华（2013年11月11日任职）
张明立（2013年11月11日离任）
委　员　刘卫华
黄祖兵（2013年11月11日任职）

中共江苏省岗埠农场委员会

书　记　周建强
委　员　陈丛林
王秀娟（女）
金建国（2013年11月11日任职）
李乾清（2013年11月11日任职）

新浦区人大常委会

【主任及副主任】

主　任　王立斌（2014年1月10日任职）
尹哲强（2013年2月28日离任）
副主任　陈周德
陈应聪（不驻会）
刘振华
杨中云

【工作机构】

办公室

主　任　范永涛（2013年6月17日任职）
郭宝光（2013年6月17日离任）
副主任　马玉青（女，2014年2月21日任职）
陆　兵（2014年2月21日离任）

财经委

主　任　朱从敏

人代委

主　任　尹志英（女）

教科文卫委

主　任　陈胜林（2014年2月21日任职）
殷国庆（2014年2月21日离任）

内务司法委

主　任　章建生
副主任　陈　洙（2013年6月17日任职）

环境资源城乡建设委

主　任　霍广春（2013年6月17日任职）
吴　军（2013年6月17日离任）

【镇人大主席团】

浦南镇人大主席团

主　席　袁立成（2013年5月29日提名任职）
副主任　吴卫东（2013年5月29日离任）

【区人大派出机构】

花果山街道人大工作委员会

主　任　朱晓云（女，2013年2月28日任职）

南城街道人大工作委员会

主　任　江尧珍（女，2013年2月28日任职，2014年2月21日离任）
杨广远（2014年2月21日任职）

新东街道人大工作委员会

（无）

新南街道人大工作委员会

主　任　刘龙培

路南街道人大工作委员会

主　任　魏　东（2013年6月17日任职）
副主任　熊胜波（2013年6月17日离任）

浦东街道人大工作委员会

主　任　吴艳玲（女，2014年2月21日任职）
夏新军（2014年2月21日离任）

浦西街道人大工作委员会

主　任　顾永胜（2014年2月21日任职）
孙君玲（女，2013年6月17日离任）
副主任　顾永胜（2013年6月17日任职，2014年2月21日离任）

新海街道人大工作委员会

副主任　江世亚（2013年2月28日任职）

朐阳街道人大工作委员会

副主任　赵　明

洪门街道人大工作委员会

（无）

海州街道人大工作委员会

主　任　李晓光

幸福路街道人大工作委员会

主　任　李大蔚

新浦区人民政府

【区长及副区长】

区　长　单晓敏（女，2013年2月28日任职）
王立斌（2013年2月28日离任）
副区长　王友君（2013年12月24日任职）
朱加刚（2013年12月24日离任）
孙晓兵
郑　斌（2013年12月

24日离任）
袁丽霞（女）
徐雪峰
于　卉（女）
徐　冰（2014年2月21日任职）
章冬斌（挂职）

【工作机构】

办公室

主　任　张振亭（2013年6月17日任职）
王从峰（2013年6月17日离任）
副主任　范永涛（2013年6月25日离任）
霍广春（2013年6月25日离任）
陈毅敏（2014年1月16日任职）
王富芹（女）
赵斯忠
顾德习
高长春
徐　蓓（女，2014年1月16日任职）
夏　雯（女，2014年1月28日任职）

外侨办

主　任　王富芹（女）
副主任　吴　迪（2013年1月31日任职）

法制办

主　任　范永涛（2013年6月25日离任）
副主任　刘道劲（2013年1月31日任职）

人防办

主　任　霍广春（2013年6月25日离任）
副主任　冯士江
张　旭（2014年1月16日任职）

经济信息化与发展改革局

局　长　单新文
副局长　姜海燕（女，2014年1月16日任职）
吴同标（2014年1月16日离任）
王汝乔（2013年8月29日离任）
李　波（2013年9月28日任职）
沈万春（2014年1月16日离任）

中小企业局

局　长　吴同标（2014年1月16日离任）
副局长　姜海燕（女，2014年1月16日任职，主持工作）

教育局

局　长　王宏新（女）
副局长　徐　艳（女，聘）

科技局

局　长　胡庆林
副局长　王学堂（2014年1月16日任职）
蔡淑坤（女）
仲启昌

知识产权局

局　长　胡庆林

监察局

局　长　乔月亮（2014年2月21日离任）
副局长　王汝乔（2013年8月29日任职）
张　建（2013年8月29日离任）

民政局

局　长　吴卫东（2013年6月17日任职）
卞　剑（2013年6月17日离任）
副局长　王统珍（女）
董淑欣（2013年1月31日任职）

司法局

局　长　卞　剑（2013年6月17日任职）
张义彪（2013年6月17日离任）
副局长　李喜忠（2014年1月16日任职）
金文虎（2013年1月31日任职）
袁立成（2013年6月25日离任）
江爱国（2014年1月16日离任）

财政局

局　长　邱洪建
副局长　陈胜林（2014年1月16日离任）
王升同
周　敏（女，2014年1月16日任职）

国有资产监督管理委员会办公室

主　任　梁正江

人力资源和社会保障局

局　长　乔　敏（女，2013年6月17日任职）
张振亭（2013年6月17日离任）
副局长　毛树德（女，2014年1月16日离任）
局长助理　徐忠华

环境保护局

局　长　张家琪（2014年2月21日任职）
石德学（2014年2月21日离任）
副局长　车忠华

住房和城乡建设局

局　长　魏苏平
副局长　尤新荣（女）
成祥之
胡海宁（女）
徐　浩（2013年9月28日任职）
局长助理　石林强（2013年10月28日离任）

地震局（房屋征收局）

局　长　胡海宁（女，2013年6月25日任职）
副局长　王　帅（2013年1月31日任职）
　　　　石林强（2013年9月28日任职）

城市管理局

局　长　乔月亮（2014年2月21日任职）
　　　　周云祥（2014年2月21日离任）
副局长　范庆立（2013年6月25日任职）
　　　　魏　东（2013年6月25日离任）
　　　　董育传
　　　　陈　健（2014年1月16日任职）
　　　　庄会君
　　　　周锡明

农林水利局

局　长　王海鸥（女，2014年2月21日任职）
　　　　陈毅敏（2014年2月21日离任）
副局长　江乃建
　　　　严跃南
　　　　郑　洪

农业机械管理局

局　长　江乃建

农业资源开发局

局　长　郑　洪

商务局

局　长　张　建（2013年6月17日任职）
　　　　葛艳艳（女，2013年6月17日离任）
副局长　刘建春（2013年6月25日离任）
　　　　徐　蓓（女，2014年1月16日离任）
　　　　祁　德
　　　　伏莹莹（女，2013年9月28日任职）

粮食局

局　长　李正海
副局长　刘　敏（女，2014年1月16日离任）
　　　　张道杨
　　　　祝传山

文化体育旅游局

局　长　刘　虹（女，2013年6月17日任职）
　　　　范益军（2013年6月17日离任）
副局长　李　宁（2014年1月16日任职）
　　　　陈守余（2014年1月28日离任）
　　　　冯春红（女）
　　　　郑永红（女，2013年1月31日任职）
局长助理　王　雷（挂职）

卫生局

局　长　杨泗顺
副局长　孙志义（2013年1月31日离任）
　　　　王经建（聘）
　　　　刘　媛（女，2014年1月16日任职）

人口和计划生育局

局　长　吕芳芳（女，2013年6月17日任职）
　　　　陈金芳（女，2013年6月17日离任）
副局长　宋　燕（女）

审计局

局　长　张义彪（2013年6月17日任职）
　　　　乔　敏（女，2013年6月17日离任）
副局长　薛广善
　　　　颜井席
　　　　董淑欣（2013年1月31日离任）
　　　　马苗苗（女，2014年1月16日任职）

安全生产监督管理局

局　长　高学成
副局长　郭家农
　　　　陈守权（2013年10月31日离任）
　　　　李　晖

统计局

局　长　何洪壮（2013年6月17日任职）
　　　　吕芳芳（女，2013年6月17日离任）
副局长　宋增科（2013年1月31日离任）
　　　　陈秀媛（女）
　　　　王东升（2013年1月31日任职）
　　　　陈　强（2013年1月31日任职）

民族宗教局

局　长　刘文学

【区直属企事业单位】

连云港陇海步行街管理委员会办公室

副主任　祁　德（主持工作）
　　　　姚　柱（2014年1月16日任职）
　　　　冯　莙（女，2014年1月16日任职）
主任助理　陆汉春（聘）
　　　　　朱宏根（聘）

金融办公室

主　任　刘　坚（2013年9月28日任职）

供销合作总社

主　任　张　春（女）
副主任　郭加荣
主任助理　谢　豪

连云港瀛洲投资发展有限公司

董事长　梁正江
总经理　许　建
副总经理　叶　川（女，2013年10月29日聘任）
　　　　　马建永（2013年12月9日聘任）

【镇人民政府】

浦南镇人民政府

镇　长　张少春（2013年12月31日离任）

副镇长　杨育宏（2013年12月31日提名任职）

陆卫国（2013年1月17日离任）

李　宁（2013年12月31日离任）

张传红（2013年12月31日提名任职）

徐成亮（2014年2月13日提名任职）

李　绘（女）

王俊红（2013年12月31日提名任职）

【区政府派出机构】

新浦经济开发区管理委员会

主　任　张正文（2013年6月25日任职）

杨汝勇（2013年6月25日离任）

副主任　徐敏昌（2014年1月16日任职）

张少春（2014年1月16日离任）

陈洪海（2014年1月16日离任）

张　涛（2014年1月16日离任）

杨育宏（2014年1月16日离任）

滨河新城管理委员会

主　任　李　军（2013年10月31日任职）

副主任　许　建（2014年2月12日任职）

成祥之（2013年11月15日任职，2014年2月12日离任）

单培祝（2013年11月15日任职）

王东升（2013年11月15日任职）

马建永（2014年2月12日挂职）

花果山街道办事处

主　任　陈守权（2013年10月31日任职）

李　军（2013年3月26日任职，2013年10月31日离任）

副主任　金同林（2013年3月26日任职，2013年8月29日离任）

夏兴龙（2013年8月29日任职）

南城街道办事处

主　任　熊胜波（2013年6月25日任职）

骆丙春（2013年3月26日任职，2013年6月25日离任）

副主任　杨广远（2013年3月26日任职，2013年6月25日离任）

张传红（2013年3月26日任职，2013年6月25日离任）

余琼林（2013年3月26日任职）

王成龙（2013年8月29日任职）

新东街道办事处

主　任　纪　巍（2014年1月16日任职）

薛喜东（2014年1月16日离任）

副主任　王其波（2013年8月29日离任）

徐其兵

张德怀（2013年8月29日任职）

主任助理　鲁成卫

新南街道办事处

主　任　陆　兵（2014年1月16日任职）

张玉梅（女，2013年6月25日离任）

副主任　王　涛

许世纪（2013年8月29日离任）

徐永华（2013年8月29日任职）

路南街道办事处

主　任　张建光（2013年6月25日任职）

田亚辉（2013年6月25日离任）

副主任　史永光（2013年8月29日离任）

陶　冶（2013年1月31日任职）

沈　艳（女，2013年6月25日任职）

霍介会（2013年8月29日任职）

浦东街道办事处

主　任　陈守余（2014年1月28日任职）

何洪壮（2013年6月25日离任）

副主任　王学堂（2014年1月16日离任）

仰广武（2013年8月29日离任）

吴艳玲（女，2014年1月16日离任）

李安乐（2013年8月29日任职）

浦西街道办事处

主　任　陈　飞（2013年6月25日任职）

副主任　陈　飞（2013年6月25日离任）

周光树

张卫星（2013年8月29日离任）

朱泽东（2013年6月25日任职）

陈怀芝（2013年8月29日任职）

主任助理　孙　岚（女，2014年1月17日离任）

新海街道办事处

主　任　董志红（女）

副主任　江世亚（2013年1月

31日离任）
范　明（2013年1月31日任职）
李喜忠（2013年6月25日离任）
赵　飞（2013年8月29日离任）
卞光启（2013年8月29日任职）

朐阳街道办事处

主　任　殷成祥
副主任　李　良
阮莹莹（女）
王万忠（2013年8月29日任职）

洪门街道办事处

主　任　李明军
副主任　汪　伟
李雨轩（女）
徐　罡
陈永东（2013年8月29日任职）
张晓兵（2014年1月16日任职）
主任助理　刘　兵

海州街道办事处

主　任　朱鹏苏（女）
副主任　郭　睿（女）
于　洋
朱大勇
卢发春（2013年8月29日任职）

幸福路街道办事处

主　任　张兴旺
副主任　汤　浩
卞绍向
马振波（2013年8月29日任职）

政协连云港市新浦区委员会

【主席及副主席】
主　席　汤成元
副主席　曹伟平（不驻会）
王宏新（女）
张景友
刘建春（不驻会）
秘书长　汤振宇

【工作机构】

办公室

主　任　徐进冬
副主任　李兴鲁（2013年12月31日任职）

经济科技委

主　任　张慧玲（女）
副主任　吴广军

提案委

主　任　陈春梅（女）

学习文史委

主　任　孙润林

联络委

主　任　夏新军（2013年12月31日任职）
张家斌（2013年12月31日离任）

社会事业委

主　任　庞学红（女，2013年5月29日任职）
副主任　庞学红（女，2013年5月29日离任）

中共新浦区纪律检查委员会

【常务委员会】
书　记　姚　超
副书记　乔月亮（2013年12月31日离任）
武传扬
徐士强（2013年12月31日任职）
委　员　祝海东
姜　峰

【工作机构】

办公室

副主任　陈红蕾（女，2013年7月8日任职，主持工作）
刘　进（女，2013年7月8日离任）

信访室

主　任　王继玲（女）

案件审理室

副主任　刘　刚

执法监察室

副主任　武孟伟（2013年7月8日任职，主持工作）
刘　媛（女，2013年1月18日离任）

纪检监察室

副主任　陈红蕾（女，2013年7月8日离任）

纪检监察机关工作室

主　任　姜　峰

纪检监察农村工作室

主　任　祝海东
副主任　卞德喜（2013年1月17日兼任）
王善仿（2013年1月17日离任）
吴　宏
钱　敏（女，2013年12月31日离任）

党风廉政室

主　任　刘　进（女，2013年12月31日任职）
副主任　刘　进（女，2013年7月8日任职，2013年12月31日离任，主持工作）
韦妍君（女，2014年1月17日离任）

【镇纪委】

浦南镇纪委

书　记　卞德喜（2013年1月17日任职）
王善仿（2013年1月17日离任）

【区纪委派出机构】

区级机关纪工委

书　记　掌效兰（女）

新浦经济开发区纪工委

书　记　张　涛（2013年12月31日任职）
陆江彬（2013年12月31日离任）

花果山街道纪工委

书　记　吴　宏（2013年2月18日任职）

南城街道纪工委

书　记　杨广远（2013年12月31日任职）
钱　敏（女，2013年2月18日任职，2013年12月31日离任）

新东街道纪工委

书　记　姜海燕（女，2013年12月31日离任）

新南街道纪工委

书　记　刘龙培

路南街道纪工委

书　记　魏　东（2013年5月29日任职）
熊胜波（2013年5月29日离任）

浦东街道纪工委

书　记　吴艳玲（女，2013年12月31日任职）
金同志（2013年12月31日离任）

浦西街道纪工委

书　记　顾永胜（2013年5月29日任职）

新海街道纪工委

书　记　江世亚（2013年1月17日任职）

朐阳街道纪工委

书　记　张　琪（女，2013年12月31日任职）

洪门街道纪工委

书　记　刘蓓蕾（女）

海州街道纪工委

书　记　李晓光

幸福路街道纪工委

书　记　汤　浩

【派驻纪检组】

民政局纪检组

组　长　孙　雯（女）

司法局纪检组

组　长　金文虎（2013年1月17日离任）

财政局纪检组

组　长　王升同

人力资源和社会保障局纪检组

组　长　金晓玲（女，2013年12月31日任职）
黄　庆（女，2013年12月31日离任）

环境保护局纪检组

组　长　钱　敏（女，2013年12月31日任职）

区人民法院纪检组

组　长　徐士强（2013年12月31日离任）

区人民检察院纪检组

组　长　宋向华

【部门及农场纪委】

新浦区经济信息化与发展改革局纪委

书　记　许良军

新浦区住房和城乡建设局纪委

书　记　刘亚军

新浦区城市管理局纪委

书　记　冯继明（2013年12月31日离任）

新浦区卫生局纪委

书　记　黄　庆（女，2013年12月31日任职）
陈长坝（2013年12月31日离任）

新浦公安分局纪委

书　记　张　兵

江苏省云台农场纪委

书　记　何荣方（女，2013年11月11日任职）
张明立（2013年11月11日离任）

江苏省岗埠农场纪委

书　记　李乾清（2013年11月11日任职）
何荣方（女，2013年11月11日离任）

检 法 两 院

【新浦区人民检察院】

检察长　吴　明
副检察长　李永红（女，回族）
邓　毅
孙锡鸿
严　中
张　靖（女，2013年5月30日离任）
杨晓明（2013年5月30日任职）

【新浦区人民法院】

院　长　傅成保（2014年1月

10日任职)
葛梦阳(2013年12月24日离任)
副院长 傅成保(2013年12月24日任职,2014年1月10日离任)
丁汝成
卜玉霞(女)
季 锐(女)
姜长安

人民武装部

【新浦区人民武装部】

部 长 周国强
政 委 毛志峰
副部长 毕增亮(2013年5月1日离任)
程文举

【镇(街道)及开发区人民武装部】

浦南镇人民武装部

部 长 王 强

花果山街道人民武装部

部 长 杨祖刚

南城街道人民武装部

部 长 余琼林

新东街道人民武装部

副部长 杨金龙

新南街道人民武装部

部 长 陈宽贵(2013年12月31日离任)
副部长 曹 江(2014年1月17日提名任职)

路南街道人民武装部

部 长 王树密(2013年12月31日离任)
副部长 严 明(2014年1月17日提名任职)

浦东街道人民武装部

部 长 蒋崇辉

浦西街道人民武装部

副部长 王 超(2014年1月17日提名任职)

新海街道人民武装部

部 长 范 明

新浦经济开发区人民武装部

部 长 张 涛(2013年12月31日任职)

团 体

【新浦区总工会】

主 席 杨中云
副主席 徐 渊(2013年5月29日离任)
金 文(女,2013年2月1日任职)

【共青团新浦区委员会】

书 记 周 静(女,2013年12月31日任职)
金晓玲(女,2013年12月31日离任)
副书记 周 静(女,2013年12月31日离任)
朱兰涛(2013年1月17日任职)
郭方天(挂职,2013年5月7日离任)

【新浦区妇女联合会】

主 席 柴 通(女)
副主席 陈忠燕(女,不驻会)
杨秀红(女,不驻会)

【新浦区科学技术协会】

主 席 史建梅(女)
副主席 李廷顺

【新浦区文学艺术界联合会】

主 席 李敬伟

【新浦区残疾人联合会】

理事长 王云琴(女)

【新浦区工商业联合会】

主 席 刘建春(2013年5月29日提名任职)
于 卉(女,2013年5月29日离任)
副主席 吴海虹(女)
刘佃元
李 彬(女)

【新浦区红十字会】

会 长 袁丽霞(女)
常务副会长 陈长坝(2013年12月25日任职)
孙志义(2013年12月25日离任)

党政团体

中共新浦区委员会

重要会议

【全区党建工作会议】 2014年3月24日下午，全区党建工作会议在区政府210会议室召开。会议全面贯彻落实中央和省、市相关工作会议精神，回顾总结2013年全区党建工作所取得的丰硕成果，研究部署2014年工作。

会议由区委副书记王建明主持，区委常委、纪委书记姚超，区委常委、组织部部长施为民，区委常委、宣传部部长房忠涛分别总结部署纪检、组织、宣传工作，区委书记王立斌在会上作重要讲话。他指出，动员全区各级党组织和广大党员干部，紧紧围绕区委九届六次全会部署，进一步统一思想，振奋精神，转变作风，真抓实干，为建设现代化中心城区提供强大的力量保证。

一、宣传工作要突出提神鼓劲，为建设现代化中心城区提供强大的精神动力。以理论中心组学习为龙头，认真抓好领导班子和领导干部的理论学习和教育，切实坚定党员干部的理想信念，增强服务发展的能力。充分发挥好舆论平台的作用，扩大新浦区影响力，加强现代化信息平台的监管。建立多元的文化投入机制，不断健全和完善党委领导、政府管理、行业自律、社会监督、企事业单位依法运营的文化管理体制和富有活力的文化产品生产经营机制。牢牢树立大新浦思维，激发干部群众对新浦的自信心和自豪感。充分发挥先进典型的示范引导作用，总结凸显新浦人精神的事迹，以榜样的形象来诠释精神的力量。

二、组织工作要突出选贤任能，为建设现代化中心城区打造一支勇当重任的干部队伍。组织部门要把教育实践活动作为重大政治任务牢牢抓在手上，一着不让、一抓到底，围绕满足群众需求、解决群众困难来开展活动，有力有序做好各环节工作。以党支部建设为核心，以强化服务为重点，创新党建方法，建成一批具有普遍性和示范作用的典型，走出一条适合新浦区情况的创新之路，打造党建品牌。结合“千名机关志愿者爱心帮扶行动”“四促五帮”等活动，完善“三会一堂”民主工作机制，善谋百姓福祉，着力改善民生，不断拉近与基层群众的距离。坚持党管干部原则，坚持正确用人导向，坚持德才兼备、以德为先。把选拔的目光聚焦在基层、聚焦在工作一线。

三、纪检工作要突出标本兼治，为建设现代化中心城区营造风清气正的良好环境。对作风之弊、行为之垢来一次大排查、大检修、大扫除，切实解决人民群众反映强烈的突出问题。各级党组织要针对本单位党员干部的思想、作风和工作实际，进一步明确目标、突出重点、有的放矢，加强对权力运行的制约和监督，把权力关进制度的笼子里。既要坚决查处领导干部违法违纪案件，又要切实解决发生在群众身边的不正之风和腐败问题。

出席会议的区领导有：王立斌、王建明、姚超、施为民、房忠涛；参加会议的还有云台农场、岗埠农场党委主要负责人；区纪委委员，区委组织部、区委宣传部班子成员；浦南镇、各街道党（工）委主要负责人，纪组宣委员；新浦经济开发区、滨河新城管委会主要负责人、纪组宣工作负责人；区各部委办局社（公司）、各群团组织主要负责人。

（撰稿：陈　云）

【全区政法信访稳定工作会议】 2014年4月1日上午，全区政法信访稳定工作会议在区政府210会议室召开。会议共有两项议程：一是区委常委、政法委书记郑斌作题为《振奋精神 改革创新 全面提升新浦政法信访稳定工作水平》的政法工作报告；二是区委书记、区人大常委会主任王立斌作重要讲话。

区委常委、政法委书记郑斌对2013年度政法信访稳定工作提出三点意见：一要肯定成绩，不断增强做好政法信访稳定工作信心；二要认清形势，准确把握政法信访稳定工作新要求；三要改革创新，努力开创政法信访稳定工作新局面。

区委书记、区人大常委会主任王立斌对全区政法信访稳定工作提出四点要求：一是要把深入学习贯彻习近平总书记重要讲话精神贯穿始终。要充分认识习总书记讲话精神的重大意义，增强做好政法工作的自觉性和坚定性；全面准确把握习总书记讲话精神的科学内涵，领会精神实质、掌握精髓要义；坚持以习总书记讲话精神为统领，不断提高政法工作科学化水平。二是要把服务大局、保障发展贯穿新一年政法工作的全过程。一方面要切实承担起维护社会稳定的神圣职责，要为全年目标任务的完成营造安稳和谐的社会环境，起到保驾护航的应有作用，不让任何不稳定因素干扰全区发展，破坏业已形成的强劲发展态势；另一方面要始终从全区大局出发，处处着眼大局、服从大局，在大局中找准定位、开展工作，以实际行动服务大局、保障发展。三是要把狠抓重点、提升水平贯穿新一年政法工作的全过程。要在平安新浦建设上实现新提升、在法治新浦建设上实现新提升、在基层基础建设上实现新提升。四是要把从严治警、建好队伍贯穿新一年政法工作的全过程。要以主题教育为抓手坚定理想信念、以增强执法公信力为核心提高能力素质、以从严治警为要求严格监督管理、以从优待警为保障落实关爱举措。

出席会议的人员有：区四套班子相关领导（区委书记、区人大常委会主任王立斌、区委常委、政法委书记郑斌、区人大常委会副主任陈周德、区政协副主席、教育局局长王宏新），区法院院长、检察院检察长，各镇街、开发区、滨河新城管委办主要领导、分管领导、信访办主任，区各部委办局场社，各群众团体，各有关单位主要领导，公检法部分领导班子成员。

（区委政法委办公室　刘海波）

【区委九届五次全体(扩大)会议】2013年7月20日上午，中共新浦区委九届五次全体（扩大）会议在市委党校第一报告厅召开，区委书记王立斌代表区委作《咬住既定目标 持续加压奋进努力开创新浦经济社会发展新局面》工作报告。会议全面贯彻省、市委全会精神，总结上半年工作，分析当前形势，部署下半年任务，动员全区各级党组织和广大干群，继续发扬不畏艰难、连续作战的拼搏精神，以更加创新的思维，更加务实的举措，强势推进工作，确保完成或超额完成全年各项目标任务。区委委员、候补委员，不是区委委员、候补委员的区四套班子领导，县处级离退休老干部、区纪委委员，区法院院长、检察院检察长，云台农场、岗埠农场主要负责人，区人大各工委、区政协各专委主要负责人，新浦国土分局、新浦工商分局、新浦物价分局、新浦规划分局、市药监局新浦分局、市质监局城区分局、市国税局第三分局、市地税局第三分局、市地税局第六分局主要负责人、各镇、街道、新浦经济开发区党政主要负责人、党（工）委副书记、组织委员、宣传委员，区各部委办局社（公司）、各群团组织班子全体成员，各村、社区党支部书记参加会议。

（撰稿：陈　云）

【区委九届六次全体（扩大）会议】2013年12月31日上午，中共新浦区委九届六次全体（扩大）会议在区市民服务中心召开，区委书记王立斌代表区委作《推进六个突破 促进四个提升 奋力谱写人文荟萃美丽新浦新篇章》工作报告。会议认真贯彻党的十八届三中全会、省委十二届六次全会、市委十一届七次全会以及中央、省经济工作会议精神，回顾总结2013年发展业绩，研究部署2014年工作任务，动员全区各级党组织和广大干群进一步统一思想，凝聚共识，齐心协力抓好各项改革任务的落实，为推动新浦新一轮快速发展而共同奋斗。区委委员、候补委员，不是区委委员、候补委员的区四套班子领导，县处级离退休老干部、区纪委委员，区法院院长、检察院检察长，云台农场、岗埠农场主要负责人，区人大各工委、区政协各专委主要负责人，新浦国土分局、新浦工商分局、新浦物价分局、新浦规划分局、市药监局新浦分局、市质监局城区分局、市国税局第三分局、市地税局第三分局、市地税局第六分局主要负责人、各镇、街道、新浦经济开发区党政主要负责人、党（工）委副书记、组织委员、宣传委员，区各部委办局社（公司）、各群团组织班子全体成员，各村、社区党支部书记参加会议。

（区委办公室　陈　云）

组织工作

【概况】2013年，全区组织系统以"钉钉子"的精神，系统性、整体性、协同性推进干部、人才、基层党建工作，新浦区荣获全市党建工作创新工程奖，"四化三评价"（信息集成化、功能复合化、采集动态化、应用自动化，定量评价、定性评价、即时评价）干部动态管理系统、"三会一堂"（居民议事会、民情恳谈会、社区工作评议会和社区大讲堂）社区民主工作机制等创新做法得到充分肯定。

截至2013年12月底，全区共有科级干部403人（含代管的海州区4个街道），其中在职303人、退出领导岗位的100人。在职科级干部平均年龄45岁，其中女干部82人，占27.1%；党外干部5人，占1.65%；大学以上学历261人，占86.1%。

全区共有党（工）委24个、党总支112个、党支部897个；党员21377名。

2013年，全年发展党员185人，其中，女党员81人，占43.8%；35岁以下125人，占67.6%；大专以上139人，占75.1%；生产、工作一线52人，占28.1%。

【领导班子和干部队伍建设】2013年，区委组织部围绕"城市建设、产业发展、城乡统筹、民生改善"四大工作重点，运用新浦区干部动态管理系统，科学配备领导班子。全年，共调整科级干部166人，其中，提拔74人，交流52人，换岗18人，改任非领导职务22人。

【竞争性选拔干部】2013年，区委组织部依托市"三百引才工程"（每年引进高级管理人才100名，高端专业人才100名，引进复合型领军人才100名），拿出8个区管领导干部岗位，面向社会公开选拔，171名优秀人才参与竞争。通过笔试、适岗评价、面试、资格复审、差额考察、常委会票决等程序，6名专业型领导干部正式任职。

【建立一线干部培养选拔链】 2013年，区委组织部建立来自城市建设前沿、经济发展现场和民生稳定网格的一线干部培养选拔链，先后抽调400人次到城乡统筹、滨河新城、房屋征收等重点工程指挥部挂职锻炼。强化重点一线干部考核，对参与重点工程建设的干部实行跟踪考核，业绩登记，掌握干部培养成效，推动重点工程建设。2013年提拔的74名科级干部中84%均有镇街村社、重点工程等基层一线工作经历。

【干部教育培训】 2013年，区委组织部围绕现代城市规划与建设、都市产业和创新型经济发展、社会管理创新与群众工作、危机事件处理和舆情应对4个专题，以学习贯彻党的十八大精神为主线，大规模开展干部培训。6月29日至7月6日，举办新浦区赴新加坡"城市建设与管理"专题培训班，来自镇街和城建城管等部门的13名干部参加，全面系统学习新加坡城市规划、交通管理、园林建设等方面的经验做法。并选派68名干部参加省市城镇化、生态文明、科技创新、产业转型升级、现代农业经营管理等专题培训。

【干部监督管理】 2013年，区委组织对74名干部进行"德"的测评。推进"干部考察进社区"，邀请居住社区党组织对科级干部"八小时"外表现进行评价。并出台《新浦区公安派干副镇长(副主任)考核管理办法》，强化公安系统选派到镇街任职干部队伍建设。同时，开展"千人评议机关"活动，邀请1100余名辖区居民、企业代表、退休职工和机关干部，对71家区属部门、驻区单位和镇街机关进行综合评议，对综合评价得分排名靠前的10家"机关作风十佳单位"进行了表彰。此外，充分发挥审计监督作用，对21名领导干部进行任中和离任经济责任审计。

【选树大学生村官】 2013年，新浦区选聘13名大学生村官。推动大学生村官文化建设，组织"大学生村官精神我践行"公开承诺活动，举办"升腾村官正能量，青春耕耘中国梦"主题演讲，开展全区首届"大学生村官标兵"评选并选树王勇、胡尹、谌石磊、敢凡凡、张露阳等5名标兵。

【人才队伍建设】 2013年，区委成立人才工作专门机构——新浦区人才工作办公室。参与市"三百引才"，针对全区党政机关、企事业单位的23个职位，招聘急需和紧缺人才。参加北京、大连、南京等地各类人才交流会，紧密对接经济社会发展需要聚才引智。密切产学研合作，促成晶锐石英等19家企业与清华、中科大等高校签订协议。并强化人才激励，在《新浦区做大做强工业骨干企业暂行办法》等文件中明确高层次人才奖补措施。2013年，有2人入选省"双创计划"(创新、创业)、1人入选省博士集聚计划，8人新入选省"333"高层次人才培养工程，97人获得市引进高层次人才补助。新浦区在全市人才工作百分考核中名列三区之首。

【村(社区)党组织换届】 2013年8月，区委组织部组织村、社区党组织集中换届，村、社公推直选率分别达83%和100%，当选村、社书记全部为"双强"(领导科学发展能力强、服务群众能力强)型，党员村官、妇代会主任100%进班子，女委员实现全覆盖，71名驻区单位干部当选社区兼职委员。换届后村、社党组织班子平均年龄较上届分别年轻1岁和4岁，大专以上学历比较上届提升3.3%和4.5%。

【党的群众路线教育实践活动准备工作】 2013年，区委组织部全面贯彻落实以"联系群众先行、改善民生先行、化解矛盾先行和不良作风先改"为主要内容的"三先行一先改"要求，以问计工程为统揽，下基层征求群众意见，以造福工程为统揽，结合以"了解民情民意、破解发展难题、化解社会矛盾，促进干群关系融洽、促进基层发展稳定、促进机关作风转变"为主要内容分的"三解三促"和以"促党建、促发展、促民生、促和谐，帮建班子，帮带队伍，帮上项目，帮办实事，帮护稳定"为主要内容的"四促五帮"活动，早调研、早谋划，兴办惠民实事470多件，以解忧工程为统揽，开展领导干部"大接访"活动，挂图作战集中化解矛盾纠纷230余件。

【拓展农村综合服务中心】 2013年，区委组织部以"农业产业化党建"为主题，拓展综合服务中心服务承载力，投资140万元新建浦南镇江浦社区综合服务中心，扩建龙浦、汪新、草舍3个服务中心，分别进驻以富硒米、泥鳅养殖、草莓大棚、西红柿种植为主导产业的农业园区配送管理中心。

【基层服务型党组织建设】 2013年，区委组织部深化"驻区单位兼职委员"模式，稳步推进社区大党委制，71名社区兼职委员累计争取资金500多万元，3800多名网格党员累计服务群众35000人次，近万名志愿者开展大型志愿服务活动20多次，惠及城乡居民5万余人次。

【打造非公党群工作站】 2013年，区委组织部在商贸集中区、经济开发区和小微企业密集区分别建立"商圈型"、"园区型"和"行业型"党群工作站，以工作站为孵化器，推动非公领域党的组织、工作、服务"三覆盖"，新建改扩建党员蓝领成才培训班基地3个，先后举办7期培训班，划分"党员责任区"6个，建立"党员示范店"6个、"党员示范岗"8个，全区非公企业党组织覆盖率提升至98%以上。

(撰稿：张延静　王　伟　徐　鑫
陶士催
审稿：郑纪东)

2013年中共新浦区基层组织党员结构情况一览表

表1

单位：人

序号	单位	总支	支部	党员数量 总计	党员数量 正式	党员数量 预备	性别 男	性别 女	民族 汉族	民族 少数民族	年龄结构 35岁以下	年龄结构 36~45	年龄结构 46~54	年龄结构 55~59	年龄结构 60岁以上	学历结构 研究生	学历结构 大学	学历结构 大专	学历结构 中专	学历结构 高中	学历结构 初中及其以下
1	浦南镇党委	4	45	1731	1673	58	1424	307	1731	0	472	309	238	137	575	6	192	341	93	223	876
2	花果山街道党工委	0	19	930	915	15	691	239	930	0	263	144	106	99	318	5	122	170	76	184	373
3	南城街道党工委	0	13	355	347	8	245	110	354	1	74	56	43	37	145	3	35	66	38	86	127
4	路南街道党工委	10	54	1388	1383	5	856	532	1387	1	251	133	142	144	718	4	218	339	156	304	367
5	新南街道党工委	11	50	1759	1744	15	1190	569	1757	2	305	185	186	187	896	10	261	344	205	394	545
6	新海街道党工委	12	59	2136	2121	15	1506	630	2121	15	322	146	207	254	1207	5	305	361	222	455	788
7	浦东街道党工委	14	77	1894	1881	13	1271	623	1894	0	298	129	297	198	972	6	171	346	128	547	696
8	浦西街道党工委	15	58	1639	1630	9	1150	489	1633	6	220	158	249	191	821	2	146	290	110	357	734
9	新东街道党工委	13	49	1703	1675	28	1094	609	1701	2	408	154	190	141	810	8	301	399	118	419	458
10	区级机关工委	10	75	1131	1128	3	809	322	1126	5	186	285	269	126	265	27	479	366	57	131	71
11	开发区党工委	1	20	259	248	11	210	49	258	1	83	37	34	20	85	4	44	50	6	28	127
12	区经发局党委	1	15	134	134	0	92	42	134	0	9	20	31	25	49	0	19	20	7	37	51
13	区教育局党委	3	31	919	906	13	431	488	917	2	182	290	137	94	216	6	551	206	121	24	11
14	区住建局党委	0	9	156	153	3	115	41	155	1	30	51	33	21	21	2	22	56	21	41	14
15	区城管局党委	1	10	194	193	1	145	49	194	0	45	68	35	19	27	2	58	60	11	30	33
16	区卫生局党委	0	14	215	207	8	114	101	214	1	33	64	33	20	65	0	67	57	54	17	20
17	区供销社党委	0	6	102	102	0	82	20	102	0	0	3	18	25	56	0	1	6	0	26	69
18	公安分局党委	1	29	484	455	29	407	77	484	0	163	157	100	23	41	0	240	200	16	12	16
19	岗埠农场党委	9	49	1058	1050	8	925	133	1056	2	142	173	165	108	470	3	56	203	66	211	519
20	云台农场党委	2	23	532	527	5	441	91	532	0	65	64	95	74	234	4	69	72	39	116	232
21	海州街道党工委	1	18	585	585	0	422	163	584	1	104	65	62	47	307	0	55	90	30	152	258
22	幸福路街道党工委	0	14	638	637	1	488	150	638	0	97	119	131	84	207	0	60	75	83	139	281
23	朐阳街道党工委	3	22	806	798	8	610	196	806	0	209	100	141	97	259	1	92	138	48	204	323
24	洪门街道党工委	1	19	629	621	8	487	142	629	0	81	80	110	64	294	5	47	83	70	112	312

宣传工作

【概况】 2013年，全区宣传思想工作围绕区委、区政府重大工作部署，以把握舆论导向、繁荣先进文化、建设美丽新浦为主题，不断提高宣传思想工作的质量和水平，为大力推进全区经济建设提供有力的思想保证、精神动力和舆论支持。

【中心组学习和调研活动】 2013年，区委宣传部制定下发全区两级理论学习中心组2013年度学习计划，安排12次集中学习研讨。建立完善了区、镇（街道）两级学习型领导机构，开展学习型党组织示范点争创活动，加强学习型党组织建设工作品牌创建活动，丰富和拓展学习的平台载体。开展区委中心组成员及科级以上领导干部基层调研活动，开展“坚定‘三个自信’（道路自信、理论自信、制度自信）开创港城科学发展新局面”专题读书调研活动，共收集、上报调研文章20余篇。发放《理性看 齐心办——理论热点面对面2013》《党委中心组学习参考2013》《学习·思考·探索》《道德先锋》等各类学习图书、影像资料2500余册。

【开展“党的十八大精神”宣讲活动】 2013年，区委成立学习贯彻党的十八大精神宣讲团，特邀7名市理论专家担任宣讲员分赴机关、乡镇、街道、村、社区宣讲。此活动在重点项目一线、村和社区组织开展学习宣讲活动280多场（次）。

【开展“共筑美丽新浦”征文活动】 2013年，区委宣传部在全区开展“学习十八大精神、共筑美丽新浦”主题征文活动。5月25日，邀请省委宣传部国防教育处处长赵清林作“科学引领 中国梦兴”学习十八大精神专题报告，区四套班子主要领导、各镇（街道）班子成员、区各单位班子成员300余人参加集中学习辅导。

【党员冬训】 2013年，区委宣传部工作重点把提高党员素质、理清工作思路、推进思想解放、发挥党员先进模范作用作为冬训目的和要求，大力倡导“学以致用、用以促学”理念，构建“四学模式”（即坚持领导带头“引导学”、积极创新方式“灵活学”、健全完善机制“保障学”、注重联系实际“深入学”）。在2012—2013年度全区农村（社区）党员、干部冬训中，共培训农村党员1250余人次，参训率达97%以上。同时利用基层党校等阵地，开展党史、基本理论、方针政策教育和技术技能等培训、轮训。

【新闻报道】 2013年，区委宣传部围绕春节慰问、元宵焰火晚会、绿化新浦、爱心市民、水晶街开街、经济建设、白虎山庙会、作风整治、群众路线等重点工作推出《新浦128场活动闹活主城区》《新浦基本现代化新征程扬帆起航》等一系列有分量、有影响的报道；围绕旧城改造、城乡统筹、新浦民主路改造、盐河巷建设等重点工程，联合《连云港日报》《苍梧晚报》、连云港电视台，相继推出《新浦全速推进城乡统筹演绎浦南范本》《浦南新镇区呼之欲出》等主题报道。

【加大媒体宣传力度】 2013年，区委宣传部开辟“效能新浦进行时”“城乡统筹进行时”“一线传真”“旧城改造特别报道”等专栏，并陆续推出绿化、水晶街、经济开发区西区等专版；借助连云港电视台“新浦新闻”专栏，开辟“重点工程进行时”“城乡统筹攻坚战”“旧城改造特别报道”等专栏，全面反映新浦区经济社会发展、各条战线所取得的巨大成就。2013年，《连云港日报》新浦专版正常发行135期，连云港电视台“新浦新闻”专栏正常播出129期，全区在《连云港日报》用稿1429篇，重点稿件167条，用稿总量和重点稿件数量位居县区第一；《苍梧晚报》用稿1402篇；市电视台用稿405条；“连网”2800余篇，制作专题片《跨越》《魅力新浦》《区长的爱好》等10部，《新浦新闻》12辑，全面完成目标任务。

【民生宣传】 2013年，区委宣传部推出民生工程、旧城改造、城乡统筹等专题报道，关注民生工程项目建设情况，组织启动“走基层、转作风、改文风”活动，采编人员深入基层一线，挖掘出《七旬老党员甘当社区“保洁员”》《七旬老人侯慰如义务教舞十余载》《云海老年巡逻队奉献社区保平安》《不抛弃不放弃孙桂霞与“唐宝宝”女儿的故事》等人物系列报道，进一步弘扬新浦区精神文明建设取得的丰硕成果。

【外宣工作】 2013年，区委宣传部成立外宣领导小组，建立每周新闻策划制度，召开3次外宣联席会议，围绕滨河新城、新浦经济开发区西拓区、新浦民主路、城乡统筹、旧城改造等全区重点工程，文化、商贸、农业等全区社会事业开展新闻策划42次。2013年1—12月，全区在江苏电视台、《农民日报》《工人日报》《江苏经济报》《江苏法制报》等省级以上新闻媒体发稿300余篇。

【建立健全新闻管理机制】 2013年，区委宣传部制定《新浦区2013年新闻宣传工作考核办法》，并对2012年度新闻宣传先进集体和个人进行表彰。同时下发《关于报送2013年各季度新闻稿件统计的通知》，使得新闻宣传工作制度化、规范化、常态化。

【舆情监督】 2013年，区委宣传部采用分工轮值、实行A、B角协调配合双重监控负责制，每天认真履行好监控、收集、报送网络舆情的工作职责任务，配合做好引导和危机化解工作。共编印《新浦舆情快报》47期，发现并及时处置网络舆情等百余起。第一时间向区领导汇报，并主动对接江苏卫视、江苏广电总台行风热线、《现代快报》《扬子晚报》《连云港日报》等省市级媒体，配合做好舆论引导和危机化解工作。

【文明单位创建】 2013年，区委宣传部开展2010~2012年省级文明单位创建活动，评选出省级文明单位78家、省级文明社区5家、省级文明村称号6家，位列全市第一。组织全区各级文明单位全员参与的“与雷锋车同行”交通志愿服务周周行活动。组织开展“文明单位帮扶社会养老服务机构志愿服务活动”，选取4家养老机构与20家文明单位结对帮扶，开展志愿服务。成立“新浦文明”QQ办公群，提高对文明单位指导管理的效能。

【道德关爱活动】 2013年，区委宣传部开展“千名文化志愿者说唱先进典型”活动，组织省级文明单位设立道德讲堂，开展道德讲堂活动30余场次。动员社会各方力量关心关爱道德模范，春节、中秋组织走访慰问道德模范，进一步树立“好人有好报”的价值导向，全年帮扶道德模范资金近2万元，帮扶人员10人次。

【选树爱心市民典型】 2013年，区委宣传部持续开展“学习爱心市民，争当身边好人”活动。广泛选树市民身边典型，推荐“身边好人”近10位，推荐4人参选“中国好人”，邱友军、赵军友、孙明福3人入围“江苏省第四届道德模范”，位列全市第一。

【志愿者活动】 2013年，区委宣传部成立“新浦区志愿者”组织，打造“周六义务三小时”志愿服务品牌，并先后成立巾帼志愿者服务队、青年志愿者服务队、司法志愿者服务队、爱心志愿者服务队等10余支分支组织。至12月底新浦区机关有在册志愿者服务队员近万名。

【道德主题教育活动】 2013年，区委宣传部开展首届“新浦区百名美德少年评比活动”，评出市美德少年16名，1名参选省美德少年。推荐评选“师德之星”，放大“留守儿童幸福快车”效应。组织开展“学雷锋、树美德”“爱祖国爱家乡”“童声里的中国”等主题教育活动，组织参加“亚青有我”江苏少儿文明礼仪风采大赛。持续深化“七彩的夏日”“缤纷的冬日”“小学入学仪式和成人仪式教育”“向国旗敬礼、做有道德的人”网上签名寄语、“亲子公益讲堂”等活动，打造未成年人思想道德建设新品牌。

（撰稿：王 静
审稿：李敬伟）

统战工作

【概况】 2013年，全区统战工作坚持以科学发展观为指导，全面贯彻落实党的十八大会议精神和党的十八届三中全会精神，坚持围绕中心工作，创新工作思路，服务经济发展，构建和谐社会，全力以赴完成好上级交办的各项工作。荣获全区目标管理综合二等奖。

【坚持“五个制度”】 即定期走访制度、专题议政制度、情况通报制度、选优用人制度、载体搭建制度。2013年5月，省政协副主席、省民进主委朱晓进在新浦中学民进支部调研时对新浦区统战工作给予高度评价。

【加强党外代表人士思想政治教育】 2013年8月，区委统战部组织全区5名党外科级干部参加全市党外代表人士学习贯彻十八大精神培训班。在全区统战系统开展学习贯彻党的十八大精神活动，掀起辖区内各民主党派、无党派、工商联及侨台、少数民族和宗教界代表人士学习新高潮，增强民主党派、工商联、无党派人士的政治共识，进一步凝聚多党合作思想政治基础，巩固了“同心”思想。

【党外人士政治安排和实职安排】 2013年，区委统战部与区委组织部配合，调整安排2名党外人士：刘建春为区工商联主席，张建为区商务局局长。

【做好少数民族群众服务工作】 区委统战部全年共为9名符合条件的群众办理民族成分变更手续，为10名少数民族考生办理民族成分初审确认手续；对全区15户困难少数民族家庭进行春节慰问；在少数民族定点医院（连云港市眼科医院）开展义诊活动和爱眼日专题活动，免费为眼疾患者送医送药。

【宗教事务管理】 2013年，区委统战部开展以“教风年”为主题的和谐寺观教堂创建和“纯正教风，从我做起”大讨论活动，实现以专项整治促教风建设、以教风创建促规范管理、以教风创建促和谐稳定，维护了全区宗教领域和谐稳定的良好局面。海州准提寺被评为第二届全国创建“和谐寺观教堂”先进集体，玉皇宫住持朱健被评为全省创建“和谐寺观教堂”先进个人。

【开展慈善公益活动】 9月份，区委统战部开展“宗教慈善周”活动，共募集善款8万余元，全年累计捐款捐物折合人民币13万元。

【净化宗教场所】 2013年，区民宗局联合区国保大队，全年共制止外来人员传道活动3起，捣毁“生命之光”邪教窝点1处，取缔基督教私设聚会点2处，确保新浦区教会的纯洁。

【“平安宗教活动场所”建设】 2013年，区委统战部结合“安全隐患排查月”和“安全月”活动及重大传统节日安全检查，以重点寺观教堂、重点文保单位、大型宗教活动和香游客集中的节假日的消防与治安安全为重点，开展全面排查，确保宗教活动场所和人员财产的安全。

【会员队伍建设】 2013年，区工商联新发展会员50多家，有力提升新浦区工商联的影响力和凝聚力。同时加强基层商会建设，多次走访各基层商会，指导商会开展工作。2013年3月，区委统战部与区工商联联合举办《当前金融形势的判断与企业家对策建议》讲座，邀请江苏银行连云港分行行长陆岷峰作辅导报告，使民营企业家进一步认清当前金融形势，增强抵御风险危机的能力。

【服务会员企业】 2013年，区委统战部帮助执委胡启凯等人协商解决中豪房地产公司购房纠纷，调解息诉上访事件，促使中豪房地产公司成功实现债转股；和步行街管委会沟通协调，帮助陇海步行街东街特产超市顺利开业。

【光彩事业行动】 2013年，区委统战部组织民营企业家开展春节“送温暖、献爱心”活动，共走访32家贫困户，发放慰问品近2万元。“六一”前到市儿童福利院和沈圩社区幼儿园进行慰问，为特殊儿童群体送去节日的祝福和慰问品，连云港电视台和《苍梧晚报》对此予以报道。雅安地震发生后，新浦区民营企业家迅速行动起来，通过各种渠道，纷纷捐款捐物。苏宁集团向当地民政部门捐赠500万元现金，并采购200万元的救援物资。新秀集团为雅安灾区捐赠钱物300余万元，并组成救援队深入灾区，开展“爱心包包”行动，和其他合作伙伴一起为聚焦灾区孩子们的恢复教育和心灵创伤修复提供帮助。

【非公经济人士理想信念教育实践活动】2013年，区委统战部召开部署动员会议，成立活动领导小组并制定实施方案；6月份，组织30余名民营企业家参加全市非公有制经济人士理想信念教育实践活动报告会；10月份，组织民营企业家参加全国非公经济人士理想信念报告电视电话会议。

【健全海外统战工作机制】2013年，区委统战部在各街道明确1名分管领导专抓专管，各侨务社区党支部都成立以社区书记为组长的侨务工作领导小组。区、街、居三级为侨服务网络进一步完善。同时开展出国和归国留学人员、海外侨胞、港澳台同胞等情况调查，完善台账登记并加强沟通联络。

【依托社区抓好为侨服务】2013年，区委统战部抓好贾圩社区“居家养老”“零利润送餐服务”“老人家庭病房”“社区诊所医生免费上门诊治”等项服务，使之成为侨务品牌，实现为侨服务家庭化、个性化。玉龙、蔷薇、龙尾、星化等社区实行为侨“一户一档”管理，全区基本上形成为侨服务网络体系。

【加强侨法宣传】2013年，区委统战部利用郁州公园的“港城法治文化公园”、浦南镇的“农民千米普法示范路”等近20处特色法治阵地，充分发挥侨法宣传角主阵地的示范带动作用。

【依托海外关系引资引智】2013年，区委统战部密切联系侨资企业，帮助出国和归国留学人员通过多种形式在连云港市创业，引导港澳台和海外侨胞为家乡的经济建设出资出力、献计献策，为港城、为新浦招商引资多做贡献。

【开展作风整顿】2013年，区委统战部在部机关开展以“五治”（治散、懒、庸、浮、满）为主要内容的作风整顿活动，成立作风整顿工作领导小组，制订实施意见，进一步加强机关内部管理，健全和完善各项管理制度，整顿工作秩序，提高工作效率，全力创建“四型四好”（学习型、务实型、创新型、清廉型；团结凝聚好、协商民主好、服务协调好、增进和谐好）统战部门，着力提升统战部门和统战干部履行职责的能力和水平。

【宣传党的十八大精神】2013年，区委统战部继续在全区统战系统开展学习贯彻党的十八大精神“一学二谈三思考”（一学：学习十八大报告；二谈：谈认识、谈体会；三思考：如何解决问题、如何工作创新、如何谋划工作）活动。掀起辖区内各民主党派、无党派、工商联及侨台、少数民族和宗教界代表人士学习新高潮。

（撰稿：刘立田
审稿：张景友）

对台工作

【概况】2013年，全区台湾工作的指导思想和总体思路是：以科学发展观为指导，以学习贯彻党的十八大、十八届三中全会精神为主线，围绕区委、区政府中心工作，坚持“和平统一、一国两制”对台方针政策，牢牢把握两岸关系和平发展的主题，凝聚力量、发挥优势、服务大局，突出重点、开拓创新，在对台经济、对台交往交流、对台宣传等方面取得良好效果。

【促进对台招商引资高效发展】2013年，新浦区对台湾事务工作办公室（简称区台办）进一步建立健全对台招商引资机制，不断创新方式，拓宽领域，促使对台招商引资工作高效发展。在台湾、香港分别设立经贸联络处，加大对新浦区投资的宣传力度。依托新浦的经济、文化、旅游、基础设施等资源特色，配合有关部门举办的招商洽谈会、商务活动等，发放各种对台招商资料，广泛加强对台宣传，提升新浦在台湾岛内的影响力和凝聚力。利用新浦的两个省级农业示范园区平台，发挥新浦高效农业、休闲观光农业等集聚效应，探索吸引台资新亮点，吸引台商前来投资或大力引进台湾资金发展新浦休闲观光农业；依托新浦骨干企业，组织他们与台湾相关企业加强联系，寻求合作伙伴，打造产业载体，吸引台商加盟；依托群团、行业、协会等组织，着力加强新台经济、文化等组织间的交流与合作，努力拓宽招商引资的渠道。

【促进台属个体私营企业快速发展】“十二五”期间是新浦区全面开启基本实现现代化新征程的关键时期，区台办不断引导台属进一步拓宽视野，积极兴办各类经济实体。在项目上引。引导台属在大项目多渠道宽领域中兴办企业，并向种植、养殖、深加工等农业领域上延伸；在规模上引。引导台属要用好用活台资，努力扩大台属企业的规模，并在对台招商引资工作中发挥“筑巢引凤”的作用；在思想上引。引导台属在创办企业中解放思想，优化结构，发展更多竞争力、带动力强的台属龙头企业。

【台属助发展主题竞赛活动】2013年，区台办围绕“解民忧、惠民生、顺民意、增和谐、促发展”这一主题，大力开展台属助发展竞赛活动，把活动向深层次、宽领域、高效益的方向发展，并进一步提升活动的辐射带动和影响作用。

【加强对台交流】2013年，区台办以新浦区近年来在社会、经济、文化、旅游等方面所取得的成果为素材，倾力打造品牌交流项目；以举办重大交流活动为平台，全方位、多层次开展对台交流工作，促进两岸人员往来；继续发挥亲缘、血缘优势，扩大对台交流交往。利用新浦区民众团体赴台旅游日益热络化和广大台属赴台探亲人员增多的有利资源，以“走出去，请进来”的方式广泛接触台胞台商，与他们进行面对面的坦诚沟通和交流，加深两岸人员感情。

【挖掘交流潜力】 2013年，区台办利用区情、乡情、亲情、爱国情等各种有利资源，吸引台湾各界人士来新浦参观、考察等。2013年，共接待台商考察团10批，考察人员70余名。同时，做好接待台胞的工作，形成对台交往交流的品牌效应；利用组团赴台考察的契机，推动一批优势项目赴台交流，进一步宣传新浦丰富的资源，展示新浦发展的成果。

【加强规范管理】 2013年，区台办切实执行中央、省、市台办的一些政策规定，做好对台交往交流的管理和服务工作，强化涉台事务的归口管理工作。进一步做好台胞台属的来信来访工作，对他们反映的问题和需要得到帮助的请求均做到及时妥善处理。

【对台基层基础工作】 2013年，区台办继续巩固新浦区对台基层基础工作中的成果，抓好涉台调研和对重点台胞台属的走访慰问及对贫困台胞台属的解困救助；抓好涉台矛盾纠纷的排查和台胞台属来信来访的处理；抓好与上级主管部门的信息畅通，做好对台基层信息的上报。将对台工作纳入党委工作重要议事日程和考核基层党委的重要内容；将涉台宣传教育纳入党委中心组学习培训计划；将对台招商引资纳入工作重中之重；建立规范的台胞台属等信息库。

【重视对台工作干部队伍建设】 2013年，区台办认真贯彻落实中共中央关于改进工作作风、密切联系群众的八项规定，坚持以党建聚合力，充分发挥好台办“组织、协调、指导、服务”职能作用。不断加强思想组织建设，努力提高对台工作干部的思想政治和业务素质，以更加优质高效的服务、更加廉洁务实的作风、更加创新务实的方法，为实现新浦科学发展、跨越发展营造良好的环境，提供强大的支撑力量。

（撰稿：刘琳琳）

区级机关工委工作

【概况】 2013年，中共新浦区委区级机关工作委员会（简称区机关工委）以党的十八大精神为指导，围绕区委、区政府的目标任务，立足机关党建工作实际，精心搭建工作载体，着力创新工作方法，大力开展学习型党组织建设，积极推进机关作风建设和效能建设，不断加强党的思想、组织、作风、制度和反腐倡廉建设，为促进发展、服务群众、建设幸福新浦发挥保证和引领作用。

【开展创建学习型党组织活动】 2013年，区机关工委围绕贯彻落实党的十七届四中全会关于建设马克思主义学习型政党的战略任务，广泛开展创建学习型党组织活动。年初制定下发《2013年度机关党建工作目标任务》，明确要求各基层党组织按照目标内容建设学习型党组织，并将此项内容作为任务纳入年终目标考核。并把党章作为加强党性修养的根本标准，通过向各基层党组织赠阅党章，让广大机关党员干部更加全面掌握党章的基本内容，使党员干部的思想认识时刻围绕在中央及省、市、区的工作思路周围。同时，把赠书荐书活动作为推动学习型党组织建设的重要抓手，精心挑选《论中国》等9本书赠送推荐给各基层党组织，营造重视学习、崇尚学习、坚持学习的浓厚氛围，增强党员干部学习的针对性和实效性，把学习型党组织建设工作不断推向深入。

【学习贯彻落实十八大精神】 2013年是全面贯彻落实十八大精神的开局之年，认真做好十八大精神的宣讲工作对增强党员干部的先进性和党性修养具有重要作用和意义。1月份，区机关工委开展“学习十八大，赠书促学习”活动，将《十八大报告辅导读本》和《坚定不移沿着中国特色社会主义道路前进，为全面建成小康社会而奋斗》两本书捐赠给34家基层党组织，在区级机关里营造学习宣传贯彻十八大精神的氛围。还将学习十八大精神纳入机关党建工作目标任务中去，要求各基层党组织年内至少组织一次十八大精神学习活动。

【加强制度规范化建设】 年初，区机关工委依据《中国共产党党和国家机关基层组织工作条例》内容，制定下发《2013年度机关党建工作目标任务》，对照党的思想、组织、作风、制度和反腐倡廉建设要求，将党建内容量化细化为10个大项28条细则，把软指标变成硬考核，并在12月初对34家基层进行考核。

【加强党务培训】 3月份，区机关工委邀请区委组织部领导对机关各党组织党务工作者进行业务培训，进一步提高各基层党组织的业务管理水平。

【党员发展工作】 2013年，区机关工委严格按照发展党员的“十六字”方针，坚持发展新党员的培训、考察、谈话、公示的要求，把好审核关，努力保证新发展党员的质量。全年发展新党员17名。

【举办积极分子培训班】 6月份，举办入党积极分子培训班，邀请区委组织部部务委员吴昊为65名入党积极分子进行辅导培训。

【落实激励帮扶关怀机制】 2013年，区机关工委积极落实激励帮扶关怀机制，坚持政治上激励、思想上关怀、困难上帮助、经济上扶持，增强广大党员责任意识，激发党员先进性，促进党员创业发展。在春节期间，机关工委负责人前往“三解三促”结对村浦南镇官阳村，开展“百幅春联送农家，一生幸福谢党恩”的走访慰问活动，为生活困难群众送去一百幅春联和慰问品，累计折合人民币2000元。全年共慰问生病、退休党员8人次，送去慰问金共计3000元。

【机关作风整顿】 2013年，区机关工委根据省、市、区的要求，采取一系列措施开展作风整顿活动。先后编印200本学习材料发放全区，并以编印的学习资料为基础，编写作风建设专题知识，在区级机关、乡镇街道组织集中测试。同时，利用新浦机关家园网站组织区教育、卫生、人社、检察院等7家重点单位就作风建设作出公开承诺。

【提升执行力】 2013年，为进一步加强队伍建设，提升执行力，区机关工委于6月份举办"提升执行力"专题讲座，邀请区纪委副书记、监察局局长乔月亮为机关工作人员做专题报告，并在全区机关开展"做执行力最强的机关干部"征文活动，共收到征文近60篇。

【"志愿者行动在新浦"活动】 2013年，区机关工委为充分发挥党员先锋模范作用，密切与群众的血肉联系，组织广大机关党员干部每月第一个周六和重大节日深入基层，深入一线，深入群众，大力开展志愿服务活动。全年，已组织开展"城市保洁""保护母亲河""植绿护绿"等大型志愿服务活动7次，参与人数达到1000余人次。"七一"期间，区机关工委还联合区卫生、城管等单位前往玉龙社区养老一条街为老人理发、打扫卫生和义诊。为确保机关志愿服务活动常态化、长效化，区机关工委以玉龙社区一条街养老公寓为服务基地，成立"新浦区志愿者机关服务队工作站"，每月的第一个周六都组织志愿者为老人服务。

【培育和选树典型】 2013年，区机关工委为充分发挥先进典型的示范带动作用，激励全区各基层党组织进一步抓好学习型党组织建设。在年初机关党的工作会议上，机关工委评选出2012年度学习型党组织十佳单位和学习型党员先进个人。

【打造网络宣传平台】 2013年，区机关工委充分利用现代信息与网络技术，推进机关家园网站建设，全方位宣传党的路线、方针、政策，多角度吸收党建工作的好经验、好做法。截至12月底，共更新信息681条，被市级机关工委刊登92条，省级机关工委刊登26条。

（撰稿：掌孝兰）

离休干部管理

【概况】 2013年，全区共有离休干部94名（4月份开始，代管海州区离休干部13名），代管易地安置离休干部23名，区级退休干部22名。

【落实离休老干部政治待遇】 2013年，组织老干部开展"学习十八大，共促新跨越"主题教育活动和"同心共筑中国梦"主题实践活动。每月集中学习、阅文一次；组织老干部参加市委老干部局举办的第20期老干部理论读书班，区"两会"和区委九届五次全委扩大会；12月中旬，组织老干部参观考察全区重大项目推进情况；向老干部通报全区经济社会发展情况2次；春节、暑期、中秋国庆走访慰问老干部450人次。开展"听革命歌曲、看红色经典"活动。整理50部经典红色影视和18位歌唱家百首经典歌曲，每月组织老干部收听观看1~2次。

【落实离休老干部生活待遇】 2013年，离休干部"两费"（离休费和医疗费）继续保持零拖欠。全年共报销离休干部医药费420万元，离休干部护理费由每人每月800元、900元提高到1200元、1300元。以区党政主要领导名义送生日蛋糕、鲜花、贺卡，全年上门庆贺老干部生日33人次。为3名离休干部办理遗属补助和医疗保险。

【亲情服务老干部】 2013年，区老干局组织老干部工作者开展"心系老干部家访谈心"活动。每名老干部工作人员结对5名老干部，每月必须走访一遍，通过说时政、聊新闻、拉家常、观表情、听烦恼，及时了解发现老干部日常生活中的困难。全年，通过家访谈心活动，共为老干部解决日常生活困难42件次。西苑社区成功通过"利用社区资源服务老干部省级示范点"验收。

【开展文体活动】 2013年，区财政拨款20万元，在新浦公园内新建标准门球场。3支老干部门球队9次参加省、市组织的门球比赛，在全市"会员杯"门球比赛中荣获冠军。全年组织老干部钓鱼4次、书画展1次、棋牌比赛3次，区老干部活动中心每天下午都组织老干部开展文体活动，全年共有2000人次参加各类文体活动。

（撰稿：马洪亮
审稿：孙桂香）

档案工作

【概况】 2013年，新浦区档案局（简称区档案局）组织全局人员学习档案工作各项规定，制订2013年工作计划，下发搜集档案资料的通知；对区委、区政府及区各部门形成的档案资料进行搜集、分类、整理、装订、入库；参与《新浦纪事》的编印；指导基层档案馆（室）档案收集、整理工作。

【档案整理入库】 2013年，区档案局及时搜集各类档案，共接收区政府文书档案1971件，区委宣传部文书档案152件，区卫生局文书档案777件，区计生局报表27卷、凭证369卷，团区委档案808件，区妇联档案912件，区住建局档案303卷。

【档案学习培训】 2013年，区档案局组织辖区25个部门档案管理员到省三星级档案工作单位区检察院参观学习。

【档案信息化建设】 2013年，为配合市档案局建设全市统一的"连云港市数字档案中心"，区档案局在3个区中率先安装"连云港市档案管理系统网络版软件”并配备服务器、高配电脑、彩色打印机等，并建立区级电子档案中心。

【开展档案目标管理达标升级工作】 2013年，区档案局狠抓档案目标管理达标升级工作，花果山街道办事处和花果山财政所通过考核验收，分别晋升为省二星级、三星级档案目标管理单位。

【档案利用】 2013年,区档案局全年接待查阅人员215人次,查阅档案549卷次。

【档案工作年检考核】 2013年，市档案局对区档案局各项业务工作进行考核，区档案局在年检考核中被市档案局评为县区档案工作“良好”。区档案局也在11月对全区56个成员单位开展年检考核，对各单位档案工作中存在问题及时下达整改通知书，限期整改。

（撰稿：卞晶晶
审稿：王　涛）

华联广场双楼　　（韩世泳　摄）

新浦区人大常委会

综　述

2013年，新浦区人大常委会（简称区人大常委会）在区委领导下，在市人大常委会指导下，围绕工作大局，认真履行法定职责，充分发挥地方国家权力机关作用，完成区十七届人大二次会议确定的各项任务，为推进全区建设区域性经济文化中心、更高水平小康社会两大目标作出贡献。先后开展视察调研和执法检查活动27次，召开常委会会议8次，主任会议14次，听取和审议专项工作报告及情况汇报15项，作出决议决定6项，发出审议意见书7份，任免国家机关工作人员88人次，接受辞职1人次。

主要工作

【工作监督】 2013年，区人大常委会听取和审议区政府《关于2013年上半年国民经济和社会发展计划执行情况的报告》《关于2013年上半年财政预算执行情况的报告》《关于对2012年财政预算执行情况和其它财政收支情况的审计报告》以及区政府关于《中华人民共和国食品安全法》贯彻落实情况、饮用水源保护情况、代表建议办理情况、农村环境综合整治情况的工作报告。听取和审议区法院《关于审判管理情况的工作报告》；听取和审议区检察院控申工作情况的工作报告。

主任会议听取区政府关于新浦经济开发区建设情况、阳光计生工作情况、校园危房改造情况、滨河新城建设情况、旧城改造情况、法律援助工作情况的汇报；听取区检察院关于侦察监督工作情况的汇报。

【法律监督】 2013年，区人大常委会先后组织执法检查和专题视察27次，促进“一府两院”依法行政、公正司法。区人大常委会先后多次对《中华人民共和国食品安全法》实施情况进行执法检查，听取和审议区政府专题报告，对本区贯彻实施这些法律法规所取得成绩给予肯定，并提出具体意见和建议。

区人大常委会还对区法院审判管理工作情况和区检察院侦察控申工作情况进行视察。建议“两院”要重视并切实采取相应措施，加强制度建设，完善内部管理，不断提高司法队伍整体素质。

【代表工作】 2013年，区十七届人大二次会议闭会期间，代表们共提出建议、意见39件，对代表所反映的问题，已得到解决或基本解决的11件，占办理总数的28.2%。正在解决或列入计划逐步解决的19件，占建议总数的48.7%。因受政策、管理权限、资金等因素制约，现阶段不能解决、不好解决的，在认真向代表们作好解释工作的同时，从实际出发做了大量的基础性工作。此类议案、建议共9件，占办理总数的23.1%。同时密切联系，加强代表对常委会工作的参与面。邀请代表列席常委会会议，组织代表参加执法检查、专题调研、集中视察和旁听法院庭审等活动，让代表更多地了解区人大常委会和“一府两院”的工作情况，充分发挥代表参与管理国家和社会事务的作用。市人大决定从2013年3月至2014年12月，在全市市、县、乡三级人大代表中开展“我与小康社会建设同行”主题实践活动，区人大常委会高度重视此项工作，动员和组织辖区内的市、区、镇三级人大代表全面参与此项活动。

【信访工作】 2013年，区人大常委会严格按照“分别受理、综合分析、统一交办、定期反馈、严格督察”的人大信访工作要求，坚持依法、及时、就地解决问题与疏导教育相结合，做到“件件有着落，事事有回音”。全年累计接待群众来信来访32人（次）。

重要会议

【十七届人大二次会议】 新浦区第十七届人民代表大会第二次会议于2013年1月15日至17日在新浦区政府大会堂召开。大会听取和审议新浦区人民政府工作报告；审查、批准新浦区2012年国民经济社会发展计划执行情况和2013年国民经济社会发展计划（草案）的报告；审查、批准新浦区2012年财政预算执行情况和2013年财政预算（草案）的报告；听取和审议新浦区人民代表大会常务委员会工作报告；听取和审议新浦区人民法院工作报告；听取和审议新浦区人民检察院工作报告。

【十七届人大常委会第十次会议】 2013年2月28日，区十七届人大常委会第十次会议在区人大会议室召开。会议决定任命单晓敏为新浦区人民政府副区长。会议任命：朱晓云为新浦区人大常委会花果山街道人大工作委员会主任；江尧珍为新浦区人大常委会南城街道人大工作委员会主任；江世亚为新浦区人大常委会新海街道人大工作委员会副主任。任命：金立鑫为新浦区人民法院审判员、审判委员会委员；蒋灵均为新浦区人民法院立案庭庭长；武旸为新浦区人民法院审判委员会委员；高兵为新浦区人民法院审判委员会委员、刑庭庭长；李保群为新浦区人民法院审判委员会委员、少年庭庭长；曹洪卫为新浦区人民法院审判委员会委员、交通庭庭长；张鑫为新浦区人民法院审判委员会委员；王道军为新浦区人民法院民二庭庭长；张明为新浦区人民法院审判监督庭庭长；陈利东为新浦区人民法院刑庭副庭长；梁秀萍为新浦区人民法院民一庭副庭长；陈兵为新浦区人民法院民二庭副庭长；张坤瑞为新浦区人民法院民二庭副庭长；陈宽卓为新浦区人民法院民三庭副庭长；冯尊裕为新浦区人民法院民三庭副庭长；陈庆文为新浦区人民法院交通庭副庭长；张玖铭为新浦区人民法院交通庭副庭长；汪洪祥为新浦区人民法院行政庭副庭长；李素平为新浦区人民法院行政庭副庭长；宋春林为新浦区人民法院审判监督庭副庭长；蒋丽萍为新浦区人民法院立案庭副庭长；王明才为新浦区人民法院审判员；乔爱民为新浦区人民法院审判员；刘永红为新浦区人民法院审判员；杜秀丽为新浦区人民法院审判员；时恒雨为新浦区人民法院审判员；郝斌斌为新浦区人民法院审判员；茆翔为新浦区人民法院审判员。免去：蒋灵均新浦区人民法院刑庭庭长职务；武旸新浦区人民法院民一庭副庭长职务；高兵新浦区人民法院行政庭副庭长职务；曹洪卫新浦区人民法院民三庭副庭长职务；蒋丽萍新浦区人民法院民二庭副庭长职务；钱明斌新浦区人民法院审判委员会委员、立案庭庭长、审判员职务；崔国权新浦区人民法院少年庭庭长职务；陶士刚新浦区人民法院行刑庭副庭长职务；乔红新浦区人民法院民一庭副庭长职务；葛军新浦区人民法院民三庭副庭长职务。撤销朱春跃新浦区人民法院民事审判第一庭副庭长职务。通过关于接受王立斌辞去区人民政府区长职务的决定；通过关于单晓敏为新浦区人民政府代理区长的决定；通过关于接受尹哲强辞去区人大常委会主任职务的决定。

【十七届人大常委会第十一次会议】 2013年3月29日区十七届人大常委会第十一次会议在区人大会议室召开。会议听取和审议区政府关于饮用水源保护情况的工作报告；会议审议通过关于批准区政府将2013年新浦区旧城改建项目纳入全区国民经济和社会发展计划的决议。

【十七届人大常委会第十二次会议】 2013年5月30日新浦区十七届人大常委会十二次会议在区人大会议室召开。会议听取和审议区检察院关于控申工作情况的工作报告；会议通过关于确认许可对新浦区第十七届人大代表卢明坠采取强制措施的决定；通过关于接受卢明坠辞去新浦区第十七届人大代表职务请求的决定。会议任命：赵登梅为新浦区人民检察院检察委员会委员；王义云为新浦区人民检察院检察员；卞光耀为新浦区人民检察院检察员；许可为新浦区人民检察院检察员；杨金凤为新浦区人民检察院检察员；潘竹梅为新浦区人民检察院检察员；戴晓君为新浦区人民检察院检察员；免去：张靖新浦区人民检察院副检察长、检察委员会委员、检察员职务；刘作华新浦区人民检察院检察员职务；王建力新浦区人民检察院检察员职务；于洪霞新浦区人民检察院检察员职务。

【十七届人大常委会第十三次会议】 2013年6月20日区十七届人大常委会第十三次会议在区人大会议室召开。会议审议通过关于批准区政府将浦南城乡统筹新镇区建设项目纳入新浦区国民经济和社会发展计划的决议；会议通过关于接受熊胜波辞去新浦区第十七届人大常委会委员职务请求的决定。会议任命：范永涛为新浦区人大常委会办公室主任；霍广春为新浦区人大常委会环境资源城乡建设委员会主任；陈沫为新浦区人大常委会内司委副主任（正科级）；魏东为新浦区人大常委会路南街道人大工作委员会主任；顾永胜为新浦区人大常委会浦西街道人大工作委员会副主任。免去：郭宝光新浦区人大常委会办公室主任职务；吴军新浦区人大常委会环境资源城乡建设委员会主任职务；孙君玲新浦区人大常委会浦西街道人大工作委员会主任职务；熊胜波新浦区人大常委会路南街道人大工作委员会副主任职务。决定任命：张振亭为新浦区人民政府办公室主任；吴卫东为新浦区民政局局长；卞剑为新浦区司法局局长；乔敏为新浦区人力资源和社会保障局局长；张建为新浦区商务局局长；刘虹为新浦区文化体育旅游局局长；吕芳芳为新浦区人口和计划生育局局长；张义彪为新浦区审计局局长；何洪壮为新浦区统计局局长。决定免去：王从峰新浦区人民政府办公室主任职务；卞剑新浦区民政局局长职务；张义彪新浦区司法局局长职务；张振亭新浦区人力资源和社会保障局局长职务；葛艳艳新浦区商务局局长职务；范益军新浦区文化体育旅游局局长职务；陈金芳新浦区人口和计划生育局局长职务；乔敏新浦区审计局局长职务；吕芳芳新浦区统计局局长职务。

【十七届人大常委会第十四次会议】 2013年7月26日区十七届人大常委会第十四次会议在区人大会议室召开。会议听取和审议区政府关于2013年上半年国民经济和社会发展计划执行情况的报告；关于2013年上半年财政预算执行情况的报告；关于对2012年财政预算执行情况和其他财政收支情况的审计报告。

【十七届人大常委会第十五次会议】 2013年9月27日新浦区十七届人大常委会第十五次会议在区人大会议室召开。会议听取和审议区政府关于代表建议办理情况的工作报告和区政府关于《中华人民共和国食品安全法》贯彻落实情况的工作报告。会议审议通过关于批准将2013年新浦区旧城改建新增项目纳入全区国民经济和社会发展计划的决议。会议任命：徐恒喜为新浦区人大常委会云台街道人大工作委员会主任；张伟为新浦区人大常委会云台街道人大工作委员会副主任。免去：陈沐新浦区人民检察院委员会委员、检查员职务；吴俭新浦区人民检察院检察员职务。

【十七届人大常委会第十六次会议】 2013年11月28日新浦区十七届人大常委会第十六次会议在区人大会议室召开。会议听取和审议区政府关于农村环境综合整治情况和区法院关于审判管理情况的工作报告；会议审议通过关于批准将2013年新浦区旧城改建新增项目纳入全区国民经济和社会发展计划的决议；审议通过关于批准为连云港市滨河股权投资基金合伙企业（有限合伙）提供财政担保的决议。会议通过关于批准区人民法院增加人民陪审员名额的决定；通过关于补选新浦区第十七届人民代表大会代表的决定。会议任命：付方远为新浦区人民检察院检察员；李艳云为新浦区人民检察院检察员；陈凌为新浦区人民检察院检察员。免去：王荣新浦区人民检察院检察员职务。任命：杨永成、刘静华、胡春德、蒋玲、南桂芹、李素云、柴海英、蒋桂红、朱春静、孙宜沛、李守忠、董永彩、苗乃玉、刘剑波、张传东、周磊、刘清华、刘素梅、李连霞、林玉喜、孙桂红、王统绕、孙加祥、庄汉刚、李乔才、汪守云、姚苗苗、周明、王永芝、赵庆雨、彭必友、邱维金、顾德萍、陈霞、王必然、徐海英、姜汉文、杨明、胥传之、杨维根、孔怡、顾金凯、周月平、李同保、王明奎、黄晓霞、鲍业楚、王秀礼、孙建祥，章跃中、赵云、黄祖军、武可书、王启宏、李德亮、周永、卞绍云、杨建中、赵跃、朱燕昌、刘景涛、吕汇、李冬梅、赵晓光、侯丽娜、周静、李艳芬、钱均、张亮、黄亚君、徐凌、王怀坤、薛涵兮、贺小平、李玲、王琴、高志、刘鸿羽、曹继红、陈健、李海云、张庆运、柴林峰等83人为新浦区人民法院人民陪审员。

【十七届人大常委会第十七次会议】 2013年12月24日新浦区十七届人大常委会第十七次会议在区人大会议室召开。会议通过代表资格审查委员会关于代表变动情况的报告；通过区十七届人大三次会议决定；通过区十七届人大三次会议议程；通过区十七届人大三次会议主席团和秘书长建议名单；通过区十七届人大三次会议列席人员范围的决定；通过区十七届人大三次会议特邀人员名单；会议审议通过关于批准《新浦区生态区建设规划（2013—2017）》的决议；审议通过关于批准调整全区2013年财政预算的决议；通过关于接受朱加刚、郑斌辞去新浦区人民政府副区长职务的决定；补选市十三届人大代表；决定任命：王友君为新浦区人民政府副区长。任命：傅成保为新浦区人民法院副院长、审判员、审判委员会委员。免去：葛梦阳新浦区人民法院审判员、审判委员会委员职务；通过关于接受葛梦阳辞去新浦区人民法院院长职务的决定；通过关于傅成保为新浦区人民法院代理院长的决定；讨论《区人大常委会工作报告》。

（撰稿：张　波
审稿：马玉青）

新浦解放中路　　（韩世泳　摄）

新浦区人民政府

区政府常务会议

【区十七届政府第6次常务会议】 2013年1月31日上午，区长王立斌在424会议室主持召开区十七届政府第6次常务会议。会议听取节日期间重点安全保障、滨河新城和开发区建设、2013年国民经济与社会发展计划安排、招商引资、花果山和南城撤乡（镇）设立街道办事处等相关工作的情况汇报，安排部署了当前工作。

一、关于节日期间重点安全保障工作

会议听取关于信访稳定、安全生产、森林防火、消防安全、食品监管、文化生活、扶贫助困等节日期间重点安全保障工作情况的汇报。会议指出，安全保障工作事关人民群众生命财产安全、事关改革发展稳定大局。春节将至，各乡镇、街道、区各有关单位要进一步提高思想认识，加强组织领导，狠抓关键环节，突出抓好信访稳定、安全生产、食品安全等与群众生活密切相关的安全保障工作，确保全区节日期间和谐稳定。要切实抓好冬季安全生产和重点行业领域的安全生产整治，扎实做好森林防火工作，突出抓好人员密集场所的消防安全，严格落实应急值守制度，务必确保全区安全生产形势总体稳定。加强对重点场所、重点品种的食品安全监督检查，满足人民群众节日生活需求。丰富城乡居民的节日精神文化生活，精心安排文化娱乐活动，努力营造欢乐祥和的节日氛围。在扶贫助困过程中要进一步加大宣传力度，畅通捐助渠道，区财政向每个乡镇、街道拨付6万元，各乡镇、街道配套一部分资金，由区民政局统一扎口，进一步扩大走访面，将扶贫助困范围再扩大1000户，特别困难的要达到1000元/户，其他的要达到500元/户，确保让城乡困难群众都能感受到党和政府的温暖。

二、关于滨河新城和开发区建设事宜

会议听取关于滨河新城和开发区建设情况汇报。会议指出，滨河新城及开发区建设框架已在去年基本拉开，这是今后新浦区发展的潜力所在、希望所在。2013年，除了基础设施建设以外，滨河新城要在公共配套设施建设方面取得突破，行政商务区、学校、医院、房地产等重点项目要出形象。开发区要集中精力抓招商，确保在招引大项目、重点产业项目上取得突破。

三、关于2013年国民经济与社会发展计划安排情况

会议听取区经发局2013年国民经济与社会发展计划安排情况汇报。会议指出，2014年主要经济指标安排要综合考虑当前宏观经济环境和新浦区跨越赶超的现实需要，以及衔接“十二五”规划指标的要求，科学安排，合理确定。会议原则同意2013年国民经济与社会发展计划安排，由区经发局进一步修改完善后提交区委常委会讨论。

四、关于招商引资工作

会议听取区商务局关于2013年招商引资情况汇报。会议指出，2013年，全区上下要把招商引资作为加快发展的第一动力，抢抓机遇的第一抓手，坚持招大商、大招商，营造招商引资的浓厚氛围。会议要求，各目标单位要进一步明确工作职责，完善工作机制，将招商引资目标任务分解到位，确保完成目标任务。区商务局要认真做好招商引资的通报和考核工作，精心组织好各类招商活动，坚持内资、外资并重，进一步完善考核激励机制，形成全民招商的强大合力。

五、关于花果山和南城撤乡（镇）设立街道办事处事宜

会议听取区民政局关于花果山和南城撤乡（镇）设立街道办事处的情况汇报。会议认为，花果山、南城撤销乡（镇）改建街道办事处是推进城市化进程的重大举措，是社会经济发展的需要。会议要求，由区民政局牵头研究拟定实施方案，进一步理顺相关事务，合理推进，具体工作由区委、区政府相关领导组成的领导小组负责。花果山、南城目前仍按乡镇体制运转，有序推进各项工作。同时积极做好相关宣传工作，维护经济社会发展稳定大局。

六、关于当前工作

会议指出，当前临近春节，各项工作千头万绪，统筹做好节日期间各项工作，对于夺取全年工作“开门红”具有重要意义。一是确保首月首季“开门红”。各单位、各部门要

按照区委九届四次、区十七届人大二次会议提出的目标任务，切实加大工作力度，狠抓各项工作落实。严格按照“抓早、抓准、抓紧、抓实、抓好”的要求，突出滨河新城、开发区、现代农业产业园区以及排定的90个重点项目，强化经济运行调度，确保实现“开局即胜”。要认真做好全区项目集中开工暨首季“开门红”动员大会筹备工作。二是全面安排好节日期间物质文化生活。春节期间是市场消费旺季，要强化市场供应，保障质量安全，维护物价稳定。商务、物价、工商等部门要统筹抓好市场保供和价格稳定工作，卫生、药监等部门要加大食品药品安全监管，确保节日期间饮食用药安全。要组织好节日期间文化活动，按照属地管理、条块结合的原则，由文化部门牵头，各街道、相关部门认真组织开展形式多样、健康向上的群众性文化体育娱乐活动，丰富群众的文化生活。三是开展好群众生产生活。区民政、人社等部门要精心安排，积极组织开展走访慰问活动，切实帮助城乡群众解决实际困难。区住建、人社部门要加强督促检查，有效解决农民工工资拖欠问题。对于因房屋征收在外过渡的群众，各相关单位要妥善做好安置工作，对存在困难的要及时给予必要的救助。要抓好节前氛围营造工作，区城管、住建等部门要按照市里的统一部署做好城区亮化、美化工作，以整治、靓丽的环境迎接新春佳节的到来。四是确保社会和谐稳定。要继续认真落实维稳责任，重点围绕企业改制、征地拆迁、涉法涉诉等群众反映强烈的突出问题，深入排查矛盾隐患，强化属地管理，注重信息预警，积极化解社会矛盾和风险，确保春节期间社会稳定。要严格落实安全生产责任制，安监、公安、住建等部门要加大对建筑施工、烟花爆竹、商贸市场、娱乐场所等重点行业领域、重点企业和重点部位检查监管，全面排查和整治各类隐患，逐一落实整改措施，有效防范重特大事故。要加强对节日期间大型群众性活动的组织管理，严防事故发生。要进一步加强节日期间的值班工作，严格执行专人值班和领导带班制度，遇有重大突发事件或重要紧急情况，立即按规定请示报告，并及时采取措施妥善应对。五是严格要求廉洁自律。中央、省、市相继出台改进作风、密切联系群众的相关规定，习近平总书记对厉行勤俭节约反对铺张浪费作出重要批示。各级领导干部要坚决贯彻落实好中央、省、市文件精神，认真执行廉洁自律各项规定和厉行节约有关要求，自觉抵制各种不良风气，做到廉洁自律过春节。

【区十七届政府第7次常务会议】 2013年3月18日下午，代区长单晓敏在424会议室主持召开区十七届政府第7次常务会议。会议讨论2013年招商引资考核办法，听取全区安全生产和资产整合工作情况汇报。

一、关于2013年招商引资考核办法

会议听取并讨论2013年招商引资考核办法。会议强调，招商引资内外资指标是全市目标考核中难度、压力较大的指标之一。招商引资考核办法的制定充分体现“重激励、严考核、硬约束”原则，对推进全年招商引资工作的完成具有重要意义。会议原则通过《2013年招商引资考核办法》，由区商务局根据本次会议的讨论意见，进一步修改完善，再以书面形式征求各单位、各部门意见后，提交区党政联席会讨论研究。

二、关于安全生产工作

会议听取区安委会办公室关于2013年以来全区安全生产工作情况汇报。会议要求，一要强化思想认识。各单位、各部门要进一步提高对安全生产工作的认识，切实做到警钟长鸣、常抓不懈；各分管领导要强化安全生产“一岗双责”意识，增强责任感，在抓好经济社会发展的同时，不放松安全生产工作。二要突出工作重点。各单位、各部门和安监部门要重点围绕人员密集场所及存在安全隐患场所，加大巡查监管力度，切实抓好安全生产工作，为新浦区经济社会发展创造稳定的发展环境。三要强化工作机制。各单位、各部门要以严密有序的机制、细致务实的措施、高度负责的责任开展安全生产工作。由区安监局牵头，进一步梳理出2013年安全生产工作重点，采取措施，强化人、财、物调度，确保安全生产工作万无一失。

三、关于全区资产整合工作

会议听取全区资产整合情况汇报。会议强调，在全区大开发、大建设的态势面前，以政府为主的投资项目总额逐年提高，资金来源主要依靠区级投融资平台。目前工作难点是没有有效的资产运作整合。会议要求，区各相关部门要高度重视此项工作，统一思想，以全区资产整合为重，在现有的基础上以更大的力度、更快的速度推进投融资平台建设。区财政局、瀛洲公司要根据旧城改造、滨河新城建设、开发区西拓、城乡统筹四大会战资金需求，拟定融资计划、路径及步骤，确保项目资金使用。第一批要将已梳理的地块、房产尽快注入到投融资平台；第二批要将社区用房、新浦公园等资产有效整合；第三批要与岗埠农场合作，通过土地增减挂钩指标运作土地。浦南镇及相关部门要在存量土地上下功夫，确保在年底前运作土地33.33公顷。规划、国土、物价等条管部门要积极配合做好资产注入相关工作。

【区十七届政府第8次常务会议】 2013年4月28日上午，代区长单晓敏在424会议室主持召开区十七届政府第8次常务会议。会议讨论关于共建共用新浦开发区（现代服务业集聚区）的试行办法、关于做大做强工业骨干企业的暂行办法、关于2013年夏季秸秆综合利用与禁烧工作实施意见及浦南镇环境卫生管理运行体系方案。

一、关于共建共用新浦开发区（现代服务业集聚区）的试行办法

会议听取并讨论关于共建共用新浦开发区（现代服务业集聚区）的试行办法。会议指出，新浦区工业基础较为薄弱，体量相对较小，做大、做强、做优工业是当前经济工作的重中之重。除洪门街道外，新浦区各街道基本没有载体供工业项目落户。区域经济要靠抓项目、抓工业来支撑发展，要充分发挥镇街的积极性，特别是把各街道的力量和资源调动起来，将发展工业经济的压力传递到街道。会议强调，共建共用新浦开发区（现代服务业集聚区）关键点首先在于共用。实施意见出台后，各镇街承担的相应指标要增加，区商务局要将已有目标进一步细化到具体项目；其次要做好项目认定工作，由区经发、财政、统计、商务等部门组成的共建共用领导小组办公室具体负责，原先出台的相关政策是否继续执行要提交共建共用领导小组进一步讨论决定。关于项目的区内统计，按照“面子上归街道、里子上按分成”执行；对区外考核统计，按属地原则进行统计。其他产业招引工作也可以参照本办法执行。会议要求，《关于共建共用新浦开发区（现代服务业集聚区）的试行办法》，由区经发局根据本次会议的讨论意见，进一步修改完善后，提交区党政联席会讨论研究。

二、关于做大做强工业骨干企业的暂行办法

会议听取并讨论关于做大做强工业骨干企业的暂行办法。会议指出，壮大新浦区工业，一是靠招商引资，二是靠发展现有企业。目前新浦区政府层面对于已有骨干企业发展的扶持、引导及帮助还不够，企业在发展过程中遇到很多问题。《做大做强工业骨干企业的暂行办法》的制定，就是要通过有效办法来扶持工业骨干企业，鼓励引导企业上台阶、扩规模，使企业有积极性做大做强，增资扩股。会议要求，区经发局根据本次会议的讨论意见并结合省市相关政策要求，进一步修改完善。

三、关于2013年夏季秸秆综合利用与禁烧工作实施意见

会议听取并讨论2013年夏季秸秆综合利用与禁烧工作实施意见。会议指出，新浦区去年秋季秸秆综禁工作在各单位各部门的共同努力下，取得阶段性成果。2013年夏天禁烧工作的形势更加严峻，各单位各部门要以高度紧迫感和责任感来完成此项工作。一是要做好宣传。各镇街、农场要充分利用广播、标语、专栏、黑板报等宣传手段，进一步大力宣传秸秆禁烧和综合利用工作的重要意义，转变农户传统的生产任务观念；要在主要路段、街道悬挂过街横幅，刷写宣传标语，为实施秸秆禁烧和综合利用工作营造良好的工作氛围。二是要措施到位。夏季秸秆综禁工作最关键环节是秸秆还田，各镇街、农场秸秆还田要细化到每一亩地，凡是不还田的要明确堆场及后期处理方式。三是要加强督察。各街道要成立小分队进行互查。公安部门要加大巡查力度，环保、农水、消防等部门执法工作要到位，确保今年综禁工作圆满完成。同时，区财政、环保、农水部门要加大对上资金与政策的争取力度。会议要求，区农水局就文件中“全力推进秸秆机械化还田”及“加大资金扶持力度”和财政局进一步对接，区综禁办根据会上讨论意见进一步完善方案。

四、关于浦南镇环境卫生管理运行体系方案

会议听取并讨论浦南镇环境卫生管理运行体系方案。会议指出，浦南镇环境卫生管理是城乡统筹的一个重要组成部分，要将其纳入到全区环卫管理一体化中。目前浦南镇环卫管理首要问题是垃圾清运。会议决定，会后由区城管局与区财政局进一步核算购买车辆及每天垃圾清运过程中产生的运行费用，购买机械的费用区财政支出为主，车辆及驾驶人员由区环卫处进行管理；日常运行费用由区镇两级按一定比例共同承担；垃圾中转处理费用以镇为主，区里给予一定补贴。保洁方面由浦南镇负责，日常保洁由镇村负责，主干线及河道的垃圾由镇组织力量定期集中处理，列入考核范围。区财政、城管要向市财政、城管积极争取，将浦南镇纳入到全市环卫体系中去。

【区十七届政府第9次常务会议】 2013年5月23日下午，代区长单晓敏在424会议室主持召开区十七届政府第9次常务会议。会议听取城乡统筹相关政策及全区防汛工作情况汇报。

一、关于城乡统筹相关政策情况

会议听取并讨论城乡统筹相关政策。会议指出，城乡统筹工作是2013年全区的一号工程，自2月份启动实施以来，全区上下克服诸多难题，在规划设计、基础设施建设等方面均取得阶段性成果。要加快实现农村社区化、农业园区化、农民市民化，迫切需要在体制政策方面进行探索突破。会议强调，一是抓好政策的宣传。相关部门及镇街要加大政策宣传引导力度，为城乡统筹营造良好的舆论氛围。二是抓好政策的衔接。做好上级已出台政策及前期出台文件的有效衔接，保持政策的连续性和有序性。三是抓好政策的落实。各单位、各部门要各司其职，各负其责，密切协作，将政策落到实处，抓出实效。会议要求，区农水局、文体旅游局要根据会议提出的意见，对文件内容进一步修改完善。

二、关于全区防汛工作进展情况

会议听取全区防汛工作进展情况汇报。会议指出，汛期即将来临，各单位、各部门要切实增强责任感和紧迫感，全力以赴做好各项防汛准备工作。会议强调，一要高度重视防汛工作。各单位、各部门要全面落实防汛工作责任，主要领导要亲自抓、负总责，分管领导要靠前指挥，深入重点地段和薄弱环节，现场解决实际问题，全面抓好各项工作措施落实，将防汛责任与任务逐条落实到人、落实到基层。相关部门要加强汛期雨情、水情等监测预警预报，做好灾害性天气预测预报工作。二要全力做好防汛准备工作。防汛抗旱指挥部成员单位要立足于防大汛、抗大灾，做到高度戒备、充分准备、严密防备，全面落实各项防汛预案，确保安全度汛。相关单位要加强与市防指及新海新区等有关部门的对接工作，进一步完善各项防汛预案，抓紧调剂补足各类防汛物资，加强抢险专业队伍建设，积极开展防汛应急演练，提高防汛抢险工作的能力和水平。三要严格落实防汛措施。针对年初排定的各项防汛工程，各有关单位要在汛期来临前不惜一切代价完成，确实无法实施的，要征得市防汛指挥部及市相关部门同意。相关单位和部门要对病险工程、险工地段、城区易涝点等重点

区域进行排查，在继续完善防汛基础设施的同时，提前谋划应急措施。同时，对城区内的河道、排水管网、暗渠、雨水井、排水泵站进行全面检查，认真做好清掏、疏通、维修和养护工作。四要强化监督检查。区督察办要会同区政府办赴各单位、各部门检查指导防汛工作，并及时将督察情况通报给区相关领导及有关部门。

【区十七届政府第10次常务会议】2013年8月1日下午，代区长单晓敏在二楼会议室主持召开区十七届政府第10次常务会议。会议听取2013年以来全区国民经济运行情况、全区安全生产工作及上半年消防安全形势、润科现代服务业中心等资产置换情况汇报，审议万鼎玻璃项目合作协议。

一、关于2013年以来全区国民经济运行情况

会议听取区经发局、财政局、商务局、统计局关于2013年以来全区国民经济运行情况汇报。会议指出，2013年以来全区经济运行情况总体良好。各部门、各单位要切实增强压力感、紧迫感和责任感，强化目标意识，紧紧咬住序时，继续保持“双过半”指标完成的良好态势，确保全年目标任务的全面完成和超额完成。会议要求，一是要进一步明确各项经济指标任务。各单位、各部门要提高认识，明确具体任务、完成主体和时间节点，做到条块结合。各主管部门既要做好业务上的指导及指标的扎口工作，也要做好未分解任务指标的落实工作。二是要补短腿、找差距。根据年初确定的各项目标，各部门、各单位要认真总结，寻找差距，严格目标管理，采取切实措施，确保全年目标的完成。三是要完善机制，加强运行分析和督察推进。通过经济分析会、重点工程过堂会、招商引资过堂会以及难题会办会、现场推进会等机制，及时发现问题，有的放矢，督察推进各项目标进度。四是要继续重视招商引资工作。下半年，要充分做好“走出去、请进来”招商活动，狠抓“书记项目”“区长项目”的推进，各镇街要尽快确定、抓实“书记项目”“镇长（主任）项目”。五是要做好信访稳定工作。深入开展“百日百案化解”活动，通过包案化解、定期接访、主动约访、带案下访，有效化解信访案件，为经济发展营造稳定和谐的社会环境。

二、关于全区安全生产工作及上半年消防安全形势情况

会议听取全区安全生产工作及上半年消防安全形势情况汇报。会议原则通过区安监局拟订的2013年度安全生产监管行政执法工作计划。会议要求，各单位、各部门对于安全生产工作要警钟长鸣、常抓不懈。要进一步深化“一岗双责”责任制，对市场、餐饮场所、化工企业、大浦磷矿等重点区域要认真落实安全生产各项措施。要精心抓好安全生产工作，突出重点，重抓隐患和源头治理，对已出现的隐患要一抓到底，同时加快推进白虎山市场、德邦地块改造工作。通过加大宣传、发动群众，对重点场所要加强消防演练，保持全区安全生产形势稳定。

三、关于万鼎玻璃项目合作协议

会议审议万鼎玻璃项目合作协议。会议原则通过该合作协议。会议指出，万鼎玻璃项目的落户，对于推动新浦区经济发展具有重要意义，经过前期谈判，双方已确定合作意向。会议要求，相关部门要严格把关协议条款，每项内容均要符合法律规范。协议以新浦经济开发区名义签订，开发区要根据会议讨论情况进一步修改完善。

四、关于润科现代服务业中心等资产置换

会议听取关于润科现代服务业中心等资产置换情况汇报。会议指出，通过润科现代服务业中心等一系列资产置换，既增加原东河新城行政中心、民主路老办公楼及科技创业中心等资产，与新海新区结算债务，又为下一步融资提供有效的质押物。会议要求，由常务副区长朱加刚牵头，列出具体时间表及实施主体，加快与相关部门的合作，加快完善相关手续，加快资产权证办理工作。

【区十七届政府第11次常务会议】2013年10月12日上午，代区长单晓敏在区政府210会议室主持召开区十七届政府第11次常务会议。会议听取并审议全区目标考核办法、政府性投资项目资金管理、跟踪审计、招投标监督管理办法，讨论秋季秸秆综禁工作方案、考核奖惩办法及秸秆综合利用工作实施意见，研究城区、农村秋季绿化工作方案和2013—2014年度森林防火方案。

一、关于全区目标考核办法

会议听取并审议《2013年度全区经济建设和社会发展目标综合奖考评办法及表彰奖励意见》。会议指出，目标考评办法在制定过程中要严格遵循“明奖惩、重纪律、严考核”的原则，广泛征求四套班子领导、各镇街及考核部门的意见，与市考核办法做好对接，与区年初制定的目标相衔接，做到开门考核。会议原则同意区经发局拟定的考评办法及表彰奖励意见。会议要求，在考核内容上要突出重点，发挥导向和激励作用，对全区重点工程要制定专项考核办法，加大对重点工程、重点项目的考核比重，加大对考核部门的奖惩力度。会议决定，由常务副区长朱加刚牵头，结合会议讨论意见，对目标考评办法进一步修改完善后，提交区党政联席会讨论研究。

二、关于全区政府性投资项目资金管理、跟踪审计、招投标监督管理办法

会议审议并原则通过《全区政府性投资项目资金管理、跟踪审计、招投标监督管理办法》。会议指出，在当前全区大开发、大建设的态势下，资金大进大出，通过制定制度来规范监管资金使用非常必要。监督管理办法从投融资管理、拨付款、招投标、跟踪审计等方面完善制度、加强管理，规范政府运行和整体管理水平。会议要求，各部门、各单位要高度重视，按照工程建设监管操作办法，严格规范操作程序，规范项目管理，保证工程质量，提高资金使用效益。区财政局、审计局、监察局要以此为依据，进一步加强政府性投资项目的监督和管理，增强资金使用的科学性和安全性。

三、关于2013年秋季秸秆综合

利用与禁烧工作方案、考核奖惩办法、实施意见

会议讨论《2013年秋季秸秆综合利用与禁烧工作方案》《2013年秋季秸秆综合利用与禁烧工作考核奖惩办法》《2013年秋季秸秆综合利用工作实施意见》。会议指出，新浦区夏季秸秆综禁工作在广大干群的共同努力下，第一次真正意义实现“不烧一把火、不冒一处烟、不污一条河”目标，取得了阶段性成果。各单位、各部门要再接再厉，以高度责任感做好秋季秸秆综禁工作。一是要抢抓时间。目前，国家、省厅已开始进行卫星遥感监测。根据2013年天气情况，再过10天开始秋收，时间紧、任务重；二是要做好宣传。各镇街、农场及宣传部门要营造良好的舆论氛围，加大宣传力度，确保做的早、做得好、做到位；三是要组织有序。各镇街、农场要将每一地块的利用方式落实到具体责任人，明确秸秆收割场地、运输方式、堆放场地等；四是要措施到位。各镇街、农场及相关部门要根据自身的实际制定切实可行的方案，确保秋季秸秆综禁工作落到实处；五是要加强督察。各镇街要成立小分队进行互查，公安部门要加大巡查力度，区环保、农水、消防等部门执法工作要到位。会议要求，区财政局在会后3个工作日内，将夏季秸秆区级扶持资金拨付到位；区环保局要积极与市环保局对接，为农场争取相关专项资金；区综禁办根据讨论意见，进一步与相关单位沟通、修改完善后，尽快行文下发。

四、关于全区城区、农村秋季绿化工作方案

会议听取并讨论《全区城区秋季绿化工作方案》《全区农村秋季绿化工作方案》。会议指出，2013年的秋季绿化造林工作要按照既定目标任务，围绕“数量、质量”两个方面，做好绿化种植和品质提升工作，迅速掀起秋季绿化造林高潮。一是抢抓时机。秋季绿化成本低、成活率高，各责任单位要明确工作职责，抢抓时机做好绿化工作；二是扩量提档。对每责任单位实施项目、种植地点、建设规模、栽植标准等都作了详细的说明，树量、树种要规范合理；三是突出重点。做好春季绿化重点地块的补植、管护工作。城区主要任务是垂直绿化，除主干道外的固定围墙100%垂直绿化，浦南镇重点做好龙浦大道以北的土地流转及绿化工作，花果山街道、南城街道要做好山体绿化工作；四是强化督察。各镇街要成立小分队进行观摩比较，区住建局、农水局、督察办要组织集中督察。区住建局和农水局根据本次会议的讨论意见，进一步与相关单位沟通、修改完善后，尽快行文下发。

五、关于全区森林防火方案

会议听取并讨论区农水局关于《2013—2014年度全区森林防火方案》情况汇报。会议指出，新浦区管辖的山场面积增加，今冬明春防火压力较大。一要配备专业队伍。增加8名区级专业防火人员，纳入财政预算，相关车辆、器材、设备等分3—5年逐步解决；二是划清责任分区。朐阳街道与锦屏山景区尽快商榷界线，打好界桩；三是抓紧防火演练。原有的街道防火队伍，区城管、公安部门的半专业防火队伍，需尽早进行演练，熟悉地形地貌，并根据方案要求做好消防通道和隔离带的建立；四是卡口管理到位，做到“六有”卡口建设标准；五是注重宣传实效。做好进山村民和护林员的责任意识教育，做实日常基础性规范工作，一旦火情发生，做到调度有序。会议要求，区农水局根据本次会议的讨论意见，进一步修改和完善，尽快行文下发。

【区十七届政府第12次常务会议】 2013年12月16日下午，代区长单晓敏在区政府210会议室主持召开区十七届政府第12次常务会议。会议听取并讨论《政府工作报告（讨论稿）》，审议关于实施黄海度假村片区旧城区改造和连盐铁路建设项目房屋征收事项。

一、关于《政府工作报告（讨论稿）》

会议原则同意区政府办公室起草的拟提请区第十七届人大三次会议审议的《政府工作报告（讨论稿）》，会后，由区政府办公室根据会议讨论意见进一步修改完善后，提交区委常委会研究审定。会议强调，提请区十七届人大三次会议审议的《政府工作报告》，是指导新浦区2014年经济社会发展的重要纲领性文件。要以高度负责的态度，认真梳理、提炼、科学吸纳各方面提出的意见和建议，进一步修改完善和充实报告内容，使报告内容全面、表达新颖、重点突出、思路清晰、求真务实，更加符合新浦区具体实际，更加符合科学发展要求，更加反映人民群众意愿和期盼。

二、关于实施黄海度假村片区旧城区改造和连盐铁路建设项目房屋征收事项

会议原则同意区房屋征收局关于实施黄海度假村片区旧城区改造和连盐铁路建设项目房屋征收情况报告，同意对上述两个项目实施房屋征收。会议指出，房屋征收补偿安置工作涉及被征迁群众的切身利益，制定利民惠民的补偿安置方案，有利于赢得被征迁群众的理解支持，确保征收工作顺利开展。会议强调，房屋征收补偿安置工作涉及面广，群众利益诉求复杂。加之元旦、春节双节临近，各相关部门要严格依法征收，坚持以人为本，认真做好项目社会稳定风险评估，妥善搞好补偿安置，和谐有序推进房屋征收工作。

区长办公会议

【民办养老机构安全管理工作会议】 2013年2月5日上午，副区长于卉在517会议室主持召开会议，专题研究民办养老机构安全管理工作，区政府办、民政局、卫生局、安监局、新浦消防大队负责人及联合执法组全体人员参加会议。

会议分别听取区民政局、卫生局、安监局、新浦消防大队关于民办养老机构联合执法检查情况汇报。

会议强调，各职能部门要充分认识民办养老机构安全管理的重要性，牢固树立“生命第一、安全第一”的意识，把安全管理工作纳入日常工作重要议程，切实加大对民办养老机构的监管力度，确保民办养老机构防护措施到位，不发生安全事故。

会议要求，一是建立定期联合执法检查、定期回访和信息互通制度。每季度至少组织全面联合执法检查一次，对检查出的问题及时下发整改通知书，限期整改。要强化联合执法实效，以定期回访等方式，通过各职能部门、街道办事处、社区共同督促，促使各民办养老机构整改到位。各相关单位要建立联合检查信息互通机制，及时沟通，切实履行安全监管职责。二是强化民办养老机构规范管理。严把民办养老机构市场准入关，建立健全安全管理规章制度和服务标准。抓好安全防范宣传教育和培训，不断提高民办养老机构从业人员及入住老人的安全意识和自救能力。督促民办养老机构落实24小时值班和夜间巡查制度，尽快引导启动“呼叫”系统建设，防患于未然，确保民办养老机构运营安全。三是加快区级社会福利中心建设步伐。尽快启动区级社会福利中心提档升级工程，确保6月底建成并投入使用。加大对公办养老机构的资金投入，增强公办养老服务机构的吸纳服务功能。

【孔望山新城地块论证会】 2013年4月20日下午，新浦区政府组织召开孔望山新城07—01、07—04地块内因排洪通道位置调整涉及用地红线图及规划条件调整论证会，市纪委、市国土局、市规划局、市水利局、海州区农水局等单位相关负责人参加会议。市规划市政设计院汇报排洪通道的调整方案，与会领导和专家进行讨论和研究，形成意见如下。

排洪沟调整工程属未批先建工程，已经水利部门验收合格，建设单位应尽快补办并完善相关手续，具体意见为：1.补办城管部门相关手续；2.补充并完善设计方案，补充水利主管部门方案审查意见，明确已建成排洪沟是否满足规划要求，同时明确排洪沟用地边界、水利管理范围及建筑退让水利用地边界，明确能否在排洪沟上方规划车行通道及绿化覆土要求；3.上报市规委会同意后进行公示，按程序调整原挂牌红线及规划条件，报国土部门完善相关土地手续；4.尽快按程序调整该地块的控制性详细规划；5.调整后的建设基地用地面积不得大于原出让建设基地面积。

【新科研磨厂申报福利企业资格会议】 2013年8月15日下午，副区长于卉在区政府1301会议室主持会议，研究讨论新科研磨厂重新申报福利企业资格事宜。区民政局、残联、人社局，区检察院、市国税局三分局、市地税局六分局等相关单位负责人参加。

会议听取区民政局关于新科研磨厂重新申报福利企业资格的汇报。新科研磨厂法人代表朱立起，厂址在立圩路3号。2011年，该厂被区检察院查出18名残疾职工空挂未上岗，依据《江苏省福利企业年审办法》（苏民规〔2010〕1号），三年内不得享受福利企业退税政策。目前，该厂经过整改，清退18名空挂残疾职工，现安置32名残疾职工上班，整改后已符合福利企业参加年检的基本条件。

会议一致同意，提前给予该厂以新的企业名称重新申报福利企业资格。

会议要求，新科研磨厂必须规范管理，健全各项内部规章制度，逐步完善残疾职工上岗基本设施，遵守税法法规，如实申报纳税，不得虚报残疾在职职工人数。必须严格按照省、市对福利企业相关管理规定，为残疾职工提供合适岗位，签订用工合同，工资不得低于当地最低工资标准，及时缴纳保险，不得存在任何空挂的情况。各职能部门要严格按照省、市对福利企业资格申报、认定的相关规定协助办理相关手续，强化责任意识，建立科学、协调、联动的工作机制，在日常检查、监督管理中把好关，定期、不定期对福利企业进行核查，加强规范管理，扶持福利企业健康发展，形成齐抓共管局面。

【滨河新城会议】 2013年9月30日上午，代区长单晓敏在区政府1001会议室主持召开会议，专题研究滨河新城管委会与中兴通讯公司、滨河新城管委会与红钻集团合作协议，区政府办、经发局、科技局、监察局、司法局、财政局、住建局、商务局、审计局、新浦国土分局、新浦规划分局、滨河新城指挥部等部门负责人参加会议。

会议听取并原则同意区科技局关于滨河新城管委会与中兴通讯公司合作协议、区商务局关于滨河新城管委会与红钻集团合作框架协议。

会议强调，中兴通讯项目及红钻集团项目对于新浦区服务业发展及滨河新城建设具有重要意义，各相关单位要对上述项目高度关注和鼎力支持，滨河新城管委会作为签约主体，必须抢抓合作机遇，全力以赴做好项目跟踪服务，确保项目尽快签约建设。

会议要求，协议起草单位要根据会议提出的修改意见，对相关文件内容进一步修改完善，增强可操作性。

【连盐铁路拆迁安置房会议】 2013年11月5日下午，代区长单晓敏在区政府1001会议室主持召开区长办公会，专题研究连盐铁路新浦区段拆迁安置房土地供应及建设协议、连云港滨河股权投资基金发行事宜。区政府办、滨河新城管委会、财政局、房屋征收局、新浦国土分局等部门负责人参加会议。

会议听取并原则同意滨河新城管委会关于连盐铁路新浦区段拆迁安置房土地供应及建设协议、连云港滨河股权投资基金发行事宜。

关于连盐铁路新浦区段拆迁安置房土地供应及建设协议，会议强调，连盐铁路是省、市重点工程，对推动新浦区经济社会发展具有重要意义。切实做好征地拆迁安置工作，确保项目建设顺利实施是一项重大政治任务。会议指出，瑞安花园安置小区的建设，对于保障项目顺利实施起着至关重要的作用。会议要求滨河新城管委会等相关部门要根据会议提出的修改意见，对相关文件内容进一步修改完善，增强可操作性，确保安置房建设的顺利实施。

关于滨河股权投资基金发行事宜，会议指出，发行连云港滨河股权投资基金，是作为当前政府融资有效快捷的有益渠道和补充，发行工作要注意方式方法。会议要求，一是要严格控制好资金发行中的特定对象和50

人上限，尽可能缩小范围。二是在基金规模上，先发行基金一期，规模1亿元人民币，根据一期运行情况，再考虑二期发行时间及规模。三是基金发行的过程中，所有的承诺书、会议纪要以及相关资料，区法制办、监察、审计等部门要做好审核工作，规避风险。

依法行政工作

【概况】 2013年，新浦区依法行政工作严格按照《关于加强市县政府依法行政的决定》《关于加强法治政府建设的意见》等文件要求，并围绕全区中心工作，切实履行政府法制职能，推进政府依法行政进程，明显提升依法决策、依法管理、依法办事的水平和能力，较好地完成全年各项工作任务。

【明确依法行政目标任务】 2013年，在区依法行政工作领导小组的统筹规划和监督指导下，多次召开领导小组工作会议，商议依法行政工作安排，拟定考核方案，形成研究行政执法工作的长效机制。同时明确全区在提升依法执政能力、建设法治政府、健全行政决策机制、加强行政执法监管等4个方面工作任务。制定下发《新浦区政府2013年依法行政工作要点》，明确全年依法行政的目标任务。区政府常务会定期研究依法行政工作重大事项，切实解决推进工作中遇到的问题。积极落实目标任务，将依法行政工作纳入目标考核体系。

【强化领导干部学法用法】 年初制定《2013年度新浦区政府领导干部及行政机关工作人员学法计划》，严格按照计划内容，组织开展区政府领导学法活动，进一步提升区政府各级领导干部依法行政的意识与能力。全年召开区政府党组（扩大）学习会30次，注重对政治理论、经济政策、法律法规等知识的学习，先后学习城市规划、建设、管理3个导则、《关于改进地方党政领导班子和领导干部政绩考核工作的通知》《省政府关于支持苏北地区全面小康建设的意见》等内容。

【落实规范性文件备案审查制度】 2013年，区法制办公室认真落实《江苏省规范性文件制定和备案规定》和《连云港市各级人民代表大会常务委员会关于实施<江苏省各级人民代表大会常务委员会规范性文件备案审查条例>暂行办法》，研究制定《新浦区2013年度政府规范性文件制定计划》，对近五年区政府各部门发布的规范性文件按规定进行复审，进一步提升规范性文件备案审查的主动性。

【落实法律顾问团制度】 2013年，区法制办公室对区城乡统筹相关政策进行法律论证；对黄海度假村片区旧城改造和连盐铁路建设项目房屋征收方案提出修改和补充建议以及法律服务工作；参加领导接访活动4次。

【加强行政复议应诉工作】 2013年，全区共受理行政复议案件申请5件，其中复议劳动监察大队1件、浦东街道办事处2件、民政局1件，教育局1件，办结5件。其中决定维持2件，撤销1件，当事人撤回2件，做到案结事了。并及时组织出庭应诉、提交答辩，积极配合法院执行案件，在应诉中区政府行政首长出庭率达到100%。

【强化行政行为监督】 2013年，区法制办公室多次对行政执法单位进行执法监督，积极开展规范基层行政执法专项行动。年内，组织对全区近100名机关执法工作人员进行《中华人民共和国行政许可法》培训，组织231名工作人员参加江苏省行政执法证考试。

（撰稿：陈 曦）

侨务工作

【概况】 2013年，新浦区侨务工作紧扣全区发展大局，突出社区侨务、侨法宣传、为侨服务、外联经科等工作重点，不断创新工作思路，深入开展创先争优，全区侨务工作取得新进展。贾圩社区、龙尾社区荣获“全国侨务系统‘六五’普法侨法宣传角”荣誉称号，玉龙社区荣获“连云港市侨法宣传角”荣誉称号。

【社区侨务】 2013年，按照侨务社区“一社一品、一社多品”的要求，引导社区侨务工作向“人无我有、人有我优、人优我特”方向发展。深入打造新南街道玉龙侨务社区，针对社区新侨多、留学生多的特点，按照华侨、侨眷、留学生划分小组实行网格化管理服务，分类确定联络员，通过举办侨眷联谊会、留学生家庭联谊会，建立涉侨家庭交流沟通新平台，构建社区侨的大家庭。贾圩社区进一步完善“居家养老”服务，为归侨侨眷提供零利润送餐服务；首创侨眷家庭病房，社区医生免费上门诊治，建立家庭健康档案，实现为侨服务家庭化、个性化。

【侨法宣传】 2013年，区侨务办公室强化侨法宣传，借助郁洲公园“港城法治文化公园”、常乐新村“新浦区法治公园”、路南街道法治文艺广场、新东街道法治长廊、新南街道法治休闲广场、浦南镇农民千米普法示范路等近20处特色法治阵地，大力开展侨法宣传活动，取得较好效果。依托载体强化侨法宣传，充分发挥社区“侨法宣传角”主阵地的示范带动作用，广泛开展侨法宣传，使社区居民在日常生活中就能了解和熟悉侨法。5月30日，连云港市侨办在贾圩社区举办全国“侨法宣传角”揭牌仪式。借助活动强化侨法宣传，组织开展送法进企业、法治文化下乡等宣传活动，共发放宣传资料700余份，接受咨询150余人次，举办侨务社区主题文艺演出2场。

【为侨服务】 2013年，区侨务办公室开展节日走访慰问，温暖侨心活动。春节前，按照市侨办部署，走访部分贫困归侨侨眷，发放慰问金近2万元。创新服务工作载体，贴近侨心。各侨务社区结合各自实际，制作为侨服务联系卡，让归侨侨眷知道他们有事该找谁、怎么找、如何办。做好涉侨信访工作，凝聚侨心。针对辖区朝鲜归侨丁原富多年的信访问题，积极面对，妥善化解，取得明显效果。此外，联系区劳动部门，推进化解辖区法籍华人企业鑫侨足疗劳动纠纷事宜。

【外联经科工作】 2013年，区侨务办公室大力开展招商引资工作，积极融入全区招商大局。配合新浦经济开发区开展招商活动，全年赴浙江丽水、北京等地开展主题招商活动3次，大力推介新浦的产业、项目、环境、政策。充分发挥侨办桥梁纽带作用，配合区商务局在香港、台湾设立区经贸代表处，加强与港澳台同胞和海外侨胞的联络。推进“万侨助万村”活动，鼓励侨资企业、富裕的归侨侨眷与乡镇、村贫困户结成帮扶对子，大吉塑业、奥林匹亚石材、益云金属等侨港资企业安置农村富余劳动力300余名。重抓服务企业，区委、区政府制定出台《关于建立区副处级以上干部联系重点企业制度》，由区领导联系东浦集团、正大天晴药业等侨港资重点项目，实行一个项目一名区级领导牵头、一个工作小组落实、一套服务措施保障、一抓到底见成效的“五个一”的服务协调机制，获得好评。

【侨务捐赠】 2013年，区侨务办公室不断加强侨胞捐赠规范管理，11月18日，第十八届“杨天全奖学金”在新浦区南城小学举行颁发仪式，南城镇37名贫困学生领到4万多元奖学金。连云港市侨办、区委统战部、区侨办、南城镇等单位领导参加颁奖仪式。11月17日至20日，美籍华人杨天全之子杨善海先生来新浦区考察调研，商讨基金会下一步运作模式。

（撰稿：沈剑峰）

人事人才工作

【概况】 2013年，全区人才资源总量较2012年度增长率达到9%，完成目标的100%；高层次人才（副高以上职称或硕士研究生以上学历）占人才资源总量的比例达到5%以上，完成目标的100%；有3人申报省“双创人才”，7人申报省“博士集聚计划”，43人申请市高层次人才补助，49人申报苏北发展急需人才补助。组织区属经济开发区、企业参加“海外高层次人才江苏行”活动。同时，加强博士后工作站建设，建立健全博士后工作管理制度，并认真做好博士后工作站管理经验总结。做好博士后人员招收工作。做好本区对于国外先进技术、管理人才的需求情况摸底，新增专业技术人才1360人，完成考核目标的151%，引进外国智力人数5人，完成考核目标的100%。培训新浦区机关事业单位工勤技能岗位及继续教育人数81人，完成目标的203%。

【人事待遇管理】 2013年，新浦区人力资源和社会保障局（简称人社局）先后指导和参与组织教育系统、卫生系统和全区其他事业单位的公开招聘，共录用77人，没有出现一起违规招聘行为。从2013年1月1日起，适当微调机关津补贴标准和事业单位绩效工资标准，完成全区机关事业单位在职和离退休人员的调资工作，为6751人调整了津补贴。实现区属事业单位和市直事业单位执行相同的绩效工资标准，年人均绩效工资总量为48180元。

【规范安置工作】 2013年，区人社局规范机关事业单位新进人员和调整人员相关手续办理工作，严格按照程序履行相关报备手续。2013年，按照1∶1.2的比例，调剂10个行政岗位，专门用于接收安置8名分配到新浦区的军转干部。按照市统一部署，认真协调财政、经贸等有关部门落实企业军转干部相关待遇，及时拨付工资及慰问金。对新出现的个案问题，请示上级部门，妥善加以处理，防止出现串联等不稳定因素。

【公务员管理】 2013年，全区共引进公务员26人，其中公开招录公务员14人，特殊职位公务员2人，省委选调3人。完成2013年度公务员录用备案表和党政机关考录情况统计表。对全区700名公务员进行考核，其中优秀129人，称职544人，不定等次27人，未参加考核1人。组织公务员南北对口培训4人，完成目标的100%；公务员任职培训率100%，完成目标的111%。

【职称评定】 2013年，区人社局按照市职称办的统一部署，积极做好中高级职称的初审工作。全区共推荐118人申报高一级职称，其中教育专业95人，卫生专业16人，农林水利专业4人，群众文化专业1人，工艺美术专业2人。申报地方职称25人。对大、中专院校毕业生（含毕业研究生）实行见习期满考核初定专业技术资格，共受理申报初定职称75人，其中教育专业63人，建筑专业6人，农林水利专业3人，电子信息专业2人，计算机专业1人。2013年度教育、建设、农业系列（专业）初级专业技术资格考试共有12人报名，通过6人。

【专业技术人员职务聘任】 2013年，区人社局为71人办理专业技术人员岗位聘任工作，其中副高16人，中级41人，初级14人。对于本单位岗位已满，不能聘用的，进行耐心解释，建议回本单位竞争上岗。

【接收代管工作】 2013年，区人社局接收代管海州区整建制的朐阳、海州、洪门、幸福路4个街道办事处机关、事业单位人员和7个部门所属的22家事业单位人员，共接收各类人员1423名，其中在职795人，离休13人，退休478人，遗属补助人员32人，事改企退休人员102人。

【事业单位年检】 2013年3月，区人社局共办理事业单位法人年检105件，5家单位因法定代表人、机构名称变化和主管部门变化办理了变更手续，新设立登记事业单位19家，并完成事业单位登记管理工作。

【人员招聘】 2013年，区人社局批准公务员招录计划20个，其中法检一线办案人员计划4个，乡镇街道基层计划12个，其他单位计划4个；批准事业单位招聘计划77个，其中教育40个、卫生8个，其他事业单位23个，300引才计划6个。

（撰稿：杨　艳
审稿：乔　敏）

信 访 工 作

【概况】 2013年，全区共收到人民来信189件；接待群众来访704批3882人次，其中集体访155批2638人次；发生到市上访186批2543人次，其中集体访104批2152人次；到省上访47批116人次，其中集体访18批82人次；进京上访87批128人次，其中非访63批83人次，重复非正常54批56人次。市交办进京访38件，其中属地23件，化解14件，其余全部落实稳控；自有15件，化解13件。十八届三中全会期间，全区实现进京重复非正常上访零登记、进京集体上访零登记、进京有影响信访事件零发生。

【组织领导】 2013年，区委、区政府高度重视信访工作，始终把信访工作作为一项重要任务，列入重要议事日程，纳入全区目标综合考评。区主要领导逢大会必讲信访工作的重要性，全年先后召开11次信访专题会议，信访工作领导小组召开专题会议5次，区主要领导对重大信访事项亲自批示、亲自协调、亲自督办，推动信访工作执行力的提升。

【领导接访下访】 2013年，根据国家、省、市《关于领导干部定期接待群众来访的意见》和区委办、区政府办《关于进一步加强和完善领导干部接访工作机制的意见》（新委办发〔2011〕41号）文件精神，为进一步深化领导干部大接访活动，新浦区制定下发《关于在全区深入开展领导干部"开门大接访、矛盾大排查、民情大走访"三项制度建设年活动的通知》（新委办发〔2012〕8号），着力推动领导干部接待群众来访工作科学化、规范化、常态化、制度化。全年，通过"领导开门大接访"活动，21名区领导接待群众263批2769人次，受理信访事项117件，化解86件。

【信访责任落实】 2013年，全区严格责任追究，形成有权必有责、问责必从严的鲜明导向，以责任到位推动工作到位。制定下发《新浦区信访工作问责暂行办法》《关于加大问责力度严格责任追究的规定》《关于全国"两会"期间加大信访工作问责力度严格责任追究的通知》（新纪办发〔2013〕2号）《关于进一步强化信访工作责任制落实的意见》（新纪发〔2013〕7号）等文件，建立责任逐级分解、逐级明确、逐级考核、逐级追究的信访工作机制，形成封闭式的责任体系，抓住信访工作的关键，促进信访问题的有效解决。区联席办加大督察通报力度，将工作压力传递到位，推动信访问题解决。对化解工作不及时、稳控工作不到位或瞒报、漏报信访信息的领导干部和相关责任人进行严肃问责。2013年，全区共有2名干部被问责，其中行政警告1人、党内警告1人。

【矛盾纠纷排查】 2013年，区信访局根据信访工作复杂形势，坚持区、镇（街道）、村（社区）三级定期排查与集中排查、普遍排查与重点排查相结合，特别对重大节假日、敏感时期，认真组织开展矛盾纠纷排查会战，进行滚动式、拉网式排查，及时全面地掌握存在的矛盾情况。对排查出的信访突出问题，不欠政策账、感情账、时间账。全年共开展矛盾纠纷排查16次，排查出信访不稳定隐患278件，交办重点信访事项67件，交办的重点信访事项已化解90%。

【信访积案化解】 2013年，全区把解决信访积案作为做好全年信访稳定工作的重点任务，在全区开展"坚持群众路线，提升信访工作水平"百案百日化解攻坚行动（新委办发〔2013〕33号），利用100天时间，对全区长期以来发生至今未化解的116件重点信访案件，分别由区、各镇街和有关单位领导进行集中会办、包案化解。全年区包案领导约访信访人500余次，化解信访积案100余件。为做好疑难信访积案化解工作，出台《新浦区解决特殊疑难信访问题专项资金管理暂行办法》等相关政策，设立30万元信访专项救助资金，积极争取省、市信访救助资金，先后投入200余万元，化解了苏红酒业职工田某、孙某等一批信访积案。受理复查申请4件。

【信访应急处置】 2013年，全区把扎实做好信访重点人员的教育稳控工作作为信访工作的重中之重，特别是有重大政治活动的敏感时期，制定下发《关于加强对信访重点人员进行法制教育的通知》，联合公安、司法等相关单位，依法对排查筛选出的4名重点信访人员开班进行法制教育。同时，健全和完善信访应急处置机制，制定下发《新浦区信访应急处置工作实施办法》，按照"准确预警、快速响应；迅速行动、妥善处置；平息事态、减少影响；落实责任、解决问题"的要求，进一步完善预测预警、应急处置、舆论引导等预防处置机制。十八届三中全会期间，从全区抽调精干力量组成23人驻京信访应急工作组，在市驻京工作组统一指挥下，发现问题，第一时间处置到位。

【信访基层基础建设】 2013年，区信访局根据省、市关于进一步加强基层基础建设的要求，区信访工作领导小组办公室制定下发《关于进一步加强和改进基层信访工作的意见》实施办法，进一步健全基层信访工作网络，加强信访源头治理，推进信访工作重心下移、关口前移，努力促进基层信访工作机制更加健全、机构更加完善、队伍更加优化、效能更加明显，切实将矛盾化解在基层，解决在萌芽状态。并以港城信访综合服务系统为载体，打造"阳光信访"信息平台，多渠道受理群众信访诉求。全区通过市考核验收达标面为91%。

（撰稿：开学兵
审稿：赵斯忠）

防震减灾工作

【概况】 2013年，新浦区地震局（简称区地震局）以科学发展观为指导，坚持防震减灾、预防为主，以提升应急救援能力、防御水平为重点，加强管理，创新发展思路，努力推进全区防震减灾事业发展，完成地震灾害紧急救援队建设；并切实强化业务培训，不断提升应急救援水平。同时，扎实推进地震应急避难场所建设，逐步拓展城市防震避险空间，努力满足公众应急疏散和避险需求；并以防震减灾科普教育基地、地震安全示范社区建设以及防灾减灾日、科普宣传周等为载体，深入开展防震减灾知识进机关、进学校、进企业、进社区、进农村、进家庭活动。全年投入防震减灾资金70余万元，使得全区防震减灾工作取得一定的成效。

【落实防震减灾联席会议制度】 2013年，区委、区政府高度重视防震减灾工作，将防震减灾工作纳入全区经济建设和社会发展目标考核体系，区政府印发“十二五”防震减灾规划，将其作为2013年重点项目。同时，认真执行防震减灾联席会议制度，及时调整更新成员单位，并召开防震减灾联席会议，部署相关工作，相继组织联席成员单位桌面演练。同时加强地震应急预案的修订工作，高度重视地震应急预案在地震灾害发生时的重要作用。年内，区地震局对生命线工程单位及乡（镇、街道）、村（社区）、中小学校、卫生部门地震应急预案进行修订，保证预案的可操作性。并把防震减灾法律、法规和科普知识教育纳入各级领导干部和公务员培训计划，列入乡镇党员冬训内容，全年组织防震减灾培训、科普讲座2次。

【加大防震减灾目标责任考核力度】 2013年，区政府制定防震减灾目标考核细则与各乡（镇）政府、街道办事处签订目标责任书并组织考核，积极探索新形势下防震减灾工作的新思路、新方法。区政府在财力十分紧张的情况下将防震减灾事业经费纳入政府预算，并逐年加大防震减灾工作经费投入，建立、完善与防震减灾工作相适应的投入增长机制。

【地震安全社区建设】 2013年，新浦区高度重视地震安全社区创建工作，区地震局多次召开专题会议研究防震减灾创建工作事宜，成立防震减灾工作领导小组；制定地震安全示范社区建设方案、计划；开展防震减灾创建宣传工作，编制灾民疏散预案，制作居民联系卡和安全常识手册并发放到居民手中；通过宣传栏、板报、橱窗等形式广泛宣传防震减灾等知识；社区图书室专门设立防震减灾安全知识一角，各类宣传资料齐全。新东街道龙尾社区、幸福路街道幸中社区创建防震减灾社区工作深入居民，深入人心，获得一致好评，并得到市领导的一致认可，获批连云港市地震安全示范社区，并均已申报省级示范社区。

【地震应急疏散演练】 2013年5月10日下午，由新浦区人民政府举办，区地震局承办的新浦区“5·12防灾减灾日”社区居民应急疏散演练活动在新浦公园举行。下午15:00，当接听到警报信号时，指挥人员立即组织引导社区居民沿规定路线疏散至地震应急避难场所新浦公园。应急疏散演练活动组织严密，过程有序，200多名参加演练居民在市地震局专家的指导下顺利完成规定科目，取得很好的效果。演练结束后，区地震局组织参加演练居民观看防灾减灾科普知识展板。与此同时，为提高全区广大中小学生的防灾减灾应急疏散能力，区地震局、教育局组织全区各中小学校开展防灾减灾应急疏散演练活动，区地震局、教育局相关领导到现场进行督察指导。活动中，各中小学师生按照应急预案，在拉响第一遍警报后，就地避震，第二遍警报响起后，紧张有序地撤离到安全地带。演练过程科学合理、井然有序。

此外，于6月7日上午9点，在苍梧绿园及通泰名人居开展大规模地震应急疏散专项演练。演练科目包括搭建救援帐篷，社区居民有序进入应急避震场所，自救互救，居民安置，医疗救护，科普宣传等。100多名街道办事处志愿者及居民分成三组，分别进入三个单元楼等待地震警报。第一次警报拉响居民原地蹲下，就近取材保护头部，第二次警报拉响居民有序跑出单元楼在门口空地集合，一同跑向避震场所—苍梧绿园救护帐篷前。由医护人员向居民讲解、示范医疗急救知识，并组织居民观看防震减灾知识图板，提高居民的地震应急意识。

【防震减灾科普宣传】 2013年，区地震局全方位、多形式开展防震减灾科普宣传活动，收到了预期效果：一是通过编制三句半、小品等广大观众喜闻乐见的形式宣传防震减灾知识，强化防震减灾意识。二是在全区各中小学开展形式多样的防震减灾科普知识宣传活动，使广大师生掌握防灾减灾应急避险的方法，提高师生自救自护和临灾应变的能力。其中，解放路小学组织全校师生开展“防震减灾”安全教育主题活动，向阳小学以班级为单位举行“汇聚爱心，情系雅安”爱心捐款活动。三是于5月12日上午，由区地震局、科协、路南街道联合开展以“识别灾害风险，掌握减灾技能”为主题的宣传活动。活动现场，悬挂宣传横幅标语，展出防震减灾知识宣传图板，向过往居民散发防震减灾知识宣传手册等宣传品，市、区地震局专家生动地向群众介绍防震减灾科普知识，并现场解答相关问题。此次宣传活动共发放宣传材料及宣传品1000余份。四是开展防震减灾讲座。2013年5月15日上午，区防震减灾科普知识讲座在解放路小学阶梯教室举行。报告会邀请中国科学院老科学家科普演讲团团员、国家地震台网中心顾瑾平研究员作“地震十问”的报告。通过顾瑾平研究员用通俗易懂的语言讲述地震的成因、危害以及在地震来临时如何避险和在震后如何开展自救和救护他人等问题，使全体听众受到了一次科学、生动地防震安全教育启发。五是抓好警示教育。为缅怀雅安在地震中遇难的24万多同胞，警醒世人，时刻不忘防震减灾，区地震局于7月27日上午在义乌小商品城联合开展防震抗震知识宣传活动。现场展示地震知识展板，散发《地震应急防护手册》《怎样防避地震》《地震应急小知识》《地震科普小常识》等宣传材料6000余份，进一步增强广大居民的防震减灾意识，提高社会公众科学避震和自救互救能力。六是为进一步弘扬科学精神，普及市民防震减灾知识，提高市民防震减灾能力，区地震局与路南街道联合在市民广场开展防震减灾法律法规知识专题宣传活动。工作人员在现场摆放防震减灾法律法规知识专题展板20余块，志愿者向过往群众发放《地震应急防护手册》《怎样防避地震》《地震应急小知识》《地震科普小常识》等宣传材料近10000份；市地震局专家向咨询的群众讲解如何识别地震谣传、应急避震等地震科普知识。新浦区防震减灾助理员、路南街道防震减灾志愿者共计60余人参加此次活动。

【创建科普学校】 2013年，区地震局认真落实市地震局要求，积极开展创建科普学校活动，指导解放路小学、浦南中心小学对学生进行地震科普教育，建立科普阅览室，举办学生科普知识讲座，经市科协、市教育局、市地震局验收合格。

【防震减灾科普知识征文竞赛】 2013年，区地震局与区教育局、区科协联合组织开展防震减灾科普知识征文竞赛。全区各中小学参加学生达5000余人，与此同时，邀请专家教师对所征得的作文进行认真评选，确定中学组、小学组各50篇，报市地震局，参加市级评定选拔，共有31篇获奖。

【强化防震减灾意识】 2013年，区地震局通过开展班级出1期地震知识黑板报、地震知识演讲比赛等有特色的学生防震减灾知识宣传活动，用“教育一个学生，带动一个家庭，影响整个社会”的方法强化防震减灾意识。

【加快“三网一员”队伍建设】 2013年，区地震局通过向各乡镇、街道发文，要求对因人事变动等原因更新防震减灾“三网一员”（是指地震宏观测报网、地震灾情速报网、地震科普宣传网和防震减灾助理员）名单及时报区政府，并明确应急管理责任人，与各乡镇（街道）、村（社区）防震减灾助理员、灾情速报员、宏观观测点观测员联系，加强业务指导，要求按照规定及时观测、送报，确保观测资料准确、及时、连续、可靠。成立地震紧急救援队和加大防震减灾志愿者队伍建设，配备救援器材，加大技能培训，定期开展演练。

【新建4个宏观观测点】 2013年，全区完成宏观观测点选点审批任务，新建4个宏观观测点，并及时上报市地震局登记备案。区地震局对新建观测点观测、信息收集进行专门指导，不定期进行检查和抽查，确保观测工作正常运转和预测。

（撰稿：赵梓言
审稿：胡海宁）

民族宗教工作

【概况】 2013年，新浦区民族宗教局（简称区民宗局）以确保全区民族宗教领域和谐稳定为总目标，牢牢把握“共同团结奋斗，共同繁荣发展”的民族工作主题；紧紧抓住“贯彻宗教工作基本方针与落实宗教事务条例”这两个宗教工作关键，围绕贯彻落实党的十八大精神，维护民族团结、宗教和睦，为构建和谐新浦，服务“跨越发展”发挥民族宗教部门作用。2013年，荣获全区目标管理综合二等奖，市民族宗教工作优秀集体。

【政策宣传】 2013年6月，区民宗局开展以“学习贯彻党的十八大精神”为主题的民族宗教政策法规宣传月活动。

【参加全市第二届少数民族运动会】 2013年11月，区民宗局组队参加连云港市第二届少数民族体育运动会，荣获优秀组织奖。

【创建“和谐寺观教堂”】 2013年，区民宗局开展“教风建设年”创建活动。准提寺被评为第二届全国创建“和谐寺观教堂”先进集体，朱健被评为第二届全省创建“和谐寺观教堂”先进个人。

【创建“平安宗教活动场所”】 2013年，区民宗局开展“安全隐患排查月”活动及重大传统节日安全检查，整改宗教活动场所安全隐患。

【慈善公益活动】 2013年9月16日至22日，区民宗局开展以“让残疾人生活得更加幸福”为主题的“宗教慈善周”活动，共募集捐款8万余元。

【宗教活动场所建设】 2013年9月5日，南城普照寺安养院、念佛堂建设完工，举办落成开光典礼并开始启用。9月26日，基督教葛庄聚会点新教堂建成投入使用。

【宗教管理】 2013年，区民宗局共制止外来人员非法传道3起，捣毁邪教“生命之光”窝点1处，取缔基督教私设聚会点2处。

（撰稿：刘立田
审稿：刘文学）

志 鉴 工 作

【《连云港市新浦区新志》终审稿通过市评审】 2013年3月12日，新浦区政府在517会议室召开《连云港市新浦区新志》评审会。市志办副主任张斌主持会议，区政府常务副区长朱加刚至欢迎词，《连云港市新浦区新志》主编韩世泳向到会领导和专家评委汇报区志编纂过程。评委陆瑞萍（市志办副主任）、姜龙才（市志办志鉴处处长）、徐敏（市志办志鉴处副处长）、孙大伟（海州区志办主编）、王继澍（连云区志办主编）、刘士俊（新浦区退休干部）等对新浦区新志稿进行认真评议，并提出修改意见和建议。特邀评委、盐城市建湖县政协副主席唐张新（因故未出席评审会），也将修改意见及时传递给新浦区志办。评审会一致通过《连云港市新浦区新志》稿。会上，市志办主任李东要求新浦区志办要根据评委的意见和建议，认真做好修改完善工作，进一步提高新浦区新志质量。

【做好《连云港市新浦区新志》修改工作】《连云港市新浦区新志》评审会后，区志办迅速召开主编、副主编会议，认真分析、树立评委所提出的意见和建议，思考落实评审会意见的具体措施。3月25日，区志办再次召开工作会议，进一步确定修改和加工重点和具体措施。从2013年4月至12月，经过8个多月的努力，《连云港市新浦区新志》终审稿修改工作全部完成，并形成《验收稿》，于2013年12月上报市志办。

【举办年鉴业务培训班】 2013年4月24日下午，新浦区地方志办公室在424会议室举办全区年鉴业务培训班，特邀市志办志鉴处处长姜龙才授课辅导。区年鉴主编王恒亮对全区供稿单位的年鉴稿存在问题进行具体点评，全区近80个单位撰稿人参加培训。

【提高《新浦年鉴》印刷装帧质量】 为提高年鉴质量，区志办总结10多年来年鉴出版工作经验教训，找出差距，认真研究改进措施。2013年，经区政府同意，《新浦年鉴》的印刷装帧由传统的黑白的印刷改为全彩印。区志办两次派人到南京凯德印刷公司进行考察调研，确认南京凯德印刷公司的印刷技术和质量，《新浦年鉴（2013）》正式由南京凯德印刷公司承印。

【做好新浦区代管单位年鉴工作】 2013年4月起，市政府将原海州区管理的海州、朐阳、幸福路、洪门4个街道和部分事业单位划归新浦区代管。区志办主编、副主编及时前往海州区志办了解相关工作进展情况，并将4个街道和部分事业单位纳入新浦区2013年度目标考核之中，使之平稳过渡，顺利交接，确保年鉴资料工作的延续性和稳定性。

【表彰年鉴工作先进单位和撰稿人】 2013年4月，新浦区志办对全区年鉴工作10个先进单位和30个优秀撰稿人进行表彰。

（撰稿：李云高）

人大建议与政协提案办理

在区十七届人大二次会议和政协新浦区八届委员会二次会议上，人大代表和政协委员纷纷建言献策，其中交区政府办理建议39件、提案46件。在区政府和各承办单位的共同努力下，所有建议和提案均已办结。其中，人大代表建议已经解决或采纳的11件，占承办总数的28.2%；列入计划拟解决的19件，占承办总数的48.7%；受条件和政策所限，暂时难以解决的9件，占承办总数23.1%，代表满意、基本满意率达100%。政协委员提案，已经解决或采纳的18件，占承办总数的39.1%；列入计划拟解决的23件，占承办总数的50%；受条件和政策所限，暂时难以解决的5件，占承办总数10.9%，委员满意、基本满意率均达100%。

（撰稿：沈剑峰）

新浦区政府大楼　（韩世泳　摄）

政协新浦区委员会

综　述

2013年，中国人民政治协商会议连云港市新浦区委员会（简称区政协）在中共新浦区委的领导和市政协的指导下，深入贯彻落实科学发展观，突出团结与民主政治主题，以“转型升级增实力，好中求快创一流”为工作主题，紧扣“巩固小康社会建设成果，在全市率先开启基本实现现代化新征程”这一总体目标，依靠政协各参加单位、全体委员和各界人士，认真履行职能，全面完成区政协八届二次会议确定的目标任务，先后组织召开全会1次，常委会议6次，主席会议6次，开展调研视察12次。完成调研课题3项，并配合省、市政协调研6次。

重要会议

【八届二次全会】　政协新浦区第八届委员会第二次会议，于2013年1月14日至16日在市委党校召开。区委、区人大、区政府、区纪委和区人民法院、人民检察院的领导人，区政协历届主席、副主席应邀出席会议；区政府相关部门负责人应邀列席会议。

中共新浦区委书记尹哲强到会讲话，区政协主席汤成元代表区政协第八届委员会常务委员会作工作报告，区政协副主席王宏新向大会报告区政协八届一次会议以来的提案工作情况，全体委员列席区第十七届人民代表大会第二次会议。

【常委会议】　1月4日，区政协主席汤成元在区政协会议室主持召开政协新浦区第八届委员会常务委员会第四次会议。决定于2013年1月14日至16日在新浦区学院路8号山海国际酒店召开区政协八届二次会议。协商通过《政协连云港市新浦区第八届委员会常务委员会工作报告》，确定汤成元为报告人，协商通过《政协连云港市新浦区第八届委员会常务委员会提案工作报告》，确定王宏新为报告人。会议还通过了其他事项。

1月16日，区政协主席汤成元在山海国际酒店山海厅主持召开八届五次常委会议，听取各组讨论情况，审议提案初步审查报告、会议决议和工作要点。

4月25日，区政协召开八届六次常委会议。本次常委会议采用现场参观和集中座谈相结合的方式，与会常委先后参观了新浦区现代农业产业园区和新浦经济开发区西拓工程现场，并在新浦经济开发区会议室展开座谈交流。

7月24日，区政协主席汤成元在区政协会议室主持召开区政协八届七次常委会议。会上，区政府副区长于卉代表区政府作上半年工作情况通报；协商通过《中共新浦区委关于进一步加强和改进新形势下人民政协工作的实施意见（讨论稿）》；协商通过区政协专门委员会职能调整和更名事项；拟定区政协委员爱心基金捐助对象；通过有关人事安排。

9月26日，区政协主席汤成元在区政协会议室主持召开区政协八届八次常委会议，区委常委、常务副区长朱加刚出席会议。

朱加刚代表区政府通报了八届二次会议以来的提案办理情况，与会常委对办理情况进行审议并就热点内容展开讨论，针对支持实体经济发展、保护中小企业发展环境、开发区园区交通及公共设施建设、城区物业管理等关系全区发展或群众关心、关注的问题进行进一步研究讨论。

12月25日，区政协主席汤成元在区政协会议室主持召开区政协八届九次常委会议，决定于2014年1月6日至8日在新浦区学院路8号山海国际酒店召开区政协八届三次会议。协商通过《政协连云港市新浦区第八届委员会常务委员会工作报告》，确定汤成元为报告人，协商通过《政协连云港市新浦区第八届委员会常务委员会提案工作报告》，确定王宏新为报告人。会议还协商通过委员增补事项和大会表彰有关事宜。

【主席会议】　2月21日，区政协主席汤成元在区政协会议室主持召开八届六次主席会议，研究确定2013年重点工作，部署委员爱心基金帮扶对象并确定有关事项。

6月27日，区政协主席汤成元在区政协会议室主持召开八届七次主席会议，对上半年工作进行总结，安排下半年重点工作；部署办公地点搬迁事宜。

9月24日，区政协主席汤成元在区政协会议室主持召开八届八次主席会议。会议先后视察了海州古城的保护与改造工作、孔望新城的开发与建设情况。

10月24日，区政协在区政协会议室召开八届九次主席会议，研究视察区检察院派驻花果山检察室、案件管理大厅、警示教育中心、信访接待室、档案室等工作，并听取检察长吴明关于检察工作的通报。

10月30日，区政协在区政协会议室召开八届十次主席会议。会议首先视察了幸福路街道幸中社区和文化社区，听取幸福路街道党工委书记林秀兰对社区建设情况的介绍，会议对其“一委三会”（社区党委、社区议事会监事会、“和事佬”协会）的做法表示肯定。会议对洪门企业园企业进行走访，听取洪门街道党工委书记许巍对园区企业情况的介绍。

12月6日，区政协主席汤成元在区政协会议室主持召开八届十一次主席会议，讨论常务工作报告（讨论稿）和提案工作报告（讨论稿）；研究委员调整情况；决定会议执行主席、报告人和大会主持人名单。

主要工作

【提案办理】 2013年，区政协委员紧紧围绕区委、区政府中心工作，积极建言献策，共提交提案58件，经审查立案46件交由区政府办理，选择其中针对性强、建议可行的4件作为主席督办案；7件由市政协提案委转办，5件作为人民来信交有关部门处理。提案所提问题已解决或基本解决的18件，占提案总数的39.1%；提案所提的问题列入规划正在逐步解决的23件，占提案总数的50%；提案所提问题受现行政策和规定限制暂时不能解决的5件，占提案总数的10.9%。截至2013年8月底，所有提案均已办复，满意率100%。

【提案落实】 2013年，区政协采取切实措施推进各类提案的有效落实。《关于扶持新浦区中小企业发展的建议》，得到区政府的高度重视，2013年采取多项措施扶持中小企业发展。出台《关于做大做强工业骨干企业的暂行办法》等中小企业扶持政策，开展21家纳税超1百万元工业企业走访活动，通过协助企业联系金融机构，帮助企业吃透贷款政策，盘活固定资产，瑞琪纺织、东海硅微粉等企业获得银行5000多万元贷款，顺利实施生产线改造等任务。区计生局结合《关于动用社会力量开展生育关怀行动的建议》，摸底调查全区大约有160多个独生子女伤残、死亡家庭，动员23家地区单位与他们结成帮扶对子，开展“1+1”牵手连心志愿活动，深化与民建连云港市委连续多年开展的“思源工程—生育关怀”送温暖行动，发放慰问金慰问品计10余万元。对《关于加强住宅小区业主委员会建设的建议》，区住建局针对重大事项，组织召开以开发商、业主、物业公司、社区等多部门共同参与的联席会议。区卫生局结合俞卫军委员提出的《关于合理整合我区医疗资源的建议》，采取措施优化整合医疗资源，加强以全科医生为重点的基层医疗卫生队伍建设，组织开展全科医生培养培训，实现全区基层医疗卫生机构全科医生全覆盖。

【调研与视察】 2013年，区政协安排调研视察活动12次，邀请常委和委员参与一定规模的调研3次，配合省、市政协领导和民主党派调研6项。常委会着眼中心，把服务业提档升级作为调研重点，通过对城区三产经济和现代服务业集聚区建设规划调研，撰写《新浦区现代服务业发展思考》。依托九三科技界别联组，并会同有关部门，调研全区秸秆综合利用和禁烧工作情况，成果通过《协商与监督》报送区委、区政府领导，批转有关部门研究落实。《关于全区家庭农场发展情况的调查》等一批调研成果报送到区委、区政府，为领导决策提供参考。《关于新浦区秸秆综禁工作的调研报告》等调研报告在《连云港政协》刊发。

【民主监督】 2013年，区政协选派部分委员担任新浦区法院人民陪审员、组织部干部监督员、职能部门政风行风监督员和检察院、公安分局等部门人民监督员，部分委员参与政府职能部门年度考核测评。并充分参与行政司法部门调研，选派部分委员参与省政府办公厅调研依法行政、省高检院调研区检察院工作、省高级法院群众路线教育实践活动座谈等。全年，有40余人次参加上级来区调研座谈活动。

【理论宣传工作】 2013年，区政协配合市政协文史委征集“亲历、亲见、亲闻”的史料，开展非遗征稿和沿海开放城市30周年重大事项纪实征稿。认真办好《协商与监督》等内刊，积极对外投稿，在市级以上媒体发表文章10余篇。《连云港日报》《连云港政协》《连云港通讯》和连云港电视台等媒体均有对新浦区政协的报道。对中共十八大提出的健全基层协商民主课题进行深入研究，撰写《浅谈基层协商民主现状与出路》理论文章，在《江苏政协》刊发，在市政协理论文章评比中获优秀奖。

【社会活动】 2013年2月，组织文广新界别委员开展为市民义务写春联、送春联活动。

4月，组织九三界别委员开展新浦区绿化情况视察。

5月，组织教育界别和民进界别委员对职业教育情况进行视察，提出推进现代职业教育发展的相关见解。

6月，组织致公党界别委员对新浦区食品药品监督管理情况进行视察。

8月，组织致公党、医卫、社科界别委员联组慰问交巡警。

10月，组织民革界别委员开展养老服务体系专题调研。

12月，组织文广新界别委员举办“纪念毛泽东诞辰120周年主题活动暨艺术作品展览”。此外，还分别组织农工党、农业农村、侨台界别联组委员到浦南镇现代农业园区和东磊景区视察，提出生态科技农业和城郊旅游发展的相关建议。

【参与区重点工作】 2013年，区政协主席、副主席全部挂靠重点项目，分别担任孔望新城、新浦经济开发区西区、城乡统筹、现代服务业集聚区等重点项目指挥长，广大委员积极参与重点工程指挥部工作，在旧城改造一线，许多委员细致耐心地开展群众动迁工作；在特色街区改造、工业园区建设等重点工程现场，也都活跃着政协委员的身影。

【扶贫济困】 八届二次会议期间，广大委员自觉捐出会议补贴，成立区政协委员爱心基金会，一些委员又陆续向爱心基金提供捐助，暑假期间，政协委员爱心基金向第一批被救助学生捐出善款23000元，帮助7个家庭9名学生完成学业。工商联等界别多次组织委员慰问贫困户。民进医卫支部成立义诊团，多次开展义诊活动。委员们还利用空余时间开展慰问、帮扶困难群众活动。有的委员看望特殊学校学生；有的委员帮扶留守儿童和单亲家庭；有的委员组织开展向廉租房住户“送温暖、献爱心”活动；还有一些委员自发组织开展慰问高龄老人活动。

【联谊活动】 2013年，区政协参与接待青海省政协、甘肃省张掖市政协、民革广东省委等多批来访活动，参与市政协异地视察，交流工作经验。与新疆阿克苏市、江苏常熟市、太仓市等地政协进行文史资料交流。工会、妇联、共青团界别联组开展“三走进”（走进机关、走进企业、走进群众）活动，组织各界人士座谈，促进相互交流。工商联界别组织台资企业家和归侨侨眷代表开展联谊，巩固统一战线成果。

（撰稿：李兴鲁
审核：徐进冬）

河滨小区 （韩世泳　摄）

中共新浦区纪律检查委员会

综　　述

2013年，中共新浦区纪律检查委员会（简称区纪委），把握总体要求，厘清职能定位，动真碰硬狠抓作风，依法依纪严惩腐败，不断加大监督检查力度，深入推进惩防体系建设，从严打造纪检监察干部队伍，全区党风廉政建设和反腐败工作取得新的进展和成效，为建设区域性经济文化中心和更高水平小康社会提供强有力的纪律保障。

重要会议

【全区作风整顿效能建设动员部署会】 3月20日，区纪委召开全区作风整顿效能建设动员部署会暨纪检监察工作会议。新浦区作风整顿效能建设动员部署会先行召开，区委常委、区纪委书记姚超出席会议并作讲话，他通报2012年纪委对工作作风、工作纪律明察暗访情况，并对全区作风整顿效能建设进行动员部署。

【纪检监察工作会议】 纪检监察工作会议3月20日召开，区纪委副书记、区监察局局长乔月亮主持会议。会上传达了中央纪委及省、市纪委全会精神，并对2012年度纪检监察工作先进集体及先进个人进行表彰，区委常委、区纪委书记姚超对2013年全区纪检监察工作进行部署，提出打造“阳光纪委”“活力纪委”“魅力纪委”。各单位纪委（纪工委）书记、监察室主任参加会议。

【全区纪检监察工作推进会】 7月29日，区纪委在浦东街道召开全区纪检监察工作推进会，各部门各单位纪检监察工作负责人参加会议。会议通报了全区上半年纪检监察工作量化指标的考核情况，对下半年重点推进重大项目监督检查、重点案件查办等九项重点工作进行专门部署。区委常委、区纪委书记姚超就做好下半年工作提出要正确处理好五个关系，分别是：纪检监察工作与中心工作的关系，面上工作和重点工作的关系，继承借鉴与创新发展的关系，整治腐败与预防腐败的关系及监督别人与严于律己的关系。

主要工作

【作风建设】 2013年，区纪委围绕中央八项规定、省委十项规定和市委、区委实施办法，出台并严格执行《关于加强对作风建设有关规定贯彻执行情况监督检查的实施办法》。开展“清风”行动，严查三公经费使用。2013年，全区党政机关因公出国（境）、公务接待、公车购置、会议活动等费用同比分别下降68.06%、26.11%、2.1%和42.83%。同时抓好重要节点的廉洁自律工作，元旦春节、中秋国庆期间查处8起违反作风规定的行为，对违纪违规单位和人员及时进行严肃处理并在全区通报。推进广播、电视、报纸、网络“四位一体”评议政风行风创新活动，组织财政、商务等7个行业的59家基层站所及17家区级部门公开述职述廉，接受群众测评、质询。开展以整治“散、懒、庸、浮、满”为内容的“五治”专题活动，加大明察暗访力度，实行“五盯、五查、五访”（“五盯”紧盯区机关部委办局，乡镇街道，办事服务大厅，高档消费场所和在建工程项目；“五查”严查工作纪律，行政效能，工作作风，制度建设和上访投诉；“五访”访人大代表、政协委员及机关干部，外来投资者，工程建设负责人，企业家、个体工商户以及基层群众），整顿各类问题16个。开展全区党员干部会员卡专项清退活动。

【案件查办】 2013年，全区纪检监察机关共受理来信、来访、举报电话50件（次），立案17件，其中涉及科级干部6人，给予党纪政纪处分13人，移送司法机关4人。查处“两规”案件4件，涉案金额110余万元。与区法院联合制定《违纪违法线索移送和协同办案暂行办法》。认真开展案件质量检查，严格执行依纪依法安全文明办案各项规定。落实“一案三报告”（每一起查处案件要形成调查报告、查案工作总结报告及案发单位整改意见报告）制度，剖析案件中暴露出的问题，有针对性的建章立制，提升办案综合效果。

【监督检查】 2013年，区纪委积极参与重点工程、重要工作、重大项目的监督检查，确保区委、区政府各项决策措施落到实处。2013年，共编发督察通报51期，督促整改问题163个。向重点工程指挥部派驻纪检监察员，首批向城乡统筹、旧城改造、民主路建设、滨河新城指挥部派驻4名纪检员。对重点工程重大项目采用“四零”监督工作法，对工程招投标、工程质量、资金使用实行“零距离”“零容忍”“零差错”“零死角”监督。受理涉及软环境和行政效能问题的投诉77件，办结77件，办结率100%。同时，组织开展规范基层行政执法专项行动，切实维护群众权益。

【反腐倡廉制度建设】 2013年，区纪委加强对党风廉政建设责任制落实情况的监督检查，强化“一把手”的责任意识。推动行政权力网上公开透明运行工作，截至11月全区办件量达35030件，较2012年同期增长一倍多。打造陇海步行街廉洁文化主题街区，构建“清香浸远”百米廉洁文化长廊，加大反腐倡廉宣传力度。加强反腐倡廉制度建设，会同有关部门先后出台《关于规范城乡统筹等重点工程建设招投标工作流程的实施意见》《重点工程建设监督实施办法》《重点工程财务管理若干规定》等一系列制度，严把程序关口，确保工程建设廉洁、高效、优质推进。着力推进社区事务公开标准化，深化农村“三级联建”活动，稳步提升基层党风廉政建设规范化水平。

【队伍建设】 2013年，区纪委下发《关于纪检督察干部“六个一律从严”的通知》即对纪检监察干部违反中央、省、市关于加强作风建设相关规定的；在各类检查、督察工作中不作为、慢作为、乱作为的；对群众来信来访无故拖延不办、瞒案不办、压案不查的；在办案工作中通风报信、泄露案情，办人情案、关系案、金钱案的；在执行处分决定及落实整改措施中不及时、不到位的；利用纪检监察职权之便，吃拿卡要的一律从严处理。深入开展纪检系统会员卡专项清退活动，全区89名纪检监察干部全部做到“零持有、零报告”。加强委局机关领导班子自身建设，要求领导班子成员严格遵守集中学习、联系基层、工作动态报送等“六项制度”。建立作风建设约谈制度，重要节日前约谈镇（街）纪（工）委书记，督促带头贯彻落实作风规定。

（撰稿：薄一民
审稿：祝海东）

社区游园　　（韩世泳　摄）

民主党派　工商联

民革新浦地区组织

【概况】 2013年末，中国国民党革命委员会连云港市委员会（简称民革）在新浦地区设有6个基层支部，共有党员140人，其中2013年新发展党员4名。新浦地区的民革党员中有省政协委员1人；市人大代表2人；市政协委员17人，其中副主席1人，常委2人；区人大常委1人，区政协委员8人，其中常委1人。

【思想建设】 2013年，民革新浦地区各基层支部继续加强思想建设。多次组织专题学习会，认真学习中共十八大和十八届三中全会精神，引导党员增强对中国共产党领导的多党合作和政治协商制度的认同感。有近20人次参加中央及省、市社会主义学院的培训学习。

【获得荣誉】 2013年，民革新浦地区基层组织及其党员获得一系列荣誉：机关支部、经济支部受民革省先进支部表彰。在连云港市民主党派“双增双创”活动中，经济支部被评为“先进基层组织”；民革新浦地区党员中，有3人被评为“先进个人”。

【参政议政】 2013年，民革新浦地区各基层组织及成员切实履行参政议政职能，年内共有30余人次的各级人大代表、政协委员参加各种视察、调研活动，并认真建言献策；在各级“两会”期间，人大代表、政协委员共提交提（议）案29件，这些提（议）案涉及环保、城建、教育、卫生、文化等多个方面，与全区、全市乃至全省的经济、社会生活密切相关，有较高的质量，其中《关于吸引知名研发和设计机构来连发展的建议》被列作市政府领导领办提案，《关于发挥港口优势，扩大开发力度的建议》和《关于加强田间沟渠及小型农田水利设施管护的建议》被市政协列作重点提案。

【社情民意】 2013年，民革新浦地区各基层支部高度重视反映社情民意工作。全年向各级党政部门反映社情民意10份，其中《关于30万吨级原油码头和LNG码头选址的建议》《加快铁路投资进程，提升徐圩新区效能》等5份不仅及时准确而且紧紧围绕市委、市政府“一带一路”和沿海开发的工作重点，得到采用。

【政风行风评议活动】 2013年，在全市举行“效能港城、政风行风电视评议活动”中，民革党员中的市软环境监督员、人大代表、政协委员20余人次参加评议活动。

【对台工作】 2013年，民革市委会密切关注台湾形势，组织一次台属民革党员形势报告会，帮助大家认清形势，要求民革党员不失时机地以多种方式向在台亲属宣传“一国两制”主张。中秋之际，市委会召开台属成员座谈会，让台属党员相聚一堂，度佳节，话亲情，共献为国出力之策，同表促进统一之心，进一步激励大家的爱国热情。民革市委会领导多次接待台湾乡土文化研究社社长辛子方先生和老台胞孙美英女士等。

【社会服务】 2013年，民革新浦地区的各基层支部积极组织党员参与各种社会服务活动，努力为社会做出贡献。在春节、中秋之际，民革经济支部、教育支部的党员先后赴市福利院和新浦区培智学校慰问孤残儿童，并给孩子们送去学习用品和慰问品，传达民革组织对他们的关爱之情。

（撰稿：赵又晴）

民盟新浦地区组织

【概况】 2013年，新浦地区民盟组织共发展新盟员14名，截至2013年底，新浦地区共有盟员373人，其中博士4人，硕士31人，中上层人士351人，占比94.1%，正高职称26人，副高职称162人，平均年龄53.5岁。民盟新浦地区基层组织共有18个，其中总支1个，支部17个。

【参政议政】 2013年，新浦地区民盟组织的政协委员切实履行参政议政职责，积极建言献策。在市政协十二届二次会议上，共提交提案22件，其中《关于实施物流引导战略，大力发展连云港市现代物流业的建议》《关于将我市打造成为滨水宜居城市的建议》被评为市政协重点提案。在新浦区政协八届二次会议上，共提交提案5件，《关于现代服务业转型发展的建议》作大会发言，区政协常委林备战提交的《关于发展我区文化创意产业的建议》被表彰为优秀提案。民盟市委主委范忠华在省政协十一届一次会议上提交的《关于推进居民健康教育的建议》提案，被中国江苏网"江苏两会声音"栏目进行专题报道，新民网、东方网进行了转载。

【调查研究】 国家主席习近平提出建设"丝绸之路经济带"战略构想之后，新浦地区民盟组织充分发挥盟内大陆桥专家的智力优势，赴市港口管理局、港口集团等单位开展"大陆桥物流路径调整对连云港港口物流业发展的影响"专题调研，并在提升连云港港运营质量、增强连云港在大陆桥运输竞争力及完善陇海兰新线铁路运输协调机制等方面广泛建言献策。盟员林备战深挖新丝绸之路经济理论研究，切合国家战略构想和连云港对外发展实际，提出《关于争取在连云港设立中亚国家领事办事机构的建议》《构建"丝绸之路经济带"亟待加强国际交流与合作》等建议，受到民盟中央的重视。民盟市委还围绕城镇化建设、生态文明建设、教育现代化及百姓关注的民生问题深入调研，形成多篇调研报告，其中《东中西区域合作示范区循环经济与节能环保产业发展的建议》获得市政府常务副市长曹永林的批示。

【信息宣传】 2013年，民盟市委将网站进行全新改版，及时反映连云港民盟动态，还在民盟中央、民盟省委、中共连云港市委统战部等网站以及《人民政协报》《团结报》等媒体刊发稿件百余篇。全年共报送信息及社情民意70余篇次。其中《关于加强校外学生托管和培训机构安全管理的建议》等15条信息被民盟省委采用；9条社情民意被市政协采用，其中《关于贴近群众需求，搞好基层文化演出的建议》等3条社情民意得到副市长滕雯的批示。在"我为建设国际海港中心城市献一策"主题活动中，《关于连云港市建筑业发展的建议》和《关于加强社区体育设施日常维护的建议》得到市委书记李强的批示，相关建议已被采纳落实。

【组织建设】 2013年，依据民盟省委部署，盟市委制订"活力基层组织建设年"活动实施计划，基层组织活力有效提升，师专支部、科技文化支部获得全省"活力基层组织建设年"先进基层组织称号；盟员徐祥兵、林备战获得全省"活力基层组织建设年"先进个人称号。根据民盟基层组织发展需要，民盟市委将原淮海工学院支部升格为总支委员会，下设工程技术、文化信息和离退休3个支部，新成立民盟科技一支部、民盟科技二支部和民盟医卫支部。

【社会服务】 2013年，民盟新浦地区各基层组织引导盟员立足基层，扎实开展"农村教育烛光行动"、社会帮教、捐款捐物和社区服务工作，全年开展有影响的社会服务活动10余次，参与服务工作的盟员达70余人次，服务对象2000余人，爱心捐款1800元。

（撰稿：杨　楠）

民建新浦地区组织

【概况】 2013年，新浦地区民建组织（简称民建组织）坚持以促进发展为根本，以自身建设为主线，加强政治思想建设，注重组织发展和基层组织建设，着力抓好参政议政、社会服务工作，以自身建设的工作成效，不断提升履行职能的工作水平，为新浦地区的科学发展、跨越发展做出积极贡献。

【调查研究】 2013年7月，民建联合市政协经科委就"连云港市建设医药研发生产基地情况"展开座谈调研，此课题被市政协列为主席督办调研，受到高度重视，市政协副主席李广成亲自带队开展调研活动。9月，组织民建农业专家前往上海和苏州两地，就家庭农场课题进行专题调研。调研组立足连云港市情况，就如何解决农村组织合作化程度低、农业资金缺乏、产业抗风险能力弱、人才技术不足等问题以及如何促进家庭农场健康发展进行考察交流，并形成调研报告。各支部结合自身特色和优势，积极开展调研活动，形成有价值的调研报告9篇。

【建言献策】 2013年，在市政协十二届二次会议上，民建新浦地区市政协委员共提交集体提案4件，委员个人提案22件，会上所作的《提升我市海洋生物产业、推动蓝色经济发展》的大会发言受到中共连云港市委、市政府领导的高度肯定和重视，2件提案被列为市政协重点提案。

【社情民意】 2013年，民建组织共整理上报社情民意信息100余篇，其中《关于改善农田水利基础设施的建议》被民建中央采用；《关于修订农药安全使用规定的建议》《关于在政府和群众间设立房屋征收缓冲带的建议》《关于从重治理证书挂靠乱象的建议》被民建省委采用；《在我市山地景区推广油菜花种植》《向社会开放学校体育设施资源》等4条建议被中共连云港市委统战部"我为科学发展献一策"采用，得到市领导批示；《关于解放东路交通秩序亟待整治的建议》《关于加强交巡警执法窗口建设树立文明执法形象的建议》等5篇社情民意被市政协采用。

【宣传工作】 2013年，民建组织出台《民建连云港市委新闻宣传工作评比奖励办法》，激励基层组织和广大会员更好地做好在各级各类媒体、刊物、网站上的新闻宣传工作，全年在各级新闻媒体刊发稿件150篇。同时认真办好会刊《连云港民建》，全年共出版4期，就会刊版式、栏目、发行工作进行了改进。

【组织建设】 2013年，民建组织坚持注重质量、注意数量的方针，按照"保持速度、提升质量、完善结构、汇聚人才"的组织发展目标和任务，认真抓好组织发展工作，使会员队伍在数量规模上有新的增长，在整体素质上有新的提高，在组织结构上有新的改善。全年新浦地区共发展会员14人，其中研究生学历5人，高级职称6人。截至2013年底，新浦地区有会员总数285名，基层组织10个。

【社会服务】 2013年，民建组织积极推进"思源工程——生育关怀行动"，与新浦区计生局合作，帮助计划生育困难家庭。继续联合民建江苏省委、省爱德基金会开展捐资助学活动，为42名贫困学生发放助学金3.24万元。四川雅安发生地震灾害，新浦地区民建会员积极捐款，共募集2万余元，通过民建中央思源基金会捐赠给灾区。

【举办民建讲堂系列活动】 2013年，民建组织发起"民建讲堂"系列活动，号召基层组织紧密结合自身特点，发挥优势，积极参与到这项活动中来。财经支部与连云港市国税局合作，为市小微企业近50名财务人员进行税务知识培训；城建支部为连云港市广播电视大学建筑工程系学生举办关于"申报国优装饰工程奖的施工资料编制"的知识讲座；医卫支部举办《健康生活方式 远离脑卒中》讲座；金融支部为社区居民举办《营养守护健康》知识讲座。

（撰稿：常 明）

民进新浦地区组织

【概况】 2013年，新浦地区民进组织（简称民进组织）被民进中央授予"民进全国宣传思想工作先进集体"称号，是全省唯一获奖的地级市党派组织；蝉联民进江苏省"新闻宣传工作先进单位""信息工作先进单位"，同时被民进省委表彰为江苏民进"阳光助学（宿迁行动）"先进单位和"会务工作贡献突出单位"；机关支部被民进省委表彰为宣传思想工作先进集体。

【宣传思想工作】 2013年，民进组织坚持用思想武装促发展，以宣传带工作，全年在《团结报》等省级以上新闻媒体发表文章40余篇，被民进中央、省委网站采用稿件180多篇。民进中央副主席朱永新来连调研期间，对民进组织宣传思想工作予以充分肯定。

【理论教育】 2013年，民进组织围绕理论热点，开展学习教育活动。组织中心组开展专题学习，及时学习中国共产党第十八届三中全会精神，主委舒小平作专题辅导；近60名民进成员参加中共连云港市委统战部、民进省委党外人士研讨、骨干会员、新会员学习和组织工作培训。5月，借民进省委来连调研契机，组织会员120多人聆听朱晓进主委《把握形势，找准方位，切实提高参政议政能力》的专题辅导报告。定期召开宣传信息工作例会，重视理论成果转化，形成一支由20多名骨干会员组成的理论学习研讨队伍。

【组织建设】 2013年，民进组织稳妥做好组织发展工作，有针对性地制订组织发展计划，规范程序，积极与发展对象所在支部、所在单位党组织沟通，严格考察，确保高标准把握组织发展工作，全年发展新浦地区新会员16名。

【参与论坛征文活动】 2013年，民进组织选派会员参加中共江苏省委统战部、民进省委和中共连云港市委统战部组织的"统一战线与中国特色社会主义政治发展道路论坛""同心思想"等征文活动，《道路导航 目标导向 价值导引——中国特色社会主义政治发展道路的实践探索与理论思考》一文被中共江苏省委统战部选用，并在全省统战论坛上参与大会交流。9月，在民进省委"2013江海教育论坛"上，民进市委会获优秀组织奖，副主委刘珺等3人作交流发言，14篇论文获奖。

【构建支部宣传平台】 2013年，民进组织加快支部宣传平台构建速度，先后在新浦区教育局联合支部、新浦中学支部、解放路小学等支部创办了支部信息快报电子版，进一步加大民进基层组织的宣传力度。

【提升建言献策水平】 2013年，民进组织在深入开展调研的基础上，不断提高建言献策的针对性，提升参政议政的有效性。所报送的信息有11篇被全国政协、民进中央采用，有106篇被省级采用，其中被中共江苏省委、省委统战部采用信息13篇。同时参与高层协商民主，民进组织的主要负责人参加中共连云港市委"双月座谈会"，参与丝绸之路经济带建设、全市港口建设、政府工作报告等重要文件的意见征询，就进一步推进全市农产品市场流通体系建设、沭新渠送清水工程等重大问题，提出切实可行的意见或建议。民进市委会领导多次参加连云港市人大、政府和政协召开的民主协商会、情况通报会以及调研活动，为港城跨越发展、科学发展建言献策。在省、市"两会"期间，主委舒小平代表市委会作题为《创新型城市建设的几点建议》的大会发言，市委会提交集体提案6件，代表建议2件，委员个人提案72件。其中，民进组织市委会提出的《关于加速推进灌河一类口岸开放力度的建议》等3件提案，成为市政协重点提案或主席督办提案；会员郭有吉提出的《关于进一步推进全市校安工程的建议》，作为市政府领导领办提案，由副市长滕雯领办。年内被采用社情民意11条。这些提案和社情民意均受到有关单位的重视或采纳。在4月召开的民进参政议政及课题申报会上，市委会有4个调研报告转化为省政协集体提案。2013年，市委会有3个省中标课题。7月至10月，与盐城、南通、徐州、常州市委会组成调研组开展专题调研。9月，与市政协合作调研教育现代化建设情况；与市教育局联合开展校园周边环境调研；与市司法局联合开展农村地区法律援助调研。完成《深度推进我市教育现代化建设的建议》等8篇调研报告，涉及教育、文化、旅游、环境保护等诸多方面，为各级党委决策提供智力支持。5月，在中共连云港市委统战部召开的对口联系座谈会上，刘珺副主委代表民进和市教育局作经验介绍。8月，与市教育局召开对口联系协商会，就联合开展教育课题调研交换意见。11月，围绕工作创新进行细化，将“叶圣陶教育思想研究”作为共同创新项目成果。10月至11月，人大代表、政协委员30多人参加“2013效能港城”暨政风行风电视评议活动，对全市80多个单位进行评议。11月，部分人大代表、政协委员和教育界会员参加新浦区创建“全国义务教育发展基本均衡区”座谈会，对进一步推进教育均衡发展提出对策。

【开展丰富多彩的载体活动】 2013年，民进组织以重大节日为契机，策划专题，通过丰富的载体来开展活动。3月，组织女会员参观革命纪念馆。9月，为庆祝教师节，召开教育论坛暨基础教育教师成长问题专题研究会议。10月，举办欢度重阳节“书画与健康”知识讲座，60多名老领导、老会员参加活动。推进特色支部建设。淮海工学院、新海高级中学、职业技术学院等支部围绕教育发展问题开展研讨活动；经济、医卫、新浦中学、职业教育等支部以“义工团”、“义诊团”为载体，为会员搭建广阔平台；解放路小学、新浦区教育局联合支部以送教为主，让会员广泛参与社会服务；文化馆、淮海剧团、文艺支部配合全市“文博会”、西游记论坛、广场文化活动，展现民进风采；师专、外国语、新海实验中学、机关等支部开展调研活动。持续推进片会制度；机关支部开展特色片会，以“三送”（送课、送书、送文艺节目）为片会专题；新浦中学支部以服务港城发展献一策为主题片会，不断探索建设高效务实机关新思路。

【打造社会服务特色品牌】 2013年，民进组织彰显教育特色，发挥会员专业优势，认真组织实施“阳光助学（宿迁）行动”。8月，副主委刘珺带队到梅花镇中心小学进行调研，了解所需。10月，为该校捐赠价值1.5万元，受益师生500余人。同时，组织教育专家多次开展送教下乡活动，先后赴赣榆县黑林镇中心小学、灌云县陡沟中心小学等学校开展送示范课及教学研讨活动。江海书画会、企业家联谊会借海州白虎山庙会、云台樱桃节等契机，组织书画家会员开展送书画、春联进校园、进社区等惠民活动。12月，企业家捐赠5000元为市特殊教育中心的160名孩子购买运动鞋。此外，采用助教、下基层、义诊等多种形式，开展公益活动10余次，仅“情系雅安”爱心捐款达24550元。同时，向海州实验中学捐助图书2800册；向新浦区浦东街道市东社区捐助图书1400册；向赣榆县城西镇春阳幼儿园捐赠衣服、鞋子等物品。5月、10月，医卫支部分别到岗埠农场、海州区环卫所进行义诊，受益群众400余人。

（撰稿：孙传先）

农工党新浦地区组织

【概况】 2013年，农工党新浦地区发展新党员25名，至12月底，全市共有党员368名，其中新浦地区293名。第一人民医院总支荣获农工党中央“社会服务工作先进集体”称号，市委会荣获农工党省委、中共连云港市委统战部宣传工作先进集体。在市各民主党派“双创双增”活动中，市委会的社会服务、建功立业、宣传工作均名列第一。

【思想宣传教育】 2013年，农工党市委会认真学习贯彻中共十八大、十八届三中全会精神，深入学习中国特色社会主义理论。并结合“三八”妇女节、“八一”节、教师节、重阳节、春节等传统节日，开展主题教育活动，深化广大党员对多党合作优良传统的理解，坚定走中国特色社会主义发展道路的信心。市委会党史研究“王仙舟史料征集小组”到邳州市进行专题调查，其成果填补了江苏省农工党早期历史研究的空白。“农工党与福建事变”史料研究得到农工党中央肯定。农工党市委会不断加强宣传队伍建设，举办通讯员宣传工作培训班，完善宣传工作考核激励措施。全年有200多篇稿件被《中国统一战线》《团结报》《前进论坛》《挚友》等市级以上新闻媒体刊用。

【组织活动】 11月下旬，农工党市委会开展“双创双增”活动，以创新创优增强民主党派的凝聚力、创造力，增强民主党派服务科学发展、跨越发展的本领和水平。各支部开展各具特色的活动：卫生监督所支部开展“助力成长”进校园活动，为淮海工学院大学生做《人生发展规划》讲座，并放映党员自拍公益微电影，弘扬雷锋精神；机关总支、中医院总支等调研生态农业发展和中药金银花基地情况，提出对策建议。

【参政议政】 2013年，在市政协十二届二次会议期间，农工党市委会两篇调研报告《加强云台山生态保护 建设美丽连云港》《关于我市农村劳动力结构与促进粮食安全的建议》作为大会发言，受到关注。并提交提案39件，其中集体提案4件，个人提案35件，内容涉及医疗卫生、生态环境、公共交通、社会事业等民生问题，集体提案《关于提升我市城市道路交通综合管理水平的建议》被列为重点提案、主席督办提案；冯怀金委员提案《关于加强城市内河综合整治的建议》被列为市政府领导领办提案，这些问题均得到解决。农工党市委会还向有关信息渠道报送信息167篇，被农工党中央采用5篇，中共江苏省委统战部采用2篇，农工党省委采用37篇，市政协采用19篇，有9篇被市领导批示。在“我为科学发展、跨越发展献一策”活动中上报建议31条，被采用2条。

【专题调研】 2013年，农工党市委会围绕城区饮用水安全、环卫工人的待遇、“三网”（电信网、广播电视网和互联网）融合情况、教育现代化建设、环保工作等10多个课题，进行专题调研，形成6篇调研报告，为政府科学决策提供参考。农工党市委会还与兄弟党派继续就城市饮用水保障工作进行跟踪调研，提出针对性的意见和建议，得到中共连云港市委、市政府的高度重视，并把实施沭新渠饮用水输水工程作为重大民生工程，建设蔷薇湖作为应急备用水源。针对连云港市环卫工人工资待遇、工作条件问题，农工党市委会组织政协委员赴市城管局、山东济宁、淮安等地进行调研，提出建立环卫工人待遇增长机制，提高环卫工人收入和社会保障等5条建议，调研报告《进一步提高环卫工人收入和待遇的建议》列为市政协大会发言。农工党新浦区政协委员对市区拆违工作进行专题调研，完成调研报告《创新文明拆违的新模式》，作为区政协大会发言。农工党市委会《加强山体生态保护，建设美丽家园》、职业技术学院支部《加快构建覆盖城乡的公共文化服务体系，积极推进公共文化服务事业发展》等3个课题，被列为农工党省委重点调研课题，受到奖励。

【同心同行助推沿海开发】 2013年，农工党市委会利用组织优势，邀请农工党中央领导来连指导工作，助推沿海开发。5月，原全国人大常委会副委员长、原农工党中央主席桑国卫率领国家科技重大专项验收组来连，先后视察豪森药业股份有限公司、恒瑞医药股份有限公司。7月份，农工党市委会邀请全国政协副主席、农工党中央常务副主席刘晓峰出席"连云港之夏"旅游节暨江苏沿海发展论坛，考察连云港市港口建设、产业发展、城市开发、旅游及现代服务业取得的重要成果。9月底，原全国政协副主席、原农工党中央常务副主席李蒙视察了康缘药业现代中药研究院。10月下旬，中国农工民主党"健康中国行"来连开展活动，为连云港市医疗机构作基层医疗培训，农工党中央宣传部部长石光树出席活动。11月上旬，农工党中央社会服务部副部长张庆伟就社会服务工作来连进行调研，并视察农工党中央新农村联系点建设情况。

【"健康服务行"】 2013年，农工党市委会注重整合社会资源，发挥医卫界别党员优势，广泛联系社会各方面的力量，开展"农工党健康服务行"活动。全年，开展健康义诊、科普讲座等社会服务活动37次，受益人数近20000人次，赠送物品、书籍和药品价值超过15万元。恒瑞支部、机关总支向农工党市委会捐赠药品，支持市委会医疗咨询活动。妇幼保健院支部、中医院总支等基层组织多次到东海、赣榆县开展送医送药活动；一院总支开展"情系粉红丝带，关爱女性健康"大型系列义诊咨询活动。

【扶危济困】 2013年，农工党市委会积极开展扶贫助困、捐资助学等社会公益活动，全年共捐款10余万元。四川雅安地区发生地震后，农工党市委会发动党员赈灾捐款5万多元。王丽华自费奔赴地震灾区开展心理援助行动，得到当地政府和群众的好评。一院总支多次到志愿者服务基地市福利院，看望孤残儿童及老人，送去生活用品，为他们进行健康体检。年初"两会"期间，农工党员中的市人大代表、政协委员为身患重病的家庭困难大学生捐款3500元。农工党市委会及各支部党员为1名患重病的农工党员募集3万元爱心款。中医院总支、卫生监督所支部、新浦卫生支部等基层组织开展助学活动，为东海、灌云、市区贫困生捐款，帮助他们完成学业。疾控支部、药检所支部党员争当志愿者，多次参加咨询宣传、慰问敬老院、关爱留守儿童等公益活动。

【心理咨询】 2013年，农工党市委会开展团体心理咨询活动8次。6月，心理咨询师应邀做客连云港广播电台"城市之声"节目，就《青少年青春期发展特点》作专题讲座。10月底，农工党市委会组织7名心理咨询师到东海劳教所开展心理咨询服务，他们利用优秀传统文化和传统伦理道德，引导矫治学员，从人生的信念、智慧、命运等方面重新思考，使矫治学员的心灵经受传统文化的洗礼。农工党市委会的心理咨询工作，入选由国家行政学院出版社出版发行的《同心同行——社会服务案例精选》一书中，以《为了更多的人享受阳光人生》为题，介绍了农工党市委会开展心理咨询服务工作的做法经验。

【服务新农村建设】 2013年，农工党市委会参加农工党省委开展的"十村万卷"送书工程，向东海县3个行政村赠送书籍3669册，价值近10万元。市委会配合农工党省委做好东海县桃李村的"新农村建设服务点"建设工作，争取省委会联系成立的50万元"同心基金"滚动使用进入第二年，东海黄川草莓高效农业项目进展顺利。农工党省委会向桃李村赠送价值3万余元的医疗设备和图书，并正式启动二期规划建设工程。

（撰稿：冯怀金）

致公党新浦地区组织

【概况】 截至2013年底，新浦地区有致公党基层支部7个，党员134名，平均年龄53岁；有博士5名，硕士16名；高级职称57人，占42.5%。

【理论学习】 2013年4月16~17日，连云港市致公党副主委陈迅参加全市领导干部学习十八大精神培训班。5月17日，组织11名党员参加市党外代表人士"学习贯彻十八大、凝心聚力助发展"培训班。11月23日召开十八届三中全会专题学习会。

【主题活动】 2013年，致公党组织女党员赴海州区新坝农业生态园参观社会主义新农村建设；教师节前组织教师党员考察海上云台山；致公党老龄委开展一系列丰富多彩的活动：游览花果山海清寺、参观连云老街、赴东部新城区观光、重阳节开展敬老活动。部分支部还赴徐州市微山湖赏荷、窑湾古镇探秘。

【干部培训】 3月1日，致公党市委会举办2013年度新党员培训班，学习党史、党章，加强参政议政培训。5月16日至18日，组织14名信息宣传骨干参加致公党江苏省委信息培训班。6月23日至30日，致公党副主委陈迅赴北京参加致公党地市级组织专职副主委学习班学习。8月6日，致公党主委孟立强，副主委陈迅、周立岩等参加市政协组织的"连云港历史文化演变”讲座。8月19日至21日，党员李学泉赴常州市参加致公党中央第八期参政议政干部培训班。9月8日，副主委陈迅赴南京参加中共江苏省委统战部和省社会主义学院联合举办的全省第17期民主党派骨干培训班。

【对外宣传】 2013年，致公党市委会出版《连云港致公》报纸4期，做好“连云港致公”网站维护，及时更新市委会工作动态。年内在国家级媒体用稿7篇，在“中国致公”网站用稿33篇；省级媒体用稿21篇，“江苏致公”网站用稿50篇；市级媒体用稿25篇。

【参政议政】 2013年，致公党市委会围绕连云港市“科学发展、跨越发展”的大局，调动经济社会委员会和信息工作小组积极性，发动党员，开展调查研究，组织专题献策活动，追踪时代热点，紧跟政府迫切需要解决的难点，关注社会经济发展中百姓生活中的焦点，通过座谈会、提案、信息、社情民意等多种形式为港城发展建言献策，参政议政工作受到上级肯定，获得致公党中央参政议政工作先进集体。2013年，新浦地区致公党组织完成致公党江苏省委课题6个：《关于促进商业保险更好承办大病保险的调研》《关于加快苏北地区现代服务业发展的调研》《关于我省农业产业化龙头企业发展情况的调研》《关于我省农业产业化龙头企业发展情况的调研》《关于我省大气污染情况的调研》。在市政协十二届二次会议上，提交集体提案9件，个人提案19件；报送“我为科学发展献一策”专题信息18篇，其中《加快海滨大道建设推进港产城一体化发展的建议》等4篇被采用。

【信息与社情民意】 2013年，致公党报送统战信息19篇；报送社情民意19篇，被采用9篇，其中市长批示3篇。

【创新培训形式】 3月22日，致公党市委会举办统战信息采写培训班，创新性的引入“头脑风暴”，通过角色扮演、情景模拟，让信息员在实景中体会统战信息的撰写。

【社会服务】 2013年，致公党市委会积极利用民主党派自身优势，发扬民主党派服务社会的优良传统，开展多种多样的公益性活动。1月27日，在新春佳节即将来临之际，致公党连云港市委会组织党员到海州区敬老院，看望慰问院里的20余名孤寡老人，并为他们送各种慰问品，送去温暖和关爱。2月5日，致公党市委会走进海州区洪门社区丰泰苑，将多年来坚持服务百姓的深情厚谊和新年火红的祝福，融入300余副春联中，献给社区居民。3月12日下午，致公党市委会组织党员带着鲜花和水果到市社会福利院，看望常年居住在那里的老人。10月13日重阳节，致公党市委组织党员，带着慰问品，赴花果山敬老院看望老人。10月15日，致公党市委会响应连云港市慈善总会、连云港义工网的倡议，组织部分党员开展向藏民捐赠衣物活动。11月15日，致公党市委会组织党员到连云港中等专业学校化学工程系，开展急救知识培训。

【致公党中央社会服务工作培训班在连举办】 7月9日至11日，致公党中央社会服务培训班在连云港市举办，来自全国致公党和省内各市级组织近80人参与培训。省政协副主席、致公党江苏省委主委麻建国、致公党中央社会服务部副部长李万通、李曼、致公党江苏省委副主委吴晓蓓出席开班仪式，连云港市政协副主席、中共连云港市委统战部部长王东升到会致辞。市委会以培训班承办为契机，积极向与会的学员宣传连云港经济社会发展、连云港特殊的区位优势和自然禀赋，助推连云港科学发展。

【致公党江苏省委五届五次常委会议在连召开】 7月9日，致公党江苏省委五届五次常委会议在连云港市召开，传达致公党十四届三次中常会精神，通过《致公党江苏省委2013—2017年培训计划》，原则通过《中国致公党江苏省委员会思想政治工作制度》《中国致公党江苏省委员会基层组织工作条例》《中国致公党江苏省委员会宣传工作办法》《中国致公党江苏省委员会调研课题招标和申报工作办法(暂行)》《中国致公党江苏省委员会信息工作条例》《中国致公党江苏省委员会社会服务工作意见》《中国致公党江苏省委员会海外联络出访与接待工作制度》等有关制度，并就认真学习群众路线教育实践活动提出要求。省政协副主席、致公党江苏省委主委麻建国主持会议。

（撰稿：李学泉）

九三学社新浦地区组织

【概况】 截至2013年底，新浦地区共有九三学社成员223人，有新浦支社、科技支社、农林支社、高教支社、淮工支社、城建支社、一院支社、建筑设计院支社、连海院支社、机关支社、医卫支社和师专支社等12个基层组织。

【思想建设】 2013年，九三学社市委结合中共十八大精神，以座谈会、报告会、培训班等多种形式，强化理论学习，不断推进思想建设工作，提升领导班子和社员的理论素养和思想水平。社市委被九三学社江苏省委评为2013年度思想宣传工作先进集体。

【组织建设】 2013年，新浦地区九三学社组织共发展新社员14名，其中博士2名，硕士研究生8名，高级职称6名。

【深化学习实践活动】 年内，九三学社先后多次召开主委会议、社市委（扩大）会议，认真部署学习活动，及时总结学习成果，社市委领导积极参加中共连云港市委统战部召开的主委学习会、座谈会等重要会议和活动。

【接受高层次理论教育和培训】 2013年，九三学社组织领导班子成员及骨干社员参加社省委骨干社员培训班、基层组织负责人培训班、宣传专题培训班以及中央社会主义学院党外代表人士高级研讨班等学习培训。3月份，社市委举办参政议政理论学习和新成员培训班，学习社的历史和参政议政理论。组织社员参加中共连云港市委统战部和省委统战部“统一战线与中国特色社会主义政治发展道路”论坛征文；参加中共连云港市委统战部举办的全市党外代表人士“学习贯彻十八大、凝心聚力助发展”培训班；参加中共连云港市委统战部“同心同向同行、我与港城共跨越”主题征文活动，上报诗歌、心得等文章5篇。

【参政议政】 2013年，九三学社新浦地区组织共有市人大代表2名，其中人大常委1名；市政协委员19名，其中市政协副主席1名，市政协常委5名；新浦区政协委员11名，其中区政协副主席1名，区政协常委2名。在全市“三百引才”工程中，社郑刚脱颖而出，任市科技局副局长。

【提案、信息及社情民意】 2013年，新浦地区九三学社成员上报的《养猪怪圈轮回提速，猪农苦不堪言》等27条信息被社中央采用；《关于完善涉法涉诉信访工作的建议》等9条信息被中共江苏省委统战部采用；《从源头上解决牛羊肉供应的对策与建议》等29条信息被社省委采用；《关于定期公布自来水水质检测情况的建议》等10条社情民意被市政协采用并被相关分管市领导批示。在市政协十二届二次会议上，提交集体提案3件，个人提案32件。其中，李筠委员的《关于建立秸秆综合利用长效工作机制的建议》由赵晓江市长领办，社市委集体提案《关于加强农业面源污染治理推进环境友好型农业发展的建议》由市政协副主席徐大勇督办。在中共连云港市委统战部组织的“我为科学发展、跨越发展献一策”活动中，新浦地区九三学社成员提交建议19条，郑刚的《关于加快发展特色产业的建议》、徐建华的《发挥山海文化资源优势，促进港城文化发展繁荣》和李筠的《关于加大垃圾分类回收力度，建设生态港城的建议》等3篇报告被报送中共连云港市委领导批示。

【调研活动】 2013年，九三学社从三个方面入手抓好各项调研活动：一是抓住民生重点开展调研。社市委副主委董一洪提出建设沭新渠作为城市饮用水水源地的建议，被中共连云港市委、市政府采纳，并明确作为2013~2014年重点推进的民生工程。二是抓住论坛开展调研。《加强农业面源污染治理，推进环境友好型农业发展——江苏省农业面源污染现状分析及防治对策建议》《苏北地区养殖业污染治理应纳入政府议事日程》《地方生态文明建设的分析研究》等3篇调研报告入选江苏九三论坛。三是抓住课题申报调研。2013年共上报九三学社江苏省委招标课题6个，其中张洪让的《助推苏北养殖业转型升级的同时，加强养殖业的污染治理》、葛雄灿的《加快创新型园区建设存在的问题与建议》以及李筠的《苏北地区信息化促进农业现代化的对策研究》等3个课题中标，调研报告改为省政协提案。张洪让执笔的调研报告《关于农村新型社区建设与乡村治理机制问题的建议》被社省委列为省政协会议集体提案，由省政协主席张连珍在镇江句容市现场督办。

【做好服务工作】 2013年，九三学社妇委会于“三八”节期间邀请社省委妇委会来连召开工作会议，同时邀请连云港知名中医李建军为全市广大女社员作女性健康知识讲座；九三学社老龄委于5月份组织近50名老社员赴徐圩新区调研建设情况，重阳节组织28名老社员参观台儿庄战役纪念馆，接受爱国主义教育和革命传统教育。

【参与各类载体活动】 2013年，九三学社建筑设计院支社对口捐助丹丘希望小学；农林支社组织成员参观园艺博览会和中国花卉博览会；科技支社组织新老社员参加“郁金香文化节”活动；新浦支社将组织活动与调研、学习等结合起来，成果突出；一院支社和医卫支社为全市社员做好医疗保健咨询和服务，并参与社会服务活动；师专支社参与社内书法绘画等活动。

【举行九三学社专家沿海“连云港”行活动】 2013年11月15~16日，根据中共江苏省委统战部和连云港市政府服务沿海开发“同心”活动安排，由社省委和连云港市人民政府共同主办，中共连云港市委组织部、统战部，市科技局，社市委承办的“九三学社专家沿海（连云港）行”活动在新浦区举行。活动期间，举行了“智慧城市建设”科学报告会，召开社内专家项目推介会，部分专家和企业就可转让科技成果达成合作意向并赴企业进行现场指导。会后，来连领导、专家参观考察了连云港市科技企业。12月份，项目推介会上达成合作意向的项目“杂交青虾太湖1号的引进、繁育与养殖示范”被列入全市2013年农业科技成果示范计划立项名单，由市科技局安排资金予以支持。

【开展“百名专家进乡村行动”】 2013年3月份，九三学社农林支社到九三学社专家工作站调研小麦生长情况，对小麦生产进行技术指导。5月份，社市委参与中共连云港市委统战部组织的“同心永远跟党走”社会服务活动，提供免费测试血糖等医疗服务。11月份，第二十五届“国际科学与和平周”中，社市委组织医卫、农林专家到东海县贫困村，为村民普及种养殖知识并进行义诊服务，核电支社为丹丘希望小学的师生送去募集的图书。

【文化活动】 2013年9月份，九三学社艺术团参加大连国际服装节比赛，获得3个单项奖。11月24日，编排民族服饰展示类节目《大地芳菲》，代表连云港市民族宗教事务局参加江苏省第二届少数民族文艺调演，获得一等奖。

【公益活动】 2013年1月份，九三学社为资助的灌云县龙苴中学30名留守儿童每人购买书包等文具；4月份，为东海县丹丘希望小学贫困学生家庭送去慰问金1000元，向学校捐助现金12000元，用于落实学校浴室改造和购置电化教室投影设备。9月份，向灌云县龙苴中学30名贫困学生捐助3万元助学金。

【建功立业】 2013年，九三学社成员立足本职，刻苦钻研，努力进取，创造出许多新的业绩，取得丰硕成果。在社内评比中，张洪让获参政议政先进个人称号；鲁莲丽被社中央组织部表彰为先进组工干部；农林支社被社省委表彰为2013年度先进集体；郑刚、李筠、周敏、刘湘云、卜广钧和孟伟等6名社员被社省委表彰为2013年度先进个人；城建支社在全市各民主党派“双创双增”活动中被评为先进基层组织，庄海宁、郭鹏飞、徐超被评为先进个人；师专支社、新浦支社、科技支社等3个新浦地区基层组织被社市委表彰为先进集体，宋谦等33名社员被社市委表彰为先进个人。

（撰稿：孟　伟）

新浦区工商联组织

【概况】 2013年，新浦区工商业者联合会（简称区工商联）围绕区委、区政府的工作大局，充分发挥工商职能，促进全区非公有制经济健康发展和非公有制经济人士健康成长为目标，各项工作均取得显著成绩，荣获市工商联目标考核二等奖。

【组织建设】 2013年，区工商联新发展会员57家，有力提升区工商联的影响力和凝聚力。3月中旬，区工商联召开四届二次执委会，会上集中学习党的十八大会议精神。同时，注重加强对基层商会的指导，引导基层商会从班子建设、制度建设和活动开展等方面着手，切实搞好自身建设。

【制度建设】 2013年，区工商联通过开展机关作风整顿活动，全面提升执行力，增强工作的主动性、自觉性和创造性。通过整风活动完善了工商联岗位责任制，建立一次性告知制、首问负责制等各项规章制度。

【调查研究】 2013年，区工商联对全区中小企业情况进行调研、开展会员企业大走访活动和重点会员企业开展集中走访调研。在走访调研过程中，通过与民营企业家座谈交流，了解企业的生产经营情况，及时帮助企业排忧解难，并征求对工商联工作的意见和建议，进一步增强与民营企业间的沟通联系。

【信息服务】 2013年，区工商联全面及时反映非公经济发展动态。建立新浦区工商联信息员队伍，及时在省、市工商联以及新浦区政务网等网站上发布企业信息、基层商会工作情况及工商联工作动态等信息。年内，区工商联机关共上报省、市工商联信息30多篇。

【服务民企】 2013年，区工商联建立定期走访制度，为民企排忧解难。帮助执委胡启凯等人协商解决中豪房地产公司购房纠纷，调解息诉上访事件，促使中豪房地产公司成功实现债转股；和步行街管委会沟通协调，帮助陇海步行街东街特产超市顺利开业。年内，开展会员企业走访月活动，深入企业一线了解生产经营状况，协调帮助有关部门解决企业的问题和困难。

【会员培训】 2013年，区工商联认真开展业务培训活动。年内，开办《当前金融形势的判断与企业家对策建议》专题讲座和《当前中国经济热点问题》专题培训班，使民营企业家进一步认清当前经济形势，增强抵御风险危机的能力，增长现代企业管理知识，也增强做好、做大、做强企业的信心，有利于民企的健康持续发展。

【招商引资】 2013年，区工商联充分发挥工商联组织优势，积极开展招商引资工作。先后与扬州市投资商会、安徽省淮北市相山区工商联、泰州市高港区工商联缔结友好商会，搭建起友好商会交流合作平台。年内，赴扬州、苏州、杭州等地开展招商活动5次，接待来自深圳、浙江、安徽等地客商30多人次。与此同时，区工商联全员融入现代服务业集聚区建设。帮助集聚区做好招商基础工作，参与客商接待洽谈、协助开展招商活动。下半年，区工商联和集聚区指挥部先后赴扬州、杭州等地开展招商活动。接待来自安徽、浙江等地的客商，带着客商看地块、跑规划，确保建筑总面积21万平方米、总投资4.68亿元的蓝莓电子商务园区项目正式签订协议。年内，区工商联完成内联客方到位资金3400万元，完成考核计划的121.4%，提前超额完成全年招商引资任务。

【光彩事业】 2013年，区工商联带领非公经济人士参与光彩事业和社会公益事业。全年先后组织企业家扶贫济困、慰问福利院等活动3次。会员企业连云港书店捐建社区图书室，苏宁集团、新秀箱包等企业第一时间援助雅安地震灾区，意尔康鞋业捐资征集陇海步行街东街广场升级改造新点子等。2013年，全区民营企业通过各种渠道捐赠钱物150多万元。

（撰稿：李　彬）

团 体

新浦区总工会

【概况】 2013年，新浦区总工会（简称区总工会）在区委和市总工会的领导下，广泛学习宣传贯彻党的十八大、十八届三中全会精神，深入开展“基层工会组建提升年”活动，“两个普遍”（依法推动企业普遍建立工会组织、依法推动企业普遍开展工资集体协商）工作取得积极进展，工会各项工作扎实推进，为促进经济社会和谐发展作出积极贡献。

【组织建设】 2013年，新浦区14个镇、街道，经济开发区工会主席均由党工委副书记担任或兼任。同时选配专职副主席。按照“党建带工建，工建促党建"的双带双促方针，与区委组织部联合部署、检查、考核、评比工会组建工作。依托“工会组建提升年”活动平台，加大组织建设力度，各级工会按照“两个普遍”的要求，因地制宜、因企制宜，不断创新建会形式，大力推动各种所有制企业普遍建立工会组织。2013年，全区新建基层工会139个，发展会员7200人。“三公开”（指工会组织公开职责、工会干部公开身份、工会工作公开服务项目）“四统筹”（是指非公企业党、工组织统筹建立、人员统筹配置、活动统筹开展、保障统筹落实）活动，覆盖全区85%以上的非公企业。

【推荐表彰先进典型】 2013年，区总工会结合创先争优活动推进职工之家建设，涌现一批先进典型，有2个单位被推荐表彰为“江苏省模范职工之家”；5个单位推荐表彰为“连云港市模范职工之家”；2个单位推荐表彰为“连云港市模范职工小家”。

【扶贫帮困】 2013年，区总工会为提升困难职工、困难农民工和困难劳模的生活品质，千方百计扩大帮困面。元旦、春节、端午、中秋期间慰问困难职工家庭300余户、送款物26万元。帮扶女儿患尿毒症的特困职工，陆续为其送去募集的帮扶资金近万元。并积极与红十字会联系捐助，为其成功换肾。事迹受到多家媒体的关注报道。

【维权保障】 2013年，区总工会加大对基层劳动争议调解庭的建设力度。开展各级调解庭（室）规范化建设。全区工会系统共调解劳动争议案件31件，调解成功30件。2013年，全区工会劳动法律监督组织组建率达100%。为提升监督员综合素质和业务水平，保证工会劳动法律监督员持证上岗，举办2期劳动法律监督员培训班，全区110多名工会干部参加培训。

【开展竞赛活动】 2013年，区总工会进一步深化“安康杯”竞赛活动，推动全区企业安全生产活动向纵深发展。全年“安康杯”参赛企业达187家、参赛职工1.2万人。

【发挥政府、工会、企业三方协商机制作用】 2013年，区总工会牵头召开三方会议4次，研究协商和谐劳动关系及工资协商事宜，并联合开展对企业集体合同、工资集体协商的督促检查。

【开展工资集体协商服务】 2013年5月，区总工会在企业集中的新浦经济开发区、洪门工业园进行调研，上门指导。通过努力，全区建会企业厂务公开、民主管理建制率达95%，签订工资集体协商协议的企业达88%，集体合同签订率达85%以上。

【劳模评选及慰问】 2013年是省、市“五一”劳动奖状、奖章和工人先锋号推荐评选之年，本着公开、公平、公正的原则，区总工会及时高质评选出新浦区2013年省、市“五一”劳动奖状、奖章和工人先锋号。在春节和“五一”期间集中开展系列关爱劳模行动，走访慰问各级劳模18人次，向全区各级劳模发放慰问金13.4万元；开展“五一”劳模宣传月活动，选派2名省部级劳模参加省总工会休养活动。

【开展劳动立功竞赛活动】 按照“党建带工建、工建促党建”的原则，区总工会在全区开展劳动立功竞赛活动。年初，出台《关于2013年度在全区职工中深入开展劳动立功竞赛意见》，4月25日，举行“新浦区2013年劳动立功竞赛启动仪式”，110名企事业单位代表参加，形成十多个行业、上百家企事业单位，近万职工参赛的良好局面。

【推进班组建设和职工技术创新】 2013年，全区各级工会培训班组长达700人次，其中区总工会本级培训班组长200多人次。同时开展技术交流、技术协作、技术攻关和岗位练兵、名师带徒等群众性经济技术创新活动，职工技术创新项目达200多项，创效益150万元；实施职工提出的合理化建议190多条，创造效益200多万元。6月中旬，启动新浦区职业技能大赛，共设12个工种，120余名职工参加，表彰了12名职工，并授予新浦区"首席员工"称号。

【开展"读书月"活动】 2013年，区总工会加强"职工书屋"建设，联合连云港书店举办"书香飘社区、文化伴我行"图书捐赠公益活动，实现浦东、浦西2个街道所有社区职工书屋捐赠全覆盖。

【加强法治工作培训】 2013年，区总工会重点加强对法律"进企业"工作的指导。举办"新浦区非公企业管理人员法制讲座"等培训班2期，共有178名企业主管和企业工会主席参加培训。

【为女职工提供学历、技能和素质教育、培训】 2013年，区总工会打造心理辅导、法律维权、家庭保健3个女职工素质提升特殊团队。通过面授及深入企业、社区开办流动课堂等形式，为基层企业在岗和下岗女职工提供学历教育、技能培训和素质教育等服务。全年，开办6期培训班，培训860余人。

【建立"网格工会"】 2013年，区总工会以全区为一个区域范围，以社区为一个网格划分单位，按照地域相邻、人员相熟、文化相近、构成相似的原则，将76个社区划分为468个网格。设立工会网格工作站，作为区总工会联系网格点和社区工会的联络机构，成为工会工作基本单元，受社区工会委托管理和协调网格内各种类型的工会组织，服务广大会员和职工群众。在网格工作站设立工会网格指导员公益岗位，邀请志愿者成为专职网格指导员，实现网格工会指导员岗位规范化。专职网格指导员在社区工会的领导下，全面负责网格内的工会工作。

（撰稿：罗雪军
审稿：陈金芳）

共青团新浦区委员会

【概况】 2013年，共青团新浦区委员会（简称团区委）坚持以邓小平理论、"三个代表"重要思想、科学发展观为指导，深入学习贯彻党的十八大、十八届三中全会、团中央以及省、市团代会精神，围绕区委和团市委的工作部署，以服务党政工作和服务青年需求为出发点，奋力推进"青春引航、青春建功、青春护航、青春筑基"四大行动，团的各项工作得到蓬勃发展，取得明显工作成效。

【共圆中国梦教育活动】 2013年，团区委以宣传党的十八大精神为重点，以"我的中国梦"为主线，以纪念建团91周年、"七一"等重大纪念日为契机，广泛在团员青年中开展"永远跟党走、共圆中国梦""红领巾相约中国梦"等主题教育实践活动，始终把教育引导青少年作为首要任务，针对新形势下青少年的特点，研究、找准不同青少年群体思想意识的切入点，增强青少年"坚定不移跟党走，奋力实现中国梦"的信念和决心。不断增强广大团员青年的爱国意识和发展意识，引导他们正确看待改革发展过程中出现的各种问题，自觉践行社会主义核心价值观，坚定永远跟党走的信念，夯实团员青年的理想信念根基。

【主题教育实践活动】 2013年，团区委通过在中小学开展"雷锋精神代代传"、少年军校训练营等主题教育实践活动，用中国特色社会主义理论体系构建青少年学生的精神支柱。扎实开展主题团日、队日活动，全面推进入团、入队仪式程式化，分类推进少先队活动课程化建设。

【更新青年交流平台】 2013年，团区委升级改版新浦共青团，形成架构合理、内容丰富、更新及时的青年交流平台，拓宽信息沟通渠道。完善微博、微信等团属新媒体工具建设，新浦区基层团组织官方微博共有16个，在职团干部全部注册个人官方微博、微信。同时，进一步扩大团干、苏北计划志愿者、大学生村官以及社区青年交流的QQ群参与人数。

【服务青年就业创业】 2013年，团区委联合区人社局等单位，举办进城务工青年专场招聘会、应届大学生专场招聘会和就业形势分析报告会等就业服务工作。深入开展"万名总经理助理见习计划"，建立青年就业创业见习基地55家，提供就业岗位500个，组织青年上岗见习600余人次。同时，做好青年创业小额贷款服务，着力解决困扰青年创业的资金瓶颈，为全区33名青年创业提供小额贷款235万元，带动就业148人。还开设青年职业技能培训、"SYB"等青年就业创业培训28场次，参与青年900人次。举办青年创业标兵事迹报告会和经验交流会，引导青年人敢于创业、善于创业、理性创业。

【引导青年建功成才】 2013年，团区委加强青年人才的培养、选拔、推荐和表彰，积极做好"农村青年致富带头人"等优秀青年人才推荐上报工作，选拔优秀青工参加市青年职业技能大赛。推荐上报"我们身边的好青年"活动，推荐好青年50人。与区委组织部、宣传部、人社局联合表彰10名优秀创业青年。与区委组织部、区人社局联合开展首届"大学生村官标兵"评选活动，表彰5名扎根基层、干事创业的村官典型。

【开展青年志愿服务行动】 2013年，区委、区政府高度重视志愿服务工作，年初启动"美丽新浦——万名志愿者大行动”，在全区范围掀起志愿服务热潮。团区委积极整合区内优势资源，充分发挥大学生志愿者、苏北计划志愿者、大学生村官志愿者、社区志愿者等青年志愿服务队伍的力量，着眼于培育推广小微志愿服务项目，围绕环境保护、爱老敬老、关爱留守儿童等重点对象和重点领域，先后开展“保护母亲河”清洁河岸、湿地环保行、青春志愿行关爱农民工子女、敬老志愿服务月等志愿服务行动20余次，参与人数1000余人。

【加强青少年权益保障】 2013年，团区委加强与区综治办、法院、检察院、公安、民政等部门的沟通联系，全面开展区内流浪儿童、服刑在教人员子女、闲散青少年等5类重点青少年群体排查工作，建立动态数据库，以点带面推进未成年人保护和预防青少年违法犯罪工作。

【开展关爱青少年成长活动】 2013年，团区委组织开展“共青团与人大代表、政协委员面对面”活动，围绕“社会教育与青少年健康发展”年度主题，邀请人大代表、政协委员通过专题调研、面对面座谈、发起微博话题等方式，关注网络安全对青少年成长的影响。加强“希望来吧”建设管理，在玉龙社区、市东社区新建希望来吧2所，发挥“四点钟学校”作用，开设“七彩课堂”，长期为农民工子女、留守儿童提供亲情陪伴、课业辅导、扶弱济困等志愿服务和关爱活动。广泛开展“暖冬行动”和“三下乡”活动，发动陇海步行街爱心商户为困难农民工子女、农村留守儿童捐助棉衣、米面等物资价值2万余元。

【开展爱心结对活动】 2013年，团区委发动有爱心的青年企业家与农民工子女较集中的学校开展结对互助，与贫困学生开展“一助一、多助一”活动，结成长期帮扶对子，资助困难学生170名。

【开展爱心手拉手活动】 2013年，团区委组织开展和新疆霍尔果斯口岸的手拉手活动，援建图书1200余册、爱心包裹30个、爱心捐款3000元。

【构建青少年健康成长和谐环境】 2013年，团区委切实发挥好“预防办”和“未保办”职能，加强社会联动，协调配合，切实维护青少年合法权益。同时，强化青少年法治教育，依托“法治课堂”“社区青少年法律学校”等阵地，开办青少年法治宣传教育50余场次。加强青少年自护教育，充分发挥“青少年自护教育基地”和中小学的作用，积极开展青少年暑期自护夏令营、应急救护演练等情境模拟训练，提高青少年自我保护的意识和能力。加大社会综合治理的力度，联合成员单位开展“网吧”治理、校园周边环境综合整治等集中行动，扎实开展“未成年人零犯罪社区（村）”“青少年维权岗”创建评比工作，为青少年健康成长营造良好的社会环境。

【加强基层团建工作】 2013年，团区委为巩固乡镇团的组织格局创新和实体化“大团委”建设成果，扎实开展“三个百分百”［团市委各分管书记和青农部长百分百走访乡镇团委书记、各团县（市、区）委书记百分百走访村团组织负责人，各乡镇团委负责人百分百走访乡镇直属团组织负责人］一联二查三整改（一联，即建立与走访对象的长期联络机制；二查，即查摆基层团组织和基层团干队伍建设中存在的问题；三整改，即对数据不准确、制度不完善的“半水分”团组织，经费不到位、负责人配备不及时的“半虚设”团组织，以及组织生活不健全、团的活动不开展的“半瘫痪”团组织进行集中整改）大走访活动，切实提升基层团组织的活跃度和规范化水平。同时加强非公企业、新经济组织、农业专业合作社等领域团建工作，努力使团组织多领域、多渠道覆盖更广阔的青年群体。在全区非公企业建团60家，新社会组织建团6家，覆盖青年1264人。

【加强团干部学习培训】 2013年，团区委建立团干部学习会和例会制度，每两个月召开一次工作例会和学习会。积极组织推荐基层团干、少先队辅导员、中学专职团委书记参加团省、市委组织的各类培训6批次30余人。

【加强共青团的作风建设】 2013年，团区委深入贯彻落实中央、省、市委关于改进工作作风的“八项规定”和“十项规定”，狠抓团干部作风建设，开展“青春邀约走基层 服务青年听转办”主题实践活动，发动各级团组织深入基层联系青年，了解青年的真正需求，积极争取党政资源，协调社会资源，帮助青年解决实际困难。全区各级团组织开展“走听转办”（走基层、听心愿、办实事、转作风）活动20余场次，涵盖青年微联系、实现微志愿、志愿微公益、团课微讲堂、环保微行动、社区微行动等项目，常态化联系青年436名，征集微心愿110个，实现微心愿105个。

（撰稿：顾　正
审稿：周　静）

新浦区妇女联合会

【概况】 2013年，新浦区妇女联合会（简称区妇联）推动男女平等、两性和谐发展，深化妇女大培训大创业，推进妇联精神文明建设，倡扬新风尚，建设新生活，团结带领全区广大妇女为推进跨越发展、实现大突破贡献力量。

【妇女创业就业】 2013年，区妇联帮助女大学生成功创立山山林美术馆。并利用好阿姨家政公司、浦南镇劳动所等就业平台，培训月嫂及家政技能等，转移就业400余人，引导自主创业150余人。

【巾帼志愿者服务】 2013年，巾帼志愿者服务的范围由最初较单一的形式，发展为根据妇女儿童实际需求开展政策咨询、法律援助、就业指导、技能培训、环保绿化、家庭教育等多项服务，建立各类巾帼志愿者队伍，开展各具特色的巾帼志愿者服务。区妇联每个月组织巾帼志愿者到玉龙社区敬老一条街帮助老人理发、打扫卫生、聊天等。3月2日，组织巾帼志愿者代表队参加新浦区"美丽新浦万名志愿者在行动"活动，并组织300多名巾帼志愿者参加市妇联组织的"与雷锋车同行、巾帼志愿者进社区"活动。

【节日活动】 3月8日上午，区妇联组织机关各部门女干部到玉带河边植树，给"三八"节增添一道亮丽的绿色。还组织机关30多名巾帼志愿者到区政府食堂开展"我爱工作，也爱生活"包饺子比赛。6月1日，区妇联联合区文化局在市民广场举办主题为"中国梦——我的多彩童梦"大型少儿绘画比赛。

【"巾帼暖冬"行动】 1月28日，区妇联开展"巾帼暖冬行动"，根据之前各镇、街道摸底调查，安排50名贫困儿童，通过多方筹集资金，现场发放羽绒服、毛巾被、食用油等价值1.5万余元的物品。

【"微笑"行动】 2013年，区妇联在对全区单亲特困母亲摸底调查登记的基础上，开展一系列帮扶单亲特困母亲的活动。暑期区妇联召开"微笑行动——单亲特困母亲子女学习圆梦计划"部署会，要求辖区各街道妇联开展系列帮扶行动。7、8月学生开学期间，区妇联向市里争取资金对有子女上学的单亲特困母亲进行资助，给上大学的孩子每人4000元，中小学生每人1000元资助。

【"海妈妈"系列活动】 2013年，全区共有50名社会妈妈与贫困儿童成功结对，并开展系列帮扶行动。1月份，组织社会妈妈，为浦南镇龙浦村大官庄小学的贫困学生送去学习和生活必需品；5月4日，在青年公园举办"爱心手牵手 军营助成长"实践活动；10月19日上午，区妇联联合乐高创意中心在艺北社区举办"大手拉小手 共拼中国梦"活动；10月25日晚举办万圣节城乡儿童狂欢派对；11月3日，在怡景苑举行城乡儿童手拉手等系列活动。

【区妇联等获省"巾帼文明岗"称号】 2013年是全国妇联开展城镇妇女"巾帼建功"活动22周年，为表彰先进典型，弘扬时代精神，激励更多妇女立足岗位、建功立业，省妇联和省城镇妇女"巾帼建功"活动领导小组联合命名表彰一批省级巾帼文明岗，新浦区妇联等4个单位获得省"巾帼文明岗"称号。

【"妇女儿童之家"提档升级】 2013年，区妇联在全区33个行政村、94个社区全面挂牌建立"妇女儿童之家"的基础上，强调提档升级，坚持活动经常化、服务规范化、管理制度化。截至年末，全区共有市级妇女儿童之家示范点21个，省级妇女儿童之家示范点26个。

（撰稿：宋开红
审稿：柴　通）

新浦区科学技术协会

【概况】 2013年，新浦区科学技术协会（简称区科协）实施《中华人民共和国科学技术普及法》和《全民科学素质行动计划纲要》，实施"百名教授科教兴百村"小康工程、科普惠农和社区益民计划工作。成功创建国家级"科普示范社区"1个（西苑社区），获奖补资金20万元；省级科普示范社区2个（西苑、贾圩社区），获奖补资金10万元；省级科普示范街道1个（新东街道），获奖补资金1万元；省优秀科普惠农服务站1个（江浦果蔬科普惠农服务站），获奖补资金2万元；省科普特色学校1个（新浦区海宁中学），获奖补资8000元；自筹资金在西苑社区新建社区科普馆；新建贾圩社区、东苑社区、河西社区"科普文化广场"3处，西苑社区、新潮社区科普宣传一条路2处；代表连云港市参加江苏省"食品安全知识竞赛"荣获二等奖、优秀组织奖；圆满通过江苏省"十二五全民科学素质纲要"中期评估；荣获江苏省"全国科普日"先进集体；建国路小学被评为市级科学教育特色学校；招商引资完成2447万元，完成力争指标的101.96%，区科协荣获2013年度新浦区年度目标考核二等奖，荣获全市科协系统"县区科协综合工作先进集体"荣誉称号。

【开展科普联动活动】 2013年，区科协制定《新浦区全民科学素质行动计划纲要（2012–2015）实施意见》，召开"新浦区全民科学素质纲要推进会"6次，顺利通过省级"十二五"中期评估验收。采取"科普阵地联动共办、科普队伍联动共建、科普活动联动共抓、科普教育联动共享"四联动的方法，开展各具特色、内容丰富科普载体活动。

【第25届科普宣传周】 2013年5月19日上午，新浦区第25届科普宣传周开幕式及大型广场科普宣传活动在建宁小学举行。科普志愿者、学生和老师代表、村官科普志愿者代表及社区居民代表2000余人参加活动。全区各乡镇、街道、各成员单位，开展以"科技创新，美好生活"为主题的各类科普系列活动。新东街道办事处、浦东街道办事处组织科普文艺演出；新南街道办事处卫生服务站组织医生为居民义务义诊；新海街道办事处西苑社区科普大学组织科普系列活动；新海街道办事处新潮社区科普展板深入各小区进行科普巡展，西苑社区组织离退休干部参观科普长廊；花果山街道组织科普文艺演出10余场次。

【全国科普日】 2013年9月13日，在连云港外国语学校举行连云港市暨新浦区全国科普日启动仪式，开展各类丰富多彩的科普系列活动。区教育局、科技局、农水局、卫生局、环保局、地震局、妇联等单位举办科普讲座、咨询、图板展、送科技下乡等活动。科普日咨询活动累计接受科技咨询达10万人次，发放各类宣传资料10万余份，展示1000余张以"食品安全、公众健康、卫生防御、预防流感、环保节能"等为主要内容的科普展板。

【科普惠农】 2013年，区科协继续

推进“百名教授科教兴百村”小康工程，与区委组织部联合下发《新浦区百名教授科教兴百村小康工程2013年度工作意见》。区科协在本级“专家库”和市级“科普志愿者讲师团”的基础上，协调南京农业大学的教授到新浦区进行相关业务指导，普及实用技术。围绕“一村一品”、“多村一品”的结构调整思路，推进特种养殖、优质稻麦、无公害果蔬、茶叶种植等特色高效农业。开展科技素质培训4400余人次，种养大户培训1600余人次，实现劳动力转移400余人，组织经纪人培训400余人，实施示范基地科教项目4个，扶持重点项目2个，推广新产品4个，建成科普惠农服务站2个，组织农业专家乡村行及报告会20场次，带动全区1000余户农户增收致富。以“江苏省新浦区现代农业产业园区”为载体，创建成立“新浦区科普惠农服务站”“新浦区科普示范基地”和“新浦区专家工作站”。“新浦区温室大棚百合鲜切花种植技术示范与推广”获市2013年度百名教授科教兴百村小康工程优秀科教项目；新浦区科普惠农服务站被评为省级科普惠农服务站。

【科技下乡】 2013年，区科协成立科技下乡领导小组，下设办公室，制订工作计划。领导小组成员经常深入基层调查研究，了解农民对科技下乡的反映，倾听群众的意见和建议，结合实际指导活动。2月4日，以“城乡区域协调发展，建设和谐新农村”为主题的新浦区科技下乡活动在花果山乡拉开序幕。区委宣传部、区文明办、区科协、区科技局、区卫生局、区农水局等十余家单位参与此次活动。活动内容主要包括：现场文艺演出、现场科技咨询、书法家义务写对联、农村实用技术咨询、医务专家义诊、法律咨询和计生政策咨询服务等。现场接受科普咨询达3000人次，发放《食品安全与公众健康》读本2000册，《全民科学素质简明读本》500册，科普宣传画300份，环保节能、等科普宣传资料2000份。科普宣传周和全国科普日期间，联合各乡镇、街道，围绕“坚持科学发展，走近低碳生活”主题广泛开展“科技下乡”“科教进社区、进乡镇”等系列活动。

【基层科技协会】 2013年，区科协坚持以浦南镇草舍西红柿协会、红香溢樱桃酒协会、江浦朗墩果蔬科普示范基地等组织为纽带和抓手，以草舍西红柿协会科普惠农服务站建设为核心开展科技普及活动，组织各类实用技术培训、新品种推广及市场营销等；红香溢樱桃酒企业科协组织广大科技工作者开展“讲理想、比贡献”评比活动；江浦朗墩果蔬科普示范基地打造新浦区农业科技示范园区。

（撰稿：张　敏
审稿：史建梅）

新浦区残疾人联合会

【概况】 2013年，新浦区残疾人工作在区委、区政府的领导下，在省、市残联的指导下，围绕年初下达的任务指标，攻坚克难，扎实工作，圆满完成各项工作任务。获得区委区政府颁发的“2013年度经济建设和社会发展综合目标三等奖”。

【发放专项补贴】 2013年，新浦区残疾人联合会（简称区残联）为全区436名重度残疾人发放护理补贴29.7万元；为389名低保家庭重度残疾人发放重残补贴33.714万元；为42名残疾人高中生、大学生发放教育补贴5.75万元；为186名残疾人车主发放机动车燃油补贴4.8万元。

【发放康复器材】 2013年，区残联免费对残疾人及残疾人家庭进行无障碍环境改造，发放电动三轮车、防压疮坐垫、一字形扶手、钢制护理床及餐桌等辅助器具552件；发放轮椅50辆、助视器28个、助听器60台；发放残疾儿童“七彩梦”康复救助项目器材53件。

【为0~6岁残疾儿童免费康复服务】 2013年，区残疾为全区113名6岁以下残疾儿童提供康复训练，其中精神残疾14人，智力残疾18人，多重残疾64人，听力残疾17人。

【康复进家庭服务】 全年完成白内障复明手术163例，其中免费32例，为精神病患者实施免费服药43人，帮助13名重度精神病患者免费住院治疗，并为14名有假肢装配需求的残疾人免费安装假肢。

【建立残疾人就业、失业信息数据库】 全年对4366名就业年龄段残疾人就业、失业信息进行登记录入，录入率100%，名排全市前列。

【建立残疾人托养机构】 2013年，区残联新建新海、南城2个省级残疾人托养服务中心，全区8家残疾人托养机构运营良好，有在托各类残疾人115人。

【办理“爱心卡”】 2013年，区残联为全区720名残疾人办理免费乘坐公交车“爱心卡”。

【残疾人信访工作】 2013年，区残联做好残疾人信访工作。区残联成立领导小组，制定信访接待制度，并建立问题随机处理机制。在处理几次部分残疾车主进京上访过程中都在第一时间内赶到现场做好残疾人思想稳定工作。

【开展党员集中帮扶日活动】 2013年，区残联为结对村浦南镇新圩村老党员、残疾人送去慰问金、轮椅、拐杖等辅助器具。

（撰稿：朱　静
审稿：王云琴）

新浦区文学艺术界联合会

【概况】 2013年，新浦区文学艺术界联合会（简称区文联）按照“把握方向，加强联谊；走出去，请进来；打造精品，繁荣文艺”的工作思路，团结全区文艺工作者，认真履行“组织、联络、协调、服务”的工作职责，积极开展文艺活动，着力抓好文艺创作等活动，全面完成既定的工作目标任务。

【开展文艺惠民活动】 2013年，区文联坚持文艺进社区、进乡村、进企业、进学校方向，开展社区家庭大赛、推新人大赛、摄影大赛、绘画大赛、广场舞大赛等文化展演活动200场次；春节前夕，组织20名书法家义务为民送春联10场次4000余幅；并赴五图河农场慰问干警，送书画作品20余幅；成功承办“连云港市第13届青年歌手大赛”颁奖晚会；举办“重阳节”新浦区老年书画摄影作品展、新浦区青年歌手大赛、连云港“好声音”大赛、“白虎山庙会”摄影大赛、“精彩看新浦”摄影比赛、“新浦老街印象”摄影大赛；开辟新浦宣传网“文艺新浦”专栏，宣传德艺双馨艺术工作者的成就及其精品佳作。

【打造文艺精品】 2013年，区文联完成《扁担会后传》淮海戏编排演出工作，拍摄完成“雷锋车组”系列微电影之一《订婚风波》，在新浪、搜狐、腾讯等网站广为传播；举办“化古开新”全国获奖书法家四人作品展，累计参观人数达10000人；完成图书《民主路——新浦老大街的故事》出版发行。

【展现文艺成果】 2013年，区文联在中国书法家协会举办的全国第四届扇面作品展、全国首届书法小品展、“王安石奖”“钟繇奖”“陶渊明奖”等国展中，新浦区有3人作品20多次入选，其中蔡宁、薛云生获全国优秀奖9次，创连云港市书法获奖历史之最；在全国第24届摄影展览中，区摄影家协会主席周永恩一人夺得3个优秀作品奖；在全国“海派秧歌邀请赛”、2013全国广场操舞蹈大赛、2013全国排舞联赛（江苏赛区）中，区舞蹈家协会选送的节目获得3个金奖；在全市首届美术教师作品展、书法教师作品展中，新浦区有4人获得一等奖。

（撰稿：李　晓
审稿：李敬伟）

宝安商业广场　　（韩世泳　摄）

法治新浦

社会综合治理

综　述

2013年，全区政法系统立足区委"转型升级增实力、好中求快创一流"年度工作主题，以建设和谐稳定示范区为目标，以完善社会管理格局、强化源头预防治理、加强基层基础建设、提升公共安全感工程四项工作为重点，狠抓平安、法治、队伍三大建设，创新工作思路，强化担当落实，各项工作扎实有效开展，有力保障全区社会大局持续稳定。新浦区被省委、省政府命名为2013年度全省法治创建先进区，连续9年被省综治委命名为平安县区，被市委、市政府授予2013年度社会管理创新专项奖。

平安新浦建设

【建立健全维稳工作机制】 2013年，区委政法委全面落实维护稳定领导责任制、单位部门责任制、重大问题通报制、重大事件查究制等一系列制度。及时调整区国家安全领导小组及其办公室人员，增设国家安全工作科，调整充实乡镇（街道）维稳领导小组及维稳办公室工作人员，形成以区、乡镇街道为主，辖区各单位协调配合的信访维稳机构。并充分发挥维稳机构的职能作用，深入开展排查化解矛盾纠纷集中行动，对重点人群、稳控对象采取行之有效的措施，扎实做好稳定工作。

【加强信息预警和应急处置】 2013年，全区建成社会矛盾纠纷综合信息管理平台，投入120万元在14个镇街、经济开发区和21个重点综治成员单位建立社会矛盾纠纷综合信息管理系统，健全社情民意信息收集反馈网络，进一步强化情报、侦察、控制、处置工作和网上斗争，一大批预警性、深层次情报信息受到领导高度重视，为及时化解各类不稳定因素赢得主动权。全年共收集上报各类情报信息7215条，依法处置集访事件566起1.1万人次，10余起百人以上群体性事件预警处置成功率100%。

【源头预防化解矛盾纠纷】 2013年，区委政法委全面梳理化解社会矛盾，坚持查改同步，标本兼治。采取定时、定人、定点、定责全面排查，做到镇街不漏户、户不漏人。同时，强化领导包案和领导接访工作机制督察，由区委书记亲任督察组组长，定期通报领导包案、领导接访、信访稳定的工作情况。2013年，全区开展社会矛盾纠纷排查13次，受理680起，调解666起，调解成功率98%。

【严厉打击邪教破坏活动】 2013年，区委政法委以"两节""两会"等敏感期安保为重点，切实落实"三包一"（社区民警、基层组织、镇街干部包一名邪教人员）工作措施，着力提高防范控制工作水平。先后3次对全区"法轮功"等邪教人员进行全面梳理登记，对重点人员逐人成立由街道、社区、单位和派出所组成的包帮小组，每月主动谈心，敏感时期天天见面，及时掌握思想动态。

【全面开展治安防范】 2013年，区委政法委全面启动"平安先锋工程"和"万人红袖标工程"，以民生警务为核心，建立"四位一体"（巡逻、处警、查控、处突）巡防机制，对内整合特警队、便衣队、机动队、派出所和社区巡防队伍等专业力量，对外整合内部单位治保力量和"红袖标"等，实现专业巡防力量、派出所、社区巡防力量、群防群治力量组合，开展点线面呼应协调的区域巡防。进一步推进技防入户工程，全区90%以上的新建小区建成技防小区，技防入户率达到80%以上。精心组织老居民小区安全防范改造，按照"六有"（有值班室、有大门、有视频监控、有封闭或半封闭式围墙、有路灯、有停车场）标准，完成106个老旧小区安全防范改造。

【排查整治重点地区】 2013年，区委政法委按照"综合治理、标本兼治"方针，坚持四项联动（市区两级联动、部门协作联勤、警民群防联手、基础设施联建），精心编织四张网络（"群众参与"联防网、"高危人员"管控网、"场所行业"专控网、"多案部位"防范网），对市委、市政府、区委、区政府等146个重点党政机关和企事业单位，华联广场、两站（火车站、汽车站）等356个要害部位，分层级戒备、常态化管控，做到管控无盲点。对步行街、繁荣路等5个重点地区和10个窗口地区，先后组织9次专项清查行动，查破各类案件207起，抓获各类嫌疑人213人。

【重拳出击整治治安秩序】2013年，区委政法委坚持以打开路、主动进攻，相继组织开展“打黑恶、反盗抢”“安民”“净风”等系列专项行动，对各类违法犯罪保持严打态势，有力遏制案件高发势头。共破获各类刑事案件2621起，破案率为47.7%，其中破获“八类案件”101起，6起现行命案全部成功侦破。对群众反映强烈的盗抢案件，持续开展专项行动，破获“两抢一盗”（抢劫、抢夺、盗窃）案件693起，摧毁团伙17个，抓获盗窃“三车”（自行车、电动车、摩托车）犯罪人员256名，追缴、返还被盗“三车”131辆。

法治新浦建设

【加强依法行政】2013年，区委、区政府坚持用科学发展观统领法治新浦建设与实践，进一步建立健全区委常委会议制度、中心组学习制度、民主生活会制度和向全委会报告工作制度等一整套工作制度和议事规则。对诸如民主路特色街区改造、浦南镇城乡统筹建设等涉及全区经济社会发展的重大问题和民生问题，均严格按照征求意见、集体讨论、专家论证、事前公示、公开招标等法定程序实行集体决策，全面开展社会稳定风险评估。在基层推行恳谈联议、听证参议、票决审议、质询评议“四议工作法”，以此规范基层权力运行。此外，区人大、区政协还分别就城市管理、环境保护、提案办理、经济发展等方面工作，邀请区政府领导和有关单位负责人与委员们进行通报协商，并对法治新浦建设进行专题评议。

【推进政务公开】2013年，区委政法委本着“利于群众知情、便于群众办事和接受群众监督”的原则，以多种形式公开政务。在新浦区政府网站上开设领导信箱、网上咨询、网上投诉、政府文件、通知公告、政策法规等栏目，不间断地发布和更新区政府主要工作事项，及时对公众反映问题进行梳理，督促有关部门跟踪落实，并将结果及时反馈。建立健全面向基层服务的医院、学校、公共交通等公共事业单位办事公开制度，主动接受社会监督。全区共设立公开栏107处、意见箱76个，电子邮箱103个，安装电子滚动屏23个，做到“公开一路行、办事一本明”。此外，区政法机关进一步完善典型案例公开发布制度，邀请人大代表、政协委员旁听典型案件庭审。区法院及时向镇、街道通报辖区案件分布情况、案件性质类型等，促使矛盾防控在基层，稳控在当地，该项工作经验在全省法院系统推广。

【开展透明执法】2013年，区委政法委本着“一切让社会监督、一切由社会评判”的承诺，进一步增加执法的透明度。全区政法各部门本着虚怀若谷、闻过则喜的态度，先后通过采取调查走访、问卷调查、召开座谈会、设立意见箱等多种形式，完善征求群众意见的方法和途径，广泛征求人民群众的批评、意见和建议。在执法评议活动中，实行开门评议，广纳箴言，邀请党代表、人大代表、政协委员、服务对象、社区干部、行风建设监督员等各界群众进行公正执法情况评议，还首次将网友纳入测评范围，取得良好效果。

法治队伍建设

【开展“双百双千”活动】2013年，区委政法委配合市委政法委在全区政法系统组织开展“双百双千”［市县（区）两级政法部门选派100名年轻干警到100个信访维稳任务重的村（社区）担任党支部副书记（或主任助理），市县（区）两级组织1000名政法干警联系1000个村（社区），担任平安法治创建联络员（法律服务指导员）结对挂钩共建］活动，在全区政法系统选派21名年轻政法干警到21个村（社区）担任党支部副书记，83名政法干警联系83个村（社区），担任群众工作联络员，开展法制宣传208次，化解社会矛盾1556件，提供法律援助4000余次。

【主题教育活动】2013年，区委政法委根据区委“三行一改”（联系群众先行、改善民生先行、化解矛盾先行和不良作风先改）活动的部署，大力开展“扬正气、促和谐、树新风”主题教育活动，充分发挥典型示范引领作用。区法院被评为全省优秀法院、立案庭被评为全省法院系统先进集体；区检察院被评为“全国文明接待室”、省级文明单位、全省公正司法示范点、全省优秀青少年维权岗、全省涉检信访工作先进单位、全省预防青少年违法犯罪工作先进集体；新浦公安分局巡警大队党支部被评为“全省公安机关先进基层党组织”，新海派出所被评为“全省优秀公安派出所”，路南派出所被评为公安系统省级“青少年维权岗”，新东派出所户政窗口被评为“全省公安机关窗口服务示范单位”。区司法局被省司法厅评为全省勤廉示范单位。西苑社区民警李浩荣获省“五一劳动奖章”、并被评为“全省公安机关群众工作标兵”。

基层基础建设

【合力搭建工作平台】2013年，区委政法委按照规范化标准化的要求，抓好三级社会管理服务中心和政法综治工作中心建设。区级层面投入800万元新建3000平方米示范化社会管理服务中心，内设2个大厅9个中心；镇街层面均已建成社会管理服务中心，其中浦东街道、浦南镇政法综治中心办公面积均达到800平方米，硬件设施完备，软件建设规范，走在苏北乡镇前列；村居层面规范化建成率达到85%、示范化建成率达到20%。

【推进文化阵地建设】2013年，全区建成“港城法治文化公园”“新浦区法治公园”、海州街道法治文化广场、浦南镇农民普法示范路等特色法治文化阵地20余处，实现镇街法治文化阵地全覆盖。

【加大经费投入】 2013年，区财政部门将政法机关基础建设、平安创建等各项经费全部纳入财政预算，按省市考核标准拨付平安法治创建经费、建立涉法涉诉信访和刑事被害人救助基金，并投入专项资金用于现代治安防控体系建设、用于106个老居民小区安全防范改造、用于专职巡防队员和红袖标义务巡防队员补助、用于投入推广社会矛盾纠纷信息管理系统应用。各镇街也加大对创建的投入，将专职辅警、红袖标补助等经费列入本单位的预算安排。

【营造宣传氛围】 2013年，区委政法委把宣传造势作为创建活动的主打戏，全方位、多视角、高密度地做好宣传发动工作。全区开展大型集中宣传活动21场次，各类平安法治文艺演出52场次，设置宣传栏300余处、制作各类宣传图版500余块、悬挂横幅1000余条、电子显示屏2000多处，发放《致市民一封信》5000余份、发放《群众安全感和法治满意度电话调查问卷》，调查12000多户，现场接待群众5000余人。

创新社会管理

【加强流动人口管理】 2013年，区委政法委不断健全惠及流动人口的城乡公共服务体系和流动人口维权机制，切实保障流动人口的合法权益。在全区设立81个流动人口管理站、155个社会化信息采集点，实现流动人口管理主体由单一化向社会化转变。全年，共新登记出租房屋6313户，累计采集暂住人口15569名，获取线索47条，抓获外省逃犯2名，吸毒人员5名。

【加强特殊人群管理】 2013年，全区投入25万元打造占地9000平方米、生产厂房3400平方米的市级工业安置帮教基地，投入10余万元新建一套心理矫治功能室，整合连云港职业技术学院、电大等辖区教育资源，开展教育培训基地建设。全区现有刑释解教人员安置基地10家、自主创业示范点12个、青少年维权中心111个、青少年法律学校98所、青少年道德法制教育基地15个。

【落实“两覆盖”行动计划】 2013年，区委政法委深入开展非公企业和社会组织“两覆盖”行动计划。一是细摸底数。拉网式排查摸底，动态更新数据库，全区共有非公企业502家。二是广建组织。单独组建98个，联合组建58个，覆盖企业379家，全区非公企业党组织覆盖率达95%以上。三是丰富载体。开展“三强四优”（经营能力强、法律意识强、奉献精神强，工作成绩优、产品质量优、服务态度优、群众口碑优）争创活动，在企业和社会组织划分“党员责任区”、建立“党员示范岗”，18个“党员经营示范户”在陇海步行街挂牌，优秀党员商户亮相街区灯箱。

【培育创新亮点工程】 2013年，区委政法委积极探索中心城区平安创建的特色之路，在各镇街、成员单位大力开展选树典型，重点培育30个亮点工程。其中，“万人红袖标”（组织由市区沿街商户、小区保安、环卫工人等万名志愿者参与的巡防队伍，在责任区域内开展巡防活动）义务巡防工程、“十百千”强基工程［加强14个镇（街道）的“法治工作中心”建设，规范100个村（社区）“法治工作室”建设，在区各部门、学校、医院、企业等组织组建500~1000个“法治工作站（点）”，推动基层法律宣传、法律服务、调处纠纷等工作开展］、平安法治六个“一刻钟惠民圈”（以居民生活区为圆心，以路程不超过15分钟为半径，依托司法所、法治文化阵地、综治办、调解中心等管理服务站点，打造法律援助圈、法治文化圈、治安防控圈、矛盾调处圈、娱乐健身圈、医疗服务圈）、“三会一堂”（居民议事会、民情恳谈会、工作评议会、社区大讲堂）工作机制、花果山街道大村村务商议团工作法等社会管理创新工作得到省、市政法委领导的充分肯定。

（撰稿：刘海波
审稿：王统松）

新浦华联广场 （韩世泳 摄）

公安工作

综　述

2013年，新浦公安分局（简称新浦分局）牢牢把握将全区社会经济发展创造和谐稳定治安环境作为首要政治任务，以贯彻十八大精神、深化平安建设、服务跨越发展为主线，进一步理清思路、突出重点、健全机制、强化保障，实现维护稳定、打防管控、基层基础工作、公共服务效能建设、队伍建设等方面的新提升。

维护社会稳定

【信息引领稳控】 2013年，新浦分局加强情报信息收集研判，深抓重点人、重点群体、挑头人员，先后完成全国和省、市区四级“两会”、抵制“PX”项目、亚青会安保、十八届三中全会安保等重大维稳安保任务，成功引导包庄城管打人、市第一人民医院医患纠纷、残疾车集访等16起热点舆情，切实做到听取民意、疏导情绪、促进和谐、维护大局。2013年，共成功处置市政府、区政府门前集访事件566起1.1万人次，其中10起百人以上规模的群体性事件达到100%妥善化解。

【推动信访案件办结】 2013年，新浦分局持续深入排查涉稳苗头隐患，扎实做好涉法涉诉信访积案化解，坚持分类处理、一案一策，做到第一时间发现上报、第一时间下交办理解决问题。2013年，成功化解公安部交办的李某案、省公安厅交办的时某案以及市公安局交办的郭某案等重点信访案件，中央政法委、公安部交办信访积案化解率达100%。新浦分局接待的初信初访185起，结访130起，结访率达70%；化解信访积案41起，信访积案化解率达75%。

【矛盾纠纷化解】 2013年，新浦分局通过深化公调对接，优化交调对接、访调对接、网调对接模式，让上访5年的原苏红酒业职工群体大部分职工和挑头人员息访停诉，形成多元矛盾调处网络。治安纠纷、医疗纠纷等矛盾调解成功率均达95%以上。

打防管控体系建设

【快侦快破大要案件】 2013年，全区刑事发案10179起，破案1418起，破案率13.1%，较2012年同期上升1.2个百分点。相继侦破了“10·15”抢劫杀人案、“7·27”特大绑架案、“6·2”故意杀人案、“2·18”故意杀人案、“1·5”故意杀人案、“2·1”故意伤害致人死亡案等大要案件，八类案件发案182起，破案116起，破案率63.7%，同比下降3.4%；“两抢”（抢劫、抢夺）案件发案150起，破案37起，破案率28.4%，同比上升3.7%。

【盯紧盯牢民生小案】 2013年，新浦分局紧紧围绕盗窃“三车”（汽车、摩托车、电瓶车）、扒窃、入室盗窃、电信诈骗等面广量大、群众反映强烈的突出民生小案，打系列、摧团伙、挖窝点，以打促防，提升群众安全感和满意度。2013年，全区侵财性刑事案件发案9882起，破案1189起，破案率12%。其中，盗窃“三车”案件发案3763起，破案474起，破案率12.6%；扒窃案件发案1112起，破66起，破案率5.94%；入室盗窃发案1806起，破案191起，破案率10.57%。

【深化专项整治】 2013年，新浦分局以“扫毒害保平安”“打假”“净风行动”等专项行动为抓手，向涉毒、涉娼、涉赌、涉假案件发起猛烈攻势。年内全区共查处涉赌违法犯罪人员855人，查处涉娼违法犯罪人员352人，整治各类场所行业678家次；共破获毒品犯罪案件25起，抓获犯罪嫌疑人32名、查获违法人员569人，缴获毒品折合海洛因2千克；打假行动共立案8起，破案5起，缴获各类假冒伪劣产品400余件，挽回损失45.5万元。

【合成侦查机制】 2013年，新浦分局将原有驻所的3个刑侦责任区中队18个探组进行优化组合，并从各派出所抽调34名办案民警充实刑侦大队，结合辖区刑事犯罪趋势，按照专业化的要求建立有组织犯罪侦查、入室盗窃犯罪侦查、街面“两抢”（抢劫、抢夺）犯罪侦查、盗抢三车犯罪侦查和重案侦查共5个专业侦查队，综合、研判、技术3个科室（中队），警力达

94名，约占新浦分局总警力的17%，平均年龄33岁，承担全局80%以上的破案打击任务。同时，从实战要求出发，有针对性、分层次、分种类进行“点对点”制度设计与创新，建立“统一调度、动态值班”“分类研判、精确打击”等一系列实战化工作体制，逐步建立现场案件分类勘查，专业队伍分案盯案、情报信息分类研判等配套工作机制，直接从接处警环节开始进入专业侦查流程，实现既节约办案成本，又突出盯案打击精确性的高效合成侦查体系。专业队组建以来，先后会同技术、图侦、巡警以及相关派出所摧毁犯罪团伙42个，破获入室盗窃、盗窃电瓶车、诈骗等案件360余起。

【防控网络升级】 2013年，新浦分局全面深化“处警、巡逻、查控”三位一体机制，以10支“三位一体”合成巡防队伍为牵引，对内整合特警队、便衣队、机动队、派出所、社区巡防队伍等专业力量，对外整合内部单位治保力量和“红袖标”等群防群治人员，实现专业巡防力量、派出所、社区巡防力量、群防群治力量“4+2+2”组合，组织实施点线面呼应协调的区域巡防。2013年，全区可防性案件发案同比下降4.8%，其中盗窃“三车”案件发案3763起，同比下降1.3%。

【规范巡防机制】 2013年，新浦分局围绕“由谁巡、何时巡、怎么巡”要求，完善研判布警、岗前派勤、必到点签到、执勤记事、反馈报告、情况记录等6项巡逻勤务制度；制定巡逻民警上岗前武器装备、警容车貌、平台数据等3类17项必查步骤，上岗后处警、巡逻、查控等10项一日工作规范，交接时人员、文书、物品3类对接流程，确保合成巡防规范化、制度化、常态化运作。全分局平均接处警时间从过去10分钟压缩到最短3分钟，一次处结率76.3%，街面巡防直接抓获嫌疑人142名。

基层基础工作

【规范办公场所】 2013年，新浦分局对一线执法办案单位的功能区重新进行划分改造，全区13个派出所、4个大队均建成接待、办公、办案、生活等区域，统一规范了询问室、讯问室、物证室等部位的录音录像系统设置，并安装视频监控设备96个，联入公安内部执法监督监控平台，实现随案监督、随警督察和远程网上监控。

【老旧小区改造】 2013年，新浦分局将老旧小区安全防范建设列为2013年政府实事之一，投入资金210万元，对全区106个居民小区进行改造建设，在对老旧小区的基本情况、发案情况、现有防范基础措施等方面进行多次调查摸底基础上，结合小区视频监控布点、路灯照明设施设置、值班室及大门改造建设等核心需求上制定了“有值班室、有大门、有监控、有围墙、有路灯、有停车场”六有个性化改造方案，同时，公开改造理由、改造项目、改造预算、群众反映、改造计划，得到了群众的一致拥护和好评。

【深化源头信息采集】 2013年，新浦分局在2012年门牌整治的基础上，进行再梳理、再完善，共重新登记上报各类门牌113263块，清理核对出租房屋32295户，走访完成率为98.3%，其中，维护变动数17933户，注销14362户；在大平台中共有出租房屋18380户，其中，新登记6313户；通过出租房屋服务管理信息系统申报信息6983条，其中，电话申报6808条，短信申报150条，互联网申报25条；累计采集暂住人口信息15569条，寄住人口信息4936条；通过对申报信息的上门核对，抓获外省逃犯2名，吸毒人员5名。

【规范旅馆业运作】 2013年，新浦分局通过突出抓好每月抽查、日常管理、动态核查和考核奖惩等措施，强力推进旅馆业“一键通”报警装置安装应用工作，共登记旅馆730家，其中30张以下床位的中小旅馆587家，读卡器安装730家，安装率为100%；一键通安装587家，安装率为100%；传输系统安装730家，安装率为100%。

提升公共服务管理效能

【警企挂钩制度】 2013年，新浦分局制定出台《服务地方重点项目建设八项措施》，重点在1个开发园区、3个城市功能规划带、4个新兴产业集聚地设点驻警，先后派驻6支警务服务队与298家企业建立挂钩制度，从企业最企盼的事着力，从企业最头痛的事解困，从企业最燃眉的事帮扶，就近服务企业发展，累计为334位投资经商人员开通“绿色通道”，妥善处置涉企群体性事件10起，破获有影响涉企案件32起，为企业挽回损失5275万元。

【打造为民服务体系】 2013年，新浦分局规范全区16个公安窗口民警和73个社区警务室及社区民警接待服务标准，落实一次性告知制、一次办成制、首问负责制、周六全天上班制、周日延时服务制，尽量减少群众往返次数，最大限度把便捷带给群众；通过搭建8个公安博客、14个公安微博、24个警务QQ群等新型载体，健全“网上公安”线上服务体系，完善网上警务室功能，实现足不出户“一键式”办理公安行政审批事项。全年窗口单位网上网下共审批各类事项5523件，一次性办结率达85%，收到群众感谢信72封，锦旗36面。

【火灾安全监管】 2013年，新浦分局持续开展消防、危险物品、安全生产等公共安全大检查。不断加大火灾隐患排查整治力度，积极推进消防基础设施建设和消防社区化管理进程。年内各种火灾隐患及时整改到位，没有发生一次死亡3人以上或经济损失100万元以上火灾事故。

【危险物品监管】 2013年，新浦分局开展单位安全检查和从业人员清理整顿，危险物品单位治安防范达标率和责任书签订率达100%。同时，加大对重点要害部位和内部单位的安全检查，确保内部安全，排查枪支弹药从业单位7家，爆炸物品从业单位1家，发现并整改安全隐患6处，收缴子弹129

发，仿真枪127支，管制刀具50把。

【网络安全监管】 2013年，新浦分局加大对全区网吧日常监管力度，确保治安监控系统100%安装到位、实名登记制100%落实到位，在线运行率始终保持在95%以上。同时，利用网上公安局、QQ、微博等手段，进一步搭建警民沟通交流平台。对全分局120余名网评员实行考核奖惩机制，督促积极参与对网络上不实负面信息的关注与引导。年内，共协调市公安局业务部门删除本地不实恶意网络信息或发帖64条，利用网络发布各类治安防范和安全提示497次，跟帖2540余条。

推进公安队伍建设

【人才选拔任用】 2013年8月，新浦分局从加强基层领导班子和民警成长成才的个人发展需求出发，创新干部选拔方式，组织开展基层干部公推竞选工作，通过自荐、推荐、测评、考察、票决等组织程序，使得65名优秀民警脱颖而出走上领导岗位。

【提升教育训练】 2013年，新浦分局严格按照公安部新修订的《公安机关人民警察体育锻炼达标标准》，紧密结合全区公安队伍实际，深入推进警体训练活动的开展，基本上完成派出所和社区民警全员轮训任务。组织新浦分局各条线开展专业培训43期，培训民警3300人次，全年达标率为95%。

【打造廉洁警队】 2013年，新浦分局围绕学习宣传贯彻十八大精神等活动，深入贯彻落实中央"八项规定"，牢记公安部"五条禁令""三项纪律"等工作规范，树立"人人是形象、人人是环境、人人做贡献"的意识，进一步加强基层党组织建设，基层凝聚力不断增强，队伍中涌现出李浩等重大典型。

【提升行风作风】 2013年，新浦分局对内邀请党务公开监督员，对新浦分局党务公开工作进行监督，并在全分局范围内发放"党务公开征求意见表"，听取广大民警意见建议，共收到反馈37条。对外，主动接触群众，以警民恳谈、"三解三促"等活动为载体，组织民警深入社区面对面公开党务、警务。新浦分局还组织开展第三方"民调评警"活动，共有3780名人员参与测评，收到群众意见建议248条，满意度达90%以上。

（撰稿：穆继千
审稿：李波浪）

郁州公园荷花池 （王恒亮 摄）

检察工作

综述

2013年,新浦区人民检察院(简称区检察院)深入贯彻落实党的十八大、十八届三中全会及各级政法、检察工作会议精神,围绕全区发展大局和院党组确立的“务实进取上台阶,科学发展创一流”总体思路,深入推进平安新浦、法治新浦和廉洁新浦建设,不断提升检察工作亲和力、公信力,各项工作实现新的突破。全年共批准逮捕各类刑事案件犯罪嫌疑人292件388人,提起公诉423件569人。

年内获评为“全国文明接待室”、全国检察宣传先进单位,还先后获评全省“公正司法示范点”“优秀青少年维权岗”、涉检信访工作先进单位、预防青少年违法犯罪工作先进集体和省级文明单位,全市“廉政文化建设示范点”、首批“公正执法示范点”、检察机关创新创优先进单位等多项殊荣,10余个集体、30余名干警受到各级各类表彰。

打击严重刑事犯罪

【依法惩治各类刑事犯罪】 2013年,区检察院认真履行批捕和公诉职能,批捕故意杀人、放火、抢劫、绑架等严重侵犯公民人身和财产权利暴力犯罪案件87件188人,起诉73件134人,依法办理公安部和省公安厅挂牌督办的刘某、蔡某等15名被告人非法买卖制毒物品案、“10·8”温哥华小区入室抢劫案等一批有影响的严重犯罪案件;批准逮捕“两抢一盗”(抢劫、抢夺、盗窃)等多发性侵财犯罪141件182人,起诉98件119人。

【严厉打击各类经济犯罪活动】 2013年,区检察院积极参与整顿和规范市场经济秩序,共批捕涉及金融诈骗、非法吸收公众存款等破坏市场经济秩序犯罪案件25件27人、起诉22件30人。依法起诉集资诈骗、非法吸收公众存款等一批涉案金额大、涉案人数多的严重经济犯罪案件,其中涉案金额最大的达2.9亿元。同时深入查办经济建设领域职务犯罪,办理职务犯罪案件15件16人。

【依法落实宽严相济刑事政策】 2013年,区检察院对涉嫌犯罪但无逮捕必要的,依法决定不批捕26件34人;对犯罪情节轻微、依法不需要判处刑罚或免除刑罚的,决定不起诉18件26人。完善轻微刑事犯罪案件快速办理机制,坚持柔性执法,充分运用法律赋予的刑事和解手段办理涉及未成年人和邻里纠纷引发的轻微犯罪案件,减少社会对抗,化解社会矛盾。共开展刑事和解13件15人。

惩治和预防职务犯罪

【查办贪污贿赂犯罪】 2013年,区检察院推进侦查信息化、装备现代化和侦防一体化建设,不断提升发现、突破和办理案件的能力。立案侦查贪污贿赂犯罪案件17件19人。突出查办有影响有震动的大案要案,查处科级以上干部6人,其中处级2人,查处科级以上干部数位居全市第一;贪污贿赂案件大案率100%;通过办案为国家挽回直接经济损失200余万元。集中力量深挖窝案串案,在工程建设、医疗卫生等领域办理窝案串案11件13人。还依法办理全市首例利用影响力受贿案件,敦促首例潜逃国外的行贿犯罪嫌疑人主动归案。

【查办渎职侵权犯罪】 2013年,区检察院深入贯彻中央关于加强惩治和预防渎职侵权违法犯罪的决定,通过内引外联机制着力解决渎职侵权犯罪发现难、查证难、处理难等问题。深入开展查办发生在群众身边损害群众利益和“万村千乡市场工程”领域专项工作,立案侦查渎职侵权犯罪案件5件,为国家挽回直接经济损失20余万元。

【预防职务犯罪】 2013年,区检察院办理的职务犯罪案件全部开展同步预防;开展重大工程等专项预防活动17次;在金融、卫生等行业开展系统预防23次。开展预防咨询、法治宣传和警示教育201次,受教育群众10000余人;督促相关单位建章立制,发出预防检察建议10份;开展行贿犯罪档案查询1564次,查出有犯罪记录的2次;撰写预防调查分析报告12份，多次被上级领导签批。依托院法治宣讲团，深入开展法律“六进”（进机关、学校、企业、党校、乡村、社区）活动，共开展法治讲座近50场。警示教育基地全年接待参观群众4000余人。与区纪委等单位联合在陇海步行街建设廉政文化长廊，共同打造廉政文化教育特色街区。

诉讼监督

【刑事立案和侦查监督】2013年，区检察院充分利用案件信息共享平台，拓宽监督渠道，建立“三级审查”（第一级为承办人负责机制，第二级为部门负责人复核机制，第三级为分管领导审核机制）和全程动态跟踪机制，确保监督的质量和效果。在办理被央视“焦点访谈”三次曝光、全国扫黄打非办督办的李某等人敲诈勒索一案时，依法追捕4名犯罪嫌疑人。全年共办理立案监督案件5件7人，依法追捕遗漏犯罪嫌疑人3件4人，追诉3件7人，向侦查机关发出书面纠正违法11次。

【刑事审判和刑罚执行监督】2013年，区检察院对适用简易程序的轻微刑事案件建立专人承办、集中起诉、集中出庭制度，通过出庭支持公诉，对违反诉讼程序的轻微违法行为当庭予以纠正，并加强对审判诉讼环节的法律监督；依法提请刑事抗诉2件；对社区矫正重点对象进行跟踪谈话，开展帮教工作，并依法加强对社区矫正等各环节的法律监督，再犯罪率保持较低水平。

【民事和行政诉讼监督】2013年，区检察院运用多种监督方式，积极构建多元化监督格局，年内共受理民事申诉案件5件，经审查提请抗诉2件，办理督促起诉、支持起诉、执行监督案件9件。同时，认真贯彻《关于防范和查处虚假诉讼的规定》，组织召开公检法司联席会议，签署协作意见，形成工作合力，共排查虚假诉讼案件线索4件移送公安机关侦查。

促进社会治理创新

【拓展服务群众平台】2013年，区检察院完善电话举报和网上举报系统，建成“一站式”检务服务中心、全程录音录像视频接访室，健全与区联合接访中心、市检察院“12309检察民生服务热线”协作配合机制。出台《深化检务公开加强检察宣传提高检察亲和力与执法公信力的实施方案》，先后与辖区10余个镇街场、150余个村居进行对接联系，开展各类宣传活动60余场次。

【延伸法律监督触角】2013年，区检察院继续延伸检察触角，促进检力下沉，教育管护基地和大学生犯罪预防中心等一批创新项目取得明显成效，影响逐步扩大。年内先后成立派驻交巡警事故处理大队和云台派出所检察官办公室，并在花果山风景区、康缘药业等设立检察工作站，切实发挥检察机关在创新社会治理工作中的职能作用。

检察基础建设

【信息宣传与调研】2013年，区检察院共出版《新浦检察》4期，刊登干警文章100余篇，编发《精文鉴赏》18期。此外，还鼓励干警积极撰写信息、调研和宣传报道，全年编发简报11期，情况反映48期，信息简报被上级领导机关采用23篇；在各级媒体发表新闻宣传稿件314篇，其中国家级131篇、省级33篇；发表调研文章37篇，其中国家级9篇、省级17篇。

【加强与代表和委员联络】2013年，区检察院通过向区人大、政协等报告工作、报送信息、办理提案，积极开展“检察开放月”和“检察联络月”等活动，加强与人大代表和政协委员的联络，倾听社会各界对检察工作的意见和建议，主动接受监督。5月份，就控申检察工作向区人大常委会作专题报告，并专门邀请部分人大代表、政协委员来院视察调研。

【内部监督】2013年，区检察院加强检务督察。每周由带班领导对干警执法办案和遵章守纪等情况进行全方位督察，并予以通报，督促整改，维护良好的办公办案秩序。实行季度考核。每个季度进行总结，找出问题和不足，明确重点和方向，并对每个部门每名干警进行绩效综合考评。规范案件监管。通过建立健全以案件受理、案件评查为主要内容的案管工作模式和以教育、制度、督察、科技为内容的“四位一体”纪检监察内部监督制约机制，开展执法“四防”（防腐、防错、防拖、防访）和“三不两撤一无罪”（不立案、不批捕、不起诉，撤销案件、撤回起诉，无罪判决案件）案件专项监督检查工作，切实加强对执法办案活动的全程动态监督。

【提高干警业务素质】2013年，区检察院开展多种形式的教育培训和岗位练兵活动，全面提高干警的业务素质。组织全体中层以上干部参加全市检察机关干部素能培训，运用网络培训、业务讲座等形式加强对修改后“两法”（《中华人民共和国刑事诉讼法》《中华人民共和国民事诉讼法》）的学习，通过开展庭审观摩、侦讯模拟、疑案研讨等岗位练兵活动，提高干警的履职能力。采取各种措施，积极创建学习型检察机关。组织成立瀛洲法学社，为青年干警成长成才搭建平台。

（撰稿：潘竹梅
审稿：陈向阳）

法院工作

综　述

2013年，新浦区人民法院（简称区法院）深入贯彻落实党的十八大、十八届三中全会精神和习近平总书记关于法治建设重要论述，围绕全区发展大局，以“创一流审判业绩、建一流司法队伍、强一流基层基础”为目标，以“司法作风建设推进年”为抓手，切实践行司法为民，公正司法，充分发挥司法职能作用，各项工作均取得新的进展。共受理各类案件14345件，审执结12680件，同比分别上升35.01%和25.33%，标的额35.42亿元。

维护社会和谐稳定

【执法办案】 2013年，区法院加强修改后的《中华人民共和国刑事诉讼法》的贯彻执行工作，共受理刑事案件403件，审结397件，判处罪犯500人。依法受理全市首例利用影响力受贿案件，迅速审结涉案2.8亿元的王某等人非法吸收公众存款等刑事案件。坚持宽严相济的审判原则，对初犯、偶犯等罪行较轻并确有悔罪表现的176名被告人依法适用缓刑或单处附加刑。并积极推进社区矫正，做好特殊群体的跟踪帮教，回访假释罪犯48人次。坚持“教育、感化、挽救”方针，对符合条件的24件未成年人犯罪档案实施封存，消除未成年人罪犯重归社会的障碍。通过开展“模拟法庭”对在校学生进行法制教育，涉少刑事案件同比下降64.4%。

【处理民事纠纷】 2013年，区法院依法妥善审理事关群众切身利益的民事案件，倡导善风良俗。受理民事案件2932件，审结2435件，同比分别上升24.11%和14.78%。妥善审理婚姻家庭纠纷类案件1018件，依法审结劳动争议类案件311件，妥善审理因道路交通事故引发的人身与财产损害赔偿纠纷1846件，调解1502件，调解率达81.37%。

【商事审判】 2013年，区法院发挥商事审判调节经济关系的职能作用，制裁违约行为，促进公平交易。审结买卖、保险、租赁等合同案件1363件。妥善审理金融借款类纠纷443件，依法制裁逃避金融债务的行为。坚持制裁高利贷与保护合法债权并重，出台《关于民间借贷纠纷案件的立案、审理、执行若干问题的意见》，促进民间资本规范运作，审结民间借贷纠纷案件1552件，同比上升45.12%，标的额达13亿元。妥善审结房地产开发、商品房销售等纠纷242件。

【监督和支持依法行政】 2013年，区法院认真履行司法审查职责，监督和支持行政机关依法行政，保护公民、法人和其他组织的合法权益。受理一审行政案件64件，审结63件；行政非诉执行案件73件，执结73件；行政机关败诉率同比上升3.17%。同时深入推进行政机关负责人出庭应诉工作，出庭应诉率98.43%。开展行政审判专题调研活动，调研课题被评为全市法院重点调研课题，形成专题调研报告，促进公正司法与依法行政的良性互动。同时，积极贯彻落实区委对社会抚养费征收工作的新要求，加强与政府相关部门的对接，共受理社会抚养费征收案件88件，审执结82件，标的额达80余万元。

【强化案件执行】 2013年，区法院牢牢把握兼顾双方利益、维护社会稳定的指导思想，着力破解执行难问题。共受理执行案件4236件，执结3656件，同比分别上升145.57%和112.06%。强化执行合力，与公安、国土、金融等部门建立“点对点”联动查控机制。加大对“老赖”的执行惩戒力度，采取限制出境3人次，司法拘留109人次，2人被依法追究拒执罪。此外，注重执行工作的社会效果，针对因债务人资不抵债引发的社会不安定因素，依法适用参与分配制度化解案件8起，涉及104名债权人，标的额达1.4亿元。

延伸审判职能

【为拆迁征地提供司法服务】 2013年，区法院围绕区委区政府工作重点，年初成立“服务全区重大项目建设（征地拆迁）领导小组”，为全区重大项目建设及时提供司法服务。立足诉前协调，积极促进在民主路改造、同和小区以及东上渔场拆迁等重大项目中的征地拆迁纠纷的化解工作，帮助55户居民达成补偿协议并得以搬迁。同时就房屋征收工作向地方政府发出司法建议2份，得到区政府领导专门批示。

【防范和化解金融风险】 2013年，区法院加强与党委、政府及有关职能部门的沟通协调，切实防范和化解风险。全年就多发的保险合同纠纷向保险公司发送司法建议7份，得到积极回应。并就金融借款纠纷提出针对性的司法建议，引导银行金融放贷有序进行。同时召开各大银行金融借款纠纷座谈会，积极防范金融风险。

【助推社会诚信体系建设】 2013年，区法院大力推进司法诚信和社会诚信建设，与新浦公安分局、区检察院、司法局召开联席会议，部署防范和查处虚假诉讼工作。主动审查涉嫌虚假诉讼案件11件，查实3件，依法移交公安机关。在《连云港日报》发布执行公告，对尚未履行完毕的被执行人进行风险提示。到期未履行义务的110名“老赖”被依法纳入最高人民法院失信被执行人名单予以曝光并进行信用惩戒，提高执行威慑力。

完善审判工作机制

【完善司法为民机制】 2013年，区法院完善诉讼服务机制，运用好诉讼服务中心、立案大厅以及信访接待窗口，耐心、细致、周到、热情地开展诉讼服务。并创新群众联络机制，依托导诉台、庭室内勤查询专线、法官办公专线以及信访接待专线，密切群众联系。坚持“院长接待日”制度，院领导轮流在信访办公室接待当事人，倾听群众诉求。共接待当事人14976人次，处理涉诉信访71件，发放司法救济金9万元，有61件案件缓交诉讼费75万元。同时，深入开展“送法进社区”“送法进校园”活动，制作宣传图板50余块，发放各类宣传材料1000余份。

【创新司法公开机制】 2013年，区法院坚持以公开促公正，进一步深化立案、庭审、执行、听证、文书、审务六公开。精心组织、扎实开展庭审“三同步”（同步录音录像、同步记录和同步显示庭审记录）工作。深入开展“万名群众听千庭”活动，邀请1680名人民群众旁听庭审140次。全面推行裁判文书上网，在网上发布裁判文书2597份。选择群众广泛关注、具有法治教育意义的36件案件，深入开展互联网庭审直播工作。央视焦点访谈曝光的“黑记者”敲诈勒索一案，通过网络进行同步庭审直播，《人民法院报》《法制日报》、江苏电视台等多家媒体对该案进行广泛报道。依托典型案例，年内组织2次针对毒品犯罪的集中宣判。扩大司法宣传效果，在国家、省、市等各级媒体上发表宣传报道200余篇。开通“连云港市新浦区法院”官方微博，发布本院工作动态、典型案例、庭审直播等情况，与网民沟通交流，扩大司法公开的影响力。

【健全公正审判机制】 2013年，区法院充分发挥院、庭长丰富审判经验优势，扎实开展院、庭长办案活动。院庭长全年共审结重大、疑难、复杂案件645件。设立婚姻家事、劳动争议、医患纠纷、交通事故等多个专业化合议庭，充分发挥审委会职能作用，实现审判的规范化、专业化。认真落实人民陪审员制度，新选任83名人民陪审员，增进司法民主。扩大人民陪审员参审比例，一审案件陪审率达98.44%。延伸审判管理职能，建立包含“审判信息处理、审判宏观决策、审判程序控制、审判质量控制、法官行为激励”在内的多层次审判管理体系，强化院、庭长层级审判管理权责，更好地服务审执一线。实施案件繁简分流，提高审执效率，全年法定正常审限内结案率达98.79%，无违法超审限案件。

【改进执行工作机制】 2013年，区法院建立执行实施分权制约工作机制，将执行实施权划分为执行启动、财产查控、财产处分、结案审查四项权能，由不同的执行人员分别行使，执行局内部建立统一管理、统一协调、分权制约的执行模式。将诉前保全审查权与实施权分离，由立案庭审查后交执行局执行，提高执行效率。加强立案、审判、执行工作的衔接配合，构建以风险提示、诉前保全、诉讼保全、执行查控为主线的全员能动执行机制。加大执行清理力度，由专人对历年程序终结案件进行清理。启动执行网站建设，构建集信息查询、公示曝光、网上送达等为一体的执行网络公开平台。

改进司法作风

【提升司法能力】 2013年，区法院密切与国家法官学院、南京大学、法律出版社等教育单位的合作，开展预备法官培训班、专项业务研讨班以及综合素能研修班等培训活动。与江苏师范大学法政学院签订战略合作协议，共同开展法学研究和实务调研。组织预备法官到与群众接触最多的审判执行信访一线实习，提升服务群众、适用法律、解决复杂问题的能力。深入开展“三评查”（庭审评查、裁判文书评查以及定案把关评查）活动，共评查庭审110件，法律文书174份，定案把关174件，以评查促司法能力的提升。扎实开展司法警察岗位大练兵，法警队在全省司法警察知识竞赛中名列前茅，被省高院通报表扬。全年有1名法官被省高院记二等功，1名法官被表彰为“全省法院新闻宣传工作先进个人”，2名法官被市委政法委表彰为“公正廉洁执法先进个人”。

【改进工作作风】 2013年，区法院以“司法作风建设推进年”为契机，开展以“执法四防”（防腐、防错、防拖、防访）、“五治”（治散、治懒、治庸、治浮、治满）为主要内容的作风整顿专题活动，堵塞管理漏洞、清除管理死角。根据上级法院以及区委、区政府的部署，开展党的群众路线教育实践活动，积极落实“三行一改”（联系群众先行、改善民生先行、化解矛盾先行和不良作风先改）工作，坚决反对形式主义、官僚主义、享乐主义和奢靡之风。深入贯彻落实中央八项规定，加强制度规范，厉行勤俭节约，反对铺张浪费，仅会议费、招待费同比下降达50%。

【推进廉洁司法】 2013年，区法院深入开展廉政警示教育活动，严格执行法院领导干部述职述廉制度。以审判权运行为核心，构建符合审判规律的廉政风险防控机制，杜绝任何枉法裁判现象的发生。严格规范司法行为，全部实行电脑随机分案，严格执行委托、评估、拍卖工作中随机摇号规定。联合区纪委共同发布《关于违纪违法线索移送和协同办案暂行规定》，对日常办案中发现的明显属于对方职权范围的举报，及时移送处理，形成反腐合力。

加强司法保障

【加强人才保障】 2013年，区法院积极争取区委对法院工作的支持，全年共招录2名公务员，并面向全国选调6名法官，缓解案多人少矛盾。按照“市场化运作、专业化管理”方针建设审判辅助人员队伍，严格招录标准，扎实开展岗前培训和专业培训。完善辅助人员考核办法，量化考核定级。区法院被省高院确定为书记员管理体制改革试点单位，此项工作得到省高院领导的高度评价，为全省书记员管理体制改革提供有力借鉴。

【加强经费保障】 2013年，区法院加强与党委、政府及其职能部门的沟通协调，完善经费保障机制。全年投入30余万元，对不适应工作需要的办公设备及时更新换代，确保全院审判工作的顺利开展。同时安装门禁系统，更新监控系统，并在安检处安装X光机、第二代身份证识别仪等设备，确保司法安全。

【加强信息化保障】 2013年，区法院依托省高院的综合信息系统，对案件进展实时跟踪，确保质效指标自动生成，业务数据采集、案件动态分析、质效综合评估日趋精准，实现数据采集、分析、评估的自动化。并积极争取区委、区政府支持，启动档案数字化工作，对库存档案进行全面扫描存档，在便利当事人查询的同时切实解决档案库容量问题。

（撰稿：张　丹
审稿：武　旸）

新浦公园景绣阁　　（王恒亮　摄）

司法行政工作

综　　述

2013年，新浦区司法局（简称区司法局）全年工作体现为“1个代表、2个现场会和2个首创”，即法制宣传代表全市最高水平；召开安置帮教、网格化调解2个市级现场会；首创律师担任基层调解员“职业导师”制度，被市司法局在全市推广，首创以律师为主导协助政府解决重大矛盾纠纷机制。先后获得省司法行政系统勤廉示范单位、“六五”普法先进区、法治建设先进单位、调解工作先进集体；市“12·4”法制文艺调演一等奖、目标考核二等奖、司法行政系统新闻、信息先进集体、文化科技卫生“三下乡”活动先进集体；区软环境十佳单位、综治、法治先进集体、信访工作先进集体、地方志工作先进集体等称号；法律援助中心被评为市级首批“公正司法示范点”。

法律服务

【公证工作】 2013年，新浦区公证处在旧城改造工作中，紧跟新浦区外仓街、东上渔场、天然居、民主路等21个地块拆迁改造指挥部的节奏，参与全区所有拆迁项目；参与新浦区及新海新区的强制拆违工作，并为滨河新城道路建设中涉及12户居民办理证据保全公证。此外，还参与区政府组织的招投标工作，积极服务于新浦区的经济社会建设。

【律师工作】 2013年，区司法局在律师群体中开展“双争”（争当促进转型升级服务先锋、争做促进民生幸福和谐使者）活动，鼓励、引导律师服务企业转型升级、服务新浦经济开发区发展、服务社会重点工程。永信律师事务所的律师李刚作为政府法律顾问，参与浦南镇泥鳅养殖户环境污染突发事件，最终化解这起重大矛盾纠纷，为政府法律顾问协助处理社会突发事件提供新视点。

【建立公共法律服务体系】 2013年，区司法局积极构建以公证、法援、调解“三大法律服务中心”，以镇（街道）司法所、村（居）法律服务站为主线，以律师事务所、公证处等法律服务机构结对服务为支撑，以公证、法律援助等便民联系点为补充，建成了点线面结合、覆盖城乡的服务网络。

【组建社区法律服务工作站】 2013年，区司法局在全区所有社区设立法律服务站，每个服务站派驻2名律师作为联系人；定期为社区居民开展法治讲座和法律咨询活动，担任社区法律顾问，认真办理社区委托的法律事务，为社区旧城改造、经济发展、公益事业、民主管理、社区建设等提供法律咨询和建议。

人民调解

【建立调解信息平台】 2013年，区司法局对调解组织以及调解队伍全部进行备录在案，实现调解工作信息化管理。同时开展调解个案补贴，对调解成功的案件给予经济补贴，提高调解工作实效。全年，接待群众990批次2487人，受理纠纷893件，调解纠纷893件，调解成功893件，成功率为100%。

【完善调解组织建设】 2013年，区司法局积极发展专业性、区域性、行业性人民调解组织，全区共建立调解委员会141个，专职调解员145名，兼职调解员565名。各级调处中心在市东等9个派出所设立人民调解工作室，并在新浦区法院、检察院、劳动仲裁委员会、消费者协会、卫生局、环保局、交巡警等单位设立人民调解委员会。同时建立个人调解室，在全区13个镇、街道设立以调解员个人命名的个人调解室，推动基层调解工作多样化发展。此外，为浦南镇江浦村调委会统一配备硬件设备，打造社区（村）调解室样板典型。

法治宣传

【“六五”普法】 2013年是“六五”普法中期考核验收年，市司法局在前期考核过程中，推选出新浦区和赣榆县接受省级检查。7月，省高院副院长带队验收新浦区“六五”普法工作，给予高度评价。

【法治文化精品工程】 2013年，区司法局排演法治文艺节目参加全市汇演获一等奖；开展法治文艺进工地、进学校、进农村、进社区、进庙会演出活动23场；新浦区法治故事《张书战的法律发布会》《“三顾茅庐”为调解》，被评为市“十大法治故事”；全年新增1处省级法治文化阵地、7处市级法治文化阵地。

【创建民主法治示范村（社区）】 2013年，区司法局创建省级“民主法治示范村（社区）”36个，创建率达29%，高于全市创建目标4个百分点；市级“民主法治示范村（社区）”95个；区级“民主法治示范村（社区）”122个，创建率达98.3%。

社区矫正

【提高社区矫正执法能力】 2013年，区司法局加强社区矫正工作人员队伍建设。4月份邀请区检察院为全局政法干警和社区矫正工作人员开展“预防职务犯罪”专题讲座，组织全部社区矫正工作人员参加全市社工业务技能和军事常识的培训，提高一线社区矫正工作人员的刑罚执行专业水平和实战能力；同时加强手机定位监管，要求司法所在工作日对辖区社区服刑人员进行手机定位监控，如出现服刑人员不在规定区域内活动，并且没有履行请假等手续的情况，给予警告处分，三次警告处分即收监执行。

【丰富教育矫正方法手段】 2013年，区司法局探索开展循证矫正试点工作。针对社区服刑人员各个阶段的心理、行为特征和需求变化，设定不同的教育目标、教育内容，并采取相应的教育方式和方法，提高教育矫正工作效果；开展感恩教育，为弘扬中华民族“百善孝为先”的传统美德，增强青少年的感恩意识和社会责任意识，在母亲节开展主题教育活动；新建浦南社区矫正阳光公益劳动基地，占地面积0.53公顷，总投资约10余万元；举办再就业技能培训班，依托共建单位举办6期就业技能培训班，培训人员200人次。

安置帮教

【健全安置帮教网络】 2013年，全区刑释解教人员衔接率达到95%以上，有效使用安置帮教管理软件，服刑在教人员基本信息核实率达99%以上，核实成功率达98%以上，衔接回执录入率达98%以上，预释放刑释解教人员名单下载率达95%以上，其中重点人员达到100%。落实必送必接制度，重点帮教对象接送率达100%，一般帮教对象接回率达60%以上。组织开展2013年度回归人员情况排查活动，每季度开展1次分析研判、重新违法犯罪信息通报和回归人员危险性评估活动，并组织1次进监所社会帮教活动。

【打造安置帮教基地】 2013年，全区新增1个区级阳光就业扶助基地，全市安置帮教基地现场会在浦南镇召开，基地接收15名刑释解教人员。各镇（街道）均建立安置基地，每个基地当年至少接收3名刑释解教人员。同时落实刑释解教人员的安置帮教措施，安置率达到100%。

法律援助

【建立14个法律援助工作站点】 2013年，区司法局依托镇街司法所，初步建成14个法律援助工作站点，以纵向到村、社区，横向到工会、妇联、残联的全方位法律援助网络体系，确保困难群众能够就近申请法律援助。

【提供法律援助优质服务】 2013年，在全市统一的法律援助案件质量检查中，新浦区案件合格率达99%，受援群众满意率为100%。年初为浦南镇70名农民工讨回120万元欠薪，该案被《法制日报》《江苏法制报》广泛报道。

【成立第一家心理咨询室】 2013年，新浦区成立的法律援助中心心理咨询室，这是连云港市第一家法律援助心理咨询室，该心理咨询室推出以来，受到法律援助对象的普遍欢迎。

（撰稿：周　静
审稿：卞　剑）

苍梧绿园池塘　（王恒亮　摄）

地方军事

人民武装

新浦区人民武装部

【概况】 2013年，中国人民解放军新浦区人民武装部（简称区人武部）按照“突出首位、狠抓龙头、强化管理、创新发展”的思路，狠抓以军事斗争准备，提升多样化军事任务能力，扎实做好兵役工作、民兵预备役建设和后备力量工作，全区国防动员建设不断取得新进展。

【思想政治工作】 2013年，区人武部开展“听党指挥、能打胜仗”“用忠实履行使命的实际行动贯彻十八大精神”和“学习贯彻十八届三中全会精神”主题教育，采取专题辅导、参观见学等形式，不断加强干部、职工、专武干部和民兵思想政治建设。充分发挥“雷锋车”事迹陈列馆爱国主义教育基地作用，组织和接待辖区学生和广大市民参观学习6800余人次。1月24日，召开新浦区、云台山风景名胜区2013年人民武装工作会议。4月份，利用民兵整组、训练等有利时机，在民兵中开展“强化战斗精神，提高打赢能力”主题教育。9月份，围绕“热爱人民军队、共筑钢铁长城”主题，开展第13个全民国防教育日活动。

【召开区委常委议军会】 2013年1月17日下午，新浦区在区委会议室召开常委议军会议。会上，区人武部政委毛志锋介绍新浦区国防后备力量建设的基本情况，并提出需常委会研究解决的问题。区委常委会议对区人武部党委提请解决的问题进行充分的讨论，并一一给予妥善处理。

【战备训练】 2013年，区人武部以做好随时应付突发事件和提高适应多样化任务能力为重点，认真贯彻落实《民兵军事训练与考核大纲》，扎实开展民兵规范化训练，加强民兵干部、骨干培训，坚持把非战争军事行动课目融入民兵日常训练，开展森林防火、抗洪抢险、防化救援、反恐维稳等训练。3月份，组织云台街道、花果山街道、云台林场和花果山风景区民兵森林防火分队成建制参加军地联合森林防火演练。3月份，选派2名专武干部参加全市新任基层武装部部长集训，取得1个单项第一、1个单项第三、3个单项第四的好成绩。4月至11月底，协调地方相关单位，组织国防动员指挥信息系统数据采集，完成辖区内20类项72个内容的数据信息采集工作。5至6月份，组织民兵双25高炮连赴盐城市射阳县参加省军区实弹射击考核。在实弹射击考核中，成为第一批命中硬拖靶的单位，被省军区表彰为“命中靶机奖”。7月17日至18日，组织民兵情报信息组组长、组员集训。12月下旬，组织11名专武干部参加全市专武干部资格认证考核。

【“淮海10号”演习】 2013年10月23日至27日，组织人武部机关全程参加省军区“淮海10号”演习，组织246人次民兵在某团连云港传输站完成重点目标防卫战斗实兵对抗演练。

【民兵整组】 2013年3月份，采取“对照标准、结合实际、常态保持”的措施，扎实抓好民兵整组工作，优先把应急队伍人员编足、编精、编强，确保组建布局更加科学合理，民兵专业对口率、转业退伍军人比例和党团员比例分别达到87%、70%和89%，高标准完成2360名基干民兵整组任务。利用省军区民兵整组检查契机，先后3次组织对区政府驻地民兵应急连和合成化民兵应急连2支队伍的应急能力进行点验。

【征兵工作】 2013年，区人武部在区、乡（镇、街道）两级成立纪检小组，公布举报电话，全区设立举报信箱21个，所有乡镇（街道）设立公示栏，将征兵工作人员姓名、职务等情况进行公开。征兵宣传，采取悬挂横幅、张贴标语、发放征兵宣传册等形式，运用手机和网络等多种新兴媒体，在电视台公共频道连续滚动播放征兵公益信息，指导基层单位利用国庆期间外出打工青年返乡的有利时机，共群发征兵公益短信5.2万余条，悬挂横幅340多条，发放宣传册8000余份，鼓励适龄青年应征报名。经体检顺利完成征兵任务，新兵高中以上学历占98%，大专以上学历占36%。

【民兵武器装备管理】 2013年，区人

武部先后投入数万余元完善武器库和通信、消防设施。坚持武器库主任每周、军事科长每半月、部领导每月至少对武器库进行的一次检查，节假日和重大活动前后必组织检查。武器库实现技防全覆盖，人防24小时在位，技防全天候工作。

【设立基层武装部】 2013年7月25日，根据中共新浦区委员会批准，在新浦经济开发区和连云港市中医药高等职业技术学校新设立人民武装部。

【双拥共建】 2013年，区人武部协调地方政府、相关单位和驻地部队开展双拥共建活动，坚持地方党委议军会议、召开国防动员会议等制度，积极参与扶贫帮困、捐资助学、抗洪抢险、植树造林、维稳处突等活动，帮助大、中、小学校做好学生军训工作，军训学生达万余人。"八一"期间，区人武部先后走访地方老复转军人和军烈属，中秋国庆节期间，走访慰问军区作战部队基层主官家庭。8月16日，为进一步增强中小学生的国防意识和爱国主义观念，区人武部组织所属少年军校学生开展为期3天的"我能行"主题军训活动。9月17日，组织保障淮海工学院数万名军训学生实弹射击。

（撰稿：张　洋
审稿：张文进）

人民防空

【概况】 2013年，新浦区人民防空办公室（简称区人防办）坚持以"长期准备、重点建设、平战结合"方针为指导，以"推动融合、科学发展、实现跨越"为主线，抢抓机遇、锐意进取，各项工作取得突破性进展，开创了新浦区人防工作的新局面。

【建立人防体系】 2013年，区人防办根据市人防办的要求健全区、乡（街道）两级战时人防体系，建立联络员制度，对战时人防体系实行常态管理。4月份，召开街道（乡镇）人防工作会议，回顾总结区人防办2012年工作，结合全市人防工作的总体目标，制定全区人防年度工作任务。与各镇、街道人防办签订了目标责任状。

【防空演练】 5月10日下午，区人防办与区地震局、科协联合在路南街道公园社区举行社区居民防空防灾应急疏散演练活动，居住在社区和辖区学校200名居民、学生在引导员的带领下，沿指定路线疏散到新浦公园小广场的集合地点，各引导员清点人数，确认无误后向指挥员报告。现场还进行医疗救护演练。"9·17"是市警报试鸣日，区人防办在新海街道明珠万福花园小区举行社区居民防空防灾疏散演练，近200名社区居民参加活动，全区所有中小学同时进行疏散演练活动。市电视台、报社等新闻媒体作了宣传报道。

【人防专业队整组和演练】 2013年，区人防办开展人防专业队整组工作。4月份，按市民防局要求，按时完成新浦区700名人防专业队的整组工作。11月1日，新浦区人防专业队还在市自来水公司海州水厂进行"液氯泄漏事故应急救援演练"活动。

【防空警报器管理及安装维护】 2013年，区人防办制定和完善警报维护管理的各项规章制度，明确各警报点相关单位以及管理人员的工作职责。对31台警报器进行逐一检修，警报鸣响率达100%。

【人防工程维护管理】 2013年，区人防办按照市民防局《连云港市2013年人防工程维护管理实施方案》（连防〔2013〕26）号的要求，对工程结构差，渗漏水严重，早期工程经安全隐患排查工作领导小组现场勘查确认，区人防办对已无修复可能的原城建局、东天池2个工程进行封堵。对区招待所和铁路工务段、绝缘材料厂、轻工公司人防工程，猴嘴人防坑道等按要求做好维护管理工作。对排查出的问题进行梳理、整改。对人防工程内外电线老化，有安全隐患等相关问题，全部整改到位。

【人防知识宣传】 2013年，区人防办制订下发民防和核应急知识进社区、进企业、进学校等系列活动方案。在学校人防宣传教育方面，区人防办积极与区教育局配合，重点加强初中二年级学生人防教育，以此带动家庭和社会对民防知识的了解。5月12日，在中小学普遍开展防灾疏散演练。在社区人防宣传教育方面，通过已经成立的77个社区民防工作站设置宣传教育点、制作固定人防宣传画廊等形式加强人防宣传教育工作。2013年，区人防工作情况被市新闻媒体报道5次，上报《连云港民防信息》10篇，撰写的《加强社区民防工作站建设的几点思考》调研文章获得二等奖。

【经费筹集】 2013年，人防经费实行专款专用。全年实现平战结合收入16万元，同比增长33.3%。落实财政安排专项经费5万元，比目标数高出2.5倍。同时，认真做好财务管理工作，及时编制上报各类财务报表，做到数字真实，内容完整。

（供稿：冯士江）

武警连云港市支队

【概况】 2013年，武警连云港市支队（简称武警支队）在省总队党委和市委、市政府的领导下，坚持以强军目标为统揽，着力抓安全保稳定，抓基层打基础，抓作风正风气，各项任务圆满完成，受到视察支队工作的武警部队司令员王建平、政委许耀元的充分肯定。武警支队被总部评为“连续17年预防事故案件工作先进单位”。

【思想政治工作】 2013年，武警支队围绕学习贯彻党的十八大、十八届三中全会精神和习近平主席建军治军重要思想，狠抓主题教育落实，严抓意识形态领域斗争，实抓经常性思想工作。与连云港市司法局联合开展第九个法律服务月活动，通过聘请淮海工学院教授、知名律师张玉萍为支队名誉律师、送法下基层、设立“12348”法律警营热线，实现法制宣传“零距离”、依法维权“无障碍”、法律服务“全覆盖”。9月份，武警支队自下而上评选出6名先进典型，召开先进典型事迹报告会，制作先进典型挂图，掀起学习典型、宣传典型、争当典型的热潮。武警支队涌现出武警部队“学雷锋先进个人”、共青团十七大代表郑志和先进典型。

【落实执勤制度】 2013年，武警支队规范执勤秩序，制定“执勤工作条例”和有关规定。按照“能打仗、打胜仗”的要求，组织特勤排和应急班集中集训。突出抓好兵力抽组演练，组织反恐防袭、抢险救灾等训练，部队保持“箭在弦上、引而待发”的战备状态。圆满完成核燃料长途押运、处置抗议PX项目非法聚集备勤等重大临时勤务。6月份，完成总部赋予的涉核目标防爆炸袭击战法课题研究。先后整治执勤隐患21处。投入40余万元，顺利完成机要密码区、网管中心改建工作。参加总队特战分队比武竞赛获团体第五名。

【依法治警】 2013年，武警支队按照“万无一失、一失万无”要求，坚持用条令规范管理、以制度落实日常管控，通过召开正规化管理观摩会、下发《软件规范手册》、编印《活动简报》，开展“警容风纪专项整治”“规范机关办公秩序”“条令知识竞赛”“网上队列会操”“每周常态工作实地检查”活动，强化各级按制度抓规范、按职责、抓落实的自觉性。结合暑期百日安全竞赛，开展安全大检查活动，抓好重大安全问题防范和隐患排查整治，对机关干部私家车排查登记、对符合规定的申驾人员进行技能考核、签订《车辆安全承诺书》和以车场日形式定期对车辆集中检测、交警支队定期抄报军车、私家车违章情况等措施，确保行车安全。6月份，支队召开正规化建设现场观摩会，规范日常管理制度，并坚持每周常态工作实地检查，部队正规化建设水平得到提升。保密参谋杨彬被总部表彰为“保密工作先进个人”。

【基层建设】 2013年，武警支队认真贯彻武警总部党委1号文件和总队三级主官《纲要》培训精神，坚持工作重心放基层，工作重点抓经常，深入开展“创先争优”活动，严密组织蹲连当兵、蹲点帮建活动。结合“学纲要、学法规、学业务”党支部班子岗位练兵试点，分两批组织全体干部进行为期16天的集中培训，直属大队一中队、直属大队二中队、连云港市中队被总队表彰为“基层建设先进中队”。修订完善武警支队《干部教育管理规定》《干部绩效奖实施细则》，与干部签订《安全责任书》，与干部家属签订《网络保密承诺书》，形成部队、社会、家庭、干部“四位一体”管理网络；开展“送温暖、解难题”活动，协调2名干部子女入学，拿出2万元救济8名困难干部，协调市委、市政府正式启动随军未就业家属安置工作，营造干部想干事、干实事的浓厚氛围。

【现代后勤建设】 2013年，武警支队认真贯彻总部“天津会议”、总队“徐州会议”精神，大力推进教导队、一中队营房新建工程。投入300余万元对武警支队机关、勤务中队营房改扩建，完善后勤应急预案和物资储备体系，组织应急综合保障演练。采取集中培训、选送培训、司务长集体办公等方法，后勤专业兵素质得到提升。9月份，参加总队后勤岗位练兵竞赛，卫生员专业获团体第一名。推广使用财务、资产、粮秣管理新系统，加大审计监督力度，参加总队财务业务会审总评优秀。规范基层伙食管理，落实动静态枪弹管控，抓好新式车辆牌证换发，开展资源节约活动，严抓H7N9疫情防控，后勤管理正规有序。武警支队后勤处被总队表彰为“先进处”。

【开展领导下基层活动】 2013年，武警支队制定18项各类组织工作规范。建立完善“下连当兵、蹲连住班”机制，采取主官负总责、党委成员包片、股队挂钩机制，搞好经常性帮带，党委机关累计5次共65天下基层蹲点，3批13人下连当兵，帮助解决基层难题17个，市中队指导员靳章勇被表彰为“优秀党务工作者”。研究制定武警支队改进作风40条措施，机关、基层开展风气专项整治，保证部队风气更加纯正。全年调整使用营连职干部41名，选晋士官57名。

（撰稿：王　勇
审稿：陆海空）

连云港市公安边防支队

【概况】 2013年，连云港市公安边防支队（简称支队）高点定位、强势推进，锐意进取、创新创优，深入实施爱民固边战略、加强社会治安治理、维护社会稳定。支队党委连续第七年被总队评为支队级“先进党委”，76个集体、146名个人受到各级表彰。

【巩固爱民固边战略】 2013年，支队设计编印《走访登记簿》，出台加强基层基础工作10项规定，组织民警标准化走访采录信息。深入推进模范村镇创建，创建比例达75%，先进村创建率达80%。召开联席会议4次，制定措施46项。推进三级主官进班子工作。支队连续三年被评为爱民固边先进集体。万峰获评全国“爱民固边·感动边疆人物”提名奖和“江苏最美警察”提名奖。22名民警被市公安局评为一、二级社区民警和户籍标兵能手，优秀率达45%。

【维护辖区稳定】 2013年，支队开展不稳定因素排查化解和清理信访积案活动，先后稳控上访事件8起，化解群体性事件26起、矛盾4500起。开展春季攻势、涉车犯罪治理、扫毒害保平安等行动，累计查破案件1600起、打击处理1300人。支队成功破获全省边防首例涉枪贩毒案，并在全省边防情报侦查工作会议上交流。组织开展为期3个月的港船管控基础会战，先后检查船舶7600余艘次、渔船民2.1万人次。组织省际公安机关召开区域打击犯罪警务合作联席会议，签署《江苏、山东省际区域打击犯罪警务合作协议》，推动沿海地区维稳创安深入开展。

【规范执法建设】 2013年，支队制订执法规范化建设新三年规划。开展“争当执法岗位练兵能手”活动，累计评查卷宗150件，组织执法培训、网上考试41次，基本级执法资格考试通过率达100%，中级通过率高于其他支队和地方公安机关。制作支队《执法办案场所管理使用规定示范片》和《执法记录仪管理使用规定示范片》。通讯《以前推不动，现在争着用》，介绍了支队推行执法记录仪应用过程，获全国法制好新闻奖。扎实开展全省边防执法执勤岗位比武竞赛，派出所团体获第三名、所长岗位第二名、船管岗位获第一名、执法岗位获第三名。加强精细化执法，召开执法暨纪律整顿动员部署会，组织视频督察、网上巡查、实地检查3个检查组巡回督导，共排查整改执法问题隐患近200个。支队被部局评为执法示范单位，9个单位、25名民警被地方公安机关评为执法先进单位和个人。

【基层基础建设】 2013年，支队全力推进部队应急指挥、整体作战能力提升。4个派出所、7名民警被公安机关表彰为信息化应用先进集体和先进个人。加强指挥中心、基层勤务指挥室升级改造，新配备3辆流动警务车，建立完善“大研判”格局，山东烟台支队专程到连云港市公安边防支队指挥中心考察交流。以部局信息化文化建设试点为契机，开通了网上警营沙龙和网上心理咨询室，完成机关警史馆和网上“3D”警史馆建设，率先在全省边防部队创办4期《边防电子杂志》，开通“微信”公众平台和爱民固边战略应用平台。举办主题征文、知识竞赛，牵头组织第六政治教育协作区主题教育演讲暨知识竞赛，在总队决赛中取得三等奖。开展“条令学习月”等活动，举办2期正规化管理培训班。扎实开展全员军事大练兵，支队在全省边防部队军事训练会操暨考核验收中，取得第四片区团体综合第一名。支队被总队评为正规化管理先进单位。

【综合保障】 2013年，支队规范经费使用，预算外经费同比增长30%，支队以总分第一的成绩荣获全省边防部队2013年度财务业务会审工作一等奖。协调民政、人事部门帮助官兵未就业家属再就业，为30名官兵及家属办理随军、子女上学等手续，慰问困难官兵、遗属等19人次。支队档案室成为全省边防首家“五星级”档案室，连云港、扬州和镇江站等相继到支队参观交流。认真落实新编制支队、大队主官先后30次走访地方党政、公安机关。

【队伍建设】 2013年，支队制定《创建模范党组织生活活动工作要点》，召开支队二届三次党委扩大会议，承办总队第三片区基层党委、支部书记培训班，开展基层党内民主建设试点。9月，支队参加部局创建活动典型经验交流暨大队党委建设研讨会，并作交流发言。召开专题民主生活会1次，出台《加强和改进作风建设六项规定》《改进作风服务群众八项措施》，开展“为何从警、如何做警、为谁用警”大讨论活动，教育实践活动“回头看”和总结大会等，查摆剖析支队党委和机关存在的问题6类15条，逐一整改落实。《边防警察报》以《这样的活动实打实》为题大篇幅报道支队教育实践活动情况。

（撰稿：刘　杰
审稿：朱大浩）

新浦区消防大队

【概况】 2013年，新浦区消防大队（简称大队）在各级党委、政府和公安机关的领导下，全面贯彻党的十八大精神，以推进落实国务院46号文件和《连云港市“十二五”消防事业发展规划》为主线，坚持以防救火灾和队伍稳定为根本，以作风效能和党风廉政建设为保证，坚持抓作风、打基础、树形象，坚持和发扬新时期消防的优良传统，圆满完成以防火灭火为中心的各项工作任务。被授予2010~2012年度“江苏省文明单位”称号；被授予2012~2013年度“新浦区五四红旗团支部”称号；被连云港市消防支队评为大队级“好班子”称号；2014年1月，被江苏消防总队评为2013年度“基层建设先进大队”及“先进集体”称号；被新浦区人民政府授予2013年度经济建设和社会发展目标“建设新浦先进单位”称号；被省消防总队评为2013年度信息调研工作“先进基层单位”称号。

【思想政治工作】 2013年，大队围绕“贯彻党的十八大精神”中心思想，以“基层党的群众路线实践教育”为主线，以提高部队战斗力为目标，以班子建设和干部队伍建设为核心，开展党的十八大精神主题教育和“爱民、爱岗、爱家”专题教育活动。大队成立“激光水鼓队”参加市消防支队文艺汇演；并在市消防支队举办的登山比赛中荣获第一名。同时，开展了拥政爱民活动、“扶贫帮困献爱心”活动。

【消防监督执法】 2013年，大队共出动监督检查3000人次，检查单位1500个次；办理消防行政案件127起，责令单位三停产整修45家；督促整改火灾隐患和消防违法行为500处。大队按照“抓重点、带一般、促全面”的指导思想，集中组织开展消防宣传活动150场次，发放消防宣传资料6万份。举办消防安全管理工作培训班，对社会面7000人次进行培训。

【执勤训练和灭火救援】 2013年，大队以“强化实战练兵，全面提高部队灭火救援能力”为目标，完善执勤制度，规范执勤秩序，加强执勤战备工作。严格战备值班制度，规范执勤值班秩序，严格落实每日勤务交接和车辆装备检查保养制度，确保消防力量时刻处于执勤战备状态。深入开展执勤岗位练兵活动，着力抓好与官兵岗位相适应的体能、技能训练和以班为单位战术训练，努力实现打造消防铁军的奋斗目标。在市消防支队举办的“铁军比武竞赛”中，获得第二名。2013年，共接警出动547次，出动848车次、5186人次，扑救各类火灾414起，参加抢险救援和社会救助133起，共抢救人员69人，挽回财产损失476.1万元。

（撰稿：陈　勇）

社区腰鼓队巡游演出　（韩世泳　摄）

经 济 纵 横

工业经济

【概况】 2013年，连云港市区划调整后，新浦区代管了海州区朐阳、海州、洪门、幸福路4个街道，其工业纳入新浦区管理，规模企业由原35家增加到50家，工业企业总数达330余家。是年，规模以上企业完成工业总产值89亿元，增长6.9%；实现销售收入85.9亿元，同比增长5.06%；利税总额3.7亿元，下降65.7%，其中利润1.88亿元，下降70.7%；规模以上工业增加值11.5亿元，增长10.5%；完成全社会工业固定资产投资46亿元，同比增长23%；规模以上工业投资38亿元，增长21.8%。

【都市工业发展提速】 2013年，全区明确高端装备制造为主导产业，培育装备制造业、新材料等新兴产业指导思想，进一步加快龙头企业发展，区政府出台《新浦区做大做强工业骨干企业暂行办法的通知》《关于印发新浦开发区西区、北区共建共用办法（试行）的通知》，东海硅微粉、乐园新材料、帅宝机械等重点企业持续壮大，东海硅微粉公司进入上市筹备期，全区产值过亿元企业达30家。新进入规模企业的统计标准提升到年应销售收入2000万元，新增连云港意森工艺品有限公司、连云港益云金属工业有限公司、连云港柯瑞宝石英陶瓷材料有限公司、连云港帅宝机械有限公司、连云港市德邦化工机械有限公司、连云港万成矿产品加工有限公司6家规模企业。

【新浦经济开发区西区成为工业主战场】 2013年，新浦经济开发区西区围绕建成全市重要的装备制造业基地，编制完成35平方千米控制性规划，新建环线道路20千米，东至建中路、西至发展路、南至和谐路、北至国安路的区域内，横向以创新路为界，纵向以祖平路为界，25平方千米核心区框架全面拉开，"四横三纵"主干道建成通车。围绕数控机床、医疗器械产业招商实现历史性突破，15个过亿元项目进驻实施。帅宝机械、晨鸿纺织机械、诺信食品机械等项目快速推进，投资5亿元的纳米碳科技产业园一期工程、投资2亿元的双惠机械项目，投资8亿元的品苏实业等项目加紧施工，沈阳机床4S店、群鹰装备、虹港消防器材等项目开工。

【中小企业园建设快中求好】 2013年，新浦区规划设计的园区内路网，建设"三横三纵"道路方案，已建成2千米园区道路，其他道路已填平压实，供电、供水、污水管网配套工程以及园区绿化、亮化、美化工程同步启动实施。累计开工建设面积达36万平方米，包括15万平方米厂房、5万平方米办公生活配套工程。规划20万平方米的中小企业园，一期6万平方米工业标准厂房全面对外招商，二期15栋工业标准厂房以及办公、生活配套工程正在进行桩基施工。年内，已有亚桥游艺等25个项目签约入驻。

【转型升级助推产业提升】 2013年，区委、区政府着力打造新浦开发区百亿元园区，将高端装备、新材料和专用装备分别列入市级千亿元产业和百亿元特色产业大盘子，加快培育乐园新材料集团、东浦集团等百亿元、10亿元上规模企业。支撑新浦区工业的四大产业年创产值约53.5亿元，占全区的60%以上。装备制造以齐天铁塔、港圣开关、如年实业和康达智等9家企业为骨干，实现产值19.8亿元。食品化工以三得利啤酒、天缘食品、德邦化工、景悦化工等12家企业为骨干，实现产值15.2亿元。新材料以乐园新材料、龙塔研磨等7家企业为骨干，实现产值10.5亿元。建材行业以东浦管桩、新电混凝土、东盛混凝土等7家企业为骨干，实现产值7亿元。在全区50家规模以上企业中，28家新兴产业企业实现工业总产值36亿元，同比增长18.3%，占规模以上工业的40.5%。

【加大资金投入助推企业技术改造】 2013年，全区工业企业技术改造项目共27个，完成投资额10亿元，同比增长43%。其中3000万元以上工业技改项目共16个，总数较2012年增加6个。东海硅微粉公司投资3亿元的集成电路基板用电子级超细玻璃粉项目、江苏乐园新材料集团投资3000万元购置国内先进的3R雷蒙机生产线增加精水洗生产线项目和江苏东浦管桩公司投资8600万元的自动化混凝土技改项目等投产见效。全区工业技改项目备案26个，较2012年增长28%。全区15家企业申报了市级技改专项资金，获批8家9个项目，获得扶持资金792万元。

【加快技术创新步伐】 2013年，全区重点项目正融科技被认定为省级企业技术中心，东浦管桩、福源医疗、如年实业、德邦精细化工和中蓝联海等5家企业被认定为市级企业技术中心。年内，全区拥有21家国家、省市级企业技术中心，其中正大天晴被认定为国家级企业技术中心。如年实业、东浦管桩等4家获得省高成长型示范企业，东海硅微粉、港圣开关等8家企业参加省创新成果展，东浦管桩公司和天马网络公司被认定为省级两化融合试点企业，东浦管桩、如年实业及拓普科技等3家公司被认定为连云港市两化融合试点单位。东浦管桩、信和钢构等10家企业争取747万元市级转型升级技术创新类专项资金，港圣开关、东浦管桩共获得60万元市级战略性新兴产业引导资金，如年实业公司等企业获得省高成长型中小企业资金、省级企业技术中心资金、市级企业技术中心资金共110万元。

【智能化仓库建成使用】 坐落在新浦经济开发区的康缘物流配送中心于2012年投资2000多万元，动工新建的现代化智能仓库，2013年建成使用。智能化仓库采用了中国领先的物流系统集成商——北京伍强科技有限公司提供的工艺流程，借鉴吸收国内外大型现代物流企业的优点，采用最成熟的设备，精心建设先进高效的物流系统，引进无线射频拣选系统（RF）、电子标签拣选系统（DPS），与现有的ERP、WMS系统实现无缝对接，控制管理着物流中心的进货、入库、分拣等业务流程的运作，有效将自动传输系统与现有的平置库区系统、货架系统、冷库系统、特殊药品系统相整合，让信息在全部流程中自如交换，共同实现物流中心的实时化管理，使物流与信息流保持同步，为将来供应链管理、第三方物流业务的开展奠定良好基础。

链接：

企业简介

【连云港如年实业有限公司】 2013年，该企业进入新浦区规模工业行列，当年实现产值8000万元，税收200万元。该企业拥有各类加工设备近百台（套），专业技术队伍近200余人，是以生产高性能系列化纺织后整理设备专业化企业，已形成烫剪、烫光、起毛、刷毛、压花及高效节能油加热烫辊五大系列近30余种，主导产品在国内市场处于领先地位，产品不仅畅销国内纺织行业，还出口韩国、朝鲜、印度等国家。

【连云港瑞琪纺织品有限公司】 2013年5月，企业实施总投资3000万元的扩产项目，当年投入2000万元，新增建筑面积7400平方米，新上两条生产线，添置大烫机、抽真空机、液压升降平台机、液压打包机、摇臂式液压裁断机、电脑车等16台套设备，项目已部分试生产，全面投产后可年产300万条珊瑚绒毛毯。2013年，外贸出口家纺成品月产量50至60个高柜。员工增加到120人，实现销售收入7000万元，利税180万元。

（撰稿：张　军
审稿：姜海燕）

新浦经济开发区生产车间　　（区经信局　供）

开放型经济

【概况】2013年，新浦区新批外资企业22家，协议利用外资9486万美元；利用外资实际到账8140万美元，完成市确保指标的117.97%、考核指标的100.49%，同比增长57.97%；完成外贸出口8.03亿美元，同比增长3%；引进内联项目1120个，其中新增项目1100个，投产开业1099个；引进内联客方到位资金上报完成65亿元，完成市确保目标60亿元的108.33%，完成市考核目标61亿元的106.56%，同比增长21.5%，列三区之首。新浦区商务局在2013年度经济建设和社会发展目标考核中获得部门综合二等奖。

【外贸自营出口】2013年，新浦区商务局通过定期走访、现场调研、召开全区外贸企业座谈会等方式，及时掌握产业、行业、企业发展动态，深刻了解企业面临的困难和需要帮扶的关键环节，有针对性为企业排忧解难，并邀请市商务、外管、国税等部门，对区内重点外贸企业在进出口业务、退税服务、海关政策、监管动态等方面反映的需求和困难进行解答，提高企业应对各类风险的能力，增强企业迎难而进的信心。年内，帮助东海硅微粉争取省级进口贴息专项资金36.5万元、正大天晴药业4.1万元。另外，对新浦区进出口在500万美元以上的外贸企业、100万美元以上的三资企业和生产企业，建立联系人制度，加强工作调度。积极组织出口企业参加各种展览洽谈会，创造条件让企业"走出去"。新浦区商务局先后组织企业参加哈洽会、昆山品牌产品进口交易会、(无锡)国际新能源大会暨展览会等活动，帮助企业联系项目，争取项目资金，进一步加大企业开拓国际市场的力度，促进外贸出口企业做大做强，扩大出口份额。

【劳务输出】2013年，新浦区商务局在原有劳务平台基础上，升级改造外派劳务服务平台软硬件环境。外派劳务服务平台认真践行"为群众服务、为企业服务"的工作宗旨，加强对外派劳务市场的监管。前往外派劳务平台咨询、报名人员50余批次，共外派往日本和新加坡等国劳务人员1000余人，同比增长20%，实现外派劳务零纠纷。利用省级外派劳务中心平台优势，为有意愿出国务工的劳务人员和有对外承包工程或对外合作经营资格的企业提供优质、高效的服务，树立新浦外派劳务品牌形象。

【招商引资】2013年，新浦区商务局通过编印全区招商引资画册、建立完善商务局网站、制作招商宣传视频等方式加大宣传推介力度，坚持"走出去"和"请进来"相结合，加强宣传推介，多平台展示投资环境、多方位联络客商、多渠道发布项目。组织参加"连云港之夏"旅游节暨2013江苏沿海开发经贸洽谈会、连云港—苏州深化区域合作推进产业发展恳谈会、连云港—南京产业合作发展恳谈会、2013年西游记文化节暨丝绸之路经济带(东中西区域)合作论坛、天津韩商会拜访活动、北京招商活动、日韩招商活动等，邀请苏宁、菲律宾SM、中兴通讯等国内外著名企业到新浦区投资兴业。活动共签约或区域合作意向项目19个，签约合同协议资金近250亿元，创历年招引资金成绩新高。圆满完成全年的目标任务。新浦区商务局获得新浦区"2013年度招商引资先进奖"、"2013年度软环境建设十佳单位"和"连云港市商务系统软环境建设先进单位"称号。

(撰稿：张　瑾
审稿：伏莹莹)

2013年新浦区外贸自营出口情况

表2

项　目　名　称	单　位	本年实现出口额
一、外贸自营出口总额	亿美元	7.7
二、外贸自营出口额前二十强企业		
连云港远泰国际贸易有限公司	万美元	30364

续表

项　目　名　称	单　位	本年实现出口额
连云港中土物产国际贸易有限公司	万美元	8058
连云港石林国际贸易有限公司	万美元	2199
连云港云台对外贸易有限责任公司	万美元	1721
连云港中泽国际贸易有限公司	万美元	1642
江苏千久仁国际贸易有限公司	万美元	1201
连云港嘉福国际贸易有限公司	万美元	1172
连云港恒永贸易有限公司	万美元	1119
连云港南天国际经贸有限公司	万美元	1058
连云港美信化工有限公司	万美元	1043
连云港鑫盟进出口有限公司	万美元	1041
连云港达禄比木制品有限公司	万美元	928
连云港金盟进出口有限公司	万美元	901
连云港化工进出口有限公司	万美元	875
连云港阳森化工贸易有限公司	万美元	865
江苏金桥盐化国际贸易有限公司	万美元	808
连云港力群食品有限公司	万美元	768
连云港拓伟贸易有限公司	万美元	694
连云港旭日科技有限公司	万美元	647
连云港中联物产发展有限公司	万美元	622

2013年新浦区外贸自营出口情况

表3

项　目　名　称	单　位	本年实现出口额
一、外贸自营出口总额	亿美元	7.7
二、外贸自营出口额前二十强企业		
连云港远泰国际贸易有限公司	万美元	30364
连云港中土物产国际贸易有限公司	万美元	8058
连云港石林国际贸易有限公司	万美元	2199
连云港云台对外贸易有限责任公司	万美元	1721
连云港中泽国际贸易有限公司	万美元	1642
江苏千久仁国际贸易有限公司	万美元	1201
连云港嘉福国际贸易有限公司	万美元	1172
连云港恒永贸易有限公司	万美元	1119
连云港南天国际经贸有限公司	万美元	1058

续表

项 目 名 称	单 位	本年实现出口额
连云港美信化工有限公司	万美元	1043
连云港鑫盟进出口有限公司	万美元	1041
连云港达禄比木制品有限公司	万美元	928
连云港金盟进出口有限公司	万美元	901
连云港化工进出口有限公司	万美元	875
连云港阳森化工贸易有限公司	万美元	865
江苏金桥盐化国际贸易有限公司	万美元	808
连云港力群食品有限公司	万美元	768
连云港拓伟贸易有限公司	万美元	694
连云港旭日科技有限公司	万美元	647
连云港中联物产发展有限公司	万美元	622

2013年新浦区新批三资企业情况

表4

单位：万美元

指 标	投资总额	注册资本	合同外资
合 计	11344	9794	8266
连云港韩城商务信息咨询有限公司	2	2	2
海润融资租赁有限公司	2500	1000	350
连云港友佳纸品机械有限公司	800	800	800
连云港港腾贸易有限公司（增资300万美元）	600	600	300
连云港坤友农业开发有限公司	960	960	960
连云港丰清农业开发有限公司	800	800	800
连云港川利通讯设备制造有限公司（专有技术增资202万美元）	662	662	202
连云港珍尚进出口贸易有限公司	260	260	260
连云港浦仁贸易有限公司	600	600	600
连云港德辰胜贸易有限公司	3	3	3
连云港佳普石化机械有限公司（外资并购800万元人民币）	180	130	130
连云港港澳城饮食娱乐有限公司（增资30万美元）	148	148	30
连云港阿杜贸易有限公司	380	380	380
连云港尚雅装饰工程有限公司	2	2	2
连云港摩亚贸易有限公司	260	260	260
连云港滨水贸易有限公司	860	860	860
连云港阿杜贸易有限公司（增资）	280	280	280
连云港德辰胜贸易有限公司（增资）	47	47	47
连云港至成商贸有限公司	2000	2000	2000

新浦经济开发区

综　述

2013年，新浦经济开发区（简称开发区）认真贯彻落实市委书记李强5月5日调研开发区时的重要指示精神，紧紧围绕区委、区政府决策部署，在岗埠农场以及区各单位的大力支持下，深入实施"工业西进"战略，按照"拉开框架，完善配套，大上项目，形成特色"的要求，以载体建设为重点，以招商引资为抓手，以项目建设为带动，创新工作举措，抢抓发展机遇，强势推进各项重点工作，园区经济社会发展跃上新的台阶，顺利完成或超额完成全年目标任务。

经济建设

【工业经济】 2013年，开发区完成全社会固定资产投资40.5亿元，同比增长15%，其中完成工业固定资产投资25亿元，同比增长18%；实现规模以上工业总产值46亿元，同比增长52%；成功申报4家工业规模企业，分别是连云港益云金属工业有限公司、连云港意森工艺品有限公司、连云港柯瑞宝石英陶瓷材料有限公司、连云港帅宝机械有限公司。

【财政收入】 2013年，开发区实现财政收入34300万元，同比增长20%；公共预算收入23000万元，同比增长30%；纳税过100万元企业30家。

【招商引资】 2013年，开发区完成内联引进资金8亿元，完成注册外资实际到账1000万美元。签约过1亿元工业项目15个，协议总投资60余亿元，分别是总投资16亿元的万鼎玻璃项目、总投资8亿元的浙江群鹰户外装备及电动滑板车项目、总投资5亿元的浙江威力士智能数控机床项目、总投资5亿元的新型消防器材项目、总投资5亿元的纳米碳科技产业园、总投资3亿元的帅宝石化流体项目、总投资3亿元的上海良生实业数控锯床锯条项目、总投资2.5亿元的众泰医疗器械项目、总投资2亿元的双惠机械离心机项目、总投资2亿元的晨鸿纺织机械项目、总投资2亿元的鑫立机械项目、总投资2亿元的润利新材料项目、总投资2亿元的东宇医疗设备项目、总投资1.5亿元的沈阳机床4S店项目、总投资1亿元的太阳能研发中心项目。其中装备制造业占67%、新材料占20%、研发及其他占13%。品苏制造、虹港装备等10个项目开工建设，开工率达67%。

【项目推进】 2013年，开发区高纯硅微粉、益云金属项目建成投产；晨鸿机械、帅宝机械项目年底一期10000平方米厂房主体竣工；森呼吸口香糖项目厂房、办公楼主体完工；墨博建材项目厂房正在建设；长城防护设备项目厂房钢架主体结构完工；诺信食品机械项目厂房基础已出地面，厂房钢结构主体框架安装完毕；品苏制造、虹港装备、威力士机床、双惠机械、沈阳机床4S店、润利新材料项目厂区施工回填完成，开始厂房施工；纳米碳科技产业园项目，已进行厂房改造设计。

【农业经济】 2013年，开发区土地面积17.5平方千米，其中耕地面积396公顷，农户数1934户，户籍总人口7650人。2013年，完成农业收入2123.12万元、林业收入19.8万元、牧业收入680.56万元、渔业收入125.18万元、工业收入1581.74万元、建筑业收入2426.18万元、运输业收入1316.23万元、商饮业收入1304.28万元、服务业收入2037.48万元、其他收入767.36万元

园区建设

【基础设施建设】 2013年，开发区重点实施25平方千米的核心区建设，拉开发展框架。已编制完成控制性详细规划；路网工程加快推进，全面贯通总长30千米的"四横三纵"道路，发展路、国安路、开放路、创业路等新建道路全面通车，完成创新路、祖平路、建中路"三块板"改造，行成西区路网格局；同时加快推进现有道路改造以及水、电、污水管网等基础配套工程；园区综合服务中心、下禾邻里中心方案已编制完成。此外，完成征地近133.33公顷、绿化10万平方米。

【中小企业园建设】 2013年，开发区由东南大学设计的中小企业园规划

方案已审批，该项目位于西区发展路以东、创新路以南、建中路以西，规划面积约66.7公顷，以祖平路为界分为A区、B区。园区内16万平方米厂房已经建成，其中2013年竣工6万平方米厂房；新开工24栋15万平方米厂房以及配套工程4个，年内完成7栋厂房、3栋办公楼、1栋餐厅主体工程。中小企业园招商工作有序进行，B区新签约项目5个，总投资5亿元的纳米碳产业园一期工程正在改造厂房，总投资3000万元的太阳能研发中心自建厂房正在施工。A区现有项目13个。拓邦石化流体装卸设备、华鑫电器发电机等10余个拟进驻项目正在洽谈，年内力争签约进驻项目25个。

【品牌建设】 2013年，开发区申报市级以上科技计划项目数22个；申报高新技术产品数15个；申报高新技术企业数3个；专利授权量100个；新增民营科技企业数5个、市以上工程技术研究中心3个；省高新技术产品4个；中小企业技术创新项目8个、产学研联合研究项目1个，工业攻关3个。

社会事业

【村庄建设】 2013年，开发区疏浚河道2条，共9000米，出土11万立方米，总投入27万元；成片造林26.7公顷，农田林网改造200公顷，四旁植树10万株，其中义务植树1万株，获得上级补助7.65万元；完成村委会改选，做好民主选举决策和民主管理监督；完善村务公开；完善文化体育设施，重新绿化主体广场、滨河休闲广场，道口新村、赵庄、后郎自然村休闲地点，均安装体育活动器材。

【民生保障】 2013年，开发区对残疾人就业、失业进行统计上报；定期调查，及时掌握老人信息，保障老年人权益；2户低保户通过审批；做好义务兵拥金发放工作；每季度对学校进行安全检查，并且对2所幼儿园存在的安全隐患进行整改，年内校园内无安全事故发生；完成农村卫生室改制和合并，农民参合率达100%；卫生户厕改造达100%。

【环境整治】 2013年，开发区对辖区内夏禾村、道口新村、张道口、后郎庄、小兴庄5个自然村进行整治。其中夏禾庄为省级环境整洁村、道口新村为省三星级康居示范村。张道口、后郎庄、小兴庄顺利通过市级验收，并进行长效管理。加强开发区环境卫生治理，清理各类垃圾900余吨，拆除乱搭乱建40余处，实现年内无秸秆焚烧现象。

【安全环保】 2013年，开发区未发生安全生产事故和亡人事故。全年共检查企事业单位290家次，排查各类安全隐患985条，整改985条。完成15家企业标准化验收工作，其中5家规模企业、4家非规模企业以及6家标准化复审。对60家职业危害防治重点企业，完成网上申报，10家进行职业危害检测，2家完成现状评价。投资300多万元对5家排污重点企业建造了污水预处理设施，通过预处理降低污水污染程度。有10家企业完成了环境危害因素现状检测，2家完成了现状评价。投资300多万元对东海硅微粉等6家企业的粉尘危害进行整治。建成污水管网22千米，并将设施贯通5个路口污水管道。同时，筹措资金收购污水处理厂，完善相关污水处理设备设施，确保运行。

党建工作

【基层党组织建设】 2013年，开发区新建非公企业党总支1个、年内在非公企业发展党员2名。配合区委组织部做好农村基层党组织换届的摸底调查工作，完成两个村的支部换届工作，成功率100%。

【党群工作站】 2013年，开发区党群工作站设有服务大厅和党群活动室、教育培训室、党员职工服务室、纪检监察室、非公企业党总支、企业发展与人才信息5个功能室，建筑面积300平方米，共有专职人员3名，兼职工作人员9名。该站在全市党群工作站建设情况现场交流会上进行汇报发言。

【工会工作】 2013年，开发区新建企业工会13家，发展会员520名。加强工会干部培训工作，42名工会干部参加了工会劳动法律监督员培训和工资集体协商培训。同时，积极参加各类申报工作，年内，硅微粉申报省工人先锋号、首席员工获批，瑞琪申报五一奖状获批。工会加强对困难职工帮扶，为40位困难职工争取到国家专项补助资金2万元。

行政村简介

【新陇村】 全村共有13个村民小组，1284户、5331人，党员115名，耕地面积196公顷。农民年人均收入15723元，年化解村级债务4.18万元。

【夏禾村】 共有6个村民小组，650户，2392人，党员53名，耕地面积200公顷，农民年人均收入15618元，年化解村级债务4.03万元。

（撰稿：杨　涛
审稿：陶士勇）

商贸流通

【概况】 2013年，新浦区商务局（简称区商务局），立足工作实际，加强商贸服务业建设有序推进年度目标任务的落实。

【商贸服务业】 2013年，新浦区限上社会消费品零售额为91.6亿元，增幅为15.8%，社会消费品零售总额为163亿元，增幅为14.1%，两项指标均列全市三区之首。围绕建设“现代服务业核心区”的总体目标，加速新浦区商贸服务业提档升级，特色街区发展水平不断提高，集聚效应日益增强。以陇海步行街为中心，向周边辐射约4平方千米的集聚区不断壮大；万润商业街、盐河路餐饮一条街等特色街区辐射带动力进一步增强。区商务局积极与大润发、九龙大世界、乐天玛特等大型商贸企业对接，引导其充分利用好清明、五一劳动节、六一儿童节、中秋节、国庆节等节假日，加大促销力度，提升销售业绩。同时，督促商家通过“诚信兴商月”“商贸领域安全生产大检查”等省、市级活动契机，查找自身不足，进行整顿和提升，为新浦区营造良好的商贸氛围。在经济形势不景气的情况下，新浦区商贸服务业却优势突显，大型商贸企业营业面积达20万平方米，销售总额超过20亿元。其中，水晶一条街于5月份开街营业；苏宁广场主楼建成38层，裙楼进行外围装修；民主路特色街和新浦公园二期商业街建设基本完工；兴隆国际商贸广场正在打桩。陇海步行街进一步提档升级；东盐河美食街硬件建设基本完成；万润商业街、巨龙南路餐饮美食街初具规模；利群商业广场已获规委会批准；苏宁广场、时尚莱迪购物广场和尖沙咀百货正在进行装修和招商。新浦区现代服务业办公室获得连云港市商务局“连云港市商贸流通先进单位”荣誉称号。

【市场运行监测和酒类备案】 2013年，新浦区市场运行监测的样本企业22家，其中重点流通样本企业12家、生活必需品样本企业5家、生产资料样本企业5家。督促企业周报、月报、节假日报送，对上报价格进行对比分析，及时向上级反馈，为省、市级第一时间调控政策的制定提供可靠信息。为尽早净化新浦区酒类流通市场，区商务局加快酒类备案进度。同时加强执法力度，出动人员350人次，车辆40台次，走访商户100余户，对限期不整改的金地肥牛府等企业下发行政处罚决定书，处罚1000元。年内，多次检查酒类销售网点，抽调3名人员组成临时执法队，对万润街、盐河路餐饮街、八佰城市走廊等商业繁华地段的名烟名酒店、宾馆饭店、KTV等企业的备案登记及随附单的使用情况进行检查，对不符合《酒类流通管理办法》要求的网点责令限期整改。

【“菜篮子”畅通工程建设】 2013年，新浦区为进一步完善全区蔬菜流通体系建设，共设玉带等7个直销点，客流总量超过5万人，销售总量达7.5万千克，销售额40万元，为居民提供实惠15万元，平抑菜价、方便居民生活。针对生活必需品价格的起伏不定给百姓日常基本生活带来的不稳定性，区商务局积极申报周末蔬菜直销点和平价商店，区内多处布点，同时注重日常监管，加强平抑市场市场菜价的力度。

【菜市场升级改造】 2013年，新浦区把市场改造列入重要的工作日程，区商务局多角度加快推进菜市场升级改造工作，提升菜市场建设管理水平。多次邀请市商务局专家举办菜市场建设管理培训会，进一步督促查找不足之处，尽快完善。对正在进行改造的市场，实行每周督查的方式，进行现场检查，及时向其说明改造不足；对未开工的市场，积极督促其根据改造要求尽快制作详细的改造方案。同时，积极协调街道、城管等相关部门探索马路市场的整治，为市场方营造公平的改造环境。2013年度，全市共有10家菜市场改造任务，其中新浦区完成极美苑、沈圩桥、西城、江山、站北、云台、八佰、艺北、南门9家菜市场改造。

【白虎山庙会】 2013年5月17日9时，由新浦区委、区政府主办的“王子啤酒·’2013白虎山文化旅游庙会”开幕式在朐阳门南广场举行。为提升庙会商品品质，指挥部专门设立精品展销区，邀请中央百货、乐天玛特超市、王子啤酒及其他一些大品牌商品的连云港总经销商入驻。大量品质高价格低的商品的营销，提高了白虎山庙会的商品档次，改变了传统白虎山庙会商品品质低，大多数群众只逛不买的局面，吸引广大群众到庙会“淘宝”，3天时间吸引游客20余万人。

（撰稿：张　瑾
审稿：伏莹莹）

粮油购销

【概况】 2013年，新浦区粮食局（简称区粮食局），围绕全国农村工作会议精神和“广积粮、积好粮、好积粮”这个主线，坚守以农民余粮卖得出为底线，敞开收购农民余粮，做到不拒收、不限收；并坚守以居民吃粮有保障为底线，确保粮源充足，品种丰富，质量安全。确保广大消费者安全消费和放心消费。

【粮食收购】 2013年，新浦区夏粮产量与2012年基本持平，秋粮获得丰收。为防止粮丰谷贱，挫伤农民种粮积极性和损害农民利益，夏、秋两季收购都及时启动国家粮食最低收购价预案。区粮食局按时成立夏、秋两季粮食收购领导小组，认真抓好国家粮食最低收购价预案的贯彻实施，并广泛向农村宣传国家粮食收购政策及收购价格和质量标准。秋粮收购前，向农村和农民发放《2013年稻谷收购政策解答》宣传手册1000余份。区粮食局及各粮食收购企业及时公布粮食收购监督电话，并将粮食收购价格及作价办法全部公布上墙，实行透明收购，提高国有粮食部门的公信度，调动农民卖粮积极性。两季共收购粮食61504吨，其中小麦39856吨，稻谷21648吨。

2013年新浦区国有粮食企业粮食收购统计表

表5　　单位：吨

收购企业名称	收购总量	小麦		稻谷	
		托市收购	自营收购	托市收购	自营收购
浦南粮管所	11218	4788	309	6121	—
岗埠粮管所	14350	11950	—	—	2400
郎墩粮库	20672	12189	887	5009	2587
云台粮管所	4336	—	770	—	3566
恒银粮贸公司	10928	8963	—	1965	—
合　计	61504	37890	1966	13095	8553

【粮食销售】 2013年，新浦区国有粮食企业始终坚持加快库存粮流转，减少库存积压，降低经营成本的原则，特别是自营粮的销售，保持快进快出，加快信贷资金回笼，减少贷款利息，降低企业成本。2013年，区国有粮食企业共销售粮食14458吨，其中小麦1966吨，稻谷12492吨，全部实现微利经营，无亏损。

2013年新浦区国有粮食企业粮食销售统计表

表6　　单位：吨

销售企业名称	销售总量	小麦		稻谷	
		托市粮销售	自营销售	托市销售	自营销售
浦南粮管所	309	—	309	—	—
岗埠粮管所	2223	—	—	—	2223
郎墩粮库	6999	—	887	—	6112
云台粮管所	4927	—	770	—	4157
恒银粮贸公司	—	—	—	—	—
合　计	14458	—	1966	—	12492

【粮食销售减少2000吨】 2013年，新浦区社会粮食销售37000余吨，比2012年减少2000余吨，降幅5%左右，居民人均消费110公斤，与2012年度持平，社会消费明显减少，其主要原因为餐饮业消费下降，这与整治公款吃喝和反对奢侈浪费有着直接关系。

【粮食储存与保管“三三制”】 2013年，新浦区粮食库存80%以上粮权属国家所有，加强储粮保管，确保储粮安全责任重大，为切实加强库存粮保管，新浦区粮食局推行“三三制”保粮措施。

一是行政抓好“三个到位”：一把上级文件及要求传达到位、二把安全意识和责任意识宣传到位、三把行政监督渗透到位。

二是企业抓好“三个落实”：一抓好制度和措施落实、二抓好岗位和责任落实、三抓好企业自查制度的落实。

三是保管岗位抓好“三个坚持”（坚持常查或自查、坚持严查和彻查、坚持查有记录）。

2013年新浦区国有粮食企业粮食储存统计表

表7 单位：吨

储粮单位	储粮总量	小麦	稻谷	备注
浦南粮管所	10909	4788	6121	—
岗埠粮管所	14350	11950	2400	—
郎墩粮库	19780	12189	7591	—
云台粮管所	3566	—	3566	—
恒银粮贸公司	10928	8963	1965	—
合计	59533	37890	21643	—

【粮食加工业】2013年，区粮食局对有注册商标的加工企业企业正式列入统计范围。原粮加工量51000吨，其中米业原粮（稻谷）加工量11000吨，加工成品大米7800吨；面粉原粮（小麦）加工量34000吨，加工成品面粉24140吨；饲料原粮（玉米）加工量6000吨，加工成品饲料10000吨。

2013年新浦区粮食加工企业产量统计表

表8 单位：吨

企业名称	原粮生产量			成品量			备注
	稻谷	小麦	玉米	大米	面粉	饲料	
菜根香米业有限公司	11000	—	—	7800	—	—	—
天福等级面粉厂	—	30000	—	—	21300	—	—
李巷面粉厂	—	4000	—	—	2840	—	—
九洲科技饲料有限公司	—	—	6000	—	—	10000	—
合计	11000	34000	6000	7800	24140	10000	—

【粮油价格】2013年，新浦地区粮油价格平稳，处于政府可控范围。由于夏、秋两季收购，启动了国家粮食最低收购价预案，原粮价格有所回升。是年，国家最低收购价格每500千克原粮比2012年度增长0.1元。食油价格处于低走，四级豆油价格比2012年每50千克下跌60元，跌幅13%，桶装5升调和豆油每桶下跌5元，跌幅7%。

2013年新浦地区粮油价格涨跌情况统计表

表9 单位：50千克/元

品种	价格类型	2012年年底价	2013年粮油价格涨跌时间											
			2月4日	3月25日	4月7日	5月13日	7月1日	7月15日	8月12日	8月25日	9月9日	10月8日	11月25日	12月30日
白麦	购价	120	—	—	—	—	114	119	—	120	—	124	—	124
	销价	124	—	—	—	—	120	123	—	125	—	127	—	127
粳稻	购价	134	142	—	—	—	145	—	—	150	153	—	150	150
	销价	138	146	—	—	—	149	—	—	155	158	—	154	154

续表

品种	价格类型	2012年年底价	2013年粮油价格涨跌时间											
			2月4日	3月25日	4月7日	5月13日	7月1日	7月15日	8月12日	8月25日	9月9日	10月8日	11月25日	12月30日
大豆	购价	230	—	—	—	—	—	—	—	—	240	—	—	240
	销价	260	—	—	—	—	—	—	—	—	270	—	—	270
面粉	购价	145	—	—	148	148	—	—	146	148	152	158	—	158
	销价	150	—	—	152	150	—	—	150	150	160	160	—	160
本地大米	购价	183	—	—	—	190	—	193	194	196	203	206	—	190
	销价	200	—	—	—	200	—	230	230	230	230	230	—	220
东北大米	购价	260	—	—	—	250	—	—	—	—	—	—	—	250
	销价	270	280	—	—	280	—	—	—	—	—	—	—	280
四级豆油	购价	440	465	425	400	385	380	375	365	370	380	370	390	380
	销价	460	480	450	420	410	400	400	380	390	400	400	410	400
桶装5升调和豆油	购价	66	—	—	—	—	—	63	—	—	—	—	—	63
	销价	71	—	—	—	—	—	66	—	—	—	—	—	66

【粮油市场管理】 2013年，区粮食局为加强全区粮油市场监管，坚守保障供应，安全消费底线，积极推行依法治粮，经常性开展市场品种结构调查和粮油质量检查。一是与工商、物价等部门联合检查。二是开展自查。三是把平时检查和重大节日检查相结合，入市检查9次，每次检查覆盖面达70%。

【强化对夏粮和秋粮收购督查】 2013年，新浦区强化夏粮和秋粮收购市场监管，年内先后组织专人督查3次，重点是检查各粮食收购单位有无违反国家政策，有无损害农民利益现象。促进粮食收购单位严格执行粮食收购政策的自觉性，做到不拒收、不限收农民余粮，不压级压价或短斤少两坑害农民，实现现结现兑，不打白条。经过自查和督察，无违反政策和损农现象发生。

【普及放心粮油】 2013年，区粮食局采取市场监督和现场指导相结合；主抓超市带动全面相结合；抓城区带动乡村相结合。确保放心粮油进社区、进农村的普及。区粮食局加强对粮油企业的帮助和指导，促进食为天粮油公司的"元胜"粮油连锁店在市区不断得到扩展，年内已有14家连锁店进入社区。

【加大基本建设投入】 2013年，区粮食局为提升企业粮食收购和保管水平，注重基本建设投资，总投资为420万元，其中向省级财政争取补助资金100万元，企业自筹320万元，重点用于粮库建设和原粮烘干车间建设。投资220万元，为郎墩粮库建设新型粮仓一幢，总容量6000吨。分别投资110万元、90万元为郎墩粮库、浦南粮管所建设原粮烘干车间各1个，并分别配备铲车和货车，确保两家烘干车间在秋粮收购中全部投入使用。

（撰稿：李传富）

供销合作商业

【概况】 2013年，新浦区供销合作总社（简称供销总社）积极贯彻落实区委九届四次、五次全体（扩大）会议及市总社六届五次理事会会议精神，紧扣全区"转型升级增实力，好中求快创一流"的年度工作主题，进一步贴近实际、优化服务，打牢基础、促进发展，全系统的发展水平和服务成效显著提升。实现销售总额22.45亿元，占年计划140%，其中消费品零售额15.02亿元。实现农副产品购进额13亿元，占年计划的185%。实现企业报表利润83万元，完成年计划的212%。实现连锁销售额6.44亿元，占年计划的161%；完成农副产品市场交易额8.27亿元，完成年计划的137%。2013年，获得连云港市供销系统综合业绩考评"特等奖"，被省供销总社评为"创新创优优胜单位"。

【招商引资】 2013年，供销总社实现外资到位资金60万美元，完成指标任务；内资到位资金3060万元，超额完成年度3000万元的力争指标。

【为农服务】 2013年，供销总社在农业基地建办高标准的农资服务网点。以全资企业"连云港市金泉农资连锁总站"为实施主体，在新浦区现代农业园区核心区建设700平方米的集农资商品展示、销售、仓储、配送、农技服务为一体的农资连锁配送中心。该配送中心运营后，在提供质优价廉农资商品的同时，大力开展科技支农工作。11月14日，省总社主任黄宝荣、副主任徐筱棣在市政府副市长吴海云、区委书记王立斌、市供销总社主任刘洪卫等领导的陪同下，到配送中心进行现场调研，主任黄宝荣对新浦区供销总社把服务网点建在基地上以及配送中心开展的工作给予充分肯定。供销总社积极开展农户培训。在新浦区现代农业园区面向浦南镇种植户，围绕科学种田、减本增效主题，邀请陕西农林厅、河南农林厅及北京农科院3位专家进行为期近两个月的免费讲授活动，培训6700多人次。供销总社进一步培育连锁企业、扩大连锁网点。新浦区供销集团农资公司在传统业务的基础上大力发展基层连锁网点，壮大连锁业务规模，至年末，连锁网点已达21家。全年新增5家连锁网点。供销全系统实现连锁销售额6.4亿元。

【服务平台建设】 2013年，供销总社积极提高农民组织化程度。围绕水产养殖、农产品流通等，新发展农民专业合作社6家，累计建办总量达52家。组织草舍西红柿专业社、富硒米专业社、野仙茶叶等10家有规模、有影响的专业社及涉农企业加入即将组建的连云港市农产品经纪人协会。供销总社培育服务典型，放大示范效应。下滩为农服务社在2012年与该村130家农户签订协议，在替农户做好水稻的育秧、机插秧、田间管理、收割全过程服务的基础上，2013年进一步扩大服务范围，与240家农户签订服务协议，机插秧面积达15公顷，占该村种植面积的80%，在农户不用投入劳力的情况下，促进收入增加。供销总社加大为农服务社样板社创建力度。按照省样板社创建标准，推进潘圩村为农服务社在内部规范、开展多种便民服务上进行提档升级，在做好日用品及农资经营服务的同时，拓展建材销售、文体娱乐等服务。2013年，全区新发展为农服务社7家。

【农产品流通】 2013年，供销总社推进流通企业合作发展，帮助农村合作企业连云港蔷薇河果蔬销售有限公司联系家得福商贸公司，发展农村合作企业与超市对接。年内，供销总社做好猴嘴集贸市场与城区农贸市场建立合作关系，参与新浦西城综合市场、新浦沈圩桥菜市场的相关工作。

【做好产品信息上报】 2013年，供销总社安排专人每天上报农业现代园区的10余种农产品信息，在省农产品市场信息采集与发布平台上进行发布，增加产品信息的覆盖面，农业现代园区在连云港市3个采集点中被评为唯一一家优秀单位。

【基层基础建设】 2013年，供销总社推进浦南供销社重建，恢复并使该供销社达到标识、场地、人员、活动、收入的“五有”要求。

新浦人民商场、南城供销社连锁超市及猴嘴集贸市场，商住、棋牌娱乐等经营服务项目均稳定发展；金泉农资连锁配送中心的油品经营提升了市场竞争力，连云新城建设工程用油的30%由金泉农资连锁配送中心供应。

【开展安全生产专题活动】 2013年，供销总社加强安全工作，先后开展“事故隐患排查月”“安全生产活动月”“安全生产大检查”等专题活动，在加大宣传教育、严格规章制度的同时，及时整改4处事故隐患，此外，做好夏季、秋季秸秆禁烧联系点南城街道的安全防范措施落实工作，组织专门人员驻点开展巡查、督促等工作，并给予帮扶资金1.4万元。

（撰稿：谢　豪
审稿：张　春）

食盐专营

【概况】 2013年，江苏省苏盐连锁有限公司连云港分公司新浦销售公司（简称新浦销售公司）销售盐产品50387吨，完成年计划的115.62%，其中销售小包装盐11196吨，完成年计划的81.25%；实现营业收入1.67亿元，完成连锁计划的98.27%；集采商品实现收入1631万元，完成连锁计划的88.44%；实现利润140.76万元，完成计划的81.25%。

【盐政管理】 2013年，市盐务管理局新浦盐政稽查大队坚持日常巡查与集中专项整治相结合，严厉打击涉盐违法行为。全年查处盐业违法案件127起，刑事立案12起，拘留3人，罚没盐斤98吨，罚没款9.55万元，有力震慑了涉盐违法分子。盐政部门严格行业用盐签批权限，逐户签订食盐安全承诺书。有针对性地对宾馆饭店、集体食堂、集贸市场、大中型超市加大市场巡查次数和力度。严控大包装散食盐流入市场，构筑食盐安全保障体系，有力保证全市食盐市场健康、安全、有序。

【连锁经营】 2013年，新浦销售公司稳步推进连锁经营体系建设。一是优化门店建设布局。按照一个门店覆盖2~3个乡镇，服务十几万人口的合理参数，根据渠道店的具体要求，对所有门店进行全面梳理和布局优化。按照提升质效，稳步推进的原则，实施2013年渠道店建设方案，关闭效益低下的零售门店7个，使得零售门店日常管理日趋规范。二是全面落实店长负责制，细分覆盖区域，明确服务人口，终端客户，配送半径，小包装供应量，非盐分销量等关键指标，承担核定的销售任务，按月考核兑现。三是取消所有分销大户，通过渗透其终端网络渠道，逐步减少食盐供应量等手段，取消10个加盟店。以门店为渠道节点，以门店为依托，全面完善客户经理制，强化直配直送工作，合理规划出135条配送路线，对6200个终端客户实行按规定配送，确保终端得到有效掌控。

【非盐营销】 2013年，新浦销售公司在集采商品和营销渠道上下功夫。借助食盐放心店和食盐分销渠道，集中营销适销对路的调味料类、粮油类等核心商品，逐步提高市场覆盖率。积极开发新业务，在巩固扩大食用氯化钾销售的基础上，稳妥开发海水晶、印染助剂、纯碱等盐化产品市场，利用工业盐渠道进行分销，扩大了非盐经营范围。

【启动“全民减盐行动”】 2013年10月8日是“全国高血压日”，市卫生局、市盐务局，在全市开展全民减盐行动，推广低钠食盐，从源头上减少钠盐摄入量。在报刊媒体上进行广泛宣传，与《连云港日报》《苍梧晚报》联合开设专栏，并深入新浦各社区向市民普及科学用盐知识。在食盐供应的品种上，不断加大低钠食盐供应比例，在各大超市开设低钠盐、低盐食品专柜。为提高人民群众健康水平，启动全民减盐行动，扩大低钠盐受益面，将减盐工作纳入食品安全体系。到2015年底，新浦地区居民人均食盐摄入量下降幅度达到28%以上。

（特约撰稿：曹洪全
审稿：范铭强）

·链接·

【食盐摄入量超标危害大】 盐，被称为五味之首。中国人的烹饪离不开盐，但是各大菜系对放盐量并没有严格的标准，普通市民在家里做菜的时候也是根据自己的口感放盐。做菜放多少盐，每天该吃多少盐，对不少市民来说是个模糊概念，也是一个长期没有引起重视的问题。大部分人不知道每天该吃多少盐，也不知道食盐摄入过量会造成哪些危害，只是根据自己的口感往菜里放盐。人体健康不能离开食盐，国内外多项研究证明，高盐饮食是一些慢性病尤其是高血压的主要危险因素。如果我们每人每天摄入食盐增加2克，那人均收缩压将平均升高2毫米汞柱，舒张压将平均升高1.2毫米汞柱。因此，吃盐过多可导致高血压，并且年龄越大这一危害越大，而高血压则是造成心脏病和肾脏病等慢性病发生和死亡的主要危险因素。

【每人每天食盐多少为宜】 在日常生活中，居民每天的食盐摄入量应该控制在一个什么样的范围内呢？连云港市盐务局工作人员介绍说，居民每日食盐摄入量应该控制在6克以下，对身体最有好处。

【食用低钠盐对人体有好处】 低钠盐，是以碘盐为原料，在添加一定量的氯化钾和硫酸镁，从而改善体内钠（Na+）、钾（K+）、镁（Mg^{2+}）的平衡状态，预防高血压。因此低钠盐最适合中老年人和患有高血压、心脏病患者长期使用。

【应食用加碘盐】 碘缺乏病实质上属于微营养素营养不良，与维生素A缺乏、缺铁性贫血并列为世界卫生组织、联合国儿童基金会等国际组织重点防治、限期消除的三大微营养素营养不良疾病。

由于自然环境缺碘而引起人体的机体损害，表现出各种疾病：地方性甲状腺肿、地方性克汀病及先天畸形儿、儿童智力损伤等，都统称为“碘缺乏病”。

连云港市虽处于沿海地区，依然属于缺碘地区，碘缺乏病是危害连云港市人民群众健康的主要地方病之一。从1995年起，连云港市全面推行“全民食用加碘盐，防治碘缺乏病”的策略，全市普遍开展食盐加碘消除碘缺乏病行动，取得了明显成效，人群碘营养状况得到很大改善。

陇海步行街

【概况】 2013年，陇海步行街街区提前2个月实现亿元递增目标，全年商品零售总额21亿元；全面完成年度街区改造工程；是年获“全国商业街管理先进集体”称号、新浦区综合管理目标“二等奖”。

【街区建设】 2013年，陇海步行街管委会办公室（简称管委办）以创建特色街区为目标，先后投入1960万元对街区基础服务设施进行改造。其中投资200万元拆除东、中、西街3座大型门廊，新建2座大型电子屏；投资100万元改造东街废弃垃圾中转场，新建“第九街区”市场；投资80多万元新建东、中街2座游客休息室（服务中心）以及公厕改造，地面维修，完成护栏和绿化带植物及亮化设施；投资300多万元拆除西街凤凰广场舞台，并对西街南附街进行仿古改造，使之与公园北侧新建的盐河巷仿古一条街相协调；投资10多万元在中街新建百米廉政文化长廊，展示连云港市历史上16位杰出人物以及8位清官形象。投资60多万元，完善游客服务中心内部设备，增添残疾人座椅，对沿街部分监控系统进行改造，并与连云港电信部门合作新建步行街网站。

【街区经济】 2013年，管委办引进外资102万美元，内资4805万元，提前9个月完成新浦区下达的引进外资目标，提前7个月超额完成全年内资目标任务，同时引进36个新品牌、3个外资项目进驻街区经营。年内，举办年货大集、两岸小吃节、黄金周优惠大酬宾3个经贸活动，累计拉动100万人次，直接销售收入达300万元，带动街区及周边商品零售额达1000万元。

【街区管理】 2013年，管委办从日常管理的规范化、精细化入手，对东街保安、保洁工作进行试点改革，整体外包给市蓝天保安公司。管委办加强作风建设，制定《陇海步行街作风建设9条规定》，重新修订《陇海步行街内部管理规定》《工作标准及奖惩办法》。精简机构和领导职数，管委办将内设部门由原来5个合并成3个，9个科长减少到1个。同时，设立行政服务中心，实行“一站式”服务。管委办向下属单位派驻3个工作组，开展联系商户“大走访”活动，共解决商户反映的问题9个。实行管委办机关、所属公司、外聘督查员、商户四级联动巡逻督查机制，及时通报督查情况。按照新浦区政府部署，管委办托管连云港水晶街，实施“大街带小街”（陇海步行街带水晶街）战略成效显著，年内，水晶街商铺招商入住经营率达90%以上，实现管理规范化，街区亮化和美化。

【创建特色街区】 2013年，管委办自加压力瞄准省级目标，在全省率先启动省旅游特色街区创建活动，得到省旅游部门的认可。是年8月1日，全省放心消费现场会在陇海步行街街区召开，管委办副主任（主持工作）祁德被评为“全市廉政勤政十佳公仆”。

（撰稿：王瑞琪
审稿：祁　德）

旅游业

综　述

2013年，新浦区旅游工作围绕加快建设“旅游休闲之城、宜居生态之区”总体目标，通过完善组织机制、推进景区建设、开发乡村旅游、强化行业管理、狠抓节庆促销等措施，努力将旅游工作融入全区中心工作，着力把新浦打造成为港城最大的开放式、参与性的旅游休闲中心。全年接待国内外游客585.35万人次，同比增长14.6%，实现旅游总收入74.08亿元，同比增长19.8%。

旅游项目

【景区创建】 2013年，新浦区文化体育旅游局（简称区文体旅游局）积极打造都市旅游新景区，指导市革命纪念馆加大资金投入，修建文化墙、停车场、免费播放红色经典电影及安装旅游交通引导牌，已创成国家AAAA级景区。新浦公园新增了游客服务中心，完善了标识牌、说明牌，并对公共厕所环境进行提升；云台水生花卉园新增莲心岛、百荷园等景点，改造观景栈道、建设旅游超市，都已创成国家AA级景区。

【旅游街区建设】 2013年，区文体旅游局实施民主路老街改造工程，立足“文化、博览、商业、旅游”的总体定位，遵循“修旧如旧、保持原貌、以存其真”的整治原则，投入资金2.5亿元，改造民主路老街，12月25日建成开街；同时实施盐河巷新建工程，投入4500余万元，修建具有明清风格的特色建筑1万平方米，吸引中国黄金、和玉轩、翠玉棠、鲜芋仙众多知名品牌入驻，12月28日全面开街；实施水晶街建设工程，投入5000万元，自5月1日开街以来，举办水晶大集32期，吸引游客3万人次，实现销售1500万元，逐步成为东海原产地之外最大的水晶集散地；实施陇海步行街提升工程，投入1000多万元，对步行西街进行改造；引进传统台湾美食场、台南府城、基隆庙口等原汁原味的台湾美食，并成功举办首届两岸小吃节等系列商贸活动，为百姓烹制一份丰富的节日文化大餐。

【景区开发】 2013年，区文体旅游局多方协调推进孔望山景区二期工程，投入3000万元，完成白鹭湖和白鹭园护岸修建、道路与栈桥建设、湖区绿化工程，并加大南城古镇开发力度，普照寺、念佛堂工程全面竣工。推进海州古城文化旅游区建设和招商工作，完成秦东门广场至朐阳门广场段沿街店面的商业改造任务，初步完成古城夜市提档升级工作。

乡村旅游

【彰显旅游特色】 2013年，区文体旅游局立足城郊资源优势，积极打造都市农业旅游，促进城乡统筹发展。制定出台《关于推进农业旅游发展的实施意见》，引导浦南镇片区依托“一路三园”（一路：龙浦路；三园：蔬菜、特色水产养殖和花卉苗木园区），打造特色农业旅游区；花果山片区依托茶产业，形成茶文化旅游区；南城、朐阳片区依托山体林地，形成森林游憩观光区；云台农场片区依托水生花卉种植、农产品加工，形成湿地旅游区；岗埠农场片区建成鲜切花、水产养殖生态旅游区。

【完善配套服务】 2013年，区文体旅游局依托乡村旅游点的建设，引导农民开设“民居客栈”“农家乐”等旅游项目，重点发展“农家乐”观光服务。创建省三星级以上乡村旅游区（点）2家、创建市级“农家乐”饭店6家。花果山街道前云村创建特色旅游村获评江苏最美乡村，力求与大花果山景区形成互惠互动的产业链。

【推出新旅游产品】 2013年，区文体旅游局依托地方资源，开发旅游产品，“草舍”西红柿、吉本多、富硒米等旅游农产品销路通畅，剪纸、烙画、贝贴画、葫芦画、桃木雕等优秀非遗产品市场前景广阔。

行业管理

【创先争优引领繁荣】 2013年，云台宾馆、连云港中国国际旅行社被省文明办、省旅游局评为省旅游行业文明单位；青年旅行社、中韩国际旅行社、康宏旅行社获评具有出境资质的旅行社，全市具有出境资质的旅行社全部位于新浦区；中远、宏达、景程、万通4家旅行社创成省三星级旅行社，华云旅行社创成省二星级旅行社，全区旅行社统保率达80%。

【加大执法力度】 2013年，区文体旅游局严格落实安全生产责任制，与旅游企业逐户签订安全生产承诺书，组织“安全大检查”“打非治违”等专项整治行动；6月中旬，在千府大酒店开展辖区内旅游行业消防安全演练活动；全年无一起安全生产事故发生。协同市旅游部门，联合工商、卫生、消防、公安等部门，加大行业管理检查力度，出动200余人次，开展检查90户次。

【培养旅游管理人才】 2013年，区文体旅游局组织旅游从业人员参加省、市乡村旅游管理人员培训班，同时举办全区旅游企业及经营业主旅游安全培训会、旅游统计人员培训会，进一步提升旅游从业人员基本素质和业务技能。

节庆促销

【旅游节庆活动】 2013年，区文体旅游局坚持以节造势，成功举办白虎山文化旅游庙会、新浦草舍番茄节、云台水生花卉节、连云港郁金香文化节、南城庙会、港城美食汇等节庆活动，努力实现以节活市、以节聚客、以节生财。

【市级促销活动】 2013年，区文体旅游局组织辖区旅游企业参加“连云港新春大集”“连云港之夏”“西游记文化节”等全市重大旅游活动；组织参加全市餐饮“名店”“名厨”“名菜”评选和全市民间艺人技能大赛活动。

【区级促销活动】 2013年，区文体旅游局在白虎山文化旅游庙会期间，成功举办新浦旅游形象展示及景区推介活动，提升新浦旅游美誉度；“5·19”中国旅游日当天组织开展“旅游惠民进社区”活动，同时组织旅游企业赴南京、苏州、上海、昆明开展宣传推介活动，扩大新浦区旅游影响力。

（撰稿：刘　显
审稿：王　雷）

花果山大圣湖景区　　（孙寿鹏　摄）

农林水牧渔业

综　述

2013年，新浦区涉农镇、街有浦南镇、花果山街道、南城街道、朐阳街道、洪门街道和新浦经济开发区，农业人口98260人，实有耕地13866.67公顷。农民人均年纯收入为15600元，比2012年增16%。2013年，新浦区农水局（简称区农水局）先后被省农机局评为2013年基本实现水稻生产机械化先进区，被市水利局评为2013年水资源管理先进单位、2013年沭新渠和蔷薇湖工程建设先进单位，被市农委评为2012-2013年全市重大动物疫病防控“三个能力提升”（提升执行能力、提升应急能力、提升服务能力）工作先进集体，被市重大动物防疫指挥部评为《2013年动物防疫责任书》目标管理暨重大动物疫病防控先进集体。荣获全市“四沿”（沿机场、沿山、沿路、沿郊）土地流转暨农业结构调整工程部门服务奖、全市动物防疫员防疫技能竞赛团体奖。

种植业

【粮食生产】 2013年，全区粮食种植面积22320公顷，比2012年减400公顷。其中夏粮10980公顷，比2012年增加180公顷；秋粮11340公顷，比2012年减460公顷。全年粮食总产量177800吨，其中夏粮69800吨，亩产比2012年增长0.4%，秋粮108600吨，亩产与2012年持平。

【现代高效农业】 2013年，新浦区高效设施农业面积达3300公顷，高效设施农业占耕地比重21.7%。建成连片特色农业产业基地1个，即设施蔬菜特色基地1个。新增省级农业园区1个，即南城镇现代农业产业园区正在申报。高效农业保险覆盖率达45%，即高效农业总保费达135万元，占总保费298.4万元的45.2%。新浦现代农业园区已完成绿色蔬菜基地建设任务，累计建成蔬菜基地800公顷，其中日光温室466.7公顷、大棚33.3公顷、遮阳网应用86.7公顷、防虫网应用133.3公顷、喷滴灌应用466.7公顷，以上设施现已投入生产，品种有丝瓜、西葫芦、番茄、黄瓜、西兰花、青菜等。

【农产品打假】 2013年，新浦区在辖区范围内开展农资打假专项治理行动，全市共出动执法人员90人次，车辆10台次，共检查企业5家次、经营单位357家，发放责令整改通知书30份，有力地净化了新浦区农业投入品市场，从源头上强化了农产品质量安全和食品安全工作。2013年，蔬菜农药残留速测5720批次，完成目标的162.2%，合格率达99.4%，无例行监测被省级预警通报。新创三品（无公害食品、绿色食品、有机食品）上数23个，完成目标的191.7%。三品基地达13066.7公顷，占耕地的90.3%。

【农业政策性保险】 2013年，全区水稻保险面积达2083.3公顷、保费总额达85.16万元，小麦承保面积5766.7公顷，保费总额为120.4万元，高效农业保险承保面积366.7公顷，保费总额为135.4万元，能繁母猪、育肥猪等承保头数达8388头，保费总额为40万元。由于遭受连续大风、暴雨、冰雹天气的袭击，农作物不同程度受损，2013年农业保险赔付资金达35.3万元，赔付率100%。

【农业综合补贴】 2013年，新浦区1217.11万元水稻综合补贴资金全部按政策及时兑现到户。稻麦良种补贴发放资金达145.16万元，惠及农户达42230人次，至年底，未发现有收回农民“一折通”存折代领补贴资金或将农户应补贴面积转到其他农户名下的行为、无代扣补贴资金、抵扣农民上交费、无截留、挤占、挪用补贴资金等违规违纪问题。

农业开发

【土地治理】 2013年，全区改造中低产田733.3公顷，改建泵站5座，新建泵站2座，建成渠系建筑物326座，其中：中沟级以上建筑物155座；渠道衬砌16.53千米；新修机耕路12.86千米；技术培训农民1500人次；示范推广333.3公顷。项目已通过市级验收。开工建设2013年度浦南镇666.7公顷高标准农田建设任务，工程进度已完成过半。

【产业化扶持】 2013年，全区实施产业化项目1个。新浦区汪新草莓种植专业合作社投资150万元，承建13.3公顷草莓种植基地改扩建项目，其中区财政投资70万元，项目单位自筹资金80万元。主要建设内容为：新建温室大棚8栋，排灌站1座，PVC管道0.55千米，过路涵10座，挡水闸1座，闸阀井20座，供电线路0.6千米，水泥路0.52千米。

【丘陵山区开发】 2013年，新浦区加强丘陵山区农业综合开发。花果山街道新滩农业观光园基地项目、南城街道西山生态观光园基地项目，由区财政扶持资金240万元，建设电灌站1座，蓄水池2座，水泥路2.8千米，喷滴灌20公顷，林网4000株。通过竞争立项，加强项目和资金管理，探索一条高效开发丘陵山区之路，实现开发一片，见效一片，致富一方。

林　业

【概况】 2013年，全区林业用地4056.7公顷，其中有林地3548公顷、灌木林地223公顷、未成林地186.38 公顷、苗圃地99.32公顷，森林覆盖率达15.48%。果园面积62公顷，年产各类果品462吨，产值381万元。花卉苗木面积300公顷，产值13954万元。

【绿化造林】 2013年，全区累计完成造林约520公顷，完成计划任务的137%；其中成片造林326.7公顷，完成任务的163%；森林抚育面积近533公顷、新建省级绿化示范村5个，完成任务的100%；更新完善农田林网1126.7公顷，完成任务的140%；四旁植树87万株，完成任务的130%；完成浦南龙浦路南侧以美国红枫为主彩叶树种苗木基地，流转土地面积800公顷，用于沿海防护林建设；完成东站引河、淮沭新河、马河、乌龙河等6条河堤的绿化，面积约85.3公顷；以云台山生态景观林三期工程为抓手的山体绿化工作全面展开，已完成林相改造面积近173.3公顷；完成龙浦路、龙汪路、花果山环山路和开发区西区发展路、和谐路、国安路等70余千米的乡村道路绿化工作，全面超额完成市下达给新浦区的绿化造林任务。

【森林防火】 2013年，修订完善《新浦区森林火灾扑救应急预案》，投入资金300余万元，全区已建成防火通道15千米、消防蓄水池（箱）17个，维修防火隔离网11千米，开辟防火隔离带30千米、生物隔离带200公顷；配备森林消防水车2辆；设置“六有”（有宣传标语、有护林员、有护林房、有祭奠台、有灭火器材、有防火规章制度）卡口15个、山下祭奠台26个。2012年秋冬进入防火期以来，全区进一步加大资金投入力度，又筹资近300万元，维护防火通道10千米，维修防火隔离网11千米，新开辟防火隔离带30千米、生物隔离带70公顷；新建消防蓄水池（箱）7个；新建“六有”卡口3个；开展林下可燃物清理活动，清理面积200公顷。公开招聘的8名防火队员，政治素质高，身体素质好，平均年龄24岁，其中2人为退伍消防战士。队伍组建后，区农水局投入10万余元在重点防控地区花果山街道附近翻新整修房屋9间约500平方米，作为区防火器材库和队员集体宿舍，对防火队员实行半军事化封闭管理，每天定时组织开展体能训练和防火演练，随时保持森林防火临战状态。各街道也建立以机关、村组干部和预备役人员为主的义务扑火队伍13支约400人，定期开展森林防火技战术演练。配备防火指挥车1台，建设森林防火数字短波无线电对讲通信基站2个，配置无线电对讲机43部。

水利建设

【农田水利建设】 2013年，全区共完成土石方368万立方米，新建小沟以上建筑物200座；改造中低产田800公顷，建设高标准农田1200公顷，恢复治理水土流失面积1.5平方千米，修建防渗渠20千米，发展节水灌溉1000公顷，发展旱改水80公顷，新建电灌站2座60千瓦，改造电灌站12座530千瓦，新开疏浚大中沟35条75千米，疏浚县级河道5条35千米，土方52万立方米，疏浚乡级河道13条92千米，土方130立方米，8个行政村整治村庄河塘75个，土方33万立方米。增加灌溉面积1333.3公顷，改善灌溉面积1533.3公顷；增加除涝面积1733.3公顷，改善除涝面积2533.3公顷，增加旱涝保收田1400公顷。完成水利绿化39万株。完成花果山、南城2013–2017年度农村饮水安全规划并上报省市。完成节水型社区2个，创建省市级节水型学校7个。抓好2013年38座农桥勘察、设计、招标、施工。完成江浦、龙浦治理片和汪新、草舍农水治理片的改造任务，共投入资金2680多万元，基本达到田间水利工程配套，防洪排涝能力不断提升，村庄水源环境改善，农村饮水条件达标。

【防汛防旱】 2013年，新浦区在水利基础设施上投入近2000万元。对2012年汛期暴露出的水系不畅、泵站损坏等问题高度重视，实施蔷薇河疏浚、农业园区水系封闭等重点工程，疏浚区乡级河道18条116千米。投入40余万元，对海州老城区涧沟进行清理，对朐阳病险塘坝实施排险工程。储备编织袋10.27万条、木材31立方米、铁丝5720千克、块石13300吨、各类排涝泵57台，确保汛期随时拿得出、用得上。

【沭新渠征迁改造】 2013年，沭新渠改造工程是市委、市政府实施的重大民生工程，是城市饮用水源地“双源、双线、双湖”总体布局的重要项目，新浦区承担了沭新渠改造工程征地拆迁工作任务。该工程在新浦区范围内全长9.73千米，均在岗埠农场境内，涉及农户600多户，涉迁项目种类繁多，征迁办人员不怕苦、不怕累，加班加点工作，在预定时间内完成了地上物的统计核算工作，补偿金额1200余万也已全部落实到位，确保征迁任务的顺利完成。

【实施"河长制"管理蔷薇河】 2013年，新浦区实施蔷薇河"河长制"管理措施，每天安排河段长在责任河段进行巡查，购置并利用保洁船及小艇不定期在蔷薇河饮用水源地巡查，及时清理各种垃圾，制止影响饮用水源地环境卫生的违法行为。2013年，共清理河堤各类垃圾230余吨，打捞水面漂浮物及杂草120余吨，死猪23头，查处非法电鱼17起。在水源地沿线两侧制作"禁止游泳"和"禁止垂钓"标志牌，在蔷薇河大桥北侧市民经常性垂钓及游泳位置制作大型禁止性标志牌，并不定期规劝垂钓及洗衣服行为，确保蔷薇河饮用水源地环境安全卫生。同时，做好新浦区代管海州区4个街道以后蔷薇河"河长制"的对接工作。蔷薇河原海州洪门段7.65千米、朐阳段2.4千米划归新浦区管理，洪门街道8名"河段长"和朐阳街道3名"河段长"同时归口新浦区管理，蔷薇河新浦区段堤防长度由原先的30.2千米增加至40.25千米，"河段长"人数由原先的30名增加至41名。

养殖业

【概况】 2013年，全区大牲畜饲养量1021头；猪134200头，其中三元猪54000头，猪肉6721吨；禽302.6万羽，禽蛋产量5184吨，禽肉3324吨。

【规模化养殖】 2013年，全区新增养殖大户10户，一般规模30户，全区规模养殖场（户）总数达346个。其中猪5000头以上2个，1000~3000头8个，500~999头51个，50~499头 有287余户，生猪规模养殖比重97%；养禽大户有10万只以上1户，种禽2万只1户，肉禽年出栏40万羽1户，10万~20万羽12户，1万羽以上8户，1000~9000羽40余户，家禽养殖比重95%。

【畜禽防疫】 2013年，全区口蹄疫免疫生猪13.4万头，牛0.11万头，羊1.1万只，三禽免疫302.6万羽。使用猪瘟疫苗56万头份，口蹄疫36.5万毫升，牛羊口蹄疫双价1.4万毫升，牛A型苗0.4万毫升，使用H5N1二价苗44.3万毫升，新禽二联苗294.7万羽份；高致病性猪蓝耳病弱毒苗19.2万毫升，猪链球菌12万头份，新城疫199万羽，山羊痘0.6万头份，犬苗4600只。

【畜产品质量安全】 2013年，新浦区从六个方面加强对"瘦肉精"的监管：一是加强屠宰场检疫及进沪畜产品监管工作。区动物卫生监督所每天派驻检疫人员对苏海、天缘两定点屠宰场所屠宰的牲畜实施检疫，检疫率达100%，每批次进场生猪按规定要求进行瘦肉精检测和相关资料存档工作，对逃避和抗拒检疫的以及贩卖、加工病死畜禽的动监所配合市"生猪办"、新浦工商分局和相关部门依法严处，发现染疫家畜（禽）及其产品，依法到指定地点无害化处理，切断传播途径，防止疫情扩散；病死动物及其产品无害化处理率100%。二是加大兽药市场的整治力度，检查28户企业，查处人药兽用、过期药品、禁用、未批准的兽药、假药等。三是与2个屠宰企业签订防疫及动物产品质量安全责任状，5个饲料企业签订产品质量安全责任状，28个兽药经营企业签订质量安全责任状，与16个检疫员签订工作责任状，48个防治员签订防疫工作责任状。四是成立"瘦肉精"督查工作组，对全区年出栏生猪50头以上的346个养殖场户和生猪定点屠宰企业（2个）进行逐家检查，饲养环节档案记录、禁用药宣传资料、饲料来源、数量、生猪防疫记录、用药记录、一对一监管等。从检查看本区饲养场户所喂饲料多数是山东艾格菲产猪用配合饲料北京产大北龙牌猪用复合预混料、乐恩贝预混料、临沂中慧蒙发产、中猪配合饲料、莒南金兴饲料产仔猪配合饲料、新沂六和产哺乳母猪配合饲料；有少数是自家配制用本地玉米和中粮东海豆粕等原料，没有发现使用瘦肉精等违禁药物。五是对辖区8个内饲料生产企业逐家进行"不准在饲料中添加三聚氢胺、莱克多巴胺、盐酸克伦特罗、沙丁胺醇"等有毒物质检查，同时检查供应商档案、供货发票、质量合格证、营业执照、生产许可证、产品批准文号标签等，通过检查企业的饲料原料大都是棉粕来源于山东光大、六和，菜粕来源于南通和加拿大，麸皮是樊柏生、氯化胆碱是山东恩贝科技产，没有检查出违禁药物。六是生猪屠宰环节：查看生猪进场持证、标识、宰前巡查记录、瘦肉精批批检测记录、驻场检疫一对一监管情况等。检查中，对生猪进场无标识、无检疫票据的屠宰企业和相关经纪人进行了处罚。

渔业

【概况】 2013年，全区水产品总量达2.46万吨，渔业经济总产值达4.6亿元，分别比2012年度增加25.1%和38.7%，新增渔业土地流转面积173.3公顷，争取上级渔业扶持资金220余万元。

【水产品质量监管】 2013年，区农水局对全区较大的养殖基地通过日常检查和抽查相结合，从苗种的采购、库房管理、投入品的使用、生产纪录、销售等各环节抓好水产品质量管理工作，并要求每个养殖基地每月上报一次水产品质量安全工作台账，从源头上抓好水产品的质量安全管理工作。年初，区政府和浦南镇，农水局和浦南镇农技站先后签订渔业安全生产责任状，进一步加强渔业生产安全管理工作，强化了渔业突发性安全事故的处理和抢险救灾工作。同时，利用捕捞证年审的有利时机，会同市渔监部门对每一条在册的渔船都进行安全隐患排查，杜绝重大渔业事故的发生。

【打造泥鳅养殖品牌】 2013年，浦南养殖基地有泥鳅养殖面积466.7公顷，有泥鳅农民专业合作社6个，有1个养殖合作社具有出口资质，经过近两年的发展，浦南泥鳅基地取得了良好的社会效益和经济效益。

农经管理

【城乡统筹】2013年，新浦区完成浦南镇总规、控规、三大产业规划及农产品加工区等22个规划编制和38个单体项目设计。推进“一个新镇区、两个新社区、三基地、三园区（一个新镇区指浦南镇，两个新社区指樱花社区、江浦新村，三基地指花卉苗木基地、特种水产基地、设施蔬菜基地，三园区指农产品加工区、农业观光园、中小企业园）及路桥”等28个重点项目建设，新镇区医院、社会福利中心等一批项目封顶，“四路一湖”（四路指樱花路、水杉路、国槐路、龙浦路，一湖指星光湖）路网体系基本建成，郁洲西路、东站引河大桥等枢纽性基础设施加快建设。有序推进三基地三个管理中心建设及农业项目招商引资工作。研究制定农村居民集中居住、规范土地承包经营权流转、发展农业旅游、发展家庭农场等政策，形成配套的城乡统筹政策体系。

【农村经营管理体系建设】2013年，区农水局多措施并举，切实抓好农村经营体系建设：一是围绕“四沿”地区产业结构调整，规范农村土地有序流转。以浦南镇土地流转服务中心为依托，建立健全农村土地流转信息库。以“四沿”地区产业结构调整为契机，新增土地流转面积728.1公顷，其中“四沿”区域土地流转893.3公顷，签订“四沿”产业结构调整合同2796份。新增规模经营面积2513.1公顷，累计1254.6公顷，占耕地总面积的90.48%。二是积极培育农村新型经营主体，增强农村经济发展新载体。2013年4月份，市委农工办在新浦区召开全市农经工作现场会，专题研究如何加快农村新型经济组织建设。新浦区在浦南镇先行先试，研究出台《新浦区家庭农场认定管理办法》《新浦区关于发展家庭农场的实施意见》《新浦区规范土地承包经营权流转的意见的通知》等政策文件。全区先后注册成立21个家庭农场，注册资金总额2410万元，涉及家庭人口102人，家庭劳动力73人，雇佣劳动力440人，流转土地及经营规模514.6公顷，总投资4560万元，实现总产值10048万元。家庭农场建设取得突破性进展。组织实施浦南镇7个村购置商品楼门面房5间计754.55平方米和花果山街道1个村新建门面房551.69平方米，年内8个项目已全部完成，总投入488.1459万元，其中，省财政扶持240万元，区配套240万元，浦南镇投资5.1459万元，花果山街道投资3.8万元，至年末均已产生村级集体经济利益。全区村级集体经营性收入均超过15万元，村级集体经营性收入超过50万元的村21个、超过100万元的村8个、超过200万元的村2个、超过300万元的村1个，农民人均纯收入达15575.82元，同比增长16.14%。三是稳妥推进农村土地确权登记工作，保障农村产业发展规模化、集约化。2013年，新浦区政府研究出台《关于规范土地承包经营权流转工作的意见》文件，为规范土地流转行为提供政策保障。区财政投入1.78万元建立土地确权登记信息平台等硬件设施，使确权登记工作效率和质量都得到极大提高。上半年，浦南镇10个村（社区）的土地确权登记工作全部完成，共确权换（发）证5417本（户）。浦南镇已完成12个村的土地确权登记工作。

【土地流转】2013年，新浦区以乡镇土地流转服务中心为依托，建立健全农村土地流转信息库，设立土地流转政策咨询、信息联络、价格与收益评估、合同鉴证与管理等服务窗口，各村会计兼任信息联络员，已建立土地流转信息平台2个，发布农村专业承包“招投标”信息120条、工程性“招投标”信息90条、农村法律、法规、公益性宣传信息50条。新增土地流转面积420公顷，争取省级土地流转资金58万元。新增适度规模经营面积1467公顷。

【一事一议】2013年，新浦区发放农民负担卡1.98万份，14个项目村实施一事一议财政奖补项目，惠及人口30566人，奖补项目资金总投入441.23万元，全部用于村内路桥灯、下水道建设。其中省级补助资金241万元、市级补助资金101.2万元、区级补助资金30万元、统筹农户资金51.54万元、社会捐助等资金17.49万元，项目全面完成，并通过市里验收。全区完成村级生产公益性事业建设投入（包括村级集体经济发展项目488.9459万元）930.1795万元。

【脱贫攻坚】2013年，新浦区推行区、乡（镇）、村“三级联动”机制，强化各级各部门帮扶责任制，结合“四促五帮”（促党建、促发展、促民生、促和谐，帮建班子，帮带队伍，帮上项目，帮办实事，帮护稳定）、“三解三促”（了解民情民意、破解发展难题、化解社会矛盾，促进干群关系融洽、促进基层发展稳定、促进机关作风转变）下基层活动，建立持续长久的联村联户帮扶活动。通过项目帮扶、部门帮扶、科技帮扶、劳务帮扶等具体措施，推进贫困户快速脱贫致富。以科技入户工程为纽带，举办科技入户活动6场次，共接待农民咨询0.45万余人次，建立农业科技示范户260户，农民实用技术培训3500人次，发放各种技术资料25000余份，解答农民技术难题30余个，组织田间诊断与田头指导120余人次。实现脱贫人口1138人。

【农民专业合作组织】2013年，全区有6个专业合作社获批省级“五好”（服务成员好、经营效益好、利益分配好、民主管理好、示范带动好）示范社合作社，争取扶持资金90万元。截至12月30日，全区累计发展农民专业合作社162家，成员总数1.86万人，带动农户数1.6万户，合作社入户率达80%；新增农民合作社10家，新增农民合作联社1家（连云港市宝友农业技术服务专业合作联社），新增“苏合”销售合作联社1家（连云港市绿园苏合农产品销售专业合作联社，由42家合作社共同发起），新增入社农户686户，全区合作社建账核算21家。107家合作社进入公示名录。

【农业会展】2013年9月27至29日，区农水局组织农业龙头企业赴盐城参加第十五届江苏农业国际合作洽谈会，展示了红香溢樱桃酒、岁穗香富硒米、高二狗肉、吉本多保鲜蔬菜以及花果山牌、野仙牌、香炉顶牌的茶叶等20余种特色农产品。11月22–24日，区农水局组织连云港吉本多食品有限公司赴上海参加十一届上海农产品交易会，展示了“一风堂”牌果蔬食品。

【规范集体资产管理】 2013年，区农水局以农村财务管理规范化建设为抓手，进一步完善村级财务管理各项制度。加强发展和壮大村级集体经济情况调研，组织申报8个村省级集体经济发展项目，其中浦南镇7个项目购置门面房于2013年10月有关手续全部办理结束，当年每个村增加收入5.5万元。花果山街道小村村项目已进入扫尾阶段，当年收入6万元。落实乡镇农经站“四有”（有组织制度、有合作手段、有较大规模、有明显效益）规范化建设，开展村集体清产核资后续工作，建立健全资产清查、资金台账、资源登记、资产和资源招标投标以及经济合同管理等方面的各项制度，构建农村集体“三资”（资产、资源、资金）管理长效机制。

【开通农业信息网】 2013年，区农水局与江苏电信合作建设的“新浦农业信息网”（www.xpny.com.cn）正式投入使用，该网从新浦农业、城乡统筹、园区建设、行业标准、合作组织、农民培训、政策法规等全方位展现新浦农业现状和前景，实现农民远程培训、病虫害专家视频诊断、基地管理、农超对接等一系列服务。以信息化促进农业现代化，推广云计算、物联网、3G等现代信息技术在农业生产经营各环节中的应用，促进农业园区的管理升级、农产品质量安全可靠、农产品流通顺畅，打造全国一流的“智慧农业”综合信息服务平台。

农机监理与管理

【农机监理】 2013年，全区农机总动力达到242997千瓦，拖拉机保有量达3552台，配套犁、耙、旋耕机、播种机、秸秆粉碎还田机等6212台套，配套比1∶1.75，平均每百亩耕地拥有拖拉机动力106千瓦；排灌动力机械达4093台，稻麦联合收割机达1981台，渔业机械达7115台，农用运输车402辆，农田基本建设机械51台。2013年，共检验、登记入户拖拉机263台，其中：大拖入户65台，变型拖拉机75台；检验、登记入户联合收割机346台，其中新入户96台；“三同时”（安全检查、安全教育、签订责任状三同时）工作登记无挂车纯农用拖拉机1350台。

【农机推广】 2013年，全区争取国家和省级财政农机购置补贴1627.825万元，受益农户达470人，购买各类机具2053台套。其中耕整地机械172台、种植施肥机械164台、收获机械342台、收获后处理机械10台、排灌机械25台、水产养殖机械1078台、动力机械184台、设施农业设备78台。

【农机培训与跨区作业】 2013年，区农水局分别于4月29日、5月9日举办两期跨区作业与职业技能培训班，共培训跨区作业机手近300人、职业技能培训60人，新培训考核发证农机驾驶员62人。核发跨区作业证294张，参加跨区作业的联合收割机294台。

【秸秆综合利用】 2013年，新浦区制定并下发《新浦区2013年夏季秸秆综合利用与禁烧工作实施意见》《关于建立秸秆综合利用与禁烧工作分片包干责任制的通知》。并从5个方面切入，全面做好秸秆综合利用工作。强化组织领导。明确区四套班子成员分片包干到具体行政村，区机关部门对应帮扶1个行政村。各镇街（开发区、农场）均成立了组织领导机构，实行一把手工程，全面负责辖区内秸秆综禁与秸秆机械化全量还田工作。形成区领导分片包村、镇干部包组包户、村干部包户包地块的责任制，一级抓一级，层层抓落实，稳步落实各项综禁措施。加大宣传培训力度。一是通过张贴公告、出动宣传车、村居喇叭、挂横幅标语以及承诺书、责任书、保证书等形式，全面宣传露天焚烧秸秆的经济账和法律后果。仅浦南镇就印制、悬挂宣传横幅2000余条，张贴宣传标语近万张。二是先后举办培训班5期，参训人数达650人次，培训对象涉及所有农机手和所有村干部，确保农机手严格按技术规范实施作业，提高作业质量。三是组织召开现场演示会、观摩会4次，参会人员360人次。6月21日，市秸秆还田及水稻机插秧现场推进会在新浦区浦南镇召开，用事实和典型增加广大干部群众的直观认识，提高农民综合利用秸秆的自觉性。抓综合利用。新浦区800余台参加夏秋两季作业的联合收割机，全部安装粉碎抛撒装置，对不安装使用粉碎抛撒装置的机具一律禁止作业，不予年审。以建制村为单元绘制秸秆机械化还田计划图，标注辖区内农作物秸秆还田、综合利用、结构调整等内容，在村务公开栏公示。提升资金扶持力度。一是加大对购置秸秆还田机具的补贴。对新购置的80马力以上拖拉机、大型秸秆还田机、水稻乘座式插秧机、秸秆捡拾打捆机等按作业量分别给予5000元、2000元和10000元奖补，全区新增59千瓦以上大型拖拉机184台，秸秆还田机、旋耕机309台，插秧机211标台，高性能收割机195台，仅机械补贴就达到200.79万元。二是加大对秸秆还田作业补贴。除市奖补的10元/亩之外，全区拿出300多万元，对农户再实施累加补贴。三是各禁烧责任主体自行加大补助力度。花果山街道拿出130余万元，对农户进行补贴。开发区拿出近90万元，减轻农民负担，帮助农户抢收、秸秆还田。严控收割标准。一是抓农机年检年审。对不符合机械化还田作业的机具，一律不予检审、不核发跨区作业证，保证所有下田作业农机均符合还田作业的要求。二是强化现场监管。各责任单位都组建联合执法队伍，深入田间地头不间断进行巡查巡视，检查农机，保证留茬高度在10厘米以下。辖区内各单位在主要路口均搭建临时帐篷，设置检查力量，对没有秸秆粉碎抛撒装置的收割机，绝不允许入境作业。三是加强机械调度。区农机局从5月初，深入到各街、村，对全区的现有机具进行全面调查摸底，从夏收开始以来利用农机平安通等信息平台先后有序调度收割机380余台次，拖拉机230余台次，保证两季大忙生产的顺利进行。

2013年，两季的秸秆综合利用工作实现真正意义上的"不烧一把火，不冒一处烟，不黑一块田，不污一条河"的禁烧目标，实现夏季秸秆机械化还田率超95%，秋季秸秆机械化还田率超60%。水稻产量平均亩产比2012年增产20千克以上。

【水稻生产全程机械化】 2013年，区农水局围绕"政策扶持，典型带动，市场运作，规模管理"的水稻机插秧推广模式，以宣传培训为先导，发展大户为抓手，技术指导为重点，完善服务为保证，明确工作思路，创新工作方法，狠抓措施落实。年内全区新购置插秧机211标台；59千瓦以上拖拉机184台，秸秆还田机、旋耕机309台，高性能收割机195台；育秧面积达90.7公顷，机插秧面积达到9000公顷，机插秧水平达到81.8%；建成66.66公顷连片的机插秧示范点和5个示范片。并于2013年7月份顺利通过省农机局验收。荣获2013年基本实现水稻生产机械化先进区称号。

（撰稿：李玉萍
审稿：陈毅敏）

2013年新浦区获省认定的无公害农产品基地表

表10

序号	证书编号	产地名称	生产单位	基地地址
1	WNCR－JS06－50408	无公害果品产地	云台乡农业技术服务中心	云台乡
2	WNCR－JS06－01718	无公害粮油产地	国营云台农场农服中心	云台农场
3	WNCR－JS06－21114	无公害蔬菜产地	国营云台农场农服中心	云台农场
4	WNCR－JS06－21112	无公害蔬菜产地	宁海乡农业服务中心	宁海乡
5	WNCR－JS06－21111	无公害蔬菜产地	花果山乡农业服务中心	花果山乡
6	WNCR－JS06－40257	无公害茶叶产地	花果山乡农业服务中心	花果山乡
7	WNCR－JS06－21113	无公害蔬菜产地	南城凌霄花协会	南城镇
8	WNCR－KS05－50362	无公害果品产地	云台乡农业技术服务中心	云台乡
9	WNCR－JS05－50363	无公害果品产地	南城凌霄花协会	南城镇
10	WNCR－JS05－50364	无公害果品产地	南城凌霄花协会	南城镇
11	WNCR－JS05－50365	无公害果品产地	红香溢酒业饮品有限公司	南云台林场
12	WNCR－JS05－40239	无公害茶叶产地	云台乡农业技术服务中心	云台乡
13	WMCR－JS05－40240	无公害茶叶产地	南云台林场	南云台林场
14	WNCR－JS04－60720	无公害畜禽产地	孙凤秀养猪场	宁海乡敬老院
15	WNCR－JS04－60716	无公害畜禽产地	新希望乳业有限公司	宁海乡武圩村
16	WNCR－JS04－01061	无公害粮油产地	宁海乡农服服务中心	宁海村、平安村
17	WNCR－JS03－60486	无公害畜禽产地	绿灌禽业养殖场	宁海乡平安村
18	WNCR－JS03－00712	无公害粮油产地	国营东辛农场	云台山南
19	WNCR－JS04－01286	无公害粮油产地	云台农场	云台农场于沈、张圩
20	WNCR－JS04－20931	无公害蔬菜产地	连云港真丰生物有限公司	云台山
21	WNCR－JS04－40226	无公害茶叶产地	连云港苍梧茶场	连云港苍梧茶场
22	WNCR－JS04－50343	无公害果品产地	云台农场	云台农场
23	WNCR－JS03－80152	无公害淡水鱼类产地	新浦养殖公司	新浦向阳桥北首
24	WNCR－JS07－50003	无公害果品产地	云台乡农业技术服务中心	云台乡
25	WNCR－JS07－20132	无公害蔬菜产地	国营云台农场农服中心	云台农场
26	WNCR－JS07－60082	无公害畜禽产地	连云港市宝羽种禽场	云台农场

续表

序号	证 书 编 号	产 地 名 称	生 产 单 位	基 地 地 址
27	WNCR — JS07 — 60083	无公害畜禽产地	花果山畜禽养殖合作社	花果山乡
28	WNCR — JS08 — 20020	无公害食用菌产地	江苏省岗埠农场	岗埠农场
29	WNCR — JS08 — 20021	无公害蔬菜产地	江苏省岗埠农场	岗埠农场
30	WNCR — JS08 — 20022	无公害蔬菜产地	云台农场	云台农场
31	JS08 — 01011	无公害粮油产地	江苏省岗埠农场	岗埠农场
32	WNCR — JS10 — 20128	无公害蔬菜产地	新浦区郎墩果蔬专业合作社	浦南镇
33	WNCR — JS11 — 20130	无公害蔬菜产地	连云港市新浦区农丰蔬菜专业合作社	浦南镇
34	WNCR — JS12 — 201310	无公害蔬菜产地	连云港市浦汇现代农业开发有限公司	浦南镇
35	WNCR — JS12 — 40018	无公害茶叶产地	连云港市圣湖农业开发有限公司	花果山乡
36	WNCR — JS12 — 40017	无公害茶叶产地	连云港市绿祥茶叶种植专业合作社	花果山乡
37	WNCR — JS12 — 50022	无公害果品产地	连云港市兴旺种植合作联社	花果山乡
38	WNCR — JS12 — 40019	无公害茶叶产地	连云港市汝地茶叶专业合作社	花果山乡
39	WNCR — JS12 — 00065	无公害粮油产地	新浦区浦南镇玉明粮食加工厂	浦南镇
40	WNCR — JS12 — 20309	无公害蔬菜产地	连云港市浦源果蔬种植专业合作社	浦南镇
41	WNCR — JS12 — 50365	无公害果品产地	江苏红香溢酒业有限公司	云台乡
42	WNCR — JS12 — 20308	无公害蔬菜产地	连云港市召西蔬菜专业合作社	浦南镇

2013年获省认证的无公害农产品表

表11

序号	申 请 人 全 称	产品名称	商标名称	年产量（吨）	证 书 编 号	证 书 有 效 期
1	连云港新浦区草舍西红柿协会	番茄	草舍	500	WGH — 08 — 11213	2008.10—2011.10
3	连云港红香溢酒业饮品有限公司	樱桃	红香溢	2000	WGH — 06 — 03764	2009.11—2012.11
4	连云港市新浦区郎墩果蔬专业合作社	辣椒	东盈	2400	WGH — 10 — 09901	2010.11—2013.11
5	连云港市新浦区郎墩果蔬专业合作社	番茄	东盈	4000	WGH — 10 — 09902	2010.11—2013.11
6	连云港市新浦区郎墩果蔬专业合作社	甜瓜	东盈	2850	WGH — 10 — 09903	2010.11—2013.11
7	连云港市新浦区郎墩果蔬专业合作社	西瓜	东盈	3000	WGH — 10 — 09904	2010.11—2013.11
8	江苏省云台农场	西瓜		2500	WGH — 10 — 13054	2010.12—2013.12
9	江苏省云台农场	甜瓜		2400	WGH — 10 — 13055	2010.12—2013.12

续表

序号	申 请 人 全 称	产品名称	商标名称	年产量（吨）	证 书 编 号	证 书 有 效 期
10	连云港市新浦区垦鲜蔬菜专业合作社	辣椒		3000	WGH — 11 — 00190	2011.01—2014.01
11	连云港市新浦区垦鲜蔬菜专业合作社	番茄		5000	WGH —11 — 00191	2011.01—2014.01
12	连云港市绿祥茶叶种植专业合作社	红茶	猴乡红	20	WGH —12 — 12201	2012.10.01—2015.09.30
13	连云港市绿祥茶叶种植专业合作社	绿茶	绿葵云雾	20	WGH —12 — 12772	2012.10.01—2015.09.30
14	连云港市浦汇现代农业开发有限公司	丝瓜		3840	WGH —12 — 10080	2012.10.01—2015.09.30
15	连云港市浦汇现代农业开发有限公司	黄瓜		2280	WGH —12 — 10079	2012.10.01—2015.09.30
16	连云港市浦源果蔬种植专业合作社	芹菜		2700	WGH —12 — 10078	2012.10.01—2015.09.30
17	连云港市浦源果蔬种植专业合作社	莴苣		1200	WGH —12 — 10077	2012.10.01—2015.09.30
18	连云港市汝地茶叶专业合作社	绿茶	南车厢	3	WGH —12 — 08590	2012.08.01—2015.07.31
19	连云港市汝地茶叶专业合作社	红茶	南车厢	0.5	WGH —12 — 08591	2012.08.01—2015.07.31
20	连云港市圣湖农业开发有限公司	绿茶	树艺	8	WGH —12 — 14946	2012.08.01—2015.07.31
21	连云港市圣湖农业开发有限公司	红茶	树艺	4	WGH —12 — 14947	2012.08.01—2015.07.31
22	连云港市新浦区草舍西红柿种植专业合作社	丝瓜	草舍	2250	WGH —12 — 13948	2012.08.01—2015.07.31
23	连云港市新浦区草舍西红柿种植专业合作社	西葫芦	草舍	1500	WGH —12 — 13947	2012.08.01—2015.07.31
24	连云港市新浦区农丰蔬菜专业合作社	甜瓜		4500	WGH —12 — 08589	2012.08.01—2015.07.31
25	连云港市新浦区农丰蔬菜专业合作社	西瓜		2000	WGH —12 — 08586	2012.08.01—2015.07.31
26	连云港市新浦区农丰蔬菜专业合作社	韭菜		2400	WGH —12 — 08587	2012.08.01—2015.07.31
27	连云港市新浦区农丰蔬菜专业合作社	韭菜薹		80	WGH —12 — 08588	2012.08.01—2015.07.31
28	连云港市新浦区云台林果茶协会	柿子		150	WGH —12 — 06181	2012.08.01—2015.07.31
29	连云港市新浦区云台林果茶协会	山楂		38	WGH —12 — 06182	2012.08.01—2015.07.31
30	连云港市新浦区云台林果茶协会	梨		113	WGH —12 — 06183	2012.08.01—2015.07.31
31	连云港市兴旺种植合作联社	樱桃		800	WGH —12 — 13905	2012.08.01—2015.07.31
32	连云港市兴旺种植合作联社	桃		800	WGH —12 — 13906	2012.08.01—2015.07.31
33	连云港市召西蔬菜专业合作社	番茄		3600	WGH —12 — 08626	2012.08.01—2015.07.31
34	连云港市召西蔬菜专业合作社	辣椒		450	WGH —12 — 08628	2012.08.01—2015.07.31
35	连云港市召西蔬菜专业合作社	黄瓜		900	WGH —12 — 08627	2012.08.01—2015.07.31
36	连云港市召西蔬菜专业合作社	丝瓜		675	WGH —12 — 08629	2012.08.01—2015.07.31
37	江苏省云台农场	韭菜		2000	WGH —12 — 09773	2012.10.01—2015.09.30
38	江苏省云台农场	韭菜薹		1500	WGH —12 — 09774	2012.10.01—2015.09.30
39	连云港市新浦区浦南镇玉明粮食加工厂	稻谷		1682	WGH —12 — 14634	2012.08.01—2015.07.31
40	连云港市新浦区浦南镇玉明粮食加工厂	大米		1200	WGH —12 — 14615	2012.08.01—2015.07.31
41	连云港市宝泉板栗专业合作社	板栗		320	WGH — 13 — 01282	2013.04.01—2016.03.31

续表

序号	申请人全称	产品名称	商标名称	年产量（吨）	证书编号	证书有效期
42	连云港市宝泉板栗专业合作社	白果		320	WGH－13－01283	2013.04.01—2016.03.31
43	连云港市谷雨茶叶专业合作社	红茶	和雨牌	5	WGH－13－01284	2013.04.01—2016.03.31
44	连云港市谷雨茶叶专业合作社	绿茶	和雨牌	5	WGH－13－01285	2013.04.01—2016.03.31
45	连云港市广信稻麦专业合作社	大米		4284	WGH－13－05465	2013.08.01—2016.07.31
46	连云港市广信稻麦专业合作社	稻谷		6120	WGH－13－08001	2013.08.01—2016.07.31
47	连云港市江浦村生态富硒稻麦生产专业合作社	稻谷	岁穗香	6480	WGH－13－09532	2013.12.01—2016.11.30
48	连云港市明旺种养殖专业合作社	绿茶		20	WGH－13－06357	2013.08.01—2016.07.31
49	连云港市明旺种养殖专业合作社	红茶		7	WGH－13－06358	2013.08.01—2016.07.31
50	连云港市浦润果蔬种植专业合作社	芹菜		800	WGH－13－06285	2013.08.01—2016.07.31
51	连云港市浦润果蔬种植专业合作社	莴苣		360	WGH－13－06286	2013.08.01—2016.07.31
52	连云港市浦润果蔬种植专业合作社	黄瓜		1800	WGH－13－06287	2013.08.01—2016.07.31
53	连云港市浦润果蔬种植专业合作社	丝瓜		900	WGH－13－06288	2013.08.01—2016.07.31
54	连云港市新浦区亮虹蔬菜专业合作社	黄瓜		2940	WGH－13－06360	2013.08.01—2016.07.31
55	连云港市新浦区亮虹蔬菜专业合作社	丝瓜		2800	WGH－13－06361	2013.08.01—2016.07.31
56	连云港市新浦区亮虹蔬菜专业合作社	芹菜		2430	WGH－13－06362	2013.08.01—2016.07.31
57	连云港市新浦区亮虹蔬菜专业合作社	莴苣		1850	WGH－13－06363	2013.08.01—2016.07.31
58	连云港新浦区百花野菜种植专业合作社	马齿苋		1800	WGH－13－01337	2013.04.01—2016.03.31
59	连云港新浦区百花野菜种植专业合作社	苋菜		1800	WGH－13－01338	2013.04.01—2016.03.31
60	江苏省农垦农业发展股份有限公司云台分公司	西瓜		230	WGH－13－06672	2013.08.01—2016.07.31
61	江苏省农垦农业发展股份有限公司云台分公司	甜瓜		200	WGH－13－06673	2013.08.01—2016.07.31
62	江苏省农垦农业发展股份有限公司云台分公司	莲藕		5000	WGH－13－06674	2013.08.01—2016.07.31
63	江苏省农垦农业发展股份有限公司云台分公司	莲子		6	WGH－13－06675	2013.08.01—2016.07.31
64	连云港市汪新草莓专业合作社	草莓		600	WGH－13－06874	2013.08.01—2016.07.31
65	连云港市汪新草莓专业合作社	番茄		2400	WGH－13－16293	2013.12.01—2016.11.30
66	连云港市汪新草莓专业合作社	辣椒		1800	WGH－13－16294	2013.12.01—2016.11.30
67	连云港市江浦村生态富硒稻麦生产专业合作社	大米		4536	WGH－13－14452	2013.12.01—2016.11.30
68	连云港高远农业开发有限公司	番茄		3200	WGH－13－16291	2013.08.01—2016.07.31
69	连云港高远农业开发有限公司	辣椒		2400	WGH－13－16292	2013.08.01—2016.07.31
70	连云港高远农业开发有限公司	甜瓜		2850	WGH－13－10166	2013.08.01—2016.07.31
71	连云港高远农业开发有限公司	西瓜		3000	WGH－13－10167	2013.08.01—2016.07.31

2013年新浦区绿色食品认证表

表12

序号	申请人全称	产品名称	商标名称	年产量（吨）	证书编号	证书有效期
1	连云港菜根香农业科技发展有限公司	岁穗香牌精制大米	—	6300	LB-03-1112105695A	2012.12—2014.12
2	江苏省云台农场	云盛+图形牌 莲藕	—	5300	LB-15-1112104909A	—
3	江苏省云台农场	云盛+图形牌 洋葱	—	9500	LB-15-1112104910A	—

2013年新浦区农民专业合作组织表

表13

序号	名称	地址	法人代表	联系电话	实有成员数（户）
1	连云港市海东特种水产养殖专业合作社	新浦区浦南镇太平村	张道勇	13645135808	5
2	连云港市浦太特种皮毛动物养殖专业合作社	新浦区浦南镇太平村	陈立亮	13951496396	5
3	连云港市江浦村生态富硒稻麦生产专业合作社	新浦区浦南镇江浦村	李罗华	13186618228	180
4	连云港市吕湾苗木专业合作社	新浦区浦南镇新湾村	吕恒友	13675211699	411
5	连云港市浦南精实农机服务专业合作社	新浦区浦南镇204国道	支成行	13337875721	5
6	连云港市华宏畜禽养殖专业合作社	新浦区浦南镇江浦村	付佃华	13337875168	320
7	连云港市恒华畜禽养殖专业合作社	新浦区浦南镇官阳村	许光能	13675283032	5
8	连云港市红江农业机械专业合作社	新浦区浦南镇江浦村	孙边江	13151714568	5
9	连云港市新发泥鳅养殖专业合作社	新浦区浦南镇新湾村	张传利	13912183357	467
10	连云港市利丰水产养殖专业合作社	新浦区浦南镇许安村	许　勇	15950772605	5
11	连云港市利安畜禽养殖专业合作社	新浦区浦南镇许安村	李宝田	13961327180	5
12	连云港市舜文肉鸡养殖专业合作社	新浦区浦南镇新建村	胡舜文	15351866442	631
13	连云港市建威生猪养殖专业合作社	新浦区浦南镇新建村	王恒水	15051153627	348
14	连云港市大酒壶稻麦加工专业合作社	新浦区浦南镇浦北村	朱兰军	87911919	5
15	连云港市新浦区江浦农机专业合作社	新浦区浦南镇江浦村	李罗华	87450881	113
16	连云港市新浦区草舍西红柿种植专业合作社	新浦区浦南镇草舍村	万绪方	15805121777	486
17	连云港茂禾机插秧专业合作社	新浦区浦南镇农技站	张加祥	15950777189	5
18	连云港市东浦粮食专业合作社	新浦区浦南镇中心路	周文军	87453903	5
19	连云港市自典土鸡养殖专业合作社	新浦区浦南镇新湾村	董自典	15896131586	5
20	连云港市汪闵特种水产养殖专业合作社	新浦区浦南镇汪新村	张刘江	13705123777	420
21	连云港市新光蔬菜专业合作社	新浦区浦南镇新建村民委员会	胡逢连	13815646228	458
22	连云港市欣庄草莓生产专业合作社	新浦区浦南镇汪新村41号	朱桂荣	13851212696	5
23	连云港市新浦区郎墩果蔬菜专业合作	新浦区浦南镇江浦村	李德亮	13064955719	473
24	连云港市召西蔬菜专业合作社	新浦区浦南镇林场村8—1号	张　鹏	13815690450	408
25	连云港市汪新草莓专业合作社	新浦区浦南镇汪新村	张刘江	13705123777	403

续表

序号	名　称	地　址	法人代表	联系电话	实有成员数（户）
26	连云港新浦区东昌畜禽养殖专业合作社	新浦区浦南镇驻地龙浦路中段	蒋东昌	13815604189	5
27	连云港市剑晨生猪养殖专业合作社	新浦区浦南镇林场村2—19号	张洪卫	13775487606	5
28	连云港市广信稻麦专业合作社	新浦区浦南镇新湾村	吕恒富	13815646191	371
29	连云港市发旺生猪养殖专业合作社	新浦区浦南镇新湾村	吕　志	13675211699	5
30	连云港市新浦区农丰蔬菜专业合作社	新浦区浦南镇驻地市场南侧	金建强	13961320902	5
31	连云港市万邦果蔬专业合作社	新浦区浦南镇浦北村2号	刘桂娟	13505139290	5
32	连云港市旭盛生猪养殖专业合作社	新浦区浦南镇新湾村村部	刘　强	13912180528	353
33	连云港渠南畜禽养殖专业合作社	新浦区浦南镇新湾村	吕恒关	13585291202	5
34	连云港市金兵农机专业合作社	新浦区浦南镇太平村	朱继兵	13961385530	5
35	连云港市新永水产品养殖专业合作社	新浦区浦南镇永安组北侧	徐国学	18352101588	423
36	连云港市和留鹅业养殖专业合作社	新浦区浦南镇潘圩048号	刘永和	13851249988	6
37	连云港市四季青苗木种植专业合作社	新浦区浦南镇浦北村民委员会	朱加利	13305125999	5
38	连云港允存水产养殖专业合作社	新浦区浦南镇新湾村民委员会	张　健	13305136555	165
39	连云港茂伟水产养殖专业合作社	新浦区浦南镇新湾村村部	胡尊志	13675285611	5
40	连云港浩源水产养殖专业合作社	新浦区浦南镇新湾村村部	胡尊光	13505134808	5
41	连云港市恒富畜禽养殖专业合作社	新浦区浦南镇新湾村民委员会	李其国	13912180528	105
42	连云港市庆丰年水产养殖专业合作社	新浦区浦南镇唐顶村民委员会	张卫东	13585288909	5
43	连云港市永丰农机专业合作社	新浦区浦南镇官阳村部	王永丰	15051183058	5
44	连云港市宝地金蝉养殖专业合作社	新浦区浦南镇新建村七组	朱立标	13961328466	7
45	连云港市硕盛水产养殖专业合作社	新浦区浦南镇官阳村部	许基尚	13951259475	361
46	连云港市万源水产养殖专业合作社	新浦区浦南镇草舍村部	万绪贵	13912181717	7
47	连云港市广涛水产养殖专业合作社	新浦区浦南镇草舍村部	孙　涛	13905127096	125
48	连云港市锦泰水产养殖专业合作社	新浦区浦南镇310国道北侧	张静静	15805125305	177
49	连云港市继兵植保服务专业合作社	新浦区浦南镇太平村	朱继兵	15262334439	7

续表

序号	名　称	地　址	法人代表	联系电话	实有成员数（户）
50	连云港市闵庄水产养殖合作联社	浦南镇汪新村永安组北侧1号	张刘江	13705123777	5
51	连云港市善旗对虾养殖专业合作社	新浦区浦南镇龙浦路南侧	王善旗	13151710128	5
52	连云港市龙河水产养殖专业合作社	连云港市新浦区浦南镇浦南村	王善诗	18761325777	5
53	连云港市永平苗木专业合作社	连云港市海州新海南路163号	王永平	13905132596	5
54	连云港市道合种植专业合作社	连云港市海州朐阳街道网疃村	王永平	13905132596	205
55	连云港市友善养殖专业合作社	连云港市海州朐阳街道网疃村	许同道	15312116965	205
56	连云港市永民蔬菜种植专业合作社	连云港市海州朐阳街道西门村	李永民	18061380805	32
57	连云港市芸香桂花种植专业合作社	连云港市海州朐阳街道网疃村	赵美桂	18961368019	300
58	连云港市蓉琴栀子花专业合作社	连云港市海州朐阳街道网疃村	谢荣琴	85439069	300
59	连云港市善祥淡水鱼养殖专业合作社	连云港市海州朐阳街道西门村	李善祥	13851285513	22
60	连云港市海农植保专业合作社	海州洪门普天安综合楼门面房	张　芝	85255656	5
61	连云港市光祥水产品养殖专业合作社	海州洪门街道新庄村张庄路12号	尹宗光	13705135559	105
62	连云港市永吉果树种植专业合作社	海州洪门街道村张洪路16号	刘永科	18961396158	104
63	连云港市沈二谷物种植专业合作社	海州四季农产品粮油交易栋区78号	沈要波	15961345858	6
64	连云港市宏明果蔬种植专业合作社	连云港市新浦区南城街道青春社区	沈善花	13905133313	107
65	连云港市尚品畜禽养殖专业合作社	连云港市新浦区南城街道青春社区	解单凤	18661251471	5
66	连云港绿祥茶叶种植专业合作社	连云港市花果山街道小村村	张义香	18360697979	631
67	连云港市新浦区前进茶叶专业合作社	连云港市花果山街道前进村	杨善廷	13851278577	105
68	连云港市汝地茶叶专业合作社	连云港市花果山街道新滩村	杨汝地	15061304677	645

续表

序号	名　称	地　址	法人代表	联系电话	实有成员数（户）
69	连云港市麒麟畜禽养殖专业合作社	连云港市花果山街道新滩村	杨　龙	15061309221	865
70	云台山风景区花果山乡石龙界种养殖农民专业合作社	连云港市花果山街道前云村	孙从双	13905136309	5
71	云台山风景区花果山乡仙顶种植专业合作社	连云港市花果山街道前云村	王长珍	15251298816	770
72	云台山风景区花果山乡富民劳务专业合作社	连云港市花果山街道飞泉村	赵士建	15950729503	215
73	连云港花果山乡大圣湖茶叶专业合作社	连云港市花果山街道飞泉村	赵士弟	18961331286	521
74	连云港市明旺种养殖专业合作社	连云港市花果山街道当路村	孙道明	18261329336	5
75	连云港市义林茶叶种植专业合作社	新浦区花果山街道南大岭	仇新奎	13605135639	5
76	连云港市广春种植专业合作社	连云港市新浦区花果山街道观顶	陈广春	15061305633	6
77	连云港市狮山头种植专业合作社	连云港市花果山街道当路村	王建国	13655130737	100
78	连云港市花果山金镶竹茶叶种植专业合作社	连云港市花果山街道前云村	赵世斌	13961371229	8
79	云台山风景区花果山乡通茂种养殖专业合作社	连云港市花果山街道前云村	韩中山	13905130608	708
80	连云港花山顶苗木种植专业合作社	连云港市花果山街道前云村	孙和雨	13016911936	762
81	连云港市苏合龙喜种养殖专业合作联社	连云港市花果山街道新滩村	杨　龙	15061309221	2111
82	连云港市兴旺种植合作联社	连云港市花果山街道前云村	王长珍	15251298816	374
83	连云港市新浦区远旺农机专业合作社	新浦区云台农场于沈分场	周启虎	18961365076	6
84	连云港市新浦区茂田蔬菜专业合作社	连云港市新浦区云台农场	龚成香	13092378768	9
85	连云港市浦源果蔬种植专业合作社	新浦区现代农业产业园区综合楼	王　雷	15950745679	6
86	连云港市新浦区岗埠农场文来生猪养殖专业合作社	新浦区岗埠农场岗埠管理区	吉文来	13675211588	5
87	连云港市亮民稻麦种植专业合作社	新浦区岗埠农场临河管理区	王立快	15151248479	5
88	连云港市助民稻麦种植专业合作社	新浦区岗埠农场临河管理区	王立快	15151248479	5

续表

序号	名　称	地　址	法人代表	联系电话	实有成员数（户）
89	连云港市临河鹅业养殖专业合作社	新浦区岗埠农场临河管理区	朱同亮	15151248479	5
90	连云港市向民稻麦种植专业合作社	新浦区岗埠农场临河管理区	王立快	15151248479	5
91	新浦岗埠农场盐连蔬菜专业合作社	新浦区岗埠农场腾飞西路13—1号	曾　勇	13912188261	5
92	连云港市新浦岗埠农场垦鲜食用菌专业合作社	新浦区岗埠农场百万鸡场	董文德	1338986568	5
93	连云港市新浦岗埠农场垦鲜蔬菜专业合作社	新浦区岗埠农场场埠南8号	周朝东	13815608490	5
94	连云港市新浦岗埠农场惠馨花卉专业合作社	新浦区岗埠农场张干路9号	周朝东	13815608490	5
95	连云港市场连富泥鳅养殖专业合作社	新浦区岗埠农场育才路111—2号	顾连富	13186616188	5
96	连云港飞松鲜花专业合作社	新浦区岗埠农场创业路180号	毕飞松	15151232999	5
97	连云港红玥焱花卉专业合作社	新浦区岗埠农场花卉基地13号	王兆奎	13675214788	5
98	连云港市新浦区温馨花卉专业合作社	新浦区岗埠农场高桥管理区	张绕兵	13951259210	5
99	连云港市新浦区亮虹蔬菜专业合作社	新浦区岗埠农场高桥管理区	张建平	13951259453	5
100	连云港市新浦区裕民蔬菜专业合作社	新浦区岗埠农场高桥管理区	刘　军	15963627188	5
101	连云港市助民鸡业养殖专业合作社	新浦区岗埠农场临河管理区	王立快	15151248479	5
102	连云港市新浦区鼎旺农机专业合作社	新浦区岗埠农场王沟管理区	单玉仿	15062937858	5
103	连云港民乐农机专业合作社	新浦区岗埠农场王沟分场东9号段	马兴东	13912188058	5
104	连云港民泰农机专业合作社	新浦区岗埠农场王沟分场南8号	葛绍春	15261391128	5
105	连云港大春农机专业合作社	新浦区岗埠农场王沟村	钱大春	610107	5
106	连云港春来农机专业合作社	新浦区岗埠农场前二总村	李　丽	610107	5
107	连云港市春艳花卉种植专业合作社	新浦区岗埠农场前张干路中段东2号	穆加兵	15961326772	5
108	连云港成林农机专业合作社	新浦区岗埠农场西郊路北88号	徐成林	13912188058	5

续表

序号	名　　称	地　　址	法人代表	联系电话	实有成员数（户）
109	连云港利波农机专业合作社	新浦区岗埠农场临河管理区188号	董利波	13851280692	5
110	连云港利波建林专业合作社	新浦区岗埠农场腾飞东路6号	宁建林	662226	5
111	连云港树科建林专业合作社	新浦区岗埠农场王沟管理区9号	张树科	13851280692	5
112	连云港众源水产养殖专业合作社	新浦区岗埠农场市县路南1—11号	王　芳	663211	5
113	连云港市绿莹稻麦种植专业合作社	新浦区岗埠农场岗埠管理区	王立快	15151248479	5
114	连云港市绿知丽稻麦种植专业合作社	新浦区岗埠农场岗埠管理区	王立快	15151248479	5
115	连云港市绿跃稻麦种植专业合作社	新浦区岗埠农场岗埠管理区	王立快	15151248479	5
116	连云港繁生水蛭养殖专业合作社	新浦区岗埠农场百万鸡场院内东北角	夏秀斌	15861244818	5
117	连云港市江礼生猪养殖专业合作社	新浦区岗埠农场腾飞南路35—1号	王江礼	15895788918	5
118	连云港年年红花卉种植专业合作社	新浦区岗埠农场花卉基地8号	李新年	13815641202	5
119	连云港农亿稻麦种植专业合作社	新浦区岗埠农场西小区6号	刘永张	15189023598	5
120	连云港丰盈花卉种植专业合作社	新浦区岗埠农场西郊花棚1号	李　波	13861429392	5
121	连云港市浦北土地股份专业合作社	新浦区浦南镇浦北村	张玉福	13179585061	7
122	连云港市四门闸土地股份专业合作社	新浦区浦南镇江浦村	范宝友	13585287668	483
123	连云港市国梁土地股份专业合作社	新浦区浦南镇新建村	吕玉军	13151712288	284
124	连云港市克军土地股份专业合作社	新浦区浦南镇汪新村	孙克军	13775412868	305
125	连云港市洪旭土地股份专业合作社	新浦区浦南镇新湾村	李其国	13912180528	321
126	连云港市利众土地股份专业合作社	连云港市新浦区南城新大街99号	张宝来	15351868109	113

综合经济管理

经济发展与改革

【概况】 2013年，新浦区经济信息化与发展改革局（简称区经发局），围绕“转型升级增实力，好中求快创一流”的年度工作主题，紧扣“做美城市、做强产业”两条主线，在经济下行压力较大的宏观环境下，深入调研、协调各方，组织编制全区2013年国民经济和社会发展主要目标计划，并做好区十七届人大三次会议上的《计划报告》和向区人大常委会报告全区2013年上半年经济社会发展计划执行情况，认真落实区人大常委会的审议意见。在推动发展方面，围绕中心强化职能，完成市发改委、市经信委安排的经贸洽谈会、企业管理人员培训、上报经济运行月分析、重点项目月进度、电力设施保障、项目申报和资金争取等业务工作；同时，深化服务促进发展，加强经济运行监测，紧抓项目投资管理，强化目标责任考核，切实加强运行调度，科学组织要素保障，使得全区经济社会呈现出平稳较快发展的良好态势。2013年，区经发局获得年度连云港市发改工作先进单位、技术创新先进单位等称号。

【计划执行情况】 2013年，全区实现地区生产总值121.1亿元，增长10.5%；规模以上工业增加值11.3亿元，增长10.3%；服务业增加值88.9亿元，增长11.3%；全社会固定资产投资232.4亿元，增长21.7%，其中规模以上固定资产投资202.4，增长20.2%；工业投资49.6亿元，增长19%，其中规模以上工业投资41.6亿元，增长24.8%；社会消费品零售额163亿元，增长14.1%；共财政预算收入26.7亿元，增长7.5%；利用外资8140万美元，增长32.3%；内联客方到位资金64.7亿元，增长17.7%；外贸出口8亿美元，增长2.5%；农民人均纯收入15500元，增长15%。

【打造服务品牌】 2013年，区经发局牢固树立服务意识，着力打造“主动服务、高效服务、优质服务”三大服务品牌。一是主动服务。加大企业资金和项目争取力度。认真研究国家产业政策，投资方向和重点，把握机遇，讲究方法，主动跟进，把为企业争取政策扶持作为重中之重。全年争取国家、省、市专项引导资金1047万元。二是高效服务。完善重点企业跟踪服务机制。对年销售过亿元的十强重点工业企业加强运行监测，定期分析研究生产运行情况，把握发展态势，确保工业经济稳定向好。建立局党组成员挂钩联系重点企业制度，加强对重点企业点对点服务。对年新增产值2000万元以上的工业新增长点，加强月度监测，及时了解掌握存在困难和问题，想方设法帮助解决。三是优质服务。强化服务业、农业工作、加强服务业发展调研，与各街道会商服务业培育和提档升级计划，申报市级服务业集聚区4家，在全市领先。

【经济运行监测】 2013年，受国际国内市场影响，硅产品加工行业市场总体需求疲软，装备制造行业前景暗淡，房地产投资进一步减缓。区经发局全面加大对经济运行的分析力度，给领导决策提供有效参考。每个月对主要经济指标完成情况和序时推进情况及时汇总分析，根据市反馈明确在三区中的排名，对增幅回落和未达序时的市考核指标重点分析，及时发现经济运行中存在的问题。每个季度在月度分析的基础上，对经济运行情况进行详尽的分析和研判，把握整体经济运行态势。半年中期对上半年国民经济和社会发展计划执行情况全面总结分析，针对存在问题，提出下一步工作思路，确保全年目标任务的完成。年终对新浦区2013年国民经济和社会发展计划执行情况进行全面的总结汇报，全面回顾分析这一年的经济社会发展，找到经济发展的内在潜力和增长点，为2014年的经济发展提供思路。

【投资项目管理】 2013年，区经发局围绕全社会固定资产投资目标，抓好重大项目建设。在做好项目前期申报争取工作的前提下，重点做好明确政策导向、搞好投资服务工作。2013年，全区重点建设项目共140个，投资122.1亿元，承担市级重点建设项目共23个，其中新建项目11个，续建项目12个，计划总投资77.7亿元，全年投资24.65亿元。工业项目完成投资46亿元，增长26%，总投资8亿元的品苏制造、总投资5亿元的虹港装备等8个项目相继开工建设。同时，严格按照国家基本建设项目管理程序对全区基本建设项目进行管理，积极做好建设项目批准、备案、核准等工作，全年共备案项目49个，转报项目39个。

【沿海开发】 2013年，区经发局落实《江苏沿海地区发展规划》，积极融入沿海大开发与市沿海办及时对接，努力为全区沿海开发拓展新的空间和平台，力争一些项目进入省重点规划，全面提高新浦区对沿海地区载体建设能力。在《江苏省物流园区发展规划（2012–2020）》征求意见稿后，经发局从未来发展和新浦区加速服务业提档升级推进情况，着眼提出将新浦区列入"省三级物流园区布局城市"，同时在市产业大会前提出集聚区纳入市级服务业集聚区认定范围的方案，并在市委、市政府《关于加快服务业集聚区和重点项目建设的意见》中给予确认。此外，努力构建沿海重大产业载体建设体系，积极推进支柱产业发展。2013年，全区完成玉带河北岸整治、市区快速公交1号线沿线绿化等2个沿海开发重大项目。

【目标管理】 2013年，区经发局高度重视目标管理工作，结合年度计划，协调召开专题会研究部署，确立工作重点，明确职责分工，加强对镇、街道、开发区目标完成情况的考核，确保工作落到实处。

抓重点考核从2013年2月份开始，区经发局将各目标单位的主要经济指标按序时完成以及重点项目按年度计划推进情况作为考核重点，列入月、季、半年以及年度考核。4月份开始，做好与海州区经发局、新浦区财政局、商务局、统计局协调对接工作，将洪门、朐阳、海州、幸福路4个代管的街道办事处目标完成情况，纳入年度考核计划，全面推进各个单位目标管理工作。

分类定目标 2013年，区经发局结合各目标单位的实际情况，分层次、分类别，围绕公共预算收入、协税护税、固定资产投资、工业经济、内资、外资等指标，科学制定年度目标任务。把浦南镇、花果山街道、南城街道、新浦经济开发区划分一个等次；浦东、浦西、路南、新南、新东、新海街道办事处分为第二个等次；朐阳、洪门、海州、幸福路街道办事处分为第三个等次，分层分类定目标，推进指标按序时完成。并根据市对区目标考核的变化调整情况，实时制定区对下考核办法，对难以完成的指标任务进行对接和再调整，以确保年度目标任务的圆满完成。

常规化考核 2013年，区经发局主动开展指标、项目摸底调研，制定科学考核办法，定期联系财政、商务、统计部门对各街道指标完成情况进行考核评比，组织全局人员分组到重点项目现场实地了解进度情况，全方位推进主要经济指标及重点项目推进健康快速发展。定期组织主要经济指标月度考核，并将考核结果以通报形式下发相关单位。重点项目推进结合月度经济运行组织10余次督察，协调组织5次重点项目推进分析会，及时分析存在问题，提出推进工作的措施，协调解决发展遇到的困难和问题，加快推进重点项目完成形象进度和计划投资等工作，确保项目进度按年度计划完成。

在2013年的全市目标考核中，新浦区18项主要经济指标全面完成市下达任务（其中6项位居三区第一、部门承担的转型升级、科技创新等"八项工程"中4项第一、三项第二）荣获市综合目标考核一等奖。

【产业转型升级】 2013年，区经发局加快产业转型升级工作取得显著成效。

优化服务业发展 重点商贸企业推进有力，总投资15亿元的苏宁商业广场41层主楼封顶，总面积近1万平方米的海港城项目开工建设，总投资2亿美元的菲律宾SM项目完成注册，北京华联超市开业，捷豹、路虎4S店主体完工，全区新增限额以上商贸企业70家。传统商贸服务业提档升级，陇海步行街管委办荣获全国商业街管理先进集体称号，新孔南路婚庆文化、西盐河南路特色餐饮文化等街区特色鲜明。金融环境有效改善，招商银行、海通证券等4家大型金融保险机构入驻。旅游平台不断优化，市革命纪念馆创成国家AAAA级景区，新浦公园、云台农场水生花卉园创成国家AA级景区，成功创建省三星级旅行社4家。

工业升级成果显著 2013年，全区新增规模以上工业企业6家，培育装备制造业等新兴产业，全年完成产值18亿元。明确高端装备制造等为主导产业，加快龙头企业发展，出台做大做强工业骨干企业暂行办法，东海硅微粉、乐园新材料、帅宝机械等重点企业持续壮大。注重企业研发创新，大中型企业研发机构实现全覆盖，正大天晴被认定为国家级企业技术中心，新增省级研发机构2个，如年实业等3家企业获批国家级高新技术企业，全区获批省级高新技术产品13个，获批国家级科技计划项目3项、省级6项。淘汰落后产能企业3家，关闭"小化工"企业2家。

农村改革有力推进 2013年，区经发局以浦南镇作为城乡统筹示范点，加快推进城乡一体化发展。制定城乡统筹建设三年规划，完成浦南镇总规、新镇区控规、三大农业基地等22个规划编制和38个单体项目设计；按照将浦南建成城区卫星镇、全市城乡统筹示范点的定位要求，加快建设1个新镇区、2个新社区、3个农业基地、3个产业园区等28个重点项目。农村新型经济组织建设成效明显。新发展家庭农场21家、农民专业合作社8家；新增土地流转面积927公顷、设施农业433公顷，新增适度规模经营面积1846.7公顷，占全区耕地比重90%。农业产业化经营加快推进，新增省级菜篮子基地2个，基本建成花卉苗木、特种水产养殖和设施蔬菜三大基地管理服务中心，省级农业龙头企业达4家，兆绿花卉苗木基地被认定为省林科院产学研协作基地。

（撰稿：刘宪龙
审稿：单新文）

统计工作

【概况】 2013年，新浦区实现地区生产总值121.1亿元，增长10.5%；

实现服务业增加值88.9亿元，增长11.3%；三次产业结构比例为5∶22∶73；公共财政预算收入26.7亿元，同比增长7.5%；规模以上工业增加值11.3亿元，增长10.3%；社会消费品零售总额163亿元，增长14.1%；全社会固定资产投资229.2亿元，增长21.87%；其中工业投资49.6亿元，增长27.49%；规模以上固定资产投资202.3亿元，增长20.22%；其中规模以上工业投资41.6亿元，增长30.68%；农民人均纯收入15575元，增长15%，外资实际到账5809万美元，增长15%；内联客方到位资金64.7亿元，增长17.7%。

【年定报工作】 2013年，新浦区统计局（简称区统计局）加强定期报表工作组织领导，明确目标责任，落实规范标准，狠抓数据收集、审核、汇总、上报处理各环节质量控制，建立数据上报审批制度；加强与相关部门和上级统计部门的沟通、衔接，掌握第一手资料，确保统计调查数据有理有据，各项经济指标排名靠前，序时进度无垫后现象，尤其投资类各项指标，一直处于三区领先地位，客观反映全区经济运行情况。各专业做到工作运行规范化，均按时上报定期报表，统计数据质量明显提高。新浦区统计局在全区目标考核中，荣获综合一等奖。

【第三次全国经济普查】 2013年5月27日，新浦区召开第三次全国经济普查动员大会。会后，新浦区按照国家和省、市统一部署，加强领导，精心组织，坚持从“早”、从“紧”、从“实”推进组织构建、职责落实、经费保障、疑难问题调研、单位比对、电子地图绘制和普查区划分、组织试点、“三员”（普查员、普查指导员普查协调员）选调、宣传动员等各方面准备工作。2013年，新增规模以上工业企业6家，限上贸易企业70家，资质以上建筑业企业39家，房地产企业8家，重点服务业企业10家。在经济普查中，做到单位核查工作按照横向到边、纵向到底，普查登记不结束，拾遗补漏不停止。全年，核查法人及产业活动单位7786户，个体户29752户。

【完成各项调查任务】 2013年，区统计局先后进行人口抽样调查、群众安全感调查、文化产业调查、农村家庭基本情况调查、规模以下工业价格调查、妇女儿童发展规划监测调查等。各项调查做到工作有谋划，组织有措施，实施有方案，职责有确认。对各项调查结果及时撰写分析报告，真实反映各项调查成果。

【规范化建设通过省达标验收】 2013年，新浦区积极推进规范化创建工作。区级和镇街一级创建工作有条不紊地开展，区级创建工作正式通过省达标检查验收。镇街一级已有3家率先通过示范单位验收。

【提供信息服务】 2013年，区统计局加强经济运行形势的研究和开发，为党委、政府提供参考价值高、真实可靠的分析材料。同时，加强对全区主要经济指标的跟踪和预测工作，认真办好《新浦统计》内部刊物，加强各种专题性分析的撰写，全年共编发《新浦统计》14期，编发《统计专报》16期。

（撰稿：陈秀媛
审稿：何洪壮）

审计工作

【概况】 2013年，新浦区审计局（简称区审计局）认真履行审计监督职能，围绕全区“城市建设、产业发展、城乡统筹、民生改善”四大重点，积极服务城乡统筹、开发区西拓、新城开发、旧城改造等四大工程，累计完成审计项目56个，完成区政府年初下达项目计划的160%。查出违纪违规金额756万元，管理不规范金额5517万元，核减工程款8041万元。向被审计单位提出改进和加强资金管理建议70余条，向上级审计机关和区政府提交审计专题、综合性报告和信息简报70余篇，被领导批示采用60篇。

2013年，完成内联客方到位资金3300万元，完成外资任务60万美金；全面完成精神文明、政治文明建设任务；软环境建设和行政效能建设取得新的成效；高标准完成中共新浦区委、新浦区人民政府安排或交办的各项任务；积极参与社会治安综合治理、平安新浦、法制新浦建设；积极参与领导评鉴、千人评议机关、“五治”、行政权力网上公开透明运行、外仓街地块拆迁、东上渔场地块拆迁、民主路改造、秸秆禁烧等；实现全年无信访问题和违纪问题；圆满完成区人大代表、政协委员提案办理工作，按时完成两办要求上报的材料和信息，如期完成政务信息撰写任务。

在2013年度目标考核中，区审计局获2012年全区经济建设和社会发展目标考核二等奖、软环境建设十佳单位等荣誉。

【财政审计】 2013年，区审计局坚持以政府性资金为主线，以预算执行审计为龙头，切实加强对综合预算执行及超收财力分配和使用、预算管理水平的审计监督。审计促进预算收入缴纳入库546万元，专项资金拨付到位268万元。向被审计单位提出及时将尚未入库的预算收入缴入国库、及时进行账务调整确保决算的真实性等合理化建议20余条。

【任期经济责任审计】 2013年，区审计局在经济责任审计中，突出对重点部门、单位和关键岗位领导干部的经济责任审计，配合区委组织部、编办开展对南城街道、教育局、农水局、民政局等9家单位领导干部的“三责联审”工作，先后完成对9名领导干部的经济责任审计工作，审计查出违纪违规金额126万元，管理不规范金额3024万元，向被审计单位提出合理化建议29条。

【计算机审计】 2013年，区审计局不断创新技术手段，利用计算机技术提高审计质量和效率，有效解决审计力量不足的矛盾。年内，该局审计人员编写的题为《AO在经济责任审计中的运用》的审计案例，分别获国家审计署AO应用实例优秀奖、江苏省审计厅2012年AO应用实例优秀奖；新浦区审计局被评为“2012年全省县级审计机关审计信息化工作先进单位”。

【固定资产投资审计】 2013年，新浦区审计局围绕全区重点工程，做好工程审计服务工作，全年共开展对62个工程项目的招标控制价审计、跟踪审计和竣工决算审计，已经完成43个项目的竣工决算审计和招标控制价审计。

【重点工程项目招标前控制价审核把关】 2013年，区审计局完成滨河新城重点建设项目204国道新浦连接线郁洲路先导段、东站引河大桥、振华路绿化工程、陇海铁路下穿立交面工程，城乡统筹重点建设项目新浦现代农业产业园区设施蔬菜管理服务中心、花卉苗木管理服务中心、特种水产养殖管理服务中心、人工湖扩大开挖土方工程等招标前控制价审计21项，累计核减招标前控制价5590万元。

【核减工程款2451万元】 2013年，区审计局完成郁洲路大浦河至东站引河段新建工程、郁洲路大浦河中桥新建工程、聚贤路新建工程、幸福路小学综合教学楼、新浦公园改造、城乡统筹广告牌、国槐路南北延伸段便道工程等21个项目的全过程跟踪审计和竣工决算审计，核减工程款2451万元。

【对19个项目跟踪审计】 2013年，区审计局开展对城乡统筹重点项目国槐路、樱花路、社会福利中心、第一人民医院、浦南中小学、文体中心以及滨河新城重点项目规划八路、同仁路、振华路、浦发路等19个项目的跟踪审计，涉及投资额6.25亿元。

（撰稿：赵　婧
审稿：张义彪）

物 价 管 理

【概况】 2013年，连云港市物价局新浦分局（简称新浦物价分局）紧紧围绕促进经济平稳较快发展和稳定价格总水平的总目标，认真履行价格监管职能，以加强价格监测预警，强化价格监督检查为手段，努力规范市场价格秩序，减轻企业和群众负担，保持市场价格基本稳定，促进全区经济和社会发展。被中共新浦区委和区政府授予“建设新浦先进单位”称号。

【价格总水平调控】 2013年，新浦物价分局将新浦区的价格调控目标任务分解落实到区内相关职能部门和单位，新浦区政府与16个部门和单位签订了《新浦区2013年价格调控目标责任状》。按照领导负责、部门协调、齐抓共管、综合治理的原则，采取切实有效措施，加强对市场价格的调控。为及时了解和掌握市场价格走势，新浦物价分局坚持市场价格监测制度，安排专人每周定期到市场采集粮油、蔬菜、猪肉、鸡蛋、水产品等主副食品价格，进行对比分析，以便采取有效措施，应对市场价格不稳定的情况发生，确保市场价格相对稳定。

【价格监督检查】 2013年，新浦物价分局开展涉农收费、旅游行业价格行为、物业管理和停车场收费、商品房销售明码标价、教育收费等专项检查工作。会同区教育、工商、公安等部门组成联合检查组，对区内民办幼儿园进行清理整顿，取缔一批无证幼儿园；会同区粮食局、工商分局等部门，对粮食收购政策执行情况等进行检查；对10个村卫生室基本药物制度执行情况进行检查。在检查工作中，新浦物价分局注重事前提醒与事后监管相结合，在旅游季节到来之前，向各旅游景点及周边饭店、商店发放价格政策提醒函；在中小学开学前，向各中小学校发放教育收费政策提醒函。年内，新浦物价分局共出动检查446人次，查处各类价格违法行为48起。

【平价商店建设】 2013年，新浦物价分局通过宣传，发动经营者积极申报平价商店，会同新浦区现代服务业发展办公室对申报单位逐家实地审核，从申报单位中选出3个候选单位推荐给省、市物价局，经省物价局现场考核验收，3个单位全部通过。2013年新浦区共有平价商店35个（其中，超市平价销售区29个，平价直销店6个），平价商店的数量占连云港市三分之一，位列连云港市各县区第一。

【增强平价商店社会效应】 2013年，新浦物价分局注重对平价商店的日常管理，积极引导平价商店争创“示范平价商店”。在平价商店建设中开展“提升形象，增强综合管理；提升档次，增强社会效应”的“双提双增”专题活动。每月对平价商店工作开展情况进行检查，对工作不到位的，通过发放《限期整改通知书》等措施进行规范，努力推进平价商店管理上水平，增强平价商店的社会效应。

【收费年审】 2013年，新浦物价分局从3月下旬起，对区内各行政事业性收费单位开展2012年度收费年审。采取上门年审和收费单位送审相结合的方法，通过审核收费单位收费票据、资质等，审查收费单位收费标准执行情况和收费票据使用情况，审核收费行为是否规范。在收费年审中，共为77个收费单位办理了《收费许可证》年审手续。

【政策宣传】 2013年，新浦物价分局向新浦地区各乡镇发放统一制作的涉农价费公示表和《连云港市涉农价费手册》。通过抓涉农价费公示，把党和国家对农村的价格政策规定公示给农民。结合推行涉农价费公示制度，进一步抓好农村价格监督网络建设，针对部分农村价格监督网络人员变动的实际情况，调整了浦南镇农村价格监督网络领导小组及各村农村价格监督员人选。在“3·15”消费者权益日到来之际，主动走上街头向市民群众宣传价格法规和政策规定，年内共向新浦地区有关单位发放明码标价宣传材料1500余份，共发放价格政策提醒函100余份。

【涉企收费】 2013年，新浦物价分局认真落实《企业收费登记簿》制度，在新浦辖区内选定30家规模以上工业企业中开展企业负担情况调研，通过邀请企业有关人员参加座谈、调阅《企业收费登记簿》等形式，对企业付费情况进行跟踪调查，及时掌握收费部门向企业收费的情况，遏制涉企乱收费行为的发生，为企业发展创造宽松的价费环境。

（撰稿：周　明）

工商行政管理

【概况】 2013年，新浦工商分局围绕区委“转型升级增实力、好中求快创一流”年度工作主题，积极履职尽责，推进改革创新，为服务地方经济社会发展做出更大贡献。获得江苏省文明单位称号，并在全市工商系统效能竞赛中获第三名，全系统集体受到市、区政府表彰10余次、个人受到各级政府表彰30余次。

【创新举措助推发展】 2013年，新浦工商分局创新举措、提升效能，全力助推地方经济加速发展。全年新增私营企业1562户、个体工商户3173户，新发展经纪人256名、年撮合经纪成交额14.5亿元，办理动产抵押40件，主债权金额4.06亿元，带动就业人员2000余人。

【多路并进支持民资】 2013年，新浦工商分局积极贯彻国家工商行政管理总局、江苏省工商局及地方政府关于引导民间投资健康发展的相关政策，鼓励民间资本投资新能源、新医药、新材料、高端装备制造等新兴产业。在商标申请、广告投放、合同立项等方面对企业给予专业化、高水准的指导，促进和支持企业兼并重组、做大做强、挂牌上市，深入推进商标战略。年内，新申请商标注册528件，获批连云港市知名商标17件、江苏省著名商标8件，提供广告、合同咨询服务200余次。

【推进转型优化服务】 2013年，新浦工商分局加快推进职能转型，充分发挥工商部门的资源优势，以私营个体经济协会为主体，搭建特色服务平台，组建5个基层分会党群工作站，4个非公企业党群工作室，与156家企业签订了互惠互助联盟协议，为6000户会员免费赠送保险，开通会员手机短信平台服务，建立会员专属QQ群，为会员提供业务咨询5261条次。指导“吉本多”商标通过马德里体系等方式在日本进行国际注册，这是新浦区首个加工出口型企业的国际注册商标。同时，指导陇海步行街创建江苏省户外广告示范街，指导苍梧生活广场、极美苑农贸市场创建连云港市放心消费农贸市场。

【打击网络传销】 2013年，新浦工商分局重拳打击传销，深入网络传销领域，查办网络传销案件。成立打击传销专案组，查办连云港乐利来专卖传销案，涉案人员400余名，涉案金额240余万元。

【加强食品监管】 2013年，新浦工商分局开展假鱼翅、不合格乳粉等11项问题食品专项整治，抽检重点商品528个批次（其中食品抽检395个批次），查处9起不合格食品案件，发放食品流通许可证1280份。

【打造放心消费环境】 2013年，新浦工商分局受理消费者投诉773件、调解成功742件、调解成功率96%、挽回经济损失112.79万元。

【强化网络构建】 2013年，新浦工商分局在5个消协基层分会设置专职秘书长，主动对接113个辖区村（社区）级投诉站、18个企业投诉站，设置12315提示 牌600余块，每月参与电台直播维权节目《天天315》。

【强化行业整治】 2013年，新浦工商分局开展旅游、餐饮、融资担保、汽车销售业专项整治，共开展5次对涉嫌从事非法金融业务活动市场主体的专项整治，移送相关部门市场主体216户、立案查处37件，指导5条特色街区开展放心消费示范街创建，并于2013年8月1日在陇海步行街召开全省示范街创建现场会。

【强化消费教育】 2013年，新浦工商分局以“3·15”国际消费者权益日主题宣传为核心主线，联合相关部门在陇海步行街、浦南镇、大润发超市等地（处）开展宣传教育活动。指导海宁中学开展青少年消费教育省级基 地创建活动，招纳100名维权志愿者开展维权宣传工作。

（撰稿：张　雷
审稿：金铜双）

安全生产监督管理

【概况】 2013年，新浦区狠抓安全生产工作，区委书记王立斌多次带领相关职能部门负责人检查重点项目、重点工程安全；区长单晓敏多次听取全区安全生产工作开展情况专题汇报，并带领区政府办、相关街道、安监局、质监局、消防大队等部门主要负责人，对存在重大消防安全隐患的地一大道淘宝街、银河购物中心、白虎山小商品市场和存在重大特种设备安全隐患的东浦管桩有限公司进行督察，现场办公，落实隐患整改措施、责任人和整改期限。2013年，全区发生工矿商贸事故1起，死亡1人；发生火灾事故37起，死亡2人。各项指标均在市政府下达的控制指标之内。

【落实安全生产责任制】 2013年，全区各乡镇（街道），新浦开发区，各有关部门和企业层层推行领导班子全员责任制，将年度安全生产目标分解落实到每名领导班子成员肩上，与行政一把手签订安全生产责任状。同时，各有关企业递交《安全生产目标管理承诺书》，根据规模缴纳数额不等的风险抵押金。全区逐步建立起一级抓一级，一级对一级负责的安全生产责任体系，区四套班子领导每人负责1个重点企业安全生产工作。

【隐患排查治理】 2013年，新浦区安全生产委员会（简称区安委会）印发《新浦区集中开展安全生产“事故隐患排查月”活动方案》，严格落实事故隐患排查、报告、整改、跟踪督办、整改验收、举报奖励、重大隐患公示等制度，将事故隐患排查治理与推进安全标准化建设、与开展安全生产教育培训、与强化安全执法监察、与开展安全生产重点行业领域专项整治活动、与强化安全生产源头管理相结合，针对重点时期、重点地区、高危行业和安全生产工作中存在的突出问题，全面、深入排查治理各类事故隐患。截至12月30日，全区排查单位2120家，排查一般事故隐患3583处。已整改3583处，整改率100%。

【建立"隐患排查治理信息系统"】2013年，区安全生产监督管理局（简称区安监局）举办"事故隐患排查治理体系建设"业务培训班，各镇（街）安全监管人员、各行业主管部门相关工作人员及有关重点企业安全管理人员168人参加了培训。全区事故隐患排查治理体系已于11月5日通过省安监局验收。年内，全区共录入企业711户，其中企业自行注册录入377户，村（社区）打包录入334户；试点镇（街）花果山街道及规模以上企业达到全覆盖，并实现自查自报。

【专项整治】2013年，区安监局从九个方面入手，强化安全生产专项治理工作：

非煤矿山　连云港市新磷矿化有限责任公司是新浦区乃至全市唯一一座地下非煤矿山，该矿安全避险"六大系统"已于2013年年4月17日通过省安监局组织的竣工验收。

危险化学品　全区9家危险化学品从业单位已全部通过标准化评审。全年，已审核发放危险化学品经营许可证45份，易制毒备案23份。全年开展执法检查36家次，发现并整改各类事故隐患132处，下达强制措施决定书1份，立案1起，处罚金额1万元。

烟花爆竹　全区共有烟花爆竹经营（零售）企业112家，全年检督察查企业154家次，发现各类安全隐患37处，责令当场整改21处，限期整改16处。

餐饮行业燃气　通过拉网式排查，全区使用罐装液化气餐饮企业937家，使用管道燃气12家，其中无证无照企业208家，有照无证企业12家，有证无照企业24家。区住建部门开展瓶装液化气供应点执法检查，下达责令整改通知书4份。新浦消防大队检查餐饮场所35家，督促整改隐患84处；区卫生部门出动监督员69人次，下达现场监督意见书7份；连云港质监局城区分局出动检查人员56人次，检查餐饮场所33家，下达特种设备安全监察指令书9份。

涉氨企业　新浦区涉氨企业主要有德邦化工和天缘食品2家，其中德邦化工储氨罐构成重大危险源。

消防安全　全区共检查单位1491家，发现火灾隐患1793处，督促整改火灾隐患1596处，下发《责令改正通知书》657份，查处行政案件125起，责令"三停"39家，临时查封19起，拘留2人，罚款65万元。

农机　全区检验、登记入户拖拉机263台，联合收割机346台，登记无挂纯农用拖拉机1350台，签订农机手安全责任书531份。各级农机监理部门与交巡警部门配合，出动监理人员125人次，全年检查上道路农机151台次，查究各类违章行为29起；检查其他各类农机408台次，纠正各类违法违章行为23起。

森林防火　全区组建30人的专职护林员队伍，100人的义务扑火队伍。并建成防火通道15千米，生物隔离带50千米，消防蓄水池（箱）40个，配备森林消防水车2辆，风力灭火机50台，灭火弹400枚，高压扬程泵1台，森林火灾预防和扑救能力不断提高。

特种设备　加强特种设备"四化"（标准化、差别化、公开化、信息化）监管，全年出动检查人员276人次，检查各类企业86家，开展安全责任告知268家，发现隐患设备192台，存在安全隐患247处，发出特种设备监察指令书48份。

【打非治违】2013年，新浦区把开展"打非治违"专项行动与安全生产专项整治有机结合起来，对危险化学品、烟花爆竹、消防安全、特种设备等重点行业领域进行集中整治，以强有力的措施查处非法生产经营建设单位。在专项行动中，坚持谁主管谁负责的原则，相关职能部门各司其职，狠抓落实。针对烟花爆竹零售点星罗密布，隐蔽性强等特点，通过区、镇（街道）、村（社区）"三级监管网络"，广泛发动、巡查摸底，及时发现违法、违规现象，及时查处、取缔。11月份，区安全生产监察大队会同新浦公安分局治安大队及相关派出所，连续组织3次专项行动，对南极北路及浦南镇新建村3家非法销售烟花爆竹网店予以取缔，收缴并销毁烟花爆竹近5吨，礼花弹76枚。全年，全区出动检查组295个，检查人员1695人次，检查单位1795家，打击安全生产非法违法行为583个（起）。其中警告108家，责令限期整改821家，没收违法所得1起，责令停产停业整顿12家，关闭4家，处罚金额51万元。

【执法检查】2013年，区安监局针对新浦区安全生产监管监察工作实际，制订执法检查计划并报请区政府批准。4月1日，新浦区代管海州区海州、幸福路、朐阳、洪门4街道后，及时对执法检查计划进行调整，并按程序报批，避免安全监管出现真空。全区安全监管人员出动执法人员924人次，检查企业435家次，出具现场检查记录410份，下达整改指令书385份，整改复查意见书385份。其中，区安全生产监察大队出动检查162人次，开具整改指令书36份，复查意见书36份，强制措施决定书6份，实施行政处罚4起，处罚金额10万元。

【安全生产大检查】2013年6月7日，全国安全生产电视电话会议召开后，新浦区迅速召开会议传达贯彻，区政府、安委会、安委办分别下发《关于在全区集中开展安全生产大检查的通知》《全区安全大检查实施方案》《关于加强安全大检查信息报道工作的通知》等文件，对全区开展安全生产大检查作出部署。安全生产大检查期间，全区共组织检查、督察组35个，参加检查629人次，督查检查单位和场所781家次，责令改正、限期整改、停止违法行为277起，责令停产、停业、停止建设14起，暂扣或吊销有关许可证3个。

【开展安全生产大检查回头看】2013年，区安监局结合中石化青岛黄潍线输油管道“11·22”燃爆事故发生后的严重后果，认真贯彻落实中央领导重要批示以及国务院、省委、省政府、市委、市政府有关会议精神，落实11月29日上午市安委会（扩大）会议精神，是日下午，新浦区召开安委会（扩大）会议。当日晚，区安委会印发《关于对安全生产大检查工作开展情况组织“回头看”的通知》。11月27日，区安监局组织人员对西气东输连云港站、日照—仪征输油管线东海输油站2个门站及沿途阀室、管线进行专项检查。“回头看”期间，发现各类事故隐患682处，已全部整改完毕。

【安全标准创建】 2013年，区安监局在全区开展安全标准化创建工作。截至12月30日，全区46家规模以上企业已有45家通过三级考评，1家申报二级；14家规模以下企业、30家小微企业以及4家复评企业已完成评审8家，其余40家已全部完成网上申报，确保在2014年一季度完成评审。

【安全生产应急管理】 2013年，区安监局加强安全生产应急管理。新磷矿化、自来水公司、田申热电等重点企业为主导的应急救援基地建设，平战结合、区域联动的应急物资保障建设，严格执行高危行业企业及规模以上企业应急救援预案报备制度。年内，先后举办100多次企业、商场、宾馆、学校等应急演练，全面提升应急突发事故灾难的能力。

【职业健康安全监管】 2013年，新浦区开展职业危害申报，有128家企业进行网上申报；积极开展木制家具制造行业职业卫生安全许可工作，意森木制品有限公司完成现状评价，进入整改阶段。全区继续深入开展危化、电子产品制造等重点行业专项整治。年内已有21家企业进行作业现场检验检测，2家企业完成现状评价，从业人员职业健康体检1082人，建立职工职业健康监护档案481份。

【教育培训】 2013年，区安监局举办一般工商贸及危险化学品从业单位人员岗位资格培训班7期，984人取得安全生产岗位资格证书。区文体旅游局举办歌舞娱乐、网吧、电子游戏、印刷、星级饭店、旅游景区等行业从业人员安全管理培训班6期，380余人参加培训。区农水局举办跨区作业培训班2期，培训机手300人，核发跨区作业证220张；新浦消防大队举办各类培训班11期，发放宣传资料1500余本，培训教育各类人员6150人。

【创建安全“星级”乡镇】 2013年，区安监局在辖区内各乡镇（街）全面展开“创建安全星级乡镇”工作，全区13个镇（街）中，已有3家达到“五星级”、6家达到“四星级”、4家达到“三星级”。

（撰稿：马宝银
审稿：高学成）

城区质监管理

【概况】 2013年，连云港质监局城区分局（简称城区分局）把精神文明建设与质量管理相结合，以“三建设三提升”（文化建设提升凝聚力、能力建设提升学习力、制度建设提升执行力）活动为主题，强化队伍的管理与素质的提升。城区分局以加强质量强区建设为平台，着力推进质量强区建设工作。年内，组织7家企业申报省名牌，12家企业申报市名牌，2家单位获连云港市质量奖。城区分局荣获“2010–2012年度江苏省文明单位”“建设新浦先进单位”“连云港质监系统先进基层党组织”“2011–2012年度省级青少年维权岗”等多项荣誉称号。

2013年3月21日，新浦区召开“质量强区”工作会议，城区分局局长刘山文代表区质量强区工作领导小组作工作报告。

【认证工作】 2013年，城区分局对12家3C认证企业进行现场核实。新浦区有7家重点企业的7位高管获得江苏省首席质量官任职资格。8家企业通过质量管理体系认证，7家通过环境管理体系认证。

【计量工作】 2013年，城区分局组织1家单位申报并通过计量保证确认，9家单位申报并通过计量合格确认。组织申报省级诚信计量使用单位8家，申报市级诚信计量单位3家。对辖区内31个金银销售点、20余家农资销售点、5家大型超市的在用计量器具进行了计量专项监督检查，共抽查261个批次，不合格3批次，已全部督促整改。

【标准化工作】 2013年，城区分局组织辖区内企业8个产品采用国际标准，2家企业被省质监局批准为标准化良好行为创建单位，2个地方农业标准获得立项。

【食品生产监管】 2013年，城区分局完善加强食品及食品相关产品企业交流QQ群，对食品企业动态进行挂图更新。2013年，共巡查获证企业130家次，检查小作坊19家次，出动执法监管人员290人次，培训食品企业60家次、检验人员40人次，责令整改3家次，查处食品案件1起，约谈企业6家次。

【特种设备安全工作】 2013年，城区分局加强特种设备标准化、差别化、公开化、信息化监管。共出动特种设备检查人员220人次，检查企业68家，发现一般事故隐患197项，隐患台数153台，严重事故隐患20项，隐患台数11台，已全部督促整改。特种设备投诉举报检查核实率100%，举报人满意度100%。同时，城区分局还承办电梯安全专题宣传。制作电梯公益广告在连云港市电视台21频道播出，并利用电信和移动平台向4万个电信和移动用户发送电梯安全知识公益广告，制作电梯安全动漫和连环画，送到企业、社区和学校。

【质量监督与行政执法】 2013年，城区分局在贯彻落实八项工作制度的基础上，开展行政执法走访、座谈、约谈专项行动，创新开展行政指导工作。先后召开2次企业座谈会，共向企业发放行政指导建议文书22份、告诫文书6份、约谈企业5家，给予提示10家次。全年共办案件11起，两安全案件10件，其中特种设备案件6件，食品案件4件，12365信息平台处理152件，其中投诉举报类51件，业务咨询类101件。

2013年12月，城区分局召开党风廉政建设暨企业座谈会。

（撰稿：王淑英
审稿：刘晓永）

国有资产经营与管理

【概况】 2013年，江苏瀛洲发展集团有限公司（简称瀛洲集团）在区委、区政府和市国资委的领导下，坚定信心，负重拼搏，围绕全区工作大局和重点工程、重点项目，充分发挥投融资平台在拉动地方经济发展中的职能作用。全面完成条块领导交办的工作任务。2013年度获新浦区经济建设和社会发展目标一等奖。

【全力提升综合经济实力】 瀛洲集团作为全区重点项目的实施主体单位，积极构建各类平台服务全区各大指挥部，2013年新成立清源物业、泰顺土地、神州投资、瀛洲旅游、盐河巷、民主步行街文化传播等6家子公司，投资遍及城乡统筹、滨河新城、民主路改造、新浦公园二期、新浦经济开发区西拓等各个领域，资产规模在投资发展中不断膨胀，有效保障工程项目的快速推进。瀛洲集团年度投资总额超过15亿元，资产总额突破25亿元。注册资本从3亿元增至10.3亿元，净资产从3.7亿元增至15亿元，旗下子公司发展到15家。浅水湾粮油公司下辖的白金酒礼行瀛洲店被茅台集团评为江苏“样板店”，销售突破500万元，利税超过200万元。

【全力推进资产整合】 2013年，在区政府领导和各相关单位的共同努力下，全区资产整合工作扎实推进，成效显著。作为区资产整合领导小组的办事机构——瀛洲集团积极与浦南镇、城乡统筹、新浦经济开发区等6个工作小组对接，协调配合区财政、国土、规划等职能部门，对梳理出的200公顷土地、37.6万平方米房产进行系统清查、归类、排队、划转、过户。区住建设局名下6920平方米房产、2354平方米土地完成过户，滨河新城26.4公顷土地经过招拍挂程序已经注入平台，浦南镇8.53公顷砖厂、21.7公顷“五个一”（新浦区第一人民医院、新浦区社会福利中心、浦南中学、浦南小学、樱花社区第一期）工程建设用地拿到了省政府批文，原区政府办公楼6000多平方米土地、16000平方米房产已经补办了两证（房产证、土地证），民主路11处新建建筑10000平方米门面房正在国土部门申办权证手续。此外，东河新城办公楼、区政府现用办公楼、江苏银行新浦支行原办公场所等过户工作按计划协调推进。滨河新城9.7公顷土地、新浦经济开发区10.53公顷土地等也在报批中。

【加强平台建设】 2013年，瀛洲集团实力不断增强，资产规模愈加雄厚，平台建设工作不仅得到区委、区政府领导的大力支持，也受到市政府和市国资委领导的关心和指导。10月15日，经省工商局审核，原连云港瀛洲投资发展有限公司变更为江苏瀛洲发展集团有限公司，简称：江苏瀛洲集团。10月21日，市政府、市国资委授权连云港瀛洲投资发展有限公司为市级国有资产投资主体，瀛洲集团成为连云港市第11家市级平台企业。此外，通过全市“三百引才工程”招引，瀛洲集团以年薪制成功聘请两名高层次人才充实到公司经理层。全年企业融资达到6亿元，并成功发行中小企业私募债。

【推动社会事业发展】 2013年，瀛洲集团在抓好现有资产经营管理、实现保值增值的同时，自我加压，抽调精干力量参与民主路特色街改造、社区服务中心建设、全民健身中心建设。建筑面积1.5万平方米的新浦区社区文化中心项目，完成全部规划建设手续，于12月10日开工。

（撰稿：张　岩
审稿：梁正江）

红太阳家具商业广场　　（区地志办　供）

财 税 金 融

财 政 税 务

财 政

【概况】 2013年，新浦区公共财政预算收入完成26.6亿元，同比增收1.9亿元，增长7.5%，先后获省文明单位、市财政收入工作考核一等奖、全市财政系统会计管理部门目标考核先进单位一等奖、全市财政信息宣传与调研工作先进集体、全市财政目标管理先进集体、全市财政一体化系统建设工作先进单位、全市财政监督工作先进单位、全市财政决算工作先进单位、全市企业国有资产统计报表工作先进单位、全市金融办优秀服务奖、区“机关作风十佳单位”一类单位、全区法治建设工作先进集体等荣誉称号。

【公共预算收入项目】 2013年，新浦区公共预算收入项目为：增值税（25%部分）23351万元，同口径比2012年增收6369万元，增长37.5%；营业税106477万元，同口径比2012年增收15030万元，增长16.4%；企业所得税20052万元，同口径比2012年减收2964万元，下降12.9%；个人所得税9391万元，同口径比2012年增收2162万元，增长29.9%；资源税1704万元，同口径比2012年增收689万元，增长67.9%；城市维护建设税12767万元，同口径比2012年增收1530万元，增长13.6%；房产税3836万元，同口径比2012年增收168万元，增长4.6%；印花税2398万元，同口径比2012年减收178万元，下降6.9%；城镇土地使用税4387万元，同口径比2012年减收391万元，下降8.2%；土地增值税33400万元，同口径比2012年增收7028万元，增长26.6%；车船使用税1017万元，同口径比2012年减收639万元，下降38.6%；行政性收费41683万元，同口径比2012年减收9528万元，下降18.6%；罚没收入624万元，同口径比2012年减收322万元，下降34.0%；专项收入5458万元，同口径比2012年增收664万元，增长13.9%，国有资源有偿使用收入20万元，同口径比2012年减收1万元，下降4.8%。

【一般预算支出项目】 2013年，新浦区区级财政一般预算支出项目：一般公共服务支出34191万元，同口径比2012年增支10770万元，增长46.0%；国防支出310万元，同口径比2012年增支51万元，增加19.7%；公共安全支出4468万元，同口径比2012年增支33万元，增长0.7%；教育支出49422万元，同口径比2012年增支4755万元，增长10.6%；科学技术支出2780万元，同口径比2012年增支386万元，增长16.1%；文化体育与传媒支出1164万元，同口径比2012年增支428万元，增长58.2%；社会保障和就业支出13568万元，同口径比2012年增支2090万元，增长18.2%；医疗卫生支出8109万元，同口径比2012年增支2865万元，增加54.6%；环境保护支出1361万元，同口径比2012年增支431万元，增长46.3%；城乡社区事务支出61879万元，同口径比2012年增支10141万元，增长19.6%；农林水事务支出13144万元，同口径比2012年增支2333万元，增加21.6%；资源勘探电力事务支出2869万元，同口径比2012年增支191万元，增加7.1%；商业服务等事务支出2145万元，同口径比2012年减支1633万元，下降43.2%；住房保障支出3770万元，同口径比2012年增支192万元，增长5.4%；粮油物资储备管理等事务支出202万元，同口径比2012年增支83万元，增加69.7%；其他部门事业费6025万元，同口径比2012年减支9283万元，下降60.6%。新增金融监管等事务支出，新增支出7万元。

【缓解企业生产资金压力】 2013年，新浦区充分利用财税政策，为企业争取各项扶持资金2015万元，协助融资2000万元，缓解企业生产资金压力。获批省级科技计划项目6项，其中东海硅微粉获批省级重大成果转化项目。引导正大天晴、东海硅微粉、乐园新材料等工业企业进行老旧设备改造、产业转型升级，技改和科技扶持资金支出1774万元。落实招商引资奖励政策，营造良好招商环境，签约亿元以上项目27个。扩大“营改增”税改范围，全区涉及试点纳税人2863户，企业纳税同比减负14%，促进企业提升经营活力。

【完善机制促征管】 2013年，新浦区形成“区—乡镇（街道）—村（社区）”

三级网络和"综合治税、社会化征管、专项整治、催报催缴"四大平台。国税、地税等15个执法部门组成工作组，全面监控税收征管情况，全年入库税收21.9亿元，占公共财政预算收入的82%。在连云港市率先成立4家个体零散税收服务站，开票16209份，开票金额1.9亿元。开展陇海步行街等专项税收整治工作，查补税收4562万元。按照属地管理原则，对各类建安工程及1.6万户个体工商户催报催缴，入库税收9676万元。

【加快项目融资进程】 2013年，新浦区通过资产整合、财政资金注入等方式，支持江苏瀛洲集团做大做强，净资产规模达15亿元，升级为市级投融资平台。充分发挥财政职能作用，采用财政资金质押、资产租赁、政府信誉、委托贷款等方式，多渠道开展融资工作，当年实现融资6亿元。

【加大工程投入规模】 2013年，新浦区积极落实重点工程部署，以财政资金为引导，政府融资为主体，多渠道筹措项目资金，加快重点工程建设步伐，全年共投入16.3亿元，其中财政资金5.6亿元。支付2.5亿元支持浦南新镇区建设，推进路网和公益项目建设，打造连云港市城乡统筹样板。支付2.2亿元支持滨河新城建设，拓展城市功能分区。拨付兑现拆迁补偿款8.5亿元支持旧城改造建设，动迁东上渔场、财校等地块。支付3.1亿元，支持水晶街、民主路老街、盐河巷古街特色街区建设。

【坚持教育优先支付原则】 2013年，新浦区学前教育、中小学生人均公用经费按省定标准逐年增长，公用经费支出2410万元，同比增长18.8%。进城务工人员随迁子女100%就读，全额享受公用经费。支付教师培训经费200万元，全年培训7408人次，教师素质得以全面提升。安排贫困生补助80万元，扶助贫困学生612名。校安专项支出5200万元，新建校舍4.3万平方米，加固校舍1.2万平方米，新浦中学、解放路小学郁洲分校等新建教学楼投入使用，海庆中学教学综合楼主体封顶，办学条件达省标准化要求。城乡学校教育装备提档升级，达省定二类标准。

【补发津补贴和绩效工资】 2013年，新浦区调整公务员津补贴和事业单位绩效工资，增支1448万元。将事业单位绩效工资纳入计提基数，全年增支1723万元。补发新浦区除教育系统外事业单位在职人员绩效工资3517万元，并增补海州区划事业单位退休人员绩效工资797万元。

【支持社保体系建设】 2013年，城乡居民养老金支出615万元，新农合及城镇居民医保金支出1942万元，筹资标准全线提升，纳入养老医疗体系人员17311人。加大对基层医疗卫生机构扶持力度，公共卫生经费支出1871万元，受益人口达到62万人。化解医疗卫生机构债务支出972万元，解决卫生系统药品欠款支出600万元，推进基本药物制度改革。做好城乡最低生活保障金发放工作，低保金支出1486万元，增长20.5%，5.7万人次受益。

【促进城市改造出新】 2013年，新浦区支出2800万元支持市区主干道沿街景观改造，加大城市绿化投入，修建便民路、背街小巷，清掏下水道等工程。支出1167万元支持环境综合整治工程推进。落实运行经费7386万元支持环卫事业，提高环卫运行保障水平，促进城乡环境改善；增支200万元将浦南镇环卫工作纳入区级管理，推进城乡环卫管理一体化进程。

【落实支农惠农政策】 2013年，新浦区争取国家级农业开发项目4个，支出1494万元促进全区农业产业结构调整；支出480万元争取省级集体经济发展项目，壮大村级集体经济；支出804万元推进农桥、农路、农村"一事一议"项目建设；签单政策性农业保险保费280万元，兑现粮食直补、农资各项补贴1018万元，发放家电下乡补贴资金1773万元，受益农户近2万户。支出1054万元加强村庄环境整治力度，推进秸秆机械化还田和综合利用；支出217万元推进"菜篮子"工程建设，实施生产基地建设和农贸市场改建。

【拓展财政核算管理】 2013年3月，区财政局对6家社区基层卫生机构实行统一核算；5月对区划4个街道及22家事业单位进行代管，年内，纳入国库集中支付系统管理的行政、事业单位231家。调度资金18.9亿元，增长27%；争取上级专项补助资金3.5亿元，增长29%；国库集中支付清算25758笔，支付资金13.2亿元，直接支付率为94%。

【强化财政监督】 2013年，新浦区"预算编制、预算执行、绩效管理、财政监督"四位一体的财政管理体系不断完善，财政监督在预算执行中的纠错功能不断增强，全年共对37家单位进行预算编制执行情况、财务制度执行情况等检查。重点检查5家基层医疗卫生机构2012年财务情况，进一步推动基层卫生单位财务管理规范化。同时，联合商务局对2009~2013年度家电下乡政策执行情况进行督察，通过随机抽查、电话回访、实地核实等方式，确保财政补贴落到实处。此外，针对环卫系统运行保障问题，进行深入调研，摸清家底，研究解决方案；委托会计师事务所对3家卫生机构公共卫生配套及其使用情况、15家住建系统单位工程项目收支情况、江苏瀛洲集团及其7家子公司融资情况、项目支出等情况进行跟踪检查，并提出相关整改意见。

（撰稿：周　畅
审稿：邱洪建）

税　务

国税三分局

【概况】 2013年，连云港市国税局第三税务分局（简称"国税三分局"）围绕"稳中求进、开拓创新"年度工作主题和"夯实保持国税收入持续稳定增长，稳步夯实税源专业化、营改增试点三项基础，推进依法行政、服务经济、纳税服务、队伍建设、国税文化、党风廉政六方面工作，实现效能建设、内部管理、作风建设三大突破”工作思路积极作为，各项工作均取得显著成绩。全年组织税收收入11.7亿元，再次荣获江苏省“文明单位”称号，并有1名干部记三等功，11名干部荣获嘉奖。

【国税收入】 2013年，国税三分局共组织各项税收收入117340万元，较2012年同期128632万元减收11292万元，减幅为8.8%，完成年计划的75%。其中，国内增值税64843万元（其中营改增4263万元），比2012年同期63525万元增收1318万元，增长率为2.1%；消费税12604万元，比2012年同期11591万元增收1013万元，同比增长率为8.7%；企业所得税39885万元，比2012年同期53502万元，减收13617万元，同比增长率为-25.5%。

2013年国税三分局税种收入情况表

表14　　单位：万元

项　目	年度计划	1~12月累计	上年同期	增减额	增减%	完成计划%
收入合计	156347	117340	128632	-11292	-8.8	75.1
一、“两税”	91100	77447	75116	2331	3.1	85.0
1.增值税	77100	64843	63525	1318	2.1	84.1
其中：营改增	1000	4263	579	3684	636.3	426.3
调库数	—	449	875	-426	-48.7	—
2.消费税	14000	12604	11591	1013	8.7	90.0
二、所得税	65235	39885	53502	-13617	-25.5	61.1
三、个人利息税	12	8	14	-6	-42.9	66.7

【税收分析和税源预测】 2013年，国税三分局遵循二级分析制度，加强对主体税种、分税种、收入以及省、市级重点税源户收入经济和政策引发增减因素分析；加强对特殊行业、纳税户的收入趋势、税负情况以及个体税收增减因素的分析，加大对重点税源的分析和监控，分析影响税收增减主要因素，开展走访调研和预测收入，有针对性开展基础管理和风险应对工作。

【重点税源监控分析】 2013年重点税源企业大幅减收，入库支撑力度明显下滑，但非重点税源企业税收增速明显。66户省、市级以上（其中省级29户）重点税源企业共入库税款88913万元，同比减收18188万元，减幅17.0%。从各类型企业税收占比看：省级重点税收占总收入的比重为69%，比2012年76%下降7个百分点，市级重点企业税收占比7%，比2012年同期8%下降1个百分点，非重点税源税收占比24%，同比提高7个百分点；从分类企业税收收入增减对比看，省、市级重点税源企业本期都减收，但省级重点税源企业减收是影响国税三分局减收的主要因素，省、市级重点企业分别减收16584万元和1604万元，减幅分别是17.0%和16.4%，非重点企业本期增收6896万元，增幅达32.0%。

【流转税管理】 2013年，国税三分局做好申报期催缴工作，加强户籍、发票、资格认定等基础管理，确保准期申报率、入库率达标，金税工程存根联采集率保持100%，抵扣联重号率为零，征管机考“十五率”处于市区较好水平。

【所得税管理】 2013年，国税三分局将亏损户全部纳入审计范围，发挥好涉税鉴证作用；重点跟踪核定征收改按查账征收的企业；加强申报资料审核，确保申报质量。强化后续管理，加强汇缴后申报真实性的审核；加强督察检查，按照评价、分析、检查工作进展情况，做好2013年度企业所得税汇缴工作，汇缴总户数6211户，较2012年5806户净增加405户，增长6.98%，确保汇缴面100%。实现税款多。2013年度实现税款为41767万元，较2012年39343万元增加2424万元，增幅5.80%；发挥分类管理效应，盈利水平大幅度提高。2013年纳税调整后所得为168571万元，较2012年37899万元，增幅344.79%。

【个体税收征管】 2013年，国税三分局共组织个体税收2409万元，比2012年同期1844万元，增收565万元，增长28.1%。2013年征管措施有：做好新老个体户的定额核查，达点户1155户，比年初增加351户，达点率由2012年底的9.7%提高到15.8%。根据市政府关于恢复大岛山采石工作的文件精神，会同云台乡政府及相关采石企业，对大岛山59户石子加工户，进行委托代征，3-12月共入库税款91万元；个体达点率由整治前的27%提高到整治后的90.1%，月均入库税款由整治前的4万元提高到整治后的13万元，全年增加税收100余万元。

【税收风险应对】 2013年，国税三分局以低于行业税负、任务类风险、连续三年亏损、一般纳税人连续六个月零负申报等为主线，开展风险识别、风险预警、风险应对和纳税评估工作，对达到转稽查局条件的及时转入稽查程序。本期共对925户企业进行风险应对，有问题483户次，未完成31户。风险应对成果是：自查补税4311万元，调减留底1230万元，调减亏损额4838万元，稽查补税791万元。特别是对风险行业——房地产行业作为国税三分局班子重点走访辅导的对象，及时零距离进行预警提示和企业所得税法宣传辅导，使本期房地产行业税收增收3842万元，同比增幅高达到49%。

2013年国税三分局风险管理成果情况表

表15 单位：万元

风险成果	合计金额	五级风险	任务类	其他
增值税	427	226	201	—
消费税	3	0	3	—
企业所得税	1160	35	1125	—
滞纳金	225	18	206	1
调减留抵	1170	934	115	121
调减亏损	4838	1418	3118	302

【税收宣传月】2013年，国税三分局紧扣全国第22个税收宣传月“税收·发展·民生”的税收宣传主题，利用大型超市荧屏宣传税收口号，营造税收宣传氛围；利用短信平台、“12366”宣传税收最新政策；主要开展服务调研，走访辖区3户重点税源企业，开展税源调查，掌握企业生产经营、财务状况和发展前景，广泛征求意见，现场解答纳税人提出疑难问题。推行“五进”活动，进景区，充分借助旅游旺季人流量大、延伸性强、信息传播快的区位优势，悬挂宣传标语，营造税收宣传氛围；进社区，依托新海、新南、新东3个街道服务站点，发放《纳税人须知》5000份；进厂区，利用综合调查、约谈评估等与纳税人接触的机会，有针对性开展税收宣传；进学区，为高级技工学校的学生开展“纳税人权利与义务讲座”，普及将走向职场的群体税法知识；进机关，通过走访街道（乡镇）党政领导，汇报国税组织收入、征管和服务情况，广泛征求意见和建议，强化针对性服务措施。同时，举办5期企业所得税汇缴业务培训班，有600余名企业财务人员参加培训。

【纳税提醒】2013年，国税三分局寓服务于管理，及时做好涉税办理事项提醒、纳税期提醒、税收政策通知通告提醒、约谈辅导提醒，做好纳税评估个案分析工作，及时提醒纳税人限期整改，避免因涉税违章带来的损失。

【落实优惠政策】2013年，国税三分局为6户民政福利企业办理退税436万元，扶持民政福利企业发展。免抵调库449万元，比2012年同期减少426万元，同比减幅48.7%。

【税收执法责任制】2013年，国税三分局注重防范执法风险，严格实施“日报周清月结”的执法过错适时跟踪制度和及时应对机制，全年共涉及9户次执法错误信息，对7名责任人扣发奖金250元；对纳税评估补征税等重大事项实行集体审核审议制度，保证执法规范和公开公正。

（撰稿：赵扣锁
审稿：谢　华）

地税六分局

【概况】2013年，连云港市地税局第六税务分局（简称地税六分局）以党的十八大精神为指导，围绕市地税局（简称市局）和新浦区委、区政府的工作部署和年初确定的目标任务，坚定信心，迎难而上，以组织税费收入为中心，以建设地税文化为引领，各项工作均取得进展。先后获省级“文明单位”、省“巾帼文明岗”，以及“建设新浦有功单位”等殊荣。

【实现税费新增长】2013年，地税六分局按照市地税局（简称市局）年初工作计划，围绕服务地方经济科学发展、跨越发展这个中心，始终把组织收入工作放在第一位，领导班子带领干部职工深挖税源，强化税基，坚持依法治税，应收尽收，促进税收收入稳步增长，确保完成全年任务。2013年，地税六分局共组织税收收入55141万元，同比增长5.7%，顺利完成全年任务。

【加强重点税源监控】2013年，地税六分局通过分级建立重点税源网络和重点企业税源档案，及时采集有关数据信息，对相关指标与同行业、同类纳税人相比存在异常的企业，与相关企业进行沟通，进一步加大监控与管理力度，提高重点税源的专业化管理水平，促进税收增长。2013年，辖区内75户一百万元以上重点税源企业共入库税款3.53亿元，占全部税收收入的64.09%。

【发挥风险应对功效】2013年，地税六分局全面贯彻风险管理理念，提升风险应对水平，牢牢把握风险管理导向，掌握风险应对流程和方法，全分局风险应对组织税款入库数1469万元。

【加强薄弱环节税收征管】 在年初汇算清缴工作中，个人所得税方面，地税六分局在全市率先超额完成年所得12万元申报目标，共办理自行申报1235人，申报税款3142万元；企业所得税方面，共清缴入库1100余万元。另外，在年中开展的企业所得税征收方式鉴定工作中，将140户查账征收企业改为核率征收，全年增收400万元。

【提升风险应对质效水平】 2013年，地税六分局针对中度风险管理特点，采取三项措施：一是制定风险管理措施。分局成立风险小组，负责制定地税六分局的风险管理办法，指导监督各风险应对科室的工作。二是细化风险管理工作流程。地税六分局制定风险应对的操作程序，从案头审核、询问约谈、实地核查以及复审等每一个环节，规范了程序、文书、证据、事实描述、处理、执行，明确了风险应对的责任单位、责任人和完成时限，使得税收风险管理机制更加完善。三是健全风险复审机制，强化内部复审工作。一方面要求各风险科长对照相关要求对每户进行初审，发现问题及时整改，做到日常审核到位；另一方面按季开展交叉复审，对已完成的卷宗在风险科之间进行复审，复审情况及时通知相关人员整改。

【推进依法治税进程】 2013年，地税六分局采取三项措施，推进依法治税进程。一是高度重视依法行政示范单位的创建工作。地税六分局从依法履行税收职责、推进税务管理转型、推进科学民主决策等几各方面开展2013年依法行政工作。在市局的考核中，获得良好等次。二是税收宣传有声有色。以第23个税收宣传月活动为契机，逐步建立起"重在四月、贯穿全年"的税收宣传工作机制。在"三解三促"（了解民情民意促进干群关系融洽，破解发展难题促进基层发展稳定，化解社会矛盾促进机关作风转变）活动中，地税六分局领导班子走基层下企业，亲自传授、宣传税法，增强辖区企业依法纳税的责任感。三是深入落实税收政策。持续开展企业所得税、个人所得税汇算清缴工作，年初印发资料500余份，加大对纳税人进行政策辅导。严格对企业减免税条件资格进行把关审核，成立减免税调查专项小组，对辖区内的高新技术企业和民政福利企业等符合减免条件的企业进行详细核查。

【强化常规化业务培训】 2013年，地税六分局加大常规化业务培训力度，加强学习培训考核，全年除参加市局举办的各项培训外，地税六分局还组织专项业务培训班，提高干部职工学习业务知识的自觉性。在2013年市局举办的大规模全员业务考试中，地税六分局荣获集体第三名的佳绩。

【推进惩防并举机制建设】 2013年，地税六分局认真学习市委书记李强提出的"庸、懒、散、满、浮"的"五治"要求，并深刻作出总结和心得体会；全分局成立廉政教育学习小组，学习研究市局出台的《关于加强党员领导干部作风建设的八项规定》，认真开展"三书一片"（《税收违法违纪行为处分规定》《领导干部从政道德启示录》《岗位廉政教育情景案例读本》和失德之害——领导干部从政道德警示录教育片）教育活动，并组织分局税务干部观看警示教育宣传片，自律自省。

【热衷公益事业】 2013年，地税六分局相继组织三批人员到浦南镇看望几十余名留守儿童，送去学习和生活用品，奉献爱心。地税六分局李杰多年助人为乐精神广受社会好评，入选"江苏好人榜"。

（撰稿：李　莹
审稿：王召鑫）

民主路文化街大华百货商店　　　　（张　琦　摄）

驻地银行

【中国人民银行连云港市中心支行】 2013年，中国人民银行连云港市中心支行（简称中心支行）下辖东海、赣榆、灌云、灌南4个县支行，中心支行机关设18个科室，共有职工248人。是年，中心支行围绕“内涵式发展”工作主线，探求基层央行有效履职的新方法、新途径和新措施，各项工作取得明显成效。中心支行连续九年被市委、市政府评为“建设连云港有功单位”。

推动地方经济社会协调发展　中心支行贯彻执行稳健货币政策，坚持间接融资和直接融资“双轮驱动”战略，推动社会融资规模稳步增长。2013年，全市可统计的各类社会融资增加310亿元，其中贷款增加163.7亿元，新发行直接债务融资工具63.7亿元（发行量居苏北首位）。引导金融资源向重点领域和弱势群体倾斜，保障重点项目，服务社会民生。协助市委、市政府在南京举办金融支持连云港加快发展座谈会，金融支持实体经济的做法得到总分行和地方党政领导的充分肯定。出台中小微企业融资服务意见，成立中小微企业金融服务中心，全年累放小微企业贷款134亿元。探索农村土地承包经营权、住房产权抵押融资创新，在总行副行长刘士余来江苏调研时作了典型汇报。

实施金融帮扶工程　2013年，中心支行探索建立县域金融发展与稳定协调机制，加强融资性非金融机构管理，推动县域金融生态建设，得到上级行和地方党政领导的充分肯定。开展风险排查，加强风险预警和提示，相关做法得到南京分行行长周学东和市长赵晓江的批示肯定。

促进金融机构规范审慎经营　2013年，中心支行“两管理、两综合、一保护”（“两管理”即开业管理、营业管理；“两综合”即综合执法检查、综合评价；“一保护”即金融消费权益保护）工作在分行执法监察中被评为优秀。探索开展证券期货机构综合管理，相关做法得到分行肯定。组织制定金融机构重大事项报告操作规程，强化重大事项管理，开展反洗钱走访调查、风险评估和执法检查。举办全市金融消费权益保护知识电视大赛，得到分行副行长奚尚琴充分肯定。深化东海县“三级、两阶”（“三级”即县、乡、村；“两阶”即在每一层级设立两个金融消费者维权机构）。金融消费权益保护工作模式，出台农村便民服务点优惠管理办法，相关做法被总行《中国金融消费权益保护》报道。推进赣榆县与山东临沭、莒南县开展苏鲁跨区域金融消费权益保护工作，推动灌云县金融消费权益保护服务站扩面提质。

加强金融基础设施建设　2013年，中心支行会同东海、灌南县政府推动农户及农村经济合作组织信息采集，完善农村信用信息数据库，有效运用农户信用信息系统为农户提供融资便利。继续推进农村青年信用示范户创建及融资扶持工作。广泛开展《征信业管理条例》宣传。拓展金融IC卡应用领域，启动“非接商圈”建设，推动加载金融功能的社保卡发行。在东海县探索“助农取款+小面额现金服务”模式，打造农村地区“银行卡刷卡无障碍示范区”。在营业室、会计科、科技科等部门的共同努力下，圆满完成二代支付系统上线。强化各项会计核算业务事后监督和内部审计监督。顺利通过分行会计二级达标复查验收。在赣榆县构建村、所、点、站、行“五位一体”的反假服务网络。组织实施人民币流通满意工程，建立残损币定向回笼机制，探索小面额现金“无限量”供应模式。加强国库资金核算管理，保障国库业务系统与资金安全。

外汇管理改革　2013年，中心支行协助市委、市政府申报自贸港区，南京分行副行长陶为群专程来连作专题调研。完善全流程监测监管体系。积极推进“控流入、减顺差”，其做法得到省分局肯定。健全涉外企业定期走访制度，构建内部监测协作机制、外部监测跟踪反馈机制，完善区域外汇监测分析体系。深化主体监管，加大外汇检查力度，全年共检查企业22家、银行1家，查处违规案件4起，罚没款511万元。

优化内部管理　2013年，中心支行组织制作并参与录制《文化的力量》PPT课件，作为总行远程教育培训课程。出台调研考核和青年调研小组管理办法，举办重点研究课题研讨会，邀请总行专家现场点评指导。召开信息工作推进会，信息工作继续位居分行前列。完善人才培养、干部选拔、专业技术职务管理等机制，拓展干部交流任职渠道。组织召开干部监督例会，发挥监督合力，相关做法得到总行肯定。组织研发“领导干部履职绩效审计系统”，加强对领导干部和重要风险环节的监督。强化各项会计核算业务事后监督和内部审计监督。作为全省两家中心支行之一，在南京分行事后监督工作会议上作交流发言。打造“移动守库室”，开展安全生产大检查。以推进“廉政风险防控年”为契机，召开廉政风险防控会议，编制岗位风险防控指南。参加“效能港城”暨政风行风电视评议活动，推进软环境建设。落实中央和总分行关于改进作风方面的规定和要求，组织召开文明创建推进会，制定《改进作风实施办法》，并出台防范依法行政风险指导意见和法律建议书制度。完成职工活动室、食堂改造与办公室调整，规范公务用车、后勤接待管理。

（特约撰稿：陈苏鸣）

【中国工商银行股份有限公司连云港分行】 2013年，中国工商银行股份有限公司连云港分行（简称市工商银行）围绕全市经济社会发展大局，主动融入，靠前服务，在实现自身经营健康快速发展的同时，较好地履行在推动地方经济社会发展、维护社会稳定、创建和谐社会方面所应有的社会责任，得到社会各界的充分肯定。全年，本外币各项存款余额205.8亿元，新增32.56亿元；本外币表内外各项贷款余额209.48亿元，新增27亿元；存贷款首次双超200亿元大关。以“服务品质提升年”活动为契机，重抓“微笑服务”、服务规范化和网点服务基础管理三项工作，全行服务工作继续保持在全省先进行列。被市政府评为支持地方经济发展特殊贡献奖单位。

服务地方经济发展 2013年，市工商银行重点围绕连云港沿海开发主题，积极支持港口重点工程建设，结合客户需求和项目进度，适时制定金融服务方案。并重点围绕先进制造业、文化旅游、上市公司及股东、新型物流、现代服务业及战略型新兴产业，积极拓展并收购重组、滩涂资源利用、经营物业贷款、固融、水利、新农村等多维度市场，支持实体经济发展。重点围绕开发园区、产业集群，以“一链一区一市场”为基本定位，深化小企业客户金融服务。围绕全市重点民生项目，加大金融服务，成功实现社保卡发卡。

提升服务“三农”能力 结合新农村建设，以“村长工程”为抓手，采取一系列措施，加强农村金融服务。加强对农村专业市场的金融宣传，定期组织工作人员下乡“赶集”宣传金融知识，加大对涉农结算工具、结算产品的投放。对县域支行实行资源投放的政策性倾斜，提高县域支行服务“三农”能力。同时，主动融入地方城镇化建设，不断加大对地方政府城镇化建设特别是农村城镇化建设金融服务力度。

（特约撰稿：姚 欣）

【中国建设银行股份有限公司连云港分行】 2013年，中国建设银行股份有限公司连云港分行新浦地区各分支机构着力提升大型重点客户服务能力、内部管理和风险案件防控能力，不断提高经营管理水平，较好地完成年度各项目标任务。

存款保持较快增长 坚持“以客户为中心”，不断改进和创新金融服务，各类客户和账户数新增均居同业前列。一般性存款较年初新增6.92亿元，其中，企业存款新增4.29亿元、个人存款新增2.63亿元。均创近年最好水平。

支持地方经济 2013年，向沿海开发重点项目、城市基础设施发放贷款近20亿元，并提供5亿元直接融资服务。切实做好中小企业客户服务，新增小企业贷款3亿元，较好地满足成长型小企业的资金需求。

战略性业务较快发展 2013年，新增居民健康卡批量发卡2.2万张；信用卡业务成为中间业务收入支柱产品；国际结算和结售汇业务量稳步增长，跨境人民币产品完成率在全省领先；电子银行与柜面账务性交易量之比达37.98%。

（特约撰稿：王亚光
审稿：张凯军）

【交通银行股份有限公司连云港分行】 2013年，交通银行股份有限公司连云港分行（简称连云港交行）认真贯彻落实国家各项经济金融政策，积极融入连云港经济社会发展大局，深入推进转型创新，强化管理，持续提升服务质量，坚持在社会转型进步中推动自身发展。至年末，连云港交行资产总额125.03亿元，存款余额119.36亿元，贷款余额91.79亿元。

支持地方经济发展 2013年，连云港交行抢抓连云港沿海开发等多重叠加机遇，强化本地重点项目对接服务，为企业量身打造金融服务方案，支持地方经济发展。至年末，该行贷款余额91.79亿元，一般授信企业人民币贷款比年初增加8.77亿元；向优质企业发放外币贷款8436万美元；签发银票27.51亿元，开立信用证11.99亿元、保函2.05亿元；办理贴现147笔，金额4.09亿元。同时，集中整合有限信贷资源，围绕全市经济发展战略，全力支持重点工程、重大基础设施和重大产业项目：新增4.28亿元支持市天然居南等9个旧城改造地块收储整理项目；新增2.14亿元支持连云港苏宁广场项目；新增1亿元支持连云港港徐圩港区一期工程项目；新增1.5亿元支持海滨新区（连云新城）基础设施一期项目。

支持中小企业发展 2013年，连云港交行持续深入贯彻国务院关于加强小微企业金融服务的政策精神，做好对中小企业、三农企业、县域企业的信贷支持和服务。至年末，该行中小企业授信余额占全部授信余额的71.21%，较2012年提升1.21个百分点；为东辛农场、云台农场、云盛果蔬、振兴实业集团等农业企业或农副产品加工企业提供授信支持7.6亿元；在无县域网点情况下，支持赣榆、东海、灌云、灌南四县中小企业42户，授信额度21.35亿元。

推进改革转型创新 2013年，

连云港交行作为交通银行江苏省分行矩阵式经营管理模式改革试点行，完成矩阵式经营管理模式改革工作，进一步优化管理，提升服务。还积极进行机构创新，设立连云港市首家科技支行。以矩阵式经营管理模式改革为突破口和着力点，该行深入推进转型发展，在贷款规模紧张情况下，有效通过创新业务支持企业，服务地方经济发展。当年，通过委托债权投资交易模式为某港口企业融资2亿元，是连云港交行首次通过北京金融资产交易所招拍挂方式操作的业务；充分发挥交行综合化经营优势，成功为某码头建设公司发放3亿元租赁贷款，解决企业融资需求；通过“保险+贸易融资”创新业务模式，为某生产企业办理3000万元国内保理业务，是该行也是连云港市首单国内贸易信用保险项下贸易融资业务；通过单一资产池得利宝项目为某公司融资5000万元，是该行首单公私联动创新产品。

强化内控合规管理 连云港交行严格贯彻落实中国银行业协会关于服务收费相关规章制度，完善服务价格管理体系，强化内控制度建设，严格按要求做好“七不准”（不准以贷转存、不准存贷挂钩、不准以贷收费、不准浮利分费、不准借贷搭售、不准一浮到顶、不准转嫁成本）、“四公开”（项目公开、质效公开、功能公开，优惠政策公开）公示及服务价格信息披露。同时，持续加强风险排查、信贷合规检查、案防检查、反洗钱、反欺诈等工作；以“强管理、重防范、保平安”创建活动为抓手，加强安保队伍及安防设施建设，搭建物防、人防、技防立体网络；采取专家会审、系统监测、飞行查库、后督指导、轮岗轮调等措施保障营运安全。

打造优质服务品牌 2013年，连云港交行不断提高自我要求，以“一个交行、一个客户”为指引，以建成当地服务最佳银行为目标，着眼塑造“财富管理”品牌，全力提升客户服务。年内，该行为网点配备无线Wifi、全功能自动柜员机、全新网银终端等多种便民设备，推出太平洋挂件IC借记卡、个人联名账户借记卡等多种便民产品；该行营业部荣获全国银行业文明规范服务“千佳示范单位”称号，新浦支行荣获省级“文明规范服务示范单位”称号，新浦地区的金盛支行、人民路支行荣获市级“文明规范服务示范单位”称号。

（特约撰稿：华　飞）

【中国农业银行股份有限公司连云港分行】 2013年，中国农业银行股份有限公司连云港分行（简称连云港农行）各项存款总额达到202亿元，较年初增长22.94亿元，增幅12.8%，排全省农行第三；本外币各项贷款达152.5亿元，比年初增长23.3亿元，增幅18.1%，居全省农行第一；实现中间业务收入1.74亿元，完成省行计划的101.2%；实现拨备后利润4.13亿元，完成省行下达目标的101.61%，增长率排名全省第四位。连云港农行被市委市政府评为2013年度“建设连云港有功单位”。

发展三农业务 2013年，连云港农行农户贷款余额1.32亿元，比年初新增1172万元，完成省行年度计划的117%；“惠农通”工程服务点全年有效率91%，排名全省农行第一；新发居民健康卡6.11万张，占全省农行当年新增发卡量的30%，发卡量居全省农行首位；社保卡制卡32.68万张，完成省行计划，排名全省农行前列。

防诈骗工作 2013年，连云港农行成功堵截44起电信诈骗案件、3起假存单诈骗案件、1起假回单诈骗案件和4起假证件诈骗案件，柜面累计收缴假人民币近20万元。

网点建设 2013年，连云港农行完成11个营业网点的标准化改造、4个临时网点和13个离行自助银行建设。网点新建项目开工率100%、综合完成率92%，均居全省农行第一。

开展“三走”资产营销 2013年，连云港农行在经营行营销的基础上，由行长带队，组织贷审会成员与经营行一道走市场、走客户、走基层，开展专题营销，营销团队深入各级各类开发区、工业园区，上工地、港口、矿区等。走访79个客户。

金融产品和服务营销 2013年，连云港农行获批江苏核电三期、方洋集团等12户项目贷款，总金额达127.5亿元，实现项目贷款客户翻番。该行为太平洋石英、新海石化和日出东方太阳能股份有限公司等客户开通“现金管理系统”，为连云港港务工程公司办理1亿元人民币信托融资业务，向连云港兴鑫钢铁等278户公司客户提供电费电子托收及预缴业务，电费月缴存额近2亿元。连云港电子口岸信息发展有限公司电子口岸业务开通上线。

内部管理 2013年，连云港农行加强操作风险管理。推进运营“三化三铁”（标准化、规范化、制度化，铁账、铁款、铁规章）基础创建工作。发挥运营后台中心控险、保障和减负作用，全行实现集中授权、集中监管、集中清分、集中配送的全覆盖，电子渠道对账签约率全省排名第三，集中授权效率全省排名第四。全省首家将网点印鉴扫描入库上收至市行事后监督中心处理。所有网点均推广应用芯片存单系统，配备A类点钞机、票据鉴别仪。加强信用风险管理。年内，开展10次信贷专项检查、6次常规检查。重点开展贷后管理工作，不良贷款占比持续下降，法人贷款保持无不良。加强安全生产。以安全保卫“三化三达标”（安全保卫工作“标准化、制度化、精细化”，支行、金库、营业网点实现“物防达标、技防达标、人防达标”）创建和诈骗案件、金库、自助银行安全等专项治理活动为载体，强化安全保卫人防、物防、技防和制度执行体系建设。2013年，全行无责任性事故、无重大声舆风险、无案件发生。

（撰稿：于祥彪
审稿：仲崇杰）

【中国农业发展银行连云港市分行】 2013年，中国农业发展银行连云港市分行（简称市农发行）坚定持续发展理念，保持务实苦干作风，认真贯彻落实总、分行工作部署，增耐力、提能力，强基础、促发展；各项业务逆势攀升，推进内部建设，优化基础管理，全面超额完成年度各项经营指标。

提升支农能力　2013年，市农发行在信贷计划持续紧张的情况下，累计投放各项贷款60.7亿元，年末贷款余额86亿元，同比增加1亿元。同时，不断优化信贷资源配置，加大粮油购销储和农业农村基础设施贷款投放力度，累计投放粮油收储贷款30亿元、收购粮食136.7万吨；支持赣榆县东温庄水库、龙梁河综合整治和花果山农民集中居住等亿元以上项目9个，投放中长期贷款17.9亿元，同比增加2.8亿元；两类贷款余额80.7亿元，比年初增加5.4亿元，特别是中长期贷款比年初增加7.4亿元。

提升筹资能力　2013年，市农发行将存款工作作为重中之重，抓好项目配套资金落实、强化贷款归行管理、组织非税财政资金入户和加大考核激励等四项重点工作，实现存款业务的大幅增长。年末，市农发银行企事业单位存款余额28.6亿元，比年初增加6.2亿元，增幅28%，在全省排名第3位，并于11月末首次突破30亿元大关；企事业单位存款日均余额25.8亿元，比年初增加4.9亿元，位居全省第3。累计节约筹资成本1372万元，存款财务贡献率有效提升。

提升服务能力　2013年，市农发银行以满足客户需求为中心，拓宽服务范围、提高服务质效、提升人员专业素质，形成以咨询顾问类业务、代理保险业务和国际结算业务为主要支点的三级收入体系，在规范、有效满足客户需求的同时，实现中间业务大幅增长。全年累计实现中间业务收入861.5万元，同比增加209万元，增幅32%。

提升盈利能力　2013年，市农发行面对金融同业竞争日益激烈、存贷款利差空间持续收窄等不利形势，不断优化业务结构、精细财务管理、拓宽收入来源，经营绩效实现难中攀升。全年累计实现目标利润24174万元，同比增加2436万元，增幅11%。市农发银行客服中心充分发挥客户多、业务量大的区域优势，克服人员紧张的难题，全年实现目标利润1.17亿元，完成市分行下达目标任务的129%，在全行占比48%。

提升管控能力　2013年，市农发行坚持将风险防控作为发展的根本保障，全面落实风险管理措施，切实增强风险预警和处置能力，坚守风险防控底线，成功化解并及时收回4900万元风险贷款。以标准化晨会、主管履职和综合检查为抓手，加强内部监督管理信息系统应用与管理为推进，制定不良贷款处置方案，加大清降不良的力度，现金清收不良贷款150万元，完成省分行下达年度目标任务。

提升队伍素质　2013年，市农发行深入推进和谐银行创建。坚持以人为本，以队伍素质提升支撑快速发展。推进行领导班子建设，提高政策水平和管理能力；鼓励员工干事创业，强化岗位练兵，不断增强队伍素质。

（特约撰稿：吴志蓉）

【江苏银行连云港分行】 2013年末，江苏银行连云港分行外币存款余额199.41亿元，比年初增加9.61亿元；本外币各项贷款余额159.52亿元，比年初增加20.7亿元；全年实现拨备前利润45725万元，比2012年增加3699万元。2013年，江苏银行连云港分行被中共江苏省委、省政府授予“江苏省文明单位标兵”荣誉称号，这是连云港市唯一一家获此殊荣的金融单位。

第一批开展党的群众路线实践活动　举办主题教育知识竞赛，25个党支部80余名党员代表参与，营造浓厚的学习氛围；举办专题辅导会。邀请北京大学教授对群众路线的重要作用和意义作专题辅导；举办学习体会交流会，各层面的党员代表作群众路线教育实践活动学习体会交流发言，切实将思想认识转换为提升分行执行力和转变工作作风的助推力；举办“三项讨论”活动，各党支部共260余名党员干部围绕“我是谁、为了谁、依靠谁”、中央提出的“四风”、省委提出的“四查四治”和分行作风建设等三大课题全面展开讨论。走访企业，以“凝民心、惠民生、促民富”为宗旨，与企业开展广泛合作对接，将教育实践活动落到业务发展实处；走访退休员工，听取意见和建议；举办个别谈话征询会，征求基层员工意见；开展行长与员工交流对话，征求基层一线意见；开展部室征询意见活动，征求部室作风建设意见。共收集整理65条意见，全部整改到位。

服务东中西合作示范区　2013年，江苏银行连云港分行为配合国家“东中西合作示范区”建设要求，满足示范区内中小企业客户融资需求，适时提出并积极联合市财政局、市经信委和格斯达担保公司共同开展此项业务，由国家合作示范区担保风险基金先期提供7000万元作为担保，分行给予最高扩大10倍达7亿元的授信支持，10年间预计用100亿元支持企业发展，贷款损失补偿由格斯达担保公司承担60%、市财政部门承担40%。

推出“幸福民生贷”系列产品　2013年，江苏银行连云港分行围绕全市推动科学发展、建设幸福港城作为“十二五”期间的发展主题，推出“牵手创业展业，带动就业致富；促进消费需求，提高生活质量”的金融服务目标。打造幸福商铺贷、幸福农机贷、幸福经营贷；幸福家庭组合贷、幸福安居贷、幸福万里行、幸福白领贷、幸福分期付为内容的“幸福民生贷”系列惠民信贷产品，不断提高人民群众的幸福指数。全年发放各类民生贷412户，1.87亿元。

召开支持港口经济发展座谈会　2013年，江苏银行连云港分行邀请港口有关企业负责人召开支持港口经济发展座谈会，就进一步开展银企合作，实现互惠互利展开讨论，广泛征求各方意见和建议，共同为港口经济发展献计献策。

（特约撰稿：陈　勇）

【连云港东方农村商业银行】 连云港东方农村商业银行（简称东方农商行）是一家全方位、多功能、综合性竞争实力雄厚的地方性金融机构。下设36家支行，秉承服务“三农”、中小企业、微小企业、个体客户“四大主体”，资金取之于港城、用之于港城、造福于港城人民，积极融入沿海开发，同发展、共繁荣，践行“港城人民自己的银行”承诺，在推进地方经济跨越发展中推动自身科学发展。截至2013年末，全行各项存款80.37亿元，各项贷款余额8.37亿元，在促进地方经济发展中发挥重要作用。

开展“小微贷款” 2013年，东方农商行支持小微企业。全年小微贷款余额2.61亿元。在国内市场经济增速放缓的情况下，东方农商行积极推动贷款投放力度，不断创新微贷新品种，推出50万元以下消费类贷款，10万元以下36小时捷速贷，在不断扩大总量的同时，严格控制贷款风险上限，实现银行与客户双赢目标。

三大工程建设 2013年，东方农商行推进“阳光信贷、金融便民服务到村、富民惠农创新”三大工程。当年，完善“阳光信贷”管理办法和实施细则，实现农户档案系统化管理45711户，授信农户4.97亿元，“阳光信贷”新增用信399笔3009万元；推进“金融便民服务到村”，覆盖全辖92个行政村，建立143个助农服务点，在每个支农服务点安装EPOS机，使广大农户足不出村，就可享受到小额取现、转账等金融服务；推进“富民惠农金融创新”，优化信贷流程，创新金融产品，完善“一日贷”“三日贷”，提高办贷效率。

提升金融业务能力 2013年，东方农村商业银行不断加快与现代商业银行接轨步伐，发挥经营机制灵活优势，实施服务空间、服务种类和服务手段创新，先后推出圆鼎借记卡、圆鼎贷记卡、网上银行、手机银行配套金融服务，推出中小企业、小微企业、个体工商户、个人消费贷款等特色贷款业务、各类中间代理业务、理财业务以及国际业务，方便了港城人民金融服务需求。同时不断改进和完善服务质量，严肃处理客户投诉行为，为广大客户提供舒适、便捷的金融服务环境。

（特约撰稿：朱　涛）

【中国邮政储蓄银行连云港市分行】 2013年，中国邮政储蓄银行连云港市分行（简称邮政储蓄银行）业务收入达到29215万元，比2012年增长20.87%。全年实现拨备后利润12406万元，比2012年增长34.59%。经济资本回报率42.34%，全省系统内排名第三。收入利润率达到42.47%，全省系统内排名第六。坚持存款立行、贷款兴行，负债、资产业务呈现良好发展态势。全辖储蓄余额达到34.79亿元，净增5.55亿元，占全省增量的7.54%，增长19%，增长率全省排名第一。公司存款日均余额达到13.11亿元，增长2.18亿元，完成省行年日均计划的100.82%。信贷规模达到40.43亿元，增长4.98亿元。向港口集团投放4亿元流动资金贷款，连续四年累计向港口集团发放流动资金贷款达到14亿元。成功入围赣榆新海湾码头银团贷款项目，已发放贷款7900万元。

企业管理 2013年，邮政储蓄银行加强开展“合规大讨论”、一把手合规一堂课、“学案例、查风险、强内控”等活动，强化合规意识，增强员工对制度的敬畏意识。始终不放松风险意识教育，继续通过家访、例行谈话、合规从业承诺、典型示范教育和警示教育等活动，筑牢员工思想防线。加大规章制度与业务操作规程执行的监督力度，提高员工执行规章制度的自觉性和主动性。切实加强信贷员职业道德教育，继续与信贷员家属签订职业道德共建责任书。

作风建设 2013年，邮政储蓄银行落实作风建设年工作，以作风的转变带动各项工作。践行新型客户观。员工是行长的客户，前台是后台的客户，基层是本部的客户，下一环节是上一环节的客户。通过新型客户观的建立和实践，形成企业运行“1+1＞2”的整体效应。在各级管理人员和市县行本部开展了以“治庸、治懒、治散、治浮、治满”为主要内容的作风建设活动，以解决“中梗阻”提高执行力为重点，促进各项工作提质提速提效，打造效能型本部。开展“筑基行动”。领导班子就分管工作中存在的“最薄弱、最不清楚、最不放心”事项深入基层一线，按季确定课题，亲自查摆问题，剖析问题根源，寻求解决方案，提升市县行领导班子发现问题、解决问题的能力。开展党的群众路线教育实践活动。召开各种座谈会，与管理人员、普通员工谈心谈话，广泛征求员工意见，查摆形式主义、官僚主义、享乐主义和奢靡之风“四风”方面存在问题，以教育实践活动推进行风建设。

社会形象 2013年，邮政储蓄银行通过省级机关工委和省文明办考核，被授予“2011-2012年度江苏省省级机关文明单位”称号。《中国邮政报·金融周刊》头版头条刊登《效能银行：连云港市分行的求解》，集中介绍效能银行建设的情况。在市行成立五周年之际，市人大领导、市政协领导视察邮储银行，大学生记者走进邮政储蓄银行。无论是客户，还是政府领导、社会各界、金融同业，都认为邮政储蓄银行的变化逐年显现，进步超乎想象。

理财服务 2013年，邮政储蓄银行个人理财业务涵盖人民币理财、外币理财、代销基金、代售国债、代理保险、代理贵金属等六项业务，是邮储银行根据客户需求、对风险的偏好及承受能力，通过掌握的客户信息，分析客户财务状况，综合运用邮政金融资源自行开发销售个人理财产品或接受金融同业委托，为其选购个人理财产品，并以此为基础将适合的金融产品进行组合，为客户制定理财规划并提供相应的理财顾问服务的业务。依托邮政储蓄网络和个人金融客户资源，邮储银行个人人民币理财业务，现已形成“创富、天富、财富”等三大系列产品线，具备了“日月鑫”资金理财池，满足了高、中、低三个不同风险等级以及长短期的投资理财需求，并为我行高端客户专门开发了“财富御享”系列人民币理财产品。针对有需求的公司客户，邮政储蓄银行设计“金苹果”专户理财产品，对单个公司客户的需求研发产品，实现“一对一”服务。同时，还开办代销基金、代售国债、代理保险等理财业务，进一步加快邮储客户的结构调整，满足城乡居民的理财需求。

（特约撰稿：李　超）

驻地保险公司

【中国人寿保险股份有限公司连云港市分公司】 2013年，中国人寿保险股份有限公司连云港市分公司（以下简称人寿保险）坚持以责任为使命、以创新为动力、以和谐为目标，充分发扬“不畏困难、敢打硬仗”的亮剑精神，攻坚克难，取得较好的成绩，公司综合经营绩效在前两年列全省系统前三甲的基础上，2013年继续蝉联。连续16年、共8次荣获省、市“文明单位”称号，同时，还先后获得市首届“文明诚信企业”、省消协“诚信单位”、南京人行首批“平安金融创建先进单位”等称号，所辖的赣榆县支公司被评为2011-2012年度“守合同重信用”企业，在全省827家“守合同重信用”企业中，是唯一获此殊荣的支公司。

业务规模再创新高 2013年，实现寿险首年保费6.11亿元，比2012年增长6%，是全省系统唯一达成年度新单目标的市级分公司；实现首年期交2.11亿元，十年期及以上首年期交1.36亿元，增长6.6%。短险保费7416万元，比2012年增长18.3%；其中短期意外险4577万元，比2012年增长20.6%。

三大渠道齐头并进 2013年，人寿保险个险渠道实现10年期保费1.31亿元，完成年度目标111.4%，列全省第二，比2012年增长13%。团险渠道实现短险保费4566.45万元，完成年度目标的120.2%，比2012年增长28.4%，增幅列全省第四。实现意外险保费2993.2万元，完成年度目标的130%，比2012年增长34.7%，增幅列全省第一。银保渠道实现新单首年保费4.43亿元，达成年度预算105%，排名全省第一；期交首年保费5200万元，达成年度预算69.8%，排名全省第四。

双领先地位得到巩固 2013年，人寿保险在本地市场份额达到54.72%，其中个险渠道为54.5%，团险渠道71.92%，银保渠道53.57%。人寿保险综合经营绩效考核排名全省系统第二，保持系统与市场双领先地位。

综合开拓能力持续提升 2013年，人寿保险实现系统内个险渠道实现团单短险保费282万元；银保渠道实现个险高效期交1756.7万元。系统外，实现代理产险保费5304万元，比2012年增长26.3%。实现收入多元化。

推进大病保险工作 2013年，人寿保险参与市政府大病保险承办招标工作，以高分获得新农合大病保险承办第一中标单位，与市区、东海、灌云3个统筹区签署承办协议，2013年下半年的大病保险补偿工作在有序推进。

经办新农合 2013年，人寿保险市区与灌南新农合农民达88.5万人，实际补偿比例近70%，已实现补偿金额2.9亿元，先后有241万人次受益。

推广农村小额保险 2013年，人寿保险在全市系统推广农民小额保险，全年承保130万人，已赔付1000余万元。

开展各类惠民保险 2013年，人寿保险率先在全市开展民政优抚对象和城镇职工大病补充医疗、新简身险等业务，为广大低收入人群提供保障，民政优抚保险业务年年市场赔付率超过100%。2013年，赔款达600余万元。

开展暖心行动促和谐 2013年，人寿保险关注困难员工和营销伙伴。上半年开展对销售伙伴吴光明的大病救助活动，全市员工与销售伙伴捐赠款近8万元，同时，向省公司争取了8万元的“国寿爱·手足情”关爱救助金，让全市系统营销员都感受到公司的温暖；关爱老人和关心军转人员。举办座谈会，发放慰问金，激发老人和军转人员的工作热情。

做好理赔服务工作 2013年，理赔时效得到明显提高，全年平均时效1.09天，5日内结案率99.45%，比2012年提高0.5天；完善柜面服务管理，建立常态化的服务监督机制。

参与社会公益活动 2013年，人寿保险采取五项措施，全力做好社会公益事业：一是与团市委、市志愿者协会、连网联合开展“锋行港城”活动；二是与市文明办定期开展“文明交通志愿服务周周行”“我为高考学生保驾护航”等志愿服务；三是参与市希望工程办组织的寒门学子圆梦行动，募集12070元爱心助学金，资助3名高考学生走进大学校门；四是积极响应市委市政府扶贫工作，为赣榆县厉庄镇北林村捐助2万元，所辖灌云支公司向“益海”助学中心81名孤儿捐赠300万元保险保障；灌南支公司向县逸夫特殊教育学校捐赠10余台空调；东海支公司开展“蒲公英行动”，24名志愿者与山左口乡的24名贫困留守儿童结对，担当“爱心妈妈”；五是开展暖冬义务献血活动，得到全体员工乃至现场客户的积极响应。

（特约撰稿：张莹秋）

【中国人民财产保险股份有限公司连云港市分公司】 2013年，中国人民财产保险股份有限公司连云港市分公司（简称人财保险），保费收入7.84亿元，同比增长21.55%，市场份额占48.40%。人财保险公司资产总额达1.6亿元，设有7家支公司、4个直属营业单位、5个区县以下营业部、85个营销服务部，服务网络遍布四县三区直至各个乡镇，代理网点覆盖全市。公司现有员工443人，本科以上学历的占58%，具有专业技术职称的占28%，拥有一批保险管理人才和业务骨干。2013年，人财保险获得江苏省质量奖（服务业）、省放心消费创建活动先进单位、省文明单位、省诚信单位、省创建文明行业工作先进行业、全省保险业行风建设先进单位、省平安金融创建先进单位、连云港市文明行业等多项荣誉，并被市政府授予“金融服务发展奖”。

保险种类 2013年，人财保险主要经营财产保险、机动车辆保险、货物运输保险、建筑和安装工程保险、人身意外伤害保险、短期健康保险、家庭财产保险、船舶保险、能源保险、责任保险、信用保证保险等100多种险种。

处理各类赔案 2013年，人财保险坚持“以客户为中心，以市场为导向”的经营理念，全年处理各类赔案4.38万余件，支付赔款4.45亿余元，承担风险责任总额达4163亿元，为连云港地方经济发展和人民安定生活做出贡献。

（特约撰稿：闫春娟）

【中国太平洋人寿保险股份有限公司连云港中心支公司】 2013年，中国太平洋人寿保险股份有限公司连云港中心支公司（简称太平洋寿险）设有6家支公司和9家营销服务部，160余名员工和1300余名营销员。全年保费收入32090.26万元，在连云港寿险市场份额占比为10.8%，共计赔付金额1065.8万元。

参与大病保险招标　2013年，太平洋寿险参与连云港市城乡居民大病保险招标，并成功中标，负责赣榆、灌南两个县的城乡居民大病医保工作。

坚持合规经营　2013年，太平洋寿险坚持合规经营是公司的"生命线"的经营管理理念，坚持"以风险为导向、以控制为主线、以服务为目标"的工作思路，不断加强内控管理的专业队伍建设，逐步建立全员、全程、全面的内控管理工作机制。通过组织开展多项合规自查自纠工作，加强对合规、审计检查发现问题的整改跟踪，积极落实案件责任追究制度。太平洋寿险秉承"诚信天下、稳健一生、追求卓越"的核心价值观，通过在中支公司本部及所辖各机构、营销职场的醒目位置张贴企业文化核心要素的宣传海报，以促进员工全面理解"太平洋保险"企业文化核心要素的内涵及精神实质。公司努力倡导以人为本，营造和谐氛围，开展优秀评选活动，营造争先创优的良好氛围，调动员工工作积极性。

做好重大赔付工作　2013年，太平洋寿险认真做好重大赔付工作，及时为被保险人办理赔付。是年2月20日，被保险人张某在单位干活，从操作台意外掉入绞笼里死亡，太平洋寿险为其赔付50万元；是年4月25日，被保险人王某因交通事故死亡，太平洋寿险为其赔付50万元。

（特约撰稿：许　一）

【中国太平洋财产保险股份有限公司连云港中心支公司】 中国太平洋财产保险股份有限公司连云港中心支公司（简称太平洋财保）下设赣榆、东海、灌云、灌南、连云5家支公司，拥有员工140多人和众多的营销人员。公司以健全的组织机构、雄厚的技术力量，先进的技术装备、专业的保险人才为众多的机构客户和个人客户提供全方位风险保障解决方案和无微不至的服务。

2013年中国太平洋财产保险股份有限公司连云港中心支公司始终坚持贯彻和落实"以客户需求为导向"的战略，牢固树立服务理念，进一步推动公司做大做强。2013年，共实现保费收入21431万元，同比增长27.51 %，其中车险保费16530万元，同比增长19.19%，非车险保费4901万元，同比增长66.77%。综合成本率 91.4%，综合赔付率60.5%。其中车险综合成本率93.6%，综合赔付率63.2%；非车险综合成本率79.3%，综合赔付率45.7%。全险简单赔付率48.34%，同比下降10.61%；其中机车简单赔付率56.28%，同比下降0.25%；非车险简单赔付率21.54%，同比下降48.84%；滚动12个月应收保费率5.95%（含核电业务5.86%左右），实际应收保费率0.085%，资产认可率99.92%。连云港中支先后荣获省、市级诚信单位、市级"文明单位"、市"免检企业"、市"重合同、守信用企业"、市"服务满意单位"以及太保产险江苏辖区内"先进集体"等众多荣誉称号。

车险业务　2013年，太平洋财保面对市场竞争等不利因素，采取积极措施，努力实现车险的科学发展和精细化管理。扩大合作面，陆续签约奔驰、雪铁龙、标致、长安、捷豹、陆虎等10家经销商，东方远通、全力、康华、华驰、一丰、启辰等店份额得到一定的提升。抢抓存量客户，提升续保率，特别是优质客户续保率，车险续保率在全辖区排名第一。以车商和电销渠道为突破口，合理安排人力、加大费用支持和理赔送返修资源整合的力度，提升车商渠道专业化经营能力，增加车商渠道整体产出，全力推动车商渠道业务快速发展，在车商合作的广度和深度上做文章下气力。主动扩大宣传吸引客户，提高落地服务水平，提升客户满意度等办法保持电销业务的高速增长。大力发展车险团单业务，想方设法巩固存量业务，广泛收集客户信息，落实专人积极拓展增量业务。坚持多渠道共同协调发展，实现车险业务全面快速发展。2013年，共实现车险保费收入16530万元，比2013年增长 19%。

非车险业务　2013年，太平洋财保在抓好车险发展的同时，努力加快非车险的发展。在抓好万元以上客户续保的基础上，加大重大项目和重点客户的拓展力度，加大国内贸易信用保险等新险种的推广力度，积极动员宣导推动，组织交通银行、浦发银行及目标客户参加有关宣导及论坛，布置落实信用险目标客户信息采集，各机构部门积极行动，筛查目标客户几十家，先后拜访并申报授信客户5家；签单1家，实现国内贸易信用保险入账保费11万余元。充分利用银保通上线契机，加强与银行的业务合作，抓住"银保通"契机，使银保业务有较大的突破。全年坚持每月组织不少于1次的业务培训，同时每季度坚持开展以新增业务为激励目标的非车险竞赛活动，为实现全年非车险超常规发展，奠定基础。认真践行"以客户需求为导向"战略转型，进一步强化服务意识，积极开展重大客户的非车险风控查勘工作。加强与寿险公司的联动，通力协作，明确发展目标，产、寿险职能部门密切配合，顺畅沟通。积极做好交叉销售工作。

认真捕捉项目信息，积极开展重大项目开拓工作。年初申报分公司级重大项目立项7个，市公司级立项项目29个（含地标项目10个），同时，做好各项目跟踪工作，分公司级立项重大项目核电二期工程险2013年3月成功签单，新增入账保费 1570余万元；重大客户（500+X）客户合作数达到8家，完成入账保费2687万元，地方50强客户保费收入已突破2000万元大关。积极拓展新项目，促进业务长足发展。万联能源的财产险、新浦环卫处的雇主责任险、福泰克电子的产品责任险、港务局工程公司的施工人意险、中船燃料一揽子保险，港加混凝土、港连驾校、经纬物流的车辆险等项目的成功签单，新增保费150余万元。在江苏核电公司5个保险项目中太平洋财保取得1个首席，2个独家，1个共保的骄人业绩。积极做好益海板桥工业园化工项目二期项目、德邦，斯尔邦建工险，虹港石化，虹洋热电等大项目、新项目动态跟踪工作。连云港港口集团的保险项目，总保费的65%落地太平洋财保。2013年，太平洋财保非车险保费4901万元，比2012年增长66.77%。

做好理赔服务工作　2013年，太平洋财保以客户需求为导向，为不同的客户提供差异化服务。按客户规模不同进行分级管理，对重点客户增加风险管理、防灾防损等增值服务，普通客户标准服务，增加客户服务体验，提升理赔服务效果，以赔促保发挥理赔的二次展业的作用，加快业务发展。

依法合规经营　2013年，太平洋财保推进内控优化项目工作，在加快业务发展的同时，高度重视合规经营，建立完善合规风险管理体系，努力提升公司内控管理水平，切实将合规和风险管控的要求落实到公司的每一位员工、经营的每个环节。

加强对保险销售从业人员资格的规范管理，依据中国保监会《保险销售从业人员监管办法》要求，综管部积极组织、协调，并分两批对参考人员进行考前培训，年内，全辖已有110人通过保险销售从业人员资格考试，通过率为91%，全辖大厅柜面人员及4S店的出单人员均参加考核，经考试考核，约95%的出单员取得“综合柜员”上岗资格。

（撰稿：屈国红
审稿：杨永卫）

【中华联合财产保险股份有限公司连云港中心支公司】2013年，中华联合财产保险股份有限公司连云港中心支公司（简称联合财保）集中力量狠抓渠道建设，特别是抢抓车商渠道方面的工作，连续出台一系列办法，通过各种资源和人脉关系攻关重点车商和各商业银行，并设立车商、银保业务销售部门和专职人员，加大渠道业务拓展力度，使渠道业务特别是车商业务有飞速的增长。加大对大集团企业、大项目，以及政府采购等业务的公关力度。通过努力承保了海通集团、港口集团等业务实现非车险成效初显，公司的社会认可度得到提升。

2013年，完成保费收入3728.36万元，完成全年保费计划序时进度100.5%，比2012年同期2636.7万元增长41.4%，其中：车险收入2963.2万元，非车险收入765.16万元(含人险367.84万元)，非车险占比20.52%。2013年，赔款支出1781.31万元，比2012年上升49.29%。报表综合赔付率40.41%，报表利润693.5万元。截至12月份，在连云港市场排名第6，比2012年上升3位，市场份额占比2.3%，新单保费利润为50万元。

基础管理工作有序开展　2013年，联合财保正赶上总公司资产重组后实施“转型升级，卓越发展”宏伟目标的发展机遇之年，也是对连云港联合财保独立建制后恢复性经营的关键一年，围绕保险行业核心价值理念“守信用、担风险、重服务、合规范”十二字方针做好管理，合规经营。注重企业文化建设，在“我为希望小学捐本书”的公益活动，中支公司开展“捐赠一本书，为希望小学孩子们打开一扇窗”的爱心捐赠活动。共捐书120余本。是年4月20日8时2分，四川省雅安市芦山县发生7.0级地震，联合财保以自己的实际行动救助受灾群众和帮助灾区的重建家园。在全辖范围精心组织开展反洗钱宣传活动，利用每周一晨会对员工进行反洗钱知识宣导，使员工对洗钱犯罪有进一步认识；通过在职场悬挂宣传条幅、摆放反洗钱危害性的展板、在柜面摆放反洗钱宣传传单等，让客户在等待业务办理的时候翻阅，了解反洗钱知识；同时全辖机构的电子屏滚动播放“警惕身边的洗钱陷阱，远离犯罪”“远离洗钱活动，构建和谐社会”“依法打击洗钱犯罪，营造良好的金融环境”等标语，起到良好的宣传效果。

发挥集体智慧共谋发展　2013年，联合财保充分发挥各机构、职能部门负责人模范带头作用。定期召开办公会，加强与县支机构负责人的联系经常听取他们的声音。凡涉及制度建设、运营管理、业务政策制定等重大事项，均通过召开会议研究，统一思想，统一认识，定期召开销售精英例会，多听听一线员工心声，集思广益，营造团队的合力。通过民主管理，做到决策透明，政务公开，使得领导班子团结，部门关系协调，职工心齐劲弘，上下协力，创造和谐发展的良好氛围。

加强客户服务工作　2013年，联合财保通过开展为客户送一瓶水、微笑服务，争创“金牌服务窗口”“金牌服务明星”活动，提高服务质量。制订重大灾情应急预案，为客户开展防灾防损宣传活动。为强化和规范理赔管理流程，通过多种形式扎实推进“优赔增效”活动，以优质的服务促进业务的发展。是年10月27日，联合财保受邀做客连云港广播电台“行风热线”栏目，通过电波就广大保险客户关注的车险投保、理赔方面的热点、焦点问题与听众进行充分交流。并向听众介绍中华保险公司的总体情况、品牌优势以及推出的“车险全覆盖八项服务”等系列特色增值服务，与听众通过热线进行互动，对所涉及的内容进行耐心解答，收到良好效果。

（特约撰稿：徐晓明）

【天安财产保险股份有限公司连云港中心支公司】2013年，天安财产保险股份有限公司连云港中心支公司（以下简称天安财保）实现保费收入4343.95万元，比2012年增长11.2%，当地财险市场占有率为2.8%，在连云港市财产险公司排名第5位。车险保费收入3513万，占比80.63%，同比增长11.38 %，非车险844万，占比19.37%，增长10.47%。

理赔工作　2013年，天安财保全年接报案4635件，结案3732件，结案金额2890.42019万元；未决件数610条，未决金额13331870.67元。全年打假降责29起案件，总减损金额275.66万元。

开展宣传月活动　2013年3月，天安财保在全市开展“诚信天安，幸福相伴”的“3·15”消费者权益保护宣传月活动，积极地向广大客户和社会公众展示公司专业、高效、贴心的服务形象。天安财保总经理周昭应邀接受江苏电视台城市频道现场采访，向全省观众介绍连云港天安财保开展的保险进社区、服务咨询、保险专题讲座、总经理接待日等系列活动内容和形式。

强化服务意识　2013年，天安财保严格执行“微笑之声”“全国通赔”“主动服务”“公开透明”“即时回复”“一纸快赔”的服务承诺，并以“3·15”活动为契机，进一步强化公司服务意识，切实维护消费者的合法权益，不断完善优化服务流程、提升服务质量，努力践行“诚信保险，优质服务”精神，赢得广大客户的支持和信赖。是年6月27日参加连云港广播电台102·1频道的“行风热线”专访栏目，向广大港城听众宣传天安财险品牌及特色产品和服务承诺，向市民讲解相关条款，接受咨询。

成功续保南钢集团共保项目　2013年，天安财保以共保人身份成功续保南京钢铁股份有限公司、南京钢铁有限公司、南京金腾钢铁有限公司、南京钢铁联合有限公司、南京南钢产业发展有限公司及南京钢铁联合有限公司下属安徽金安矿业有限公司的财产险保险项目，该项目本次总保费近1500万元，天安财保作为共保人，共保比例16%，保费计240.77万元，其中财产一切险保费127.85万元、机器损坏险保费106.92万元、公众责任险保费6万元。

成功打假降责减损　2013年，天安财保开展百日打假行动。公司承保的连云港某旅游客运有限公司苏G1858X车于6月13日凌晨3点半左右在沿海高速盐城大丰段发生多车连撞事故，造成标的车受损严重，车上2人死亡、22人受伤，三者车受损，一人死亡、多人受伤的特大事故。接报后，公司成立“6·13”专案小组，在盐城市公安局经案支队的大力协助下，经过两个多月调查查明，系标的车雨雾天气未保持安全行车，且驾驶员系酒后驾车的事实，标的车方负本次事故主要责任，为保险除外责任地，减损200余万元。

（特约撰稿　刘都庆）

【阳光财产保险股份有限公司连云港中心支公司】　2013年，阳光财产保险股份有限公司连云港中心支公司（简称阳光财保）截至11月份实现保费收入2005万元，比2012增长7.22%。

队伍建设　2013年，市场大环境的影响和阳光财保本身业务政策偏紧，造成业务拓展带来困难。阳光财保消化吸收因政策调整损失的业务近200万元，实现保费规模略有增长。

2013年，阳光财保抓员工队伍建设，首先按照分公司的统一部署，发动一切力量，做好销售条线的增员工作，完成省公司安排的全年增员计划。2013年，阳光财保树立连云营销服务部的发展带头作用，完成保费突破430万元，比2012年增长70%，在全省四级机构达成率排名第二。阳光财保根据自身情况，进行中支本部渠道的有效整合。撤销经纪、银行和车商渠道，合并到直管团队渠道统一管理，使弱势直管团队得到加强。

降赔增效　2013年，阳光财保认真做好理赔降赔增效工作。成立“理赔降赔增效”行动专项工作小组。根据总、分公司理赔降赔增效安排，全面分析理赔工作和理赔各项数据指标的现状。一是抓大案的严格管理。首先，整体案件损失（包含人伤，车损，物损）超2万元的，本地案件由查勘人员24小时内转交大案负责人，由负责人通过邮件及车险平台上报分公司，并将邮件抄送分公司理赔总、中支总经理及该案件业务归属团队长。由大案负责人建立大案管理台账，并持续跟踪大案发展情况，直至结案。其次，建立大案会商制度。案件额超2万元的，必须逐案由总经理、大案负责人、业务归属团队长会商（涉及人伤需人伤调查岗参与），以达到最低赔付，最快结案，做到客户最满意的服务。此外，建立诉讼大案开庭前会商制度。对较大案值的或者存在较大争执的诉讼案件，开庭前由总经理、大案负责人、业务归属团队长、公司法务人员集体讨论，形成意见。二是抓打假制度的执行。为外勤查勘人员设立打假底线目标，每季度每人必须有打假案件。每月进行竞赛，以打假金额为准，第一名另行按打假金额5%给予奖励（不封顶）。连续两季度无打假案件者，全辖通报批评。三是抓各项行为规范的执行。首先，严格执行总、分公司下发的易碎贴使用规定、查勘定损规定、旧件回收管理规定等各项理赔管理规章制度。狠抓过程管理，按照要求加大考核力度，如不达标者，按分公司考核处罚结果的双倍处罚。其次，在理赔日常工作中，凡发现理赔人员徇私舞弊，以权谋私，损坏公司利益的，一经查实，第一时间上报总经理室及分公司理赔服务部，实行零容忍，给予严肃处罚。四是抓关键渗漏点的细化管理。对影响中支赔付率升高的关键渗漏点，采取细化管理。首先，严格控制各项费用2013年，阳光财保年中支公司各项费用严重超支，接到省公司的《警示函》后阳关财保召开专题会议，认真检视存在的“预算意识不强，只为业务发展，对费用疏予管控的思想”，对费用超支的原因进行分析并研究制定消化整改措施。对于高费用项目进行删减，在省公司下达的市场费用范围内进行费用投入，确保市场费用不超支，至年底争取将上年超支部分消化30–40%。阳光财保上至总经理室，下至每一个员工，从日常工作中的每一个环节入手，节约每一分钱。其次，抓电销业务的发展电销业务是阳光财保新的重要的业务增长点。通过加强对电销业务的管理，提高大家的认识，逐步解决与北京现场团队的关系协调，促进电销业务的发展。

（特约撰稿：郑艳秋）

都 市 风 貌

城市规划

【概况】 在市规划局和新浦区政府的双重领导下，新浦规划分局（简称规划分局）2013年的工作开展顺利，并取得较好的工作成果，获新浦区政府授予"建设新浦有功单位"称号。

【民房管理】 2013年，规划分局配合区政府做好旧城改造和民房拆迁工作中民房善后处理及市区民房管理的解释工作，确保社会稳定，确保旧城改造建项目的顺利开展。

【规划管理】 2013年，规划分局参与新浦区规划验收36次。并负责牵头社区用房的验收工作。至12月底已验收社区用房8处，移交新浦区社区用房2004.54平方米。

【服务于区委、区政府各项工作】 2013年，规划分局主动为区委区政府当好参谋。截至10月30日，为全区各乡、镇、街道办事处和各部门招商引资介绍规划10次，上门服务8次。同时积极参与区招商引资工作，为区各级部门招商引资提供规划支撑。

【为区各项重点工程提供规划服务】 2013年，规划分局克服人手少的困难，积极参与滨河新城、浦南新镇区和现代农业园区规划建设，从规划编制到项目报批，全程跟踪服务，保驾护航。

（撰稿：王绪国）

新浦城区一角　　（区住建局　供）

城市建设

综　　述

2013年，新浦区住房和城乡建设局（简称区住建局）围绕区委、区政府“转型升级增实力、好中求快创一流”的年度工作主题，以科学发展观为统领，紧扣各项城乡建设目标任务，创新思路、主动作为、精心组织、狠抓落实。全区完成城乡建设总投入126.96亿元（含房地产）。先后获得2013年度连云港市城乡建设发展目标优秀奖、2013年度全区经济建设和社会发展目标管理综合奖一等奖。

市政建设

【市政养护管理】 2013年，新浦区市政管理部门及时修复全区主次干道出现的坑塘、软基、破损路面，确保道路平整、交通安全。全年维修砼路面3566平方米、沥青路面10716平方米，调整维修人行道7730平方米，调整路牙石3600米，维修更换大小井1417座；疏通清淘大小井约6.5万座次，清淘疏通下水道约160千米。

【市政道路桥梁】 2013年，区住建局完成滨河新城7.4平方千米的道路建设，使得先导区基本实现与主城区南北通达、东西贯通。与此同时，重点实施八路两桥建设，保证聚贤路、振华路、同心路、同仁路、浦发路、郁洲路铁路立交桥建成通车；东站引河大桥、郁洲西路已经全面开工建设。新建城市主次干道10千米，新增建成区面积2.5平方千米。

【道路维修及小街巷整治】 2013年，区住建局对城区各街道办事处开展调查摸底，上半年开始对27条便民路、100条背街小巷、100条下水道集中整治；下半年第二批便民工程打造新市路作为全市便民路整治示范点，全面完成巨龙路、民主路、建联巷、新市路、陇海花园、海州二农宿舍6个片区集中整治。全年共实施完成27条便民路、138条小街巷、146条下水道维修任务，完成投入2000万元，整修路面4万平方米。

【城区防汛】 2013年，区住建局对辖区主次干道历年积水较为严重的地段和区域全面开展隐患排查，共排出包括小区、涵洞、道路交叉口等在内的重点地段（片区）28个；修订和完善了防汛预案，实行分片负责检查、分片落实防汛工作责任，并按路段实行专人负责，责任到人；为积极应对汛期抢险的需要，组建了共计80人的4支抢险应急队伍；同时组织做好应急抢险物资的储备，储备了铲车、高压管道疏通车、清掏车、翻斗车以及发电机组、水泵、编织袋、土工布、铁锹、黄沙、扁担、抬筐、警示灯等物资。4月份完成沈圩桥、白虎山强排站设备检修任务，确保汛期设备正常运行。对各主次干道如人民路、巨龙路、通灌路、东西盐河路、海连西路、东风路转盘、新建西路等重点道路出水口进行重点清障，确保入河口排洪畅通，对城区下水道特别是老城区和低洼片区排水系统进行全面排查、疏通。

【城区绿化】 2013年，区住建局强化对城区绿化和城郊外环绿色通道建设，完成投资2.37亿元，新建改造绿地91.6公顷，绿化绿地率达37%，绿化覆盖率达41%，人均公园绿地面积保持在11.7平方米。年内栽植48.6万株苗木，其中：乔木24.6万株，花灌木24万株；城区栽植各类苗木31.8万株，城郊绿色通道完成406.7公顷，栽植各类苗木16.8万株，投资2057万元。实施了公园广场、大浦河生态廊道、道路绿化、居住区单位庭院、城区主要干道两侧立体生态绿化等五大类27项绿化工程。完成国省县道总里程约59.32千米，实施汾灌高速、宁连高速新浦境内段、310国道、204国道、242省道，县道、乡道、村道等道路绿化108千米。

旧城改造

【地块征收】 2013年，新浦区重点推进国土储备地块征收。与市国土储备中心积极对接，落实征收补偿资金，购置商品房作为征收安置房源，体育局等4个项目已按照征收协议约定的时间完成征收。

【房屋收购和拆除】 2013年，全区完成14个拆迁结转项目。项目收购合理推进。年内完成盐河巷项目、同科项目、滨河新城改造浦发路等市政指导项目及鑫牛集团、西出入口杨庄地块的房屋收购和拆除，共计31.71万平方米。2013年，对辖区范围内自拆项目进行安全监督管理，确定项目拆除施工责任人，确保项目安全，年内，拆除房屋建筑面积30.21万平方米。

建筑业

【建筑业发展】 2013年，新浦区共完成建筑业总产值8.8亿元，建筑业增加值2.55亿元，外出施工人数0.086万人，外出施工产值0.9亿元，超额完成市政府下达的建筑业各项指标，与2012年同期完成数相比，分别增长17.3%、21.4%、8.9%、15.4%。

【资质晋升】 2013年，新浦区建筑业从业人员的技术培训、执业资格人员的继续教育等工作均100%完成。建筑业企业资质晋升培育工作取得初步成果，有两家企业初步符合相关晋升条件，相关资质晋升前的整改完善工作正在进行中，拟于2014年正式申报。

【市场开拓】 2013年，新浦区建筑业外部市场开拓继续保持良好的发展势头，区属建筑业企业已在8个省份设立了分公司。

【清欠工作】 2013年，新浦区清欠工作平稳有序，全年建设领域清欠案件结案率100%，无恶性案件发生。

【质量安全管理】 2013年，区属建筑企业全年质量安全无事故，全年共组织建筑业安全生产大检查4次，专项检查6次，月查12次，发现安全隐患49起，下达整改通知书24份，整改率达100%。

农村建设

【村庄环境整治】 2013年，完成82个村庄的环境整治任务，建成1个三星级乡村、81个环境整洁村，其中36个已经通过省建设厅验收。2013年上半年完成42个村庄的环境整治任务，全区共计投入资金约2442万元，累计出动2万余人次进行环境整治。建筑刷新49050平方米，新增绿化面积9450平方米，清理乱搭乱建3616平方米、乱堆乱放309处，清理河塘约50000平方米；清理垃圾1000余吨，配备垃圾转运车2辆，改建卫生厕所300余座，新建垃圾池40余个。修筑村庄道路10000余米，新建村级服务中心600平方米，铺设排水管道4500米，安装太阳能路灯100余盏。下半年重点做好39个环境整治村和1个三星级康居乡村整治工作。

【农村公路建设】 依据省公路局2013年农村公路建设计划安排，新浦区完成县道改造项目1个，龙浦路7.5千米，危桥改造及配套桥梁项目11座，共计划投资2285万元。同时，新浦区自筹资金，组织实施省计划外包庄桥、二总桥两座大桥的危桥改造，包庄桥已完工通车。

房管物管

【城区住房保障】 2013年，全区廉租房目标任务是发放住房补贴512户，全年实际发放住房补贴757户，发放补贴资金160余万元，新增廉租房补贴226户，全年完成安置低收入及低保户廉租房564套，另有79户低收入及低保户因居住不便或继续要求货币补贴等原因放弃实物配租；公共租赁住房目标任务新增100套（间），已完成位于浦南开发区的奥林匹亚石材宿舍楼100套（间），公司员工已经入住；2013年新申请公租房24户；岗埠农场集资建房408套已竣工销售，完成投资3800万元；限价房目标任务100套，完成位于南极北路的利玛置业的16套，新开工的万山小区拆迁安置限价房100套已完成，金鹰天地投资11600万元的300套已经完成并且销售；10月，连云港市首批共有产权经济房试点登记工作开始，共报名登记98户，已经有64户安排房源并办理了上房手续。全年共接待和处理关于保障房方面的投诉35起。配合省住建厅、市住房局做好住房保障需求调查问卷工作，从8月初开始对11个街道的居民进行住房保障摸底调查问卷工作，共收回有效资料300余份。

【物业管理】 2013年，全区住宅小区物业覆盖率达87.2%；配合市物业管理协会完成183名物业项目经理考核报名的初审工作，完成15家三级资质企业换证审核工作以及110家物业服务企业年度考核工作；推进物业服务合同备案制度，完成物业服务项目备案122项；落实日常检查、考核工作，全年累计下发整改通知15次；对全区129个物管住宅小区进行业主满意度测评，对测评结果低于75%的物业服务企业下发限期整改通知，全区住宅小区综合满意率为89.58%；落实物业项目承接查验制度，积极参与新建住宅小区前期物业招投标工作。组织开展2013年度物业管理项目达标创优活动，完成42个申报国家示范、省优、市优、区优称号的物业管理项目的初评初验工作。指导水墨江南、金鼎海云湾等4个新建住宅小区召开首届业主大会、选举业主委员会，指导极美苑等5个住宅小区完成业主委员会换届选举。2013年，累计登记接待物业投诉事件400余起。

（撰稿：周锡唐
审稿：魏苏平）

滨河新城开发

【概况】 2013年，滨河新城管理委员会(简称滨河新城管委会)按照区委、区政府提出的“三年出形象，五年出规模，八年成新区，未来大跨越”的整体工作思路，突出重点开发，强推项目建设，全年投入资金5亿元，全力推动滨河新城各项工作有序快速推进，确保完成阶段性工作目标任务，得到全区上下一致认可。

【规划设计】 2013年，新浦区委托上海同济大学规划设计研究院编制先导区城市设计工作，高水准、大手笔编制《滨河新城控规》，逐一解决铁路交织、高压走廊、塌陷区、污水处理厂、取水口水源保护等12个疑难问题。区级商务中心选址及设计方案获市规委会通过；新城内的中小学、医院、体育中心等公建项目的规划设计工作也在年内全面完成。

【基础设施建设】 2013年，新浦区在滨海新城重点实施路桥建设，聚贤路、振华路、同心路、同仁路建成通车；浦发路将于年底建成通车，实现与310国道相联接；郁洲北路西延工程的铁路立交桥顺利完成箱体顶进工程，实现南北贯通建成通车，东站引河大桥、郁洲西路已经全面开工建设。

【景观环境】 2013年，新浦区以郁洲北路、大浦河两岸景观绿化为重点，不断改善新城景观环境。郁洲北路景观绿化已全面完工，累计景观铺装2.3万平方米，种植苗木超13万棵。大浦河两岸景观绿化，精致制作11个文化小品景观，建成一纵一横的绿色休闲生态廊道，累计绿化面积约7万平方米，栽种乔木4000余株，灌木20余万株。

【招商引资】 2013年，新浦区接待广东碧桂园、康缘集团等客商60余次，跟踪对接万达、中兴、红钻3个超大商业项目。其中万达集团决策委员会已经通过在滨河新城投资建设万达广场项目的决策，项目已进入报批报建等审批程序。是年7月12日，新浦区政府与中兴通讯签订合作建设中兴智慧城框架协议。红钻美食街项目协议已经签约，后续工作正稳步推进，年内完成项目建设初步设计方案。

【融资工作】 2013年，经滨河新城管委会协调，浦发银行决定向滨河新城贷款2500万元，并于9月份资金全部到位；积极拓宽融资渠道，创新融资方式，筹备滨河股权投资基金1亿元的发行工作，已与南京鸿林投资敲定基金发行方案，由浦发银行细化具体操作事宜。

【拆迁征收】 2013年，滨河新城管委会完成高渠道以南36.7公顷土地征收工作，位于浦发路红线范围、总面积达1.3万平方米的磷矿医院、振兴钢结构厂房等房屋拆除工作逐个破题。年内，已完成铁路南侧2、3号楼、厨卫大卖场等1.2万平方米房屋征收工作。

(撰稿：蒋田田
审稿：许　建)

新浦玉带河新居　　(韩世泳　摄)

城市管理

综 述

2013年，新浦区城管局（简称区城管局）围绕城市管理中心工作，以环境整治、道路景观改造出新、禁违拆违等重点工作为契机，开展市容秩序综合整治，完善城市管理基础设施建设，创新长效管理机制，突出重点，统筹兼顾，年度各项目标工作圆满完成。先后获得市城管系统2013年度目标考核一等奖，2013年度新浦区目标考核二等奖，环卫机械分公司工人徐红被住建部授予全国优秀环卫工人称号。

市容管理

【市容秩序整治】 2013年，区城管局积极开展以市容秩序整治、店招广告整治、环卫达标创建等工作为主要内容的“清洁环境、美化市容”综合整治活动。共清理占道摊点4100多个，店外经营2500余处；拆除沿街材质较低的店招2000余块，提档升级店招1000余块，清理对联、乱张贴等10000余处。

【农贸市场专项整治】 2013年，区城管局对解放东路、极美苑、苍梧生活广场、艺北市场等全区14个农贸市场周边环境进行专项整治，在菜市场周边分时段进行疏导并加强巡查，取缔游摊走贩，制止占道经营行为。增派保洁人员，延长保洁时间，加强巡查，农贸市场周边垃圾日产日清，确保长效管理。共清理占道摊点3100处，整顿店外经营等违章行为265处，拆除违章搭建11处。

【道路改造出新】 2013年，区城管局对海宁西路、海连西路、解放路、民主路等道路沿街景观进行改造出新，通过强化沟通，下达整改通知书，定期上门等措施，解决楼体刷新、空调机罩设置等重点难点问题。同时全面完成广告店招拆除、墙体刷新、违建拆除、夜景亮化等工作。组织30名城管执法人员全程参与民主路特色街改造，圆满完成店招拆除，施工保障、违建拆除、周边市容整治等工作，拆除民主路及延伸路段两侧店招260块，拆除周边违章搭建2000平方米。

【禁违拆违】 2013年，区城管局按照《连云港市控制和查处违法建设实施办法》要求，规范违法建设处置程序。组建违建督察队伍，加强对城区主次干道两侧巡查力度，对全区违建管控情况进行全面督察，对旧城改造地块房屋征收区域内、BRT沿线、景观路改造等重点工程周边违法建设进行重点管控和打击，成功拆除财校旧城改造地块房屋征收区域内违建1300平方米。年内，全区累计开展拆违行动1000余次，组织大规模集中拆违行动20余次，拆除违建5.5万平方米。

【城管示范创建】 2013年，区城管局开展省级城市管理示范路、示范社区、垃圾分类收集试点小区等创建工作，创建海连西路、苍梧路、民主路为省级城市管理示范路；创建河滨社区为城管示范社区；创建兴业金色家园、蓝天华侨城2个垃圾分类收集试点小区。

环卫工作

【环境卫生】 2013年，区城管局完成城区道路、绿化带的清扫保洁工作，清运各类垃圾12万吨，清理“三乱”（乱涂写、乱刻画。乱张贴）小广告10万余条。结合清洁环境美化市容综合整治活动，开展环卫达标创建，维修公厕设施200余座次，查处带泥上路行为30起。出动人员8000余人次，机械1500余台次，对凌州桥、康达学院、花果山大酒店、科技创业城等重点工程进行各类保障100余次。

【环卫设施建设】 2013年，区城管局开工新建垃圾中转站3座（朝阳桥中转站、九岭中转站、江浦中转站），新建环卫职工休息点5处，新建公厕8座，改建公厕5座，其中二类公厕6座、三类公厕7座。购置洗扫车3辆、洒水车2辆、垃圾转运车2辆、装载机2辆、小型建筑垃圾清运车8辆、人行道清扫车1辆和保洁电瓶车40辆，购置果皮箱350只、垃圾桶300只。

【环卫精细化管理】 2013年，区城管局结合“清洁环境，美化市容”活动，打造一批精品路段和公厕。在日常管理方面，做到每天洒水除尘，延长保洁时间，实行定点、分段、循环保洁，做到“横到边、纵到底、不留死角、不留空隙”。环卫保洁由平面向立体延伸，及时清理绿化带，清除墙体小广告，对BRT沿线两侧路牌、护栏、公用电话亭、公交站台等“城市家具”进行定期清洗刷新。此外，进一步完善作业情况评估、激励机制，定期奖惩，提升职工工作的积极性，环卫清扫保洁质量得到全面提升。

【道路机械化清扫】 2013年，区城管局在海连路、海宁大道、苍梧路、瀛洲路、幸福北路等16条道路实施机械化清扫，机扫面积84.018万平方米，机扫率达50%，节省一线清扫保洁人员163人，环卫作业由劳动密集型向机械化作业型转变，环卫作业效率和保洁人员作业安全系数全民提高，道路保洁质量得到进一步提升。

【环卫城乡统筹】 2013年，区城管局组建浦南环卫分公司，配置环卫车辆9台，新建江浦中转站1座、垃圾池114座，将浦南镇的环境卫生工作纳入常态管理，安排专人开展禁违工作，在全市率先实现城乡环卫一体化管理。此外，开展村庄环境整治和204、310国道综合整治活动，共排查违建地坪4.3万平方米，违搭建60余处，清理乱堆乱放700余处，清理垃圾、杂物200余吨，清理沟渠河道2000余米。

【社区小街巷环卫督察】 2013年，区城管局通过现场推进、定期督察、印发通报等措施，推进城市环境综合整治，促进小街巷市容环境卫生不断改善，对于督察过程发现的显见性的问题限时整改到位，全年共印发督察情况、通报50期，推动“老大难”问题的解决。

【重大活动保障】 2013年，区城管局做好节假日、各项重大活动期间的市容环卫保障工作。完成元宵焰火晚会、清明节、白虎山庙会、中高考保障、连云港之夏等各类保障任务100余次。

软环境建设

【执法队伍建设】 2013年，区城管局建立健全案件办理、执法行为监督、评议考核等各项制度，加强队伍的规范化建设和管理。针对乡镇和环卫城管人员、协管人员管理实际，出台相关管理和考核制度，从着装规范、执法装备、学习培训、宣传教育等方面加强制度建设，进一步规范队伍的运行和管理。

【依法行政】 2013年，区城管局开展《连云港市市区城市管理导则》和《连云港市市区控制和查处违法建设实施办法》专题培训，加强制度建设，改进执法方式，强化执法规范化建设，规范执法办案流程，对所有案件进行网上公示，坚持依法行政。全年共办理行政处罚案件287件，其中一般程序案件267件、简易程序案件20件。共办结各类信访督办件233件。

【数字化城管】 2013年，区城管局完善平台运行与管理机制，强化对责任单位的考核考评，编制《新浦区数字化城管监督指挥手册》、绘制《数字化城管地界管理图》，明确各职能单位责任和地界，及时分解落实案件，提升数字化城市管理效能，提高城市管理效率和水平。全年，新浦区数字化城管二级平台共接受接收案件94785件次，总体处置率97.91%，结案率98.96%。

（撰稿：聂义刚
审稿：范庆立）

盐河路小区 （韩世泳 摄）

国土资源管理

综　　述

国土新浦分局（简称国土分局）负责浦西、路南、新南、新海、浦东、新东、幸福路、朐阳、洪门、海州、南城11个街道及浦南镇、新浦农场、岗埠农场、云台农场范围内土地管理工作。2013年，国土分局围绕区委、区政府的中心工作，开拓创新、务实苦干，以重点部位、重点环节权力运行制约和监督为重点，着力为全区经济和社会事业发展服务，为实现新浦跨越发展作出积极贡献。利用绿色通道，确保重大项目用地。对涉及的重大项目用地预审、征收、供地实行一条龙服务，确保区委区政府重点项目用地按时保质保量完成。2013年，国土分局被新浦区委、区政府授予“经济建设和社会发展目标有功单位”及项目特别嘉奖。

土 地 管 理

【耕地保护】 2013年，新浦区基本农田保护面积为8830.6987公顷，其中耕地8636.1324公顷，占基本农田保护面积为97.80%；新浦区基本农田主要分布在浦南镇、岗埠农场。其中浦南镇基本农田面积为4025.8751公顷、岗埠农场4804.8237公顷。2013年，根据《连云港市土地利用总体规划（2006–2020年）》下达的新浦区基本农田保护指标8796.00公顷。经国土分局、新浦区农林水利局审核同意，结合各乡镇土地利用状况和未来规划安排，最终确定新浦区无法落地的规划基本农田图斑面积为188.6630公顷，补充基本农田图斑为面积157.6702公顷。经过调整后，新浦区实际划定的基本农田面积8830.6987公顷，多预留34.6987公顷。拟定基本农田保护区23个，保护片（块）23个，面积均为11118.5596公顷。其中浦南镇4705.8622公顷，岗埠农场6412.6974公顷。基本农田划定实施方案已通过专家评审验收，年底通过省国土资源厅审核批准。围绕基本农田网络管护制度，签订了《基本农田保护责任书》并将每个地块落实到村、组和责任人，减少土地资产流失。与此同时，为保证耕地占补平衡，坚持节源与开流并举的原则，积极开展后备资源调查工作，对新浦区土地复垦潜力进行系统的分析整合并编制《连云港市新浦区浦南镇新湾村土地开发项目（K14G11001）规划方案》，预计土地整理可新增耕地117.25公顷；通过复垦开发可新增耕地127.7公顷。

【土地利用】 2013年，新浦区认真做好土地征收工作。上报农转用面积187公顷，及时完成5个批次城市建设用地报批、2个独立选址用地项目的报批工作；年内完成预审项目有：新浦区社区服务中心、浦南镇国槐树路新建工程、龙浦路新建工程、水杉树路新建工程、樱花路新建工程、市老干部活动中心、市红十字备灾救灾仓储中心、新东派出所迁建工程、开放路新建工程、创业路新建工程、发展路二期新建工程、岗埠农场危房改造安置小区、叶海华庭等13个建设项目，用地规模控制在75.3909公顷内。按照市市委、市政府的总体部署和加快推进城乡统筹进程的要求，国土分局紧密配合区委、区政府做好前期工作，对加快推进农村集体土地使用权改革，农村土地承包经营权流转，发展特色农业，以及新型家庭农场依法给予政策指导和建议。年内，浦南镇已成功流转农民集体承包土地2000公顷，其中建成蔬菜大棚近133公顷。一大批公共、服务、基础设施正在有序稳步推进。

【修编土地利用总体规划】 2013年，国土分局为保障土地资源持续开发，进一步加强土地整治工作，对全区后备资源进行梳理，配合连云港市国土资源局及项目单位编制了《新浦区土地整治规划（2011–2015年）》。

【地政地籍管理】 2013年，国土分局加强地政地籍管理，年内，新浦分局完成居民初始、变更登记发证1685宗；单位换发证地籍调查材料录入上报9宗，做到无违规发证，无发假证现象，发证合格率100%。同时，完成浦南镇及新浦经济开发区20个行政村约18000宗地前期地籍调查、现场勘测及权属材料收集。完成勘测定界报告初审347宗，权属地类材料初审上报19宗，地籍调查前置347宗。此外，国土分局按照区委、区政府要求，积极参与新浦区重大项目房屋征收工作，对民主路旧城改造、新海路拆迁、财经学校周边征收、浦南龙浦路拆迁等开展土地确权工作，确保旧城改造工作顺利推进。

【矿产资源管理】 2013年，国土分局积极开展矿山企业年度检查工作，合格率为100%；进一步加强矿产资源开发利用监督，建立非法开采塘口日巡制，通过联合执法，查扣挖掘机1台，载重货车4台；依法做好对采矿企业矿产资源补偿费减免审核工作，征收矿产资源补偿费105000元；完成南城西凤凰山整治工程第一标段施工任务。

【地质灾害监测】 2013年，国土分局结合新浦实际，按照省、市地质灾害防治要求，开展地质灾害防治工作。成立由分管区长和区应急办、公安分局、国土分局、建设局以及各街道办事处的负责人组成的地质灾害防治工作领导小组。编制地质灾害防治应急预案，提升应急处置能力。制定新浦区地质灾害应急预案。会同区建设、农林水利等部门，拟定新浦区2013年度地质灾害防治方案。配合各街道进行巡查，加强对地质灾害重点地区的监测和防范。确定地质灾害点附近居民作为群众监测员，进行日常巡查、监测。筛查出地质灾害危险点、隐患点，将群测群防工作落实到具体责任人以及受灾害点威胁的居民。发放明白卡、避险卡8份。年内，共查明分布在南城东凤凰山和新浦磷矿采矿区地质灾害隐患点、危险点3处，其中崩塌点2处，地面塌陷点2处。

宣传与监督

【国土法规宣传】 2013年，国土分局通过“4·22”世界地球日、“6·25”全国土地日“12·4”法制日等宣传活动，将国土法律法规宣传阵地前移，不断扩大宣传面。同时，结合工作实际，全方位普及国土资源管理法律法规，对被查处的违法用地对象，以案说法，宣讲国土资源管理的重要性，进一步推动全社会遵守国土资源法律法规自觉性。

【执法监察】 2013年，国土分局根据卫星遥感影像图确认，全区实际新增建设用地88.1公顷，其中耕地面积55.2公顷；涉及疑似违法用地图斑43个，面积42.6公顷，其中耕地28.2公顷；经核查，实际违法用地面积为2.9公顷，其中耕地面积为1.8公顷；违法用地面积占新增建设用地总面积的比例为3.30%；违法占用耕地面积占新增建设用地耕地总面积的比例为3.28%。2013年，国土分局采取主动出击，发现一起，查处一起，坚决做到履职到位，对上级交办、群众举报、动态巡查等方式发现的违法违规案件，严格按照“既查事，又查人”的要求，依法依纪予以严肃查处，一查到底，绝不姑息。全年，共立案查处土地违法违规行为案件21宗，共计101.1公顷；其中浦南镇城乡统筹建设及其路网工程基础建设用地6件，与其配套设施用地1件，新浦经济开发区招商引资项目及其路网工程基础建设用地11件；其他违法用地3件；已经下达处罚决定书17宗，结案4件，共收缴罚款26.7566万元，没收建筑面积为10.2公顷。

【信访工作】 2013年，国土分局高度重视维稳工作，并认真解决信访突出问题，妥善处置群体性事件。对各类信访案件按照“属地管理、分级负责，归口办理”的原则和《国务院信访条例》的有关部门规定及时加以处理，对出现的信访问题及时给予信访当事人书面答复和解决，做到来访有记录、问题有答复、处理有反馈。全年共处理各类涉土信访21件，其中处理市“12345”热线16件；省厅信箱信访件1件、部转违法线索4件，办结率达100%。

（撰稿：李　莉
审稿：闫振标）

国土监察座谈会　　（新浦国土分局　供）

综　述

2013年，新浦区环境保护局（简称区环保局）紧紧围绕“转型升级增实力、好中求快创一流”的年度工作主题，深入贯彻落实科学发展观，坚持以环保优先方针，全面开展生态文明建设，着力改善生态环境，全区环境质量保持稳定，减排工作扎实推进，环境监管有力加强，生态创建取得新的成绩。为积极推进资源节约型、环境友好型社会建设，促进全区经济社会的可持续发展奠定良好的基础。

环保规划基础工作

【推进生态文明建设工程】 2013年，新浦区全面实施生态文明战略，制定《关于进一步加快推进全区生态文明建设工程的意见》，狠抓生态工程建设和节能减排工作落实，制定并完善生态区创建规划。按照“统一规划、分步实施，高效管理”的原则，制定并通过《新浦区生态区建设规划》，涉农的镇、街道同时编制并实施相应的生态创建规划，形成较为完善的区、镇(街)两级生态规划体系，制定实施生态农业建设，优化工业发展布局，发展现代服务业，加强农村环境基础设施建设等一系列生态创建工程，把局部区域生态治理，转变到协调一致的全区范围内的整体生态合作，把单一的政府管理，转变为多元的各方参与，从而建立起多元主体构成的生态区建设规划实施体系。

【开展生态创建工程】 2013年，区环保局按照全区生态文明建设工程的意见，共安排浦南污水处理厂及管网建设、市区垃圾处置、绿色创建、环境突出问题整治、大气污染防治等23项重点工程。其中的花果山街道创省级生态乡镇、洪门和朐阳街道创国家级生态乡镇、秸秆综合利用与禁烧、高污染禁燃区建设、环保信访处置等工程完成的质量和速度都得到上级领导的认可。

【规范项目审批和验收】 2013年，区环保局在建设项目审批工作方面严格规范项目审批手续，强化服务意识，做到谁审批谁负责，坚决杜绝违规审批现象的发生。在验收项目方面，现场监察人员严格把关，对不达标的地方坚决要求其整改，保证项目审批高质量完成。2013年，新浦区环保局共审批和初审建设项目400个，审批环评报告表150个，拒批项目40个，建设项目环评率和“三同时”（指的是《中华人民共和国环境保护法》第26条规定：建设项目中防治污染的措施，必须与主体工程同时设计、同时施工、同时投产使用）执行率均达100%。在拒批的项目中，有的涉及“五小”（指的是浪费资源、技术落后、质量低劣、污染严重的小煤矿、小炼油、小水泥、小玻璃、小火电等企业），有的涉及噪声和油烟扰民的服务业项目，还有的涉及借旧城改造之机，为赚取拆迁补偿而新上的项目。为使项目建设“三同时”执行率达100%，区环保局强化了项目的环保验收工作，对工业项目，从开工建设、试生产运行到正式生产，区环境监察人员在水、气、声等方面强化监管和验收工作，把环保工作的“三同时”真正落到实处。在服务业和建筑业的验收时，区环保局注重民生民意，只要涉及噪声、油烟和气味扰民的，坚决不予通过验收。

【加大农村生态环境保护力度】 农村环境连片整治工作是生态文明建设的一个重要组成部分，2013年，区环保局根据省政府下发的《2014年度农村环境连片整治实施方案》，初步完成《新浦区2014年农村环境连片整治规划方案》，把农村环境连片整治作为统筹城乡环保工作的重要抓手，与实施村庄环境整治计划有机结合，推动农村环境基础设施建设，推进生活污水、垃圾、畜禽粪便治理、秸秆禁烧及综合利用，初步建立起“组保洁、村收集、乡转运、区处理”农村垃圾处理系统的典型模式。

环保专项执法检查

【环境安全大检查专项执法活动】 根据连云港市环保局下发《关于开展2013年全市环境安全大检查活动的通知》，区环保局从2013年6月至9月，认真落实重点环境风险企业整治与防控方工作，对全区的危险化学品企业、饮用水源地环境风险防控、企业环境风险隐患、石油化工、石油库和油气装卸码头等环境安全问题展开一次专项检查。针对连云港泰乐化学工业有限公司存在的氯气存储使用、连云港德邦精细化工有限公司工业尾废含砷、茅口水厂周围没设置警示标志、万联能源销售有限公司的环境应急预案等企业存在的问题，加大整改力度，防止发生污染事故。

【燃煤浴室小锅炉专项执法活动】 2013年初，由区政府办牵头会同环保、城管、公安和安监等部门开展小锅炉强制拆除联合执法专项行动，利用三个月的时间，连续开展联合执法活动14次，对市区禁燃区内燃煤小锅炉进行排查，拆除禁燃区内燃煤小锅炉近40家，完成省厅在蓝天工程中下达的拆除任务。为防止被拆除的浴室小锅炉死灰复燃，10月下旬，区环保局再次组织上述部门对全区已拆除的浴室小锅炉进行回头看，发现全区90%的燃煤小锅炉已全部应用清洁能源或送热水，仍有小部分的浴室小锅炉还在燃煤，区联合执法队对这部分小锅炉进行破坏性拆除。至此，新浦区的高污染禁燃区建设工作取得初步的成效。

【餐饮油烟专项执法活动】 2013年，区环保局制定了《新浦区2013年餐饮油烟整治工作方案》，采取工商、卫生、环保等部门联合执法的方式，突出重点，强化整改。对居民反应强烈的洪二酒家等15家个体小饭店，采取说理式执法方式，督促及时整改。对社会关注较大的朝阳中路沿街饭店、海宁小区沿街饭店和西沿河餐饮一条街等饭店实行重点整治，采取高空排放、关停并转等方式，逐一制定整改措施，做到有的放矢，确保整改效果。

环境保护与管理

【大气污染源整治】 2013年，区环保局根据环保部办公厅下发的《关于做好大气污染源清单编制工作的通知》，开展大气重污染预警应急编制，全面做好全区大气污染源排放清单建设，对全区经批准可使用的5家燃煤锅炉和36家施工工地扬尘污染源情况进行全面检查，督促企业提高燃煤利用效果，并做好尾气的收集和处理工作，保证做到达标排放。对36家施工工地落实扬尘防控措施，采取施工场地部分道路硬化和按时洒水等措施，尽量减少扬尘污染。

【饮用水源保护】 一是全面加强蔷薇河饮用水源地的保护工作。完成新圩桥禁止危险品车辆通行的标志；取缔取水口上游一级保护区内所有小麦种植；加大洪门双眼桥污水回抽至城市污水管网的力度；开展蔷薇河流域内所有村庄的环境综合整治；做好蔷薇河上游岗埠农场、新浦工业园和经济开发区的污水管网规划建设，为浦南污水处理厂的正常运行做好准备。二是全面开展城区内河流的综合治理工作。完成市区内的玉带河、龙尾河和东沿河等城市内河综合整治和绿化工作，对沿河的相关饭店强制进行油污分离，做到达标排放；对两岸的垃圾进行全面的清理，并增设垃圾桶。初步使城区河道向水清、岸绿的方向转变。三是大力推进大圣湖应急水源综合整治工作。对周围的小饭店和小厕所进行取缔，并对12家有条件整改的饭店进行综合整治，确保生活污水不流入到大圣湖内。

【危险废弃物检查】 2013年，区环保局完善了危险废弃物和进口固废动态信息管理系统，落实危废和固废网上申报制度，提高危废安全监管能力。做好"国家环境信息与统计能力建设"项目，落实省厅下达的"1831"生态环境监控系统二期工程地方建设任务。

【环境信访查处】 近年来，随着广大人民群众环保维权意识不断增强，环境信访工作量也越来越大，群众反映的问题也越来越多。2013年，区环保局全面加强环境信访处理工作，在做好环保局长大接访、政风、行风热线和12369热线投诉的基础上，全面开展环境执法规范化和法治机关建设工作，通过规范执法内容、程序和行为，规范自由裁量权、信访处置方式方法等工作，全面减少环境信访的发生，防止信访矛盾的激化。2013年，共接待涉及环保投诉的来信、来电和来访900余件，调处率达95%。内容涉及噪音污染、粉尘污染、餐饮油烟、饮用水保护等环境信访。为做到每一件信访能及时回复，局主要领导、分管领导和7名现场监管人员，全天候处理各类环境信访工作，确保环境信访工作处理到位、回复到位。

【秸秆综合利用与禁烧】 2013年，区环保局按照"以禁促用，疏堵结合，积极引导，全面禁烧"的指导思想，全面开展秸秆综禁工作的宣传发动、巡查督察、秸秆还田、综合利用及收集清运等各方面工作。成立三级综禁工作网络，制定了工作方案，明确了综禁工作阶段计划和目标任务，建立起村级秸秆综合利用计划图，明确秸秆综合利用方式和数量，并把目标任务明确到田间地块和具体责任人，做到综合利用无死角。全区每季农作物面积10666.66公顷，秸秆综合利用率达到98%以上。全区6个有禁烧任务的涉农单位和10个有禁烧垃圾任务的街道办事处全部实现"零火点"。全区没有发现焚烧秸秆现象，没有发现秸秆抛河现象，没有发现焚烧垃圾现象。

【环保宣传教育】 2013年，区环保局充分利用世界环境日等活动，大力宣传《中华人民共和国环境保护法》《中华人民共和国水污染防治法》等法律法规，逐步提高人们的环保意识，增强保护环境主动性和自觉性，全力营造环保宣传的氛围。同时，在城区，全面开展绿色社区、绿色学校、绿色宾馆等创建活动，加强生态城市的宣传；在乡镇，开展农村环境综合整治工作，大力宣传农业面源污染治理的重要性；在街道，开展环保志愿者、环保代言人、环保形象大使等活动，大力宣传环保低碳知识。从而使环保宣传渗透到每个园区、每个企业、每个学校、每个家庭。

（撰稿：庄　振
审稿：钱　敏）

交通运输

交通管理

【概况】 2013年，市交巡警支队（简称支队）以党的十八大精神为指导，紧紧围绕经济社会发展大局，狠抓疏堵保畅、事故预防、规范执法、民生保障和队伍管理“五大体系”，以源头管理、路面管控为重点，以改进作风、规范执法为抓手，努力提升“防事故、保畅通、促发展”的能力和水平，为全市经济社会发展创造良好的道路交通环境。全市共查处各类交通违法行为249万余起，非现场执法率达到69.61%；发生上报道路交通事故399起，死亡223人，受伤320人，同比分别下降0.25%、0.89%、上升8.84%。

【优化道路交通组织】 2013年，支队深入推进“文明交通行动计划”，科学组织实施单向交通、路口禁左、路口渠化、微循环等交通优化组织措施，进一步提高精细化管理水平。严格占道施工审批管理，加强道路交通影响评价，发布《关于加强市区道路交通秩序管理的通告》，稳步推进实施主城区货车、三轮车等限行工作，提升道路通行效率。不断优化信号配时，根据交通流量情况实行分段配时，最大限度提高路口通行率。联合市电台成立92.7交通直播室，实时发布路面通行情况，引导市民合理选择出行线路。

【加强交通秩序管理】 2013年，支队以交通拥堵、秩序混乱、交通事故多发路段、商业圈和主干道为重点，加强分析研判，科学摆布岗点，强化路面管控，严查各类交通违法行为，进一步提高交通参与者守法率。共组织开展渣土车、三轮车（残疾车）、行人非机动车闯红灯、机动车违法停车和酒后驾驶等专项整治行动8次，通过采取全市性整治和区域性整治相结合、日常严管和整治竞赛、异地执法相结合等措施，营造严管氛围。共查处行人、非机动车违法行为6012起，查处机动车乱停乱放13.9万起，查扣三轮车1316辆（残疾人车582辆），查处酒后驾驶691起。

【完善交通安全设施】 2013年，支队配合政府相关部门，加速推进BRT沿线道路建设，完成解放桥等19项交通节点改造工程，疏通城市经脉。在全市深化开展城市道路交通管理设施排查整改“啄木鸟行动”（即城市道路交通管理设施排查治理“啄木鸟”行动），对交通标志标线、信号灯、隔离护栏等安全设施进行拉网式排查，对非交通标志等进行全面清理，共排查出4大类986处，年内已全部整改到位。市区根据新国标更换指路标志630块，更换信号灯350组。大力协调解决主城区停车难问题，新建7家停车场、5747个停车泊位，较好缓解“停车难”问题。

【提高科技管理水平】 2013年，支队依托交通指挥调度中心，开通“96122”便民服务台，开展交通信号网上调控，实现远程调度、违法采集、秩序监控、路况播报、便民服务等综合功能应用，构建扁平化指挥调度体系。结合BRT一号线、“二环四支”［即BRT快速公交主线B1、环线H1和H2及配套支线（B11、B12、B13、B15）组成。整个系统长136.9千米，其中，主线为34千米，环线为18千米，配套支线为84.9千米，它贯通了连云港城区的东西南北，并将之贯穿起来，连成一体，被称之为“一主二环四支”的快速公交系统］及道路“白改黑”升级改造工程，多方筹集资金2700余万元，对BRT沿线56个路口进行智能化建设，安装45套高清监控、56套电子警察并入中心联网运行。同时，对市区32处重要灯控路口进行智能化改造，新建50个点位的流量采集系统。全年共采集交通违法34.3万起，查获各类套牌、假牌等严重交通违法行为169起。

【落实源头监管措施】 2013年，支队联合交通运管部门，以货车违法行为专项行动、超长途客运班线集中排查整治活动为契机，督促客运、危化品运输企业安装车载GPS。全市1118辆危化品运输车辆GPS安装率达100%，1485辆公路客运车辆GPS安装率达90%。积极应用《重点车辆源头监管信息系统》，每月定期研判全市客运车辆超员违法信息，坚持每月向重点运输单位发放“两单一书”制度（《交通违法及事故处理督办通知单》《车辆、驾驶员办理检审业务督办通知单》《车辆源头安全管理整改通知书》),督促企业完善重点单位内部监管机制。年内,共发出“两单”136份、“一书”18份。

【严管严治重点违法】 2013年,支队先后组织开展酒后驾驶、涉牌涉证专项行动、“大排查、大教育、大整治”货车整治、高速公路严重交通违法、渣土运输车辆违法等系列交通秩序整治活动,累计查处无证驾驶11203起、超速行驶48.2万起、违规占用车道违法501起、不按规定车道行驶2.9万起,吊销驾驶证452本,行政拘留361人,刑事拘留47人。深入“平安畅通县区”创建工作,以G15、G25高速公路、G204、G310、S323省道以及交通秩序混乱、群众反映强烈的6条重点县乡公路为重点,通过交叉执法、区域联动、异地调警等方式,开展创建攻坚,全力整治秩序,因严重交通违法行为引发的交通事故明显减少。

【排查整改安全隐患】 2013年,支队以道路交通安全联席会议为依托,以开展全市交通安全大检查和示范公路创建为契机,会同安监、交通、建设等单位组成联合检查组,大力推进道路安全隐患排查治理,高速公路、国省道、农村道路分类排查、分步实施、分级整改,对排查的问题采取挂牌督办、动态跟踪手段,落实整改责任。共排查出道路交通安全隐患点段613处,并已全部整改到位。主动向市委、市政府汇报,加强与有关部门的沟通和协作,督促落实新、改、扩建道路交通安全管理设施“四同步”(即道路交通安全设施在道路规划、设计、建设、验收时同步进行)制度,着力解决影响交通安全的基础性、源头性问题。

【提升动态防控水平】 2013年,支队围绕警务机制优化,创新管理平台,提升动态防控水平。一是健全事故处理机制。充分利用社会资源,推进事故处理综合服务中心建设,建立人民调解、司法调解、行政调解“三位一体”调解机制,最大程度地化解社会矛盾。全面推进道路交通事故社会救助基金工作,积极发挥救助基金的社会作用。完善交通肇事逃逸案件查缉指挥机制、快速反应机制、查控协作机制、考核奖惩机制,大力开展追逃专项工作,对重大案件实行挂牌督办,年内死亡交通肇事逃逸案件侦破率达90%以上。同时,狠抓交通事故分析研判,实行“一案一分析”的研判机制,对全市所有重大交通事故实行点对点分析,摸清事故发生规律和特点,找准交通安全隐患“黑点”,排查勤务模式“漏洞”,及时查找事故预防薄弱环节,研究制定针对性防范措施。二是加强巡防机制建设。坚持“信息主导警务”战略,强化警情研判,强化阵地控制,履行“双管”(即公安机关交通管理部门和交通警察履行既管交通又关治安的“双管”职责)职责,通过强化日常检查、集中清查、卡口盘查堵控、重点防范和专业打击,严格“疑人、疑车、疑物、疑情”盘查,严厉打击各类涉车涉路违法犯罪活动。共抓获各类违法犯罪嫌疑人员72名,其中网上逃犯22名;查获重大贩毒案件2起,缴获冰毒3.5公斤;查(协)破刑事案件8起、治安案件15起,查获被盗抢“三车”(汽车、摩托车、电动车)429辆,其中汽车15辆、摩托车388辆、电动自行车26辆。同时,加强重要政治、商贸、文化活动交通安保工作,圆满完成各项大型警卫任务74次。三是强化主题阵地宣传。以文明交通行动计划为载体,不断深化“五进”(即开展交通安全进单位、社区、农村、学校、家庭的“五进”宣传活动)宣传工程,拓宽宣传渠道,丰富宣传形式,扎实开展了春运主题宣传、开学第一课、货车违法行为集中整治宣传、酒后驾驶整治宣传、重点驾驶人警示教育、“安全生产月”等系列主题宣传活动,强化主体宣传,强化阵地宣传,构建起“声、屏、报、网”全覆盖的交通安全宣传网络,重点引导市民文明行车、文明停车、文明乘车、文明走路,有效提升交通安全宣传教育能力和水平。2013年,共刊发各类新闻稿件1147篇,举办各类大型交通安全宣传活动28场,制作《港城红绿灯》专题节目52期,发布公益性广告1200余条,发送交通安全宣传短信50万条,发放各类宣传资料150万份,受教育群众达300余万人次。

【规范执勤执法】 2013年,支队规范执勤执法。一是完善执法监督保障。先后建立和完善案件审核、非现场执法、交通执法回访、办案场所设置标准和管理、醉酒驾驶刑事案件办理等一系列制度规范,为民警执法办案提供切实可行的标准和准则。组织执法规范化建设问题“回头看”活动,全方位开展执法监督,全面梳理排查整改执法理念、素质能力、制度标准、场所建设、安全管理、同步录音录像、涉案财物管理、执法信息化应用等方面的问题。聘请30名社会监督员,负责对全市交管执法情况进行监督,增强的执法的透明度和公信力。加大硬件投入,强化执法保障,共新建、改建大(中)队7个,新增执勤车辆9辆、行车记录仪10个,新建执勤监控点5个,新增执法记录仪80台,一线民警执法记录仪佩戴使用率达100%。同时,制定教育培训计划,举行全市交巡警系统执法技能竞赛,举办交通科技应用、舆情引导、交通安全宣传、车管业务和道路交通事故处理业务等7期培训班,受训民警达300余人次。二是健全车驾管理机制。推行周一至周六正常办理业务举措,进一步落实首问负责制、窗口岗位AB角制、延时服务制度、限时办结制度等。整合业务大厅办公资源,优化业务工作流程,并在业务大厅设立机动车批量注册登记、境外驾驶证换证等快办窗口,方便群众快办快走。会同质监部门,清理整顿车辆检测机构管理,规范机动车安检市场秩序。开展老旧机动车淘汰报废专项行动,共办理注销登记老旧机动车5236辆。同时,充分利用社会资源,在市区设立大中型客货车科目二考场,在四县增设6处科目二小型汽车考点,积极回应广大群众的新期待和新要求。三是建设执法服务体系。在互联网设立咨询信箱,定期走进电台、电视台直播室,在线接受群众咨询,帮助解决疑难问题。公开大队、车管所负责人联系电话和各部门业务范围，方便市民随时沟通联系。全面落实罚缴分离制度，在车管大厅、违法处理接待室和高速公路、卡口固定执勤点，安装银联POS机36台，最大限度地方便群众。完善执法告知服务制度，全面开展地址、联系方式等信息采集、核对工作，对机动车、驾驶人档案进行清理，使档案信息与机动车、驾驶人信息系统中的信息保持一致。迎合时代发展和市民需求，适时推出交巡警支队官方微信公众平台——“港城交巡警”从2013年10月份上线后，共回复、协助解决群众咨询及问题1000余条，添加关注好友近万人，提供违法信息查询3.5万余人次，为警民搭建“指尖上的对话”，受到领导的充分肯定和市民的广泛赞许。

【提升队伍整体形象】 2013年，支队加强作风建设，推进素质强警，努力提高队伍整体素质。一是加强政治理念教育。以深入开展党的群众路线教育实践活动、“为何从警、如何做警、为谁用警”大讨论、“践行宗旨，执法为民”主题教育等活动为抓手，把宗旨意识、群众路线装在心里、落实到行动上，自觉转化为强大的工作动力，打牢公正执法、无私奉献、为民服务的思想根基。按照中央和省厅、市公安局党委改进工作作风密切联系群众的规定要求，研究制定改进公安交管部门工作作风的九项规定，转变理念、改进方法，创新举措、强化服务，把“理性、平和、文明、规范”贯彻于各项执法服务工作中，切实做到为群众诚心诚意办实事。坚持网上学习常态化，定期不定期组织开展网上涉警违法违纪案例学习，吸取教训，引以为戒，有效防止民警违法违纪问题的发生。同时，举行警营开放和恳谈活动，开展换位体验活动，体会百姓生活艰辛，加强警民互动，听取意见和建议，争取社会各界的理解和支持。二是严格队伍监督管理。年初，支队党委下发一号文件《关于进一步严格队伍监督管理的意见》，采取“六严格”（即交警支队《关于进一步严格队伍管理监督的意见》中所涉及的严格落实责任、严格队伍研判、严格规范民警行为、严格轮岗交流、严格违纪查处、严格责任追究制度）、“十严禁”（即市公安局出台的《关于厉行勤俭节约严格控制公款消费反对铺张浪费“十个严禁”的规定》措施），依靠制度管权、管事、管人。开展违规违纪暗访行动，通过组织专项检查、暗访督察等方式，重点督察民警执法服务、“五条禁令”（即公安部出台的严禁违反枪支管理使用、严禁携带枪支饮酒、严禁酒后驾驶机动车、严禁在工作期间饮酒、严禁参与赌博的禁令）、“三项纪律”（即公安部出台的决不允许面对群众危难不勇为，决不允许酗酒滋事，决不允许进夜总会娱乐）及警车管理等制度的执行落实情况，坚决杜绝单位收协调费、民警收“黑钱”等违法违纪行为。落实“一岗双责”（即领导干部履行既抓业务又抓队伍的职责），同所有单位签定规范执法责任状，民警、协管员签定廉洁规范执勤执法承诺书，并加强民警八小时外管理，同所有民警家属签定保证书。坚持队伍状况分析研判和月考评制度，同时聘请16名警风警纪监督员和18名群众观察员，听取社会各界对交管工作和民警廉政执法情况的反映，实时掌控民警思想动态。三是落实从优待警措施。全面推行“民警健康档案制度”，组织优秀基层民警休假培训。组织开展象棋、篮球、羽毛球等文体活动，做活警营文化，鼓励民警积极参与，帮助民警缓解身心压力。积极争取上级支持，切实解决落实好民警的职级、合法权益和工作、生活环境保障等问题，积极为民警排忧解困。

（特约撰稿：丛培国）

公路运输

【概况】 2013年，连云港市公路运输管理处（简称运管处）围绕结构调整、转型升级、服务民生等交通运输中心工作，积极应对困难和挑战，克难奋进，稳步推进各项工作，道路运输管理取得显著成绩。运管处被中共连云港市委、市政府授予全市“与雷锋车同行”先进集体；“2010-2012年度省级文明单位”；连汽、全福两家出租汽车企业被省交通厅、省文明办评为全省行业文明单位。

【城市客运发展】 2013年，城市公交快速发展，公交服务能力和运营水平进一步增强。BRT一号线平稳有序运行，BRT二号线海宁大道段建成通车，BRT三号线按海滨大道道路建设序时进度同步推进。全年新辟公交线路10条，优化调整10条，新增公交车101辆，市区公交出行分担率由18.3%提高到19.5%。2013年，新增公交专用道13.6千米，BRT中间站15对，109个港湾式常规公交站亭。出租行业实现平稳发展，全年完成出租汽车更新253辆。

【城乡客运】 2013年，开通东海桃林镇、灌云燕尾港镇、赣榆赣马镇等10个乡镇的镇村公交，新增车辆33辆，开行线路22条，沿线124个行政村村民享受公交服务。全市开通镇村公交乡镇总数达到27个，镇村公交开通率达到31.5%。

【交通物流基地建设】 2013年，连云港港庙岭集装箱中转站项目年内实现投资1亿元，建成8万平方米集装箱堆场，被中国和哈萨克斯坦两国政府确定为两国过境货物运输中转分拨基地。连云港港中心货运站建设完成投资1.8亿元，交易中心主楼建成并投入使用。赣榆柘汪临港物流中心完成投资1.1亿元。省级农村交通物流示范点新增2个，总数达到10个。

【市场监管】 2013年，运管系统强化对运输市场秩序监管和整治。连云港市全年共查处各类违章6507起，其中非法营运1142起，较好地维护运输市场秩序。

【行业转型升级】 2013年，市运管处全力推进班车公司化改造和经营主体整合，全面完成2013年连云港市的17条客运班线、56辆客车公司化改造任务。此外，自加压力，又完成129条客运班线、274辆客车的公司化改造，全市县级以上班车公司化率达到40%以上；完成连云港至上海、浙江（杭、嘉、湖）地区客运班线经营主体整合和车辆回购协议签订。

【运力结构调整】 2013年，市运管处发展多式联运。培育多式联运市场主体，发展陆海、河海联运等先进运输方式，中韩（连云港）陆海联运项目从市级层面加快推动，首条内河集装箱海河联运连云港到阜宁航线正式开通。连云港新云台码头海河联运实现年吞吐量120万吨。大力发展集装箱甩挂运输。全年新增集装箱甩挂运输牵引车43 辆、半挂车56辆，完成甩挂运输量1.8万多标箱，同比增长40%；推进运输品牌建设。发展“江苏快货”线路42条，是前五年快货线路总和的1.9倍。完成19辆客车“江苏快客”品牌线路认定，优化运力结构。全年更新中高级客运车辆50辆，县际以上客车中高级比率达90%以上。同时，推广使用专用载货车辆，专用载货汽车占比达到44.01 %。

【打造生态运输行业】 2013年，市运管处努力打造生态运输会议。一是广泛应用清洁能源汽车。在道路运输行业中大力推广使用清洁能源汽车，全市共计135辆货运车辆、535辆教练车、188辆城市公交车、34辆长途客车和1687辆出租车使用清洁能源，清洁能源车辆总数达到2597辆。连云港海通金陵集装箱运输有限公司LNG车辆应用获得交通部节能减排专项资金支持；二是“绿色汽修”创建深入推进。全面完成3家维修企业“绿色汽修”创建选树工作，2家企业获得部节能减排专项资金补助。新增5家维修候选企业按照标准开展“绿色汽修”创建；三是深入开展船型标准化和蓝天工程。年内，全市共拆解淘汰长江干线老旧货船48艘，2万余吨位，全面完成省局下达的阶段性任务。开展蓝天工程，牵头完成46辆油罐车的油气回收治理工作；四是严格执行《道路运输车辆燃料消耗量检测和监督管理办法》和营运车辆燃料消耗量限值标准，从源头管理上做好节能减排。

（特约撰稿：陈小平
审稿：姜尧宏）

铁路运输

【概况】 2013年，铁路连云港站（简称连云港站）干部职工围绕安全、经营、稳定等重点工作，合力奋进，扎实苦干，经受住了春运、货运组织改革、提速调图等考验，确保安全生产和干部职工队伍的稳定，实现了全年经营目标任务的完成。

【安全生产】 2013年，连云港站始终把安全生产摆在高于一切、重于一切的位置，围绕强化基础和严明责任，在确保技能达标、安全基础管理、长效机制建设和形成共保合力等方面，取得明显成绩，实现安全行车9043天。

【职工技能达标】 2013年，连云港站针对调图、新《行规》《站细》等相关规章修改幅度大，新增内容多等特点，严格按照车务段下达的学习计划，采取班前提问带学，月度考试促学，实作演练督学等方法，注重在全员性、针对性和实效性上下功夫，全站干部职工自觉克服电脑少的困难，积极主动利用班后休息时间，认真抓好自学，做到全员足额完成模块化学习任务。同时，着力抓好职工岗位练功，每月组织一次全员考试，每季组织一次实作演练，通过持续不断的抓业务，练硬功，职工的业务素质得到明显提高。年内，在车务段组织的接发列车比武中，连云港站获得团体第二名。

【强化岗位安全责任】 2013年，连云港站积极探索车站、班组二级管理模式，建立健全安全生产长效管理机制。按照便于管理、发挥作用的原则，对全站班组重新设置，科学划分3个单元班组。重新修订《安全风险管理班组月度考核办法》和《安全风险管理差点班组认定实施办法》，制定《安全风险管理干部量化管理考核办法》和《职工请假、调班、迟到的暂行规定》。并以考核为抓手，强化激励约束，每月一考评，将考评结果与岗效工资挂钩，通过考核，落实了岗位责任，拉开了收入档次，真正体现让抓好管理的干部、班组长多得，保证安全的职工多得，让抓不好管理的干部、班组长少得，违章、违标职工少得。

【确保安全有序可控】 2013年，连云港站把春运安全当成压倒一切的任务，从机关、运转、货运、武警部队抽调40余人组织帮班，按照定人、定岗、定责的要求，车站领导分片包保，每天点名上岗，全站干部职工全力以赴，圆满完成春运任务。在夏季，围绕以暑运安全为重点，坚持把职工的人身安全放在首位，在保证职工开水供应的基础上，工作上坚持统筹安排，“干两头，歇中间”，尽量避开中午高温时间段，整个夏季没有一名职工因工作而出现中暑。在冬季，紧紧扭住防寒过冬和施工安全这一安全关键，严格落实防寒过冬和施工管理办法，科学制定预案，抓好模拟演练，强化盯控互控，保证防寒过冬和施工的绝对安全。

【隐患排查和整治】 2013年，连云港站认真解决车站在安全中出现的新情况、新问题，整治安全隐患88个。坚持从严从细管理，强化现场控制，及时发现和纠正职工违章违标作业。年内，共查出“二违”（违章、违标）150个，坚持不迁就、不放过的原则，分别落实责任，按照规定，严肃处罚。

【坚持优质服务】 2013年，连云港站面对生产指标下达任务偏高、运能严重不足以及施工等客观因素影响，全站干部职工充分发挥主观能动性，用优质的服务，吸引旅客货主，广揽客流货源。制定《岗效工资考核办法》，一级抓一级，层层传递压力，考核到班组，任务到岗位，激发干部职工生产经营工作的积极性。加强对客流市场的调查，及时掌握客流市场的动态需求变化，超前介入，及时向上级业务部门提报计划，先后申请加开加挂。黄金时段合理优化“热门车”，灵活机动实行限售，调整短途旅客对长途旅客的冲击。认真实施车务段对异地票发售和图定外加开临客、加挂客车车辆实行新的奖励考核办法，加大异地票销售奖励力度，调动售票人员积极性。以压缩车辆在站停留时间，抓好与专用线的协调配合，采取值班干部盯控把关，把卸车和取送车作为一班作业重点，强抓不懈。以创建“海之缘”雷锋服务站为载体，积极推行“人性化”、“亲情化”和“诚信化”服务。深入开展服务理念大讨论，引导职工积极转变观念，提高服务意识。采取走出去，请进来的方法，组织干部职工参观雷锋车组事迹展览室，学习地方先进服务经验，请来部队官兵教干部职工走队列，请连云港市旅游学校老师到车站举办礼仪、旅客心理专业知识讲座等，提高干部职工综合素质和职业技能。同时推广使用文明用语，设立路风服务监督台，接受旅客监督，保证开水24小时供应，卫生随脏随扫，定期整治，为旅客创造良好的旅行环境。售票房通过增设售票窗口，延长售票时间，尽量压缩旅客购票取票排队时间。2013年，客运职工共为旅客做好事67件，收到锦旗8面，年内，先后有20余人次被铁路内部和地方新闻媒体表扬。

【关心职工生活】 2013年，连云港站在经费紧控、成本压缩、生产任务异常繁忙的情况下，想方设法采取措施，积极争取政策扶持，多渠道筹措资金，着力改善职工的生产、生活环境，为职工创建良好的工作生活条件。抓好食堂饭菜供应，在物价持续上涨的情况下，保持饭菜质量不下降，数量不减少，价格不提高，确保职工吃饱吃好；管好用好劳保经费，精打细算，每季按时购置下发劳保用品；免费为职工提供纯净水，解决职工喝水难问题；春运为职工购买了润喉片；积极开展互助和送温暖活动，对家中发生变故的职工，给予重点照顾。

（特约供稿：邵长兵）

海通公交公司

【概况】 2013年，海通公交公司（简称海通公司）围绕年度经营目标，以“企业管理基础年”为主线，以打造活力公交、和谐公交、优秀公交、品牌公交为工作重点，以“一大核心工作、五项目标任务、五大重点项目”为工作思路，抢抓企业发展机遇，加快完善现代企业制度，狠抓企业内部基础管理，坚持科学发展与节约节能并举，各项工作亮点纷呈，企业管理提档升级，公交资源整合取得新突破，公司化车辆改造圆满收官，公交运营水平显著提升，车辆更新步伐加快，企业规模得到扩张，服务质量显著提升，社会满意度大幅提高，内部机制体制改革达到预期效果，海通公交呈现快速发展、跨越发展的良好态势。

【经营指标】 2013年，海通公司总收入22285.56万元，其中：公交总部完成总收入11559.95万元，计划为9305万元，完成计划的124.23%；快速公交：完成总收入10725.61万元，其中主营收入4040.63万元，计划为3800万元，完成计划的106.33%；利润：-1849.55万元，其中：公交总部实现利润-24.07万元，计划为-27.22万元，完成计划的88.42%；快速公交实现利润-1825.48万元，计划为-1004万元，完成计划的181.82%；周转量9.75亿人公里，其中：公交总部完成周转量4.64亿人公里，计划为5亿人公里，为计划的92.8%；快速公交完成周转量5.11亿人公里；总行驶里程：4116.6万公里，其中：公交总部完成总行驶里程2644.1万公里，计划为2884万车公里，完成计划的91.68；快速公交完成总行驶里程1472.5万公里；安全生产工作：安全生产控制指标和基础管理经集团考核达A级标准；统筹赔付率11%（指标20%）；无工伤、火灾、重大设备事故；

2013年，新辟线路：6条（机场专线、29路、122路、115路、BRT环1线、B3区间线）；优化线路：9条（B12线、4路、7路、17路、23路、24路、25路、27路、117路）；更新车辆50台其中：常规公交34台，快速公交16台；年内已完成花果山景区、党校南侧站场建设；连云古镇、连云区政府站场选址已通过规划立项，同步推进海滨大道BRT站台建设，海州园林站场立项报告正在申报中；改造6条线路62台车，公司化改造率达100%。

【重点工作】 2013年，海通公司以体制改革为突破口，全力打造公交产业转型升级为合理配置优化资源，全面提升企业自主经营管理水平，公司对经营体制进行改革，优化组合成立7个基层单位，实行二级模拟法人经营，将营收目标、成本控制、生产经营、服务质量等与基层单位领导和职工实行绩效考核挂钩；新浦、海州公司突破传统管理理念，迅速与新管理模式接轨，最大程度缩短管理差距，各项工作呈跨越式发展态势；佳连公司全额消化自主经营成本，完成公司下达利润指标；修理公司实行分配制度改革，实行市场化运作，通过提升修理质量、完善管理体制、拓展外修业务来保障职工收入；快速公交、东部公交以经营目标考核方式下达全年任务；对机关部门实施工作效率考核，提升了管理水平和服务意识。

【企业人事及劳动用工制度改革】 2013年，海通公司全面推行“三定”方案，使公司每个工作岗位职责明确，每位员工定位合理，彻底解决人浮于事、懒散臃肿现象。随着BRT站台的新增，公司从内部调配20名员工充实到站务员队伍，针对老职工身体健康状况不能胜任其驾驶、维修工作岗位的现状，公司将BRT站台安保任务由原外包保安公司转为内部安排15名职工承接，仅上述两项年节约劳动用工成本近200万元。

通过内部机构改革，公司资源整合效果充分显现，使企业在强化内部管理、明确管理职责、提升服务质量等方面产生裂变效应，企业有了活力，干部有了方向，职工有了奔头，充分调动了广大干部职工工作积极性，职工队伍呈现出特别能吃苦、特别能战斗、特别能奉献的良好态势，各级干部敢于担当，勇于作为，为公司做大做强奠定坚实的基础。

【提升企业经营管理水平】 2013年，海通公司以推行内部绩效考核为着力点，全面提升管理水平。一是建立绩效考核体系，真正使绩效考核的激励奖惩和科学分配方案覆盖到每个单位、每个层面、每个环节、每个岗位、每个职工，形成全方位、全过程的考核体系；二是完善绩效考核标准，对权属的7个基层单位实行千分制绩效考核，机关部室实行百分制考核，实行全员绩效考核机制，以目标绩效考核方案为依据，细化各项考核指标；三是制定科学的考核流程，对单位和员工工作业绩、态度和能力的客观评价和相应的薪酬调整、人事变动等激励手段，以进一步激发员工的积极性和创造性，提高员工工作效率和基本素质。

【提升公交服务水平】 2013年，海通公司为全面提升公交服务水平，优化整合公交线路资源，实现专业化、规模化和集约化管理，从而达到“做大规模、做强企业、做优品牌”的目标。2013年公司相继完成了公交2路、10路、游2路、11路、4路线、118路线6条线路62台公交车公司化改造，公司化改造率100%，实现了完美收官。在公司化改造过程中，新浦公司超前谋划，科学组织，统筹安排，提前完成工作任务；海州公司攻坚克难，敢于担当、坚定信念，斗智斗勇，有序、圆满完成收购改造任务。

公司积极按照集团统一部署，对连汽公司7条线路51台公交车辆进行资源整合。此次资源整合，标志着港城公交资源整合兼并重组工作又迈出实质性步伐，促进公交企业规模化发展，为下一步做大做强公交企业奠定基础。

【提高营运收入及线路覆盖面】 2013年，海通公司根据市民出行需求，积极开辟新线路。

快速公交：2013年围绕市民出行的需求和BRT1号线客流情况，相继增开B1K、B1Z线，海宁大道BRT，调整B12线路；针对大学城早晚高峰客流多，开通B12区间线；随着郁州路BRT站台的建设完工，开通BRT环1线。

常规公交：相继开通公交29路线、122路线；为了实现空港与市区公交无缝对接，9月1日顺利开通机场公交专线。

合理优化线路资源。2013年结合客流情况和群众出行需求，相继对23路、24路、25路、117路、4路、7路、17路7条线路实施优化调整，并随着市区主干道的道路改造，对6路、3路等5条线路进行优化调整。

提升通勤包车业务能力，在确保716研究所、车管所等固定包车业务的同时，加大厂矿企业通勤业务拓展，海州公司积极与相关学校对接，延伸包车范围，科学统筹好包车与公交班次的关系，既提高收入，又确保正班正点率，做到以副补主，实现企业产业多元化。全年公司共完成通勤收入近400万元。

【提升科学调度水平】 2013年，海通公司根据市民出行需求，积极开辟2013年，海通公司为强化智能调度管理，建立二级智能调度信息平台，对新浦、海州公司实行三级目标管理，并明确责任目标、责任主体和目标考核。年内，有13条线路（4路、122路、15路、20路、21路、23路、27路、29路、游2路、116路、117路、119路、122路）取消人工签证，实行电子路单考核，节约人力成本。东部公交公司始终把二级智能调度信息平台建设作为重点，其管理应用水平发挥了引领示范作用。快速公交公司智能化管理水平应趋成熟完善，各项功能进一步拓展，培养了一批技术骨干人才。

【提升公司安全生产基础管理水平】 2013年，公司在安全生产方面主要开展以下方面工作：一是强化目标管理，落实安全生产主体责任，二是加大安全投入，三是确保春运、黄金周及各项重点运输安全保障，四是落实措施，扎实开展“事故隐患排查月”工作，五是突出主题，全面开展安全生产月活动，紧紧围绕“强化安全基础、推动安全发展”的活动主题，采取有力措施，全面推进安全生产月活动。六是加强宣传教育培训，全面提升员工整体素质和安全操作技能，七是完善应急救援预案，强化应急处置能力，组织开展了应急演练，八是加大事故隐患排查治理力度，全力做好安全生产大检查工作，年内，共开展安全检查23次，排查隐患147项，整改率达100%。

【提升机务保障能力】 2013年，海通公司50%车辆为老旧车辆，由于修理力量薄弱，职工收入分配方案不合理，安全技术性能下降，多年来一直困扰企业发展，正班正点率得不到保障，服务质量得不到提高。为此，公司充分认识到强化机务保障是公交运营的基础，是提升车辆管、用、养、修综合管理水平的重要手段，年内，海通公司按照市场化运作模式，改变原由公司拨款维持维修公司生存的模式，采取每月运行单位按照修理台次、维修质量对修理公司实行考核经营模式。通过维修改革，严格落实考核兑现，做到废旧利用，改变了只换不修的模式，降低生产经营成本，公交车辆平均每天小修频率达70台次，既保证修理质量，又提高车辆完好率，机务保障得到了加强，确保了正班正点率，同时维修公司自加压力，积极拓展外修业务。2013年维修公司取得了长足发展，具体表现为内部管理井然有序，技术力量得到加强，员工队伍爱岗敬业，维修水平持续上升，降本增效效果显著。2013年公司提前安排车辆防寒防冻工作，维修公司想方法、出妙招，通过技术改进，全面提升车辆防寒防冻性能，入冬以来公交车辆因冻影响运营现象大幅减少。

【强化材料管控】 2013年，海通公司对燃油、轮胎、材料实行采购供应招投标，做到质优价廉，促进企业降本增效。为减少车辆加油空驶里程，公司组织汽服公司安排油罐车到公交场站内加油，仅此一项减少加油空驶里程约10万公里／年，年节约燃油成本约15万元。配件、轮胎通过竞标采购价格同比下降40%，质量大幅提升，仅配件、轮胎一年就可节约近200万元，千车公里机务成本下降近50元。公司针对不同线路、车型重新核定单车油耗，采取一切管控措施杜绝燃油跑冒滴漏，海通公司每月节约燃油近3.5万升，仅此一项每年节约近260万元，从而减少生产经营成本。同时建立机务成本预算及考核机制，将机务成本测算下放到各运营公司，对运营公司进行节奖超罚，从多种途径，想方设法降本增效，节约成本开支。同时，完善各类机务台账，做好“一车一档”，强化对车辆的管、用、养、修。对车辆的购置、调动、保修、年审、技评及报废实施全过程管理，实现车辆机务技术状况的综合分析。公司纪委强化对材料采购的质量把关、环节管控和过程监管，确保材料采购行为规范。

【面向社会公开“十项服务承诺”】2013年，海通公司根据自身实际，制定“海通公司十项服务承诺”、“机场专线十项服务承诺”，并制作600块展板在常规公交车厢内公示，BRT所有站台、车厢内LED显示屏对十项承诺内容进行滚动播出，向社会公示，并接受社会监督。为改善车容车貌，公司投入资金，对所有车辆安装车头电子显示牌，更新线路车头牌、腰牌及各项服务标识，提高车容车貌整洁率，提升公交整体形象。年内公司开展的乘客满意度调查，服务满意率达95%。

【开展“星级驾驶员、站务员”评定活动】2013年，海通公司积极开展创“雷锋车线、雷锋车岗”系列活动，B1主线被集团授予“与雷锋车同行”示范线，购物中心、龙河广场10个站亭被授予“与雷锋车同行”示范岗，11台公交车被授予“与雷锋车同行”示范车。为提高服务质量，开展星级驾驶员、站务员考核评比活动，制定评比实施方案，以数字业绩量化作为考评标准，实行百分制打分，全年共评出82名星级驾驶员，46名星级站务员。通过星级驾驶员和站务员的评定，提高了驾驶员、站务员队伍整体素质和文明程度，为全力打造公交优秀的服务品牌起到积极的促进作用。

【成立投诉中心和稽查大队】2013年，海通公司为促进公交服务质量的提高，减少违章违纪行为，加大动态监督考核力度，公司成立了客服中心，安排专职客服人员24小时受理乘客的咨询、建议、寻物、投诉，客服人员做好日常服务热线工作的同时，加强信息反馈，保证热线信息落实到位，并建立热线工作分析反馈制，查找存在问题，制定有效措施并及时反馈至基层一线，确保落实反馈率100%。稽查大队在工作中实行日常稽查与重点监管相结合的动态考核办法，大胆管理，严格要求，队伍素质过硬，对服务质量、驾驶员违纪、三私、偷油、售油等加强检查力度，对查实的违章违纪行为人员，公司决不手软交予公安机关处理，2013年有5名驾驶员因偷油被公安机关行政拘留，在驾驶员队伍中起到打击和警示作用。全年共检查车辆18953台次，查处159起违纪，处罚132起违纪，解除劳动合同9人。

【非在编人员转正】2013年，海通公司将非在编人员转正作为调动广大职工爱岗敬业的一项重点工作任务，按照“公开、公平、公正”的原则，通过个人申报、严格审查、公正考评、结果公示四个环节对非在编人员情况进行综合考评和三次公示，至12月底已办理78名职工转正（其中驾驶员52名、站务员15名、修理工2名及后服人员9名）。此项工作的开展在职工队伍中产生激励效应，保持职工队伍的稳定，增强职工的认同感和归属感，促进公司持续健康发展。

【领导班子和党员干部队伍建设】2013年，海通公司党委按照集团党委的要求，结合企业的实际，紧紧围绕企业经济工作，以改革创新的精神，着力加强领导班子的政治思想和能力建设，重点学习党的十八大精神，用党的创新理论武装头脑。着力加强党风廉政和领导干部的作风建设，组织党员干部重温入党誓词，参观革命纪念馆，与检察机关共建廉政教育，为推动企业科学发展、健康发展提供了强有力的思想组织保证。在工作中领导班子成员实行联系基层工作点制度。坚持以“三重一大”集体决策制度和以党风廉政责任为重点，在思想上认识到位，制度上加以保证，主观上积极努力。年内，公司组织全体党员干部按照“政治强、业务精、作风正”的要求，及时调整基层党组织班子成员，深入基层密切干群关系，帮助解决工作中存在的疑难问题，激发员工工作热情。加大中层干部的队伍管理，不断提高中层干部的工作能力和业务素质，对中层干部实行高标准、严要求，出重拳处理不作为干部，培养一批能干事、想干事、干成事的中层干部。

【企业文化】2013年，海通公司积极开展“工人先锋号”等创建品牌活动，加大宣传力度，每月一期《海通公交》，积极向《连云港日报》《苍梧晚报》、集团网站、《海通时讯》投稿，全年《海通时讯》和集团网站共投稿600余篇，其中好人好事158篇，对涌现出的先进事例大力宣传，评比出优秀通讯员32名，开展2013年度“百佳”先进员工评选工作，激发广大干部职工的积极性和创造性，鼓励先进，树立典型，营造积极向上、团结协作的工作氛围。同时采取多种渠道提高员工素质，举办员工培训班，邀请雷锋车手为干部员工作专题报告，开展读书活动，开展“我是海通公交人”大讨论征文活动，开办《绩效管理理论与实务》《中国梦引领未来》讲座，邀请专家授课，从企业发展远景、服务理念、礼仪技巧、BRT车辆性能、天然气车辆的操作、安全意识、交通法规、职业道德等方面进行全方位学习培训，全年培训员工近3000人次，有效地提高了企业的服务形象；开展基础台账比赛，提升内部基础管理。

此外，海通公司积极开展“双增双节”合理化建议活动，在职工中树立“增产节约、增收节支”意识，双增双节取得显著成效，全年共节约柴油27.38万升，快速公司节约燃气41.60万公斤，节约大修成本15万元，水电费用节约20万元，维修公司拓展外修业务近10万元，修旧利废1万元。公司党委关心职工冷暖，积极开展送清凉活动、送温暖工程，投入资金5.8万元为基层驾驶员、维修人员发放劳保用品，提高一线人员福利待遇。公司成立海通公交困难职工帮扶中心，共收到捐款2.55万元，解决职工实际困难，因地制宜开展丰富多彩文体活动，增强职工的团队合作意识，打造和谐企业。

（特约撰稿：许　静）

海通航运公司

【概况】 2013年，海通航运公司（简称航运公司），认真贯彻落实党的十八届三中全会精神，结合公司自身实际情况，走出自己的发展道路。全年，航运公司实现营业收入1082万元，完成年计划的135%。其中船舶货代营运收入1065.70万元，船舶出租收入10万元，船舶委托经营收入6.30万元，船舶资金使用管理费20万元；实现成本费用1066万元，完成计划的120%。其中主营业务成本1032万元，管理费用58万元，营业税金及附加4万元；年度公司盈利19.4万元。

【货代促物流】 2013年，航运公司货代业务量达30.70万吨，周转量达7155.70万吨。年内，航运公司对船舶进行分类管理，方便调度使用。公委托经营船舶141艘，运力近7.6万吨。通过长期宣传和不断的联系，为广大船主做力所能及的服务，得到船主们的信任和支持。年内，一些外挂船舶主动联系并把船舶转到航运公司。航运公司的运力得到提升，为货代工作开展打下基础。航运公司继续做好委托经营船舶的资金借贷工作，既增加公司收入又促进航运公司委托经营船舶数量的增加，提升运力。为委托经营船舶户新建船舶和经营周转资金困难，给予资金支持。

【安全管理】 2013年，航运公司加强安全工作，及时调整安全生产委员会，完善横向到边、纵向到底的安全管理网络，明确安全责任，使安全工作环环紧扣。在安全事故隐患排查、安全生产月、百日无事故活动、汛期和冬季等季节性和重大节假日期间，严格按照下发文件要求和指导，及时做好安全管理工作，有效预防各类事故发生。并针对船舶常年营运在外，航运公司把宣传教育培训工作前移至船舶运输一线，从船头、人头抓起，利用船舶航次安全会，船舶待装、待卸、待闸时间召开安全座谈会、船舶运行中走访谈心等方式方法对职工进行安全宣传教育，提高职工的安全意识。

【党风廉政建设】 2013年，航运公司坚持把党风廉政宣传教育放在党的建设和各项工作的首位，为党员干部筑起思想道德防线。加强领导干部的作风建设，密切党同人民群众联系。年内，两次组织员工，以身边发生的职务犯罪案件为鉴，组织党员干部认真学习中纪委会提出的“八项要求”和《国有企业领导人员廉洁从业若干规定》，并落实集团公司的党风廉政规定和党风廉政责任制；大力宣传勤政廉洁的先进典型，为公司党风廉政建设创造良好的氛围。其次，认真执行集团经营预算管理制度和“收支两条线”管理规定，严禁私设“小金库”，严禁利用公款私自吃喝。抓廉政建设，公司从“吃”“喝”入手，严格控制招待费用，并完善检查考核和责任追究制度。

（特约撰稿：刘　晖
审稿：仲济强）

运输管理

【概况】 2013年，新浦运输管理所（简称“新浦所”）紧扣年度工作目标，狠抓落实，对难点工作力求有所突破，辖区运输市场运力结构进一步优化，市场秩序明显好转，行业管理、廉洁自律、服务水平调控能力均得到提升，各项目标任务稳步推进。

【教育培训】 2013年，新浦所按照区政府相关工作职能定位，对各项工作职责和人员分工进行完善和调整，除参加市运管处举办的各项业务培训外，新浦所还整理相关法律法规和业务学习资料，对从事道路稽查、行政许可、维修业务办理人员进行专项培训。还针对工作业务实际，加强自动化办公培训学习，使业务科室人员和稽查内勤人员能熟练掌握电脑和网络的操作。

【安全监管】 2013年，新浦所加强安全管理工作，制定了年度的工作方案，在春运期间，加强对辖区客运站、重点货运企业的安全监管，从3月份起开展隐患排查工作，并开展“安全生产月”活动；在夏季7月份洪涝灾害期间，主动到各重点运输企业和客货运站场进行安全监督和事项督察。定期对辖区内道路危险货物运输企业开展监督检查，确保企业资质合格率100%，车辆承运人责任险投保率100%。2013年，新浦所上门检查重点企业21家74次，客运站3家18次，排查一般安全隐患16处，并逐一记录相关台账，对现场发现的问题和相关企业负责人当场交代、整改完成16处。

【推进货运业发展】 2013年，新浦所严格执行《连云港市道路货物运输管理工作规范》、加快道路货运运力结构优化调整和省厅《关于加快推进“重点运输过程监控管理服务示范系统工程”实施工作的通知》精神，严把准入关，年内，共安装“北斗双模”系统车辆达到650台。同时，强化“江苏快货”“江苏快修”品牌培育，并巩固“江苏快货”品牌建设成果。至12月底，新浦所辖区共有2391户货运业户，5495辆车，发放普货许可678份，配发营运证926套，三类维修许可33份，年审货运业户2247户，4997辆车，道路运输车辆过户注销申请762份。此外，配合市处货运科，推进道路货运质量信誉考核工作，辖区内36家5辆车以上（含5辆）道路货运企业质量信誉考核率达100%。与此同时，做好辖区内公路客货运规模企业运输量调查工作，及时、准确上报公路行业统计报表。

【运输市场监管】 2013年，新浦所加强辖区运输市场的整治和监管力度，把打击黑车、摩的、“小红车”等非法营运行为作为全年稽查工作的重点，年内共查处各类违章436起，其中黑车55起，其他违章381起。全面使用“在线稽查”，违章在线处理率100%。

（特约撰稿：王　艳）

邮　电

邮　政

【概况】2013年，连云港市邮政局（简称市邮政局）实现邮政业务收入3.15亿元，增长8.84%，列全省第4位；完成省公司计划的98.39%，列全省第5位。市邮政局荣获2010-2012年江苏省文明单位标兵，连云港市2012年度"模范劳动关系和谐企业"，连云港市百家企业文化职工文化建设先进单位。南城中心支局、海连路支局荣获江苏省"巾帼文明岗"称号。该局在全省邮政"三美"文明创建百日竞赛中荣获优胜奖，荣获全省邮政创建"特色邮路"先进集体。

【提升邮政服务质量】2012年，市邮政局深化"创岗位先锋、创满意窗口、创服务品牌"竞赛活动。定期开展综合大检查和神秘人检查，提升窗口服务规范化水平。开展"情系万家，满意在邮政"客户走访活动，征集客户意见，改进服务质量，收集客户数据55万余条。组织社会满意度测评活动，在2013年下半年全省邮政用户满意度调查中得分90.25分，列江苏省第五名。19项通信服务质量KPI指标全部达到省公司标准。在连云港市行风政风电视评议活动中，市邮政局获得小组第三名。2013年，全局无重大违规经营问题、无重大邮件安全问题、无重大资金案件发生、无重大新闻媒体曝光问题。在机要通信工作中，实现连云港市邮政机要通信质量"连续二十五年"全红，用户满意率99%以上。

【信息网机房搬迁】2013年10月底，市邮政局完成信息网机房建设及搬迁工作，将中心机房由枢纽主楼7层整体搬迁至枢纽楼3层。完成邮政信息网市内网络改造工程，更新地市中心核心网络设备和网点网络接入设备；网点至市中心的专线类电路改造为MSTP电路；对IP地址重新进行梳理；对现有市内网络中的私有路由协议进行改造等，专线带宽由2M升级为10M，解决信息网市内网络通信带宽瓶颈制约、基础网络设备陈旧老化等问题。

（特约撰稿：张培军）

电　信

【概况】2013年，中国电信股份有限公司连云港分公司（简称连云港电信）认真贯彻落实市政府与中国电信江苏公司共同签署的"十二五"信息化战略合作协议，完成投资2.83亿元，推进光网城市、无线城市、智慧城市建设，被市委、市政府评为"建设连云港有功单位"和"重大事项重点工程优秀服务单位"。市电信局深入开展党的群众路线教育实践活动，在企业转型、服务能力提升、规模发展等方面均取得较好成绩，先后荣获"江苏省文明单位""江苏省价格诚信单位""江苏省放心消费创建活动示范单位""连云港市用户满意服务明星企业"等称号。

【智慧港城建设】2013年，连云港电信充分发挥自身网络、资源、人才、技术优势，全力推进智慧港城建设。在连云港市率先推出家庭百兆光纤接入服务，开展多次宽带大提速，连云港市家庭用户平均带宽达7.8M，位列全省第二。打造智慧港城综合门户平台，是年5月份，"智慧连云港"门户正式发布，"智慧连云港"依托城市光网，整合、汇聚全市信息资源，涵盖智慧政务、智慧生活、智慧交通、智慧旅游、智慧娱乐等8大版块60余项应用，是智慧城市、行业应用落地建设的重要体现形式，为连云港市居民和各行业提供便利的综合信息服务。与市经信委联合推进数字企业和智慧小区建设，是年8月份，连云港市数字企业客户体验中心挂牌成立，全年创建星级数字企业50家，新增非星级数字企业300余家；在连云港市建成3A级智慧小区118个，灌南上城国际小区被评为苏北第一家5A级智慧小区。完成"12345"政务知识库、便民知识库建设，完成公安视频系统与"12345"系统的对接开发，数字城管部分顺利通过省住建厅组织的验收。结合互联网、3G移动通信网、GIS等多种先进技术，建成"建筑工程现场人员监管系统"，系统通过对现场人员手机进行主动和被动定位，获得项目三方管理人员的考勤数据。年内，已录入在建工程284个。进一步丰富网络消费方式,"翼支付"提供本地综合信息平台支付通道,通过通信账户、支付账户、银行账户的结合,方便用户使用手机缴纳电话费、水电气费,购买电影票、火车票,在当当网、尚品网等网站在线购物。积极推进农村信息化发展,建成天翼镇18个,宽带镇59个。

【通信设施建设】 2013年,连云港电信优化无线网络覆盖,新增3G基站68个,新增室内分布系统70套。积极推进"宽带中国"战略,积极推动光纤入户工程,城区基本实现光纤覆盖,具备20M以上接入能力,农村基本具备8M接入能力。连云港IP城域网出口带宽能力由260G扩容到400G,有效满足全市居民高品质宽带生活需求。新建中继光缆0.8万芯公里,完成干线光缆徐连架空二路由东海至连云港段、徐淮连应急光缆灌南至连水段、大连南通光缆连云港至赣榆段、大连南通光缆灌云至响水段、北沿海架空光缆灌云至响水段的维修改造,提升干线光缆的运行质量,确保运行安全。同时,完成iTV平台扩容,并发能力达到10.3万户,较2012年提升30.4%,为日益增长的iTV用户需求提供更高的网络能力保证。配合做好市政通信管线迁建,完成科苑路等6条道路114个座公话亭建设。

【经营管理服务】 2013年,连云港电信不断优化资源配置,深化机制创新,划小服务单元,服务工作前置,设立城区分局;精心运行维护,开展市区干线光缆和用户线路的整治,推进节能减排;坚持诚信经营,优化服务网点布局;强化精确管理,优化工作流程,推进装维标准化管理,提升服务能力。

(撰稿:董 博
审稿:尹宝华)

联 通

【概况】 2013年,中国联合网络通信有限公司连云港市分公司(简称连云港联通)依据"创建精品网络,提供优质服务"的企业宗旨,加速规模发展,加快转型步伐,加大管控力度,着力提升市场经营能力、产品创新能力、支撑服务能力,公司业务收入比2012年增长14%。2013年,连云港联通被市委、市政府评为全市服务业统计工作先进单位、连云港放心消费创建标兵单位、治安保卫重点单位安保维稳工作先进集体、质量管理协会优秀会员单位、连云港服务满意班组等荣誉称号。

【业务发展】 2013年,连云港联通以"围绕提升市场地位"为总目标,以"转变思想观念,加快市场突破,推进效益提升"为要求,以渠道建设年和管理提升为抓手,3G业务持续快速发展,2G业务在保有中实现增量发展,集团客户拓展以"高速率宽带"为主打,以"3G"终端为亮点,大力推进融合业务发展,以行业应用拉动集团客户整体转网,取得积极进展,公司收入规模稳步增长、经营效益持续提升。

【通信建设】 2013年,连云港联通新增3G基站80个,基站规模达到907个。调整增加2G基站72个,基站规模达到753个。新增及改造室内分布系统8套,达到320套。新增WLAN热点2个,新增校园宽带覆盖26136户,公众小区宽带覆盖2.23万户。新浦、东海、灌南IP城域网出口带宽分别从8G、4G、3G增至20G。接入网新增宽带接入端口1.27万个,其中具备20M放装能力的宽带小区54个,覆盖用户5.2万户。

【客户服务】 2013年,连云港联通在完善大服务体系的基础上,通过优化客户服务管理体系,落实机构改革,狠抓服务质量,强化维系效果,扎实推进服务举措,加强服务质量监督工作、投诉工作、维系工作、俱乐部工作,创新模式保重点、明晰短板谋突破、夯实基础抓落实,不断提升服务能力和服务水平。

(特约撰稿:郑书文)

联通大楼 (韩世泳 摄)

科教文卫

科技工作

【概况】 2013年，新浦区科技局（简称区科技局）聚合科技资源，打造资源共享科技平台，加大招才引智力度，创新科技工作特色，使全区科技工作全面融入经济社会发展之中。

【科技进步县区考核】 2013年，新浦区顺利通过科技部实施的科技进步县（区）考核工作。荣获2013年连云港市“科技统计工作先进集体”称号。

【科技项目】 2013年，全区获批国家级项目3项，获批经费1704万元；获批省级科技计划项目4项（省级重大成果转化项目1项，省级社会发展项目1项、省级苏北专项项目1项、省级研究生工作站1项）获批经费886万元；获批省级人才类项目3项（省级双创人才项目2项，省级博士集聚计划项目1项）获批经费115万元；获批市级科技项目61项，获批经费653万元；获批连云港市国家创新型城市建设政策奖励资金40万元，共争取各级科技经费3398万元。全区有36家企业的信息录入全省科技型中小企业信息库；10家小微企业首次申报专利及科技项目。

【企业科技创新】 2013年，全区7家大中型企业全部建立科技研发机构，如年机械、东浦管桩、德翔新材料3家企业获批为国家级高新技术企业；双惠机械、福利达医疗获批省级高新技术企业；水表公司等6家企业获批省级研发机构；获批省级高新技术产品13项；港圣开关、龙塔研磨等5家企业与淮海工学院、中国矿业大学等高校建立产学研合作平台。

【科技金融工作】 2013年，区科技局帮助德翔新材料、福源医疗、万泰医药、天邦科技4家企业获批省科技厅与江苏银行合作“江苏科技发展贷款”计划，共获得科技贷款920万元。

【知识产权管理】 2013年，全区累计完成专利申请量1424件，超出全年任务197件，全年专利授权量913件，超出考核目标150件，万人有效发明专利拥有量达4.96件（按70万人算），超过市下达的3.5件的考核目标。

（撰稿：张 恒
审稿：胡庆林）

高新车间 （新浦经济开发区 供）

教育工作

综 述

2013年，区教育局以高水平教育现代化建设为统领，以国家级义务教育发展基本均衡区、国家级社区教育实验区等各类创建为抓手，深入实施"教育资源整合拓展工程""教师队伍梯队建设工程""数字校园立体推进工程""教育特色创新发展工程""平安校园巩固提升工程"等5大工程，好中求快，攻坚克难，力推教育总体发展水平进入全省同类型城区先进行列，先后荣获"全国社区教育实验区""省学校安全工程先进单位"等称号，以全市第一的成绩高分通过"全国义务教育发展基本均衡区"评估验收。区教育局荣获"全国第四届中小学生艺术展演优秀组织奖""省教海探航征文竞赛先进集体"等各类表彰近40项，被市委、市政府授予"全市法治城市创建工作先进单位"称号。

学前教育

【加强村级办园点建设】 2013年，区教育局协同区政府，在浦南镇江浦村、太平村分别规划建设6个班规模的省优质园标准村办幼儿园。

【优质幼儿园验收】 2013年，浦南中心园、六一华府分园、机关苍梧分园顺利通过省优质园验收。春辉润城幼儿园、蓝天水墨江南分园、东方宝贝儿童之家、世纪阳光幼儿园4所幼儿园通过市优质园验收。

【市级课程基地建设】 2013年，市机关幼儿园、春辉苍梧幼儿园、钟声幼儿园分别创建为市"节日文化课程基地""多边游戏综合特色课程基地"和"亲子音乐之旅课程基地"。

【学前教师队伍建设】 2013年，区教育局组织150人参加区域内教师专业技术职称认定说课培训；组织28个优质园参加全市优质学前教育成果展；组织承办市幼儿韵律操评比活动；组织《爱满家园》使用情况评比；完成省学前教育五年行动计划信息管理系统的数据填报上传工作。

基础教育

【7所学校被确立为课程基地】 2013年，花果山中学被确定为"省初中英语课程基地"；建国路小学被确定为"省民间美术课程基地"。海宁中学的物理学科、大庆路小学的信息技术学科、浦南中心小学的体育学科、建宁小学的书法学科、解放路小学的思想品德学科被确定为"市级课程基地"。

【人才引进】 2013年，区教育局面向社会公开招聘40名教师，其中研究生6名，本科19名，专科15名，为地理、音乐、体育、美术、学前教育等紧缺学科。

【支援乡镇农村办学】 2013年，区教育局出台《新浦区义务教育学校教师和校长流动工作实施意见》，选派25名教师赴乡镇执教。

【首届"学生最喜爱的班主任"推选工作】 2013年4月，百名学生代表组成20个推介团，依次推介自己心目中最喜爱的班主任，并就评委提出的问题进行现场答辩。经推选有5位班主任当选，其中，中小学3位、幼儿园2位。

【文体教学】 2013年，区教育局重视学生德智体全面发展。制定一系列文体教学方案。组织学生文娱表演和体育竞赛活动，在市第四届中小学、幼儿园艺术大赛中，新浦区获奖率最高；在市教育局举办的留守儿童绘画大赛中，获全市第一。区教育局被评为优秀组织奖。海宁小学"蒲公英"合唱团代表连云港市少儿组参加省"紫金合唱节"比赛荣获优秀演唱奖。幸福路小学代表队在全国健美操、啦啦操锦标赛上，获得小学组第一名，其中花球和技巧一级规定动作两个项目分获小学组冠军；海宁中学代表队在省中学生排球比赛中获得女子组第四名。

【教科研工作】 2013年，省"教海探航"征文竞赛获"先进集体奖"；市首届中小学教师专业研究能力大赛，新浦区获得11个一等奖；省"中小学心理健康教育”论文评选中，5篇论文获一等奖，占全省一等奖获奖总数30%。

【教师队伍建设】 2013年，区教育局完成教育部“国培计划（2013）——示范性集中培训”、省“名师团送培”、市“青蓝课程”、市“千名教师出乡村”、市“百位名师百节好课百乡行”等国家、省、市培训任务94项，培训2100多人次。举办新浦区班主任培训班，700名中小学和幼儿园班主任参训。在国家第十一届NOC创新大赛中，海宁中学的丁丽君、刘学研、大庆路小学的刘园、马丽、建宁小学的张苗、建国路小学胡为亮、浦南中心小学的王小敏和海宁小学刘玉梅等8位老师获全国一等奖。其中刘园、张苗还获得NOC教育信息化最高奖项——恩欧希教育信息化发明创新奖。5人被评为市“骨干校长”、19人被评为市“骨干班主任”、38人被评为市“骨干教师”，123人通过高层次人才履职考核。开展了区“教坛新秀”“教学能手”培养及评选活动，共计78人获得区“教坛新秀”称号，83人获得区“教学能手”称号。全区用于中小学教师培训的专项经费达145万元，占公用经费预算总额的7.26%。

社会教育

【社区教育】 2013年，区教育局全面加强社区教育机构标准化建设。各社区利用各自的优势，开展形式多样的境遇方式和内容。路南社区教育中心荣获“省级社区教育中心”称号，浦南镇社区教育中心荣获“市十佳贡献中心”称号，路南街道社区教育中心荣获“市十佳美丽校园”称号，岗埠农场社区教育中心荣获“市十佳示范基地”称号。全区各乡镇（街道）社区教育中心均达市级标准，14所居民学校达市级标准。《走进家乡的西红柿》《鲜切花栽培技术》获市社会教育“优秀自编教材”评比一等奖。新浦区荣获“全国社区教育实验区”称号。

幼儿园　　（区教育局　供）

自学考试

【考试报名】 2013年，区教育局自学考试学历报名为8407人，报考课次为18363课次；专接本报名共2504人，6041课次；全年有404人获得自考本专科毕业证书。少儿剑桥英语全年报名148人；全国公共英语等级考试报名为4233人。全国书法等级考试报名9905人。社会证书考试报名14286人。

【英语教材纳入校本课程】 2013年，市中药学校、财经学校等大中专院校继续把全国英语等级考试教材作为学校的开设课程，充分调动学生参加全国英语等级考试的积极性。

教育行政

【教育装备提档升级】 2013年，全区新建塑胶操场2.25万平方米，硬化操场、篮球场地1.15万平方米。全区中小学添置课桌凳7150套，电脑398台，多媒体投影设备70套。教育技术装备达省定二类标准，办学条件达省标准化要求。

【加强校园安保】 2013年，全区学校设立校园安全工作专项资金，安装校园周界监控、视频监控、红外监控等技防设施。开展“合格校园警务室”创建活动，省级平安校园创建率达60%，市级平安校园创建率达90%。联合有关部门开展食品卫生、学生接送车等各类专项治理。区教育局被市委、市政府授予“全市法治城市创建工作先进单位”称号。

【优化网络中心软硬件】 2013年，区教育局利用专项资金对网络中心进行升级改造，实现骨干万兆，核心千兆，全区总出口千兆的网络布局，优化整个新浦区教育信息网的运行能力。建设推广全局OA网络办公系统，实现学校、局机关、教师都在一个办公平台。建设400G的视频课堂，涵盖义务教育阶段的主要学校的视频资源。

【校舍整修】 2013年，区教育局投入资金200万元，粉刷改造校舍3.72万平方米；投入资金9369万元，新建、加固校舍5.38万平方米；投入资金600万元，新建塑胶操场5片，面积2.25万平方米；投入资金144万元，硬化操场、篮球场地6片，面积1.16万平方米。在省学校安全工程专项考核中，被授予“省校安工程先进单位”称号。

【资助贫困生】 2013年，区教育局在预算内安排23.3万元对233名初中家庭经济困难的学生给予生活补助，每人每年补助1000元。区财政安排6万元，资助21名贫困家庭学前儿童。

【生源地助学贷款】 2013年，区教育局完成2010年生源地信用助学贷款办理工作，贷款人数831人，贷款总额476.77万元元。

教育督导

【划片督导】 2013年，把区教育局全区中小学、幼儿园分成东北片、中西片、西南片和东南片4个督导责任区，4名专职责任督导和42名兼职责任督导分派到全区（含海州）77所中小学、幼儿园、培智学校。建成督导网络。

【有偿家教治理】 2013年，区教育局印发《新浦区教育系统开展有偿家教专项治理工作实施方案》，成立有偿家教专项治理工作领导小组，对21所中小学分别召开行政会、教师会、家长会。

【中小学体育锻炼专项督导】 2013年，区教育局采取听取汇报、查阅档案、访谈、问卷调查、观看活动、调取录像等形式，对各校每天一小时体育锻炼开展情况进行深入了解。检查结果以简报形式通报各中小学，提出整改意见，督促其限期纠正。

【常规综合督导】 2013年，区教育局对中小学、幼儿园进行行政管理、教学、校内外活动等方面检查督导。对海州中等专业学校教育工作综合督导。对乐迪幼儿园、钟声幼儿园、新苗幼儿园、伟才幼儿园、小红花艺术幼儿园、海州幼教中心等6所幼儿园进行综合督导评估。对6所小学进行素质教育督导考核。督导组在肯定学校取得成绩的同时，指出学校存在的问题和不足，提出整改意见。

【义务教育通过国家级验收】 2013年，在区教育局党委统一安排下，由督导室牵头，通过各科室人员全力配合，"全国义务教育发展基本均衡县（区）"从申报到接受评估已经历时两年，终于以全市第一的高分通过国家级验收。成绩总分排名全省第四。

（撰稿：许景明
审稿：王宏新）

新浦苍梧幼儿园 （区教育局 供）

文化体育

综　述

2013年，新浦区文化体育工作着重文化产业发展和文体阵地建设，全面实现群众文体活动、文化市场管理、非遗和文物保护三个提升。9月份，文化执法卷宗被国家版权局评为国家级一等奖；10月份，新浦区舞蹈队参加“舞蹈中国”全国排舞比赛荣获冠军；11月份，新浦区“金牌秧歌队”又获上海健身秧歌邀请赛金奖。

群众文化

【“三送”工程】2013年2月4日，新浦区2013年文化科技卫生“三下乡”活动—走进花果山，并在花果山大村村举办启动仪式。区文化部门组织举办“送戏下乡”获得广大农民一致好评。全年，共组织开展“送戏下乡——走进富安村”、“文化下乡——走进小村村”等各类下乡活动22场次，送图书下乡20000余册、送电影下乡260余场次。

【民俗大联欢】2013年2月10日，新浦区人民政府会同连云港市文化广电新闻出版局共同举办2013年“金蛇狂舞”千人民俗大联欢和首届“金蛇狂舞迎新春，全民健身遍港城”体育展示活动。市委书记李强、秘书长杨莉，市文广新局党委书记、局长田明、区委书记王立斌、区长单晓敏、副区长袁丽霞等市、区领导出席活动，向全市人民致以节日的问候和新春的祝福。200人组成的女子威风锣鼓、100人的秧歌队精彩表演，把新年的气氛演绎得热气腾腾。春节期间，全区共组织文化活动130余场，其中大型文体活动22场次、民俗表演30余场次。

【广场文化活动】2013年6月18日晚，由新浦区文化体育旅游局（简称区文体旅游局）主办，连云港水晶街承办的新浦区“和谐文化进万家”系列文化活动开幕式——“唱响幸福新浦”文艺晚会在连云港水晶街隆情启动。并在年内立足苍梧绿园、市民广场等城市中心广场以及遍布城区的30余个社区文化小广场，开展“五四”青年歌手大赛、“连云港好声音”歌手大赛、社区鼓王大赛、健身秧歌大赛等有较大影响力的大型文化活动20余场；全年举办大型活动100余场，中小型文化活动600余场次，观众达20万人次。各类文化活动坚持做到“月月有主题，周周有活动，场场有亮点”。

【文化艺术创作】2013年3月，花果山街道淮海戏剧团编写出新剧目《扁担会后传》，并进行10场公演。新浦区精心组织创作文艺作品50余件参加连云港市第七届“和谐新港城”文艺作品征稿活动，获得一等奖1名，二等奖1名，三等奖5名，并获优秀组织奖。组织8件作品参加江苏省第六届少儿艺术节。创编的舞蹈《鹤·如风》参加第十届全国舞蹈大赛。参加“舞蹈中国”全国排舞比赛荣获一等奖。摄影《瑞雪兆丰年》荣获2013年江苏省五星工程奖铜奖。《黑山羊》《闹春》《未来之星》荣获全国24届摄影艺术展优秀作品奖。此外，还拍摄制作了微电影《雷锋车》《爱心人故事》等。

【基层文化建设】2013年，区文体旅游局坚持“文化事业重在建设”的方针，继续完善“城区15分钟文化圈”“乡村三里文化圈”建设，健全公共文化服务网络，投入4000万元新建浦南文体中心，投入200余万元加强社区文化场所建设，完成活动场地铺装塑胶地面5000余平方米。完善新浦图书馆基础设施建设，投入10万元新增藏书5000余册，并实现面向社会免费开放。花果山街道被评为省公共文化体系示范乡镇。推进基层文化阵地提档升级，指导全区40多个社区文化场所进行提档升级工作，增强为民服务水平，满足日益增长的群众文化需求。

文化遗产保护

【非物质文化遗产保护】2013年11月，区文体旅游局组织纪效芳、纪光辉、陈茂裔、曹海琪、席瑜君、左相高等非物质文化遗产传承人代表新浦区参加2013年连云港市民间艺人技能大赛，获一等奖1名，三等奖1名。精心组织申报传承人和传承基地工作，年内戴氏中医诊所申报为省级生产性保护基地，陈茂裔申报为市第四批传承人。成功将新浦区育红幼儿园申报为（剪纸、贝贴画）市级传承基地、浦西街道新中社区活动中心申报为（旱船）市级传承基地。纪效芳、纪光辉、戴泉成功申报为第二批市级传承人。认真搜集并撰写申报材料，成功将新浦秧歌、形意大成拳、峨眉十二庄申报为市五批非遗项目。开展非遗宣传展示活动，开展戴氏膏药“义诊”进乡村、“旱船课堂”进社区、“贝贴画图片展”进社区、“贝贴画精品展”进社区等4场非遗进乡镇进社区系列活动。

【文物保护】 2013年6月，区文体旅游局与市重大文物保护研究所、市民俗博物馆联合举办“新浦区石刻精品拓片展”系列活动。全年，对辖区内各片区文物点开展例行文物安全巡视70余次。参与完成新浦区民主路文物修缮原始资料、“老曲本”“老物件”“老照片”资料搜集工作，上报有关部门。对民主路18处文物建筑进行设计，撰写内部装潢设计方案，提供大量资料及参考图片。做好新浦区“三普新发现标志牌立牌”工作。

文化市场管理

【整顿文化市场】 2013年1月14日，新浦区文化市场综合执法大队对辖区的大庆路小学、解放路小学、幸福路小学等校园周边的文化市场场所进行“地毯式”排查，拉开2013年文化市场集中整治第一阶段的序幕。全年开展扫黄打非“春季净化”行动、“清风送给你我他”歌舞娱乐场所清风专项整治行动10余次，出动400人次，检查经营单位450家次，查处违规经营网吧22家，责令整改14家，查处非法经营娱乐场所12家，下达无证K T V停业整顿通知书31户，立案查处违规经营户12家，收缴各类非法出版物2000余册，查缴非法音像制品1400余张，取缔流动摊点7家，收缴盗版图书50余本并责令经营店负责人立即整改。收缴弹子游戏机4台，经营场所当场予以取缔。

【文化产业】 2013年2月19日，新浦区召开文化产业统计工作会议，安排部署文化产业统计年报工作。区统计局、区文体旅游局等部门领导及各乡镇、街道文化站长参加会议。设立并下发文化产业引导资金200万元，扶持连云港水晶街等新浦重点文化企业。积极参加苏州文博会和2013连云港西游记文化节暨丝绸之路经济带（东中西区域）合作论坛等推介活动。组织辖区内大陆桥传媒、凤凰传媒等20余家文化企业申报省、市文化产业引导资金。投入2.5亿元对民主中路东侧650米历史街区进行整治，修复改造文物保护单位18家。投资1亿元开发建设连云港水晶街项目工程。首期入驻水晶街商铺20余家，营业面积近4000平方米。投资1.5亿元推进盐河巷一期工程，古街建筑面积1万多平方米，主要以经营古玩字画为主，将借鉴南京1912街区的业态和经营理念，将形成古色古香的一条“文化之街”。

【社会监管】 2013年，区文体旅游局协调公安、消防等部门和“五老”义务监督员，采取日常巡查和突击检查的方式，重点查处网吧接纳未成年人、未按规定登记消费者上网信息及超时经营等违规行为。

【安全生产】 2013年5月26日，区文体旅游局会同区消防大队在千府大酒店开展文化市场消防知识培训及演练活动，参训率达100%，并与广大经营业主签定守法经营、安全生产责任书300余份。举办音像制品、印刷企业、营业性演出场所、歌舞厅、网吧等经营单位从业人员培训班6期，培训人数达600余人。同时，加强安全生产排查。排查出非法经营单位20余家，下达停业通知书20余份，提出整改意见100余条，已全部整改到位。

体育工作

【体育阵地建设】 2013年，区文体旅游局完成新浦区“十分钟体育健身圈”数据统计上报工作。规划建设区级全民健身中心，投入4000万元新建浦南文化中心、体育中心，投入200余万元为常乐新村文化广场、海宁社区健身广场、龙苑社区健身广场、艺北社区文体广场等铺装塑胶地面，面积达5000平方米，新装健身路径23套，篮球架、羽毛球网架4副。

【群众体育】 2013年8月，区文体旅游局与市老年人体育协会共同举办“佳木斯健身操舞展示活动”，3000余人参加活动。举办新浦区职工篮球赛，参与群众1000余人。成功举办“水晶街杯”新浦区社区鼓王大赛、舞蹈大赛。此外，举办迎新春篮球比赛、农民运动会、全区中小学生运动会等各类活动和赛事100余项次，参与群众20余万人。社会体育指导员队伍不断增强。举办100余人参加空竹、广场舞、排舞、农民健身操、泰兴花鼓、健身气功一级社会体育指导员培训班，培育健身秧歌、柔力球、太极拳（剑）、腰鼓等特色体育团队20余支。组织5人参加江苏省社会体育指导员讲师团培训。完成社会体育指导员信息登记工作，举办区级柔力球培训班1期、健康讲座1期，培育指导员120余名，并将大学生村官纳入培训范畴。国民体质监测测定人数3000人。

【体育竞赛】 2013年10月，新浦区编排集体舞蹈《山海情》，获第十届全国舞蹈比赛一等奖。参加连云港市新优项目比赛获一等奖。组队参加市体育局举办的象棋、围棋比赛，分获第四名、第二名。组队参加市太极拳、木兰拳比赛，获木兰剑一等奖。组队参加连云港市庆祝“三八”妇女节广场舞比赛，获一等奖。在安徽蚌埠举行的2013年全国啦啦操联赛上，幸福路小学啦啦操队获得小学组花球舞蹈啦啦操规定动作1级第一名和街舞舞蹈啦啦操规定动作2

级第一名的好成绩，同时获得体育道德风尚奖。海宁中学参加由国家体育总局、教育部、中国科学技术协会等五部委联合主办的2013年全国青少年电子制作锦标赛，在三天的激烈角逐中，共夺得四项全国冠军，包揽了“电路创新制作”和“遥控编码探雷器”两个参赛项目的团体第一名。

【发挥体育总会作用】2013年，区文体旅游局充分发挥新浦区体育总会作用，成立新浦区武术协会，完成社区体育团队年检工作。阳光跆拳道运动协会成功申报为AAA级体育运动协会。推动辖区体育产业做大做强，新浦区达人俱乐部等4家体育经营单位成功申报省级体育产业引导资金50余万元。小羚羊商贸有限公司等4家体育经营企业获得市体育专项扶持资金。加强高危体育项目经营监管，对5家经营单位进行检查，提出整改意见13条，全部整改到位。

（撰稿：秦昌盛
审稿：刘　虹）

2013年新浦地区春节期间文化艺术活动一览表

表16

编　号	文　化　活　动　名　称	时　间	地　点	主　承　办　单　位
1	“民间春晚”新年文艺汇演	2月2日14:30	市文化馆	苍梧晚报、市文化馆
2	青海省格萨尔歌舞剧团慰问演出	2月3~4日	市文化艺术中心	万联能源集团、市文广新局
3	市民民俗大联欢活动	2月10日（大年初一）	新浦区、海州区	市文广新局、新浦区、海州区
4	“新年夜，我们看电影”新春公益电影放映活动	2月11日14:30~21:30	市文化馆	市文化馆
5	新春京剧演唱会	2月14日	市博物馆	市博物馆、市京剧协会
6	话剧《风华绝代》演出	2月下旬	市文化艺术中心	市文广新局、江苏同科文化传媒有限公司
7	“锦绣盛世·元宵新韵”元宵节民族音乐会	2月23日19:30	市文化馆	市文化馆
8	周末剧场	每周五	市淮海剧团小剧场	市淮海剧团
9	2012“傅抱石奖”江苏中国画作品展	春节期间	市美术馆	省委宣传部、省文化厅、省文联、市文广新局
10	一年又一年——中国宣传画、年画新春特展	春节期间	市博物馆	市博物馆、市收藏家协会
11	迎新春季玉清刺绣艺术展	春节期间	市博物馆	市博物馆
12	首届连云港市工艺美术大师作品展	春节期间	市博物馆	市工艺美术协会、市博物馆
13	“金蛇喜迎春、新春来剪纸”手工制作	2月10日上午	市博物馆	市博物馆
14	“金蛇喜迎春、大家来猜谜”灯谜竞猜	2月10~12日	市博物馆	市博物馆
15	“全家总动员”小小鉴宝家	2月10~12日	市博物馆	市博物馆
16	连云港市民俗展演	2月10~13日	市民俗馆	市民俗馆
17	连云港市民俗陈列展览	2月10~16日	市民俗馆	市民俗馆
18	“唤醒的记忆一看照片、识新浦”有奖竞猜活动	2月10~13日	市民俗馆	市民俗馆

续表

编号	文化活动名称	时间	地点	主承办单位
19	苍梧讲坛之中国艺术的时间观念	2月2日14:30	市图书馆三楼 视频讲座室	市图书馆
20	苍梧讲坛之寻找幸福密码(上)——绽放的快乐	2月8日14:30	市图书馆三楼 视频讲座室	市图书馆
21	苍梧讲坛之寻找幸福密码(下)——生活处处是课堂	2月16日14:30	市图书馆三楼 视频讲座室、	市图书馆
22	新春百科知识竞答	2月10日上午	市图书馆二楼走廊	市图书馆
23	春节少儿棋类有奖竞技	2月10日上午	市图书馆三楼报告厅	市图书馆
24	第八届"我的图书我管理体验活动"	寒假期间	市图书馆少儿借阅室	市图书馆
25	优秀读者评选活动	寒假期间	市图书馆	市图书馆
26	连云港市第十三次迎春花鸟画展	2月6~20日	市图书馆三楼展厅	市文联、市图书馆
27	经典影片展播	2月3~10日14:30	市图书馆二楼服务大厅	市图书馆
28	寒假小馆员社会实践活动	2月	市少书馆	市少儿图书馆
29	"国学启蒙诵读课" 系列活	1~2月	市图书馆	市少儿图书馆、义工网
30	少儿春联书法比赛	2月7日	市少儿图书馆	市少儿图书馆
31	喜迎春节系列少儿游艺会	2月10日	市少儿图书馆	市少儿图书馆
32	少儿电脑比赛	2月10日	市少儿图书馆	市少儿图书馆
33	趣味纸模型制作	2月10日	市少儿图书馆	市少儿图书馆
34	"小书虫" 读书交流会	2月17日	市少儿图书馆	市少儿图书馆
35	"重温经典" ——革命题材电影展播	2月10~24日	市革命纪念馆一楼老电影放映厅	市革命纪念馆
36	抗日石刻文物拓片展	1月25~2月24日	市革命纪念馆	市革命纪念馆、市重点文保所
37	新浦区 "文化下乡" 文艺演	1月底	新浦区	新浦区委宣传部、区文体旅游局
38	2013年 "港城新春大集" 活出	2月1日	苍梧绿园	新浦区
39	"金蛇狂舞" 初一千人民俗大联欢	2月10日	市民广场	市文广新局、新浦区
40	"金蛇狂舞迎新春 全民健身港城" 展示活动	2月10日	市民广场	市体育局、新浦区
41	元宵焰火晚会	2月24日	新浦区	新浦区

医 疗 卫 生

综 述

2013年，区卫生局深化医药卫生体制改革，切实转变工作作风，积极打造特色基层医疗服务体系，全区基层卫生工作发展基础得到不断夯实，内涵建设不断提升，各项卫生工作取得明显成效。

医药卫生体制改革

【基本药物制度改革】 2013年，基层医疗卫生机构实行基本药物零差率销售后得到落实。全年完成网上集中招标采购基本药物3600万元，药品让利1080万元。组织基层医务人员开展药物处方培训，制定药品超常预警制度，对配送企业开展网上考核监管，按时报送短缺药品信息。

【农村卫生】 2013年，新农村合作医疗保险政府补助标准提高至280元，全区参保人数8.25万人，参保率达99.8%，参保资金计2886.89万元。其中，各级财政配套资金到位率100%。区、乡两级政策范围内住院费用报销比例达75%左右，最高支付限额达15万元；在全区所有新农合结报点开展新农合门诊总额付费支付方式改革工作；市区新农合支付方式改革与信息化建设现场会在浦南镇召开；持续完善信息平台建设工程，在全市率先发放居民健康卡2.8万张，基本覆盖区内参合农民。

【公共卫生】 2013年，全区人均基本公共卫生经费提高到每人每年30元。全区累计建立城乡居民健康档案56.6万份，全区居民电子健康档案建档率达87%，家庭医生重点人群签约率达58%，老年人健康管理率达90%以上，65岁以上重点人群免费健康体检30000人。孕产妇死亡率为0，儿童预防接种率继续保持在全市前列。

【社区卫生机构】 2013年，区卫生局开工建设新浦区第一人民医院，坐落于新浦区浦南镇新镇区，占地3.67公顷，总建筑面积32000平方米，计划总投资11880万元，按照国家二级综合医院标准建设，规划设置床位300张。海州社区卫生服务中心被国家卫计委授予"全国示范社区卫生服务中心"荣誉称号。投资总额1050万元，完成浦东、海州等4个社区卫生服务中心改扩建工程；建成浦西、浦南等省级城市示范社区卫生服务中心10个，实现合格全科医生在城乡基层医疗卫生机构全覆盖。

医 政 管 理

【卫生监督】 2013年，全区共审核发放各类卫生许可证1363户，建档1363户，现场量化审核率、及时办结率均达100%；监督检查医疗机构254户，立案查处各类案件45件，罚款12.3万元；区卫生监督所获2012年度江苏省卫生行政许可卷宗评比县区级二等奖。

【食品安全】 2013年，区卫生局开展餐厨废弃物油脂处理工作，在全省首家研制并推广使用油水分离器、泔水油分离器，全区已安装使用油水分离器304台，泔水油分离器97台，全年回收各类废弃油脂210吨，占全市回收量50%以上。宝应等外地同行多次到新浦区参观学习地沟油整治先进管理经验；全年组织开展7次大型食品安全联合执法检查；推进通灌路及幸福南路"餐饮服务食品安全示范工程"创建工作，浦南镇通过食品安全示范乡镇验收；开展餐饮安全实时监控工程，安装量全市排名第一；辖区内餐饮业及学校食堂食品安全量化分级管理率均达100%。

【中医药管理】 2013年，全区社区卫生服务中心、乡镇卫生院，社区卫生服务站、村卫生室等开展"治未病""冬病夏治""膏方养生"等中医药特色服务。2013年6月，国家卫生计生委副主任、国家中医药管理局局长王国强考察调研新浦区新城社区卫生服务中心中医药工作开展情况，中医药工作顺利通过验收。

浦东社区卫生服务中心全力打造中医品牌，先后投入450万元建成集针灸推拿、膏方制作等一体的中医药特色服务一条街并建成"国医堂"中药医疗单位。

【医院管理】 2013年，区卫生局开展"三好一满意"（服务好、质量好、医德好、群众满意）窗口创建活动。成立基本药物制度管理中心，实行收支两条线管理。全区一级医疗机构及乡村公立医疗机构全部参加医疗责任险。医疗机构医疗废弃物集中无害化处理率达100%。

【卫生行风建设】 2013年，区卫生局确定浦东社区卫生服务中心为廉政文化建设示范点；在全系统制定下发《关于开展以“五治”为主要内容的作风整顿活动的实施意见》（庸、懒、散、浮、满）等系列文件，开展反商业贿赂专项治理活动，引导和鼓励使用基本药物和廉价药品，降低用药费用。浦东社区卫生服务中心被省卫生厅授予“群众满意的医疗卫生机构”荣誉称号，市眼科医院被“中国质量万里行”《中国质量报》、中国名牌江苏调查中心授予“江苏医疗示范单位”。

【人才队伍建设】 2013年，区卫生局继续推行以服务数量、服务质量和群众满意度为考核指标的绩效分配评估机制。基层医疗卫生单位岗位设置、绩效工资、聘用合同签订率达100%。年内，面向社会公开招聘医疗卫生专业大学毕业生8名。实现合格全科医生在城乡基层医疗卫生机构全覆盖。

预防与保健

【预防接种】 2013年，全区报告甲乙类传染病11种667例，比2012年同期上升2.2%；处置突发事件预警信息155条；完成结核病人核查任务，区疾控中心被中国疾控中心评为“中盖结核病项目一期卓越贡献奖”；完成3个国家级艾滋病哨点监测任务；开展高血压、糖尿病与重大精神疾病防治工作，全区慢病防治工作进一步规范化、制度化。年内，建成数字化儿保门诊7家。

【妇幼保健】 2013年，全区婚检率达70.15%；7岁以下儿童管理率99.77%，3岁以下儿童系统管理率99.24%；5岁以下儿童死亡率0.93‰，出生缺陷发生率为2.15‰；孕产妇系统管理率99.2%。农村孕产妇住院分娩率100%，年内，为340位农村育龄妇女发放口服叶酸，叶酸服用率达80%以上。在全省率先开设“妈妈课堂”，组织预防保健医生就婴幼儿家长关心的疫苗接种问题进行授课讲解，主城区7家社区卫生服务中心举办公益讲座248场，7500名家长接受教育。

爱国卫生

【农村改厕】 2013年，全区完成农村改厕任务1527座，占全年任务的101.8%。

【病媒生物防制】 2013年，城区四害密度控制在国家标准以内。积极备战省爱卫办灭鼠、灭蝇、灭蟑螂先进城市的重新考核命名。

【营造健康环境】 2013年，全区投入50万元打造城区首家健康主题公园——青年公园，建成健康小屋3个、健康步道4条、健康教育示范街3条；创建省级爱国卫生先进单位2个、卫生村3个，城乡居民健康素养监测评估工作在全市领先。

（撰稿：董月红
审稿：黄　庆）

医药管理

【概况】 2013年，连云港市药监局新浦分局（简称药监分局）围绕区委、区政府及市药监局年度工作部署，以创建活动为抓手，狠抓药品生产、经营规范机制建设，严肃查处和打击违法经营，确保药品市场安全监管，维护广大患者切身利益和人身安全，取得阶段性工作成效。

【创建阳光药房】 2013年，新浦区推进“安康工程”，进一步增强药品经营和使用单位的质量意识和诚信意识，开展“阳光药房”创建活动，结合药品“两打两建”（严厉打击药品违法生产、严厉打击药品违法经营，加强药品生产经营规范建设、加强药品监管机制建设），开展“规范化管理药房”创建工作。在各药品零售企业中统一制作并悬挂“药品安全监管信息公示牌”，将企业的《药品经营许可证》《GSP证书》、负责人照片和质量负责人照片及信用等级、投诉举报电话等全面进行公示。对辖区药品零售企业2012—2013年度药品安全信用等级进行评定，评定出A级企业31家、B级企业71家，结合信用等级评定和日常监管情况，共有10家药品零售企业和医疗机构药房被评为2013年度“阳光药房”。

【打造化妆品放心消费区】 新浦陇海步行街位于连云港市商业中心，有各类商户500余家，其中化妆品经营（使用）单位31家，有“百城万店无假货”示范街、江苏省放心消费示范街和江苏省正版正货示范街等称号。2013年，连云港市药监局新浦分局（简称药监分局）充分利用该街现有优势，与陇海步行街管委会共同开展化妆品经营（使用）规范管理工作，创立“陇海步行街化妆品安全工作站”，确定2名分局执法人员为陇海步行街化妆品安全监管责任人，聘请2名药监管委会办公室人员为安全监督协管员，形成政府牵头、部门监管、社会监督、企业自律“四位一体”监管机制。对陇海步行街化妆品经营（使用）单位逐一进行调查摸底，建立企业档案数据库，各经营（使用）单位做到：统一公示证照、统一公开承诺、统一制作进销台账登记簿、统一公示制度规范并悬挂上墙。

【开展药品“两打两建”专项行动】 2013年，药监分局根据省、市局药品“两打两建”（严厉打击药品违法生产、严厉打击药品违法经营，加强药品生产经营规范建设、加强药品监管机制建设）专项行动要求，药监新浦分局结合辖区实际，采取多项措施，以诊所为重点，全面推进药品“两打两建”专项工作。首先，利用分局网站、药品QQ群、发放《致新浦地区诊所负责人的一封信》等形式将药品“两打两建”相关精神和要求向辖区药品经营（使用）单位进行宣传，对辖区协管员和信息员进行业务培训，使其充分了解“两打两建”工作的内容和意义。同时，充分发挥药品安全委员会的作用，形成监管合力，加大整治力度。联合区卫生部门对辖区诊所经行逐一核实，分批对辖区271家个体诊所负责人进行会议培训，结合卫生系统基层医疗机构集中整顿工作，对药品“两打两建”专项行动进行布置，并积极开展现场检查工作。在“两打两建”专项工作中，共出动执法人员600余人次，对271家个体诊所进行全面检查。专项活动中共立案查处8起非法经营药品案，其中，1起诊所无证经营药品案，其涉案货值达21万余元，由于货值较大，此案移交公安部门处理。

【开展保健食品“打四非”专项行动】 2013年，药监分局全面落实省、市药监局关于打击保健食品“四非”（非法生产、非法经营、非法添加、非法宣传）。专项行动工作部署，结合辖区实际，制定完善工作方案，以会议、开办健康讲座等形式贯彻部署，并以销售保健食品为重点检查领域，对辖区有固定办公场所的7家体验店进行了全面检查。同时，对辖区二、三级保健食品经营单位采取拉网式排查，严格按照必须检查留痕迹、必须整改隐患、必须打击违法违规行为、必须将涉嫌犯罪的企业移送到公安机关的四个“必须”开展检查工作。为巩固打“四非”成果，以114家零售药店为重点，将保健食品经营纳入药品零售企业诚信考核体系，不断规范企业经营行为。结合企业自查、现场检查评定出A级企业10家。同时，统一为企业制作了规范经营公示栏和登记台账，将保健食品经营纳入远程监管系统，以建立长效监管机制。专项活动期间，全区共出动执法

食品安全宣传　　（新浦药监分局　供）

人员500余人次，检查经营企业200余家次，责令企业整改46家，立案查处6起违法经营保健食品案。

【完成GSP认证跟踪工作和完善市场监测】 2013年，药监分局完成9家零售药店的GSP认证和2家零售药店跟踪工作。同时，为做好新版和旧版GSP的衔接工作，对辖区药品零售企业负责人进行了培训，并做好年内“两证”（药品经营许可证、GSP证书）到期的7家零售药店延期工作，督促其按照新修订药品GSP要求进行改造。与此同时，完善市场监测，提高监管针对性。注重抽样产品的代表性和市场覆盖率，及时完成药品监督性抽样70批次、快检抽样300批次，完成5个批次化妆品风险性评价抽样和16个批次保健食品的监督性抽样。在完成产品抽样的同时，不断加强不良反应监测工作，继续与区卫生部门联合，以医疗机构为不良反应监测重点。年内，辖区共呈报药品不良反应报告424份、器械不良事件报告308份、化妆品不良反应报告13份，新的药品不良反应比例为31%。

【药械监管】 2013年，药监分局充分发挥与区法院、检察院、新浦公安分局四方联席会议机制，使案件办理更加及时、迅速，程序更加规范、合法，对重大违法案件，由四方联席会议成员单位开展联合执法，协同查处违法案件，有效促进行政执法和刑事执法的衔接，提高办案效率和水平。年内，对14起违法经营“三品一械”（药品、保健品、化妆品和医疗器械）案件进行立案查处，其中，移交公安机关4起，依法批捕1人，罚没款入库额103244.5元，其中保化24269.5元。将行政指导作为服务企业、履行职能的抓手，作为规范“三品一械”市场的重要辅助手段，制定出台《新浦分局行政指导工作实施方案》，成立行政指导工作领导小组，并结合药监分局工作实际，制作《约谈通知书》《行政提示书》《行政警示书》《行政纠错书》。确立了“指导内容具体化、指导文书格式化、指导流程规范化、指导行为制度化”的“四化”工作理念，创新性的建立集体约谈机制，取得较好的成效。2013年，先后开展现场指导110余次，发放行政提示书64份，纠正轻微违法行为21次，行政警示11次。

（撰稿：凌　晨
审稿：徐寿植）

计划生育

【概况】 2013年，全区人口和计划生育工作围绕创建省“十二五”人口协调发展先进区的工作要求，以“坚持计生基本国策、促进人口均衡发展”为主线，创新服务管理机制，统筹解决人口发展问题，突出抓好依法行政、计生优质服务、流动人口管理、计生利益导向等工作，全区计划生育率达98%，人口自然增长率控制在6.6‰以内，成功创建国家级计划生育优质服务先进单位，为全区经济又好又快发展创造良好的人口环境。

【“十二五”中期评估】 2013年，全区把迎接省人口和计划生育工作“十二五”中期评估工作列入重要日程，并纳入年度人口计生目标和“一票否决”考核范畴，坚持人口计生党政一把手亲自抓、负总责的原则，结合部门、镇（街道）实际，制订具体的中期评估工作计划，推进整个中期评估工作有序开展。各级各部门通力协作，紧紧围绕时间节点，对照检查内容，把握听取汇报、资料准备、现场考察、表格填报、入户访谈等5个关键环节，环环紧扣地做好自查工作，顺利通过省“十二五”中期评估验收。

【加强基础建设】 2013年，全区强化对基础薄弱地区人口计生工作的调研指导和督促检查。开展人口计生统计数据质量信得过活动。健全部门之间人口基础信息的共享机制，加强统计资料日常督察，指导镇（街）开展统计质量核查与逐级监督工作。深化基层群众自治工作，严把重点人群孕情管理关，全面推进避孕节育全程服务和生殖保健服务，全区随访服务率达95%。

【免费孕前优生健康检查】 2013年，区将免费孕前优生健康检查作为评先评优的重要指标，各村（居）广泛宣传免费孕前优生健康检查的目的、意义、项目，发放孕前优生健康检查宣传资料3万余份、新婚大礼包200余个，编辑发送孕前优生健康检查短信5万余条。区人口与计划生育局（简称区计生局）和卫生局相互配合，推广免费婚孕检一站式服务，为目标人群接受检查提供便利。在项目实施过程中，认真开展室间质控，全力保证检验结果准确无误。全年完成免费孕前优生健康检查2446人。

【流动人口管理服务】 2013年，区计生局实行流动人口计划生育“属地化管理、市民化待遇、亲情化服务”模式，认真组织开展流动人口“清底工程”，全区登记流动人口信息近5万条。举办“流动人口药具服务年启动仪式”“爱在流动，情系计生”“暖冬行动”等宣传服务活动29场次。累计与市内周边19个流动人口相对集中重点县区建立区域协作，签订《流动人口计划生育管理服务区域协作协议书》，落实协作责任和协作方式，流动人口管理服务率达96%。

【创建计生幸福家庭】 2013年，全区扎实开展“携手‘365’，幸福进万家”幸福家庭示范区创建活动，在乡村组织实施新农村、新家庭、新三年计划，新培植示范村4个，示范户30户。在城区开展以“创建幸福家庭，构建和谐社会”为主题的家庭人口文化节活动，举办家庭人口文化宣传活动60多场次，举办生殖健康免费义诊40余次、政策法规咨询50余次，免费发放计生宣传折页13万份，饮水杯、雨伞2000余件。在市内繁华位置利用大型LED电子屏连续30天循环播放计生动漫和公益广告。新建东方纽约城人口文化园、西桥社区人口文化广场等人口文化宣传阵地30余处，在省、市新闻媒体刊发（播出）计生稿件650篇（次）。

【人口和家庭公共服务体系建设】 2013年，建立以区计生指导站为龙头、镇（街）服务站为基础、村（居）世代服务室为补充的全区人口和家庭公共服务网络。投入资金30万多元，对区人口和家庭健康服务中心软、硬件进行全面整修和改造，为育龄妇女进行康检达2万多人次。并坚持检查、指导、治疗、回访四结合制度，将计划生育服务深入社区，送进家庭，计划生育服务人群的覆盖面不断扩展。同时，积极探索建立集孕（婚）前检查、孕期检查、新生儿疾病筛查出生缺陷三级干预新模式，开展人口早期发展、青春健康指导、生殖健康服务、更年期心理指导、老年健康指导等多项服务，家庭健康服务率达92%。

【利益导向机制建设】 2013年，全区全面落实各项计生奖励扶助政策，全年共发放特扶金132万元、奖励金23万元，企业持证退休职工一次性奖励金 67.36万元。在社区、医疗机构、学校、商场等城镇居民和流动人口聚集区新建立33个药具免费发放服务网点，使流动育龄群众在步行15分钟内领到免费药具。8月28日，国家卫计委药具管理中心副主任吕凌到新浦区调研期间，对计生15分钟公共服务圈工作给予了充分肯定。此外，区计生局开展送健康，送温暖、送技术、送信息等一系列社会帮扶、救助活动，受益群众500余人，发放救助金5万余元。与此同时，邀请心理学专家为留守儿童提供健康心理疏导，依托区早教指导中心、青春健康教育基地，开设免费“孕妇课堂”12期，举办早教进行社区活动20余次，举办青春期健康教育培训6场次。

（撰稿：王　媛
审稿：吕芳芳）

新浦青年公园一角　　（王恒亮　摄）

社会生活

劳动和社会保障

综　述

2013年，新浦区人力资源和社会保障局（简称区人社局）走城乡统筹发展之路，突出“创新发展增优势，就业社保大跨越”年度工作主题，牢固树立“就业富民、保障惠民、人才利民、维权安民”工作理念，攻坚克难，矢志跨越，勇攀高峰，基本实现就业和社会保障城乡一体化，促进全区劳动关系和谐发展。区人社局荣获“全国人力资源社会保障系统优质服务窗口”“省企业退休人员社会化管理服务示范奖”“市人力资源和社会保障工作目标考核先进单位”“市就业创业推进奖”“市法治城市创建工作先进单位”“市级依法行政示范奖”“区目标管理考核一等奖”“机关作风十佳单位”“优化投资发展软环境十佳单位”等称号。

就业与再就业

【劳动就业】 2013年，全区城镇新增就业23058人，城镇失业人员再就业5670人，分别完成全年指标的120.1%和121.9%；就业困难人员再就业1733人，完成全年指标的315.1%；城镇登记失业率控制在2.52%；新增转移农村劳动力1388人，完成全年指标的347%；扶持农村劳动力自主创业154人，完成全年指标的154%。办理新成长就业登记证5386人，旧证换新证1879人；就业困难人员认定1813人；举办招聘会53场，提供就业岗位近19260个，达成就业意向1394人。

【开展创业技能培训】 2013年，区人社局举办城乡劳动者职业技能培训3246人，完成全年指标的210.8%，其中城乡新成长劳动力技能培训2179人，完成全年指标的242.1%；创业培训606人，完成全年指标的151.5%；职业技能鉴定取证（不含统考）1135人，完成全年指标的108.1%；企业职工岗位技能提升培训3377人，完成全年指标的211.1%。

2013年，区人社局按照“贴近市场、按需开培”的原则和要求，以市场需求为导向，扎实开展月嫂、维修电工、焊工、中式烹调师等工种的技能培训。培训工作始终坚持“四个到位”，即培训政策到位、培训管理到位、培训质量到位、学员就业到位。一方面组织有创业意愿和创业能力的人员参加创业培训，传授“SYB”创业知识。另一方面，把小额贷款与创业培训有机结合起来，对申请创业贷款的人员，动员其参加创业培训。同时指导其选择好创业项目，提供后续跟踪服务，帮助实现成功创业。2013年，对1069名职业资格鉴定合格的学员发放《职业资格证书》，为303名创业能力考试合格的学员发放《创业培训合格证书》，共发放职业培训补贴80.4万元。

【就业服务】 2013年，区人社局为下岗失业人员办理社保补贴4778余人，争取资金1126万元；聘用专职人员的村级公共服务平台覆盖率达100%；创建省级充分就业示范社区2家；发放劳动法律法规宣传资料2万余份，接待咨询5000多人次，帮助1000多名群众解决就业方面问题。

【提升服务质量】 2013年，区人社局按照任务安排对1个经济开发区、1个镇、12个街道劳动保障事务所进行指标分解，将责任落实到镇、街道及各劳动保障工作人员，并纳入年终指标考核，推进就业服务向“广覆盖、无缝隙”发展。通过就业服务信息宣传、电子显示屏和乡镇、社区劳动保障平台等载体，及时发布用工信息，方便求职者根据自身技能、素质和喜好挑选岗位。要求各劳动保障工作人员提供“人性化”服务，做到一次性告知、首问负责、责任追究、即来即办、限时办结。并进一步规范就业服务工作流程，将《就业失业登记证》办理流程、培训办班管理流程、居民医疗保险办理流程、企业离退休人员生存认证流程等业务工作进行公开，公开工作人员具体受理业务范围，让前来办事的群众到这里“怎么办、找谁办”都一目了然。

【搭建就业交流服务平台】 2013年，区人社局通过深入企业调研、及时发布供求信息、送岗位进社区、发布就业E图、建立人才库等措施，妥善化解新浦区就业问题。除每年春节期间举办“春风行动”“就业援助服务月”

大型招聘会外，还坚持每月举办一场各类型的专场招聘会，确保供需双方能够快捷、高效实现招工与就业。《连云港日报》《苍梧晚报》多次刊登新浦区解决就业招工问题的做法。

【创建就业示范社区】 2013年，区人社局创建省级充分就业示范社区2个。八月份，召开由基层所、站负责人和协理员参加的2013年充分就业示范社区创建工作会议，对开展充分就业示范社区活动进行全面部署。11月上旬，组织基层所、站的工作人员进行业务培训，按照《充分就业示范社区评估标准》进行精心指导，并对工作中存在问题认真剖析，逐一改正。针对下岗失业人员的不同需求，一方面各社区组织多种类型的免费培训，开设培训项目，采取邀请再就业明星传授一技之长，聘请专家、技师举办专题讲座。另一方面社区积极走访不同的商户和企业，采集最新的招聘信息供下岗失业人员选择。同时开办创业培训班，制定创业评分表、求职人员可对照评分表一项一项分析，帮助实现成功创业。12月份，通过省人社厅检查组验收，并获得好评。

【加强城乡基层平台建设】 2013年，新浦区所辖12个街道、1个镇、1个经济开发区，设立92个社区劳动保障事务站和35个行政村人力资源和社会保障服务站，将就业资金投向、就业政策落实、就业服务提升有效结合起来，推进各级劳动保障平台建设。区、街道（镇）、社区（行政村）三级机构共同组成城乡统筹的劳动保障工作网络，建成率达100%。

【创业孵化基地建设】 2013年，区人社局聚集各方优势资源，整合各项优惠政策，全程进行跟踪指导，全力做好“创业孵化基地”建设的服务工作，打造新浦区6大创业孵化基地，为创业者提供场地实现创业梦。继“泰源创业孵化基地”和“新南进城务工人员创业一条街”2个创业孵化基地在2012年被认定为市级首批创业孵化基地后，2013年11月，“新浦区浦西街道人员创业一条街”“新浦区浦南镇绿色农产品创业园”被认定为新一批市级创业孵化基地。“陇海步行街”“连云港水晶街”2个创业孵化基地实现区级挂牌。6大创业孵化基地的建立，可帮助近1700人实现创业，并提供4000余个就业岗位。

【帮扶就业困难人员】 就业困难人员认定工作是就业援助工作的基础。2013年，区人社局在认定过程中，规范认定程序，坚持困难类别标准，严把质量关，确保认定工作零差错。经认定的就业困难人员，实现人员网络化动态管理，促进其尽快就业。全年，共办理个人社保补贴4778人，争取资金1126万元。同时，积极配合市人社局开展购买基层公共服务公益性岗位，重点帮扶困难家庭和就业困难高校毕业生实现就业。招聘工作从2013年9月中旬开始启动，就业管理处安排专职人员负责此项工作，此次招聘工作按照个人报名、资格审查、笔试、面试、考核、体检、公示、录用等程序进行，并做好岗前培训。

社会保障

【参保工作】 2013年，全区企业退休人员社区管理服务目标数95%，完成数为100%，完成率为105%；机关事业参加养老保险单位80家，其中全额拨款单位16家，差额单位23家，自收自支单位41家，在职参保人数1571人，离退休人数1178人，基金征收2445万元，基金支出5175万元，基金征缴目标数为95%，完成数为100%，完成率为105.26%；社会化发放目标数100%，完成数为100%，完成率为100%；实地稽核目标数35%，完成数为100%，完成率为285.74%；生存认证目标数为80%，完成数为100%，完成率为125%；16—59周岁应参保人数2.01万人，已参保人数为2.02万人，完成率为104%；基础养老金领取率目标数为1.59万人，完成数为1.77万人，完成率为111.3%。

【收缴养老基金】 2013年，机关事业人员保险基金收入2445万元，支付机关养老保险金5175万元，支付率为100%。城乡居保基金收入1053万元，养老金支付2028万元，全区基础养老金发放率为100%。

【完善社会保障制度】 2013年，区人社局为尽快实现城乡居保的全覆盖，着力“开展好宣传月”“提升两个服务”。以创建星级优质服务窗口为载体，进一步完善内部制度，加强基础和内部管理工作，不断改进经办机构作风和提高经办能力。明确新浦区的社会养老保险考核标准，制订切实可行的计划并付诸实施。进一步完善和规范内部规章制度，扎实做好内部控制、财务分析、业务统计、缴费记录、档案管理、政策宣传等基础工作。

【城乡居民医保全覆盖】 2013年，市人社局下达的城镇居民医保目标为142600人，至年底目标完成147943人，超额完成目标数5343人，目标数占市区总参保人数的80%。9所大中院校、38所中小学、27所幼儿园一并由社保中心人员分批上门宣传动员并指导参保人员系统缴费录入。13万份学生参保宣传资料、6万份居民医保宣传资料分发到各参保人员手中。10月份，开始陆续做好新参保人员的制卡工作。为防止困难群体漏保，区人社局将新浦地区享受低保人员又未享受职工医保人员，作为首批参保录入系统，做到应保尽保。

【离退休人员社会化管理】 2013年，区人社局积极搭建平台，为退休人员管理和服务提供阵地保障。企业离退休人员社会化管理部门下达创建2个市级“社会化管理示范点”的目标，新浦区超额完成目标，创建4个“社会化管理示范点”，分别为贾圩社区、兴业社区、河西社区、东苑社区，其中东苑社区是与市企业养老保险处共同打造的市级“社会化管理示范点”。2013年，共为离休干部报销药费968人（次），报销金额达488万元。

【养老保险提标扩面试点工作】 2013年，区人社局将岗埠农场作为城乡居民养老保险“提标扩面”的试点单位，对岗埠农场符合条件参保人员（60周岁以下人员）5030人，全部纳入新浦区城乡居民养老保险系统。对60周岁以上102人，全部按月足额发放养老金。同时，在岗埠农场举办城乡居民社会养老保险现场咨询活动，在各生产区悬挂标语条幅15条，在居民生活集中区均设立专门的宣传栏，及时向群众宣传相关政策，并适时对城乡居民养老保险工作具体情况进行公示。社保中心工作人员进村入户，将5000份宣传材料分发到每家每户。至12月底，全区提标扩面人数达5030人，城乡养老保险收入达446万元。

【代管海州区4个街道养老保险】 2013年4月，市领导牵头召开会议，部署安排原隶属海州区的海州、幸福路、朐阳、洪门4个街道办事处及所辖单位养老保险交由新浦区代管，养老保险的交接工作也随之展开。4月中旬开始对海州4个街道办事处失地农村人员的比对、居保参保人员、居民医保参保人员分别从后台进行核对，机关事业单位不仅与缴费系统核对，还与人事部门提供的单位性质与人事情况逐一核对，对其中出现的问题与海州区保险处进行沟通。经过近两个月的比对、审核，在人员数量和性质无误的情况下，通过各种渠道具体联系各参保单位，5月15日下午，召开参保单位负责人“海州—新浦养老保险”交接会议，会议就养老保险的征缴、发放、死亡退保、生存认证等业务的经办规程作具体的讲解。

劳动维权

【维权执法】 2013年，区人社局切实做好劳动关系维权执法工作。人均主动监察用人单位72户，完成目标的112%；一、二级网格网络联通率100%，完成目标的100%；用人单位书面审查率94%，完成率110%；入库用人单位增长率18%，完成目标的101%；入库用人单位信息采集率100%，完成目标的100%；监察立案374件，立案数比2012年同期增加2.02 %，及时处理监察案件374件，结案率100%，追讨工资 61.65万元；主动监察用人单位358户，涉及劳动者6142人；书面审查用人单位2550户；实现市、区、乡镇（街道）的劳动监察联网，城域网建设覆盖率达100%；企业薪酬信息调查与发布制度建立率100%，完成目标的100%；劳动合同签订率98.5%，完成目标的100.5%；企业集体合同签订率96%，完成目标的105.9%；劳动合同备案人数1.846万人，完成目标的100%；集体合同审查241份，完成目标的110%；工资集体合同审查数241份，完成目标的132%；企业薪酬信息调查与发布制度建立率100%，完成目标的100%。

【劳动仲裁】 2013年，区人社局在仲裁委设立劳动人事巡回法庭；仲裁委立案处理案件结案率100%，完成目标的105%；各级调解组织调解劳动争议案件占当地劳动争议案件比例的55.03%，完成目标的105.8%；仲裁委员会调解和撤诉案件占接处案件中结案总数的78.6%，完成目标的150%；受理仲裁案件346 件，结案 346件，其中调解撤诉272件，裁决74件，当期结案率为100%，调解撤诉结案率为78.6%，结案涉案金额270 万元；各级调解组织调解案件280件，占当地案件总数的80%。

【强化执法检查力度】 2013年，区人社局根据省、市文件有关精神和指示，与工商、公安等职能部门重拳出击，以点带面，在全区开展为期40天的清理整顿人力资源市场专项行动，检查用人单位及职介机构117户，当场取缔未经许可和登记擅自从事职介活动的机构7户，确保求职者的合法权益，营造公平有序的就业环境。为规范劳务派遣公司不规范的劳务派遣行为，与市劳动执法支队联合，对辖区内的所有劳务派遣单位及用工单位进行专项整治行动，共检查劳务派遣单位26户，劳务派遣人数10742人；检查用工单位19户，涉及直接用工5553人，使用劳务派遣5333人。百日扩面取得明显效果，共检查单位608户，涉及职工14747人，为1306名劳动者扩缴社保金额达130万元。

【送法上门】 2013年，区人社局开展企业人力资源主管人员培训与“送法上门”活动，与企业管理人员面对面交流。结合企业在用工管理方面遇到的实际问题，编写《劳动保障法律法规汇编》和《人力资源管理及劳动保障法律法规》两本宣传读本，免费送给辖区内的用人单位。在全区各网格发放联系卡200余份，接受咨询220人次，发放各种宣传资料2000余份。

【信访工作】 2013年，区人社局针对集体性、特殊群体的案件，努力做到快立、快办、快结。启动应急机制，做好安抚工作，全年调解结案372件，撤诉91件，调解撤诉结案率达91%。

2013年，区人社局共接待投诉举报、咨询等来访人员1024人，受理的374起案件，调处成功率为86%，共为调处成功的38人追讨工资、押金等共计10.9万元。

（撰稿：仲一丹
审稿：杨　艳）

民政工作

综　述

2013年，新浦区民政工作紧紧围绕“转型升级增实力，好中求快创一流”年度主题，以满足群众需求拉动服务水平提升，凭优异工作实绩固化良好形象，在更高起点统筹推进民政各项工作，充分发挥在社会建设中的骨干作用，为新浦区在全市率先开启基本实现现代化新征程提供有力地支撑。

社会救助

【提高城乡低保发放标准】 2013年，新浦城区居民生活最低保障标准从380元/月增至410元/月，农村从255元/月增至290元/月；截至2013年12底，全区共有城市低保2086户、4554人，农村低保476户、1062人，全年累计发放城乡低保金1522.71万元。

【低保动态管理】 2013年，区民政局及时启动低保工作新规程，深化、细化城乡低保“关键环节、重点人群”的动态管理措施，在全面复核已享受低保家庭收入和人员变动情况的基础上，强化分类施保，对11类特殊群体（老年人、归侨居民、已故原工商业者无工作的配偶、少数民族居民、艾滋病患者、一般残疾人、重度残疾人、企业军转干部、大重病的人员、未成年人、单独生活的居民）普遍增发10%—20%保障金；突出监管重点，对最低生活保障经办人员和居（村）委会干部近亲属申请最低生活保障的，单独登记备案、全部入户调查，有效杜绝“关系保”“人情保”等现象发生，竭力提高低保制度的公正性、科学性和执行力。截至年末，新批城乡低保405户、1007人，解除295户、711人，并妥善化解因解除低保引发的矛盾。

【社会救助】 2013年春节前夕，通过“打卡”方式及时发放城乡困难群众一次性节日补助248万元，普遍救助城乡低保、农村五保、孤儿以及重点优抚对象12201人次。通过对公账户合理分配省补冬令救助金66万元，委托各镇、街道，普遍救助受灾群众和重度残疾人，妥善安排好他们春节期间生活。扎实开展“情暖江苏、温馨港城”活动，积极争取省慈善总会价值15万元的救助物品，广泛救助720户城乡低保边缘家庭。连续第8次开展“半价粮销售”活动，1512户城市低保家庭仅用58元就能购买到40斤米、20斤面，共计销售10万元半价米面。在全区范围内连续第6次开展“慈善一日捐”活动，截至年末筹集善款40万元。中秋节期间，区委、区政府主要领导慰问敬老院五保老人和部分困难户，送去慰问款物折计3万余元。

2013年，新浦区全面实施城乡大病医疗救助制度，城乡低保和农村五保户参加城市居民医疗保险或农村合作医疗保险率达100%，参保费用全部由政府“买单”；并在医疗保险报销后，对“低保、五保、重点优抚对象、60年代精简职工、特困职工”等5类人员均按照60%的比例“实施二次救助”；年内，共救助城乡患重大疾病困难群众193人次，27.52万元。全区符合救助条件的1057名重残人员和“一户多残、依老养残”等困难家庭的127名残疾人100%享受定期残疾救助，434.7634万元残疾救助金已按相应标准逐月发放到位。临时救助城乡困难群众48人次，5.65万元。

社区建设

【社区管理体制改革】 2013年，新浦区在全市率先启动社区管理体制改革，将社区综合资源按“一委一居一站一办”（一委即党委，一居即居委会、一站即管理服务站、一办即综合治理办公室）新模式要求进行分配，厘清“委、居、站、办”职能，促进党务、居务、“政务”分设共建，全区93个城市社区全部建成社区管理服务站。

【社区基础建设】 2013年，新浦区按照“统筹资源，重点打造”的思路，持续推进三级社区综合服务平台达标计划，区民政局会同财政部门对新海等5个街道以及新潮等9个社区的“实际现状、发展空间、建设方向”进行调研；会同规划部门共同督促所有新建小区严格按照“每百户不少于20平方米”的新标准配套社区用房；并将全区所有社区用房“供暖、水电、煤气、电信”等费用，均按照居民使用价格执行。年内，全区新增社区两房面积3070平方米，社区“两房”（社区办公用房和社区活动用房）总面积增至38152平方米。

【打造社区服务品牌】 2013年，新浦区“立足实际培育项目、深化服务提升水平、总结亮点打造品牌、与时俱进不断完善”打造社区服务品牌。区民政局引导各社区结合群众需求将打造“含金量”高的服务项目作为支撑，推动“社会治安、社区矫正、公共卫生、计划生育、优抚救济、社会保障、社会救助、文化体育”等服务项目覆盖全社区。2013年，新增文昌社区“妇女儿童之家”等社区服务品牌7个，93个社区全面形成“一居一品”（一个居委会打造一个品牌特色）。

【完成换届选举】 2013年11月6日，区民政局组织召开“全区第十届村委会暨第五届居委会换届选举动员会议”，对全区村居换届工作进行具体部署。全区村居换届工作于2013年12月底前全部完成。

拥军优抚

【支持部队建设】 2013年，是新浦区争创“省级双拥模范区”五连冠的验收之年。春节期间，区四套班子主要领导慰问连云港警备区、区人武部等驻区部队，并结合部队实际需求，支持部队建设资金40万元；全年为部队办实事70余件次。

【落实优抚待遇】 2013年，新浦区将重点优抚对象抚恤补助、义务兵优待金和医疗补助金等优抚相关经费纳入财政预算，全年按标准发放各类优抚定期补助金625万元，发放义务兵家庭优待金536万元。重点优抚对象全部纳入医疗保障、救助、补助体系，按比例补助“伤残军人、三属（烈士、因病、因公牺牲人员家属）、老复员军人”等重点优抚对象医疗费用65万元。落实自谋职业补助金自然增长机制和扶持就业优惠政策，及时发放2012年度自谋职业补助金655万元，完成7名符合条件转业士官的安置任务，按计划完成接收7名无军籍职工，补发原16名无军籍职工绩效工资58万元。

社会事务

【规范婚姻登记】 2013年，新浦区婚姻登记处全年办理结婚登记5167对，离婚登记1690对，补证2780对，登记合格率100%，各项工作全面达到规范化建设标准。

【社会组织管理】 2013年，区民政局从开办资金、活动场所规定、从业人员要求等方面“降低门槛”，畅通社会组织登记绿色通道。重点培育有利于完善社区民生服务工作、有利于满足人民群众多元化需求的社区社会组织，年内新登记社会组织21家，社会组织年检率达90%，年检合格率100%。其中民办养老机构总数增至13家，总床位达到830张，家庭托老所11家，床位达到236张；全区各类养老床位总数增至1908张（含社区居家养老日间照料床位），每千名老人拥有养老床位达到30张。年内，区民政局按照“全面检查严督促、强化整改硬标准、以奖代补抓扶持、提升服务软实力”的思路，会同安监、卫生、消防等部门对各类养老机构进行全面检查，督促整改存在问题。并根据整改实效实施“分等补助”，引导各养老机构走上规范发展的轨道。

【全面落实尊老金发放制度】 2013年，新浦区共有80周岁以上老人8693名，按标准发放尊老金共553万元；其中80岁以上老人7704名，发放尊老金443万元；90周岁以上老人989名，发放尊老金110万元；年内，全区共办理老年优待证1896份。

（撰稿：陈桂钢
审稿：朱　浩）

陇海步行中街　（步行街管委办　供）

关心下一代工作

【概况】 2013年，新浦区关心下一代工作委员会（简称区关工委），在区委、区政府领导下，在市关工委指导下，努力发挥基层关工委和“五老”（老干部、老战士、老专家、老教师、老模范）作用，取得可喜的成绩。新海街道西苑社区在创建“五有五好”（有领导班子，领导重视好；有工作队伍，组织建设好；有活动阵地，作用发挥好；有经费保障，活动开展好；有工作制度，工作效果好）工作中，被评为全国“五好”基层关工委先进集体。花果山街道飞泉村校外教育辅导站被评为全省城乡社区校外教育辅导站工作先进集体；浦南镇孙屯本、新海街道镇海社区徐云秀被评为全省城乡社区校外教育辅导站工作先进个人。2013年11月12日，在省预防办、省综治委、省关工委联合召开的创建零犯罪社区（村）经验交流会上，路南街道贾圩社区、新海街道河西社区被评为全省“未成年人零犯罪社区”创建工作先进社区；浦东街道民主社区校外教育辅导站“和雷锋车同行”入选全省校外教育辅导站优秀案例集。

【“老少共话中国梦”主题教育活动】 2013年，区关工委开展主题教育活动，培训30位“五老”宣讲员，4月26日在海宁小学作首场报告。各基层关工委组织“五老”报告团作宣讲110场次。基层关工委以青少年喜闻乐见的形式，开展形式多样的活动，举办绘画、演讲、征文比赛，评选“百名学雷锋好少年”主题教育活动产生良好影响，市关工委简讯作了报道。在省关工委召开主题教育交流会上，区关工委以“老少共话中国梦，携手传递正能量”为题作书面交流。

【校外教育辅导站建设】 2013年，在新浦区各级关工委和广大“五老”积极努力下，全区校外教育辅导站建设工作呈现出整体推进的良好态势。全区126个社区（村）校外教育辅导站开展各类教育活动630余场次，参加活动的青少年万余人次。为促进校外教育辅导站提档升级，2013年着力加强电子阅览室建设和管理。全区有17个社区（村）组建了校外教育辅导站电子阅览室，有电脑117台。2013年8月2日，区关工委在路南街道贾圩社区举办全区电子阅览室辅导员培训班，全区有30位校外教育辅导员参加培训。区关工委统一制作了市关工委关于电子阅览室管理的八项规定标牌，悬挂在各电子阅览室内，电子阅览室有专人负责，辅导员到位，有活动计划，保证电子阅览室的正常运转。电子阅览室的建立得到家长和青少年的欢迎和肯定。

【网吧义务监督】 2013年，区关工委、区文体局于7月2日联合召开“五老”网吧义务监督工作座谈会，区关工委对全区网吧义务监督工作进行总结。有近200名“五老”义务监督员，受到了社会赞誉、家长好评。暑期区关工委召开工作例会，对“五老”义务监督工作提出明确要求，各基层关工委分片召开工作会议，把“五老”志愿者和网吧业主全面对接，重点地段、时段加大监督密度。年内组织镇、街道关工委对网吧进行5次检查，没有发现未成年人进入网吧和游戏机室。

【关爱青少年特殊群体】 2013年，区关工委组织开展对青少年中弱势群体调研工作，登记造册，落实结对帮扶措施。区关工委先后走访看望11名孤残弃儿童，给浦南小学12名孤儿和特困生送去助学金。浦南镇关工委“六一”前夕，到镇中心小学、中学给留守贫困等弱势群体学生送去节日礼物。2013年，全区各基层关工委组织走访贫困学生百余人次，筹措资助金20余万元。

【创建“未成年人零犯罪社区（村）”】 2013年，区关工委在区委、区政府领导下，配合有关方面，开展“未成年人零犯罪社区（村）工作。一是组建工作网络，形成工作合力。参加创建工作领导小组，建立法制教育关爱工作团。二是广泛宣传，营造氛围。各基层关工委组织“五老”深入社区（村）和中小学，召开不同层次的座谈会，落实各项措施，整合力量，协调行动。三是走访调查，建立台账。各基层关工委组织“五老”志愿者和社区（村）干部，上门家访，化解矛盾。四是举办法律讲座，增强法律意识。各基层关工委在“6·26”国际禁毒日和“12·4”法律宣传日，组织辖区内中小学生观看有关禁毒和交通安全法律知识的影片。花果山乡关工委筹集资金，组织老干部汇编有关法律宣传材料，发送到学校及其他单位。新浦区人民法院少年庭法官关爱工作团到花果山中学和大村中心小学举办法制教育讲座。针对未成年社区矫治人员的特点，新浦区司法局设计"教育套餐"，将未成年社区矫治人员群体分开矫正，用爱呵护"折翼天使"。2013年，路南街道贾圩社区、新海街道河西社区被评为江苏省"未成年人零犯罪社区创建工作先进社区"。

【"五有五好"示范社区创建活动】 区关工委从2005年开始，在社区（村）开展关工委"五有五好"创建工作，2013年1月8日，区关工委组织人员对浦南镇龙浦村、康宁社区关工委"五有五好"创建工作进行检查。从检查情况来看，基层关工委在组织建设、"五老"作用发挥、活动开展、建章立制、学习创新等方面开展了工作，特别是发挥"五老"作用，社区（村）校联办辅导站方面工作很扎实。到2013年年底，创建"五有五好"社区（村）达96％。2010~2013年，区关工委组织开展第二轮"五有五好"示范社区（村）创建活动，先后有路南街道贾圩社区、新南街道兴业社区、浦东街道民主社区、新东街道淮海社区、新海街道西苑社区、新东街道文昌社区和浦南镇康宁社区被评为"五有五好"示范社区。

【宣传报道】 2013年，区关工委加强宣传报道工作，各基层关工委认真制订宣传工作计划，积极与新闻单位联系，把任务落实到社区。区教育局关工委还举办通讯报道员培训班，提升稿件质量和数量。区教育局、新东街道、浦东街道、新海街道关工委宣传报道工作成绩显著，新浦区关心下一代宣传报道工作获得市关工委表彰。

【区关工委成立20年周年纪念活动】 2013年11月5日，新浦区纪念关工委成立20周年暨关心下一代工作表彰大会在区政府礼堂召开。区委书记王立斌作重要讲话，市关工委常务副主任董汉清到会致贺词，区关工委主任孟宪恺作题为《总结经验凝聚力量 推动全区关心下一代工作再上新台阶》工作报告。区委、区人大、区政府、区政协四套班子有关领导出席会议。全区关心下一代工作先进集体和先进工作者代表，镇、街道办关工委分管领导和关工委常务副主任，区"五老"队伍建设联席会议成员单位、区直属单位、私营企业的关工委负责人参加会议。大会为18个先进集体、32名先进工作者颁发了奖牌和荣誉证书。大会组织与会人员观看了新浦区报送的全省校外教育辅导站获奖视频案例《雷锋车手和孩子们同行》。

（撰稿：胡慧玲）

春节街头文艺演出 （区委宣传部 供）

镇街场

综述

浦南镇位于连云港市西郊，是典型的城郊镇。全镇土地面积102平方千米，辖18个行政村，1个社区，总人口5.2万人。2013年，浦南镇紧紧围绕“工业强镇、生态立镇、特色富镇、文化兴镇”奋斗目标，突出工作重点、明确工作中心、狠抓工作落实，团结和带领全镇干部群众，奋力拼搏、开拓进取，经济社会各项工作都取得显著成效。

经济工作

【经济指标】 2013年，全镇完成财政总收入1.91亿元，一般预算收入1.41亿元，实现规模以上工业总产值14.97亿元；实现工业销售产值15.2亿元；全年内联客方到位资金4.4亿元，外资实际到账618万美元。农民人均纯收入1.53万元。

【工业经济】 2013年，全镇现有工业企业40家，其中规模企业7家，重点建设太平工业园区新开工的4个项目有3个通过科技改造，其中东浦管桩2个项目，一个是年产300万米管桩配套自动化混凝土生产线项目，另一个是PC300、PHC400、PHC600系 列管桩生产线建设项目；另外一个是乐园1.5万吨/年碳化硅回收料项目；新建的硕方有限公司的沥青混凝土拌和站已完工并试运行。

【招商引资】 2013年，接待到浦南镇考察客商50批次、200人次。其中重点接待安徽青园集团、江苏天补农资集团、上海生物科技有限公司等考察团。

【农业园区】 2013年，农业园区大循环路以及路面拓宽工程全部完成；横跨乌龙河的汪新大桥已经完成桥面铺设工程。全年发展设施农业、特种水产养殖、花卉苗木三大产业1000公顷，以龙浦路为轴线，重点发展设施蔬菜、休闲观光农业，创建家庭农场，兴办农业专业合作社经济组织，吸引农业龙头企业入驻。全镇累计完成流转土地面积2400公顷，占全镇耕地总面积的40%。建成日光温室8950栋，西红柿产业园面积达800公顷，特色水产养殖面积达1266.67公顷，江苏兆绿农业科技有限公司的美国红枫植物园项目已经完成240公顷基地建设，形成各具特色的三大产业、三大基地。

【农业生产】 2013年，浦南镇粮食播种面积9480公顷，其中夏粮播种面积4266.67公顷、秋粮播种面积5200公顷。粮食总产达7.64万吨，其中夏收粮食2.56万吨，秋收粮食5.08万吨。水稻机插秧塑盘育苗16.8公顷，共育苗622500张盘，投入插秧机80台进行栽插，共完成机插水稻面积1660公顷。浦南镇水稻机插秧面积达2600公顷，机直播达1680公顷，实现水稻机械化率达74%。共发布农情信息21期1300余份。3月，发放冬小麦良种补贴面积4300.2公顷，补贴金额64万元；水稻直补面积5215.86公顷，补贴资金156万余元；农资综合补贴核定面积4297.92公顷，补贴资金525万元；11月，完成水稻良种补贴5185.58公顷，补贴资金116.7万元。2013年，全镇共计获得国家种粮补贴资金861.7万元。全镇购买70马力以上大型拖拉机、收割机、大棚卷帘机、插秧机等及其他农机具994台，共获得国家购机补贴款443万元。

社会事业

【城镇建设】 2013年，浦南镇作为全市城乡统筹试点镇，先后完成景观湖和环湖道路，医院、中小学、社会福利中心、樱花社区、商业中心、文体中心建设。江浦新社区66户自建房和15户统建房全部完成，综合服务中心、幼儿园已经投入使用，垃圾中转站、污水处理厂正在建设。太平康居示范村已经完成216户独栋和联体别墅建设工作，4栋多层已经封顶，2栋多层正在建设，太平小学迁建工程已经开工建设，预计2014年投入使用。

【民生工程】 2013年，完成龙浦路1.3千米连接线工程。龙浦路连接段经改造为1级公路，双向4车道，道路宽30米，机动车道15米，人行道及非机动车道各3.5米，侧分带各1米，绿化带3米，总投资1800余万元。龙浦路改造工程涉及道路全长6.5千米，工程按宽24米、双向六车道的城市主干道标准设计，工程总投资约1.3亿元，中心线两侧建设侧分带，并栽植绿化、安装路灯。汪新大桥宽12米，长200米，总投资约950万元，建成后将连接南北两大园区。

【环境整治】2013年，浦南镇重点打造沿龙浦路的官阳村、龙浦村、江浦村，全力改善村容村貌。主要抓秸秆综合利用与禁烧工作。坚持以"不着一把火、不冒一处烟、不黑一块地、不污一条河"为目标，调配6台宣传车辆深入19个行政村、社区开展宣传，张贴宣传标语500多处，悬挂横幅500条，发放红袖章800个。对310、204国道沿线商户、住家进行市容治理。协助尹巷、潘圩村征地迁坟工作。对农贸市场搬迁地点进行清理整治。配合区住建局对204国道两次进行种植绿化。拆除新圩村违法建设约1500平方米。

【禁违拆违】2013年，浦南镇在太平村强行拆除违房200平方米，并对村里设立的户外广告牌书面通知拆除。同时对新镇区进行24小时不间断巡查。

【计划生育】2013年，制定《关于进一步做好人口计生质量指标管理工作的通知》，并为村级印制人口计生综合工作手册、奖励扶助工作手册、依法行政和流动人口工作手册。全镇2013年已出生358人，计划内出生358人，计划生育率为100%；其中计划内生育一孩343人，生育二孩15人。流动人口办证理率100%。征收社会抚养费163万余元。入户发放各类宣传资料15000份，刷写标语200条，宣传横幅50条。同时发放利益导向资料1800份、诚信计生协议书5000份。孕前健查120对夫妇。

【民政工作】2013年，共有农村低保户342户，749人。发放救济金17.55万元。城市低保10户，12人，发放救济金8520元。对全镇的低保户开展一次走访摸查工作，核实低保户的具体情况，解保17户，28人。全镇共有108户五保户，其中集中供养13户，分散供养95户，新申请的2户。为6名困难群众申请临时救济金6800元，为5名困难大学生发放助学金13000元。对全镇的患病儿童进行一次全面的摸底调查，为13名困难儿童申请大病慈善医疗救助。对全镇的墓地进行一次登记调查，19个村共登记108块墓地，一个骨灰堂。新报尊老金148人，发放尊老金15.2万元。重阳节参加区老龄协会举办的老年书画展，选送多幅作品参展。在全镇各个交通要道悬挂横幅。

【社会保障】2013年，全镇农民实现创业120人，带动就业950人；新增农村劳动力转移945人，培训400人；办理就业失业登记证915人，职业技能鉴定70人；举办农民就业招聘会4场，提供就业岗位1850个，达成就业意向542人。个人社保补贴申报13人。基础养老金领取8000人。发放社会保障卡登记表2万份。居民医保参保293人。对企业离退休人员进行生存认证412人，确保退休人员及时领取养老金。每月为800名60周岁以上老人发放生活补助。对全镇14家企业建立基础信息档案，录入职工名册1920人，录入率100%。建立农民工维权服务中心，共接待农民工来访28人次，受理劳动纠纷8起。与相关家政服务公司联合转移家庭服务从业人员78人。

【文化工作】2013年，组织文艺宣传队巡回演出31场次，完成农村电影公益放映216场次。藏书4000册，在游园设立文化长廊，编辑宣传栏6期、板报6期、粘贴标语60条，举办二胡演奏培训班两期60人，美术绘画培训班两期70人，健身操培训班一期50人。《浦南镇志》编纂已录入50万字。

【教育事业】2013年，浦南镇举办连云港市小学体育"建构式生态课堂"研讨会；成功创建省绿色学校、市"防震减灾示范校"、省健康促进铜牌校、市"简约体育"课程基地、市级关工委常态化合格单位、市红十字会示范校；浦南中心小学被评为江苏省优秀少先队集体、连云港市规范办学先进单位、新浦区教育目标考核一等奖。

【医疗卫生】2013年，全镇参加农村合作医疗人口达46278人。发放健康卡，实现银行卡和就诊卡功能的统一。全年共发放健康教育宣传资料6万份，印制、发放《中华人民共和国食品卫生法》宣传单，小册子7000份，审理发放卫生许可证46户。居民健康档案电子化建档率90%，对1200名儿童进行免费体检，电子化管理率达90%。发放住院分娩补助280人次，补助经费14万元。

党建工作

【妇联工作】2013年，镇妇联参与"社会妈妈"结对活动，填写《江苏省留守儿童登记表》《省慈善总会、省儿基会资助特困孤儿申请表》《连云港市贫困孤儿登记表》《新浦区贫困儿童登记表》，为30名留守儿童争取省妇联关爱留守流动儿童"蒲公英行动"的长期资助，20名特困孤儿童获得省慈善总会、省儿基会资助特困孤儿资助金，并与市供电公司爱心团队联动，为4名贫困儿童送去2000元资助金以及学习用品等。镇妇联获得连云港市"双学双比"活动先进集体称号。3户家庭获得连云港市"五好文明家庭"称号。

【中心组学习】2013年初，浦南镇党委中心组制定详细的学习计划，对学习内容、学习时间、学习形式、学习纪律等均作明确规范，并严格按规范执行。全年中心组共组织学习16次。

【村级换届选举】2013年，浦南镇党委以加强基层组织建设为重点，全力提升党的凝聚力。在村级换届选举中，镇党委注重选拔一批思想好、能力强、年纪轻、文化高的优秀人才进入村领导岗位，换届后4位村支部书记、7位村委会主任成为新任村班子领头人。

【党组织帮扶活动】 2013年，浦南镇党委在全镇党组织中开展爱心帮扶活动，其中东浦管桩有限公司党总支，成立爱心妈妈团，帮扶全镇困难学生，累计捐献资金10万多元。

【建成村级远程教育接收站点】 2013年，浦南镇党委强化村级党员群众远程教育培训，已在全镇18个行政村建成远程教育接收站点，累计培训党员群众8000人次，培养各类科技示范户310户。

【强化党风廉政建设】 2013年，浦南镇党委将党风廉政建设工作作为全镇党员干部生活中头等大事摆上党建工作的重要日程抓紧抓实。制定完善了《2013年党风廉政建设工作责任分工》，坚持教育为主，开展党风廉政学习，加强对《党风廉政建设实施纲要》的贯彻宣传，初步形成以廉为荣、以贪为耻的良好社会风尚。

行政村（社区）简介

【太平村】 全村面积5 平方千米，居住面积1平方千米，耕地面积147公顷，居民1525户，5900人，村设党总支1个，下设4个支部，党员144名，有村级工业园及大小企业22家。2013年，生产性固定资产投入1.5亿元。新建水泥路700米、下水道1000米、疏浚河道护坡2000米。投入30万元用于环境卫生的综合整治工作，配有保洁员在沿街主道路清理卫生。对村庄的主道路两侧的绿化带进行完善和修剪，新建公共厕所 5 座，总计投入80万元。

【尹巷村】 位于204国道两侧，南至鲁兰河与浦南开发区接壤，北至浦南镇驻地，总面积3.86平方千米，有4个自然村，6个村民小组，488户，2189人，耕地面积219公顷，人均收入15184元，村办企业6家，年产值1620万元。2013年，完成浦南镇城乡统筹新镇区征地15.6公顷，涉及4个组。完成海通技校征地7.87公顷，完成土地流转6公顷。新建水泥路5条，2000平方米。王巷组新建下水道2条，400米。

【下滩村】 有3个自然村，3个村民小组，535户，2150人。耕地面积246公顷，实现工农业总产值4565万元，比2012年增长12.8%；人均纯收入1.44万元，同比增长12%；全村有个体工商户18户，生猪养殖户11户，生猪年出栏1980头；2013年，在下滩村三组新建水泥路5000平方米；全村合作医疗参合率达95%；土地流转面积40公顷。

【潘圩村】 有6个自然村，8个村民小组，617户，2802口人。村党总支下设3个支部，其中有工业党支部、农业党支部、村务管理党支部，共有党员77名。全村有耕地面积300公顷，实现工农业总产值5275万元，比2012年增长4.1%；农民人均收入1.58万元。2013年，投入12万元修建下水道500米，铺设沙石路3000米。投入3万元疏浚水利设施土方约5000平方米；农户流转土地20公顷给承包人种植浅水藕。

【富安村】 有2个自然村，5个村民小组，525户，2289人，土地186公顷，实现工业总产值5275万元，人均纯收入1.38万元，外出劳务474人，工商户44户。2013年，完成郁州西路征地，富安闸土地复耕，蔷薇河输水工程征地赔偿工作，新修赵巷下水道300米，流转土地36.67公顷。

【半滩村】 有村民小组9个，820户，3320人。村行政面积5.6公顷，耕地面积3689公顷，实现工农业总产值13856万元，村集体收入达53万元，农民人均纯收入1.48万元。2013年，新建水泥路7100平方米；全村合作医疗参合率达90%，城乡统筹征地50公顷，土地补偿费全部兑现到农户；征收社会抚养费12万元。

【浦南村】 有2个自然村，5个村民小组，614户，2200人，耕地面积200公顷，实现工农业总产值4072万元，全村自来水入户率98%，数字电视入户率达98 %。新型合作医疗参保率90%，铺设水泥路面5000米。

【许安村】 2013年，集体收入77万元，其中三项资金11万元；农村专业承包43万元；其他收入23万元，农民人均纯收入1.34万元。2013年，争取项目资金15万元，自筹5.5万元，新建水泥路3000平方米，道路硬化面积3600平方米，总投资26万元。配合现代集聚区指挥部，征地13.58公顷作为市海通集团技校项目。配合镇党委、政府，征地14公顷，作为区里农产品加工区项目使用。

【龙浦村】 现有村民小组5个，777户，人口3054人，耕地面积541公顷，土地流转186.67公顷，实现工农业总产值9850.2万元，人均纯收入1.58万元，比2012增长12%，数字电视入户率达96%，新型合作医疗参保率99%，土地流转合作社1个，温室大棚33.33公顷。

【汪新村】 有5个村民小组，613 户，2545人，劳动力1351人，耕地面积345.3公顷，村干部9人，党员78人。全村经济总收入5295万元，农民人均纯收入1.57万元。全村现有粮食加工企业5家，温室大棚180栋，水泥预制场2家，生猪养殖场1家，狗肉加工厂2家，淡水养殖面积14公顷，蔬菜种植19公顷，外出务工人员571人，其中常年外出435人。投入105万元用于环境卫生的综合整治，在农户门前下水道上口加盖60厘米宽钢筋混凝土水泥盖板长1960米，加盖1米宽钢筋混凝土水泥盖板长750米；修建垃圾池30座，容量为1立方米玻璃钢垃圾池；新建水泥路14条，总长约3648米，面积12744平方米；安装太阳能路灯25盏。

【浦北村】 有5个自然村，9个村民组，总面积690公顷，有居民960户，3960人。实现工农业总产值1.85亿元，村集体收入71.03万元，农民人均纯收入1.6万元。

【新圩村】 有2个村民小组，324户，1639人，劳动力80人，耕地面积53.5

公顷。全村党员39人，村办超市3家，淡水养殖15公顷，外出劳务720人，经济总收入2560万元，人均纯收入1.64万元，土地流转23.73公顷，特种水产养殖10公顷。

【草舍村】 有3个村民小组，530户，2182人，耕地面积227公顷，党员51人。实现工农业总产值3852.22万元，农民人均纯收入1.59万元。修建垃圾池26个，新铺设下水道800米，新修水泥路1400米，新修沙石路2600米，新安装路灯110盏。创建"草舍"牌西红柿成为港城农产品名牌产品，新建水产养殖53.33公顷，日销售量达18万千克，获得省文明村称号。

【江浦村】 有6个村民小组，930户，3280人。耕地面积111.8公顷。2013年，全村实现工农业总产值10812万元，比2012增长13%。村集体收入139.59万元，全村，4个自然村全部建成城镇住宅一条街，数字电视入户率达98%，新型合作医疗参保率98 %。人均纯收入15781元，同比增长13%。获得省文明村称号。

【新湾村】 有4个村民小组，836户，3440人，耕地面积216公顷，党员98人。工农业总产值9242.18万元，农民人均纯收入1.55万元。全村现有苗木基地80公顷，苗木392万棵。有大型生猪养殖场3家，中型养殖场4家。年出栏总量达3.2万头，鸡场16家，年出栏土鸡21万只，有日光温室大棚68栋。

【唐顶村】 有5个村民小组，536户，2046人，耕地面积 214公顷，全村党员45人。全村有温室大棚32栋，狗肉制品有限公司1家，肉鸡养殖场2家，成立水产养殖专业合作社1家，鱼虾泥鳅养殖面积13.33公顷。全村工农业总产值5251.45万元，人均纯收入1.55万元，同比增长18.9%。

【官阳村】 有3个村民小组，420户，1622人，耕地面积184.13公顷，全村有党员33人。有水泥预制厂1家，畜牧养殖场2家，占地1.33公顷，土地流转109.73公顷，特种水产养殖66.67公顷，苗木46.67公顷，反季节蔬菜种植10.67公顷。全村工农业总产值5780万元，人均纯收入1.49万元，同比增长14%，全村新修水泥路1.5千米。

【新建村】 有7个村民小组，758户，2739人，劳动力1572 人，耕地面积3.6公顷。全村工农业总产值6281万元，农民人均纯收入1.61万元，全村泥鳅养殖池面积96公顷，有肉鸡养殖户18户，年出栏肉鸡50万只，生猪出栏0.8万头，全村西红柿大棚150栋，外出劳务人员1050人；投资15万元建设小黄墩2组中心路，筹资8万元打造一组环境治理样板村，筹资6.5万元争取一事一议奖；投资25万元建设二组1500米农户门前水泥路，打造方庄高质量环境整治示范村。

【康宁社区】 成立于2011年11月，位于浦南镇驻地，东至204国道东片区、南至农贸市场、北至新民路，西包括滕湾庄，面积1.1平方千米。康宁社区2013年完成内资100万元，社区集体收入突破30万元，组织大型文体活动5次，配合龙浦路1.3公里延伸至郁洲北路工程，拆迁房屋约1800平方米，为打造龙浦路两侧绿化观光带，迁移坟墓75座，流转绿化用地0.47公顷，特色水产养殖36公顷，村庄环境整治投入资金8万元。组织"五老"人员参与社区治安巡逻、秸秆禁烧、关心关爱留守儿童、留守老人等活动。新建小游园1处、小区健身广场1处；继续开展社区星级文明户评选表彰活动。按照《城市居民委员会组织法》要求，成功对社区两委进行换届。被区关工委授予"五有五好"示范社区。

（撰稿：万　明
审稿：张少春）

新浦东区新貌　　（区地志办　供）

花果山街道

综　　述

2013年，花果山街道实现公共财政预算收入2.18亿元。完成全社会固定资产投资62亿元，其中完成规模以上固定资产投资56亿元。

经济建设

【财税工作】 2013年，完成财政总收入25351万元，占年度预算18269万元的138.77%，其中：国税875.5万元（增值税658万，企业所得税217.5万）；地税23814.50万元（营业税，社会抚养费收入17万元，教育费附加385万元，基金收入259万元）。

【招商引资】 2013年，花果山街道引进内资4亿元，注册外资到账资金500万美元，引进金鹰百货、中茵绿都等一批项目。

【高效农业】 2013年，花果山街道完成配套高效面积27公顷。茶叶种植总面积接近266.66公顷，新滩汝地茶叶专业合作社在市茶叶协会绿茶比赛中荣获金奖。前进、新滩村进入集体收入过百万元村行列。农民人均纯收入达到1.61万元，增长19.5%。

【重点工程】 2013年，花果山街道完成项目征地100公顷，发放补偿款1.05亿元，保证新区医院、截洪沟、学林路、景观湖二期等20多个项目按期施工。圣湖路扩宽工程完成签约25户。全年完成房屋征收面积1.5万平方米。大村中心小学重建项目全部竣工；市清风园、康达学院顺利进驻，景观湖项目基本完工；科创城、苍梧新华苑、街道级社区服务中心正在施工之中。

【农业经济】 2013年，花果山街道粮食种植面积593.33公顷。其中小麦300公顷，完成产量1865.2吨；水稻253.33公顷，完成产量2302.8吨；大豆33.33公顷，完成产量70吨；玉米6.67公顷，完成产量43吨；蔬菜33.33公顷，完成产量2000吨。当路村新开茶田20公顷、前进村新开茶田2.67公顷、新村村新开茶田0.33公顷，鱼塘1.27公顷、新滩村汝地合作社新开茶田3.33公顷。

【林业经济】 2013年，花果山街道累计投入300万元，实施"山体披绿、环山路增绿、茶田扩绿、村庄覆绿"绿色工程，成片造林53.33公顷，四旁植树1.5万株，绿化覆盖率达40%。累计投入120万元，完成农村道路建设6千米，硬化水泥路面7900平方米。

【安全防范】 2013年，对全街道烟花爆竹、小浴室锅炉、塘口、企业进行全面检查，发现并整改隐患162处，整改率100%。联合公安、工商、区执法大队开展联合执法，查处无证经营户2家，排查出隐患6条，取缔1家无证经营加油点。对2家存在隐患的小浴室责令整改 。

全年投入安全和护林防火专项资金20多万元，利用宣传车巡回宣传，提高村民防范意识。抓好日常防范工作，坚持24小时值班制度。

社会事业

【劳动保障】 2013年，街道为1233名60周岁以上失地农民实现按月领取新农保补贴资金。全年免费培训2000人次，帮扶就业800人。

【环境治理】 2013年，累计投入各类治理资金300多万元，完成大小河道治理4000米，清理涧沟10条，完成墙面粉刷4万平方米，新增卫生设施200多个，清除垃圾30余吨，完善"村收集、乡集中、区处理"垃圾处理体系。改造自来水老化管道2300米。

【计划生育】 2013年，花果山街道组织开展"婚育新风进万家""关爱女孩"等宣传活动，发放资料3000份，随访服务率100%，流动人口服务率98%，全部完成村级世代服务室建设，人口自然增长率控制在6‰以内。

【文化宣传】 2013年，开展群众性文化、体育活动，完善街道艺术团、村级宣传队建设，参加区级水晶杯舞蹈大赛。完成省级先进文化乡镇创建，新滩村获得市级优秀文化奖。

【卫生整治】 2013年，花果山街道集中开展乡村卫生整治活动20余次，共发动群众、学生3000人次，清除全街道各处卫生死角，清理垃圾5000吨，完善该建卫生设施20个，确保各卫生设施点生活垃圾日产日清。

【民政工作】 2013年，花果山街道参加新农合保险12165人，参保率达100%。开展第六期"温暖夕阳"活动，走访慰问391名年满80周岁以上老人，共计发放慰问金7万余元。全年结对帮扶困难家庭214户，发放慰问品6.1万元。发放伤残金7150元，优待金15万元。

党群工作

【组宣工作】 2013年，花果山街道开展创建先进基层党组织、争当优秀共产党员活动。督促各支部开展创先争优大讨论活动，制发街道村级组织发展满意度测评表400份，回收370份，群众以不计名打分的形式，对所在村组干部的工作进行评定。共征集到涉及民生工作、制度建设、作风建设等15个方面15条意见。

【共青团工作】 2013年，开展"青春邀约走基层"行动，走访16名受访对象。团工委联合中药学校，组织20名青年志愿者开展"相约花果山，让雷锋精神在大村闪光"活动，免费为村民测量血压，咨询普通病情，并发放"学习雷锋精神"宣传单等；举办国防知识教育，体验军事训练和军营生活等活动。团工委与关工委等部门联合召开花果山第一届"优秀辅导员"和第三届"十佳少年"表彰大会，推选出花果山地区2名"优秀辅导员""十佳少年"。开展各类主题实践活动10次，帮助青年实现微心愿15人次。9月，对7个村，1个社区的团组织进行换届，换届率达100%，7名大学生村官担任村团支部书记。

【妇联工作】 2013年，花果山街道妇联以"三八"茶厂为妇女培训就业示范点，解决地方富余妇女就业难的问题，选树了前云村的农家女徐恒霞、小村村的市机关退休创业典型张义香开垦荒山66.67公顷茶田为全街妇女学习榜样。3月8日举行维护妇女合法权益咨询活动。通过面对面的法律知识咨询活动，在民政、计生部门的配合下，下基层摸底调查单亲家庭。

【信访工作】 2013年，共接待群众来信来访45起，未发生一起进京非访。

行政村（社区）简介

【新滩村】 位于花果山乡最南端，宁连高速公路穿境而过，北至当路村，南至云台林场，东至花果山路，西至淮海工学院。有7个自然村，761户，3080人。占地面积250公顷，耕地面积40公顷。2013年，引进茗泰花园和金鹰国际花园项目，拆迁居民得到安置。

【当路村】 位于花果山街道驻地南端，宁连公路，花果山大道，花果山环山路穿境而过，全村共有7个村民小组，920户，3610人。总面积4.2平方千米，耕地100公顷，山场146.67公顷，果园8公顷。新增高效茶田13.33公顷；村环山路两侧栽种树木2000余米；全面改造新农村服务中心，新增面积160平方米；新建水冲式公共厕所1座；城乡基本社会保险覆盖率达98%。2013年，全村共征地39.12公顷，发放补偿款589万元；失地农民就业率达90%左右，农村合作医疗参保率达99%以上。

【前进村】 位于花果山街道办事处北端100米，花果山北路东侧，全村共有村民小组3个，327户，1088人。行政村占地面积19.2万平方米，土地面积153.67公顷，其中耕地7公顷、山场153.33公顷、果园9.33公顷、鱼塘2公顷。2013年，经济平稳健康发展，全年实现工农业生产总值160万元，同比增长8.1%。

【小村村】 南接新村村，北邻猴嘴街道，东傍云台山脉，西依大学城，位于新港城大道和花果山大道交接处，交通便捷，环境优美。总面积3.2平方千米，山林面积141.3公顷。全村716户，2236人。新增工商户150户，转移劳动力900人，劳务输出180人。全村10户享受农村最低生活保障。殡葬管理工作达标，"合作医疗"保险率达99%。全年实现工农业生产总值2.26万元，同比增长0.053%，投入150万元整治生活环境，清理生活垃圾1600吨，改造旱厕2座、小农桥2座。修建泄洪沟500米，建成门面房600平方米。

【前云村】 位于国家AAAA级风景名胜—花果山风景区脚下，全村总面积3平方千米，有8个自然村庄，村民663户，2096人，2013年，人均纯收入达1.42万元，年均增长率达18%。被评为"江苏省妇女儿童之家""江苏省文明村""江苏省最美乡村"等荣誉称号。前云村大力调整农村产业结构，现已形成蔬菜、茶叶、畜禽的三大高效、特色、绿色农业。5月，前云村村委会搬迁至前云小学。

【新村村】 位于花果山街道中部，东至前云村，西临海连路，北至小村村，南接大村村，有3个自然村，7个村民小组，有村民698户，2196人，耕地面积96.33公顷，山林面积12.67公顷，劳动力856个。村党支部共分7个党小组，有党员82名。新村村发展蔬菜、茶叶、生态园三大高效、特色、绿色农业。全村有个体工商户58户，私营企业12户。2013年，全村实现工农业总产值达6560万元，农民人均纯收入1.05万元，年增长率达到9.73%。

【飞泉村】 位于花果山街道办事处南首，东至云台乡，西至新海新区，南临当路村，北临大村村。全村有7个村民小组，420户人家（其中非农109户），人口1728人（其中非农人口242人），总面积4.2万平方米，耕地面积6.4公顷，山林面积2.76公顷，全村劳动力907人，长年在外务工人员近500人，占全村劳动力人数的55%。村民人均收入1.43万元，比2012年增长6%，全村电视、电话、电脑普及率分别达100%、96%与65%，农村合作医疗覆盖率达100%。全村砖木与钢砖结构住房普及率达98%；全村党员92名，平均年龄40岁。

【大村社区】 坐落于花果山山脚，是花果山文化、经济商贸中心，2013年建成蔬菜专业村，总面积3.3平方千米，7个村民小组，居民650户，1986人，62名党员。全村耕地面积73.33公顷，山林面积1866公顷。全村劳动力1000人，在外务工人员650人，主要从事农业及服务业。2013年，全村人均收入1.61万元。

（撰稿：张　清
审稿：李　军）

张灯结彩迎新春　（赵景霞　摄）

南城街道

综　述

2013年，南城街道紧扣年初确定的发展思路，紧紧抓住全年目标任务和重点工作，团结和带领街道全体干部职工，真抓实干，把改善民生、为民办实事作为保增长促发展的出发点和落脚点，推进生态南城建设进程，努力构筑经济繁荣、社会稳定的和谐南城。全年南城街道实现国内生产总值5.21亿元，财政总收入5685.12万元。

经济建设

【街道经济】 2013年，南城街道财政收入5685.12万元，财政预算收入3849.35万元，完成全社会固定资产投资52100万元；完成500万元以上固定资产项目2个，其中市残疾人康复服务中心总投资4080万元、明远中英文学校总投资4500万元；完成全社会工业投资20960万元；实现规模以上工业总产值18281万元，销售收入17220万元，社会消费品零售额限上单位零售额增幅15%、新增限上商贸业3家、新增建筑业1家、酒类备案30家。

【招商引资】 2013年，南城街道直接利用外资350万美元；完成客方内联资金35342万元；引进3项市级以上科技计划项目、1项高新技术产品及高新技术企业、专利申请量20件、专利授权量15件。

【重大项目】 2013年，南城街道先后引进了3个重大项目并分头推进：凤祥铭居房地产项目。该项目是由市城市建设投资集团和北京中景恒基投资集团在凤凰新城核心区打造的住宅小区。总投资14亿元人民币，占地10.47公顷，总建筑面积30万平方米，拥有1900多套住宅，全部为18层以上高层建筑。整个项目分成2期开发，9月22日开工，预计2015年年底前交付使用。

兴隆国际广场项目。该项目位于连云港市瀛洲南路1号（即原兴隆装饰城），占地面积11.71万平方米，总建筑面积30.43万平方米。项目共设5个建筑单体，一期工程已竣工并投入使用，第二期工程，建筑总面积12万平方米，计划总投资2.3亿元，于2013年10月底完成基础打桩工程。

普昭寺城隍庙扩建项目。该项目共计投资3400万元，2013年9月5日，普照寺念佛堂落成并举行佛像开光仪式，安养院也已竣工。

【“三农”工作】 2013年，南城街道实施土地流转项目9项，面积20公顷；高效农业面积占整个耕地面积的70%以上，推广优良品种2个；农作物产量750吨。建成占地面积10公顷葡萄采摘园，2公顷黑番茄、丰水梨采摘园，引进国内外先进品种25个；对灌溉设施进行调查摸底，编制升级改造计划；疏浚河道3千米，疏浚土方5.4万立方米；维修电灌站1座，对农田灌溉管理人员进行岗位技能培训；并以防治禽流感为重点加强动物疫病防控工作。全年累计注射各类疫苗近2万元，为14000余头畜禽接种疫苗；加强对病虫害的防治，特别是对美国白蛾的防治，监测覆盖率100%；全面组织防治，网幕剪除率达90%，药剂防治率100%，发生区叶片保存率90%以上。

【安全生产】 2013年，南城街道认真贯彻落实上级安全生产工作指示精神，狠抓“打非治违专项行为”“事故隐患排查治理”“安全生产大检查”“安全隐患排查治理体系（联网直报）建设”等重点工作，全年开展安全检查14次，发现并整改事故隐患201处，检查企业、个体单位115家次。被市安监局评为“五星”级安全街道。

【争资立项】 2013年，南城街道争资立项资金681.65万元。

社会事业

【民生工程】 2013年，南城街道投入资金200万元，粉刷墙面12万平方米，清理乱堆乱放656处、清运垃圾1200余吨，新建垃圾池25个，3个社区一次性通过省级验收，被评为环境整洁村；强力推进民生工程，投资40万元完成凤鸣湖清淤疏浚工程；投资

35万元新建凤鸣生活广场；投资35万元完成西大街350米下水道疏通；修建6条便民路，2座农桥，3个社区健身场所。

【"生态南城"建设】 2013年，南城街道投入资金近90万元，全面完成区下达的造林任务及东、西凤凰山森林植被恢复绿化工程，完成造林6.66公顷，荒山造林20公顷，中幼林抚育66.66公顷，新建及完善农田林网面积近33.33公顷，四旁绿化10000余株，成活率、保成率均达90%以上；凤凰山农业生态园顺利获得三星级乡村旅游示范点称号，被列为全省69处免费观光点之一。

【教育事业】 2013年，南城街道投入100余万元对南城中学临时校舍进行维修改造，南城中学新校址已打桩建设；投资60余万元创建社区教育中心，青春社区成功申报市级标准化居民学校；在第18届杨天全奖学金发放工作，多方联系媒体进一步扩大奖学金影响力。

【卫生工作】 2013年，南城街道联合街道卫生院进一步深化医疗卫生体制改革，南城卫生院公共服务工作全面升级，进一步提高新农合补助标准，扩大保障覆盖面，实现门诊统筹全覆盖；医改工作全面达标；在推进"健康南城"为主题的群众性爱国卫生运动中，群众的环境卫生、食品卫生安全意识不断增强，基础卫生环境日益优化。

【计划生育】 2013年，南城街道计划生育率达100%，孕前—围孕期保健率达95%、期内综合落实率达90%以上，流动人口管理服务率达95%以上，人口出生率4.1‰；开展"婚育新风进万家"活动2次，在新大街举办大型文艺演出1次；开展关爱女孩活动4次，免费为育龄妇女健康体检4次，独生子女领证率达95%以上，流动人口持证、验证率达80%以上，社区"世代服务岗"建成率达100%；街道计生办举行"5·29计生知识趣味问答"活动，并联合卫生院在新大街为育龄妇女进行健康体检活动。

【文化、旅游及体育工作】 2013年，南城街道文化、体育、旅游、广电建设得到加强，拥有公共文化体育设施面积约1800平方米，建标准篮球场2个，乒乓球室5间，成立文艺团队5个，健身团队3个，农家书屋12家；协助市文管所立标2处，功誉碑拓片2张；完成36场数字电影放映，2660套村村通直播卫星电视接收设备全部正常运行；文化信息资源共享工程通过市级验收全面合格，覆盖率达100%；举办健身操讲座2场，顺利组织"元宵焰火"晚会、三八妇女节"学雷锋、巾帼志愿者在行动"、及千人民俗庆国庆活动等；成功申报国家2A级景区，积极开展AAA级景区创建工作；投资3400万元完成普照寺、城隍庙扩建工程；成立连云港市凤凰山旅游发展有限公司，为打造南城宗教文化旅游品牌，建设更高层次的文明古镇提供支持。

【社会保障】 南城街道积极开展新浦区2013年"春风行动"南城返乡农民工就业专场招聘会，进场人数500余人，招聘单位45家，招聘岗位1000多个，达成就业意向100多人。建立和完善返乡农民工、失地农民、高校毕业生、低收入家庭求职人员台账；以及返乡农民工就业、下岗失业人员就业花名册；建立街道退休人员"企业退休人员社会化管理服务台账"。办理各类退休人员资格认证642人，完成城镇新增就业人数670人，城镇下岗失业人员再就业人数172人，城镇居民医疗保险2000余人。各社区成立居家养老服务站，为194位老人办理了意外保险，办理老年优待证43人，核准低保户103户。街道机关工作人员捐款2万元走访慰问街道特困户、低保户、军烈属、伤残军人、老干部、老党员154户，550人次，办理临时救助4人次，低保对象参加城镇居民基本医疗保险率达100%。新批低保4户13人、重残补助21人，发放保障金30240元。

【依法治街】 2013年，南城街道新建法治工作站17家，更新标志、图板，充实精干工作人员。全年共刊出专题画廊3期，张贴宣传画296张。开展"六五"普法活动，举办教育报告会6场，法治文艺演出2场，青少年法治讲座10期，务工人员法治讲座11期，街道法治教育4次，在社区开展法治活动3次。投资10万元，新建监控设施6处，治安卡口4处。对4家无证幼儿园进行联合执法，作出3家限期整改，1家责令停办的处罚。2013年，街道共受理上访件17件，已化解9件，其他8件实施稳控，劝阻进京上访人员5批6人次，劝返进京上访人员1人，劝阻赴省上访人员1人。

党群工作

【工会工作】 2013年，南城街道城内新建非公企业工会6家，发展新会员数500人，宁海社区被评为职工小家。积极参加省、市总调训，举办工会干部培训班2次，培训人员达100人次；建立首席员工示范班组2个（神州驾校维修组和驾驶组）。开展帮扶自主创业活动，9名困难职工实现自主创业。2月18日，开展春风行动，针对返乡农民工，组织就业招聘会。5月，在东方远通、神州驾校两家组织职工开展技能竞赛活动，参加60余人。7月，针对毕业大学生组织就业招聘会。加强"困难职工援助中心"建设。针对特困户江祥东进行特殊帮扶（江祥东，儿子身患尿毒症，进行换肾手术）；开展"创、争、树"活动，培育青春社区、远通别克、宁海社区、神州驾校、凤凰社区学习型组织示范点；规范职工书屋制度，凤凰社区被评为市级职工书屋示范点。建立首席员工示范班组2个（远通别克有限公司钣金组和喷漆组）；新建劳模创新工作室1个，命名为苏祥娣工作室。开展安康杯竞赛活动，成立"安康杯"领导小组，10家企业参加了活动；开展职工安全生产知识培训2次；推进《女职工特殊保护专项协议》签订工作，女职工25人以上企业普遍建立特殊保护集体协商制度。女职工10人以上建会企业均签订《女职工专项合同》。

【妇联工作】 2013年，南城街道妇联中心表彰"和谐家庭"6户，走访6名困难儿童，并为每人送去200元现金。开展《中华人民共和国宪法》《中华人民共和国妇女权益保障法》《中华人民共和国未成年人保护法》《中华人民共和国婚姻法》宣传，印发300多份宣传单；开展反对家庭暴力宣传，建立1处反家庭暴力投诉点。5月26日，联合卫生、计生、等部门在南城新大街设立咨询台和图片展览，开展婚前医学知识宣传活动，向群众发放200多份宣传资料，解答群众咨询30余起；会同劳动部门，帮助下岗、失业妇女实现就业和创业。南城街道妇联中心成立3支巾帼志愿者服务队。街道妇联合同计生办、司法所、卫生院、社区妇委会在街道进行义诊、巾帼维权、街道大清扫活动；接待妇女来访2件。

【共青团工作】 2013年，街道党工委、办事处把团建工作纳入议事日程。团组织广泛采用了座谈、交流、调研等多种形式开展"青春邀约走基层·服务青年听转办"为主题的爱心活动。抓好青年人力资源的开发与利用，促进青年劳动力的合理流动。举办"第18届杨天全奖学金"颁奖活动，制作法制宣传栏，对留守儿童及外来务工者的未成年子女加强法制宣传教育。

【效能建设】 2013年，南城街道制定《南城街道效能建设实施办法》《服务承诺制》《首问负责制》等8项制度规定，使各项工作有章可循，有规可依。对排查出的16个主要问题，街道制定整改方案、部门和个人制定整改计划，做到边整边改、即知即改。运用监控检查机关人员遵守工作秩序情况，坚持每日调阅录像、每周上门检查、每月公示考勤。开展勤俭节约活动，创建节约型机关，机关效能建设得到逐步加强。

社区简介

【凤凰社区】 2013年，新增就业人员40名，下岗失业再就业人员30名，劳动力输出20人。社区的医保和合作医疗覆盖率达到95%以上；开展道路硬化、河塘清淤、清理乱堆乱放、整治生活垃圾、墙壁粉刷出新、社区保洁常态化等多项活动；建立违建户档案，并做好监督教育工作；社区安全通过市、区安全社区检查验收；建立完善各类信访人员台账，按要求对信访重点人员实行包案；为民办实事5件：铺设便民路1条；免费培训待业人员80名；向市体育局申请到2万元健身路径；安装电子显示屏，播放社区动态，让社区居民及时了解相关惠民信息。

【青春社区】 2013年，开展软环境建设，大力倡导清廉、敬业、和谐、务实、创新、学习的风气，教育社区干部干正事、务正业，走正道的机关作风；加强社区流动人口管理，清查流动人口95人，发放免费双查单20份，为流动人口审检、办证15人，对社区内95名外来人员进行微机管理。为社区育龄妇女提供生殖健康检查36人次，发放计生宣传材料100份，与用工用人单位签订计生合同1份，免费发放避孕药具30多人，为辖区居民、流动人口提供免费避孕药具300余人；医疗保险续保524人，农村保险798人；为870名退休人员进行视频认证，其中远程认证31人。

【宁海社区】 2013年，社区党支部、居委会完成外资100万美元，超额完成40万美元；组织社区下岗职工、待业人员参加市、区举办招聘会3次，发布就业信息3次，新增就业人员72人，下岗再就业31人，大龄再就业19人；全年共调处矛盾纠纷5起，成功率达100%；对申请低保的困难户进行入户调查，严格把关，因生活好转解保3户；以创建"绿色社区"为载体，开展宣传教育活动，出宣传教育板报5次；社区党支部换届，用公推直选的方式选出书记1名、副书记2名、委员2名，社区委员会选举出主任1名、副主任1名、委员5名；春节、法治宣传日期间社区文艺队上街宣传演出3次，发放宣传资料1000余份。

（撰稿：郝海夫
审稿：李洪兵）

南城居民小区　　（韩世泳　摄）

综　述

新东街道位于新浦地区东部，东与花果山街道毗邻，西至龙尾河，南与南城街道、云台农场接壤，北至陇海东路与浦东街道为邻；面积20平方千米。新东地区所处位置优越，是市区政治、文化、科研中心，辖区内有企事业单位127家，市委市政府、区委区政府、市博物馆、七一六研究所均在本辖区内。下辖苍梧、东风、东苑、广场、淮海、巨龙、利民、龙尾、外仓、新城、艺北、振东、河滨、文昌14个社区居委会，共有居民1.7万户，10万人。

2013年，获区经济建设和社会发展目标考核一等奖。

经济建设

【经济指标】 2013年，新东街道进一步突出协税护税、固定资产投资、招商引资三大重点，协税护税1354万元，完成考核任务的108%；社会固定资产投资18.6亿元，完成考核任务的109%；内联客方到位资金3.7亿元，完成计划的109%；实际利用外资200万美元，完成计划的100%。

【重大项目】 2013年，街道承担的市区重大项目中央华府农贸市场项目投资1.2亿元，商住楼主体完工；明珠皇冠项目投资1亿元，已进行内外装修；御景龙湾项目投资5000万元，启动三期工程；民益新城项目投资3000万元，A、B楼均已封顶，内外装修也已完成；凤凰名都项目建筑面积26万平方米，占地面积60516.3平方米，计划总投资4亿元，已完工；众兴华庭项目投资1亿元，9、10两栋住宅已完工；同科汇丰国际项目投资1.5亿元，二期正进行装潢，已投资4666万元，三期拆迁已完成；恒润郁州府项目投资1亿元，完成投资6418万元，二期仍在拆迁。

【安全生产】 2013，新东街道，新东街道开展拉网式的安全生产大检查和事故隐患排查及危险源点普查登记工作，落实安全生产责任书制，与辖区内企业及个体工商户签订安全生产承诺书878份，组织参加安全生产检查人员达540人次；检查各类大小单位及个体工商户累计达720家次，排查各类一般事故隐患达877处，整改率100%。送达责令改正指令书24份，整改复查意见书24份。全年共组织4批企业负责人、安全管理人员、危化品从业人员、烟花爆竹从业人员、安监执法人员等岗位资格培训，受训人员达104名。

社会事业

【社区建设】 2013年，新东街道建成500平方米的东苑社区服务中心、400平方米的河滨社区服务中心，800平方米的街道综合服务中心。

【旧城改造】 2013年共有4个地块的拆迁和房屋征收任务，分别是外仓街、东上渔场、体育局及烟草巷地块，总征收面积超过40万平方米。街道先后抽调40名机关人员充实到征收队伍中，所有工作人员均是一肩双职，加班加点工作。到2013年底，外仓街地块已签约187户，东上渔场地块已签约183户；体育局地块签约54户，完成征收任务的95%；烟草巷地块已经启动征收准备工作。

【社会保障】 2013年，新东街道新增就业人数2123人，其中再就业人数1324人，安置大龄人员201人，新成长劳动力人数实现就业814人。为6859名企业离退休人员办理认证；为449人办理城镇居民养老保险手续；为3911人办理医保缴费；为265人办理换证，435人办理了、就失业登记证；为279人办理困难人员认定手续。发放廉租房货币补贴的家庭18户，两限房申请及公示分配的家庭4户，为8户低保及低收入住房困难家庭廉租房配租，先后受理审核中低收入家庭经济房申请463户。

【计划生育】 2013年，新东街道办理《独生子女光荣证》1011本，对外出人员办理《流动人口婚育证明》48本，发函32张。签订计划生育管理合同32人，审核上报再生育一孩81户，提供计划生育政策咨询上百条，举办计生讲座6次。

【信访稳定工作】 2013年，新东街道共化解民事纠纷156件，调解成功率100%；新增社区服刑人员31名，解除社区服刑人员29名，尚有社区服刑人员65名，对90名刑释解教人员进行安置帮教；为特困群体提供法律援助16件；2013年，省、市、区交办信访案件26件，均为属地稳控。按照"一人一策"的要求，对每名信访人制定一份完善的稳控化解预案，最大限度地调动各方资源来介入矛盾化解工作中，成功化解田某某、王某某、刘某某、刘某某等长期上访案件。加强13支"红袖标"义务巡逻队建设，举办各类法制宣传活动30次。积极开展老旧小区技防改造工程，加大投入，共新建围墙80余米，新建大门4个，安装电动门4个，新建值班室3个，涉及5个社区，全面完成年初技防改造计划。

【文化体育工作】 2013年，新东街道举办文体活动30场次，新建文体队伍2支，建文体中心1个，更换健身路径4套，获连云港市2013年和谐文化进万家广场系列活动先进街道，连云港市老年人体育工作先进集体。

城市管理

【绿化工作】 2013年，新东街道新东街道加强城区绿地的新建改造，种植苗木5000余株，补栽4600余棵。投资15万余元，新建面积约1100平方米水木花园等小游园，修剪绿化带5000余平方米。

【城镇管理】 2013年，新东街道对辖区内非物管小区及背街小巷进行集中整治，铺设下水道5000余米，疏通下水道200米，铺设人行道砖1000平方米，修补地坪约200平方米；粉刷墙壁25000平方米，涂刷小广告20000个。此外，与新海新区新东中队积极配合，先后出动50余次整治辖区内主次干道乱摆乱放，拆除违法建筑2000余平方米，控建30余处。重点清理巨龙小区违法建筑500平方米，拆除糖新巷10余户近300平方米。

党建工作

【基层组织换届选举】 2013年，新东街道党工委对14个社区党组织进行换届。8月23日，召开直选党员大会，共选出81名党组织委员，其中13名是机关和企业的兼职委员，4名大学生村官全部当选为社区副书记。

【党建工作者培训】 2013年，新东街道党工委组织2次社区党建工作者培训。

【组建党员志愿者队伍】 2013年，新东街道党工委吸纳驻区单位、非公企业志愿者力量，充分发挥退休职工、辖区商户能量，建成志愿服务队伍。每月定期开展"党员活动日"活动，活动做到有记录、有图片、有影像。

【人民武装】 开展第十三个全民国防教育日活动，完成2013年征兵工作，输送新兵37名，举办1次地震演练和人防演练。

社区简介

【龙尾社区】 坐落在苍梧路与海连东路之间，东至郁州南路，西至龙河广场，面积0.4平方千米。有居民楼56幢，居民1986户，5841人。有市直机关、科研院所、学校等单位15个。2013年完成招商引资2500万元，协税护税37万元。

全年召开社区居民议事会12次；召开社区居民恳谈会12次，召开社区评议会2次，为社区居民解决实际困难13个。利用社区大讲堂开办法制宣传、健康教育、消防安全等培训24次；举办各项文艺演出4次；发放各类宣传资料1000余份。投入6000元，两次更换"百米文化长廊"。

社区新闻报道稿被《连云港日报》采用11篇、《苍梧晚报》13篇、连网7篇、连云港电视台4篇，社区获省"江苏省文明社区"、"江苏省和谐示范社区"、市"防震减灾安全社区"、市"爱国卫生先进社区"、区"社会治安安全社区"等先进。

【东苑社区】 成立于2006年1月，占地3.2平方千米。东至科苑路、西至郁州南路、南至朝阳东路、北至绿园南路，现有居民1958户，5625人。辖区内有机关、企事业单位6家。

2013年完成招商引资1500万元，协税护税30万元。在颐和花园小区建立1000平方米的室内活动中心，配有警务室、图书阅览室、文娱活动室、乒乓球室、党员活动室、市民法制学校、健身房等活动场所。社区在水木华园小区成立退休人员活动中心。面积约680平方米。市关工委为社区图书室配备6台电脑。

顺利完成党组织换届工作，产生书记1名，副书记2名，4位委员。"七一前夕"，社区党支部和市委领导慰问辖区2位老党员，送去1200元慰问金和800元慰问品；社区党支部和区领导在节日期间走访慰问辖区困难居民2户，送去救济金2000元，走访慰问辖区困难老党员1户，送去300元慰问金和100元慰问品，社区党支部和街道办事处领导走访慰问困难退休职工7户，给他们送去了3100元救济金。

全年社区共发表稿件43篇，其中《苍梧晚报》采用20篇，连网22篇，《连云港日报》采用1篇，连云港新闻报道3次，港城365报道1次。

2013年，获得江苏省综合减灾示范社区、江苏省示范妇女儿童之家、连云港市企业退休人员社会化管理服务示范点等荣誉称号。

【广场社区】 地处城市老城区，总面积约3.5平方千米，有居民住户2584户、人口10303人；已婚育龄妇女1270人；流动人口1320人，现有在册老人1021人，其中80岁以上36人。各类残疾人、低保人25人，社区在册党员203人。其中流动党员4人、老弱病残党员22人、下岗失业党员23人、在职党员进社区49人、建国前党员4人、居委会干部6人。

2013年，完成招商引资1500万元，完成协税护税32万元。

广场社区党支部针对辖区党员

多，将社区划分成14个网格，每个网格成立一个网格党支部，支部设立治安巡查员、宣传员以及矛盾调解员，负责对各网格区域存在的百姓诉求、安全隐患、矛盾排查、社区建设等问题进行排摸和上报。社区党员自愿利用业余时间，根据自身特长和专业特点，无偿为居民提供帮助和服务。

广场社区2013年召开22次会议（议事会11次、恳谈会11次），开展社区大讲堂11次；联合连云港美术家协会共同举办“品鉴艺术，品质生活”公益艺术讲座。

【振东社区】 北至陇海东路，西至繁荣路，南至海连东路，东至龙河北路，辖区现有居民1388户、4002人。

2013年，完成招商引资1500万元、协税护税30万元。

社区扎实开展“党员志愿服务”活动。组织在册党员89名，其中退休党员65名，在职党员24名为社区居民做好事、献爱心。社区通过开展公推直选社区党组织领导班子，组织履行职责评议活动，收集到14条有价值的意见和建议。

发动居民清掏市委宿舍楼下水道及化粪池、疏通爱民巷与站南巷的下水道、建蓓蕾幼儿园对面的围墙等，对62位下岗职工进行技能培训，为下岗失业人员办理社保返还89人次。为531名退休人员办理社会化管理手续，为86位80岁以上老人办理尊老金，为162位60岁以上老人办理老年优待证。为68名流动人员办理了暂住证，调解业主、家庭、邻里之间大小矛盾纠纷63起，开展各种法制教育活动42次。疏通下水道800米，为居民清掏化粪池22个。6月，把爱民巷、站南巷两条主路上的下水道进行全面的疏通清理。7月，协调区住建局将站南巷的破旧路面进行重修，铺设沥青路面。

【艺北社区】 东至郁洲北路，西至龙河北路，南至海连东路，北至陇海东路，面积1.2平方千米，现有居民1933户，6659人，辖区内有市第二人民医院东院、大润发超市等单位8家。

2013年，完成招商引资1500万元。完成协税护税20万元。

开展各类宣传讲座50余次，出黑板报12期，发放各类宣传资料2000张，搞宣专板50块，清除卫生死角60处，清理垃圾80吨，清理小广告100处。整治乱堆乱放35起，发放爱国卫生资料1000余份，每月定期召开安全生产会议，组织治安志愿者50人轮流在辖区内进行巡查。3月6日，艺北社区工作人员在大润发广场向居民宣传《治安管理条例》知识。7月18日，新东街道在艺北社区召开“六五普法”工作现场会。8月8日，江苏省高级人民法院副院长李玉生带省司法考察组一行7人到连云港市新浦区新东街道艺北社区，对其“六五”普法中期工作进行评估视察。

全年共清除卫生死角50余处，清理垃圾60余吨，清理小广告100余处，出版报12期。

1月10日，协调市供电公司为辖区20家低保户办理每月15度平价电业务。春节走访慰问辖区朱延萍等4户困难家庭。建立退役军人信息档案。6月11日，社区工作人员帮助百岁老革命者赵建伍学习电脑。为老年人办理“老年证、尊老金”。全年为退休人员认证39人。为40位待岗人员进行免费培训，为98人办理社保补贴，开展就业咨询活动4次，为辖区退休人员年检250人，为下岗人员换证76人，办理城镇居民医保378人。

【新城社区】 成立于2003年，东至东沿河路、西至瀛州南路、南至红沙路、北至朝阳东路，占地约6平方千米。社区内有盛世嘉园、郁洲花园、华阳丽都佳园、香溢小区、香溢江南、平高府邸以及御景龙湾等17个居民小区，现有居民3615户，14782人，辖区内有机关、企事业、驻军单位共8家。

2013年，社区完成招商引资1500万元，协税护税30万元。

年内，组织失业人员进行再就业培训19人次，办理社保补贴95人次；为退休人员验证755人。与共建单位慰问困难家庭6户，伤残军人1户，送发慰问金每户500元。与市药监局合作开展“清理家庭小药箱”“药品安全知识进万家”等特色宣传服务，组织各类咨询服务活动6次。发放计生宣传材料500份，发放避孕药具360份，为育龄妇女进行检查2次，组织2次便民服务活动。计生知识普及率达98%以上。

全年新城社区在各种媒体发表新闻稿件59篇，其中《苍梧晚报》24篇，“连云港新闻”1篇，“在你身边”栏目6篇，港城“365”1篇，连网13篇，广播电台14篇。

【东风社区】 南至海连东路，北至陇海东路，西至巨龙北路，东至浦东粮库，占地面积2.6平方千米，辖区内共有居民小区4个，辖区居民户1202户，人口3657人，单位企事业75个，个体工商户231户。

2013年，完成招商引资1500万元，协税护税30万元。

中秋、春节前夕与联动单位市科技局走访慰问困难户12家，分发慰问金6000元；走访慰问生活困难的独生子女家庭和体弱多病的党员，送去慰问金及慰问品共计1余元。

成立社区党员义务巡逻队，每天坚持巡逻。全年调解民事纠纷12起，调解成功率100%，获得省级“民主法治示范社区”称号。向居民及辖区商铺发放平安法治创建一封信及宣传资料1500余份。获得市级“平安和谐社区”等称号。

2月17日，社区在天晴小区举办“2013年春节健身操展示”文娱活动；8月，组织辖区内45名育龄妇女免费体检；向居民发放计生宣传资料500余份；办理独生子女证78户，二孩准生证3户，病残儿1户，特困户1户，流动人口婚育证明4份。社区有低保户26户，月累计发放低保金2万元。社区送2名青年光荣入伍。劳动保障站为辖区27名居民办理社保补贴、18名待业青年办理就业证、378名退休老人办理退休认证、258名居民办理城镇居民医保等。

全年社区在光明网发稿3篇，市报发稿17篇，连网发稿30篇，连云港电视台新闻用稿5篇，连云港电台《社区是我家》栏目用28篇。

2013年，将民情邮箱作为社区

与群众的联系平台，建成群众各种问题的绿色通道。全年接收176份邮件，妥善处理事件176件，居民满意度100%。

【淮海社区】 地处城乡接合部，南至苍梧路北至海连东路，东至宁连高速路，西至巨龙南路，占地面积7.4平方千米。辖区内有1所大专院校，有3家企业单位。辖区内有36个居民小组，常住居民4498人。

2013年，完成招商引资1500万元，完成协税护税30万元。

社区党总支共开展7次党课学习，8月，圆满完成换届选举，选出书记1名，副书记2名，委员4名。

社区获得"连云港市示范妇女儿童之家"荣誉称号。

【巨龙社区】 北至海连东路，西至郁州南路，南至苍梧路，东至巨龙南路，面积约1.7平方千米。共有居民居民小组61个，居民2359户，人口6546人。社区内共有60岁以上老人809人，有残疾人36人，社区共设楼长21人。社区内有直管党员205名。辖区单位7个。

2013年，完成招商引资1500万元；完成协税护税30万元。3月，在巨龙小区新建便民服务用房约300平方米。8月和12月，完成对社区党总支部及社区居委会的换届选举工作。

年内对16户困难家庭走访慰问。新办低保和重残救助3户，办理老年证235本，残疾证换证2本。城镇医保85人，免费为21名退管人员体检，并建立健康档案。为26名80岁以上老人发放高龄补贴。为6名下岗人员安排工作。调解业主、家庭、邻里之间大小矛盾纠纷13起，开展各种法制教育活动11次。办理生殖保健服务16对夫妇，办理申报二孩4人，独生子女证43户。摸底登记改制时未一次性兑现儿保费的下岗职工21名。

为辖区居民楼疏通下水道1000米，为居民清掏化粪池16个。9月，把巨龙小区下水道进行全面疏通清理，对破旧路面进行硬化。

【利民社区】 总面积18000平方千米，南起海连东路，北至陇海东路，东起繁荣路，西至龙尾河，共有居民2178户，5167人。

2013年，共完成招商引资1500万元，协税37万元。

利民社区成立"居民议事大厅"，把居民反映的问题分成四大类：基础设施建设类、社区矛盾纠纷类、文化生活类和便民利民服务。全年共解决协调各类问题80件。走访慰问困难户30户，做好事100件；开展"365党员驿站 建设幸福家庭"、庆"八一"等文艺演出活动。

全年社区在在《苍梧晚报》、连网各媒体上发信息104篇，出宣传黑板报10期；宣传标语横幅30条；张贴各种宣传资料20份。共举办"和谐文化进万家"文艺演出4场。

2013年，社区有享受低保生活保障对象14户，取消低保对象6户，办理退休认证653人，居家养老认证42人，社保认证86人，共安排就业8人，下岗失业人员再就业6人，组织失业人员参加各项技能培训28人，发放社保补贴68人次。城镇医保参保人数300人。全年慰问留守儿童10人次，给予慰问金及慰问品价值1千元。

【外仓社区】 位于新东街道北部，东至巨龙北路，西至郁州北路，南至海连东路，北至陇海东路。面积2.6平方千米，社区有企业1家。

2013年招商引资1500万元，协税护税30万元。

年内外仓社区与联动单位连云港师专举办公益活动2次。

社区发送工作信息13条，在《连云港日报》《苍梧晚报》连网上进行宣传报道。

【苍梧社区】 位于连云港市新浦区东南部，北至苍梧路，西至郁州南路，南至绿园南路，东至学院路，常住居民1811户，总人口5300余人，有企事业单位200余家。社区办公用房达到一站式服务，一站式服务100平方米，活动用房280平方米，市民学校110平方米。

2013年，完成招商引资1450万元，协税护税30万元。

为企业离退休职工认证210人，为辖区下岗职工换证78人，办理下岗职工社保补贴49人。整治卫生死角6处，清理垃圾、杂物2车，消杀公共场所2000多平方米。组织2次便民服务活动。2013年，发放计生宣传材料500份，发放避孕药具500份，计生知识普及率达98%以上。

社区开展党员志愿服务活动。60名在册党员参加此项活动。其中退休党员45名，在职党员2名，全年新发展党员4名，预备党员转正2名，社区开展公推直选社区党组织领导班子履行职责评议活动，收集到10余条有价值的意见和建议。

在全市各种媒体发表新闻稿件30篇，其中《苍梧晚报》13篇，连云港新闻3篇，连网3篇及广播电台11篇。

【文昌社区】 南至苍梧路，北至文昌路，西至巨龙路，东到东盐河路。辖区内有企事业单位2家。现有居民385户，1455人。

2013年，完成招商引资1500万元，协税护税32万元。

为同科集团组织失业人员进行再就业培训26人次，办理社保补贴12人次；为退休人员认证63人。与共建单位慰问困难家庭4户，发放慰问金每户500元。到温馨养老院慰问2次。全年发放计生宣传材料400份，发放避孕药具260份。组织2次便民服务活动，计生知识普及率达98%以上，并为育龄妇女进行检查。

2013年，先后被评为市"绿色环保示范社区"、新浦区"关心下一代先进集体"、新浦区"文明楼院"等荣誉称号。

【河滨社区】 东至淮连高速，西至东盐河，南与南城街道、南云台林场接壤，北至朝阳东路。面积大约3平方千米，成型居民小区有苍梧河滨花园、海连新天、金秋情缘、中央华府、名人世家、东瑞花园等。连云港市博物馆、市文化广电新闻出版局、市妇儿活动中心、市行政审批中心、连云港市苍梧小学等机关、学校、单位均在区域之内。

2013年，社区常住人口10100人，户籍人口9852人，全年共出生138人，男孩74人，性别比53%。共组织开展大型宣传活动3次，对违法生育的家庭依法按标准征收了社会抚养费。组织辖区育龄群众204人参加生殖健康检查。

年内社区完成招商引资任务3000万元，完成协税护税52万元。

社区党建工作实行“网格化”管理。将“创先争优”活动与社区各项工作相结合，通过借鉴科学发展观成功经验，以及各种特色活动的开展，在基层党组织中形成良好的活动氛围。

组织2次安全生产防火大检查工作，查处火灾隐患10处，下达整改通知书5处，限期整改5处。并与新浦区消防大队组织演练活动。调处矛盾纠纷6件，调处成功率100%。聘任26名专职治安巡逻员参与社区治安管理工作，组建8人的治安信息员队伍，全年共反馈治安信息56条。2013年，组织开展慰问贫困、残疾家庭活动，共资助4户，6000元。对社区低保户进行入户核查。新增就业岗位96人；下岗失业人员再就业31人；培训失业人员23人；办理符合参加社会保险32人手续。对辖区内的用工单位的劳动力进行全面调查摸底，并建立档案。社会保障覆盖率较2012年增长10%，新农保参保12人，315人纳入城市医保。办理退休认证323人。

2013年，在省级媒体发稿1篇，在市级发稿23篇。采用多种载体，有计划、有步骤地组织开展公民道德建设活动。

（撰稿：王彦文
审稿：姜海燕）

新浦大润发超市　　（区地志办　供）

浦东街道

综　述

2013年，浦东街道围绕年度工作目标，创新工作方法，狠抓工作落实，街道各项工作先后荣获省统计规范化达标先进单位、省示范妇女儿童之家（单位）；市基层服务业统计工作先进单位、市党员冬训先进单位、市消防安全网格化管理三星级街道；区2013年度招商引资先进奖、宣传文化创优奖、区2012~2013"五四红旗团委"等荣誉称号。

经济建设

【外引内联】 2013年，浦东街道外资实际到账210万美元，完成全年目标任务的106.5%；引进内资3.78亿元。

【协税护税】 2013年，浦东街道完成协税护税收入2414万元，列全区总量第一，年度考核第一，连续六年协税护税总量第一。

【工业经济】 2013年，浦东街道实现规模以上工业总产值20977万元，完成销售收入21804万元。

【发展服务业】 2013年，浦东街道新引进5000万元以上固定资产投资项目3个，新培育现代服务业企业41家，新创建特色街区2个，净增限额以上商贸企业16家。

【固定资产投资】 2013年，浦东街道完成固定资产投资累计17.2亿元。

【重点项目推进】 2013年，浦东街道推进蓝天华侨城、博威·江南明珠苑、福园名邸、泰恒华府等4个投资过亿元重点建设项目顺利实施；完成郁州北路穿越铁路地涵拆迁工作，征收拆迁房屋137户，滨河新城征用土地6.66公顷，完成水晶街建设改造和招商工作；投资5000万元，对民主路文化街改造，总建筑面积10100平方米。

【安全生产】 2013年，开展创建"星级"街道及安全社区活动，建立每月安全例会和安全事故隐患排查治理体系应用通报制度；组织和调动辖区各方力量，做到勤检查、重宣传、促防范，尽全力排除各类安全隐患。全年共组织开展5次职工安全教育培训，召开安全生产例会13次，季度安全形势分析会4次，开展各类安全检查29次，共排查整改各类隐患265条，整改率100%。

【防汛救灾】 2013年，浦东街道对2012年新建涵闸进行实地检查，排查摸底辖区内危旧房屋，对涉及老旧城区的站北、龙苑、新桥、市东等7处下水道进行集中清掏。实行24小时值班制，设置值班电话，坚持昼夜巡逻，做到有情况早报告，无情况报平安，随时掌握汛情动态。针对汛期5处低洼易积水地段分别制定整治提升方案，对解放东路3个片区，投入60余万元，完成清掏50余处，新建下水道500余米，改造居民区旱厕2座。更换下水道盖板200余块。

社会事业

【社会稳定】 2013年，浦东街道通过疏通信访渠道、源头梳理、落实责任等多种举措，使群众的合理诉求得到表达，有效化解矛盾，及时排除不稳定因素。同时，扎实开展大走访工作，察民情、体民意、拓宽信息渠道，深入群众，变上访为下访。耐心细致做好矛盾纠纷调处工作。街道司法所、信访办和公安派出所联合调处矛盾纠纷共180余起，调解成功率达100%。

【计划生育】 2013年，浦东街道发放计划生育宣传材料1000余份，避孕药具2000余盒，张贴宣传墙报300余张。利用人口学校、社区宣传栏宣传避孕节育知识，落实避孕措施率达100%。严格药具管理，发放及时率达100%，有效率达100%。

【民政工作】 2013年，浦东街道构建新型社区组织治理架构，全面落实"一委一居一站一办"工作方法，实现15个社区全覆盖。城市低保做到应保尽保、分类施保、动态管理，全年共解保20户，新批8户。对10名符合条件的无固定收入重残人员实行申报工作并发放3.8万元救助金，对贫困家庭开展慈善医疗救助2人，每人1000元。严格做好廉租房、经济房审核工作，新申报廉租房35户，审核廉租房补贴87户，审核经济房申报材料160户，申报公租房3户，申报共有产权经济房19户。

【劳动就业】 2013年，街道开展为下岗人员送信息、送岗位活动。先后安置下岗失业人员30人，职业培训318人，培训后就业达73%；开发公益性岗位28个，劳务输转19人；为下岗失业人员办理《就业失业登记证》208个，用工采集信息79条，用工发布信息79条。

【城建城管】 2013年，浦东街道切实加强禁违拆违工作，查扣并处罚违法运输车辆32辆，收缴各类违法器材百余件，拆除脚手架200平方米，拆除新生违法建筑2230平方米。投入1200人次，清理占道经营168处，清理户外广告73家，清除沿街和楼栋广告1万余条，清理背街小巷、卫生死角220余处，清运街巷积存垃圾1600多吨。扎实做好春、秋季绿化工作，共投入资金22.641万元，补栽苗木。动员辖区内各开发小区进行大规模的苗木补栽、更新，使居民区的美化、绿化进一步提升。有序开展"爱国卫生"工作，配备各类工作器材60多具，投放鼠药260千克，灭鼠率98%以上；发放蚤杀药品360瓶，阿菌素120瓶，发放粉石块3箱，并请区消杀站对辖区美国白蛾、蚊、蝇滋生地实施季度消杀，消杀面积达到12.53公顷，消杀率达98%。

【综治司法】 2013年，浦东街道以"六五"普法、平安浦东创建等活动为载体，搞好"六五普法"。全年共派发宣传品25000余份，举办各类培训班10期，培训人员1000多人；开展法律讲座2次，发放宣传单5000份，送法律进社区4场；组织法律文艺演出2次，签订家庭拒绝邪教承诺书1万余份，排查不稳定隐患100余起，及时整治率达100%；请专家授课8场，签订各类责任书约4500份，向24家小区物业和4个广场电子显示屏投放公益短片及标语。使"六五"普法工作进家庭、进学校、进工厂、进单位。

【社区文化活动】 2013年，浦东街道举办形式多样的文体活动39次，并指导社区开展社区文体活动，完善软硬件设施，保证活动有场所、有阵地。各社区阅览室有各类书籍1800本，为居民提供各类科普读物。组织开展以健康教育、计生、环保、消防、禁毒等为内容，以科普培训、咨询、讲座、文艺演出、宣传等形式的活动27场，发放各类科普宣传材料2300余份，接受咨询服务的群众达360余人次。

党的建设

【开展创先争优活动】 2013年，浦东街道积极开展党组织和党员"公开承诺"、"自纠自查"提高党员的党性意识、责任意识和宗旨意识等活动。开展重点工程立功竞赛活动，组织党员干部投入重点项目建设，参与辖区旧城改造开发、招商引资和协税护税工作。

【基层党建工作】 2013年，浦东街道党工委重视预备党员、发展对象、积极分子的培养教育，严格规范发展程序，新发展党员7名。同时，严格执行干部选拔任用制度，新提拔股级干部3名。

【服务性党组织建设】 2013年，街道党工委组织党员与群众结成一对一帮扶对子。街道党工委领导每月到联系点走访不少于2次，干部个人每月到联系户不少于走访1次。全年共走访352户，结成一对一帮扶对子112个，服务居民1200余人次。搜集梳理建议19条，解决问题28项。

社区简介

【民主社区】 2013年，完成招商引资1500万，协税护税55万。党总支围绕"老少共话中国梦"展开一系列教育活动，在七一前承办、协办2场大型广场文艺演出。

2013年，投放鼠药25千克，对辖区单位、公共场所进行消杀处理达5000平方米，清理小广告4万余条，疏通下水道600米。抽调人员3名协助民主路改造，涉及拆迁户共12户，化解拆迁改造矛盾10余起。

社区成立专职的计划生育协会。计生工作管理走入规范化、制度化。流动人员登记率100%，走访率100%，为育龄妇女妇查1次，举办培训班4期，开展计生活动2次，发放宣传手册300册，发放避孕药具300盒。

社区职工书屋全年接待居民700余人，校外辅导站对外开放，召开5次巾帼教育培训会，并开展暑期"七彩夏日""暑期家庭教育社区行""老少共画中国梦""与雷锋车手同行"等活动。社区现有老年活动室、健身房、棋牌室、阅览室、京剧室，全年京剧社已成功举办"票友手拉手""和谐文明进社区""中国风采大家看"等各类广场演出3场。

【万润社区】 2013年，有低保家庭9户，全年新增1户低保家庭。节假日为低保家庭送米、面、油等生活必需品，为60岁以上老年人办理老年证56张。

社区工作人员分组定点分片做好环境整治管理工作，发动党员、保洁员等参与环境整治。利用各种形式进行宣传动员，力争做到家喻户晓，特别是对辖区内牲畜散养的居民家进行走访教育和清除，做到全方位的预防和整治。

设立消防安全网格，组织居民进行消防演练，发放消防知识宣传单，开通辖区重要消防通道。组织红袖标义务巡防队，由民警和社区治保主任带领巡逻队员加大巡逻防范力度，加强对外来流动人口的管理。

2013年，获得"平安和谐社区"殊荣，在全国人口普查工作中，获得"第六次全国人口普查先进集体"称号。

【市东社区】 2013年，完成协税护税50万元，完成内资1500万元。辖区内“海港城”海鲜广场、福园名邸和博威三期等重点项目建设稳步推进。

投资1万元对粮食局宿舍下水道进行翻修。与福园名邸开发商协调，投资6000元修补小区周边居民区下水道60多米。

为社区配备6台电脑，帮助社区成立电子阅览室，开展绿色上网活动，解决社区留守儿童、未成年人因家庭困难没法上网问题。

2013年，社区成立“希望来吧”，开展新浦区青春志愿行之关爱农民工子女主题活动、组织青年志愿者与农民工子女一对一帮扶，为他们解决入学问题，并赠送书本等。

2013年，社区荣获“江苏省示范居民学校”、连云港市“绿色社区”称号。

【市化社区】 2013年，完成招商引资1900万元，协税护税58.1万元。党总支在两节前走访特困老党员、困难老职工、下岗失业人员、单亲困难家庭26户，为他们送去现金及物品价值1万余元，并定期组织党员青年清除辖区内街巷小广告及垃圾，与市第一人民医院党办签订“结对共建医疗同行”协议。

利用宣传栏对各项卫生法规和政策进行宣传，做到垃圾日产日清，无卫生死角。联合市容环卫城建等部门，对私搭乱建进行强制性清理。年内，与相关部门联系为社区内铺设道路及疏通下水道达3万平方米，清理小广告800余条，清倒垃圾14车。

组织居民观看专题片“安全出行、珍惜生命”，与派出所合作，对居民进行调查登记造册，重点对小区内的出租房屋、流动人员进行清查。全年调解各种纠纷30余起。

2013年，社区荣获省级“模范职工小家”、省级2013城乡社区建设“以奖代补”专项资金奖、市级“职工书屋”、市级“示范妇女儿童之家”、市“卫生社区居委会”、市“无吸烟单位”等荣誉称号，并成立浦东街道首家“市化社区流浪乞讨救助点”。

【路北社区】 2013年，完成招商引资1612万元，完成协税护税143万元。组织党员开展“告别白色垃圾”发放环保布袋、开展“红袖标”义务巡逻、“爱我家园 美化环境”等活动6次。社区党总支多方协调，在社区一废闲垃圾场地上新建居民综合服务用房220多平方米，填补本社区多年来无居民活动用房的空白。

组织社区老党员、居民组长常年坚持“红袖标”义务巡逻，在汇金广场、海昌北路、通灌北路等商业密集区每天巡逻1至2次，免除自行车、电瓶车、店内销售物品等被盗120余起。

2013年，投入资金8000元，清掏、疏通下水道300米；投入资金3000元，对101、102号楼的化粪池进行一次彻底清掏；清理卫生死角3处，清运建筑垃圾100余吨；铲除小广告近1000条。

2013年，投入资金8300元关爱困难群体，走访慰问困难户、困难党员、困难退休老职工、困难下岗职工、病灾户20户。

荣获江苏省“和谐示范社区”、市“卫生社区居委会”、市“无吸烟单位”、区“先进社区”等荣誉称号。

【陇东社区】 2013年，社区对低保工作严格按照申请、入户、公示的程序办理。关注社区80岁以上高龄老人的生活，全年走访慰问12人次，发放慰问金4000元，并送去米面油等慰问品。及时帮扶社区4名残疾人，为其解决就业和生活问题。

组织居民成立义务巡逻队定期巡逻，消除治安隐患8起，化解民间矛盾、纠纷6起。

社区组建“夕阳红艺术团”，举办春节慰问，举行计生知识宣传、夏日纳凉晚会等大型文艺演出。组织居民举办“邻里一家亲”“放飞梦想”“多彩夏日”“节能减排送温暖”等活动。

【同兴社区】 2013年，社区完成招商引资1750万元，完成协税护税73万元。社区党支部带领社区党员开展送温暖献爱心活动5次，走访慰问困难户、孤寡老人和残疾家庭28户，动用资金1.2万元。在辖区范围内主要路段悬挂4条安全标语横幅，发放宣传单500张，利用社区黑板报、宣传栏等工具普及安全知识。

整改陇西路19号大院、二人巷、新市路、津海巷4处背街小巷；在辖区设立毒饵站，定期对街巷进行药物消杀、喷杀11次；疏通市民路70号院下水道、化粪池，更换市民路74号院内下水道盖板，清理津海巷下水道并更换下水道盖板。

全年排查解决各类纠纷5件，对辖区内3名帮教人员进行登记造册，落实帮教措施，签定改好协议，帮教率达100%、改好率达100%。

2013年，社区荣获市级“爱国卫生”先进单位、“无烟社区”先进单位、平安建设和谐社区等荣誉称号。

【菜市社区】 2013年，完成招商引资1600万元，协税护税50万元。

社区党组织不断完善党员志愿者队伍，为群众办好事办实事。两节期间组织党员代表对辖区困难户进行走访慰问，社区党支部携手市政协帮扶辖区1名孤儿，送去生活费1800元，为其联系相关单位资助帮助其完成学业。

社区对背街小巷和道路派专人负责。针对上岛咖啡旁巷子下水道和市场路38号楼下水道、化粪池长年堵塞的情况，社区协调相关部门更换下水管道，还协调市政部门铺设市场路。

【站北社区】 2013年，完成全年招商引资1800万，继续推进利华置业项目建设，站北农贸市场，拓展社区居办经济，协助做好万山房地产项目拆迁开发工作。

打造“学习雷锋型社区”，组织80人的志愿者队伍。建成160平方米的党员活动室，暑期由退休党员专门为辖区内未成年人提供绘画、书法义务指导，同时也解决上班族无人照顾孩子的烦恼。为老人免费测量血压153人次，组织体检84人次，健康讲座3次120人参加。利用节假日开展慰问活动。助残日走访慰问辖区2名残疾儿童并送去学习用品；端午节走访社区身边无子女老人、孤残儿童及部分特困户，送去鸡蛋粽子等慰问品；重阳节向辖区内6户90岁以上老人发放敬老慰问金300元及慰问品，召开部分60岁以上老人座谈会；中秋节、春节期间，对辖区内27户低保户和4户低保边缘户进行走访并送去慰问品。

【浦河社区】 2013年，完成招商引资任务1560万元，提前完成全年协税护税184万元。

社区利用节假日走访慰问辖区特困户及孤寡老人，共发放资金3900元。春节前对低保边缘户发放68袋米、68袋面和34桶油。春节期间走访低保户32户，共发放补助金6400元，走访军属送去慰问金1000元。全年开展尊老敬老送温暖活动6次，做好结对帮扶，帮助辖区单位神鹰汽车4S店成立工会，春节前走访重大疾病、困难儿童家庭3户，共用资金1500元。

做好卫生管理工作，制作宣传画及板报10期。请区爱委会对居民区喷洒投药3次，毒饵站投放灭鼠药11公斤，铲除"牛皮癣"850余张。

【新桥社区】 2013年，利用"七一、中秋、春节"走访困难家庭60户，送大米、油，资金达2万余元；与联动单位上海铁路办党支部签订3年协议书；走访困难家庭6户，走访资金2千余元；与联动单位市委农工办积极开展环境卫生、平安创建等活动，投入资金1.5万余元。

社区投资4000余元对辖区东西路31号和33号两家之间的巷道铺设水泥路面及下水道长15米。社区协调联动单位市农工办在海云湾小区种栽木槿花150棵，投资3500元。

为10户特困家庭送去慰问金5000元，大额医疗救助2人/次，基本医疗救助10人，办理城镇医保350户，参保率97%。发放宣传资料500余份，收集求职用工信息200余条，工作岗位46个，安置失业人员68人，组织78名下岗职工参加就业培训，就业培训6次。

【建国社区】 2013年，完成招商引资1500万元，协税护税56万元。

社区对新市路、维新路、华北巷、民治巷进行改造，新建下水道500米，铺设水泥路面2000多平方米，修整人行道板400平方米。

2013年，社区帮助困难群众申请低保2名，安置就业人员8人，推荐就业11人，慰问困难户17户/次，为癌症等重大病人捐助2000元，帮助残疾儿童2名。为新市路棚户区居民向供电局重新改造老化的电线、变压器，为东新绿苑270户居民解决自来水一户一表，彻底解决自来水漏水问题。

组织居民开展健身操、健身秧歌、太极拳、健身气功等体育健身活动。参加连云港市社区体育节健身气功比赛，获"五禽戏"、"八段锦"一等奖，组队代表连云港市参加江苏省第六届全民健身运动会健身气功比赛获得"易筋经""六字诀"集体第一名，团体和个人共获5枚金牌、4枚银牌、3枚铜牌，团体总分列全省第一名。

【龙苑社区】 2013年，社区发放平安建设宣传资料1200份，成立治安、联防巡逻队和人民调解组，全年调节矛盾纠纷22起。

建有固定的低保政策宣传栏，及时掌握低保对象的信息，坚持全程实行民主评议和"三榜公示制"，做到公平、公正、公开。2013年12月低保审查，核定享受低保生活保障对象30户，保障人口73人，月发放保障金17740元。取消低保对象1户，变更低保金额2人次。

全年累计救助特困家庭20户，救助资金12000元；春节期间上门慰问社区困难党员2户、困难群众63户，每户送去慰问金或慰问品。

2013年，社区荣获"连云港市先进卫生社区""连云港市无吸烟单位"荣誉称号。

【市民社区】 2013年，社区和共建单位一起清理社区"三乱"4次，清理建筑垃圾8吨，生活垃圾10吨，清除杂草490平方米。

加强信访和矛盾化解工作力度，做好重点案件、重点人员的稳控和思想教育工作，本年内社区共参与民事纠纷调解8起，成功率百分之百。

【机关社区】 2013年，组织社区党员、离退休职工干部学习3次，参加人次30余人。

全年走访辖区内低保户家庭1户，残疾家庭1户，空巢老人6户，发放80岁尊老金12人，办理老年证8人，老年节为80岁以上老人送蛋糕12人，共用1500余元。

成立城管卫生领导小组，在社区悬挂横幅3条，出宣传栏、墙报6期，掏化粪池2处，清理下水道100米。

"三八"妇女节组织妇女为空巢老人包饺子，组织夕阳红合唱队每周二、四在活动室举办唱歌活动，组织离退休老干部开展门球比赛2次。

2013年，社区荣获"市勤廉示范社区"荣誉称号。

（撰稿：曲　奇
审稿：金同志）

浦西街道

综　述

2013年，浦西街道以区委九届四次全委（扩大）会议精神为指导，按照“旧城改造强基础、新区开发求突破”的工作思路，以克难求进为主旨，以土地整理、服务民生为两大抓手，加强社区基础设施建设，优化辖区环境，促进浦西街道社会经济工作更快、更好发展，顺利完成全年预期工作目标。

经济建设

【经济工作】 2013年，浦西街道完成规模以上企业工业总产值2402万元、全社会固定资产投资80000万元、城镇规模以上投资70000万元、内联客方到位资金38916万元、注册外资到账200万美元、协税护税收入868万元、社会消费品零售限上单位零售额增幅达到17.0%。

2013年，新创建2个省级特色街区：陇海西路餐饮休闲一条街、民主西路餐饮一条街；新发展限额以上商贸企业10个；酒类备案60家；新建设2个平价蔬菜网点：新中社区、新站社区网点；完成沈圩桥农贸市场改造任务。

【重大项目】 2013年，浦西街道成立重大项目指挥部，下设滨河新城房屋征收、民主中路改造、财校地块房屋征收、土地整理4个分指挥部。各分指挥部在工作中充分发挥协调联动作用，做好项目建设的协调、服务工作，确保每一项任务有人负责、有人落实。对滨河新城的大浦河边房屋的调查摸底、制定房屋征收补偿方案；对民主中路浦西段摸底排查，调查上报拟征收拆除的170家危旧房屋产权建筑状况、19家非定级文物建筑状况；对财经学校A西地块调查摸底，制定房屋征收补偿方案，征收房屋114户；对辖区养殖户的鱼塘进行实地勘测，精确鱼塘亩数，绘制地块平面图，对各养殖户的情况均行登记造册归档，并成立养殖专业合作社；对人民西路8号地块以及连盐铁路的土地征收进行前期调查摸底。

【重点工程】 2013年，浦西街道辖区内的利玛国际景苑工程已完成并交付使用；润帮万象后街主体完成，仕方国际花园二期工程正在加快建设进度；国大国际花园三期的16号楼封顶，17号楼正在加快建设进度；万锦花园的场地已经平整完成，即将开始桩基工程施工。

社会事业

【民政工作】 2013年，浦西街道在各大节假日分别走访慰问辖区困难群众、低保户、军烈属、伤残军人、老干部、老党员、台属、百岁老人、残疾人等，共计对1120户，2860人，发放救助资金72.34万元，实物救助5.8万元，突发性临时救助25户，发放救助资金3.4万元。辖区现有城市低保户393户，850人，月发放低保金21.85万元；重残78户、月发放救助金3.2万元。

4月份，对已纳入低保的家庭进行一次清理检查，对生活有所好转的20户低保对象家庭进行停发，将30户生活确实困难、符合低保标准和12户符合条件无固定收入重残人员家庭进行上报。2013年，新批低保3户，一户多残3户，重残12户。为残疾人申请重残救助10人；为59位重度残疾人发放护理补贴7.08万元；为35位低保中重度残疾人发放补助7.25万元；为40位残疾人申请燃油补助1.04万元；为103名残疾人办理免费坐车爱心卡；为80位残疾人发放免费手机联通卡；为12名0~6岁残疾儿童安排康复训练；为20名残疾人子女和残疾人大学生发放阶梯教育学习卡20张。

【城市管理】 2013年，浦西街道志愿者服务队每周六义务劳动；探索创新工作机制，在各社区开展文明楼院、卫生光荣户等评比活动。2013年共投资12.2万元，完成绿化面积5600平方米，种植树木1886棵。浦西街道成立的市区首家“城管服务中心”，建立数字化平台，查出城管案件531件，已处置案件346件，结案数408件，结案率达96.68%。

【禁违拆违】 2013年，浦西街道加大禁违拆违工作力度，按照队伍不散、力度再加强的要求，对南极北路和沈圩、临洪等土地征收的重点地段进行巡查。全年共禁违112起，拆除违章建筑52户，4503平方米，禁止违章建筑8103平方米。收缴违章器材200件，清理建筑材料150吨。

【计划生育】 2013年，浦西街道现有育龄妇女11336人、已婚育龄妇女7097人、流动人口3666人。期内综合避孕率90%以上。全年共办理独生子女证153家、病残儿鉴定4家、二孩审批14家。同时认真做好关于持证独生子女父母光荣证退休的企业职工集中申报一次性奖励金的工作。

【劳动保障】 2013年，浦西街道劳动保障所为城镇居民办理医保参保人数为5112人，新增就业人数2712人，开发就业岗位876个，实现失业人员再就业756人，其中就业困难人员再就业89人。应届大学生登记就业率100%。城镇登记失业率控制在3%以内。面向辖区失业人员需求，开展个性化培训，再就业培训292人；审核申报60周岁以上养老金622人，办理城镇居民养老保险信息采集、社保卡录入共计610人。办理辖区内退休人员退休证审核8806人，填写信息表8836人。为新成长劳动力办理《就业失业登记证》360人，旧证换证178人。办理就业困难人员认定260人，办理社保补贴返还712人。

【住房管理】 2013年，浦西街道房管所完成对浦西辖区内143户享受廉租房货币补贴家庭进行年度审核工作，对辖区内154户经济房申报家庭补充缺失材料并再次审核，完成全年新增51户廉租房申报家庭的初步入户调查审核工作。对辖区内已享受廉租房补贴的45户低保家庭给予实物配租。

【综合治理】 2013年，浦西街道以建设"平安浦西"为目标，举办2次有较大影响的平安法治建设大型宣传活动，建立长效管理机制。强化义务巡防工作。重点抓好社区义务巡逻、街头路面流动协防、重点部位治安守望这3支义务巡防力量的建设，组织"万人红袖标"巡防队伍，形成覆盖全街道的群众性义务巡防网络。坚持定期排查整治治安混乱区域、场所和部位，把火车站、长途汽车站、学校及周边地区安全作为排查整治的重点，落实"打击、整治、防范、教育、建设"综合措施。完善制度，规范流程，建立台账，提升效能。

【司法工作】 2013年，浦西街道形成街道调解中心、社区居民委员会、入户调解员的三级调解网络；调处纠纷36起，成功36起，纠纷受理率及成功率均达100%。开展"六五"普法工作，司法所进行法制宣传30余次；全年新接收29名社区服刑人员，解除矫正26名，现在册47名。组织社区服刑人员集中学习240人次，690小时，进行公益劳动255次，1230个小时，走访273人次，开展主题为"感恩社会、奉献爱心"的志愿活动，使社区服刑人员真正融入社会。定期组织各类人员参加法律知识培训、轮训，举办相关法制讲座4场、悬挂横幅22条、宣传图版46块，提供法律咨询1000余人次；建立法律援助联系点12个、制作社区橱窗13个、社区法律图书角5个、办黑板报2期、显示标语屏1块，分发宣传材料600份。

思想政治工作

【党建工作】 2013年，浦西街道党工委依托重大项目指挥部成立4个临时党支部，充分发挥党组织和广大党员的战斗堡垒作用和先锋模范作用。8月份，根据区委统一安排，街道党工委经过认真细致的前期准备，顺利完成基层党组织集中换届工作，并组织新当选的社区支部书记进行任前培训、接受警示教育。继续组织街道的党员志愿者服务队开展各类志愿服务活动，蔷薇社区红蔷薇驿站、财苑社区"红色十分钟服务圈"等亮点工程精彩纷呈，推动党建工作不断迈上新台阶。

【武装工作】 2013年，浦西街道严格贯彻征兵工作条例，坚持依法征兵、廉洁征兵，报名人数62人，进站体检人数52人，圆满完成征兵任务。

【信访工作】 2013年，浦西街道积极配合区政府做好滨河新城、旧城改造片区的信访稳定工作，在"两会"和重大节假日期间加大值班力度，加大人员投入，对重点人员的稳控力度，对信访人的行踪及时掌握，确保重点人头不脱离视线，确保全国两会期间无越级上访。

社区简介

【同和社区】 2013年，社区党支部开展"献爱心"活动，关心弱势群体。平时对生活困难和年老体弱多病的党员进行慰问；在春节等重大节日上门慰问社区困难党员和困难群众，发放慰问金；利用社区献爱心活动筹集的衣服、粮、油等生活用品，发放给困难居民。

社区居委会通过各种渠道来宣传国家的城市居民低保政策，及时掌握低保对象的信息，安排就业21人，下岗失业人员再就业35人。办理退休养老资格认证456人，办理城镇居民医疗保险223人。

按照"预防为主，教育疏导，依法处理，防止各类矛盾激化"的原则，把各类矛盾化解在萌芽状态。共受理民间纠纷25件，调解结案25件，结案率100%。

【西桥社区】 2013年，社区组织育龄妇女开展女性健康知识咨询活动，给辖区妇女免费发放健康知识宣传单。为庆祝"三八"妇女节社区组织妇女代表举办书法比赛，宣传《新婚姻法》《妇女权益保障法》活动。对育龄妇女免费进行一次全面健康检查，随时享受社区提供的免费避孕工具，对患病的育龄妇女进行走访慰问。对居民进行社会道德、家庭美德、爱国主义、社会主义、集体主义教育2次，科普宣传6次。

春节前夕，社区组织慰问贫困

户，下岗职工，残疾人活动，共计慰问11余户送去慰问金及面粉150千克，食油140千克，大米150千克，鸡蛋、白糖、糕等合计3122元。

【通池社区】 2013年，对社区事务实行网格化管理，社区共分5个网格，落实工作人员划片对居民区实行服务管理，做到及时发现问题及时解决问题。真正做到每格有人、每人有岗、每岗有责。

在寒暑假中组织法制教育、科普教育、心理健康教育等有益于青少年健康成长的活动，促进青少年和幼儿的德、智、体全面发展。为辖区青少年举办法制教育课堂；组织户籍警与居民面对面沟通，现场咨询答疑；举办社区消防安全知识讲座1次。

【后河社区】 2013年，社区创收6.5万元。工业总产值在2012年基础上增加25%，销售收入在计划基础上增加20%，利税在计划基础上增长25%。

对681名退休人员进行养老金资格认证，为150名失业人员办理换证、认定等手续，帮助78名下岗、失业人员办理社保补贴，安排46名失业人员参加市劳动局组织的就业前技能培训，为下岗失业人员介绍岗位41人次。根据各户的实际情况，为困难劳模办理申请，为困难职工、民工申请自主创业，过年过节走访困难家庭并送去慰问金。举办4期“家长学校”和“母亲学校”。

【蔷薇社区】 2013年，社区党总支坚持“抓党建，促全面”的工作方针，开展党章及廉政勤政等内容的学习活动。

主动与单位协调，多渠道寻找就业岗位，开展职业技能培训，扩大就业范围。组织劳动力技能培训100人次，安排就业70人，帮扶特困家庭人员再就业32人。

街道安监所每月集中组织人员，开展一次安全大检查活动，先后对酒店、超市、旅馆等公共集中场所下达整改通知书并落实整改。成立由居委会成员、居民小组长、治保会，调委会组成的共计80人的群防群治队伍，维护居民区治安稳定。

【沈圩社区】 2013年，社区重新建立社会治安综治领导小组，组长由社区书记担任，并对综治司法工作亲自抓，负总责。同时还成立“夕阳红”“志愿者”等义务巡逻队伍，分班次全天候巡逻值班。全年发生1起被抢案件，发案率下降33%。组织4次社区居民学习培训。同时利用板报、画廊、横幅等方式宣传法律法规知识。

社区组织善于自编自演，能说会唱的文娱爱好者，利用老百姓喜闻乐见的通俗易懂的文艺形式来宣传科学文化知识以及党的方针政策。举办文艺演出3次。请老红军讲革命故事2次。利用标语，条幅80条宣传各类文化知识，社区新增图书100册，扩大图书阅览室80平方米。社区全体人员均参加体育指导员培训，取得体育指导员证书。定期指导60岁以上老人参加体操活动。

【新站社区】 社区党支部于2013年8月顺利完成换届工作，支部委员会即对社区109名党员全部进行走访摸底，建立详细的“社区党员花名册”“社区流动党员花名册”“社区困难党员花名册”，并鼓励党员加入到社区志愿者服务中来，带领他们进行义务劳动、清理小广告、入户发放宣传单、提供便民服务等各项活动。

新站社区是原沈圩村撤村转城形成的，基础设施十分薄弱，辖区各小街小巷都还是泥路，一遇到雨天，居民出行十分困难。2013年，社区考虑到居民出行的不易，积极协调有关部门，为辖区修建沈中路和沈圩路2条路以及清掏修建沈圩路、新磷路以及沈中路下水道。

协助有关单位解决茅口水厂输水工程中，沈圩村村民的矛盾，调解残疾人和苏红酒业职工上访事件。

【电台社区】 2013年电台社区文体活动中心已正式投入使用，建筑面积300余平方米，设有乒乓球室、棋牌室、健身室、图书室等。经常组织开展各式各样、丰富多彩的文体活动，如社区邻里节、老人节活动、健康知识讲座、道德讲堂、妇女儿童维权系列讲座等文化活动。

电台社区地处老城区，平房多、小巷多、卫生条件差，社区工作人员及街道办事处下派人员利用每周六上午休息时间，实行联动保洁。

2013年，社区实行网格化管理，落实党员、组长划片对保洁员实行巡查制度，做到及时发现问题及时解决问题，对保洁员实行奖惩制度。真正做到工作到人、责任到人、考核到人，奖惩到人。

【财苑社区】 2013年，社区居委会通过各种渠道宣传国家的城市居民低保政策，及时掌握低保对象的信息，坚持全程实行民主评议和“三榜公示”制，做到公平、公正、公开。社区共有享受低保生活保障对象18户。积极落实最低收入家庭廉租住房租赁补贴政策。

社区通过多渠道进行安全宣传，逢会必讲安全生产，发放安全生产手册200本。成立10人的义务巡逻队，协助公安派出所进行安全防范巡视，每晚轮流在辖区内进行巡查。

2013年度冬季对应征入伍对象及时送检，协助征兵部门做好应征青年的政审工作、复查工作，共输送3名优秀合格青年应征入伍。

【新中社区】 2013年，把打造核心商业区作为社区经济发展的重点和亮点，充分借助辖区区位优势，千方百计招商引资，引进品牌，发展特色鲜明的服务业。新发展个体工商业户16家。

2013年，投入10000元对热电巷、新中社区等居委会办公场所进行改造和墙体粉刷，高标准建设综合服务大厅，成立阅览室、老年活动室。4月份，高标准迎接区委的考核验收工作。同时社区积极协调同心巷等拆迁居民。对瑞景花园小区路面进行硬化、楼体粉刷。

【新西社区】 2013年，社区内新建10米长的科普画廊，这个画廊将生活中的科学常识栩栩如生、图文并茂地展现在社区居民面前。

社区购置各类书刊、杂志等500册，充实社区阅览室、社区居民活动中心，定期向社区居民开放，使社区居民经常自我“充电”，丰富文化知识；利用辖区单位、文明市民学校、社区居民活动室、社区人口学校等场所，举办科普讲座、健康体检、放映科普宣传手册，发放预防“禽流感”、优生优育、预防艾滋、乙肝病防治等资料，普及科学文化知识，倡导健康文明生活方式。

社区开展“交通安全进社区”“法律服务进社区”等活动，以及健康教育、计生、消防、禁毒、殡葬、暑期教育等内容，组织活动10场次，发放各类宣传材料500份，接受咨询服务的群众达600人次。腾出办公楼一楼作为居民活动中心，内设图书、报刊，坚持每周6天无偿开放。

【新洪社区】 现共有党员82名，2013年党总支进行换届，成立党总支，抓住创先争优活动有利时机，充分发挥党员的模范带头作用。加强党员学习，增强党员凝聚力。

每天坚持记便民日记，切实将惠民政策落到实处。社区党员积极帮扶辖区困难户、计生户，为辖区困难居民解决实际问题。

成立安全工作领导小组，开展安全宣传工作，共发放平安建设资料200份，采用入户宣传、会议宣传、活动宣传等手段，建立居民“安全意识”，还成立治安、联防巡逻队人民调解组，及时排查矛盾纠纷，全年共调节矛盾纠纷12起。

（撰稿：赵　莉
审稿：曹　霞）

新浦汽车客运站　（王恒亮　摄）

路南街道

综　述

2013年，路南街道认真贯彻落实区委九届四次全委（扩大）会议精神，以经济建设和服务民生为中心，重推重大项目，重抓招商引资，强化社区建设，深化服务体系，辖区经济社会发展再迈新台阶。街道先后被江苏省老年体育协会授予"江苏省老年人体协工作示范街道"，被江苏省人力资源和社会保障厅授予"全省劳动保障监察省级示范网格"，被江苏省科学技术协会授予"江苏省科普示范乡镇（街道）社区"，被市委宣传部、市委组织部授予"全市学习型领导班子建设工作先进集体"，被连云港市农民工工作领导小组授予"全市农民工工作先进集体"，被连云港市委防范和处理邪教领导小组办公室授予"教育转化攻坚与巩固整体化先进集体"，"2013年度全区经济建设和社会发展目标考核一等奖"等荣誉。

经济工作

【招商引资】 2013年，路南街道完成外资200万美元，完成年考核计划的100%；全年完成内资3.73亿元，完成年考核计划109.71%。

【协税护税】 2013年，路南街道完成1745万元，完成考核计划的105.63%。

【固定资产投资】 2013年，路南街道完成全社会固定资产投资95000万元，完成考核计划的118.8%。其中，规模以上投资完成90000万元，完成考核计划的128.6%。

【重大项目推进】 2013年，路南街道为苏宁广场项目投入30000万元，完成地上8层裙楼封顶以及2、3号楼27层封顶。并对天然居周边地块进行改造。该项目占地3.47公顷，征收面积约5.27万平方米（涉及，居民101户，面积约9530平方米；政府机关用房面积为42974.8平方米，其他单位2个，面积为5333平方米）。该项目于6月23日正式启动，完成安置房源调查、组建征收指挥部、制订房屋征收与补偿安置方案、签定拆迁96户。

【安全生产】 2013年，路南街道召开安全生产专项会议12次，举办安全培训班6次，参加培训人数400人次。组织辖区乐天玛特、苏果超市、九龙大世界、苏宁电器、五星电器等大型商贸企业12家单位及辖区危险化学品、烟花爆竹经营户48人，参加区安监局举办的安全培训1次。开展安全生产检查24次，排查出一般事故隐患746条，整改746条，整改率100%；排查重点隐患22处，下发整改通知书22份，整改率100%。

社会工作

【民政工作】 2013年，路南街道调整低保户139户，取消24户、41人，辖区已有低保对象142户、318人，累计发放低保金7.02万元。低保对象医保参保率100%。对50户符合条件的无固定收入重残人员100%救助，每月发放救助金1.99万元。申报多残、依老养残、临时救助特殊困难家庭1户。11月8日至11月18日，完成第五届社区居委会换届选举工作。当选人员60名，落选9名。选举产生社区主任9名，副主任13名，委员29名。其中，女性48人，男性3人，村官4人，党员38人。

【计划生育】 2013年，路南街道组织开展流动人口"清底工程"，登记流动人口信息6285个。全年共组织目标人群免费孕前优生健康检查240人。辖区内符合"单独两孩"政策26户。在辖区建立28个公共服务点。8月28日，国家计划生育委员会药具管理中心副主任吕凌亲自到市康源大药房、胡紫琴诊所、李子丰诊所进行专题调研。

【住房管理】 2013年，路南街道对107户已享受住房保障廉租房货币补贴户进行年审；将29户因申请人工资收入、住房问题得到改善户，按照规定退出廉租房保障范围；对8户符合申请廉租房条件新申请户及时审核上报；发放货币补贴1.7万元；全年共有62户通过资格审核的低保、低收入住房困难家庭得到实物配租分配；对7户公租房申请户及时审核、上报；动员10户经济房申请户参加全市经济房共有产权房试点。对国贸中心、飞达嘉园、极美苑等小区的业主业委会进行换届，处理接待群众来访90人次，召开重大事项联席会议15次。

【劳动保障】 2013年，辖区新增就业人数1752人，完成目标计划的120%；就业困难人员再就业人数为66人，完成目标计划的132%；失业人员再就业人数472人，完成目标计划的121%。全年共开发536个就业岗位，举办招聘专场会4期。城乡劳动者职业技能培训人数221人，创业培训42人。辖区失业率控制在3%以内。

【司法工作】 2013年，路南街道开展法律宣传咨询活动4次，发放宣传资料1000份。在辖区设置法制宣传栏10处，更换法制宣传内容40次。全年共排查出矛盾纠纷共63件。其中，街道调解委员会成功调解39件，社区调解成功24件，调处率为100%，调解成功率达100%。规范安置帮教和社区矫正工作各项制度，加强对28名安置帮教人员、34名社区矫正人员的管理。

【第三次全国经济普查】 2013年，路南街道抽调42名工作人员担任普查指导员、协调员、普查员深入企业、商铺、个体工商户，张贴宣传画380张、悬挂横幅40条、张贴标语200条、设置电子显示屏18处。普查法人单位1131个，产业活动单位115个，个体工商户3303个。

城建城管

【老旧小区改造】 2013年，路南街道按照市、区关于对老旧小区改造标准，配合市住建局对葵花巷、延安村、永进巷等老旧小区进行改造。粉刷墙壁20000平方米、道路硬化11768平方米、新建下水道管1345米、清掏下水道860米、安装路灯7盏。

【街巷环境卫生】 2013年，路南街道按需足额配备小街巷保洁人员27名，按时发放工资福利，按需配备作业用具。根据辖区实际，扩大保洁时间跨度，增加夜间保洁内容，确保辖区小街巷保洁达到“三分钟”保洁。

【专项整治】 2013年，路南街道重点对银城公寓、公园小区内乱搭乱建、小菜园进行整治，对河运路、通建巷、陇西南路占道经营进行规范、清理。共清理乱搭乱建5处、毁绿占绿4处、占道经营12处、规范店招3处。

【城市绿化】 2013年，路南街道投入25万元，对盐河社区小游园、新华润小区门前小游园进行提档升级，栽植桂花、红枫、美人梅、广玉兰、樱花、红叶石楠球、海桐球等树种76株；分别在整洁路、青年路、大庆东路补栽大叶女贞、广玉兰300株；在整洁路东首栽植木香花75米。

【数字城管】 2013年，路南街道共接“12345”平台投诉案件1291件，办结1160件，结转处理131件。

【禁违拆违】 2013年，全街共拆除违法建设16处、450平方米。

党建工作

【党组织概况】 2013年，路南街道有党总支43个，非公企业党总支9个；党员人数1230人，预备党员14人。

【党总支换届】 2013年8月15日至23日，路南街道采取差额选举方式对社区党总支进行换届。本次选举参选人员130名，其中，选出社区党总支书记9名、副书记10名、委员28名，落选83人。

【党员冬训】 2013年，街道党工委成立党员冬训领导小组，将机关党员分别划分到9个社区党总支，结合各社区实际开展党员冬训“帮学送学”活动。特别是对8名年老体弱、行动不便老党员，街道党工委成员、机关中层干部、社区工作人员上门辅导。

【宣传报道】 2013年，共录用862篇。其中国家级刊物12篇、省级20篇、市级830篇。

社区简介

【扁担河社区】 2013年，吸引内资3100万元，协税护税征收50万元，全年完成通讯报道82篇。在全国第三次经济普查工作中，辖区共登记个体工商户326户，企业法人181家。开展“安全生产月”活动，发放宣传标语300份，张贴标语100张，悬挂横幅3幅。配合市、区、街道办事处安监部门对辖区存在火灾隐患和违法经营的35家企业单位进行检查，共查出安全隐患10条，发出整改通知书10份，整改率100%。辖区全年新增下岗失业人员200人，其中，为符合条件的62人办理社保补贴手续。全年共为460名企业退休人员进行养老资格认证。将3户符合低保条件的困难户纳入低保范围，按规定对1户办理退保。筹集资金3000元，开展为残疾人服务6次，服务人数18人。6月，协调共建单位市环保局筹集资金3500元，清除扁担河路、银河购物中心等老小区积存垃圾5处、34吨；清掏下水道10处、600米；清除小广告200处。在街道2013年度经济建设和社会事业发展目标考核中荣获“二等奖”。

【葵花社区】 2013年，吸引内资3163万元，协税护税征收15.6万元。开展青少年教育活动4次，法律知识讲座4次，科普讲座4次。全年为3户困难家庭申请最低生活保障，为25名80岁以上老人申请“尊老金”，为29名老人办理老年证，为2名重大疾病人员申请大病救助。办理《独生子女证》28个，走访育龄妇女700人次，发放计生药具300盒，为流动人口免费妇查30人。筹集资金1500元，走访独生子女特困家庭6户。登记普查个体户239户。协助建设局及施工单位对18条街巷施工前期丈量、统计、违建拆除，中期的质量监督。

【向阳社区】2013年，吸引内资3000万元，协税护税征收完成40万元，完成通讯报道80篇。针对辖区内大庆东路路段、万家欣市场等流动人口多，管理难，矛盾大等问题，社区严格落实流动人口登记、办证制度，完善社区流动人口台账，强化出租房管理，对流动人口家庭进行定期走访，辖区流动人口登记率达99%。全年共接调解纠纷31起，调解率100%。对35名空巢老人解决老人买米、换煤气等日常生活困难。全年筹集资金9000元，走访低保家庭、残疾家庭、困难党员等弱势群体30次。主动协调街道房管部门，采取入户送达组建通知、征求意见等方式，成功组建极美苑小区业主委员会。

【贾圩社区】2013年，完成内资3082万元，协税护税征收98.16万元，完成宣传报道134篇。2013年，社区直管党员人数由81人增加到101人。成立"党员义工服务站"，创建党员"先锋驿站"，同时完善社区党员活动室、电化教育室、图书阅览室、接待谈心室等平台载体；在全体党员中开展"我是党员，从我做起，向我看齐，对我监督"公开承诺活动；对建国前老党员、困难党员建立长期结对帮扶。社区被市委组织部命名为"全市党建工作示范点"、"全市廉政文化示范点"。2013年，社区民防工作站组织居民200人参加防灾减灾和防空袭人口疏散掩蔽演习，先后举办"社区居民广场厨艺大赛"、"山海廉韵 2013廉政文化走进贾圩社区"大型文艺演出、"弘扬敬老美德 欢度重阳佳节"、"平安路南手拉手 和谐社会心连心"等活动。社区先后获得"江苏省科普示范社区（2013~2015）""社区科普益民计划江苏省科普示范社区""江苏省未成年人零犯罪社区""连云港市先进侨务社区""2013年度连云港市企业退休人员社会化管理服务示范点""连云港市科普文明社区"等称号，在街道2013年度经济建设和社会事业发展目标考核中荣获一等奖。

【延东社区】2013年，完成内资1754万元，协税护税征收35.3万元，通讯报道108篇。入户发放《致经济普查对象的一封信》和《第三次全国经济普查告知书》600份，登记普查个体户488户，企业187户。开展青少年教育活动2次，法律知识讲座4次，科普讲座4次。办理老年证29人，新办老年卡107张，办理"尊老金"42人，新申请低保1户，重残补助2户，办理《独生子女证》26个。筹集资金3000元走访独生子女特困家庭6户，流动人口免费妇查36人。8月，配合天然居地块拆迁指挥部做好对涉及拆迁的105户居民拆迁工作，进行入户宣传、前期丈量、统计以及征收补偿款商谈等。10月，协助市、区建设部门、施工单位对辖区的延安村进行改造，完成道路铺设5600平方米，新建、疏通下水道450米。社区在街道2013年度经济建设和社会事业发展目标考核中荣获"二等奖"。

【公园社区】2013年，完成内资3000万元，协税护税征收20万元，完成通讯报道120篇。在街道关工委协助下，与市少年宫、解放路小学联动共建，开展"七彩夏日"活动，组织辖区青少年参加"红领巾"交通岗、网吧监督、尊老爱老帮扶等活动。协调市雷锋车党委与社区孤儿"小猪"结对，每周五晚对其免费辅导1次；协调区工会为辖区3名特困职工申领补助卡；协调区残联为残疾大学生焦峰申请上学补助；协调苏果、苏宁等单位，为14名下岗失业人员实现再就业。全年共办理企业退休人员养老金资格认证568人，办理居民医保286人，社保补贴39人；办理独生子女证25个，办理独生子女一次性奖励金领取43人。全年录入户籍人口信息5019条。社区先后获得新浦区社会管理综合治理委员会颁发的"平安和谐社区"、新浦区委区政府颁发的"先进社区"称号。

【盐河社区】2013年，完成内资3000万元，协税护税征收10.28万元，完成通讯报道136篇。认真落实"全国第三次经济普查"工作，登记个体工商户186户，企业法人70家。认真配合市、区、街道安监部门开展"安全生产月"活动，发放宣传资料300份，张贴标语100张，悬挂横幅3个。对辖区存在火灾隐患和违法经营的35家企业单位进行检查，查出安全隐患10处，发出整改通知书10份，整改率100%。辖区全年新增下岗失业人员150人（其中，办理社保补贴手续62人），办理企业退休人员养老资格认证960人。配合市、区建设部门对永新南巷、沿港巷、运输巷等老小区路面硬化6000平方米，新建、改造、疏通下水道400米，新装路灯5盏。

【朝阳社区】2013年，完成内资3050万元，协税护税征收15.21万元，完成通讯报道92篇。协调驻区法院离退休工作协会、社区卫生服务中心的专家走进"社区大讲堂"，全年共开展法律知识讲座4次、科普讲座3次、健康知识讲座6次、青少年教育讲座4次。申请80岁以上"尊老金"32人，90岁以上"尊老金"1人。办理老年证22个，办理下岗退休人员独生子女奖励金55人。办理《独生子女证》33个，办理流动人口婚姻证明5人，流动育龄妇女免费检查6人，走访育龄妇女500人次，发放计生药具200余盒。入户发放《致经济普查对象的一封信》和《第三次全国经济普查告知书》200份，登记普查个体户180户。

【路南社区】2013年，完成内资3000万，协税护税征收14万元，通讯报道105篇。全年新增党员2名，开展党员集中活动6次。全年实现新增就业人员109名，其中下岗失业人员42名，就业困难人员12名，新成长人员就业55人。全年办理社保补贴返还22人，企业退休人员养老金资格认证215人。新增低保户2户，解保1户。办理老年优待证23人，为10名80岁以上老人申请"尊老金"。全年办理《独生子女证》22个，走访流动人口700人次，发放计生药具1000盒，为流动育龄妇女免费健康检查30次。全年开展以健康保健、消防安全、未成年人保护等主题的知识讲座10次。接调解纠纷35起，调解率100%。

（撰稿：曹春丽
审稿：魏　东）

新南街道

综述

2013年，新南街道深入贯彻中共十八大、十八届三中全会精神，紧紧围绕全区"稳中求进、好中求快"的工作基调，团结和带领广大干群，立足实际，奋力拼搏，各项经济指标全面或超额完成，社会事业扎实推进，先后荣获省模范职工之家、省"五四"红旗团委、市"五一"巾帼标兵岗等荣誉称号。

经济建设

【招商引资】 2013年，新南街道实际利用外资207万美元，超年度考核计划1%，引进内联客方到位资金3.7亿元，全面完成年度力争计划。引进投资1.2亿元工业项目进园区。

【固定资产投资】 2013年，新南街道完成城镇固定资产投资5.5亿元，全面完成年度考核任务。

【协税护税】 2013年，新南街道完成协税护税1099万元，超额完成年度考核任务。

【重大项目】 2013年，新南街道引进菲律宾SM集团建设大型城市商业综合体项目，6月份，抽调机关、社区精干人员，组建用地征收工作领导小组和8个征收工作小组。经过精心组织、严格管理，实现和谐征收。此外，与菲律宾S M集团初步达成投资意向。10月份组建飞雁毛毯厂地块征收小组，开始征收前期准备工作。对连云港宏荣置地广场项目进行跟踪服务，保证该楼盘顺利施工，新增固定资产投资 2 亿多元。完成淮工通灌校区地块概况调查，配合落实市政府关于市中医药搬迁至淮工通灌路校区和三院搬迁至中医院的置换计划。

社会事业

【社会稳定】 2013年，新南街道实现全年无进京非访、群访事件，成功化解2件信访积案，将信访维稳工作关口前移，实现不发生新案的目标。组建255名红袖标义务巡逻队，定期进行治安巡逻。全面推进老小区改造工作，辖区内6个老小区修建警务室、传达室，统一标识，建设有专人看管的非机动车停车场，安装监控、报警器等技防设备，基本实现老旧小区"封闭式"管理。将强化社会管理综合治理的四种模式（庭院式管理、物业管理、物防技防结合、群防群治）落到实处，达到发案率比同期降低的目标。

【特色志愿服务】 2013年，新南街道在全市率先组建愿志者协会，成立"社区志愿服务指导中心"，在下辖的12个社区分别设立志愿者服务站，招募注册志愿者3289名，成立近百支志愿者队伍，包括义务巡逻"红袖章"、创建义务监督员、环卫志愿者等等，有效弥补政府管理服务的空白，成为社区基层治理的重要依靠力量。2013年，为"新南街道志愿者服务年"，全年共开展志愿活动100多次，服务1万多名居民。

【家庭养老服务】 2013年，街道投入100多万元，通过"整合社区服务资源、统一规划外部环境、试点推行规范标准、加大成效宣传力度"，将玉龙社区"玉龙路家庭养老特色街"打造成为为老服务优质品牌。年内，该特色街拥有9家民营养老服务机构，220张床位，吸引空巢、独居，失能半失能老人入住，成为新浦区社会养老体系的重要支撑力量。江苏省委研究室在《调查与研究》刊发养老特色街建设经验，向全省重点推介。

【便民服务】 2013年，新南街道投入50万元建成云海社区便民疏导点，服务周边上万名居民，提供上千个就业岗位，彻底改变原址脏乱差的现象。

城市建设

【环境整治】 2013年，新南街道重点开展背街小巷环境整治工作，共维修道路2000米，疏通下水道1000米，更换窨井盖60个。将绿化工作向老小区、无物管小区延伸，向背街小巷延伸，向辖区空地延伸，向路边门墙延伸，共投入20万元，栽种各类苗木10000棵。定期投放毒饵站240个，喷施药物120千克，消杀面积15000平方米，顺利完成美国白蛾灭杀工作。坚决杜绝秸秆、垃圾焚烧，对紫云、玉龙、九龙的拾边田进行重点监控，实现全年无违规焚烧。

【创建智能社区】 2013年，街道投资180万元，建成占地80平方米，配备2个网络服务器，12个社区远程服务终端，拥有16个服务座席的新南街道为民服务网络中心。中心已开通“81881890”服务热线，搭建政府与市民沟通对接平台。通过现代化手段为居民提供民政、社保、计生等事务办理，接听记录市民电话、短信、网上订单等需求信息，为居民提供家政、蔬菜配送、居家养老等服务，通过社会组织、志愿者队伍，为居民提供义诊、应急维修、文化演出等特色服务。实现行政资源集约化、社会资源组织化和市场资源效能化，使居民能够就近、及时、便捷的获得多样化、高质量的服务。

党建工作

【组织建设】 2013年，街道党组织开展学习型、服务型、创新型、防控型、节约型“五型”基层党组织创建工作，使各基层党组织的战斗力、党支部书记的素质、党员队伍的生机活力、基层基础保障水平、基层党建制度化水平得到进一步提升。

【作风建设】 2013年，新南街道先后下发《关于重申各项工作纪律制度的通知》《关于厉行节约、杜绝浪费的通知》等文件。制作工作人员去向公示栏，在电脑上安装控制软件，避免非正常上网。实现“三公”经费支出比2012年降低40%。

【发挥党员模范作用】 2013年，新南街道建立“社区在职党员星级管理卡制度”，发挥在职党员八小时以外的作用，通过开展“党员十星创优活动”、成立“楼幢党支部”、开展“百名党员奉献在社区系列活动”，举办各具特色的亲民、爱民、利民活动，增强社区党建工作的活力，进一步密切干群及民众之间的关系。

社区简介

【海南社区】 始建于1996年，位于海宁中路和海昌南路交界处，占地面积15.3万平方米。现有6层以上住宅楼30栋，两层独家独院165座。辖区内常住户1184户，人口3481人，中共党员99名。

2013年5月，社区为辖区单位审核低保户15户、保障人口37人。社区于上半年为辖区80岁高龄老人申请了高龄补贴，并对辖区单位2013年符合申报条件的80岁高龄老人进行摸底排查、登记。为60岁以上老人申办老年优待证，为500居民办理医保、年审优惠证。为下岗职工举办技能培训，计算机培训，小额担保贷款和再就业安置等。

社区成立健康教育工作领导小组，设立健康教育知识专栏，依托社区卫生服务站开展健康咨询等活动。为13户家庭办理独生子女证，为36位退休人员办理独生子女一次性奖励。

海南社区2013年开展“温馨家园”活动，通过茶话会、座谈会等形式吸引社区居民走出家门，谈家事、知政事、议国事，畅谈心声，倾诉忧虑。活动创办短短半年多时间，已累计开展30个活动日，180人次参加。

【海宁社区】 始建于1992年，占地30.8公顷，常住户3042户，人口10575人。海宁社区现有工作人员5名，社区志愿者130人。

2013年，社区把原来的健身广场的篮球场地铺设塑胶跑道。海宁社区与建宁小学联合开展“老少共筑中国梦”系列活动。3月份，社区十几名老党员志愿者与建宁小学的学生在社区的健身广场举办“普及美好家园——志愿者在行动”宣誓授旗仪式。老党员与小学生共同在小区内捡垃圾，清理绿化带。7月，海宁社区与海宁游泳池联合举办“青少年游泳培训”活动；八一建军节，到爱国主义教育基地参观学习，组织老党员与学生到连云港市第一军队离退休干部休养所参观爱国主义教育基地及爱我家园摄影展。元旦，建宁小学主办“老少共筑中国梦”的专场演出。

2013年6月，海宁社区与社区志愿者共同发放平安法制创建居民一封信；2013年9月，海宁社区与警务室共同组织全民发动全民参与“教你一招，防盗抢，防诈骗”宣传活动。

2013年为4户困难家庭办理低保，为67位老年人办理老年人优待证；为满80周岁以上老年人办理尊老金发放41人；全年走访慰问41户特困家庭，走访慰问残疾人29户次，老年人95人次。全年走访优抚对象265人次，为1602名退休工人做好养老金资格认证工作。为下岗失业人员办理再就业优惠证331本，为130名失业人员办理社保补贴。为下岗工人技能培训75人，下岗失业人员实现再就业达到85%以上。为辖区居民办理居民医疗保险701人。

2013年，人口分校开课四期。2013年元旦、春节、五一、国庆、中秋等节日在健身广场进行人口计生文艺演出及宣传。审查再生一孩4个，为195名孕龄妇女免费健康体检，为计划生育困难家庭帮扶现金500元及价值500元的粮油等，为企业退休人员一次性奖励登记80人，为4户独生子女家庭办理计生保险。

【建康社区】 位于建设东路与通灌路交叉口，东到通灌南路，西到建南路，南到建设东路，北到朝阳中路，辖区总面积15万平方米，现有住宅楼54幢，人口1010户3656余人，设居民小组15个。

2013年，对辖区80周岁以上老人进行大规模摸底调查，并为符合条件的老人申请尊老金，社区共有80周岁以上的老人136名，其中90岁以上老人11人。2013年10月10日，组织老年人观看由建康社区、钟声育苗园联合举办的“金秋十月 快乐重阳”文艺演出。对残疾人机动三轮车进行摸底调查，并将4户残疾人申请机动三轮车燃油补贴。

【建南社区】 位于朝阳中路78号，东至建南路，西至海昌南路，南至建设中路，北至朝阳中路。现有常住人口1436户，3320人，辖区共有机关学校企事业单位11个。社区居委会专职工作人员5人。社区党总支下设3个支部，有党员116人。

2013年，社区居委会利用社区内服务网点，开展多项服务项目，如医院、超市、学校、菜市场、服装一条街、邮政、工商等。社区共有低保户19户，享受低保人口37人；发放80岁以上高龄补贴人员37人；发放老人年优待证35人，发放城镇居民医疗保险卡400人余人。社区组织一支21人组成的社区义务巡逻队。

【九龙社区】 位于玉带河畔南岸，东至通灌南路，西临西盐河，南接新建路，北联玉带河，社区总面积0.2平方千米，3760户居民家庭，10350人，社区有流动人口800人，辖区内有九龙城市乐园和水墨江南两个纯居住小区。

2013年，社区办理退休人员认证40人、社保补贴30人次、为不方便行走的居民上门办理城镇居民医保。为辖区60岁以上老人免费办理老年优待证30人次；在端午、中秋、重阳分别走访慰问辖区的困难家庭和空巢老人，为他们送去粽子、月饼、牛奶、水果、糕点等慰问品以及送上节日的问候与祝福；端午节去特教中心为他们送去粽子及学习用品；社区新的办公用房于2013年7月投入使用。

【兴业社区】 位于新浦区西南端，共有住民1348户，人口3860人，社区老龄人口较多，现有在册老人616人，其中80岁以上老人有45人，社区党员116人。居委会干部4人。2013年，社区获得江苏省"绿色社区"；连云港市"平安和谐社区"等荣誉称号

2013年，为一户申请"一户多残"，及时做好低保户的复审工作，社区办理低保户5户。社区走访慰问低保边缘户、困难党员、困难退休职工、下岗职工的临时求助人员80次。

全年，社区共为578名退休老人进行退休认证，为276人办理城镇居民医保，为61名待岗人员办理社会养老保险补贴；社区共有失业人员247人，实现再就业人员170人，引导下岗职工学习一技之长，培训45人。

2013年，兴业社区成立红袖标义务巡逻队和治安志愿者队伍。组织辖区内积极分子、小组长加入到志愿者队伍，安装监控系统，使小区全年发案率有明显下降。

社区成立2支文艺团队。在2013年5月市电视台举办的首届社区艺术节上，兴业社区参赛作品《阳光路上》获市首届社区节广场舞优胜奖、《火红的山丹丹》获市首届社区节广场舞三等奖 。兴业社区白玉兰艺术团被连云港市文化广电新闻出版局评为"连云港市特色文化团队"。

【玉带社区】 面积为292万平方米，总户数2027户，人口6762 人，社区党员105名。

2013年，社区成立"居家养老服务中心"，组建"居家养老志愿者"服务队，按老人的需求为他们提供特色服务。"空巢老人聊天室"，经营温馨。社区共有30多名孤寡空巢老人，为老人们送上温暖、温馨。

社区组建淮海戏、京剧、木兰扇、腰鼓队等群众业余文化队伍。社区文艺队的老党员薛明光、辛雪融两位老党员还自己作词、作曲，创作《玉带社区之歌》，在社区里广为传唱。

玉带社区每个季度推出"居务公开栏"，向广大居民群众展出"党务公开、事务公开、政务公开、财务公开"板块，让群众有一个知情权。

面向下岗失业人员，开展就业服务活动，为社区187名灵活就业人员申请社保补贴，居民医保503人，退休人员认证578人。

【玉龙社区】 位于新浦最南端，南临海州开发区，北依海宁大道，西至通灌南路，东到瀛洲路，有常住人口3516人，流动人口728人。社区先后获得"全国人口与计划生育基层群众自治示范社区"、省市"和谐社区建设示范社区"、市级充分就业社区、市"文化先进社区"、市"巾帼文明岗"、区"创建工作先进社区"、区"五有五好"社区等荣誉称号。

2013年玉龙社区成立新一届党总支，有党员48名。2013年在党员中开展"倡导文明新风，共建美好家园"、"一名党员一面旗，一片真情献社区"、在建党节组织党员开展"我为党旗添光彩"主题演讲比赛、到市政府参观"连云港市建设发展图片展"等活动。

2013年，社区中心设立警务室、再就业服务站、卫生计生服务站、老年活动健身室、市民学校、图书阅览角，成立一支200多人组成的社区服务志愿者队伍，定期为社区居民开展无偿服务。

2013年，玉龙社区劳动保障工作站对辖区内劳动力进行调查登记，逐步完善各类数据库。年底共登记失业人员192人，使190人实现再就业，其中困难对象163人，就业率达到99%，为33名灵活就业人员办理享受社保补贴手续。2013年办理低保对象5户。对12户困难家庭进行慰问，每人发放200元现金和一袋面粉。

【延南社区】 位于海昌南路59号，辖区东到海昌南路，西至南极南路，北到朝阳中路，南抵建设东路，占地面积为13.5万平方米，人口3981人。社区现有工作人员6人。社区设有便民服务室、法治工作室、青年志愿者服务站、心理辅导室、关工领导小组、老年法律援助站、家庭暴力投诉站、市民学校、流动党员联络室、人民调解委员会、警务室、信访接待室等。

2013年，延南社区联合中医院、消防支队等辖区单位，充分调动社区干部、医生、教师、劳动模范、消防官兵的积极性，组织一支"有事您说话"志愿者队伍，确保空巢老人、残疾人等弱势群体遇有紧急情况及时得到救助。社区创建"法制型社区"，让群众从"懂法"入手，法律专业人员开展"法律进社区"活动，定期举办法律知识讲座。社区还专门成立法律

知识宣传队，通过出黑板报、做宣传牌和文艺演出等形式宣传法律知识。

【云海社区】 有居民4501户，12359人，设48个居民小组。社区有党总支1个，下辖8个党支部，党员252名。

2013年，为改善小区治安环境、提高居民安全感，修建疏导点。安装路灯6盏，摄像头3个，

免费为辖区失业人员提供就业信息，为60名失业人员办理社保补贴，为1396名企业离退休职工进行退休认证，为620人办理城镇居民医疗保险手续。建立一支28人的红袖标义务巡逻队，每天巡逻。全年无计划外生育。为困残家庭申请低保19户，为贫困学生申请助学金2户，大病补贴2人。

【紫云社区】 东至南极南路，西至盐河路，北至朝阳中路，南至玉河。占地面积0.217万平方千米，常住户1572户，总人口4437人。

2013年，社区的再就业一条街先后吸纳50多名下岗失业人员入街经营。社区党总支时刻关注下岗失业人员、困难家庭、困难人员的工作生活情况，开展社区党员帮扶活动，组织党员参加义务劳动，开展党员"一帮一""多帮一"活动，经常上门走访社区低保户家庭。

2013年，社区与市政公司联系，将毛巾厂宿舍区四排凹凸不平的道路重新修整铺平，对祥和源小区门前左侧低洼的道路进行维修。

社区发动干部和老党员对贫困家庭开展一对一帮扶活动，并与困难家庭签订了"爱心帮扶合同"，把扶贫帮困以合同的形式固定下来，开展长效服务。社区"流动人口温馨驿站"，为流动人口提供计生服务、子女入学、法律维权等全方位亲情服务。

【新龙社区】 北起朝阳路，南至建设路，西到通灌路，东邻龙尾河。辖区面积约9万平方米，常住居民804户，居民2419人，辖区企事业单位机关共12家，学校1所，幼儿园1所。

2013年3月，社区成立新龙社区环保志愿者服务队伍，宣传环保的重要性，定期为小区清理道路和小花园，每天定时铲除小广告、清理建筑垃圾，打扫卫生死角。

社区开展"社区一家人'爱心月月捐'"活动，集合每个人的力量让小捐款变成大善款，随时帮助社区大家庭中需要帮助的人。共筹集扶贫帮困资金3万元，帮扶困难户40余户。

成立新龙社区便民服务队伍，为广大居民上门修理电脑、家电、开锁等服务。全年为社区老人举行义诊4次，为290名退休人员做好资格认证，为社区下岗职工37人换取了就业登记新证，24名下岗失业人员办理社保补贴，为2名下岗职工自主创业帮助筹集创业资金3000元，为社区36名育龄妇女进行妇检。

（撰稿：曹 江
审稿：刘龙培）

新海新区住宅楼　　（区住建局　供）

综述

2013年，新海街道按照区委、区政府的总体部署，多措并举抓经济指标突破，抓特色亮点培育，抓民生幸福指数，实现稳增长、快突破、新提升的良好态势。街道先后荣获省“五四”红旗团委创建单位、市计划生育药具规范化管理先进单位、区经济建设和社会发展目标社会管理创新奖、区党建工作创新工程奖等荣誉称号。

经济工作

【工业经济】 2013年，新海街道区域工业总产值完成2.66亿元。

【固定资产投资】 2013年，新海街道全社会固定资产投资70000万元，完成考核指标的116.7%。其中，完成城镇规模以上投资65000万元，完成考核指标的118.18%。

【重点项目推进】 2013年，新海街道完成区重点项目盛世豪庭二期投资3043万元，完成宝翔财富广场投资7000万元，全部超序时进度。江山、西城农贸市场提档升级竣工，完成新海路旧城改造前期签约工作，已完成黄海度假村地块和人民西路八号地块新海辖区入户调查、丈量工作。

【招商引资】 2013年，内联客方到位资金4亿元，完成考核指标的117.6％；外资实际到账200万美元，完成考核指标的100％。

【协税护税】 2013年，协税护税715万元，完成考核指标的108.3%。

【科技项目】 2013年，新海街道有6家民营科技企业完成专利授权30件。

社会工作

【社区建设】 2013年，新海街道推动10个社区居家养老中心提档升级，建成中蓝连海离退休服务中心，成立面向新海辖区的老年学习活动帮扶中心。依托西苑社区服务平台，成立儿童（幼儿）无缝托管中心。按照规范化标准建设新潮社区配套用房360平方米，将其打造成为继西苑社区、星化社区之后又一展示新海社区建设的新品牌、新亮点。新海街道形成社区“绿色网吧”“空巢老人”“爱心服务站”“残疾人之家”“民间讲堂”“法治文化公园”等至27个服务品牌。

【社会治安管理】 2013年，新海街道以网格为单位，编织邻里帮扶网、议事理事网、社会关爱网、维稳防控网。依托社区警务室，实现7个社区技防全覆盖，覆盖率达到70%；开展百日百案化解攻坚行动，按照“稳控、化解、依法处置”的原则，一案一策，明确时间节点，全力做好稳控工作，成功化解一起拆迁补偿及群众反映公安不作为2起信访案件。开展红袖标行动，组建10支红袖标义务巡逻队，新潮社区“千岁”（即巡逻队的人员相加年龄达千岁以上）巡逻队等得到广大居民好评。

【文体活动】 2013年，新海街道成立“夕阳红”老年人艺术团、社区健身队、秧歌队等16个文体组织，全年共举办文艺演出100多场次。

【惠民服务】 2013年，新海街道开展“创业服务超市，就业政策咨询日、新海周周新招聘会”等系列活动，新增就业目标1630个。10个社区全部跻身省充分就业社区行列。配合区民政局每月发放城市低保金8.35万元，为“老年人、大重病人员、残疾人员”等11类特殊群体增发10%~20%保障金。协调有关部门安装免费药具发放机2台。

【环境综合整治】 2013年，新海街道实施背街小巷改造、见缝插绿、老旧小区改造三项工程，扎实推进老城区旧貌换新颜。升级改造常乐新村、果酒巷等8个老旧小区，共粉刷背街小巷墙面5万余平方米，自修和协调区住建局修建便民路40余条，新建或疏通下水道7000余米，更换窨井盖200余处，种植广玉兰、法桐、法青、黄杨等乔灌木5000余株，新铺草坪1200

平方米，修剪疫情树木1562株，配合城管新海中队拆除违建56处。

党的建设

【发挥党员模范作用】 2013年，新海街道建立以党员为主体的10支社区志愿者队伍，结成帮扶对子80余个，服务居民1000余人次，形成“一个党员一面旗，奉献社区我争先”的良好氛围。5月份，新海街道被团省委授予“五四”红旗团委创建单位。

【打造党建工作品牌】 2013年，新海街道根据各社区特点，确立各自的品牌，星化社区“文化先锋党支部”、镇海社区“以老助老先锋党总支”、河西社区“党员志愿者党支部”、新潮社区“千岁”巡逻队、西苑社区“民情流动箱”等，以这些优秀服务品牌为抓手，更好地服务群众。

【队伍建设】 2013年，社区党组织换届过程中，高度重视兼职委员参选工作，充分吸纳市国税三分局、市城管局，矿山设计院等辖区单位的人才壮大街道兼职委员队伍，优化大党建格局。结合换届工作，丰富基层党组织设置形式。将街道划分为54个网格，成立网格党支部，把11家公共服务单位、385家商铺和2061名党员全部纳入其中，将管理和服务覆盖全社区，实现社区管理无缝隙。上半年共有4名优秀的非公企业工作人员被街道党工委明确为发展对象，通过发展党员，“连云港鸿嘉物业有限公司”等非公组织、“新华技校”等新社会组织的多方力量被充分调动，在街道经济、社会发展等方面发挥积极作用。

社区简介

【西苑社区】 现有居民2486户，人口6385人，设75个居民小组。社区党总支现有党员321名，下设8个党支部。

2013年，完成内联客方到位资金2000万元，实际利用外资10万美元，协税护税35万元。

全年开展健康知识讲座6场，张贴宣传标语80条，出板报4期，发放宣传材料800份；社区党总支与大庆路小学共建，开展“希望来吧”阳光周末活动8次、防灾演练2次及小学生安全知识讲座4期。

2013年，整治环境30次，清理建筑垃圾100余吨，清理卫生死角78处，捡拾白色垃圾160处，铲除小广告2230余处；疏通下水道1800余米，投放鼠药15千克；喷洒药物10千克，总面积850平方米；辖区游园、绿化带有专人养护，植树28株；配备10名专职保洁人员。

全年组织社区党员义务修理家电1次、帮扶活动5次。办理老年证68人，为10名老人办理尊老金，为6名重残人员办理重残护理补贴，对36户低保户做到应保尽保。

计划生育率100%，为符合条件的1户人家办理二孩准生证；办理独生子女证45本；组织孕前健康检查38人次；为77名退休人员办理独生子女奖励金申报手续。

全年共举办综治文艺演出12场，开展法制学习6次，悬挂各类法制宣传横幅8条，出各项普法宣传板报4期，发放各类普法宣传单500余份，参加法制培训2次，更换了50米的法制宣传长廊；调解民事纠纷6起，调解率100%。

全年开展职业指导3次，为76名失业人员报名参加职业技能及创业培训，指导12名失业人员自谋职业。采集辖区单位及公益性岗位35个，为41名就业困难群众提供再就业援助。为28名新退休人员填写信息表。

利用市民学校对社区居民进行社会道德、家庭美德和爱国主义教育，全年举办讲座5期，出板报6期。

2013年，社区获得2012年度年度经济建设和社会发展目标“先进社区”、全市平安和谐社区、全国科普示范社区，省级科普示范社区、省青少年维权岗、省妇儿之家等荣誉称号。

【星化社区】 现有居民1320户，人口3256人，设20个居民小组。社区党总支现有党员285名，下设5个支部。

2013年，完成内联客方到位资金2065万元，立项增资2万元、协税护税9430元。

全年组织社区党员开展义务巡逻21次、整治环境16次。疏通下水道600余米，药物消杀2次。辖区游园、绿化带有专人养护，植树12株；配备2名专职保洁人员。

全年对4户低保户做到应保尽保，将6名符合条件的困难老人纳入帮扶范围。

计划生育率100%，对育龄妇女进行定期走访；办理独生子女证15本；组织孕前健康检查20人次；为25名退休人员办理独生子女奖励金申报手续。

社区成立1支12人的红袖标义务联防队，重点时间，重点地段，重点防范；开展法制学习4次，悬挂各类法制宣传横幅及海报4条，出各项普法宣传板报4期，发放各类普法宣传单300余份。广场文艺演出2次。

全年为1212名退休人员办理养老金资格认证，为53名新退休人员填写信息表。为36名失业人员报名参加了培训，实现再就业64人，办理城镇居民医疗保险249人。

2013年，社区获得连云港市示范妇女儿童之家荣誉称号。

【新潮社区】 现有居民4610户，人口13820人，设16个居民小组。社区党总支现有党员111名，下设3个支部。

2013年，完成完成招商引资任务2030万元，协税护税任务20万元。

全年粉刷小广告2万余条，清理建设西路，盐河西路、惠苑南路建筑垃圾800余吨，解决华茵家园、盐河西巷下水道及化粪池堵塞问题；绿化200余株。

全年走访特困户40户次。与结对单位市党史办、国税局、二分局、三分局等单位走访慰问社区困难人员。办理老年证15人，办理尊老金5人，开展低保听证评估会议1场。

举办4期人口分校培训。办理独生子女证30户，办理二孩准生证4户。完成上级布置的全员录入修改工作，并对流动人口进行全员录入。

全年开展矛盾纠纷排查12次，辖区

内申请调解的矛盾纠纷5起，成功调解5起。

全年开展职业指导、职业技能培训68人，参加创业培训5人，指导下岗失业人员自谋职业，自主创业2人。采集辖区单位空岗信息及公益性岗位38个，新增就业人员132人，下岗人员再就业42人，就业困难人员再就业8人，认证退休人员867人，办理社保补贴66人，下岗失业就业登记证换证20本，就业困难人员认定17人。登记60岁以上新型农村社会养老保险金10人。

成立2个健身组织，现有社会团体体育指导员10名，建有文化活动室。社区建立一支相对稳定的文艺骨干队伍“民心艺术团”，积极开展文化、体育和广场群众性演出活动。

【富强社区】 现有居民1926户，人口5778人，设18个居民小组。社区党总支现有党员154名，下设3个党支部。

2013年，完成内联客方到位资金1200万元，协税护税完成5.1万元，每月按时缴纳养老金及发放工资补贴，全年新增个体工商户9家；新上服务网点9个。

社区党总支成立一支退休老党员义务巡逻队，进行晚间轮流巡逻。

全年清理杂草、白色垃圾900平方米，清理卫生死角8处，铲除小广告200余处，疏通常乐新村A1号楼和C1号楼下水道20米。

全年为12名老人办理尊老金，为1名重残人员办理重残补贴。

计划生育率100%，办理独生子女证29本，新婚人员17户，新出生28人。

投入15万元，建成法制主题公园，面积1.8万平方米。

全年新增就业人员184人，再就业人数55人，办理社保补贴63人，参加技能培训23人、就业培训17人。

【新孔社区】 现有居民1509户，人口3242人，设34个居民小组。社区党总支现有党员202名，下设5个支部。

2013年，完成内联客方到位资金3000万元。

全年组织卫生突击20次，参加人员130人次，共疏通下水道200余米，粉刷墙面及楼道25000余平方米，喷洒敌敌畏15千克，投放鼠药20千克。

全年走访慰问低保户11户，发放慰问金2400元，发放就业困难人员生活补助金3500元，办理老人优待证170人，办理尊老金补助35人。

计划生育率100%，为13名育龄妇女办理再生一孩准生证。

社区成立45人的义务巡逻队，全年调解民事纠纷40件，调解成功率100%。

全年新增就业人员78人，灵活就业46人，再就业人员62人，就业困难人员再就业34人，办理社保补贴52人，办理城镇医疗保险319人。

2013年，社区获得市级“民主法治社区”“平安和谐社区”荣誉称号。

【常乐社区】 现有居民1340户，人口3768人，设21个居民小组。社区党总支现有党员116名，下设4个支部。

2013年，完成内联客方到位资金2000万元，协税护税15万元。

全年疏通下水道300米，清运垃圾30余吨，维修道路200余米，修剪冬青1000多平方，粉刷墙面近1万多平方米，配备专职保洁员3人。

全年走访慰问特困党员、低保边缘户44户，动用资金10000余元。

计划生育率100%，办理独生子女证25人。

全年出板报12期，挂横幅25条，调解邻里纠纷4起，成功率100%。

为失业人员换证48余，发放社保补贴53人，为600多位老人进行退休认证。

全年举办广场文化活动2场。

2013年，获得街道“招商引资工作先进社区”荣誉称号。

【镇海社区】 社区现有居民3960户，人口7980人，设24个居民小组。社区党总支现有党员132名，下设5个支部。

全年清理卫生死角200余处，清理杂草、白色垃圾300平方米，铲除小广告370余处，疏通下水道700米，维修破损路面1000米，药物消杀2次。设置毒饵站100个，投放鼠药10千克。

全年对10户低保户做到应保尽保，将12家符合条件的困难户纳入帮扶范围。

全年组织社区党员开展义务巡逻15次、整治环境18次。

对育龄妇女进行定期走访；“五四”青年节期间，联合中医院为育龄妇女健康检查1次。

计划生育率100%，已婚妇女随访率100%，流动人口管理服务率100%。联合新海卫生服务中心为辖区居民义诊5次，免费为200余人次量血压血糖等。

全年出法制板报6期，张贴宣传海报20张，发放宣传资料600余份。调解民事纠纷17起，调解成功率100%。

全年技能培训50人，创业培训7人，办理社保补贴37人，办理城镇居民医疗保险406人。

以“庆三八”“中秋节”等活动为契机，举办2次社区文艺演出。

【河西社区】 现有常住居民3012户，总人口9786人，设46个居民小组。社区党总支下设5个党支部，现有党员217名。

2013年，完成内联客方到位资金2600万元，协税护税22.8万元。

全年共清理卫生死角21处，疏通下水道3500米，维修破损路面1400米，清理杂草近千平方米，设置毒饵站100个，有专人负责，并定期投放鼠药。

全年走访育龄群众6500余人次，提供流动人口的生产、生育、生活服务630人次，为育龄妇女117人免费体检2次，计划生育率达100%。

全年为1075名退休人员进行养老金资格认证，办理就业失业登记证36本，为29名就业困难人员进行认证，办理社保补贴91人，为412名居民办理居民城镇医疗保险。

社区组织红叶演出队，于元宵节、五一节、七一节、重阳节在社区广场、小公园举行演出4次。

社区积极做好扶贫、济困、助残、

敬老等服务工作，在助残日，举办1期“爱让你我相聚，爱让你我同行”残疾人运动会，89名残疾人参加这次运动会；社区残疾人康复站常年免费为残疾人进行康复训练。全年走访慰问社区残困家庭47户，发放慰问品、慰问金折合人民币2万元。

2013年，社区获得，省残疾人康复工作示范社区、省民主法治示范社区、市文明社区、市爱国卫生先进单位、区残疾人工作先进社区、区科普工作先进社区、区“五有五好”社区等荣誉称号。

【幸福社区】 现有居民826户，人口2040人，设10个居民小组。社区设有党支部1个，现有党员83名。

2013年，完成内联客方到位资金2050万元，完成协税护税4.1万元。

全年清运垃圾8吨，清理卫生死角5处及白色垃圾6处，铲除小广告40余处，疏通下水道100米，疏通化粪池2处，投放灭鼠药20千克，新增绿化面积11000平方米。

全年走访慰问社区困难户、残疾户26户，为4名80岁以上老人登记“尊老金”发放审批表，为14名老人办理老年证。

全年办理独生子女证16本，为31名退休人员申请独生子女奖励金。

全年发生纠纷11起，调解11起，调解率100%。重点时期及时扼制了果酒巷居民群访事件。

全年为11位失业人员找到工作，为33位退休人员办理社会化管理登记，为453位老人办理了养老金认证。为11位失业人员提供岗位培训，为12位失业人员进行困难认定，换发失业登记证40本，对43人进行社保补贴申报。

全年出板报10期。全年新增报刊、杂志及各类图书700多份（册），幸福花园、东塘江南苑、盛世豪庭小区各有1个室外健身点并配备相应的健身器材。

社区成立60余人组成的中老年健身操队。举办唱红歌、老年健身操、建军节联欢会等文化活动2次。

2013年，社区获得市“民主法治示范社区”光荣称号。

【海连社区】 现有居民1341户，人口4313人，设23个居民小组。社区党总支现有党员120名，下设3个党支部。

社区全年清理卫生死角76处，捡拾白色垃圾218处，铲除小广告2200余处，清运建筑垃圾300吨，疏通下水道800余米，新建毒饵站100余处，投放鼠药20千克，植树100余棵，喷洒敌敌畏8瓶，总面积650平方米。

全年走访慰问42户困难家庭和病灾户11户，为每户送去现金400元。会同辖区单位农工商超市走访慰问12户困难家庭，为他们送去大米、油、面等食品。并为辖区46户残疾人、贫困家庭进行免费健康体检。

计划生育率100%，组织已婚育龄妇女健康检查2次，高危人群、病残儿再生育家庭参检率达到100%。为15对孕前优生检查。《流动人口婚育证明》验证率100%，流动人口管理服务率达95%。

社区成立维护信访稳定工作领导小组，对各类矛盾纠纷苗头及时发现及时疏导及时化解，无赴省进京上访事件，民事纠纷调解率100%，成功率96%，无民转刑案件发生。

劳动保障工作完成上级下达的目标考核任务，新增就业人数230人，全年安置89名下岗失业人员再就业，就业困难人员再就业8人，再就业培训33人。

（撰稿：金　波
审稿：董志红）

金龙闹春　（赵景霞　摄）

海州街道

综　述

2013年，海州街道围绕“复兴海州古城，建设美丽海办”的总体要求，全面应对区划调整带来的新压力，积极融入新城区建设，以打造文化古城、实力街道、旅游名城为主攻方向，突出工作重点，强化目标管理，狠抓任务落实，各项经济和社会事业发展顺利。2013年度海州街道荣获全区经济建设和社会发展目标管理综合二等奖、招商引资先进奖和社会管理创新奖。

经济建设

【工业经济】 2013年，海州街道完成全社会固定资产投资3.2亿元；完成工业固定资产投资1.642亿元；完成公共财政预算收入1669万元。

【外引内联】 2013年，海州街道完成内联引进资金2.77亿元，新引进各类企业70家；完成外资303.4万美元。

【重点项目】 2013年，海州街道共承担2个重点项目，分别为二营巷古玩文化街项目、人和居与城中城休闲购物广场项目。二营巷特色文化街项目总投资8000万元，拟建设成为集古玩交易、文化展示、旅游休闲、购物消费为一体的综合特色文化街区。项目占地4000余平方米，设计建筑面积2400平方米，已完成房屋收购，线路改造等前期工程。已与香港巨年投资有限公司洽谈投资合作建设事宜，并督促客商尽快修改完善原二营巷规划设计方案。完成人和居项目E号楼主体建设，提前3个月完成全年目标。

【安全生产】 2013年，海州街道落实安全生产责任，开展专项治理和打非治违整治工作。做到每月组织一次对危化品、烟花爆竹、网吧、学校、建筑施工等重点行业和单位以及居民点安全检查，对检查出的隐患做到100%整改到位。

社会事业

【社会管理】 2013年，海州街道投资近40万元新建100平方米的社会管理服务中心。中心实行“集中办公、集约管理、集成服务”的实体化运作模式，由劳动保障、民生服务、安全监管、人口计生、住房保障、来访接待、法律服务、矛盾调解等8个部门集中办公，为居民提供一站式服务。10月中旬，全市基层法治工作规范化建设现场会在海州街道召开，认订海州街道社会管理服务中心为市级示范点标准。

【治安维护】 自2001年以来，海州街道在5个社区分别成立以党员干部为主的红袖标义务巡逻队。10多年来，“红袖标”活动已逐步常态化。2013年，按照区委扎实推进“万人红袖标”工程的要求，进一步动员社区群众，壮大“红袖标”队伍，坚持动态巡逻与静态观察相结合，推行定人、定点、定时的巡逻机制，巡逻人员和巡逻密度得到明显加强。年内，海州街道共有红袖标义务巡逻队5支，共100人。

【志愿服务】 2013年，海州街道采用“一员一岗”工作法，结合党员承诺和党员的特长，设置“和事佬调解志愿服务队”“红袖章志愿服务队”“俏夕阳文体志愿队”“就业援助志愿服务队”等服务岗位，通过“个人领岗、组织定岗、公示明岗、引导践岗、考核评岗”的形式，组织党员开展社区服务，让无职党员无岗变有岗、无责变有责。对在职党员推行学习积分卡、奉献积分卡、党员过“政治生日”制度。全年，共有在册登记志愿者437人，志愿者服务队50支，先后开展各类群体性文化活动近百次。

【特色工作】 2013年，街道积极打造以居民需求为导向，以居民生活区为圆心，以路程不超过15分钟为半径的6个“一刻钟法治惠民圈”，即“法律援助圈、法治文化圈、娱乐健身圈、医疗服务圈、治安防控圈、矛盾调处圈”。已建成以司法所、法律援助站为中心，以社区6个法律服务工作站为辐射点的法律援助圈；以朐阳门法治文化广场为中心，以社区8个法治文化阵地为辐射点的法治文化圈；以鼓楼娱乐健身广场为中心，以社区15处娱乐健身点为辐射点的娱乐健身圈；以区级社区医疗服务中心为中心，以社区10家医疗服务诊所为辐射点的医疗服务圈；以街道综治办、公安派出所为治安防控中心，以社区的红袖标义务巡逻队、7个警务室、1个治安亭为辐射点的治安防控圈；以街道社会矛盾纠纷调处服务中心为中心，以社区5个调解委员会、6个民间调解组织为辐射点的矛盾调处圈，全面彰显海州街道民生工作特色。

城市建设

【街巷改造】 2013年，海州街道围绕建设“美丽海办”的目标任务，多方筹措资金，推进小街巷硬化改造、菜市场提档升级、春秋季绿化和环境整治工作。5个社区已有3个社区实现背街小巷全硬化；又对部分排水不畅、年久失修的城根巷、三山井巷等14条背街小巷进行整修。

【农贸市场改建】 2013年，海州街道对南门农贸市场进行提档升级，一期工程已基本完成，二期正在紧张推进中，改建后的市场功能将进一步改善，以满足居民的生活需要。

【广场绿化】 2013年，海州街道投入10万余元新增鼓楼广场游园和小仓巷绿化2处，共种植红梅、茶花、大冬青等花草2万余株；同时发放爬墙梅、木香花等至各社区，每个社区选择2条以上小街巷进行立体绿化，古城绿化覆盖率明显提高。

【道路管理】 2013年，海州街道围绕南北大街、中大街、幸福南路3条道路，抓住鼓楼广场、欧德福超市门前、马路口市场、南门农贸市场和南大街5个重要节点，解决马路市场、占道经营、流动摊点的问题，并成立城乡环境综合整治专项督查组，每周对各社区环境进行督查整改，每月对各社区环境综合整治工作进行评比考核。

党建工作

【基层党组织换届】 2013年，海州街道党工委历时11天圆满完成5个社区党组织换届选举工作。此次换届选举全部采用公推直选的方式，共产生党委书记5名，副书记7名，党委委员27名。从39名新当选的委员人选构成来看，呈现出“一升一降一增强”的特点：“一升”是指学历水平大幅度提升。具有大专及以上学历的书记、副书记比例为100%，其他委员比例为48.1%。“一降”是指平均年龄有所下降，较上届的49.5岁年轻3.3岁，且“70后”为主力人员。“一增强”是指基层党组织的人员配置合理度增强，人选中注重老、中、青搭配。在新当选委员中，大学生村官任党委委员2名，兼职委员9名。

【作风建设】 2013年，海州街道按照区委改进作风建设的“五治”要求，大力整治“散、懒、庸、浮、满”等现象。完善工作制度，强化制度执行力度，对有诺不践、有令不行、有禁不止现象一追到底。出台机关、社区工作人员管理暂行办法，明确考勤、请假、出公差等制度要求，强化监督检查。对机关和社区的管理，实行定期和不定期、阶段性的检查考核。

社区简介

【古楼社区】 有居民小组15个，户数1672户，人口5268人，面积0.25平方千米。2013年，社区完成税收66.1万元，完成内资招引4071万元。开展家庭养老的培育和发展。支持居家养老做法，协助选择场地，为辖区老年人创造老有所养、老有所乐的场所。全年共铺修道路500余米，安装路灯10盏。先后获得省妇儿之家、省地震示范社区、市平安和谐社区等荣誉称号。

【双龙社区】 有居民小组10个，户数1395户，人口4510人，面积0.18平方千米。2013年，社区完成税收28.7万元，完成内资招引1500万元。对社区实行网格化管理，将社区的网格包片到人，每个工作人员联系相应的网格区，不定期的走访居民，做好服务工作。建立民情日记制度，准确、细致、及时处理居民反映的问题，提升工作人员的服务意识。设立居民预约电话，将社区的办公电话号码和社区工作人员电话号码向社区居民公开，方便社区居民办事，提高办事效率。获得市先进侨务社区等荣誉称号。

【新建社区】 有居民小组18个，户数1282户，人口3683人，面积0.18平方千米。2013年，社区完成税收47.1万元，完成内资招引2730万元。社区利用有利资源，将百姓关心热点和难点问题以及社区的大事件，各类求助信息，以社区报的形式编印和发行。社区大力发挥艺术团的主导作用，为群众上演喜闻乐见的文娱节目。与共建单位对接，开展帮扶困难家庭工作。积极发挥党代表的作用，参与到社区工作中来，为社区发展建言献策。先后获得省妇儿之家、市社区文化节、市平安和谐社区等荣誉称号。

【砚池社区】 有居民小组14个，户数1276户，人口3762人，面积0.25平方千米。2013年，社区完成税收56.1万元，完成内资招引4810万元。砚池社区是红袖标义务联防巡逻队的“发源地”，10多年来红袖标义务联防巡逻队从成立到开展活动，各项工作都已逐步常态化。2013年，在人员结构、年龄层次上做调整，在内容上也侧重于治安、卫生、矛盾纠纷、政策宣传，坚持动态巡逻与静态观察相结合，推行定人、定点、定时的巡逻机制，巡逻人员和巡逻密度得到明显加强。先后获得市放心消费示范社区、市平安和谐社区等荣誉称号。

【南门社区】 有居民小组30个，户数1750户，人口5434人，面积0.17平方千米。2013年，社区完成税收61.3万元，完成内资招引4513万元。南门社区是新老小区的接合部，社会治安和流动人口是社区综治工作的特点，社区发挥社区群防群治队伍作用，全年化解居民矛盾2起、解决群众居民用水供热问题3件，管理矫正对象2人。对房屋出租、流动人口及时上报，通过多次摸底，登记房屋出租户72户，流动人口195人。先后获得市放心消费示范社区、市勤廉示范社区等荣誉称号。

（撰稿：李　穆
审稿：朱鹏苏）

幸福路街道

综 述

2013年，幸福路街道围绕“团结、拼搏、创新、超越”八字方针，以加快发展为主线，以“经济强街、商贸富街、文明兴街”为目标，抢抓机遇，攻坚克难，奋力赶超，街道经济社会事业协调发展，重点工程及重大事项各个击破，各项工作呈现出良好的发展态势。先后荣获：江苏省青年志愿服务事业贡献奖、江苏省和谐社区建设示范街道；市级“勤廉好班子”等荣誉称号。

经济建设

【经济指标】 2013年，街道完成全社会固定资产投资4.6亿元，其中工业固定资产投资1.76亿元，完成内引外联资金2.45亿元，实现财政收入4300万元，完成公共预算财政收入2800万元，注册外资实际到账300万美元。

【招商引资】 2013年，街道接待香港、浙江、福建、广东、合肥等地客商50多人次，引进注册外资项目1个，华吉物流、震涛商贸、海贝机械等商贸流通和工业项目150多个，其中新投产5000万元以上工业项目2个；新增规模以上工业企业1家，商贸企业3家，完成专利申请10个，申报高新技术产品及高新技术企业2个。

【重点工程】 2013年，街道玉兰·国际、金海公寓等房地产项目克服征地拆迁等难题，顺利推进；香阁里拉二期、德邦地块开发、义乌商城二期等工程，进入方案设计、规划审批、征地拆迁等前期准备工作。

社会事业

【创建平安法治街区】 2013年，街道共受理调处矛盾纠纷149起，接待信访案件10批次，43人次。消防安全大排查等检查11次，检查企业82家次，查出一般安全隐患223处，隐患整改218处，下发整改通知书12份，整改率达98%。

【民生事业】 2013年，街道建立街道流动人口登记库，成立以低保、助残、尊老、临时救助为主体的社会救助体系，实行资格审定、民主评议、张榜公示的动态监管机制，全年发放各类低保金、救助金等40万元。走访慰问烈军属、残疾军人等63人次，发放优待金等23万元。街道被评为市流动人口居住地管理居民化服务示范街道。

【社会保障】 2013年，街道组织专场招聘会。并成立职业介绍、技能培训机构，完成城镇失业人员再就业人数301人，其中困难人员再就业人数44人；开展城乡劳动者职业技能培训57人，通过职业技能鉴定38人；城镇居民医疗保险参保500人；认证离退休人员2930人；申请认定失业人员社保补贴160人。

【第三次全国经济普查】 2013年，党政主要领导亲自挂帅，抽调30人组成普查队伍，建立起一岗双责制、进度日报制、难题会办制、工作督察制，共核查登记法人企业314家，个体工商户1444家。

城市管理

【城市建设】 2013年，采取街道自筹、商户自建等方式，投入80余万元整治海宁大道、新海路、秦东门大街、朝阳西路、江化北路等主干道沿线景观环境。铺设便民路、硬化背街小巷、疏浚清掏下水管网等20处。投资100万元亮化沿街环境，新建改建小游园、绿化带、垂直绿化等，栽植各类苗木2万余株，新增绿化面积6000平方米。栽植各类苗木4000平方米，3000株。清理小广告600余处，清运建筑垃圾20处。

【禁违拆违】 2013年，街道共拆除违法建筑22处，215平方米。

【物业管理】 2013年，街道成立香阁里拉小区、御景园小区业主委员会，改选换届西大岭小区业主委员会。

党建工作

【后备干部培养】 2013年，街道党工委先后选派20名年轻职工奔赴新海路拆迁、连盐铁路拆迁、经济普查、信访稳定等工作一线，锤炼本领、增长才干。完成社区党组织领导班子换届，选优配强基层干部队伍。街道领导班子被评为市级“勤廉好班子”。

【发挥党员模范作用】 2013年，街道党工委建立党员干部一周至少一天下基层工作日制度。全年结对帮扶困难群众50户，累计为民办实事120多件。将辖区划分为307个片格单元，每个网格选配1名信息员和5名党员志愿者，利用文娱活动、楼长会议、集中党日活动等多种方式为居民解决困难。

【开展志愿服务活动】 2013年，街道党工委与新海电厂、283部队、市级机关事务管理局、市委统战部等驻区单位及上级部门密切配合，共建群众教育基地、共享文体活动场所，并积极开展访贫问苦、捐资助学、社区服务等活动。大力发展志愿服务事业，建立起“红袖章”等志愿服务活动，街道获得省青年志愿服务事业贡献奖。

社区简介

【西大岭社区】 地处古城海州的西北部，主要为新海发电有限公司职工宿舍区，部分为原市白酒厂和洪门果园职工宿舍，有5个居民小组。常住户数1480户，居民3926人。2013年，社区组织辖区内46名育龄妇女免费体检，发放计划生育宣传手册820份，疏通下水道1000平方米；对小区内的1-15号楼的自来水管进行改造；对小区的绿化树木进行喷洒农药6次；种植树木4棵，植种草坪200平方米；建立一支30余人组成的红袖标义务巡逻小分队，重点对餐饮场所燃气安全专项治理排查；在小区的多个住宅楼道内布置法制宣传栏、家庭文化、道德规范、学习园地等专栏，制作宣传图板40块。2013年，西大岭社区先后获全国综合减灾示范社区、江苏省退休化管理示范社区、省示范妇女儿童之家等荣誉称号。

【文化社区】 位于古城区中心，辖区面积1.5平方千米，东至幸福路，南至秦东门大街，西至海磷铁路，北至玉带河。辖区内有江苏新海发电有限公司、海州高级中学、师专二附小、宝利商业街、海州消防大队等机关、企事业单位，现有居民1327户，人口4221人。2013年，将原文化社区党支部与辖区新电公司管理支部、海州高级中学行政支部、师专二附小支部、宝利商业街支部、新电建安公司支部等6个党支部组建成立文化社区党委，设立议事会和监委会，与居委会分别行使决策权、监督权和管理权，定期召开会议，讨论决定、监督管理社区事务，确保各项决策民主、公开、透明。

社区先后被授予全国“基层低保规范化建设典型示范单位”、全省“社会管理创新先锋行动先进基层党组织”、省“党务公开示范点”、“和谐示范社区”和市“先进基层党组织”、“十佳党员服务中心”等荣誉称号。

【幸中社区】 位于海州古城的中部，南依玉带河，北至江化北路，东至八一河，西接新海路，面积为2.17平方千米，下辖8个居民区，常住户数1426户，人口3962人。2013年，为85名企业退休人员发放独生子女奖励金，为200人办理社保补贴，为580人办理退休认证，为523人办理城镇居民医保，并对14户申请廉租房的家庭进行审核年检。在经济普查中登记个体工商户950户，各类法人单位76家。对园丁路进行整治与绿化，对BRT沿线墙体广告进行清理刷新。

【幸南社区】 位于海州东北部，东邻网疃村，南至新建中路，西至幸福路中路，北到玉带河。辖区面积1.2平方千米，现有总户数1361户，常住人口3857人。

2013年，对德邦小区、金海公寓2个小区进行治安环境整治，在辖区内安装探头24个。全年调解矛盾纠纷10起；帮助城镇失业人员实现再就业94人；为辖区978名企业退休人员年检；办理城镇居民医疗保险533人。为40名退休人员办理独生子女一次性奖励；为11名80岁以上老人申请尊老金；为2户困难家庭申请廉租房；18名老人办理优待证，1名特困家庭申办低保户。完成辖区中山井巷150米水泥路面铺设、光明碳素厂巷道200米道板砖铺设、二农宿舍1000余米道板砖铺设；为德邦小区篮球场铺设塑胶场地500平方米，安装健身器材11件；对友谊巷进行绿化50米；建立居家养老志愿者服务队伍26名。居家养老软、硬件各项服务通过省民政部门验收。

【江化社区】 地处新浦区与海州区交界处，东至振海路，南至海宁西路，北至朝阳路，西至幸福路，占地面积1.5平方千米，共有住宅楼45幢，住户1621户，人口4573人，社区有居民小组10个，社区警务室1个。

2013年，江化社区做好流动人口“关怀关爱”活动，访问并办理流动人口婚育证明10户，办理独生子女证4户，为居民办理社保补贴52人；困难人员补助金21人；慰问困难退休人员3人。2月份，组织30多名下岗失业人员参加区就业处2场招聘会。上半年新增就业146人；失业人员再就业52人，其中困难人员再就业10人。办理独生子女家庭综合保险3户，办理独生子女证12户；为8户独生子女购买独生子女保险金1100元。对社区5户家庭进行廉租房租赁补贴年检工作。为8位老人办理人寿意外保险共计180元。

（撰稿：赵　瑞
审稿：汤　浩）

综　述

朐阳街道辖区范围南至锦屏山北麓、西到蔷薇河、东抵盐河路、北至玉带河南岸，面积17.9平方公里，人口4.4万人。街道下辖网疃、西门、园林、孔望山4个村；西门、锦化、孔望山、香江4个社区居委会以及石棚山、鑫泰2个村级公司。街道党工委下辖二级党委2个，党总支3个，党支部18个，共有共产党员806名。辖区地域广阔，交通便捷，自然资源丰富，包括孔望山、白虎山、锦屏山（北麓）3座山，盐河、蔷薇河、玉带河3条河，园林、王庄、凤凰山、张庄5个水库，三八、白鸽涧、项顶、郑庄、陈庄、网疃、吴窑、塔山8个塘坝。交通便利，贯穿辖区的主要道路为秦东门大街、东风路、花园路和锦屏路，以及振海路、青河路、新孔南路、盐河南路等。2013年，街道工会荣获“江苏省模范职工之家”称号，纪工委、监察室获“全市纪检监察信访举报工作先进单位”，街道被授予“全市计划生育药具规范管理乡（镇）站”称号，网疃村荣获2010—2012年度“江苏省文明村”荣誉称号，孔望山社区荣获“省级科技示范区”称号。

经济工作

【农业经济】 2013年，朐阳街道农民人均纯收入1.56万元，4个行政村年财政收入484万元；街道投入191万元，新增绿化面积73.33公顷，新建石棚山花卉和园林苗木基地；采取群防群治、集中防治相结合的方式科学防控美国白蛾疫情；投入近50万元，完成塔山、网疃塘坝的除险加固工程、项顶塘坝泄洪道疏浚等工程；街道通过“创建国家生态街道”国家考核组检查。

【工业经济】 2013年朐阳街道完成全社会工业投资3.5亿元，规模以上工业总产值完成4.2亿元，新引进投资2000万元以上在谈工业项目1个（苏州美和医疗器械设备制造有限公司）。

【财税收入】 2013年，朐阳街道党工委、办事处围绕各项经济指标，结合朐阳实际，确立“以财税工作为主线，以项目建设为支撑”的发展目标，全年财政收入完成7620万元，完成公共财政预算收入6562万元，完成全社会固定资产投资12亿元，内联引进资金4.0175亿元，外资实际到账500万美元。

【重大项目】 2013年，朐阳街道列入市、区重大工程的5个项目。梧桐蓝山项目，一期“晴园”8栋全部封顶，五星级酒店调整后的规划设计已报市规委会审批；易居公馆项目，4栋小高层已封顶并开盘预售；孔望尚府项目，3栋房屋已经建至地上四层；中翔农机市场转型项目，已有8家农机品牌销售公司入驻。孔望新城项目，协调处理二附小地块矛盾，全面开展磨盘山地块、孔望尚府、孔望山路、新孔南路、盐河南路等征地拆迁工作，征地拆迁面积5.85万平方米，涉及208户。

2013年朐阳街道主要工业企业情况表

表17

企业名称	成立时间	年末职工人数	固定资产原值（万元）	年产值（万元）	利润（万元）	经营体制	主要产品
连云港市闵港纸箱包装有限公司	1996年3月	39	350	370	37	私营	纸箱制造、包装装潢印刷品

续表

企业名称	成立时间	年末职工人数	固定资产原值（万元）	年产值（万元）	利润（万元）	经营体制	主要产品
连云港市惠康塑料制品有限公司	2001年4月	300	2200	4800	126	私营	塑编袋制作
连云港晶泰电子有限公司	2002年3月	67	320	420	30	私营	生产电子晶片压电谐振气
连云港市启达照明有限公司	2002年5月	57	450	770	40	私营	生产制造卤素灯
连云港市天马太阳能科技开发有限公司	2003年7月	56	450	350	30	私营	太阳能热水器
连云港市万锦塑料制品有限公司	2005年7月	70	600	1500	65	私营	塑料制品加工
连云港远大机械有限公司	2005年9月	38	600	450	60	私营	制造销售流体装卸臂
瑞多木结构公司	2009年7月	40	550	400	25	私营	木结构住宅房
三得利啤酒厂	1984年11月	334	34103	19522	-696	中外合资	啤酒、麦芽

城市建设

【道路整修】 2013年，朐阳街道对城乡环境卫生进行专项整治，做好辖区13条便民道路硬化，改造出新秦东门大街、锦屏路两侧景观围墙；铺设农村道路8300平方米。

【环境整治】 2013年，朐阳街道更新垃圾池（桶）108个；新建下水道3300米，疏浚下水道1.2万米；做好蔷薇河取水口上移项目朐阳段工程的征地工作；协助海州水厂扩建，开展前期征地工作。

【禁违拆违】 2013年，朐阳街道拆除违建面积7500余平方米。

【自来水改造】 2013年，朐阳街道累计协调资金500万元，全面完成园林片区900余户自来水改造工程。

社会事业

【劳动保障】 2013年，朐阳街道对城乡劳动者职业技能培训120人，开发就业岗位549个，新增城镇就业人数932人，新农合参保人数7879人。

【关心弱势群体】 2013年，朐阳街道为133户低保户发放低保金66万余元，为困难群体发放慰问金及物品8万余元；受理上报廉租住房申请，10户困难家庭住进新房；数字城管“12345热线”办理620余件，办结率99%。

【治安信访工作】 2013年，朐阳街道升级改造街道政法、综治、信访服务大厅，建成社会管理服务中心；转变职能，跟踪服务，不断提升计生工作水平；成功化解积案1起，从源头消除矛盾12起。

【文体活动】 2013年，朐阳街道整合辖区5支文艺宣传演出队，打造万泉河、朐阳门、石棚山三处文化广场，开展“缤纷暑假——朐阳街道多米诺骨牌家庭团体比赛”、“尊老敬老扬风尚，快乐健身促和谐”等大中型文艺活动20次。

党建工作

【建立特色村（社区）】 2013年，朐阳街道深化园林村村情新闻发布会和发言人制度，在西门社区设立“党代表工作室”，组织党代表每月10日轮流值班接待群众，倾听诉求，化解矛盾。

【传统教育】 2013年，朐阳街道依托石棚山景区优势资源和白虎山建党亭红色资源，开展“党建文化进景区”“党建文化长廊”等主题活动，增强党员为人民服务意识。

【组织发展】 2013年，街道牢固树立能力为重、业绩为先的选人用人导向，坚持在工作一线、基层一线之中锤炼锻造干部，坚持用实绩考核和竞争上岗方式选拔任用干部，全年选拔调整股级干部12名，发展党员14名。

行政村（社区）简介

【网疃村】 有村民小组11个，1877户、7318人。耕地面积61公顷。2013年，工业产值9287万元，农业产值2418万元，三产增加值10292万元。主要农产品蔬菜10083千克，果品142千克，淡水鱼42千克。农民人均收入15412元。

【西门村】 西门村有村民小组12个，1221户、3563人，耕地面积24.47公顷。2013年，工业产值2187万元，农业产值2100万元，三产增加值3287万元，主要农产品蔬菜6137千克，淡水鱼54千克，农民人均收入14752元。

【园林村】 有村民小组11个，1086户、3487人。耕地面积22.92公顷。2013年，工业产值25011万元，农业产值2194万元，三产增加值2362万元。主要农产品有蔬菜5366千克，果品587千克、淡水鱼102千克，农民人均收入14882元。

【孔望山村】 村有村民小组5个，488户，1689人，耕地面积11.18公顷。2013年，工业产值3697万元，农业产值198万元，三产增加值526万元。

主要农产品有果品1176千克，农民人均收入19286元。

【西门社区】 居民与西门村村民属混居。西门社区有居民小组14个、742户，2360人，面积1.4平方千米。2013年，工业产值701万元，工业销售收入658万元，三产增加值21万元，居民人均年收入8360元。

【锦化社区】 位于锦屏化工厂职工居住区，有居民小组10个，248户、758人，面积2.4平方千米。2013年，工业产值572万元，工业销售收入536万元，三产增加值6901万元，居民人均年收入7730元。

【孔望山社区】 由原孔望山果园、林场职工及混居在孔望山的部分职工组成，有居民小组18个，2608户、6807人。2013年，工业产值301万元，工业销售收入278万元，三产增加值35万元，居民人均年收入8820元。

【香江社区】 位于海州区的玉带河北岸，东至西盐河，西至江化路，北邻海连大道。有居民小组25个，5903户、18092人。面积5.4万平方米。2013年，地区生产总值89万元，财政收入9.9万元，居民人均年收入7860元

（撰稿：李　娜
审稿：殷成祥）

朐阳门绿化带　　（街道文化站　供）

洪门街道

综 述

洪门街道办事处位于连云港市新浦区、海州区及东海县交汇处，原隶属于海州区，经区划调整，于2013年4月1日起，由新浦区政府代管。洪门街道北临浦南镇，西接张湾乡，东、南面为市区，新村河与蔷薇河在洪门街道的西南部交汇，并向北贯穿整个洪门街道，距汾灌高速公路1.5千米，西至民航机场10千米，东距港口30千米，北到火车站3千米，陇海铁路从北部横贯东西，新牛公路、海连西路、朝阳西路、海宁西路、204国道、幸福路组成"四横两纵"的便捷交通网络。洪门街道辖区总面积8.85平方千米，下辖2个行政村、3个社区居委会及洪门工业园区、物流园区，总人口17883人，其中城市居民8912人。街道党工委下辖村、社党委4个，党（总支）支部24个，其中非公企业党支部17个，党员629名。2013年，洪门街道围绕"都市工业高地，现代物流基地"的目标定位，突出工作重点，硬化工作举措，经济保持稳步提升态势。先后获得"模范职工之家""上半年度经济建设和社会发展目标考核二等奖""全市基层部门服务业统计工作先进单位""年度经济建设和社会发展目标考核一等奖"等荣誉称号。

经济工作

【财政税收】 2013年，洪门街道一产、二产和三产所占比重分别为2%，72%，26%，完成公共财政预算收入8381万元，完成全社会固定资产投资10.52亿元，完成工业固定资产投资5.95亿元，完成内联引进客方到位资金4.011亿元，地区生产总值（GDP）6.124亿元。

【工业经济】 2013年，洪门街道净增规模以上工业企业1家，新增重点服务业企业1家，新增限上商贸企业4家，新增建筑业企业1家。开工建设托普科技、晨红服饰、安百利电力机械、景悦食品添加剂等4个5000万元以上工业项目。

【农业经济】 2013年，洪门街道农田绿化造林18公顷，其中成片造林14.66公顷，栽种女贞、蜀桧等树木2万株。分别对双眼桥泵站、铁路南泵站、铁路北泵站进行维修改造，并抓好防汛防旱工作。调动收割机械、还田机械，夏麦、秋稻秸秆全部还田。还扎实抓好禽畜规范用药，动物口蹄疫、高致病禽流感等重大动物疫病防控工作，4次对辖区10公顷树木集中喷洒药剂防治美国白蛾。投入10万元铺设蔬菜大棚基地道路。

【重点工程】 2013年，洪门街道承担大量的征迁任务，其中市级重点项目4个。圆满完成顾庄大桥北连接线征迁工作，保证7年未建成的道路全线贯通；完成市饮用水输水工程征用土地的征迁工作，为项目推进做好矛盾协调和施工保障工作；完成新海路拓宽（海宁西路至海连西路段）征迁工作。征迁任务涉及4家企业、15户居民，面积约为5000平方米；有完成连盐铁路（洪门段）用地征收工作，涉及50户居民、2家企业，并对土地进行丈量评估。

【商贸物流业】 2013年，洪门街道以四季农副产品市场为平台，发展辖区的商贸物流与现代服务业，永昌货运、华宝物流、国玉商贸等为龙头的物流企业得到进一步发展。向外推介农贸市场根雕、古玩、茶城旅游一条街。新增限上单位4家（江苏正晟生化有限公司、连云港东旺果品有限公司、连云港全顺果品销售有限公司、连云港市百味香商贸有限公司）。

【洪门工业园】 连云港洪门工业园区位于连云港市新牛公路北侧，204国道西侧，是连云港市区西部工业区重要组成部分。园区始建于2003年初，规划面积1.01平方千米，其交通区位优势明显，西距机场15千米，东离港口30千米，204国道、连徐高速、同三高速、陇海铁路分布四周。建园以来，园区始终坚持高标准规划、高起点建设，先后累计投入近1亿元用于园区的"七通一平"基础设施建设。园区围绕"生态型、科技型、外向型"产业定位，严格按照"布局集中、用地节约、产业集聚"的理念，重点发展以机械制造、包装材料和现代物流配送等3大主导产业，初步形成产业特色鲜明、综合配套能力较强的现代制造业集聚区。园区进驻企业已达62家，企业总投资17.8亿元，建成标准厂房14.6平方米，竣工投产企业58家，2013年全年实现销售收入11.3亿元，实现财税收入2756余万元。

【洪门农贸市场】 2003年，市场采取农产品加工超市模式，共设有300多个摊位，小型加工区10个，特色专柜20个，有效解决周边地区老百姓买菜难的问题。

【四季农产品交易中心】 四季农产品交易中心位于市区西大门，是连云港市向西辐射全国的门户。交易中心总面积53.33公顷，建筑面积35万平方米。总投资10亿元，市场开发分两期进行，一期项目于2007年11月份动工建设，并于2009年初建成正式投入营业。开发面积43.33公顷，投资7.5亿元。现已建成各类商铺、门面房及配套营业用房近3000套。二期项目正在紧锣密鼓地规划建设，开发面积10公顷，投资2.5亿元，主要建设农产品展览馆、冷藏系统、物流流通设施、综合写字楼等配套设施，力争使市场成为集零售、批发、加工、冷藏、保鲜、检测、检疫等为一体的现代化农副产品集散中心。

社会事业

【劳动保障】 2013年，洪门街道按时发放各类保障金，实施群体就业援助，新增城镇就业人数675人，城镇登记失业率在3%以内，城乡基本社会保险覆盖率100%；为辖区内新成长失业人员办理就业登记证165份，为下岗失业职工换发新证46份；组织参加各类招聘会2场，举办专场招聘会3场，再就业、创业培训135人；组织辖区退休职工参加市退管会举办的健康体检。

【民政工作】 2013年，发放优抚金、尊老金、低保金、重残金等近80万元；增设养老床位达75张，新增居民养老服务中心1个；建成红旗社区服务中心综合楼。新增社区服务用房800平方米；八一节组织慰问驻地部队。

【计划生育】 2013年，街道计生办定期上报基础信息报表，网络平台统计；投入人口和计划生育事业费近1.5万元，举办大型广场宣传活动3次，中小型早期教育讲座3次，青春期知识讲座3期；定期育龄妇女随访服务检查4期，参检人数达500多人次。随访率100%，流动人口免费服务率99%以上，人口计生知识普及率达95%以上。开展孕前筛查工作，完成孕检人数70对，辖区人口自然增长率4.5‰，计划生育率100%，人口出生率7.9‰，征收社会抚养费62500元。

【文体活动】 2013年，成立5个民间体育协会，吸收会员77人，多次组织开展广场舞、篮球比赛、文艺演出等社区文体活动。协办白虎山庙会活动，并举行农业政策科技知识宣传活动，发放相关资料近2000份。

【综合治理】 2013年，街道以“六五”普法、法治洪门及平安洪门创建等活动为载体，大力强化普法宣传，建立村、社区红袖章巡逻队5支，100人，24小时不间断义务巡逻；在润琦苑小区打造法治宣传长廊，举办2场大型平安法治宣传活动；开展形式多样的“送法进社区、进企业、进农村”的活动；开展实施法律援助工程，完善法律援助程序等制度；接管帮教安置人员64名，社区矫正人员16名。调处矛盾纠纷75件，成功率达98%。接待人民群众来访近80余次。

城乡建设

【环境整治】 2013年，洪门街道保持BRT沿线沿街整洁，强化环境整治力度，清运垃圾1000余吨，刷新墙体15200平方米，铲除、涂刷小广告6000条。

【禁违拆违】 2013年，洪门街道拆除辖区违法建设房屋约3000平方米；投入80万元。

【街巷建设】 2013年，洪门街道投入20万元对新村路支巷、海青东巷等5条下水管道进行修缮；新建户厕18座，新建垃圾池6个；完成市场路、杨庄路的农村道路验收工作；完成洪门村东片区污水截流工程，铺设管道1000余米；新建污水提升泵站1座。

【审核廉租房】 2013年，对街道63户享受廉租房货币补贴保障的家庭进行年检，其中47户通过审核。

党的建设

【思想政治建设】 2013年，洪门街道党工委开展中心组学习12次，党政领导带头学，重点学习党的十八大、十八届三中全会精神及省、市、区党代会精神，利用QQ群共享网络平台，确定每月学习主题，灵活开展各类活动，邀请专家授课、视频学习等形式，累计培训500余人次。

【纪检工作】 2013年，洪门街道完善制度建设，制定《洪门街道规章制度汇编》，规范机关人员行为。强化监督检查。对重点工程重大事项推进情况以及机关工作作风进行监督检查，并将相关情况在党政联席会或宣传栏予以通报。利用党员活动日、“廉政课堂”等载体，观看廉政电教片，学习廉洁从政一系列相关规定、制度，加强廉政教育。

【宣传工作】 2013年，洪门街道深入推进精神文明建设。充分挖掘洪门村淮海戏、洪门小学剪纸艺术、洪门社区太极剑等民俗艺术团体的示范带动作用，完成信息报送、党报党刊征订任务，在省、市级报刊、电视、网站等媒体发表报道200篇。

【组织建设】 2013年，洪门街道指导村、社区顺利完成党组织和村（居）委会换届选举工作，换届选举工作程序合法有序。2013年新建立非公企业团支部6家，新建工会21家，发展会员1339人，街道工会获得省级“模范职工之家”称号，街道团工委获得新浦区优秀团（工）委三等奖。

行政村（社区）简介

【洪门村】 位于蔷薇河畔西侧，东邻蔷薇河，西邻东海县张湾乡，北邻新浦经济开发区，南邻新海发电厂，204国道和陇海铁路穿村而过，全村有土地面积3.5平方千米。辖区内共有16个村民小组，2232户，洪门村党委下设3个党支部，有党员112名。有企业23家，个体工商户107家，大型园区2个。2013年，实现税收2300万元，完成乡村养老保障财政配套资金补助到位率100%，新农合参合率100%，财政配套资金到位率100%；创建三星级以上卫生室1个，建立健全突发公共卫生事件应急体系，全面完成创建卫生应急示范区。

【新庄村】 位于原新浦区与海州区交界处，辖区内多条交通要道穿村而过，交通发达，资源丰富，全村现有大小民营企业50家，主要从事运输、加工、制造和服务等行业。辖区占地面积134.77公顷，总人口407人，新庄村党总支下设3个党支部，党员71人。2013年全村国民生产总产值两亿多元，上缴国家财税1500万元，人均纯收入8320多元，计划生育率100%，连续四年被评为“江苏省文明村”，被市委、市政府授予“五好村党支部”“发展之星党支部”、农村经济50强村等荣誉称号。

【红旗社区】 成立于2001年11月25日，辖区范围结合并调整后，重新划定，东至新海路，西至蔷薇桥，南至新海发电厂，北至海连西路。红旗社区党委下设3个党支部，共有党员126名。居民1665户，人口4680人，面积达0.76平方千米。社区现有办公用房350平方米，新建社区服务中心399平方米。内设老年活动室，健身房、居家养老、残疾人康复室、世代服务室等。辖区有厂矿企业5家，独资企业1家，学校1所，学前班、幼儿园4所，个体工商户160余家。

【洪门社区】 位于海州西大门，辖区范围经合并调整后，重新划定，东至幸福路，西至新海路，南至江化路，北与新浦交界，社区居民1203户，人口3680人。洪门社区党工委下设3个党支部，共有党员61人。社区现有办公用房200平方米，活动用房200平方米。内设老年活动室、残疾人康复室、世代服务室、儿童之家、科普学校、民防工作站等。辖区内有企事业单位4家，银行2家，幼儿园1家，便民服务点5个，个体工商户72家。社区先后被评为江苏省“平安家庭示范社区”“示范妇女儿童之家”；连云港市“创建文明先进社区”“科普文明社区”“三八红旗集体”“文明社区”等称号。

【洪新社区】 2013年，重新划定，东至新海路，西至新庄村，南至江化路，北至陇海铁路，面积约1.9平方千米，居民2007户，人口5802人。洪新社区党工委下设3个党支部，共有党员104名。2013年，社区被评为“省科普示范社区”。

（撰稿：李琼宇
审稿：刘蓓蕾）

洪门工业园　　（洪门街道　供）

云台街道

综述

云台街道办事处地处连云港市花果山南麓，境内有众多的自然景观和人文景观，辖区内有渔湾AAAA级景区和东磊游览区等。2013年1月31日，行政区划调整撤销云台乡，设立云台街道办事处，云台街道办事处机关驻凌州社区居民委员会云善路1号，行政区域面积为59.5平方千米，人口3.26万人，辖西山、丹霞、前关、后关、山东、东磊、渔湾、朱麻、凤凰9个村民委员会和凌州社区居民委员会。耕地面积1813.33公顷，山林面积1733.33公顷。

经济建设

【经济指标】 2013年，云台街道完成财政收入5587万元，完成目标的124.16%；公共财政预算收入3909万元，完成区目标的102.87%。农民人均纯收入1.41万元，较2012年增长15%。被连云港市云台山景区管委会评为"综合目标考核二等奖"。

【招商引资】 2013年，云台街道完成招商引资内联资金11716万元，注册外资实际到账额180万美元。

【重大工程】 2013年，云台街道投资500万元的西山至丹霞环山水泥路铺设工程建成通车；投资65万元修建的云台街道垃圾中转站投入使用；投资600万元的关里中心幼儿园建设工程项目全部竣工。计划投资2000万元的云台中学教学综合楼建设项目已于12月底开工建设。云台中心卫生院12月底开工建设；计划总投资3000万元的133.33公顷菜篮子基地建设已流转土地80公顷开工建设；塘口整治工程由江苏山水生态环境建设有限公司制定实施方案，开工进行斜坡整治阶段。

【安全生产】 2013年，共排查各类事故隐患232处，整改230条，整改率98%以上，制止和打击以非法盗采为主的非法违法活动30余起。

新农村建设

【农田管理】 2013年，云台街道新增农田设施80公顷，造农田防护林120公顷。圆满完成市政府下达的四沿绿化目标任务。

【土地流转】 2013年，云台街道土地流转面积397.33公顷，推动农村土地规模经营和农业的转型升级。

【秸秆禁烧】 2013年，云台街道成立秸秆禁烧工作组、制订禁烧有关规定，完成水稻、玉米等秸秆返田1673.33公顷，返田率98%。

社会事业

【矛盾调处】 2013年，排查各类矛盾纠纷143件，调处率达95%。

【劳动保障】 2013年，街道培训各类劳动力280人，新增农村转移劳动力460人，在街道10个村（社区）成立村级劳动保障机构。

行政村（社区）简介

【西山村】 地处云台街道西首，是云台街道的西大门，西与云台林场的九岭分场相邻，南与南城镇接壤，东与云台农场交界，占地面积6.26平方千米，耕地面积221.13公顷，山场面积173.33 公顷。有5个自然村庄，13个村民小组，1270户，5683人，党员122人。农民人均纯收入1.41万元，村集体收入65.94万元。

【丹霞村】 位于云台街道西首，在前关村委会、西山村委会中间，西至马涧通道，占地面积5.88平方千米，耕地面积155.6公顷，山场186.67公顷。有5个自然村庄，16个村民小组，1310户，5177人，党员102人。农民人均纯收入1.45万元，村集体收入33.09万元。

【前关村】 位于云台街道西北部3千米处，地处丹霞村委会与后关村委会中间，占地面积6.9平方千米，耕地面积115.93公顷，山林146.67公顷，水库14万立方。共有6个自然村，12个村民小组，889户，3335人，党员97人。农民人均纯收入1.36万元，村集体收入29.44万元。

【后关村】 后位于前关村委会与凌州社区居委会中间，占地面积6.47平方千米，耕地面积136.67公顷，林地面积426.67公顷，有100万立方米水库1座，有5个自然村庄，13个村民小组，824户，3569人，党员102人。农民人均纯收入1.36万元，村集体收入57.63万元。

【山东村】 位于凌州社区居委会与东磊村委会中间，因地处大圆顶山东侧而得名，占地面积6.25平方千米，耕地面积233.8公顷，山场面积173.3公顷，有4个自然村庄、12个村民小组、823户、3280人，党员91人。农民人均纯收入1.40万元，村集体收入51.41万元。

【东磊村】 位于山东村委会与渔湾村委会中间，是东磊景区所在地，占地面积4.6平方千米，其中耕地面积168公顷，山林面积10公顷，有6个自然村庄、7个村民小组、524户，2265人，党员83人。农民人均纯收入1.41万元，村集体收入10.5万元。

【渔湾村】 位于东磊村委会与朱麻村委会中间，是渔湾景区所在地。全村占地面积4.46平方千米，有耕地面积167.07公顷，山场面积144.67公顷；有3个自然村庄、6个村民小组，388户，1760人，设党总支1个，下设3个党支部，党员68名。农民人均纯收入1.41万元，村集体收入239.1万元。

【朱麻村】 地处云台街道最东首，是云台街道的东大门，与市经济技术开发区相邻，南与东辛农场，云台农场接壤，村内的大岛山是石子生产集中地。占地面积7.6平方千米，其中耕地面积207.33公顷，山林面积266.67公顷，有2个自然村庄、8个村民小组、778户，3089人，党员96人。农民人均纯收入1.40万元，村集体收入207.17万元。

【凤凰村】 位于云台街道东南部，徐连高速公路南侧，242省道西侧，烧香河西岸，毗邻国营东辛农场、云台农场、市经济技术开发区，占地面积6.4平方千米，其中耕地面积347.07公顷，山林面积200公顷，有5个自然村庄、5个村民小组、634户、2293人，党员92人。农民人均纯收入1.45万元，村集体收入190.82万元。

【凌州社区】 位于云台街道中部，地处后关村委会与山东村委会中间，占地面积3.3平方千米，耕地面积76.13公顷，林地面积100公顷，有2个自然村庄，6个居民小组，520户，2216人，党员81人。居民人均纯收入1.39万元，村集体收入54.37万元。

（撰稿：武宜天
审稿：王统欙）

花卉园一角 （云台街道　供）

江苏省云台农场

综　　述

2013年，云台农场土地面积2798公顷，其中耕地1427.3公顷。人口5296人，职工人数995人，管理人员65人，其中机关27人，离退休人员1541人。

实现国有营业收入8029.3万元，较2012年同期增长42.4%；国有利润总额804.9万元，较2012年同期扭亏增盈996.3万元，人均纯收入16669元，职工人均收入35906元。

2013年，云台农场被江苏省精神文明建设指导委员会授予2010~2012年度“江苏省文明单位”荣誉称号；获省农垦集团公司“先进企业”称号；被省农垦集团公司党委评为思想政治工作先进单位；连续十七年获连云港市文明单位称号；花果山出口蔬菜示范区建设工程荣获“连云港市2012年度十大惠民工程”；获新浦区“2013年度经济建设和社会发展目标有功单位”。

经济工作

【工业经济】2013年，云台农场共投入1588.8万元用于优化园区基础设施改造，优化园区环境。园区共入驻企业11家，有农产品精深加工、电子、制冷、机械、建材、酒业、饲料加工等行业。全年，园区实现营业收入达2.2亿元，安排各类就业岗位1200个。

【种植业】2013年，云台农场种植面积973公顷，粮食总产量11555.9吨。其中小麦面积540公顷，产量2397.5吨；大麦面积319公顷，产量970.8吨；水稻973公顷，产量8187.6吨。示范区年生产蔬菜647.3吨，实现销售收入143.4万元。种植黄秋葵11.57公顷，大葱1.52公顷，毛豆15公顷，小松菜1.79公顷，广岛菜2.63公顷；依托连云港吉本多食品有限公司签订出口韭菜、小松菜、广岛菜、大葱、黄秋葵等蔬菜的销售订单。全年供应出口蔬菜337吨，实现销售收入88万元；实行区超对接（区：种植区，超：超市）。全年共实现内销韭菜221.8吨，莲藕8000余吨。申报万亩无公害农产品生产基地，西甜瓜、莲藕无公害农产品已获批；被江苏省绿色食品办公室认定为“放心吃网联盟企业”；出口蔬菜示范区评为省级放心消费示范区先进单位。

【养殖业】2013年，云台农场按照“稳猪鸡、上质量，增牛羊、扩规模”，进一步加快养殖业结构调整步伐，生猪饲养量0.25万头，出栏0.18万头；饲养各类家禽40万只，出栏34万只；养殖种禽0.8万套，孵化雏鸡66万羽；羊饲养0.16万只，出栏0.13万只。坚持“场不漏村，村不漏户，户不漏畜禽，畜禽不漏针”的免疫原则，2013年，共免疫禽流感40万羽，猪口蹄疫2500头，猪瘟2500头，免疫率为100%，耳标配戴达100%，经市畜禽卫生防疫站抗体检测达97%以上；对全场999公顷鱼塘规范管理，收缴承包费用56万元。

【外向型农业】2013年，云台农场实施规模种植。以莲藕、出口水生花卉等为主要品种特色农业面积达800公顷，初步实现主要生产品种技术标准的强制实施、工厂化育苗育秧技术推广、物理化防病设施广泛应用的现代农业体系，示范区农业外向度达到90%以上，联结农户1800户，联结基地286.67公顷。建立以订单为主的风险共担机制，充分调动原料基地和加工企业的积极性，为地方政府探索出一条农业区域一体经营的管理模式。省级龙头企业吉本多食品公司“JBD”商标在日本成功注册，公司成为江苏农垦和连云港市首家在日本获得果蔬类商标注册的企业，通过ISO22000食品安全管理体系认证，水煮莲藕通过企业标准认定；酱腌菜、罐头食品和其他果蔬制品获得QS认证；新建水煮车间和3000吨低温冷库投产使用。年销售5930吨，其中保鲜1200吨，冷冻2900吨，盐渍1300吨，水煮66吨，实现销售收入4134万元；全年实现利润116万元，比2012年增长2倍。以速冻韭菜、洋葱、蒜泥和烤洋葱为核心的冷冻产品、以调味藕片、糯米藕为代表的调味食品已成为公司发展的重要支柱；注重品牌创建，公司开发的“一风堂”系列休闲食品评为连云港市知名商标，食品“藕然一片”获国家“金奖”；带动周边农户2000多户，形成较为成熟的"公司+基地+合作社+农户"的经营模式。

【房地产业】 2013年，华泰丰泽园项目一期工程三幢小高层2013年3月开盘，已签约92套，认购32套，占总销售面积的70%，共计实现销售收入2228万元；凤凰星城楼盘一期总建筑面积98000平方米，2013年11月开盘，已销售8400平方米。

【项目审批】 2013年，云台农场与新海新区共同投资2000万元的园艺花卉苗木产业已完成前期规划论证，项目实施方案通过省集团公司审核批准；连云港市农业科技示范区列入国家级质量安全示范区；金属贸易实现营业收入4.34亿元，利润总额达146.8万元，较2012年同期增长258%。

【生态旅游农业】 2013年，云台农场将旅游产业打造成为农场第三大支柱产业，投入235万元对生态旅游核心区土建景观和植物景观进行提升改造，形成10大景点；农业生态园接待中心主体工程已经完成，园区绿化完成投入230万元；与市媒体联手打造连云港市首届荷花季和摄影爱好者首届荷花摄影比赛。水生花卉园获国家AA级旅游景点认证，2013年接待游客达2万余人次，被评为"2011-2012年度江苏省旅游行业文明单位"和"连云港市十佳乡村旅游点"。

【专业合作社】 2013年，云台农场以茂田果蔬专业合作社为主体的经营管理模式成为出口农产品示范区推行的主要生产经营模式，合作社实现年收入达500万元。

远旺农机专业合作社牵头组织社员"抱团"跨区作业，年创收800万元，实现职工与农场双赢。

【基础设施建设】 2013年，云台农场争取省补项目资金463万元，完成"江苏省农垦现代农业产业园区水生蔬菜试验科研基地建设项目"申报；争取省级滴灌工程项目50万元和省补水利建设资金80万元，实施园区标准化管理；争取省农垦集团公司园区配套项目资金1200万元，疏浚河、沟、渠土方15万立方米；争取财政资金100万元，吉本多公司水煮调味食品产业化开发项目。

社会事业

【社会保障】 2013年，云台农场为1565名职工办理居民医疗保险，118人办理城乡居民社会养老保险；发放贫困家庭慰问金16万元，为10名新入学贫困家庭争取"金秋助学"金2.4万元；发放重残生活救助金2.7万元；年度组织在职职工及离退休人员进行健康体检。

【居民区建设】 2013年，云台农场完成危旧房改造40户改建任务，居民点配套设施工程即将交付使用；居民饮用水安全工程竣工；年度投资502万元，用以完善小城镇配套设施建设，新建居民点道路7685平方米，铺设下水道2955米，新建居民点厕所2座、改造3座；投入164万元，完成沈圩路、引淡河两条农村公路改造；争取新浦区菜篮子工程项目补贴资金35万元，兴建占地3千平方米的新菜市场投入使用；"一站式"服务大厅正式启用。

【安全信访】 2013年，云台农场投入40余万元完善视频监控系统，实现全场路口、出入口、重点要害部位、公共场所的全方位实时监控。农场与单位、部门和企业签订安全生产责任状，严格执行安全生产一票否决制度，实现安全生产零事故；完善平安互助网，成立居民红袖章队伍，全年调解135起民事纠纷，调解率达100%，成功率达97%。

【农业标准化体系建设】 2013年，云台农场生产标准实现与国际接轨。参照日本、美国、欧盟等发达国家和地区的农业操作规范，研究制定莲藕、韭菜、洋葱等12个出口蔬菜生产技术操作规程和20多个生产标准，引进ISO9001、HACCP、ISO22000和GAP等世界先进的质量管理手段，从生长环境、生产过程、病虫害防治到产品加工、包装销售等，使蔬菜生产的每一个环节都纳入标准化管理的轨道。

【实施信息化管理】 2013年，云台农场投资200万元搭建"连云港出口蔬菜原料追溯及种植过程管理系统"平台，实时录入追溯各单元的播种信息、施肥信息、施药信息、灌溉信息、采收信息、农残检测信息、销售信息等，实现从田间到餐桌，从生产到消费全方位、全过程的追溯。

【实行"五统一"配送模式】 2013年，云台农场实行产品配封闭式管理。实施农用投入品实行"统一进货、统一价格、统一保管、统一配送、统一技术指导"的配送模式，形成从"投入品生产企业到配送中心到基地"直供配送体系和专营专供机制。

全年共实施基地专项检查6次，形成检查记录6份，合理化建议8条，抽样送检蔬菜品种7个、13个批次，检测结果全部合格。

（撰稿：刘玉春
审稿：张明宝）

综　述

江苏省岗埠农场位于新浦区西郊，东与新浦区浦南镇、东海县张湾乡相连，南与东海县平明镇接壤，西与东海县白塔埠镇毗邻，北与东海县黄川乡、新浦区浦南镇相望。是华东地区大型国有、江苏省农业产业化重点龙头企业之一。拥有国家级优质商品种子生产基地、江苏省最大鲜切花生产基地、绿色有机食品生产基地、特水养殖生产基地。农场总面积0.90万公顷，耕地面积0.54万公顷，下设6个生产区和1个社区，人口31000人，在册职工2737人，离退休人员5431人。

2013年，农场被连云港市新浦区委、区政府授予"2013年度经济建设和社会发展目标建设新浦有功单位"荣誉称号。

经济建设

【经济概况】 2013年，岗埠农场实现国有营业收入3166.04万元，较2012年增长17.69%；实现场域营业收入14.19亿元，较2012年增长15.39%；实现地区生产总值（GDP）6.39亿元，较2012年增长14.88%；实现人均生产总值（GDP）3.15万元，较2012年增长13.72%；实现人均收入1.95万元，较2012年增长20.34%。

【联合承包管理】 2013年，全场推广联合承包生产经营面积2474.67公顷，平均亩效益317.02元（不含粮食直补、粮种补贴），最高亩效益达592.54元。生产成本控制效果明显，种子、肥料、农药、机械作业、灌排水费五大直接生产成本比2012年亩减少106.67元，人工费用亩减少8.52元。2013年秋播前，联合承包面积新增加212公顷，已达2702.48公顷，占耕地面积的60.6%。

【良种培育】 2013年，大华岗埠种子分公司在联合承包田繁育小麦种子面积933.33公顷，种子生产量500万千克；水稻种子繁育面积1000公顷，种子生产量达825万千克，完成预约生产合同任务。因保种数量和质量好，受到农发公司的高度评价，其中小麦保种获农发公司优胜单位奖。

【粮食收储】 2013年，岗埠分公司按照仓储精细化管理的要求，落实粮食的收储、晾晒、转运到粮食的烘干、入库、保管等监管工作，全年收储麦稻商品粮1940万千克，全部在标准水分下足数安全入库，并与农发公司做好内部粮食调运工作。

【高效农业】 2013年，全场高效设施农业占地面积16.13公顷，复种面积达457.33公顷。全年生产鲜切花8000万支，盆花20万盆。鲜切花（含盆花）产值约7000万元，盈利5000万元，平均亩效益2万元以上，同比增长20%。全年轮作瓜果蔬菜种植面积达297.33公顷，比2012增长23.5%；平均亩收入1.3万元，亩效益达8800元，总产值达5800万元。2013年，非洲菊在全国第八届花卉博览会上参展获得2枚银牌，一枚铜牌。无公害产品基地、绿色食品基地相继验收合格。农民经济合作组织也得到壮大，新增专业合作社2家，蔬菜产品除直供市区一些大型超市外，还通过农贸批发市场向外部拓展，远销到北京、上海、南京、盐城、淮安等地。

【农业科技】 2013年，岗埠农场承担国家、省及农发公司大华种业的小麦、水稻、玉米试验23项。进行新品种试种，先后引进水稻新品（系）40个。引进小麦新品种（系）16个。大华种业岗埠子公司进行小麦、水稻良种提纯复壮1.13公顷，试种繁育小麦、水稻原种17.33公顷。

【农业机械化】 2013年，岗埠农场国有农机投入510万元。农场区域内成立7个农机专业合作社，农机总动力达5.88万千瓦。主要有大中型轮式拖拉机130台；大中型收割机560台；高速插秧机76台；大中型农机具660台，主要农作物机械化综合水平达到90%。其中分公司国有大中型轮式拖拉机23台，配套农机具156台、高速插秧机57台，大中型收割机12台。

【养殖业】 2013年，全场共出栏生猪2.59万头、肉鸡106万羽，扩大水产养殖面积至266.67公顷。其中新建高效泥鳅养殖基地项目，实现当年投产当年见效益，亩效益达5000元以上；基地内混养的水蛭平均亩产200千克，塘口价在110元/千克，亩效益在一万元以上；南美白对虾养殖，亩效益在2000元以上。

【林业经济】 2013年，岗埠农场采用承租经营和股份经营相结合模式达到共赢目的。农场到期采伐树木收入489.37万元；树塘收入161多万元；苗木销售收入14.28万元。争取2013年植树造林补助金9.4万元，公益林补助金11.64万元。

【基础设施建设】 2013年，全场大力推进基础设施建设，相继投资548万元，新建53.33公顷泥鳅塘；投资302.3万元，完成大中沟河道疏浚17条，60.7千米，疏浚土方工程69.9万立方米；投资169万元，新建农桥10座；公共墓地一期基础设施投入65万元，建设面积1.33公顷；完成对全场1000公顷土地整理；投资近400万元建设排灌站及配套设施工程。

【供电供水】 2013年，农场水电中心总供电量3139万千瓦小时，实现售电量2865万度，电费回收率100%；总供水量45万吨；全年实现销售收入1659.8万元，成本费用1562万元。

【安全生产】 2013年，岗埠农场制定10项安全生产规章制度和考核办法，全年组织召开专题工作会7次，组织安全生产大检查及专项抽查11次，悬挂条幅张贴标语1000多条幅，发放承诺书和倡议书14200余份，撰写新闻报道稿件40余篇，出动宣传车50余台次。参加省农垦公司、地方政府及农场安全生产知识培训6期，受训人员357人次；为基层拨批安全生产专项资金60余万元。

【农业专业合作社】 2013年，岗埠农场有农业专业合作社17个（其中，2013年新增高效农业临河基地“好景色”果蔬合作社1个，新增农机合作社4个），注册资金总额达1000多万元，运营投资额达4000多万元，仅鼎旺农机合作社一家投资额达2000万元。分公司合作社拥有核心社员992户，其中，高效农业792户，农机200户，创利2900万元，农机跨区作业创收入700万元。分公司周边乡镇入社农户500户，带动分公司及周边职工2000余人向致富道路迈进。

【创新工作室】 2013年，农场成立创新工作室《农垦示范性职工创新工作室建设实施办法》出台后，2013年岗埠农场组建3个创新工作室：花卉蔬菜创新工作室、农机创新工作室和经纪人创新工作室。其中，花卉蔬菜创新工作室先后引进培育花卉、蔬菜、瓜果新品种46个。农机创新工作室在夏秋两季期间为作业机械解决技术故障50余件，为机站节省开支近10万元。经纪人创新工作室为岗埠输出懂技术花农5人。

社会事业

【环境整治】 2013年，农场全年共查处违章建筑9处，送达违章整改通知120余次；翻建民房283户，房屋交易过户61户。农场投资567万元，新建镇区景观河，涵盖护坡、护栏、排水、道路绿化亮化等工程1400米；投资200万元，完成振兴路南侧下水道1080米，检查井20个，亮化工程1500米；投资60万元，建设镇区垃圾中转站及垃圾处理配套设备1座；投资360万元，用于农场及前二总集中小区职工休闲广场项目建设；投资36.8万元，用于镇区“一站式”服务大厅建设；投资210万元，扩建镇区农贸市场及附属配套设施，建设面积达3320平方米。镇区6条主干道及8个公厕全部实行卫生管理定员定编，分片包干，责任到人，完善垃圾收集点70个，全年共转运生活、建筑垃圾5000吨。

【关注民生】 2013年，农场共发放养老金1.12亿元，发放定期救济金约14万元，丧葬抚恤费232万元。对全场5206名离退休人员的养老金进行增资调整，补发养老金324.18万元。全场共上缴职工“五险一金”（养老保险、医疗保险、失业保险、工伤保险、生育保险和住房公积金）达2539.78万元。全年共有79户特困户被列入市总工会救助对象，领取救助金18万元；享受最低生活保障待遇183户，享受重残补助85人；共发放低保金及重残补助金122.8万元，低保和重残人员春节过节费17.34万元。农场向市总工会争取10户特困家庭子女列入助学对象，每个特困大学生每年可获得3000元助学金。同时，积极鼓励和帮助困难职工及家庭成员自主创业，有15户困难户被市总工会列入自主创业帮扶对象，每户接受3000元的创业帮扶资金。

此外，通过大力发展鲜花、蔬菜、食用菌和畜禽养殖业，并实行免费技术培训，帮助困难职工脱贫致富，为退休职工办理领取养老金，为12000名非职工居民发放“健康卡”，解决职工“看病难、看病贵”问题，还从民政部门争取低保金122.78万元。投资4878万元新建的408套47600平方米的多层保障性住宅楼，投资360万元新建二总生活小区。

【文体活动】 2013年，岗埠农场成立50人女子业余腰鼓队和老年艺术团，自编自演身边人身边事，宣传上级及农场惠民政策，艺术团在全场巡回演出20多场。农场工会购买4台音乐播放器，为业余团队活动提供便利。

组织职工参加晨练和晚上活动。举办1次棋牌友谊赛、乒乓球比赛、拔河比赛，职工农田活动“齐心协力奔小康”比赛，职工书画展等活动。其中部分书画摄影作品入选农垦书画巡展。七项文体系列活动费用支出6.6万元。2013年度，农场工会被市总工会评为“企业职工文化建设先进单位”。

农场职工书屋被江苏省总工会授予示范“职工书屋”，连续两年被省农垦集团公司授予“优秀职工书屋”。

党 群 工 作

【政治学习】 2013年，农场开展党的群众路线教育实践活动，在党员干部中开展干群面对面谈心交心活动，查摆存在问题，达到提高认识、改进作风，解决问题。

【工会工作】 2013年，岗埠农场分公司工会开展学习党的十八大精神、工会十六大精神以及党的群众路线教育实践活动三项活动，并结合实际工作将学习、教育和实践活动寓分公司的各项工作之中。分公司选手周双玉、刘霞凤分别在集团公司工会举办的网络知识竞赛中取得垦区大赛第二名和第六名。选手周双玉荣获一等奖、刘沛菡荣获三等奖、仲志伟获优秀奖。岗埠分公司工会荣获优秀组织奖。

【党建工作】 2013年，岗埠农场党委共任免干部59人，选优配强5名政工岗位干部，加强基层班子建设；发展新党员及预备党员12名，外部转入党员16名。开展党员培训2期，培训人员达190人次。坚持领导干部述职述廉制度，坚持把反腐倡廉教育融入干部培养、选拔、管理和使用的全过程，在全场持续开展党性教育、警示教育和廉洁从政教育，建立反腐倡廉教育长效机制。

【召开职代会】 2013年，岗埠农场工会召开第十三届二次职工代表大会。121名正式代表表决通过《关于职代会工作报告的决议（草案）》《关于工会工作报告的决议（草案）》以及《2013年岗埠分公司5个系列文件的决议（草案）》《岗埠分公司2014年土地承包管理实施意见》。会议收集提案22份，建议36条。涉及农场的工资制度、人才招聘、干部任免、指标奖惩、福利待遇、城镇管理、民生工程等职工关心的热点问题，主动接受职工群众监督，保证职代会和职工权利的落实。

【职工培训】 2013年，农场围绕"1+1"即理论培训和实践培训相结合的培训方式，开展职工综合技能培训。全年共培训8期，培训人数达1100人次，发放记录本、笔1100套，支出教育培训经费11万元。其中农技专业培训4期：分期举办"花卉与蔬菜种植技术培训班""机械化秸秆还田暨机插秧培训班""电灌站机械操作培训""农业技术培训班"。举办"安全生产技能培训"1期、"学习十八大精神知识讲座"1期、"预防职务犯罪警示教育"1期。

【服务职工】 2013年，三夏三秋期间，工会为管理人员发放劳保用品（毛巾、香皂、洗手液、洗发精、太阳冒等）1.5万元，为管理人员争取发放电话补贴2.72万元。农场女工委邀请市中医院专家来场，为全场女职工进行一次义诊。分公司工会邀请连云港市第一人民医院专家义诊团一行12人来岗埠农场开展职工义诊活动。3个小时共接诊200多人次，其中有重诊1例，及时开通"绿色通道"安排住院治疗。12月份，组织全公司职工到第一人民医院进行免费健康状况体检。

【基层工会建设】 2013年，岗埠分公司工会加强基层工会建设：建立健全10个基层工会并制订各项工作制度64项；创建3个工作室；为农机总站及王卫生产区基层工会配备会议室桌、椅、乒乓球桌、篮球架等设施；创立农机总学习园地、机务知识、厂务公开等一体的信息专栏等。全年向苏垦农发工会工作《信息简报》投稿38篇，共被采用14篇。向集团信息网和岗埠花卉网投稿31篇，录用22篇。

【宣传工作】 2013年，农场共制作播出广播电视节目80期，组稿2520篇。在国家、省、市媒体上用稿710篇，在江苏农垦"好新闻"评比活动中，岗埠农场选送的广播节目被评为一等奖，网络稿件被评为三等奖；在《江苏农垦人报》、江苏农垦网用稿进入前四名。

【信访工作】 2013年，岗埠农场共受理来信来访189件，其中来信10件，来访769人次，共承办省、市、区交办信访件5起，接访率100%。

（撰稿：包明义
审稿：周建强）

东磊玉兰花 （韩世泳 摄）

综 述

2013年，南云台林场（简称林场）以创建花果山国家森林公园和云雾茶龙头企业发展基地争取国家、省、市项目扶持为重点，积极推进重点项目建设。

2013年，完成综合经济收入1111万元，完成年度目标任务的100.97%，完成固定资产投资1.75亿元，其中完成规模以上投资1亿元，完成年度目标任务的100%，实现农民人均收入14560元，完成年度目标任务的100.48%。计划生育工作人口出生率13.7‰，人口自然增长率7.2‰，计划生育达97%，各项指标均已达到上级要求。

经 济 工 作

【招商引资】 2013年，林场完成内资6000万元人民币，完成外资100万美元，分别完成年度目标任务的120%和100%。

【山林管理】 2013年，林场新增造林面积64.47公顷、森林抚育233.3公顷，其中森林抚育工程顺利通过省验收，获项目工程资金80万元。新增预算内投资项目，实施封山育林666.67公顷。完成治理松材线虫病5.3公顷，美国白蛾防治面积达333.33公顷，松材线虫病疫情、发生面积、危害程度连续4年呈下降趋势。

【森林防火】 2013年，林场投入800万元修建森林防火指挥中心；投入30万元新建城市消防扑救系统。连续6年保持无森林火灾，连续6年获市、区森林防火先进单位称号。

【项目申报】 2013年，林场共申报项目17个，已获准立项项目16个，结题验收7个，在建实施项目8个。获得项目建设资金总额2000万元，到位资金1700万元。成功培育中幼林20公顷，建江苏省云雾茶示范区，面积433.33公顷，通过云雾茶实样标本、栽培技术规范、QS质量安全认证体系等。

社 会 事 业

【农村环境整治】 2013年，林场重点抓九岭村整治，成立领导小组，并制定整治实施方案，排出完成时间计划表，层层签订目标责任状，确保落实到位。投入30多万元对九岭村的3个自然庄、3条村干道进行整治。全场清理垃圾300吨，砌筑挡土墙200米，修建公厕3座，新建垃圾池4个，兴建排水沟150米；新建绿地600余平方米。整治沟塘4000米，新建村庄水泥路300米，小游园2处600平方米。

【治理山石开采】 2013年，林场对山石开采签订责任状和实行领导包片的治理方法，实行24小时看守。6月，辖区关停3家碎石机组和2家小型水泥砖加工厂，部分机械已拆除。

【安全生产】 2013年，林场调整安全生产领导小组，开展1次全场安全生产大检查，查隐患、查死角，安全生产工作已连续8年无事故。

【秸秆禁烧】 2013年，林场把禁烧工作落到实处，夏秋两季，场里成立组织、落实人员、制定方案、指派专人进行看守，并利用宣传车和标语横幅广泛宣传，并层层签订责任状、承诺书、发放《致居民一封信》等形式，提高广大居民的环保意识。林场连续三年无秸秆焚烧现象发生。

党 建 工 作

【宣传报道】 2013年，林场有79篇对外宣传报道被中央、省、市电视台、广播电台、报纸等媒体采用，其中通讯员王三祥与市广播电台董慧采写的“林区职工喜迁安居房”报道，在十八大前被中央人民广播电台采用；“飞翔的梦——记江苏百名好青年候选人纪苏源”被江苏省人民广播电台采用；“玉兰花开美不胜收”被市《苍梧晚报》4月4日头版头条采用；“守得云开见明月”报道的云雾茶发展被《江苏经济报》采用。有50篇信息被景区网站采用。通讯员王三祥被《连云港日报》、市广电总局评为2012年度优秀通讯报道员。

【组织建设】 2013年，林场圆满完成场对九岭社区、村（居）两委换届选举工作。新发展党员8名，有12名青年团员被党组织吸收为入党积极分子，有4名被评为景区优秀共产党员。

【整顿作风】 2013年，林场开展“五治”为内容整顿作风活动，杜绝“懒、散、庸、浮、满”行为。全场共梳理民生问题112个，干部、党员深入基层，到群众中去，顺利解决105个实际问题。

【队伍建设】 2013年，通过竞职上岗、轮岗。民主选拔7名中层岗位干部。

（撰稿：王三祥
审稿：徐长柱）

南云台林场樱桃谷　　（区地志办　供）

人　物

新浦区第十七届人大第三次会议当选的区人大常委会主任简介

王立斌 男，汉族，1963年2月生，江苏邳州市人，1979年12月参加工作，1987年9月入党，省委党校研究生学历，现任中共新浦区委书记、区人大常委会主任。

1979年12月起，历任会计、信贷员、秘书、科长、副主任、镇党委书记、县委宣传部副部长、市文明办副主任、市委宣传部办公室主任、新浦区委常委、宣传部部长、常务副区长、区委副书记、代区长；2009年1月起任中共新浦区委副书记、区长；2001年6月28日，在中共新浦区第九届委员会第一次会议上当选为区委副书记；2012年3月31日，在新浦区第十七届人民代表大会第一次会议上，当选为新浦区人民政府区长；2013年2月，任中共新浦区委书记；2014年1月10日，在新浦区第十七届人民代表大会第三次会议上当选为新浦区人大常委会主任。

新浦区第十七届人大第三次会议当选的区政府区长简介

单晓敏 女，汉族，1972年10生，浙江嵊县人，1995年6月入党，1995年7月参加工作，大学学历，经济学硕士学位，现任中共新浦区委副书记、区政府区长。

1995年7月起，历任科员、科长；2003年2月 至2005年12月，在连云港市财政局预算处任副处长；2005年12月 至2006年5月，在连云港市财政局预算处任处长；2006年 5月 至2011年1月，在东海县政府任副县长；2011年1月至2011年2月，任中共海州区委副书记、区政府代区长；2011年2月至2012年4月，任中共海州区委副书记、区政府区长；2012年4月至2013年2月，任中共海州区委副书记、区政府区长、区政协主席；2013年2月至2014年1月，任中共新浦区委副书记、区政府代区长、党组书记；2014年1月10日，在新浦区第十七届人民代表大会第三次会议上当选为新浦区人民政府区长。

新浦风采

新浦风采

光荣榜

2013年度全区经济建设和社会发展目标管理先进单位名单

一、综合奖

（一）一等奖（21家）：花果山街道、新东街道、路南街道、朐阳街道、洪门街道、区财政局、区经发局、区统计局、江苏瀛洲集团、区住建局、区法院、区检察院、新浦公安分局、区教育局、区人社局、区卫生局、区委组织部、区纪委、区委宣传部、区委政法委、区人武部；

（二）二等奖（21家）：浦南镇、新浦经济开发区、幸福路街道、新海街道、浦东街道、新南街道、海州街道、区文体旅游局、区商务局、区科技局、区审计局、区民政局、区计生局、区环保局、区城管局、步行街管委办、区科协、区委统战部、区总工会、区工商联、区信访局；

（三）三等奖（11家）：南城街道、浦西街道、新浦供销总社、区农水局、区司法局、区安监局、区残联、区级机关工委、团区委、区妇联、区红十字会。

二、驻区单位服务奖

（一）建设新浦有功单位（12家）

新浦国土分局、新浦规划分局、新浦工商分局、新浦药监分局、市国税局第三分局、市地税局第三分局、市地税局第六分局、国营云台农场、国营岗埠农场、连云港振兴实业集团有限公司、连云港市城市建设投资集团有限责任公司、连云港市住房保障中心。

（二）建设新浦先进单位（15家）

市国税局第四分局、市地税局第四分局、市国税局办税服务厅、市地税局第一分局、市质监局城区分局、新浦物价分局、市公安消防支队新浦区大队、市城市管理行政执法支队新浦一大队、市城市管理行政执法支队新浦二大队、中国银行新浦支行、江苏银行新浦支行、市交巡警支队新浦一大队、市交巡警支队新浦二大队、云台山风景区公安分局、浦发银行连云港分行。

（三）建设新浦优秀单位（6家）

市国税稽查局、市地税稽查局、市城市管理行政执法支队海州大队、市城市管理行政执法支队新海新区大队、连云港电信公司新浦区局、连云港移动公司新海营销中心。

三、单项奖

（一）重点工程推进奖（21家）

1、突出贡献奖（6家）

城乡统筹建设指挥部、民主路老街建设改造指挥部、开发区西拓区建设指挥部、旧城改造建设指挥部、盐河巷文化街建设改造指挥部、滨河新城开发建设指挥部。

2、优秀奖（7家）

孔望山新城开发建设指挥部、现代服务业集聚区开发建设指挥部、水晶特色街区建设改造指挥部、服务新海新区开发建设指挥部、顾庄大桥北连接线指挥部、饮用水源保障工程指挥部、沭新渠工程指挥部。

3、旧城改造单项奖（8家）

天然居南侧地块建设改造指挥部、财经学校地块建设改造指挥部、中药学校及体育局、技校周边地块建设改造指挥部、外仓街地块建设改造指挥部、车管所地块建设改造指挥部、东上渔场地块建设改造指挥部、孔望新城地块建设改造指挥部、新海路地块建设改造指挥部。

（二）招商引资先进奖（8家）

新南街道、浦东街道、新东街道、浦南镇、朐阳街道、海州街道、区商务局、区教育局。

（三）软环境建设“十佳单位”（10家）

区教育局、新浦工商分局、市地税局第六分局、区财政局、区卫生局、区人社局、区民政局、区商务局、新浦公安分局、区司法局。

（四）党建工作创新工程奖（8家）

花果山街道党工委、新南街道党工委、幸福路街道党工委、浦南镇党委、新浦经济开发区党工委、新海街道党工委、区教育局党委、区级机关工委。

（五）宣传文化创优奖（9家）

区文体旅游局、花果山街道、区教育局、新东街道、新南街道、路南街道、浦东街道、幸福路街道、区委宣传部新闻中心。

（六）社会管理创新奖（9家）

海州街道、新东街道、新海街道、区委政法委、区教育局、区检察院、新浦公安分局、区法院、区政协办。

（七）财税贡献奖（10家）

正大天晴药业集团股份有限公司、连云港正大天晴医药有限公司、连云港康缘医药商业有限公司、江苏三得利食品有限公司、连云港新奥燃气有限公司、连云港市自来水有限责任公司、江苏东浦管桩有限公司、江苏德邦兴华化工股份有限公司、连云港新磷矿化有限责任公司、江苏齐天电力工程有限公司。

（八）先进村（社区）（15家）

浦南镇江浦村、浦南镇草舍村、花果山街道大村村、南城街道青春社区、浦东街道路北社区、浦西街道沈圩社区、路南街道贾圩社区、新南街道玉龙社区、新东街道利民社区、新海街道西苑社区、朐阳街道西门社区、洪门街道红旗社区、海州街道古楼社区、幸福路街道文化社区、新浦经济开发区夏禾村。

镇街之窗

现代农业让农民当上农场主

中央鼓励和支持承包土地向专业大户、家庭农场、农民专业合作社流转，作为新型农业经营主体，"家庭农场"概念首次出现。于是，浦南镇出现了首批"家庭农场"。

2013年，浦南镇的农业产业园投入2.8亿元，有4家家庭农场拿到营业执照，其中果蔬1家，水产养殖3家。

新浦区浦南镇1906.7公顷土地进行流转，其中部分用于绿化、征地外，绝大部分从事规模养殖业。"纯农业生产的收益每年只有400元/亩左右，而通过土地流转，每年收益达1000元/亩以上。"徐进冬说。

农民王健，2013年2月自筹资金120万元，通过土地流转的形式承包当地15户农民15公顷土地。领取了承包土地的营业执照，成为浦南镇江浦村里第一位农场主。

王健建立了集果树种植、苗木园艺、垂钓休闲于一体的综合性家庭农场。家庭农场的4公顷弓形棚区域和农家乐区域早已规划建设。4公顷弓形棚区域从台湾引进了"农友"牌精品甜瓜和水果玉米，自六月上旬上市以来，仅精品甜瓜就实现销售收入近40万元。2013年11月底，以生态无公害果蔬生产、休闲垂钓、苗木园艺、农耕体验为主的农家乐区域将对外营业，产生的效益值得期待。

该家庭农场的建立推进了当地的农业生产，不仅解决了40位农民的就业问题，还产生了亩均年收入6000-8000元的经济效益。

徐进冬告诉记者："让一批有头脑的人做农业生产的领头羊，带动农业发展，解决农民'在家'就业的问题，为城市居民提供一个体验农市、品尝农味、享受农业休闲的场所，是现代农业发展的新趋势。"

在浦南镇，像王健这样拿到"通行证"的农场主还有孙涛、刘江等几位，他们的水产养殖项目也为浦南镇的经济效益作出贡献。

浦西街道失业人员创业一条街成市级创业孵化基地

经省人力资源和社会保障厅核准，市人力资源和社会保障局书面和现场审查，新浦区浦西街道下岗失业人员创业一条街被认定为市级创业孵化基地，并在全市推广。

新浦区浦西街道下岗失业人员创业一条街位于南极北路，建设总投资几十万元，主要用于疏导点建设，解决南极北路原有临时摊点的安置问题。"浦西街道下岗失业人员创业一条街全长900米，共有店铺80间，店铺总面积1600平方米，按照经营项目分别设立杂货、饮食、服装鞋帽、文化用品、五金、婚庆用品、家纺等区域，预计年交易额达1000万元以上。"浦西街道劳动保障所相关负责人说。根据要求，浦西街道下岗失业人员创业一条街作为创业孵化基地，可帮助80人实现创业，并提供80个就业岗位，目前，已有56名创业者入驻基地创业，带动就业50人。

社区新事

公园社区为居民建诚信档案

建立诚信档案初衷 解决盖章开证明难题

经济高速发展带来人口流动，人口的快速流动又造成了"陌生人社会"，由单位人变成了社会人。陌生人之间，信用不能靠嘴巴说，找熟人了解，又费时费力，基本上不可能，所以，一时间社区的公章成了"万能章"。居民入党政审、小孩当兵，就连干部选拔等都会到社区盖章。可社区工作人员也不是对所有居民的情况都了如指掌，盖章开证明就成为一个难题：不盖，不但居民有意见，还有可能影响到人家的大事；盖，又可能因为不了解情况而盖错章，给社区带来法律上的问题。

如何解决这个难题，公园社区想出一个好法子，那就是在辖区内进行居民个人信用建设，在住户的基本档案中逐渐纳入"诚信档案"。

"诚信档案"包含哪些内容呢？

社区工作人员介绍："诚信是个大概念，包含方方面面的内容，'诚信档案'中除了讲信用的外，不讲信用的也记录。"

讲诚信的事情包括替别人家保管钥匙、帮别人家接送孩子、家庭卫生保洁、按时参加义务劳动、家庭和睦、住户参与治安管理及社区缴费情况等。而不诚信的事情则包括乱倒垃圾、与邻里经常有纠纷、占用公共绿地、不孝敬老人、不爱护公共设施、说话不算话等。

"不诚信的表现会被扣分，守信重承诺的则会被加分。"

公园社区主任黄友霞告诉记者，不要看这都是一些小事，要收集记录下来也不容易，因为建立居民"诚信档案"，很重要的一点就是要保证信息的真实性。黄友霞说："每条信息，我们都要几方核实后才会记入档案，工作量很大。幸亏社区有优势，如我们有社会化管理网格，有组长，还有一些热心的志愿者，他们对自己网格内的居民日常生活比较了解。通过他们以及社区户籍警务室、司法调解委员会等相关部门，经过一年多的努力，目前，公园社区居民'诚信档案'已经基本建成。"

解决盖章的难题后 还有一些意外的惊喜

建立居民"诚信档案"后，再有

人到社区盖章开证明，就不再那么困难了，只要翻看一下“诚信档案”，你的平时表现到底怎么样，一目了然。

家住公园新村的徐大爷就享受到“诚信档案”带来的便利。老人的小孙子今年当兵，孙子还在外地上学，但当兵需要通过政审关，这需要社区提供多份亲戚的政审证明，可时间这么紧急，社区的工作人员对自己家里的亲戚了解吗？他们会盖这个章吗？忐忑不安的徐大爷来到公园社区居委会，没想到社区建立了居民“诚信档案”，社区工作人员只是将“诚信档案”翻看了一下，就为他开好了多份证明，替他节省了不少时间。孩子顺利当兵后，老人还特地给社区工作人员送来了喜糖。

社区工作人员小王说：“以前，我们给居民盖章开证明没有依据，开出去的证明也不能保证自身的法律责任，现在心里有了底，证明不再难开了，还缓解了社区和居民之间的矛盾。”

除了解决盖章开证明这个难题外，社区还收到了一些意外的惊喜。“一些居民不注意公共卫生、邻里经常会有矛盾，在知道我们建立‘诚信档案’后，有了很大改变，因为以前的不良行为不会被记录下来，社区工作人员一调动就不存在了，现在不一样了，想消除这个不良记录是不容易的，对他们也有一种约束。”

居民纷纷表示赞同

社区将细化诚信档案

对于建立居民“诚信档案”，公园社区的居民都表示赞同和拥护。

居民周女士说：“这是个新鲜事儿，挺好的，人与人之间、邻里之间就应该讲究信用，一口吐沫一个钉，这样就没有欺骗行为了。”

居民陈先生表示，现在银行都有诚信档案，如果你的诚信记录有污点，贷款就贷不到，相同的道理，社区居民有了“诚信档案”后，不但社区为居民开证明好开了，别人对你的品行也能有个全方位的了解，人与人之间的相处就更加透明了。

对此，公园社区主任黄友霞表示，接下来社区还将积极地细化“诚信档案”，从而适应整个社会诚信体系建设的要求，提高它的利用率，使它真正成为社区工作的保护伞、居民的便民簿。

新洪社区出租房有了“身份证”

小红牌吸引注意

在新浦区浦西街道新洪社区，老远就望见一位大叔正站在小板凳上，用锤子在墙上敲着什么。看到记者，他便下来上前热情地打招呼。

“大叔，一大早的，您在这里敲什么？”记者问。

“你问这个啊，我在给社区里的出租房办理‘身份证’呢！”大叔微笑着说。

身份证？记者走近仔细一瞧，发现墙上有一块有“出租房”三个字、编号为002的小红牌。眼前的这块小红牌，加上刚才这位大叔的回答，让记者充满了疑惑。只不过，这个疑惑没多久就被解开了。

我们这儿有个大难题

原来，这位大叔姓董，今年50多岁了，是新洪社区的一名辅警。他告诉记者，新洪社区在老城区，住的大多是老人，家里空出的房间很多，于是，他们将这些空房租了出去。随着出租房屋数量的持续增加，社区也就面临了一个大难题。“社区里的流动人口较多，房主大多又是老年人，他们因疏于安全防范，导致一些小偷小摸现象的发生，甚至有过承租人对房主实施侵害等。”董大叔说。“另一方面，有的房主不仔细核查承租人的身份，因此，也就有可能导致出租房屋成为一些不法之徒的落脚之地。”

社区订购300块牌子

加强流动人员和出租房屋的管理就和房主以及承租者的利益紧密连在了一起。新洪社区率先推出了给出租房屋挂门牌的新举措。

新洪社区就拿出3000元钱，订购了300块统一规格的出租房屋门牌，一块小红牌10元钱，到目前为止，已经陆陆续续地登记安装了70多块。

安装出租屋门牌工作，由社区辅警董大叔牵头，社区工作人员齐上阵，大家在工作日里，抽出时间去登记租赁房屋信息，做到信息采集准确、完整，从而摸清入住人口的底数，然后再把小红牌给装上。

谈起这事儿，今年75岁的周大妈最有发言权了。她告诉记者，董师傅他们整个上午都在小巷子里忙活。“董师傅一手提着小板凳，一手拿着锤子和小红牌，在这家装完了，又到另一家去装。想让他进咱家喝口水，歇一歇，可他笑眯眯地说：‘不用了大妈，下面还有好多家呢！’”

红牌蓝牌一起做个伴

如此一来，在出租房屋的蓝色门牌旁边，就多了一个显眼的“小伙伴”，两块牌子靠着一起“做伴”，也有效地促进了社区流动人口的管理。

由社区挂牌、派出所进行管理，此举对加强辖区内出租房屋的管理、规范房屋租赁行为以及促进流动人口管理服务工作，都起到了积极作用。

“通过挂牌管理，社区对辖区内所有的出租房屋进行造册登记，并定期对出租房屋的经营状况进行检查，一旦发现问题，我们将迅速报辖区派出所备案，从而及时有效地控制各类可疑人员，让不法之徒没有可乘之机。”

首批安装小红牌的社区居民纷纷表示，一定会提高思想认识，积极配合社区做好出租房屋的管理工作。

房主承租者可以放心啦

“别看小红牌小，用处可大呢！它就像我们随身携带的身份证一样，证明了我们这些出租房屋的合法性，有了它呀，我们心里也变得踏实啦！”居民曹大爷乐呵呵地说。

一位陈姓承租者表示，出租房屋门前挂上这块小红牌，着实让他们放心了很多。“之前我在外地工作，也是租房子住，可在那边却未见过类似小红牌，这也是社区的一项利民措施呀，真的不错！”

自从有了小红牌房主悬挂广告牌或者在房屋的墙壁上张贴出租信息的现象少了许多，人们只要看到安装小红牌的门户，就直接进去，了解有关信息后，便可以放心入住。

“一块块小红牌，让人一目了然，可以让别人很容易就知道房子在出租，这对于房主而言，也是一种宣传手段呀！”社区相关负责人说：“上了年纪的房主生意旺了，收益自然会增加，这给我们社区帮扶老人的工作也带来了另一种收获。”

党员风范

老党员姜姨帮助别人快乐自己

位于新浦区浦西街道财苑社区的新中巷原粮食局宿舍，是一个名副其实的“五方杂处一院、各色人等俱全”的“大杂院”。虽说“杂”，但这里的人们却都能够和睦相处、团结互助，整个“大杂院”内，呈现出一派祥和安定的景象。

在这个“大杂院”里，有个人们交口称赞的老党员，她叫姜菊芳，大家都亲热地喊她“姜姨”。姜姨1986年退休之后，就全身心地投入到社区的服务当中。

有一次，院子里两家邻居因用水产生了矛盾，双方争执了起来，彼此互不相让，眼看冲突越来越大，就在“火药桶”一触即发之际，姜姨出现了。她把双方叫到一块儿，好言相劝，耐心说服，最终，两家化干戈为玉帛。

有一年夏天，大院内一家婆媳发生了争吵。邻居跑到姜菊芳家：“姜姨啊，那家婆媳俩吵起来了，你快去劝劝吧！”

此时，姜菊芳正在吃午饭，听说这事后，立即放下饭碗，直奔“出事地点”。她问清原委、分析原因、讲明道理、安慰婆婆、批评媳妇……直到两人和好如初。

社区居民常听姜姨说的一句话是：“有困难尽管对我说，帮助别人我快乐。”

于是，大院里哪家有困难了、哪家老人生病了、哪家房子漏雨了、哪条路的灯不亮了……只要找到姜姨，她都要管一管。大家都说姜姨是“调解员”。

党员朱家伦服务社区三十年

今年75岁的退休老党员朱家伦，家住海州幸南社区电讯宿舍，退休后帮社区义务巡逻、打扫卫生，并且不求回报，一干就是30多年。他平时热心助人，团结邻里，在群众中享有很高的声誉。

朱家伦对待邻居很是热心，哪家有困难，他都记在脑子里，自己能帮的就帮、帮不了的就号召大家一起帮，实在有困难的，就找社区居委会。据邻居反映，朱老经常帮助邻居换灯泡、维修小家电，他们家附近走廊的卫生都一直是朱老在打扫。一个邻居有残疾，想办医疗保险、退休卡等，朱老都帮忙代办，许多年来，一直都是这样。因此，左邻右舍只要提起朱家伦，都会竖起大拇指，夸他是个好人。

对社区工作，朱家伦总是啥事都抢在前头。带领老党员们出谋划策、值班巡逻，他样样都行，并且从来都是第一个到现场、最后一个离开。

在他生活的小区，如有新婚夫妇和新出生婴儿未及时到社区登记的，朱大爷总是在第一时间告诉社区，便于社区工作人员及时上门登记做好人口统计。前些年，他家附近的居民区治安状况很不好，打盗抢现象有之、吸毒现象有之。针对这些情况，朱家伦主动和社区联系，成立了帮教小组。朱家伦和几个老党员一起经常上门走访，和有不良嗜好的青年促膝长谈，收到了很好的成效。

爱的奉献

李文伦3年捐赠90多个阅览室

2013年12月，连云港书店有限公司总经理李文伦向新浦区路南街道9个社区赠送了价值7万多元的图书。这是李文伦承诺的3年捐赠计划的收官之作。3年间，他向新浦区各社区捐赠阅览室90多个，每个赠书400余册，价值8000多元，总价值60多万元，实现新浦地区社区阅览室捐赠全覆盖。

“做生意要讲信誉，重承诺。”李文伦说，这个捐赠计划缘自3年前的一个承诺。2010年底，我市举行的慈善晚会上，当时已经捐赠了30多个社区阅览室的李文伦庄严承诺：连云港书店要用3年时间实现新浦地区所有社区图书阅览室全覆盖。其实，民营书店是一个微利行业，许多人不解的是，一个历经艰辛的创业者，为何如此执著社会公益事业呢？

“创业之初，我就有一个‘三分之一梦想’，希望企业成功后能把利润的三分之一用于公益事业。”李文伦说。1995年，他从市开发区一家企业副总的位置上主动下岗分流，以2000多元资金白手起家，创办了连云港书店有限公司。创业初期，为节约开支，他坚持搭乘长途过路车，夜出夜归，几十包书来去一个人手拎肩扛，睡的是候车室，吃的是快餐面，随身带个开水杯。创业成功后的李文伦仍然保持着艰苦奋斗、勤俭节约的习惯，践行社会公益梦想。2003年，他有了一点周转资金，主动为灌南县北陈集中心小学捐赠了阅览室，开始有计划、有重点地长期从事扶贫助学工作。截至2013年底，他先后资助500多名贫困学子，援建图书室200多个，与全市50多个单位结对共建，先后荣获感动连云港十大典型人物、中国助人为乐好人等荣誉。

近三年来，全国图书市场不景气，李文伦的公司也遭遇了严峻考验。他的公司从最多时的14家分店，经过关停并转后，现保留了新浦、海州、连云等地6家分店。由于资金周转紧张，社区阅览室捐赠计划遭到来自家庭和公司内部的不同声音，但李文伦力排众议，说服大家，“社会公益已经融入我们的企业发展，只要企业存在一天，我们对公益事业都将不遗余力。”2013年是李文伦捐赠计划的最后一年，全年累计捐赠44个社区图书22500多册，价值30多万元。新浦区路南街道是最后一个捐赠单位，街道党工委书记田亚辉告诉笔者：“作为民营书店负责人，李文伦在企业发展的同时，不忘回报社会，难能可贵，这批捐赠图书也将为加强社区文化建设起到积极作用。”

爱心救护车一路疾驰守护“最美”少年

1046公里，这是连云港到北京的距离，也是关乎一个“最美”少年生命的距离。1.5万元，这是一辆救护车单程前往北京的花费，“120的”回答是：为了孩子，全部免费。

12月28日晚上8点，新浦区最美少年高吉康被市120救护车护送到了北京。市120急救中心派出的救护车，连续驰骋了10个多小时，目的只有一个：给11岁“最美”少年高吉康带来生的希望。

昨天，高吉康母亲赵红芹从北京打来电话说，孩子仍然没有脱离生命危险。但是，这辆免费的“生命急救车”，在严寒的冬季融化了寒冰，给孩子增添了一份生的希望。

“除了守护孩子，我什么也不能做。对于帮助过宝宝的好人，我只能说一句：谢谢！”电话那头，赵红芹已泣不成声，这泪水，有对孩子病情的担忧，也有对好心人的感激。

最美少年命悬一线

高吉康，幸福路小学五年级的一名小学生。

2013年年底，他刚被评选为新浦区“最美少年”。

然而，命运却和他开起了残酷的玩笑。就在平安夜那天，高吉康突然昏迷，至今未醒来。

平安夜晚上8点多，高吉康突然失去了心跳和呼吸，经过半个多小时的抢救，才从死亡线上挣扎回来。母亲赵红芹仍清楚地记得，抢救过来的吉康，因为缺氧全身发紫。

吉康住进了重症监护室。但是，病因却一直难以查明。医生说，这和孩子两年前因颅咽管瘤做过两次开颅手术有很大关系。

母亲赵红芹度秒如年。在经历了4天4夜的等待后，吉康依旧没有醒来。医生建议，立即转院治疗。赵红芹联系上了北京宣武医院，但如何带重度昏迷的吉康去北京成了难题。

“我考虑过坐高铁去，时间较短，但是需要转车，孩子万一在路上有紧急状况，高铁是不能随时停车的。”思索再三，赵红芹选择了120救护车。

“生命急救车”免费护送

听说吉康的病情后，市120急救中心作出一个令人感动的决定：免去护送吉康去北京的费用，并且为这辆“生命急救车”配备最好的医护人员、最好的司机！

市120急救中心副主任医师吴振业是“生命急救车”的随行医生，12月27日下午接到任务后，他来到病房看望了吉康。

“吉康的病情很重，他曾做过两次开颅手术，且失去过心跳和呼吸半个多小时，脑复苏很难。”看望过吉康后，吴振业一夜难眠。他坦言，做急救工作多年，从来没有这么紧张过。

市120急救中心为吉康配了一辆最好的救护车，并且在车上配置了6瓶氧气罐、呼吸机、吸氧器、监护仪、气管插管等。

12月28日上午10点50分，“生命急救车”带着吉康和他的父母从市第一人民医院出发。而此时，吴振业和护士冯满才刚刚下班，一天一夜没有合眼。

10个多小时安全到达

一路上，吴振业和冯满一直十分谨慎，生怕吉康出什么意外。脑部的损伤，引发了很多并发症。吉康的喉头水肿，还时不时出现喉痉挛。医护人员不仅要给吉康输液，还要通过药物雾化吸雾，减轻其喉头水肿症状，并用药防止吉康再发生喉痉挛。

10个多小时，救护车上的医护人员时刻看护着吉康。欣慰的是，吉康挺住了！救护车快速且稳妥地将他送到了北京宣武医院，因吉康病情严重医院拒收后，又将吉康送到了北京天坛医院抢救。

直到吉康住进了医院的重症监护室，吴振业一行才松了一口气。昨天，吴振业已经赶回连云港，但他仍牵挂着吉康的病情。

“一路上，多亏医护人员的看护，吉康才能安全地到达北京。我真的不知道说什么才能表达内心的谢意！”到达北京后，赵红芹立即给本报打来电话，希望通过本报，对市120急救中心、车上的4位工作人员说声“谢谢”！

在接受过CT检查后，医生称吉康的重度昏迷是由于脑细胞大面积坏死造成的。现在，吉康的肺部也出现了感染，生命垂危。

“哪怕只有一线希望，我也不会放弃对孩子的救治！”赵红芹哽咽着说，现在最大的期待就是孩子能尽快脱离危险期，生命体征平稳，“哪怕成了植物人，我也会照顾他一辈子！”

董美，吉康的班主任，为了这个最美少年，她已经在全校发出了为吉康捐款的倡议，不到一天的时间已经筹集了2.3万元，且仍在努力为孩子筹集救命钱。令人感动的是，赵红芹说，这笔钱募捐来后，希望老师能存到一个账户里，“如果孩子不需要了，再捐给有需要的人吧……”

创业之星

徐建文创业路上的三级跳

辞掉高薪去摆烧烤摊

徐建文的创业之路，始于2010年10月。她的根据地，是一个烧烤摊。

创业之前，徐建文在一家大单位干了15年，工作轻松、没有压力，待遇也很好。这样的工作，是很多人梦寐以求的。

可天生爱拼的徐建文，不愿意就这么每天上班、下班过着平淡的生活，她想让自己的生活更精彩，也想更好地体现自己的价值。于是，她辞去了这份令人羡慕的工作。

经过一番准备后，徐建文的阿拉伯烤肉串摊，在步行东街南附街正式开张了，这也开启了她的艰辛创业之路。

早在90年代初，徐建文就开过一个礼品店。“那个时候，每月能赚一千多元，这为我创业积累了经验和起步资金。”徐建文满怀信心地说。

不甘心小打小闹她转行

虽然对创业充满了信心，可一开始，徐建文还是遇到了困难。

“我的家当就是一辆小车。”徐建文说，“刚开始，顾客对这种长串的烤肉不认可，当时售价是4块钱一串，最开始，一天只能卖20块钱。”

“不仅肉串卖不出去，还要忍受严寒。”徐建文说，“那年冬天特别冷，零下9摄氏度，我就穿了两件羽绒服在身上，还戴顶帽子，然后戴着耳麦，一个人在那吆喝。每天要站十多个小时，腿、脚都是肿的，到现在脚上还有一个疤。”虽然开始很艰难，可徐建文仍然信心满满地迎接每一天。徐建文说，那段时间，她自己也不知道是怎么坚持下来的。

一个月后，她的烧烤摊生意逐渐好起来，经常出现排队的情况，每天的营业额都在5000元以上，她的销售网点也增加到四家。

不少顾客吃过她的烤肉串之后就开玩笑地说，“你再做做，烤肉串的摊子都可以上市了。”这还真激发了徐建文的思路。“为什么不能做大点呢？”于是，徐建文就在海州开了一间肉串加工厂，专门为各地的小吃节生产肉串，产品远销苏南及山东等地。从此，在新浦的大街小巷，总能看见一个晒得又黑又瘦、骑着电瓶车送肉串的身影。

“那时，我每天只能睡三四个小时，跑业务，送货。”从小就没过过苦日子的徐建文，硬是扛过了那段日子，生意也逐渐做大。

正当大家都以为徐建文将在烤肉串这个行业长久做下去的时候，一年半以后，徐建文又转行了：做工程。

做工程虽然收益高，可风险也较大，虽然徐建文的工程也做得有声有色，同时，她也在寻找着更好的商机。

进军产后恢复行业

在做工程的同时，徐建文也在收集一些男性美容方面的资料。在找资料的时候，她发现了产后恢复这个项目，觉得这个项目更适合自己，到北京考察之后她便下定决心做了。“这个项目比较新颖，市场前景应该不错。”徐建文依然充满信心。

于是，今年7月，徐建文投入30万元开了一家产后恢复中心。200多平方米的店面，有产后身体恢复、减肥、全身经络调理、全身塑形、去妊娠纹等多个服务项目。

“我这里主要通过仪器和手法，运用中医的原理来刺激穴位，以达到调节胃经、脾经的作用，达到身体平衡，健康减肥，恢复到产前的体重。”徐建文说道。

几个月下来，来过她店里的顾客普遍反映较好，老顾客还带来源源不断的新顾客，生意一天好过一天。

“我不急于求成，今年就当是交学费了，自己努力过了，以后回想起来，也不觉得遗憾。”徐建文总是抱着乐观的心态。“我不怕竞争，反倒希望更多的竞争，以此来督促自己做得更好。”

徐建文还说，她喜欢尝试和挑战新鲜事物，还想涉足新的行业。

她目前正在收集关于月子会所的资料，等时机成熟了，就开办一家综合性的月子会所。不过，她现在要做的，是将自己的产后恢复中心做大做强，做出自己的特色。

“等一切稳定、走上正轨之后再谋求更大的发展。”徐建文说。

小小“鱼丸档”撑起祁大姐一家生活

下岗后不气馁　夫妻携手创业

位于新浦海昌南路的“再就业一条街”熙熙攘攘。在一个鱼丸摊铺上，一位皮肤白皙、留着短发的中年妇女正在不停地忙碌着。她叫祁金灵，丈夫叫杨守站，两人均是下岗职工。

“我们夫妻俩2002年同时从企业下岗，生活一下子陷入了困难。”祁金灵说。下岗后，她与丈夫没有怨天尤人，而是想着尽快找到事做。“2003年3月，我们曾在北小区食堂干过半年时间，但情况不尽如人意。丈夫是社区一名党员，平时对相关政策比较了解，他劝我一起经营个小摊铺，靠自己的双手养活自己。”就这样，夫妇俩踏上了创业路。

祁金灵夫妻所在的紫云社区得知他们情况后，非常支持并鼓励他们放手去干。除了精神上的鼓励之外，社区还热情扶持，在区域内划出一个摊位，提供给祁金灵夫妻进行创业。

历经困难　毅然坚守鱼丸档

创业初期总是最难熬的日子。“那时做鱼丸生意刚起步，东西都是放在地上卖，也没有柜台。后来，还是社区找人为我们搭了个石板台。而且也没什么人脉，行业竞争也非常大。”祁金灵回忆说。

祁金灵坦言，她从没想过鱼丸能经营得这么好，我们做买卖凭的是“诚信、质量、安全、卫生”，用自己的良心经营来换取老百姓的信任。然而，祁金灵夫妇的创业道路并不是一帆风顺的，其中也遇到过许多困难。

“去年7月份连云港市接连下起了暴雨，社区也发起了大水，但我们一天也没有休息，每天都是涉着膝盖深的水继续做生意；因为我们的生意中有一部分是鸡类产品，前段时间发生禽流感，也造成了一定的损失。这些小困难都不能影响我们。”祁金灵说。

就是凭借这份执著与毅力，祁金灵夫妇坚持了下来。

面对未来　他们想把生意做大

“现在我们面临的最大问题就是这里的经营环境比较差，经营设施不怎么好，生意的规模难以做大，”祁金灵说。

说到以后的经营规划如何时，祁金灵说，现在经营的还只是鱼丸和鸡类产品，品种比较单一，现在自己卖的鱼丸市场反响很不错，老百姓都很喜欢，打算创新鱼丸经营，做起不同种类的鱼丸，形成自己的特色。“主要以鱼丸为主，兼卖些其他的产品。现在正琢磨着扩大规模，希望将来能够拥有自己的一套门面房。”

护绿使者

社区志愿者为树木“松绑”

2013年4月17日，在新浦龙尾河畔的绿化带，来自新浦区路南街道路南社区的志愿者见到树上有绑着的绳子就将它解掉，并号召周围居民共同保护绿化带。

在路南社区龙尾河边，有一片种了不少树木的绿化带，由于靠近居民区，一些居民就在树上系上绳子，用来晒衣服、晾被子。

针对这种现象，路南社区组织辖区内的部分志愿者对这个绿化带进行整治，大家来把树木上的绳子解掉，并劝导周围居民不要在树木上系绳子晒衣服了，希望大家保护这片绿化带。在志愿者的努力下，河边的风景恢复了往日的美丽。

陈根宝20年坚守只为南云台的绿色

云台山风景区南云台林场护林员陈根宝，继承父亲看山护林工作，一干就是20年。他看山护林20年如一日，折射出一名普通职工立足本职、爱岗敬业的新时期社会主义核心价值观。面对枯燥的工作，他选择了坚守。寒来暑往，春去秋来，7300个日日夜夜，记录着他的坚守；面对盗伐者的威胁，他更坚守责任；保护绿色，他就这样坚守了20年。在他心里，保护绿色是他一生的坚守。

子承父业　他用对森林的爱战胜孤独

清晨，每当太阳从地平线上冉冉升起的时候，在云台山风景区南云台林场山里蜿蜒的小道上，人们都能看到一个胸挂望远镜、手拿小喇叭、身穿黄马甲的人。他，就是继承父亲看山护林工作且一干就是20年的护林员——陈根宝。说起陈根宝，南云台林场的广大职工，争着向笔者讲述他20年看山护林的动人故事。

“咱们这地方叫牯牛旦，是南云台山最高的地方。这个瞭望台是上个世纪60年代建的，有10米多高，陈根宝就在这里工作。”陈根宝的同事说，“他父亲陈培楼原来在这干了近30年。陈根宝高中毕业就接过老陈的枪，也干起了护林工作。”

一旁的陈根宝被同事一说，不好意思地笑了，“当时是九几年，不少同龄人都去闯深圳。说真的，当时我也想出去闯一闯。但我从小在这片山里长大，对每一棵树都有感情了。在我犹豫时，父亲再三动员我，他怕退休后没人看这片林子，而且别人看他也不放心。我从小就跟着父亲在这片林子里转悠，他说我来看，他放心。最后我选择了留下来接班。”

虽然每天走的还是那些路，看的还是那些树，但接班那一天，陈根宝还是掩饰不住内心的激动，“除了在瞭望台附近巡逻，我更喜欢站在瞭望台上用望远镜观看四周的山林，哪里有可疑情况一眼就看到了。看着风吹着森林像绿色的大海一样，听着风声，心里别提多高兴了。”

可日子长了，一个年轻人整天待在不到8平方米的瞭望台，陈根宝渐渐感觉到了枯燥与乏味。这时父亲的一句话，让他坚定了护林的信心，“孩子，既然你选择了这份工作，你就得干好，守护好父辈们留下的这片山林是你的责任。”正是这份责任，正是这份对南云台山的爱，寒来暑往，春去秋来，20年来，陈根宝硬是坚守了下来。

几十个打火机　陈根宝诠释了什么是责任

在陈根宝瞭望台桌子的抽屉里，有几十个打火机，这是他从游客身上“劝”来的。“咱们南云台林场森林有3万多亩，每年10月到第二年5月，都是防火期。每天都很忙，一旦出现情况连饭都顾不上吃。”陈根宝拿着打火机皱着眉头说，“现在市民的生活好了，越来越多的驴友来南云台山徒步，我们工作的压力也越来越大。”为了严把火种进山关，陈根宝对每位游客都做了认真仔细的登记，并劝其留下打火机之类火种，于是抽屉里的打火机便逐渐多了起来。

陈根宝在游客进山时，还向他们宣传防火知识，号召大家爱护身边的森林。在陈根宝从事护林员20年的工作中，由他守护的几千亩森林，没有发生一次火灾事故。

护林工作，还要经常面对危险，与盗树者斗争。

为了防止山上的林木被人盗伐，陈根宝没少吃苦头。“你看这棵松树，”陈根宝指着位于山间的一条小路边的松树，“你看这个根，明显被人挖起过，去年夏天有几人想刨去卖的，被我看到制止了。”当时陈根宝正在瞭望台，听到不远处的林间小道有人说话，开门一看，不远处有3个人手拿斧头、锯子正围着一棵大树上下打量。他二话没说，冲到三人面前，三人一见只有他一人，并没有害怕，软硬兼施地说：“小老弟，家中建房缺点木料，行个方便吧。”并随手拿出了100元钱，硬向他手里塞，陈根宝喊着说：“你就是给我1000元，我也不能把树给你砍。”说完陈根宝上前一把抱住树，“你要砍就砍我吧！”三个人最终失望地走了。

在陈根宝的心里，他的瞭望台，是他对南云台山这片生他养他的土地的坚守；他的工作，是对与自己一起长大的树木的承诺。他将自己的青春，全部奉献给了森林。

老有所乐

古稀老人与摄影结缘20多年

退休教师朱兰已经与摄影结缘20多年。你很难想象，她已过了古稀之年，并在退休后走过20多个国家。她的《小屋》、《古塔穿云》分别获得华人艺术大赛金奖和中国艺术摄影协会银奖。她的作品出版成册，《悠悠人世间》、《摄影之路》以书本的墨香味传承着她的摄影精髓。20多年的不懈坚持，实现了她的摄影梦。

退休之后　她与摄影为伴

朱兰，从1989年开始，就拿起相机拍摄各种让她感动的瞬间。当时，她抱着试试看的心态，把自己拍的两个孙子的照片寄给报社，没过几天就收到了报社寄来的采用单和稿费。

也正是这次来自外界的肯定，进一步激发了她的摄影兴趣，当即下定决心钻研摄影这门艺术。她给自己配置了一台专业的单反相机，并在老年大学报了一门摄影课程，“一开始先着手于拍摄简单的人物照和风景照。”

家人、同学、舞伴等都成为朱兰

的摄影对象，小区的花园、华联广场等都留下了朱兰摄影的身影。20多年里，她待摄影如初恋。正是这份热爱，带给她生活里无尽的乐趣，朱兰也成为我国首批优秀摄影家之一。

用心摄影　收获国际大奖

"用心去感受，就会成功。"朱兰的摄影之路是靠心走出来的。自2001年起，她先后加入了省、市的摄影家协会，2007年她又获准加入了国家摄影家协会，成为我市第一个国家级女摄影家。

在摄影家协会里，她遇到了能够外出采风、交流摄影技术、分享拍摄作品的朋友。1999年她跟随国家摄影家协会到国外拍摄照片，一年的时间走遍了法国、瑞士、意大利、埃及、泰国等8个国家。风采各异的人文景观都一一定格在了她的镜头里。

瑞士采风期间，她拍摄的一张雪天里的《小屋》获得了在香港举行的华人艺术大赛的金奖，这个荣誉是对她精湛的摄影技术的权威肯定。2003年前往云南采风所拍下的《古塔穿云》，又斩获了中国艺术摄影协会银奖，几年后还被送往美国和加拿大以及日本参加了画展。

摄影也带给朱兰很多个人荣誉，她是人民日报的特邀撰稿人，市民俗摄影学会的博士会士，《摄影报》的"十佳作者"。2002年9月，她出版的第一本散文集《悠悠人世间》收集了她近年来发表的12万字的文章和200多幅摄影作品。2011年8月出版的《摄影之路》又以图文集的形式串起了她二十年里的摄影足迹。

花甲伉俪演绎快乐人生

每周一三五下午，是新浦区浦东街道龙苑社区居民的戏剧节，主角都是社区剧团的文娱爱好者，划旱船、挑花篮、赶驴……热热闹闹地在龙苑社区广场表演了。

领头的是一对年过花甲的伉俪，女的叫周承兰，今年64岁，是社区剧团的团长和创办人；男的叫徐仁昌，是剧团的总剧务兼美工。剧团虽小，一场两三个小时的演出却是有模有样的，没有人相信他们中年龄最大的已70多岁、最小的也58岁了。就是这样一个小剧团，在成立不到一年的时间内，走出去演出17场次，不仅积累了演出经验，而且还有了响当当的名气。

周承兰还是小媳妇的时候，就迷上了划旱船、挑花篮等互动性强的节目，只是忙于工作和家务，不能全身心投入。退休后，她常常和老伴到其他社区观摩，一有机会就下场子，每天不吼上两嗓子、不在剧场上溜达一圈，就感到浑身不对劲。

周承兰提出在龙苑社区创办民间剧团的想法后，老伴徐仁昌及4个女儿均表示支持。徐仁昌干过钳工，便主动请缨为剧团做道具。对于从未做过道具，而且左眼遭歹徒袭击已经失明多年的徐仁昌来说，大有将军绣花的味道。徐仁昌先是把样品琢磨透，接着去海州采购材料。耗时一个多月、花费1500多元，一个装饰精美的花船、4个花篮、一头毛驴和一辆独轮车，就先后交付剧团使用了。最有意思的是毛驴，别的剧团制作的毛驴都是一个整体，脖子根本动不了。考虑到小毛驴的灵活性和观赏性，徐仁昌在制作毛驴时，采用二分法，就是把驴头和驴身分开制作，中间用弹性好的竹篾连接，再系上响铃，这样，小毛驴立马神气起来。制作的道具多了要占空间，为了给道具腾房间，老两口就把已成家的小女儿"撵走"。

道具一应俱全，差的就是导演和编剧了，周承兰就从别的社区请来李广汉当导演、何宜刚任编剧，剧团一下子吸纳了15个人。目前，剧团创作的剧本有5大本，收录歌曲、戏曲片段85首，所有歌曲、戏曲片段周承兰都能说唱就唱。

"真的不错，有剧团就有气氛、大伙就有笑声！"龙苑社区负责人说。

（以上资料选自《连云港日报》《苍梧晚报》，本鉴略有删改。）

百岁寿星

【陈作英】女，汉族，1907年7月20日生，江苏东海县人，现居住在新浦区岗埠农场临河生产区朱庄。身体状况一般，生活基本能自理，食欲较好，荤素搭配，食量可与年轻人相比；睡眠较多，头脑清醒，语言表达较正常，有点眼花耳聋，不太喜欢活动，活动时偶尔要人搀扶。有一儿二女，现在儿子家生活。

【季陈氏】女，汉族，1912年5月8日生，江苏东海县人，现居住在新浦区岗埠农场高桥生产区四化队。现身体情况一般，生活基本能自理，食欲较好，以五谷杂粮为主，牛奶鸡蛋为辅，睡眠较多，头脑清醒，语言表达较正常，有点眼花耳聋，不太喜欢活动，活动时有时要人搀扶。有三儿三女，现由小儿陪伴生活。

【李传喜】男，汉族，1913年1月6日生，江苏东海县人，现居住在新浦区岗埠农场包庄生产区徐圩队。身体情况较差，生活不能自理，食欲一般，睡眠较多，头脑清醒，语言表达较正常，有点眼花耳聋，因体质较差不能活动，活动时必须要人搀扶。有三儿四女，由小儿陪伴生活，于2014年2月去世。

【孟凡英】女，汉族，1913年9月10日生，江苏东海县人，现居住在新浦区岗埠农场城镇居委会腾飞东路13-1号。身体健康情况一般，生活不能自理，食欲一般，以牛奶鸡蛋为主，睡眠较多，头脑较清醒，语言表达较正常，有点眼花耳聋，因体质较差不能自己活动，活动时必须要人搀扶。有三儿二女，现由小儿陪伴照顾生活。

【秦洪芝】女，汉族，1913年12月19日出生，现居住新浦区海州街道南门社区。现身体状况欠佳，生活不能自理，有点眼花耳聋，目前由儿女轮流照顾。

【徐希善】男，汉族，江苏省赣榆县人，1913年7月30日出生，1951年迁入连云港市新浦区，黄埔军校十五期毕业。曾任连云港市政协一届委员，二至七届常委，七届副秘书长，省民革四届、五届委员，民革连云港市委员会副主委等职。自幼喜爱书画，曾在市博物馆举办个人书画展。2009年、2013年二次被授予第七届、第八届"全国健康老人"称号。有三儿一女，现由二儿和三儿轮流照顾生活起居。身体状况良好，饮食正常，头脑清醒，有点耳聋。

【陈徐氏】 女，汉族，江苏省连云港市新浦人，出生于1913年12月28日，身体硬朗，精神状态良好，由儿女照料。

【芦景兰】 女、汉族，1913年8月22日出生，连云港市猴嘴人，现居住在新浦区向阳社区通灌南路47号楼。身体状况良好，生活基本自理，食欲较好，头脑清醒，语言表达正常，有点眼花耳聋。有两儿两女，目前由小儿子一家陪伴生活。

【潘彩成】 女，汉族，1911年3月5日出生，连云港市新浦人，现居住在路南街道富强老年公寓。无退休，身体状况不佳，有耳背的现象，看人模糊，有4个子女。于2014年3月2日去世。

【王殿英】 女，汉族，1909年9月18日生，山东沂南县人，1949年移居连云港市，现居住在新浦区浦东菜市社区。身体健康良好，生活基本能自理，食欲较好，很能吃，睡眠较多，头脑清醒，语言表达正常，有点眼花耳聋，喜欢活动，经常让人带着出去玩。有两儿两女，2014年4月14日去世。

【孙广年】 男，汉族，1912年4月6日出生，云台区人，2007年搬迁新浦区，现居住万润社区。现身体情况健康良好，生活基本能自理，食欲较好，头脑清醒，语言表达正常，有七儿一女，目前由四儿子陪伴生活。

【张月英】 女，汉族，1910年11月3日出生，现居住市民社区新新路36号，现身体情况良好，生活不能自理，食欲较好，头脑清醒，语言表达相对正常，眼不花耳不聋，有一儿一女，目前由大儿子陪伴生活。

【孙广才】 男，汉族，1913年4月29日出生，江苏赣榆县人，2013年搬到新浦区，现居住市民社区水利巷1号，现身体情况良好，生活基本能自理，食欲较好，头脑清醒，语言表达正常，眼不花耳不聋，有三儿三女，目前由小儿子陪伴生活。

【尹士明】 女，汉族，1908年10月出生，连云港市人，现住在南城街道万家乐老年公寓。身体状况良好，血压偏高，生活基本能自理。老人常年吃素，爱听小戏。

【周继英】 女，汉族，1910年11月14日出生，连云港市新浦人，现居住在新海街道河西社区，目前老人除了听力有些不好外，身体其他方面都很健康，饮食方面偏向清淡，喜素食，很少吃荤菜，一辈子不抽烟不喝酒。有三儿四女，老人和小儿子住的地方相隔不远，儿女时常探望陪伴，平时独自生活。

【鄂淑华】 女，1909年8月18日出生，无业，是浦西街道电台社区居民。现有一子三女。目前，鄂淑华老人与三女儿在一起生活。老人目前身体很健康，只是眼睛看不见，平时生活以素食为主。家庭生活幸福美满，四世同堂。

【邵王氏】 女，1913年12月22日出生，无业，是浦西街道财苑社区居民。有二子三女。邵王氏老人与二儿子邵立田在一起生活。住浦西街道财苑社区建成巷58号。老人目前身体很健康，家庭生活幸福美满，四世同堂。

奇闻异事

石棚山有棵大树横着长

在海州石棚山风景区进山桥的北侧有一棵大树横卧在道路中间，正好挡住了行人的去路。

这棵特别的树横在这里像条卧龙，为了不打扰它，平时，人们都习惯绕着走。附近的村民们都戏称这棵树为"卧龙树"。

这棵横卧的大树，树干大约有七八米长，部分根系有点腐朽，局部干枯的树枝已经被人锯掉。有人用手轻轻推了推长长的树干，发现树根和树干紧紧相连。树根丝毫没有动弹，树干上面长满密集的枝条，不时随风舞动，引来不少游客驻足观赏。

附近的村民说，这棵树其实是他们自己栽种的，树龄估计有20多年。因为村民家的桃树和李树就在风景区里，所以，大家有时候经过这里也会主动修剪这棵树。

大圣湖惊见大鳄龟

2013年2月2日，年过六旬的花果山大圣湖水库管理处传达室的张师傅在花果山景区大圣湖捉到一只罕见的"大乌龟"，这只"大乌龟"长54厘米、重约15斤左右，头部很尖，背甲有一点突起，尾巴比普通乌龟长的多，上面布着突起的刺。

张师傅捉到"大乌龟"的消息很快不胫而走，附近村里的居民纷纷赶过来观看，但无人知晓这是什么品种的乌龟，村里70多岁的老人何大爷仔细看了半天后，也连连摇头说没见过这个大家伙。围观者对此无不啧啧称奇！

这是一种什么乌龟呢？新浦公园动物园的相关动物专家认为，这是只鳄龟，属于外来物种，不属于国家保护动物，估计是有人放生在大圣湖里。专家说，鳄龟如果放养到湖里或者河里，会对生态环境造成破坏。

（摘自《苍梧晚报》）

统计资料

综合统计资料

2013年新浦区总人口及其构成

表18　　单位：人

地区别	年末数					1月1日至12月31日人口变动					
		总人口				出生			死亡		
	总户数	合计	男	女	未落常住户口人员	合计	男	女	合计	男	女
全区合计	139589	449824	228612	221212	10	6194	3296	2898	1006	610	396
办事处合计	—	—	—	—	—	—	—	—	—	—	—
新东办事处	28960	92637	47304	45333	0	1045	551	494	126	83	43
浦东办事处	15946	47815	24507	23308	0	585	332	253	136	66	70
路南办事处	13760	42177	21114	21063	0	432	221	211	107	67	40
新南办事处	19026	58819	29734	29085	0	674	354	320	116	65	51
浦西办事处	14242	41210	20606	20604	0	601	320	281	145	87	58
新海办事处	14581	42036	21111	20925	0	560	293	267	95	50	45
镇	—	—	—	—	—	—	—	—	—	—	—
南城镇	2206	7071	3567	3504	0	126	66	60	28	22	6
浦南镇	14535	56625	29348	27277	0	1168	608	560	71	59	12
乡	—	—	—	—	—	—	—	—	—	—	—
花果山街道	6043	20459	10069	10390	0	328	179	149	35	26	9
农场	—	—	—	—	—	—	—	—	—	—	—
岗埠农场	6411	27221	14300	12921	10	420	231	189	130	74	56
云台农场	1835	5489	2785	2704	0	72	38	34	4	3	1
新浦经济开发区	2044	8265	4167	4098	0	183	103	80	13	8	5

续表

地区别	年末数					1月1日至12月31日人口变动					
		总人口				出生			死亡		
	总户数	合计	男	女	未落常住户口人员	合计	男	女	合计	男	女
海州区	25497	77615	38785	38830	0	1157	618	539	246	144	102
海州街道	7125	21315	10716	10599	0	233	128	105	81	48	33
幸福路街道	5624	16844	8590	8254	0	199	101	98	48	30	18
朐阳街道	8270	26372	12889	13483	0	524	284	240	60	33	27
洪门街道	4478	13084	6590	6494	0	201	105	96	57	33	24

2013年连云港市各县区社会经济主要指标完成情况

表19

项目		赣榆县		东海县		灌云县		灌南县		新浦区		海州区		连云区	
		2013年	比2012年增减(%)	2013年	比2012年增减(%)	2013年	比2012年增减(%)	2013年	比2012年增减(%)	2013年	比2012年增减(%)	2013年	比2012年增减(%)	2013年	比2012年增减(%)
面积	平方千米	1415.08	—	2036.70	—	1538	—	1029.88	—	464	7.2	259.90	—	156.80	—
区划 乡	个	—	—	—	—	12	—	5	—	—	—	—	—	3	—
区划 镇	个	18	—	—	—	7	—	9	—	1	—	3	—	1	—
区划 街道	个	—	—	—	—	—	—	—	—	12	—	1	—	7	—
区划 行政村	个	468	—	344	—	300	—	225	—	34	—	52	—	37	—
区划 社区	个	—	—	—	—	—	—	13	—	93	—	8	—	42	—
总人口	万人	117.85	2.01	120.20	1.80	103.58	1.45	80.34	2.00	49.47	17.40	16.40	1.20	13.29	0.15
地区生产总值 总产值	亿元	376.41	12.70	123.86	13.50	249.92	11.90	235.90	11.60	121.08	10.50	52.00	10.20	87.26	10.20
其中 一产业	亿元	56.24	3.60	58.09	3.60	56.17	4.50	42.72	4.40	5.93	5.50	9.50	8.6	4.49	0.20
其中 二产业	亿元	187.55	14.70	144.60	13.30	115.56	14.50	117.18	13.10	26.25	9.40	28.00	11.80	38.69	10.50
其中 三产业	亿元	132.62	13.30	117.48	13.40	78.19	13.40	76.00	13.30	88.90	11.30	14.50	11.20	44.08	11.20
粮食总产量	万吨	55.69	-1.40	112.17	-1.90	79.34	-1.40	61.91	-1.60	15.28	15.69	16.27	—	0.41	0.90
全社会固定资产投资额	亿元	262.51	22.00	234.76	21.50	223.48	21.50	233.26	21.80	232.47	21.70	45.51	20.30	153.33	21.80
外贸出口总额	万美元	32209	25.80	26545	25.20	18287	-22.60	18495	42.90	80271	2.50	15607	7.10	47644	3.00

续表

项目		赣榆县		东海县		灌云县		灌南县		新浦区		海州区		连云区	
		2013年	比2012年增减(%)	2013年	比2012年增减(%)	2013年	比2012年增减(%)	2013年	比2012年增减(%)	2013年	比2012年增减(%)	2013年	比2012年增减(%)	2013年	比2012年增减(%)
实际利用外资	万美元	16032	14.40	14029	0.70	14000	21.70	521	-76.90	5809	15.00	4924	33.50	8680	7.30
地方财政收入	亿元	74.13	10.50	32.78	19.40	30.88	19.40	71.20	3.80	38.46	5.90	12.16	8.30	33.81	-19.40
社会消费品零售总额	亿元	123.64	14.20	120.89	14.20	89.57	13.80	61.48	13.80	163	14.10	30.16	13.70	51.03	13.80
职工年人均工资	元	21506	10.10	21719	10.10	17617	10.50	20479	10.50	26898	10.50	26898	10.50	30438	15.00
农民年人均收入	元	11564	12.20	11118	12.20	10016	12.20	9488	12.00	15500	14.60	12170	15.00	16587	15.03
城乡居民储蓄存款余额	亿元	213.69	13.10	188.20	16.80	163.49	21.80	88.67	28.00	—	—	—	—	—	—

经济建设统计资料

2013年新浦区社会经济主要指标

表20

指　标	单　位	2013年	2012年
年末总人口	万人	44.98	43.97
地区生产总值（现价）	亿元	121.09	108.27
第一产业	亿元	5.65	5.58
第二产业	亿元	26.25	24.23
第三产业	亿元	89.19	78.46
农业总产值（现价）	亿元	13.35	11.53
规模以上工业总产值（现价）	亿元	61.27	58.47
全社会固定资产投资额	亿元	202.37	156.9
社会消费品零售总额	亿元	162.95	142.8
自营出口总额	亿美元	7.7	7.34
实际利用外资	万美元	8140	4809.87
公共财政预算收入	亿元	26.66	22.18
财政一般预算支出	亿元	20.17	17.32
人口出生率（计生口径）	‰	13.1	12.8
人口自然增长率（计生口径）	‰	6.6	6.3
职工人均工资	元	58606	55184
农民人均收入	元	15575	13518
市区城镇居民人均可支配收入	元	26898	24342

2013年新浦区农村经济主要指标

表21

指　标	单　位	2013年
一、乡村人口和劳动力		
乡（镇）个数	个	5
村民委员会个数	个	36
乡村户数	万户	2.74
乡村人口数	万人	10.08
乡村实有从业人员数	万人	5.75
1.农林牧渔业从业人员	万人	2.08
2.工业从业人员	万人	1.08
3.建筑业从业人员	万人	0.66
4.交通运输、仓储和邮政业从业人员	万人	0.21
5.信息传输、计算机服务和软件业从业人员	万人	0.06

续表

指　标	单　位	2013年
6.批发与零售业从业人员	万人	1.06
7.住宿和餐饮业从业人员	万人	0.15
8.金融、保险业从业人员	万人	0.05
9.房地产、社会服务业从业人员	万人	0.06
10.卫生、体育和社会福利业从业人员	万人	0.06
11.教育、文化、艺术和广播电视事业从业人员	万人	0.04
12.科学研究和综合技术服务事业从业人员	万人	0.03
13.乡经济组织管理从业人员	万人	0.04
14.其他从业人员	万人	0.17
二、自然资源		
1.耕地	公顷	16031
其中:常用耕地面积	公顷	16031
其中:水田	公顷	11202
2.园地	公顷	
3.林地	公顷	1000
4.草地	公顷	
5.设施农业用地	公顷	383
三、农业经济		
农林牧渔业总产值(当年价)	万元	147487
农 业	万元	93912
林 业	万元	3973
牧 业	万元	26258
渔 业	万元	17085
农林牧渔服务业	万元	6259
四、农业生产条件		
农用化肥施用量(按折纯法计算)	吨	24980
农药使用量	吨	610
地膜使用量	吨	331
农村用电量	万千瓦时	8414
五、农作物播种面积和产量		
农作物播种面积	千公顷	24.00
其中:粮食作物	千公顷	21.92
其中:稻谷	千公顷	11.16
小麦	千公顷	10.29
玉米	千公顷	0.09
大豆	千公顷	0.07

续表

指　标	单　位	2013年
油料面积	千公顷	0.03
棉花面积	千公顷	
蔬菜面积	千公顷	1.87
粮食总产量	吨	152793
其中:稻谷	吨	90289
小麦	吨	60166
玉米	吨	477
大豆	吨	210
油料产量	吨	115
棉花产量	吨	
茶叶产量	吨	
瓜果产量	吨	5989
蔬菜产量	吨	87828
肉类总产量	吨	11299
其中:猪肉	吨	5883
羊肉	吨	115
禽肉	吨	5570
奶类产量	吨	520
禽蛋产量	吨	668
水产品产量	吨	13384
六、农民人均纯收入	元	15663

2013年新浦区个体工商业基本情况

表22

指　标	单　位	2013年
一、乡村人口和劳动力		
乡(镇)个数	个	5
村民委员会个数	个	36
乡村户数	万户	2.74
乡村人口数	万人	10.08
乡村实有从业人员数	万人	5.75
1.农林牧渔业从业人员	万人	2.08
2.工业从业人员	万人	1.08
3.建筑业从业人员	万人	0.66
4.交通运输、仓储和邮政业从业人员	万人	0.21
5.信息传输、计算机服务和软件业从业人员	万人	0.06
6.批发与零售业从业人员	万人	1.06

续表

指 标	单 位	2013年
7.住宿和餐饮业从业人员	万人	0.15
8.金融、保险业从业人员	万人	0.05
9.房地产、社会服务业从业人员	万人	0.06
10.卫生、体育和社会福利业从业人员	万人	0.06
11.教育、文化、艺术和广播电视事业从业人员	万人	0.04
12.科学研究和综合技术服务事业从业人员	万人	0.03
13.乡经济组织管理从业人员	万人	0.04
14.其他从业人员	万人	0.17
二、自然资源		
1.耕地	公顷	16031
其中：常用耕地面积	公顷	16031
其中：水田	公顷	11202
2.园地	公顷	
3.林地	公顷	1000
4.草地	公顷	
5.设施农业用地	公顷	383
三、农业经济		
农林牧渔业总产值（当年价）	万元	147487
农 业	万元	93912
林 业	万元	3973
牧 业	万元	26258
渔 业	万元	17085
农林牧渔服务业	万元	6259
四、农业生产条件		
农用化肥施用量（按折纯法计算）	吨	24980
农药使用量	吨	610
地膜使用量	吨	331
农村用电量	万千瓦时	8414
五、农作物播种面积和产量		
农作物播种面积	千公顷	24.00
其中：粮食作物	千公顷	21.92
其中：稻谷	千公顷	11.16
小麦	千公顷	10.29
玉米	千公顷	0.09
大豆	千公顷	0.07

续表

指　标	单　位	2013年
油料面积	千公顷	0.03
棉花面积	千公顷	——
蔬菜面积	千公顷	1.87
粮食总产量	吨	152793
其中：稻谷	吨	90289
小麦	吨	60166
玉米	吨	477
大豆	吨	210
油料产量	吨	115
棉花产量	吨	—
茶叶产量	吨	—
瓜果产量	吨	5989
蔬菜产量	吨	87828
肉类总产量	吨	11299
其中：猪肉	吨	5883
羊肉	吨	115
禽肉	吨	5570
奶类产量	吨	520
禽蛋产量	吨	668
水产品产量	吨	13384
六、农民人均纯收入	元	15663

2013年新浦区私营企业基本情况

表23

个数（个）	投资者人数（人）	雇工人数（人）	注册资本（万元）
7075	10909	27216	390339.91
29	49	93	1606.00
1	1	5	30.00
392	702	2397	28211.53
4	3	43	111.00
916	1252	3130	56604.38
81	120	313	4060.00
273	415	830	11980.91
3150	4886	10814	181720.81
190	272	1606	8478.20
3	3	15	5260.00

续表

个数(个)	投资者人数(人)	雇工人数(人)	注册资本(万元)
273	375	1808	13188.81
993	1630	3296	43420.79
291	471	935	15483.68
17	31	73	581.00
311	467	1131	13292.00
11	20	216	404.00
4	5	17	254.00
136	207	494	5652.80

2013年新浦区财政收入

表24　　　　单位:万元

指　标	2013年
财政总收入	384590
一、上划中央收入	96078
增值税75%部分	49878
消费税	2035
企业所得税	30078
个人所得税	14087
二、地方财政收入	288512
1.公共财政预算收入	266565
增值税	23351
营业税	106477
企业所得税	20052
个人所得税	9391
资源税	1704
城市维护建设税	12767
房产税	3836
印花税	2398
城镇土地使用税	4387
土地增值税	33400
车船使用税	1017
农业税	—
耕地占用税	—
国有资源有偿使用收入	20
行政性收费	41683
罚没收入	624
专项收入	5458

续表

指　标	2013年
其他收入	—
2.基金预算收入	21947
政府性基金收入	3747
社保基金收入	18200

2013年新浦区财政支出

表25　　单位：万元

指　标	2013年
财政总支出	277089
一、公共财政预算支出	206555
一般公共服务	34191
外交	0
国防	310
公共安全	4468
教育	49422
科学技术	2780
文化体育与传媒	1164
社会保障和就业	13568
医疗和卫生	8109
节能环保	1361
城乡社区事务	61879
农林水事务	13144
交通运输	669
资源勘探电力信息等事务	2869
商业服务业等事务	2145
金融监管等事务支出	7
援助其他地区支出	472
国土资源气象等事务	—
住房保障支出	3770
粮油物资管理事务	202
储备事务支出	—
其他支出	6025
二、政府性基金支出	52334
教育	1062
文化体育与传媒	90

续表

指　标	2013年
社会保障和就业	630
城乡社区事务	48802
农林水事务	1027
交通运输	599
其他支出	124
三、社保基金支出	18200

2013年新浦区社会消费品零售总额

表26

单位：万元

指　标　名　称	数　值
社会消费品零售总额	1629531.7
1.城镇	1629531.7
2.乡村	—
一、批发业	96245.8
二、零售业	1426989.3
三、住宿业	23240.6
四、餐饮业	83056
限额以上小计	915734.1
限额以下小计	713797.6
限额以上所占比	56%

2013年新浦区医疗卫生机构基本情况

表27

指　标	数　量
机构数（个）	333
床位数（张）	4261
人员数（人）	6227
卫生技术人员（人）	4307
执业医师（人）	1784
注册护士（人）	2523
管理人员	311
工勤人员	325
社区卫生机构覆盖率（%）	100%
新型农村合作医疗参合率（%）	98.40%

教育事业统计资料

2013年新浦区小学分年级学生情况

表28

单位:人

	毕业生数	招生数		在校学生数								毕业班学生数
		计	其中受过学前教育	计	其中女生	一年级	二年级	三年级	四年级	五年级	六年级	
合　计	4644	5586	5513	29401	12652	5586	5286	4897	4686	4323	4623	4082
其中女	2100	2499	2469	12652	—	2499	2317	2097	1975	1848	1916	1782
教育部门和集体办	4644	5586	5513	29401	12652	5586	5286	4897	4686	4323	4623	4082
少数民族	4	13	13	72	27	13	9	13	7	19	11	7

2013年新浦区普通中学基本情况

表29

单位:人

	毕业生数		招生数		在校生数		教职工数	
	高中	初中	高中	初中	高中	初中	总计	专任教师
合　计	568	2239	414	2129	1444	6315	4647	3651
完全中学	—	—	—	—	—	—	—	—
高级中学	568	—	414	—	1444	—	131	121
初级中学	—	—	—	—	—	—	804	747
九年一贯制学校	—	2239	—	2129	—	6315	—	—

2013年新浦区幼儿教育分年龄学生数

表30

单位:人

	班数(个)		入园(班)人数		在园(班)人数		离园(班)人数	
	总计	其中学前班	总计	其中学前班	总计	其中学前班	总计	其中学前班
合　计	544	—	5605	—	17419	—	5218	—
其中:女	—	—	2533	—	7821	—	2324	—
少数民族	—	—	3	—	10	—	1	—
3岁以下	—	—	831	—	1034	—	0	—
3岁	—	—	3528	—	5133	—	0	—
4岁	—	—	747	—	5656	—	0	—
5岁	—	—	499	—	5596	—	0	—
6岁及以上	—	—	0	—	0	—	5218	—

2013年新浦区特殊教育班数、学生数

表31 单位：人

	班（个）	毕业生数	招生数	在校生数										
				计	其中女性	小学阶段						初中阶段		
						一年级	二年级	三年级	四年级	五年级	六年级	一年级	二年级	三年级
合　计	8	19	18	163	50	17	5	24	18	41	39	1	16	2
其中女性	—	4	4	50	—	4	3	9	7	10	12	—	4	1
智力残疾	8	19	17	162	50	16	5	24	18	41	39	1	6	12
其他残疾	—	—	1	1	—	1	—	—	—	—	—	—	—	—
特殊教育学校	8	16	14	125	36	14	—	16	15	32	32	—	16	—
智力残疾	8	16	14	125	36	14	—	16	15	32	32	—	16	—
小学随班就读	—	2	3	35	13	3	5	8	3	9	7	—	—	—
智力残疾	—	2	2	34	13	2	5	8	3	9	7	—	—	—
其他残疾	—	—	1	1	—	1	—	—	—	—	—	—	—	—
初中随班就读	—	1	1	3	1	—	—	—	—	—	—	1	—	2
智力残疾	—	1	1	3	1	—	—	—	—	—	—	1	—	2

附 录

区委书记王立斌在全区党建工作会议上的讲话

（2014年3月24日）

同志们：

今天，我们在这里召开全区党建工作会议，主要任务是贯彻落实中央和省、市相关工作会议精神，总结回顾2013年成绩，安排部署全区2014年党建工作，动员全区各级党组织和广大党员干部，紧紧围绕区委九届六次全会部署，进一步统一思想，振奋精神，转变作风，真抓实干，为建设现代化中心城区提供强大的力量保证。

2013年以来，在大家的共同努力下，全区各级党组织围绕发展大局，认真履行职责，主动谋事，扎实进取，为提高党建科学化水平做了大量卓有成效的工作，取得令人瞩目的成绩。在年初全市目标管理总结大会上，新浦区荣获2013年度全市党建工作创新工程奖、宣传文化创优奖；纪委、组织部、宣传部分别获得全市纪检监察新闻宣传和信息工作三等奖、全市组织工作品牌建设先进单位、全市宣传思想文化工作先进集体称号，有8名人员荣获省、市先进个人称号。在此，我代表区委对大家一年来付出的辛勤劳动表示衷心的感谢。2014年，我们面临着深化改革、建设“一带一路”的重大机遇，肩负着搞好全区第二批党的群众路线教育实践活动的重大任务。如何破除思想观念上的障碍，抓住用好深化改革新机遇，推动现代化中心城区建设，关键在党，关键在于发挥各级党组织和广大党员干部的先锋模范作用。我们要牢牢抓住发展机遇，全面加强党的建设，为完成既定目标任务打下坚实的基础。下面，就如何进一步做好2014年的党建工作，讲三点意见：

一、宣传工作要突出提神鼓劲，为建设现代化中心城区提供强大的精神动力

意识形态工作是党的一项极端重要的工作，从中央到地方都高度重视。习近平总书记、省委书记罗志军分别在全国、全省宣传思想工作会议上都对宣传工作提出非常严格的要求。宣传思想工作一定要把围绕中心、服务大局作为基本职责，胸怀大局、把握大势、着眼大事，找准工作切入点和着力点，做到因势而谋、应势而动、顺势而为。

一要加强理想信念教育。习近平总书记号召全体共产党员，“坚守崇高信仰，炼就金刚不坏之身”。革命理想高于天。有了理想，才有活的灵魂；丧失信念，堤坝就会崩溃。如果丢失了共产党人的远大目标，就会迷失方向，意志消沉。党员干部要坚定马克思主义、共产主义信仰，把系统掌握马克思主义基本理论作为看家本领，老老实实、原原本本学习党的十八大精神、十八届三中全会精神和习近平总书记系列重要讲话精神，把中央、省、市委的要求转化为谋划发展的正确思路、促进发展的政策措施、领导发展的实际能力。要以理论中心组学习为龙头，认真抓好领导班子和领导干部的理论学习和教育，学会运用马克思主义哲学原理分析解决工作中遇到的难题，切实坚定党员干部的理想信念，增强服务发展的能力。

二要加强正确的舆论引导。必须坚持巩固壮大主流思想舆论，弘扬主旋律，传播正能量，激发全区团结奋进的强大力量。在事关大是大非和政治原则问题上，必须增强主动性、掌握主动权、打好主动仗，帮助干部群众划清是非界限、澄清模糊认识。首先，要充分发挥好舆论平台的作用。要善于利用优势资源，开展集中宣传攻势。围绕区委区政府的中心工作，加大宣传引导力度，为群众解疑释惑，使区里的各项决策部署都能在基层得到贯彻落实。其次，要提升扩大新浦区影响力。除了已有的市级宣传平台，也要积极借助省级以上主流媒体的影响力和传播力，切实增强“请进来”的力度和效应，不断扩大对外知名度，进一步展示新浦区对外形象。再次，要加强现代化信息平台的监管。近年来，网络媒体发展迅速，各种微博、微信、论坛等新兴宣传平台已逐步成为各种社会思潮、利益诉求的集散地。宣传部门要切实发挥好舆论监督的优势，完善网络舆情监管联系协调、分析研判和应急处置机制，准确把握舆情动态走向，提高突发事件反应能力。

三要推进文化体制改革。要大力繁荣社会主义文化，着重抓好社区、村等基层的文化建设，让社会主义文化成为主流。要继续深化文化体制改革，建立多元的文化投入机制，正确处理好政府与市场、政府与社会的关系，不断健全和完善党委领导、政府管理、行业自律、社会监督、企事业单位依法运营的文化管理体制和富有活力的文化产品生产经营机制。要加快文化发展步伐，着力培育文化优势，壮大文化力量，不断增加文化设施投入，合理配置文化资源，建立完善公共文化服务体系建设的统筹协调机制，进一步提升服务效能。

四要持之以恒地推进文明建设。建设现代化中心城区，既要有不断发

展的经济保障，也要有日益繁荣的精神文明支撑，才能不断增强群众的幸福感。要以开展文明城市创建活动为载体，加强社会主义核心价值体系建设，积极培育和践行社会主义核心价值观，培育知荣辱、讲正气、作奉献、促和谐的良好风尚，不断提升社会文明程度。具体到新浦区就是要牢牢树立大新浦思维，激发干部群众对新浦的自信心和自豪感，激发干部群众建设新浦、加快新浦区发展的责任感和使命感。要充分发挥先进典型的示范引导作用，总结凸显新浦人精神的事迹，尤其要注重在一线、在基层发现闪光点，以榜样的形象来诠释精神的力量。

二、组织工作要突出选贤任能，为建设现代化中心城区打造一支勇当重任的干部队伍

做好新形势下的组织工作，就要深入贯彻党的十八大部署和习近平总书记重要讲话精神，着力提高党员干部思想政治素养，着力弘扬党的优良作风，着力形成科学有效的选人用人机制，着力增强各级党组织的发展活力，体现从严、创新、务实的要求，全面提高党的建设科学化水平。

*一要扎实开展党的群众路线教育实践活动。*组织部门要把教育实践活动作为重大政治任务牢牢抓在手上，一着不让、一抓到底，围绕满足群众需求、解决群众困难来开展活动，有力有序做好各环节工作。近日，习近平总书记在兰考县调研指导党的群众路线教育实践活动时强调，要准确把握第二批教育实践活动的总体要求，把焦裕禄精神作为一面镜子，努力向焦裕禄看齐。我们要把学习弘扬焦裕禄精神作为一条红线贯穿始终，向焦裕禄看齐，在深学、细照、笃行上下功夫，努力做焦裕禄式的好党员、好干部。活动开展的同时也要坚持两手抓两促进，把活动开展与做好当前工作结合起来，真正做到统筹兼顾。

*二要强化基层党组织建设。*要深刻领会党要管党、从严治党的思想，扎实做好抓基层、打基础的工作，使每个基层党组织都成为坚强的战斗堡垒。一方面，要把服务发展作为第一要务。各级领导班子、基层党组织和广大党员干部要进一步增强服务发展的意识和能力，努力将党的组织优势转化为建设现代化中心城区的动力。要以党支部建设为核心，以强化服务为重点，创新党建方法，建成一批具有普遍性和示范作用的典型，走出一条适合新浦区情况的创新之路，打造党建品牌。另一方面，要把服务群众作为根本取向。群众路线是党的工作的生命线。建设基层党组织，归根到底是服务群众、做群众工作，团结带领人民群众实现美好生活的新期待。要重视基层、关心基层、支持基层，确保基层党组织有资源、有能力为群众服务。要结合“千名机关志愿者爱心帮扶行动”、“四促五帮”等活动，完善“三会一堂”民主工作机制，善谋百姓福祉，着力改善民生，不断拉近与基层群众的距离。

*三要强化干部队伍建设。*面对复杂多变的外部形势和艰巨繁重的改革发展任务，要实现区委九届六次全会确定的各项目标任务，关键在党，关键在人。关键在党，就要确保党始终成为坚强领导核心。关键在人，就要建设一支宏大的高素质干部队伍。干部队伍是发展建设的“领头羊”、“排头兵”，干部队伍素质的高低，直接关系到新浦区发展的成败。要坚持党管干部原则，坚持正确用人导向，坚持德才兼备、以德为先。要把选拔的目光聚焦在基层、聚焦在工作一线。同时，对那些看得准、有潜力、有发展前途的年轻干部，要敢于给他们压担子，有计划地安排他们去经受锻炼，把他们推向重点工程建设、推向基层一线，推向招商引资的最前沿，让他们在实践中增长才干。

三、纪检工作要突出标本兼治，为建设现代化中心城区营造风清气正的良好环境

纪检工作是加强党的执政能力建设的重要内容，事关民心向背、事业成败。为政清廉才能取信于民，秉公用权才能赢得人心。要坚持标本兼治、综合治理、惩防并举、注重预防方针，更加科学有效地防治腐败，坚定不移把党风廉政建设和反腐败斗争引向深入。

*一要深化作风建设。*作风问题关系人心向背，关系党的执政基础，我们一定要牢记奢靡之始，危亡之渐的古训，对作风之弊、行为之垢来一次大排查、大检修、大扫除，切实解决人民群众反映强烈的突出问题。“四风”问题就像一座无形的墙把党和人民群众隔开，像一把无情的刀割断党同人民群众的血肉联系。我们要以整风精神开展批评和自我批评，对存在“四风”问题的党员干部进行教育提醒，对问题严重的进行查处，对不正之风和突出问题进行专项治理。作风问题本质上是党性问题。抓作风建设，就要返璞归真、固本培元，重点突出坚定理想信念、践行根本宗旨、加强道德修养。要牢记“两个务必”，牢固树立为民意识、党章意识，把人民是否满意作为标准，自觉用党章规范自己的一言一行。

*二要加强制度建设。*要切实解决制度缺失和制度障碍等方面的问题，形成不敢腐的惩戒机制、不能腐的防范机制、不易腐的保障机制。各级党组织要针对本单位党员干部的思想、作风和工作实际，进一步明确目标、突出重点、有的放矢，加强对权力运行的制约和监督，把权力关进制度的笼子里。领导干部要带头执行、做出样子，并作出公开承诺，自觉接受群众监督。纪检部门也要加强自身建设。打铁先得本身硬，执纪者必须自身净。纪检监察干部要从自身做起、从现在做起、从具体事项做起，认真执行各项规定，自觉接受监督，发挥表率作用。

*三要强化案件查处力度。*坚决反对腐败，防止党在长期执政条件下腐化变质，是我们必须抓好的重大政治任务。从严治党，惩治这一手决不能放松。既要坚决查处领导干部违法违纪案件，又要切实解决发生在群众身边的不正之风和腐败问题。要坚持以零容忍态度惩治腐败，发现一个就要坚决查处一个，要抓早抓小，发现问题就及时处理。当前新浦区目标任务繁重，工程项目众多，这就更需要纪检监察机关加强监督检查，确保区委、区政府的决策部署贯彻执行到位。要加强对在建和即将上马

的重点项目的监督检查，及时发现、严肃查处工程建设中的违法违规行为，不断铲除腐败现象滋生蔓延的土壤，以实际成效取信于民。要强化渎职和腐败案件的查处力度，通过抓典型树正气。

同志们，发展的蓝图已经绘就，建设的号角已经吹响，让我们在区委的正确领导下，过了一山再登一峰，跨过一沟再越一壑，一张蓝图抓到底，为建设区域性经济文化中心和更高水平小康社会两大目标保驾护航。

政协连云港市新浦区第八届委员会常务委员会提案工作报告

区政协副主席王宏新在政协连云港市新浦区第八届委员会第三次会议上

（2014年1月7日）

各位委员：

我受政协新浦区第八届委员会常务委员会的委托，向大会报告八届二次会议以来提案工作情况，请予审议。

基本情况

区政协八届二次会议以来，各位政协委员紧紧围绕区委、区政府中心工作，积极建言献策，共提交提案58件，经审查立案46件交由区政府办理，选择其中针对性强、建议可行的4件作为主席督办案；7件由市政协提案委转办，5件作为人民来信交有关部门处理。截至2013年8月底，所有提案均已办复。提案所提问题已解决或基本解决的18件，占提案总数的39.1%；提案所提的问题列入规划正在逐步解决的23件，占提案总数的50%；提案所提问题受现行政策和规定限制暂时不能解决的5件，占提案总数的10.9%，这类建议总体上看，所提问题是客观的，意见是合理的，但不能解决的主要原因是批准权在上级机关，或与现行的有关规定、政策不符，留作今后工作参考。从提案内容和办理效果上看主要有三个特点：

一、围绕中心大局，为推进科学发展建言献策

关于“加快我区现代服务业转型发展”、“进一步加大招商引资项目实施力度”、“发展非药物添加饲料饲养模式的规模化生猪生产”、“加强安全蔬菜的规模化生产”等提案，坚持服务于经济建设的指导思想，就发展现代服务业、发展现代高效农业、推进新农村建设等问题，提出了较有价值的意见和建议。苏彪委员提出的《关于扶持新浦区中小企业发展的建议》，得到区政府的高度重视，2013年采取了多项措施扶持中小企业发展。出台了《关于做大做强工业骨干企业的暂行办法》等中小企业扶持政策，开展了21家纳税超百万元工业企业走访活动，通过协助企业联系金融机构，帮助企业吃透贷款政策，盘活固定资产，瑞琪纺织、东海硅微粉等企业获得了银行5000多万元贷款，顺利实施了生产线改造等任务。

二、重视民生民意，为推进协调发展凝心聚力

委员们十分注重民生社会事业的协调发展，积极就城乡教育均衡发展、社区卫生服务、城市管理等问题提出一些建议。新浦区计生局结合《关于动用社会力量开展生育关怀行动的建议》，摸底调查全区大约有160多个独生子女伤残、死亡家庭，动员23家地区单位与他们结成帮扶对子，开展“1+1”牵手连心志愿活动，深化与民建连云港市委连续多年开展的“思源工程—生育关怀”送温暖行动，发放慰问金慰问品共计10余万元。对《关于加强住宅小区业主委员会建设的建议》，区住建局加大宣传力度，要求乡镇街道积极指导小区业主组建业委会，加大培训力度，全年开展十余次专业知识培训。针对重大事项还组织召开以开发商、业主、物业公司、社区等多部门共同参与的联席会议。区卫生局结合俞卫军委员提出的《关于合理整合我区医疗资源的建议》，采取措施优化整合医疗资源，加强了以全科医生为重点的基层医疗卫生队伍建设，组织开展全科医生培养培训，实现全区基层医疗卫生机构全科医生全覆盖；深入实施医学重点学科建设与人才培养战略“科教兴卫工程”，切实加强区级医疗卫生机构临床专科建设和人才培养。

三、关注公平正义，为推进和谐发展保驾护航

《关于关注诉讼中的信访现象的建议》、《关于加强农村精神文明建设的建议》、《关于加强犬类管理工作的建议》等提案，为维护社会公平正义、提升人居环境质量、推动社会管理进步献计献策，得到了群众的好评。《关于关注诉讼中的信访现象的建议》深刻剖析了当前当事人在诉讼程序结束前就到相关部门进行信访的屡见不鲜的现象，凸显了群众信访不信法、司法救济力量薄弱的问题。区法院表示要切实履行职责，依法公正办理案件，开展清理积案，着力息诉罢访，树立司法的裁判权威，将信访救济逐步引导到司法救济层面。针对近年来电梯安全事故频发现象，陈宗华委员提出了《关于加强对新浦区"超龄服役"电梯进行强制清查的建议》，区质监局、安监局积极采纳，采取多项措施，开展老旧电梯安全评估，大力宣传电梯安全使用知识，严肃查处电梯维保环节的违法行为，取得显著成效。

主要工作

提案工作是政协一项特色鲜明、影响深远的全局性工作。区政协提案工作贯彻"围绕中心、服务大局、提高质量、讲求实效"的方针，紧紧围绕全区工作大局，坚持以提高提案质量为基础，以增强办理实效为目标，以加强制度建设为保障，立足于提案工作新的实践，全面提升提案工作水平。

一、把握三个环节，夯实提案质量基础

一是组织发动，认真做好提案征集工作。八届二次会议召开之前，提案委结合全区工作，优化选题、精心编印提案征集选题参考目录，为委员们提交高质量的提案打下坚实基础。会议期间，积极引导提案者从大局着眼，从自身比较熟悉、有专长的领域着手，多提建设性的对策建议；组织委员参与提案督办、视察、调研、座谈等活动，使委员掌握政策、了解政情，提高参政议政能力。

二是依据标准，严格把好提案的立案关。由提案内容到格式，由观点到建议都力求完整、规范、准确，高标准，严要求，符合立案的予以立案，不能立案的，及时向委员说明。认真做好综合分析，总结归纳提案的基本情况、主要内容、主要特点，通过对提案的宏观分析和微观解剖，为提高提案质量提供决策参考和明确用力方向。

三是加强沟通，认真做好提案交办工作。加强同区政府有关部门的沟通衔接，精心组织，开好提案交办会。组织委员与承办单位进行专题座谈或调研，共商解决问题的办法，促进办理落实。积极探索提案工作的新思路和新方法，进一步改进提案办理工作。

二、突出三项重点，增强提案办理实效

一是精心筛选重点提案。提案委经过慎重筛选，贯彻围绕中心、服务大局的方针，选择事关全局、影响深远、针对性强、建议可行的提案，作为主席及专委会督办案，提交主席会议审议通过，确立《关于加强住宅小区业主委员会建设的建议》等四件提案作为主席督办重点提案，并由办公室以正式发文的形式告知参与常委和承办部门。分别涉及小区物业管理、食品安全监管、对"超龄服役"电梯进行强制清查等热点老大难问题。

二是加大重点提案督办力度。由主席、副主席、常委、专委会分工负责领衔督办，7月25日—8月13日期间，各位主席分别带队到各承办单位面对面督办提案。区卫生局、住建局等四个部门对重点提案办理非常重视，多次与提案人进行沟通交流，听取意见。区卫生局、食安委承办的重点督办提案《关于加强和改进食品安全监管工作的建议》，承办单位高度重视，组织协调食安委成员单位区工商分局、质监分局、药监分局、农水局等进行了认真研究会办，并精心组织，为提案督办活动提供了5个现场，使提案人和常委对该项工作有了更深入的了解和认识。

三是提高重点提案运作层次。重点提案都经区政府主要领导阅示，签批办理意见，明确承办单位；区政协领导对重点提案办理工作十分重视，在办理结束后还对办理单位提出要求，提案办理结束不是工作的结束，而是新的起点，希望各办理单位以重点提案办理为节点，对委员提出的问题继续研究，做好后续工作。

三、强化三项措施，提升提案工作水平

一是精心构建工作网络。强化执行，狠抓落实，统筹安排年度提案重点工作，扎实做好提案征集、审查立案、交办督办、反馈和归档等各个环节的日常工作。区政府高度重视提案办理工作，积极落实责任、精心组织交办、严格督查考核，切实加强对办理工作的组织领导。区政府办公室作为提案办理工作牵头部门，按照领导要求，对所有提案及时进行梳理研究，提出分办意见，对提案进行集中交办。区委办、区政府办认真组织督办督查，并在政协常委会上通报办理工作情况。各承办单位实行"一把手负总责，分管领导亲自抓，业务股室具体办，办公室汇总把关"的工作机制，并将办理的结果纳入年终工作目标考核，有力地推动了提案办理落实。

二是健全落实各项制度。坚持提案办理工作交办、签收、联系、存档等制度，继续推进提案办理的制度化。全面推进和实践"定承办单位、定承办人员、定落实措施、定办结时间、定办理标准"的"五定责任制"，进一步促进了办理工作的规范化和程序化。制定实施目标引进、协调推进、督查跟进、现场推进等制度方法，形成多层次的提案办理工作格局。积极争取党政领导对提案工作的重视和支持，注重加强与承办部门的协调配合，努力创造提案办理工作的良好氛围。通过各方面共同努力，形成广泛参与、联合办理、整体推进、协调高效的提案工作运作机制。对于今年提案办理结果，提案人一致表示非常满意，对提案办理部门的工作给予充分肯定。多人对提案办理单位评价为：领导有力、分析精辟、措施得当、成效明显。

三是注重营造宣传氛围。区政协和各承办单位采取多种方式加强提案工作宣传。承办单位借助提案办理推动工作，树立单位良好形象。有的在提案交办会后召开提案委员洽谈会，有的在办理过程中邀请提案委员现场视察，有的征求办理结果满意度时请委员座谈，不论"走出去"、还是"请进来"，都通过不同方式进行了宣传。树立典型，加大优秀提案和提案积极分子的评选表彰工作力度，激发政协委员积极性、主动性，营造了良好工作氛围。

在肯定成绩的同时，我们也清醒地认识到，与形势的发展、领导的期盼和群众的要求相比，还存在一些需要加强和改进的方面，主要表现在：政协提案的整体质量有待提高；联名集体的提案数量亟须增加；少数承办单位提案办理重回复，轻落实。这些问题都需要我们在今后工作中切实加以解决。

今后建议

2014年区委、区政府将紧紧围绕建设区域性经济文化中心、更高水平小康社会两大目标，坚持以“六个突破、四个提升”为重要抓手，致力把新浦建设成为生态宜居、人文荟萃、经济繁荣、社会文明的现代化中心城区。提案工作要主动适应新形势新任务的要求，全面贯彻十八届三中全会精神，围绕全区中心工作，积极探索新思路、新方法，努力提高提案质量、办理质量和服务质量，进一步推动提案工作再上新台阶。重点抓好以下几方面的工作：

一、多措并举，力求提案多出精品

提案质量是整个提案工作的基础，决定着提案作用的发挥，关系到政协参政议政的成效。在尊重和保护提案提交者积极性的基础上，大力倡导“精品”提案。坚持把提案质量放在首位，紧紧围绕全区中心工作和人民群众普遍关心的热点问题，围绕我区加快产业转型升级，孔望新城、滨河新城、开发区、现代服务业集聚区区域跨越发展，统筹城乡一体化发展等重大问题，开展专题调研，深入思考，撰写针对性强、参考价值高的提案。各参加单位、各界别、各专委会要充分发挥自身的优势和特点，集思广益，提出一些高质量的集体提案。要积极整合资源，不断拓宽优质提案的来源渠道，及时将大会发言、重要社情民意及各种约谈会、协商会、视察、调研、考察等活动成果转化为提案。

二、强化督办，力求办理更显成效

提案办理是实现提案价值、发挥提案作用的关键。在新的一年里，我们要在提案办理上投入更多的时间和精力，把办理工作的着力点放在解决问题和狠抓落实上。继续选择一些事关全局、针对性强、建议可行的提案作为重点提案，提请区委、区政府主要领导阅批及区政协主席、副主席领衔督办。继续会同区委办、政府办对提案承办大户和办理难度大的提案进行联合督办。切实加强与承办单位的联系合作，组织更多的开门办案、协商办案活动。认真开展提案办理“回头看”，对列入计划拟解决的提案和积案进行跟踪督办，使提案办理真正由“答复型”转向“落实型”。

三、开拓创新，力求机制日臻完善

创新是提案工作永葆生机和活力的不竭动力。我们要在总结多年来提案工作经验的基础上，不断创新提案工作理念、工作方式和工作机制。要把提案工作同政协调研、委员视察、专题协商、反映社情民意等活动有机结合起来，进一步完善提案征集和交办、重点提案的产生和办理、优秀提案和先进承办单位评选表彰、提案情况反馈等工作程序，适时修订区政协提案工作条例，探索尝试民主评议提案办理工作，积极推进政府分管领导协调办理重点提案和党政部门主要领导办理提案工作机制，使提案工作更加规范有序，富有成效。

各位委员，提案是履行政协职能最直接、最有效的方式。在新的历史发展时期，提案工作使命更加光荣，责任更加重大。让我们在中共新浦区委的坚强领导下，凝心聚力，团结奋进，充分运用提案的方式，多建睿智之言，多献务实之策，多谋创新之举，为加快推进我区现代化中心城区建设做出新的更大的贡献！

新浦区人民法院工作报告

新浦区人民法院代院长傅成保在新浦区第十七届人民代表大会第三次会议上

（2014年1月9日）

各位代表：

现在，我代表新浦区人民法院向大会报告工作，请予审议，并请列席会议的各位同志提出意见。

2013年主要工作回顾

2013年，在区委领导、区人大及其常委会的监督下，在上级法院的监督指导下，在区政府关心帮助、区政协民主监督以及社会各界的有力支持下，新浦区人民法院深入贯彻落实党的十八大、十八届三中全会精神和习近平总书记关于法治建设重要论述，围绕全区发展大局，以“创一流审判业绩、建一流司法队伍、强一流基层基础”为目标，牢固树立法治思维，以“司法作风建设推进年”为抓手，切实践行司法为民公正司法，充分发挥司法职能作用，各项工作取得新的进展。共受理各类案件14345件，审执结12680件，同比分别上升35.01%

和25.33%，标的额35.42亿元。

一、坚持狠抓执法办案，司法审判职能进一步强化

——加强刑事审判工作，维护社会和谐稳定。加强修改后的《中华人民共和国刑事诉讼法》的贯彻执行工作，共受理刑事案件441件，审结419件，判处罪犯554人。依法受理全市首例利用影响力受贿案件，迅速审结涉案2.8亿元的王某等人非法吸收公众存款等刑事案件。坚持宽严相济，对初犯、偶犯等罪行较轻并确有悔罪表现的176名被告人依法适用缓刑或单处附加刑。积极推进社区矫正，做好特殊群体的跟踪帮教，回访假释罪犯48人次。坚持“教育、感化、挽救”方针，对符合条件的24件未成年人犯罪档案实施封存，消除未成年人罪犯重归社会的障碍。通过开展“模拟法庭”对在校学生进行法制教育，涉少刑事案件同比下降64.4%。

——妥善处理民事纠纷，引导社会良好风尚。依法妥善审理事关人民群众切身利益的民事案件，倡导善风良俗。受理民事案件9526件，审结8464件，同比分别上升17.35%和11.09%。妥善审理婚姻家庭纠纷类案件1026件，维护夫妻和睦、尊老爱幼的婚姻家庭关系。依法审结劳动争议类案件311件，平等保护劳资双方权益。充分发挥交通巡回法庭职能，妥善审理因道路交通事故引发的人身与财产损害赔偿纠纷1889件，调解1524件，调解率达80.68%。

——发挥商事审判作用，维护市场经济秩序。发挥商事审判调节经济关系的职能作用，制裁违约行为，促进公平交易。审结买卖、保险、租赁等合同案件4765件。妥善审理金融借款类纠纷2073件，依法制裁逃避金融债务的行为。坚持制裁高利贷与保护合法债权并重，出台《关于民间借贷纠纷案件的立案、审理、执行若干问题的意见》，促进民间资本规范运作，审结民间借贷纠纷案件2050件，同比上升33.72%，标的额达7.2亿元。妥善审结房地产开发、商品房销售等纠纷287件，规范房地产交易秩序，促进房地产市场调控政策的有效落实。

——立足行政审判职能，监督支持依法行政。认真履行司法审查职责，监督和支持行政机关依法行政，保护公民、法人和其他组织的合法权益。受理一审行政案件68件，审结67件，行政非诉执行案件73件，执结73件。深入推进行政机关负责人出庭应诉工作，区级行政机关负责人出庭应诉率达100%。开展行政审判专题调研活动，调研课题被评为全市法院重点调研课题，形成专题调研报告，促进公正司法与依法行政的良性互动。积极贯彻落实区委对社会抚养费征收工作的新要求，加强与政府相关部门的对接，共受理社会抚养费征收案件88件，审查、执结82件，标的额达80余万元。

——强化案件执行工作，维护法律公信权威。牢牢把握兼顾双方利益、维护社会稳定的指导思想，着力破解执行难。共受理执行案件4310件，执结3730件，同比分别上升142.95%和110.38%。强化执行合力，与公安、国土、金融等部门建立“点对点”联动查控机制。加大对执行“老赖”的惩戒力度，采取限制出境3人次，司法拘留109人次，2人被依法追究拒执罪。注重执行工作的社会效果，针对因债务人资不抵债引发的社会不安定因素，依法适用参与分配制度化解案件8起，涉及104名债权人，标的额达1.4亿元。

二、坚持延伸审判职能，服务大局能力进一步增强

——服务全区重大项目建设。紧紧围绕区委区政府工作重点，年初成立“服务全区重大项目建设（征地拆迁）领导小组”，为全区重大项目建设及时提供司法服务。立足诉前协调，积极促进在民主路改造、同和小区以及东上渔场拆迁等重大项目中的征地拆迁纠纷的化解，55户居民达成补偿协议得以搬迁。就房屋征收工作向地方政府发出司法建议2份，得到区政府领导专门批示，促进征收流程规范运作。

——全力促进地方经济建设。加强与党委、政府及有关职能部门的沟通协调，切实防范和化解风险。加强宏观经济形势研判应对，就多发的保险合同纠纷向保险公司发送司法建议7份，得到积极回应。就金融借款纠纷提出针对性的司法建议，引导银行金融放贷有序进行。与各大银行召开金融借款纠纷座谈会，积极防范金融风险。通过个案裁判，审慎、妥善处理与经济发展密切相关的各类案件，为投资兴业、生产发展营造良好的法治环境。

——助推社会诚信体系建设。大力推进司法诚信和社会诚信建设，与公安、检察院、司法局召开联席会议，部署防范和查处虚假诉讼工作。主动审查涉嫌虚假诉讼的案件11件，查实3件，依法移交公安机关。在《连云港日报》上发布执行公告，对尚未履行完毕的被执行人进行风险提示。到期未履行义务的110名“老赖”被依法纳入最高人民法院失信被执行人名单予以曝光并进行信用惩戒，提高执行威慑力。

三、坚持完善工作机制，公正司法水平进一步提升

——完善司法为民机制。完善诉讼服务机制，运用好诉讼服务中心、立案大厅以及信访接待窗口，耐心、细致、周到、热情地开展诉讼服务。创新群众联络机制，依托导诉台、庭室内勤查询专线、法官办公专线以及信访接待专线，密切群众联系。坚持“院长接待日”制度，院领导轮流在信访办公室接待当事人，倾听群众诉求。共接待当事人14976人次，处理涉诉信访71件，发放司法救济金9万元，对61件案件缓交诉讼费75万元。深入开展“送法进社区”、“送法进校园”，制作宣传图板50余块，发放各类宣传材料1000余份。

——创新司法公开机制。坚持以公开促公正，进一步深化立案、庭审、执行、听证、文书、审务六公开。精心组织、扎实开展庭审“三同步”工作。深入开展“万名群众听千庭”活动，邀请1680名人民群众旁听庭审140次。全面推行裁判文书上网，网上发布裁判文书2597份。选择群众广泛关注、具有法治教育意义的36件案件，深入开展互联网庭审直播工作。央视焦点访谈曝光的“黑记者”敲诈勒索一案，通过网络进行同步庭审直播，《人民法院报》、《法制日报》、江苏电视台等多家媒体对该案进行了广泛报道。依托典型案例，年内组织2次针对毒品犯罪的集中宣判。扩大司法宣传效果，在国家、省、市等各级媒体上发表宣传报道200余篇。开通“连云港市新浦区法院”官方微博，发布本院工作动态、典型案例、庭审直播等情况，与网民沟通交流，扩大司法公开的影响力。

——健全公正审判机制。充分发挥院庭长丰富的审判经验优势，扎实开展院庭长办案活动。院庭长全年共审结重大、疑难、复杂案件645件。设立婚姻家事、劳动争议、医患纠纷、交通事故等多个专业化合议庭，充分发挥审委会职能作用，实现审判规范化、专业化。认真落实人民陪审员制度，新选任83名人民陪审员，增进司法民主。扩大人民陪审员参审比例，一审案件陪审率达98.44%。延伸审判管理职能，建立包含“审判信息处理、审判宏观决策、审判程序控制、审判质量控制、法官行为激励”在内的多层次审判管理体系，强化院庭长层级审判管理权责，更好地服务审执一线。实施案件繁简分流，提高审执效率，全年法定正常审限内结案率98.79%，无违法超审限案件。

——改进执行工作机制。建立执行实施权分权集约实施工作机制，将执行实施权划分为执行启动、财产查控、财产处分、结案审查四项权能，由不同的执行人员分别行使，执行局内部建立统一管理、统一协调、分权制约的执行模式。将诉前保全审查权与实施权分离，由立案庭审查后交执行局执行，提高执行效率。加强立案、审判、执行工作的衔接配合，构建以风险提示、诉前保全、诉讼保全、执行查控为主线的全员能动执行机制。加大执行清理力度，由专人对历年程序终结案件进行清理。启动执行网站建设，构建集信息查询、公示曝光、网上送达等为一体的执行网络公开平台。

四、坚持改进司法作风，队伍整体素质进一步提高

——不断提升司法能力。密切与国家法官学院、南京大学、法律出版社等教育资源的合作，开展预备法官培训班、专项业务研讨班以及综合素能研修班等培训活动。与江苏师范大学法政学院签订战略合作协议，共同开展法学研究和实务调研。组织预备法官到与群众接触最多的审判执行信访一线实习，提升服务群众、适用法律、解决复杂问题的能力。深入开展“三评查”活动，共评查庭审110次，法律文书174份，定案把关174次，以评查促司法能力的提升。扎实开展司法警察岗位大练兵，法警队在全省司法警察知识竞赛中名列前茅，被省高院通报表扬。全年有1名法官被省高院记二等功，1名法官被表彰为“全省法院新闻宣传工作先进个人”，2名法官被市委政法委表彰为“公正廉洁执法先进个人”。

——切实改进工作作风。以“司法作风建设推进年”为契机，开展“执法四防”和以“五治”为主要内容的作风整顿专题活动，堵塞管理漏洞、清除管理死角。根据上级法院以及区委区政府的部署，积极开展党的群众路线教育实践活动“三行一改”工作，坚决反对形式主义、官僚主义、享乐主义和奢靡之风。深入贯彻落实中央八项规定，加强制度规范，厉行勤俭节约，反对铺张浪费，仅会议费、招待费同比下降达50%。

——深入推进廉洁司法。深入开展廉政警示教育活动，严格执行法院领导干部述职述廉制度。以审判权运行为核心，构建符合审判规律的廉政风险防控机制，杜绝任何枉法裁判现象的发生。严格规范司法行为，全部实行电脑随机分案，严格执行委托、评估、拍卖工作中随机摇号规定。联合区纪委共同发布《关于违纪违法线索移送和协同办案暂行规定》，对日常办案中发现的明显属于对方职权范围的举报，及时移送处理，形成反腐合力。

五、坚持加强司法保障，法院基础条件进一步改善

——加强人才保障。积极争取区委对法院工作的支持，全年共招录2名公务员，面向全国选调6名法官，缓解案多人少矛盾。按照“市场化运作、专业化管理”的方针建设审判辅助人员队伍，严格招录标准，扎实开展岗前培训和专业培训，完善辅助人员考核办法，量化考核定级。此项工作得到了省法院领导的高度评价，新浦区法院被省高院确定为书记员管理体制改革试点法院，为全省书记员管理体制改革提供有力借鉴。

——加强经费保障。加强与党委、政府及其职能部门的沟通协调，完善经费保障机制。投入60余万元，对不适应工作需要的办公设备及时更新换代，确保全院审判工作的顺利开展。安装门禁系统，更新监控系统，在安检处安装X光机、第二代身份证识别仪等设备，确保司法安全。

——加强信息化保障。依托省法院的法院综合信息系统，案件进展实时跟踪，质效指标自动生成，业务数据采集、案件动态分析、质效综合评估日趋精准，实现数据采集、分析、评估的自动化。积极争取区委区政府支持，启动档案数字化工作，对库存档案进行全面扫描存档，在便利当事人查询的同时切实解决档案库容量问题。

一年来，新浦区法院紧紧围绕党委中心工作和总体部署推进法院的各项工作。建立重大事项专题汇报制度，多次向区委专题汇报队伍建设、基础建设等工作，向区人大常委会专题报告审判管理工作。开展与人大代表的定向联络工作，积极征询对区法院工作的意见和建议，共邀请人大代表、政协委员旁听庭审33人次、视察区法院78人次，走访、召开人大代表、政协委员座谈会87人次。加强与检察、公安、司法行政等部门的协调配合。主动接受新闻媒体、社会舆论的监督，科学处置涉诉突发舆情，维护司法公信。

与此同时，我们也清醒地认识到，当前法院工作还存在着一些不容忽视的困难和问题：案件数量持续增长，人才流失、法官断层等因素导致案多人少矛盾更加突出；基础设施建设滞后，司法保障水平有待提高；借助网络舆论炒作案件等新类型信访手段不断出现，案件服判息诉难度越来越大；个别干警群众观念、法治观念不强，司法作风需要改进等等。对此，区法院将立足自身，积极争取各方支持，切实采取有效措施，努力加以解决。

2014年主要工作打算

各位代表，2014年区法院将继续深入贯彻落实党的十八大、十八届三中全会精神以及习近平总书记关于法治建设的重要论述，紧紧围绕“努力让人民群众在每一个司法案件中都感受到公平正义”的目标，牢牢把握司法为民公正司法主线，严格依法办案，服务保障大局，深化司法公开，加强基础建设，转作风保廉洁，不断提升司法公信力，为把新浦地区建设成为生态宜居、人文荟萃、经济繁荣、社会文明的现代化中心城区提供强有力的司法保障！围绕这一指导思想，区法院将着重做好以下几方面工作：

一是在严格依法办案上求深化，坚守公平正义底线。狠抓执法办案第一要务，不断提高执法办案水平。进一步健全完善独立、公正、高效、符合司法审判规律的审判工作运行机制，切实提高案件质量和水平。加强审判流程管理，严格把控审判流程节点，提高审判效率。进一步强化定案把关机制，狠抓案件质量管理，切实提升审判效果。审慎平衡各方利益，最大限度地实现法律效果和社会效果的统一。

二是在服务保障大局上求深化，增强公平正义效果。紧紧围绕区中心工作，优化法律服务。平等保护各类市场主体的合法权益，维护公平有序、良性竞争的市场秩序。依法妥善审理好受当前宏观经济形势影响引发的非法集资、民间借贷、房地产纠纷案件，确保国家宏观调控政策的有效实施。充分运用调解、和解等手段处理因企业资金链断裂引发的违约纠纷，支持企业渡过难关、发展壮大。加强对可能影响经济发展的涉诉案件进行分析研判，及时提出针对性的建议。

三是在民主公开公正上求深化，增进公平正义认同。主动、经常、深入地加强人大代表、政协委员联络工作。进一步完善人民陪审员制度，保障人民陪审员依法充分履行职责。积极创新司法公开工作机制，着力提升公开效果。借助信息化技术，大力建设审判流程公开、裁判文书公开以及执行信息公开三大平台。深入实施“看得见的正义”工程，深化立案公开。建设完善好执行网站，深化执行网络公开。深入推进网上司法拍卖工作，利用淘宝网“司法拍卖平台”，提高司法拍卖的质量与效率。

四是在加强基础建设上求深化，夯实公平正义根基。大力加强干警业务培训工作，建立青年干警导师制度，促进青年干警尽快成才。继续深入推进“三评查”活动，提高案件质量。合理配置审判资源，缓解“案多人少”问题。深入推进书记员管理体制改革试点工作，打造高素质的审判辅助队伍。积极推进网上视频信访系统建设，拓展涉诉信访渠道。加大信息化建设力度，强化网络信息安全管理。

五是在转作风保廉洁上求深化，树立公平正义形象。以政法干警核心价值观为根本，加强纪律作风整顿，全面提升干警素质。牢牢坚持司法为民公正司法主线，将贯彻落实党的群众路线教育实践活动与做好审判工作、加强队伍建设紧密结合起来，着力在联系人民法院工作实际、解决群众反映强烈的突出问题上下功夫。继续加强反腐倡廉建设，严格执行中央“八项规定”，深入改进工作作风，加大对违纪违法行为的查处力度，绝不“失之于宽、失之于软”。

各位代表，在迈向经济繁荣、民生殷实、民主法治的进程中，人民法院责任重大、使命光荣。我们将紧密围绕全区发展大局，把工作重心集中到执法办案第一要务中，精心审理每一起案件，扎实做好每一项工作，奋力开创法院工作科学发展新局面，为开创新浦区跨越发展新局面、实现人民幸福小康新生活作出更大贡献。

附件

《新浦区人民法院工作报告》相关用语说明

1.未成年人犯罪记录封存：根据修改后的《刑事诉讼法》第二百七十五条规定：犯罪的时候不满十八周岁，被判处五年有期徒刑以下刑罚的，应当对相关犯罪记录予以封存。犯罪记录被封存的，不得向任何单位和个人提供，但司法机关为办案需要或者有关单位根据国家规定进行查询的除外。依法进行查询的单位，应当对被封存的犯罪记录的情况予以保密。

2.庭审“三同步”：指法院的审判法庭通过科技手段实现同步录音录像、同步记录和同步显示庭审记录。

3.万名群众听千庭：是连云港市中级人民法院组织实施的深化司法公开的一项重大工程，要求全市法院主动邀请群众旁听庭审案件不少于1000件，旁听群众10000人次以上。基层法院分别组织群众参加评议庭审不少于130件，旁听群众1500人次以上。具体活动形式包括：邀请人大代表、政协委员旁听庭审；邀请人大代表、政协委员以外的其他人群旁听庭审；组织互联网庭审直播；组织开好大型庭审活动；组织开展庭审进企业、进学校、进乡村等巡回审判活动；邀请群众参观法院与座谈。

4.互联网庭审直播：即将庭审实况通过互联网进行同步直播，在江苏省高级人民法院开办的江苏法院庭审直播网上，公众可以观看到法院正在直播的庭审实况以及以往的庭审实况。

5.一审案件陪审率：指陪审员参加合议庭结案数与一审普通程序结案数之比。

6.三评查：指庭审评查、裁判文书评查以及定案把关评查。

7.“看得见的正义”工程：由江苏省高级人民法院统一实施的立案公开专项工程，包含“稳步推进司法公开窗口建设”、“完善立案公开工作机制”以及“网上诉讼服务中心建设”三项内容。

8.政法干警核心价值观：指忠诚、为民、公正、廉洁。

9.“执法四防”、“五治”：执法防腐、防错、防拖、防访；治散、治懒、治庸、治浮、治满 。

10.三先行一先改：联系群众先行、改善民生先行、化解矛盾先行和不良作风先改。

新浦区人民检察院工作报告

新浦区人民检察院检察长吴明在新浦区第十七届人民代表大会第三次会议上

（2014年1月9日）

各位代表：

现在，我代表新浦区人民检察院向大会报告工作，请予审议，并请列席人员提出意见。

2013年工作回顾

2013年，新浦区人民检察院在区委和市检察院的领导、区人大及其常委会的监督下，在区政府、区政协和社会各界的关心支持下，深入贯彻落实党的十八大、十八届三中全会及各级政法、检察工作会议精神，围绕全区发展大局和院党组确立的“务实进取上台阶，科学发展创一流”总体思路，深入推进平安新浦、法治新浦和廉洁新浦建设，不断提升检察工作亲和力、公信力，各项工作实现了新的发展。

一、全面融入全区发展大局，积极促进经济社会协调发展

一是保障经济秩序健康运行。深入学习和贯彻中央经济工作和区委有关会议精神，领会和把握经济社会发展对检察工作的新要求，结合检察职能严厉打击各类经济犯罪活动，积极参与整顿和规范市场经济秩序。共批捕涉及金融诈骗、非法吸收公众存款等破坏市场经济秩序犯罪案件25件27人、起诉22件30人。如依法起诉了徐某、王某、郑某集资诈骗、非法吸收公众存款等一批涉案金额大、涉案人数多的严重经济犯罪案件，其中涉案金额最大的达2.9亿元。深入查办经济建设领域职务犯罪，办理此类职务犯罪案件15件16人，努力营造公平有序的市场经济环境。

二是积极服务和保障民生。结合检察职能不断强化对危害生态环境、食品药品安全等侵害百姓切实利益刑事犯罪的打击力度。办理拒不支付劳动报酬2件2人。在办理石梁河水库相关刑事案件过程中，依法发出检察建议，促进对库区及其周边生态环境的专项整治，受到省、市检察院的充分肯定并具文推广。依法办理发生在群众身边、损害群众切身利益的职务犯罪案件5件6人。出台服务农村“两委”换届选举工作方案，针对选举前、中、后三个阶段的不同特点，采取加强法制宣传、严惩相关犯罪、强化监督教育等多种措施，积极促进选举工作依法进行。落实“村村到、区区访”工程，选派10余名优秀年轻干部到村、社区任职锻炼，面对面察民情、听民声、解民忧。

三是不断拓展服务群众平台。完善电话举报和网上举报系统，建成“一站式”检务服务中心、全程录音录像视频接访室，健全与区联合接访中心、市检察院“12309检察民生服务热线”协作配合机制。继续延伸检察触角，促进检力下沉，教育管护基地和大学生犯罪预防中心等一批创新项目取得进一步成效，影响逐步扩大，年内先后成立派驻交巡警事故处理大队和云台派出所检察官办公室，并在花果山风景区、康缘药业等设立检察工作站，切实发挥检察机关在创新社会治理工作中的职能作用。出台《深化检务公开加强检察宣传提高检察亲和力与执法公信力的实施方案》，先后与辖区10余个镇街场150余个村居进行对接联系，开展各类宣传活动60余场次，扩大检察机关社会知晓度和影响力。

二、大力加强平安新浦建设，积极促进社会和谐稳定

认真贯彻修改后的刑诉法，坚持打击犯罪与保障人权并重，深入贯彻落实宽严相济刑事政策，更加注重释法说理和矛盾化解，依法保障律师执业权利，积极主动地做好检察环节维护社会稳定各项工作。一年来，共受理提请批准逮捕案件352件477人，经审查批准逮捕292件388人；受理移送审查起诉案件521件800人，依法提起公诉423件569人。所办案件无错捕、撤诉和无罪判决。受理各类举报、控告和申诉案件线索121件，全部及时分流、依法处理。

依法惩治各类刑事犯罪。认真履行批捕和公诉职能，批捕故意杀人、放火、抢劫、绑架等严重侵犯公民人身和财产权利暴力犯罪案件87件188人，起诉73件134人，依法办理公安部和省公安厅挂牌督办的刘某、蔡某等15名被告人非法买卖制毒物品案、“10·8”温哥华小区入室抢劫案等一批有影响的严重犯罪案件；批捕“两抢一盗”等多发性侵财犯罪141件182人，起诉98件119人，有效震慑了犯罪，群众安全感进一步增强。

依法落实宽严相济刑事政策。严格掌握逮捕条件，对涉嫌犯罪但无逮捕必要的，依法决定不批捕26件34人；对犯罪情节轻微、依法不需要判处刑罚或免除刑罚的，决定不起诉18件26人。按照上级检察院要求积

极开展“和风”专项行动，完善轻微刑事犯罪案件快速办理机制，坚持柔性执法，充分运用法律赋予的刑事和解手段办理涉及未成年人和邻里纠纷引发的轻微犯罪案件，减少社会对抗，化解社会矛盾。共开展刑事和解13件15人。如在办理一起涉及新疆维吾尔族在校大学生轻伤害案件时，综合运用刑事和解、刑事被害人救助和不起诉等手段，做到维护民族团结、化解社会矛盾和保护当事人权益的有机统一，取得良好的社会效果。

依法妥善化解社会矛盾。一是加强信访接待和举报线索管理工作。年内排查涉检信访隐患29件，化解重点信访案件6件；完善检察长接访、联合接访和下访巡访等制度，提高接访的效率和效果，检察长接待30件32人；建立和完善信访举报线索统一管理、规范办理、及时答复机制。二是加强执法办案风险评估预警和释法说理工作。制定执法办案风险评估预警工作办法，分级分类进行案件风险评估，妥善做好预警处置工作，开展风险评估524件；出台加强释法说理工作的规定，把释法说理纳入执法办案各环节，适时召开公开释法说明会，让当事人明白案件处理的法律和事实依据。三是加强检调对接和刑事被害人救助工作。积极开展检调对接，依托“大调解”体系，完善联动机制，努力实现当事人合法诉求和修复受损的社会关系，年内开展检调对接22件；积极开展刑事被害人救助工作，不断加大救助工作力度，落实救助金12万元。

三、大力加强廉洁新浦建设，积极促进党风廉政建设和反腐败斗争

查办贪污贿赂犯罪取得新成效。坚持有腐必惩、有贪必查，针对职务犯罪日益复杂化、隐蔽化、智能化的新趋势，大力推进侦查信息化、装备现代化和侦防一体化建设，不断提升发现、突破和办理案件的能力。年内立案侦查贪污贿赂犯罪案件17件19人。突出查办有影响有震动的大案要案，查处科级以上干部6人，其中处级2人，查处科级以上干部数位居全市第一；贪污贿赂案件大案率100%；先后办理市煤炭公司顾某、振兴集团胡某涉嫌贪污、受贿等一批重大典型案件。通过办案为国家挽回直接经济损失200余万元。集中力量深挖窝案串案，共在工程建设、医疗卫生等领域办理窝案串案11件13人。还依法办理全市首例利用影响力受贿案件，敦促首例潜逃国外的行贿犯罪嫌疑人主动归案，有力推动反腐败斗争的深入开展。

查办渎职侵权犯罪取得新突破。深入贯彻中央关于加强惩治和预防渎职侵权违法犯罪的决定，通过内引外联机制着力解决渎职侵权犯罪发现难、查证难、处理难等问题。深入开展查办发生在群众身边损害群众利益和“万村千乡市场工程”领域专项工作，立案侦查渎职侵权犯罪案件5件，为国家挽回直接经济损失20余万元。在办理杨某玩忽职守一案中，通过发出检察建议，促进对采石企业的规范管理。

预防职务犯罪工作取得新进展。办理的职务犯罪案件全部开展同步预防；开展重大工程等专项预防活动17次；在金融、卫生等行业开展系统预防23次。开展预防咨询、法制宣传和警示教育201次，受教育群众10000余人；督促相关单位建章立制，发出预防检察建议10份；开展行贿犯罪档案查询1564次，查出有犯罪记录2次；撰写预防调查分析报告12份，多次被上级领导签批。依托本院法制宣讲团，深入开展法律“六进”活动，共开展法制讲座近50场，受到群众欢迎与好评。警示教育基地全年接待参观群众4000余人。与区纪委等单位联合在陇海步行街建设廉政文化长廊，共同打造廉政文化教育特色街区。

四、大力加强法治新浦建设，积极促进社会公平正义

牢固树立责任意识，切实履行诉讼监督职责，依法监督纠正诉讼活动中存在的违法行为，坚决防止和杜绝冤假错案的发生，努力让人民群众在每一个司法案件中感受到公平正义。在刑事立案和侦查监督中，充分利用案件信息共享平台，拓宽监督渠道，建立“三级审查”和全程动态跟踪机制，确保监督的质量和效果。如在办理被央视“焦点访谈”三次曝光、全国扫黄打非办督办的李某等人敲诈勒索一案时，依法追捕4名犯罪嫌疑人。一年来共办理立案监督案件5件7人，依法追捕遗漏犯罪嫌疑人3件4人，追诉3件7人，向侦查机关发出书面纠正违法11次。其中一起监督案件被评为全市“十佳”诉讼监督案件。在刑事审判和刑罚执行监督中，对适用简易程序的轻微刑事案件建立专人承办、集中起诉、集中出庭制度，通过出庭支持公诉，对违反诉讼程序的轻微违法行为当庭予以纠正，加强了对审判诉讼环节的法律监督；依法提请刑事抗诉2件；对社区矫正重点对象进行跟踪谈话，开展帮教工作，并依法加强对社区矫正等各环节的法律监督，再犯罪率保持较低水平。在民事和行政诉讼监督中，运用多种监督方式，积极构建多元化监督格局，年内共受理民行申诉案件5件，经审查提请抗诉2件，办理督促起诉、支持起诉、执行监督案件共9件。认真贯彻《关于防范和查处虚假诉讼的规定》，组织召开公检法司联席会议，签署协作意见，形成工作合力，共排查虚假诉讼案件线索4件移送公安机关侦查。

五、大力加强检察队伍建设，积极促进检察工作创先争优

始终将检察队伍建设作为事关检察事业长远发展的基础工程来抓，坚持以思想政治建设为根本，以业务能力建设为核心，以党风廉政建设为保障，全面加强领导班子和检察队伍建设，努力打造一支忠诚可靠、执法为民、务实进取、公正廉洁的过硬检察队伍。

一是加强思想政治和纪律作风建设。制订学习计划，规定必读篇目，固定学习时间，坚持集中学习和个人自学相结合，抓好中心组、检委会、党支部、各部门不同层次的思想政治学习增强政治定力、增进“三个自信”。邀请专家学者作十八大精神宣讲报告，举行“践行十八大、争创新业绩，立足岗位做贡献”主题演讲比赛，组织“全省在当排头兵，新浦检察怎么办”大学习大讨论活动，开展向全国模范检察官林志梅、全市首届十大法治人物杨晓明等先进典型学习

活动，开展“检察之星”评比活动，提高干警的思想政治素质，营造良好的干事创业氛围。在全院开展以治理“散懒庸浮满”和“五查五治”为内容的作风专项整治活动，以踏石留印、抓铁有痕的韧劲，切实把中央“八项规定”、省委“十项规定”和省、市院关于改进工作作风、密切联系群众的各项要求落到实处，严格落实一岗双责，全年无违法违纪现象发生。

二是加强执法能力建设。一方面，开展多种形式的教育培训和岗位练兵活动，全面提高干警的业务素质。组织全体中层以上干部参加全市检察机关干部素能培训，运用网络培训、业务讲座等形式加强对修改后“两法”的学习，通过开展庭审观摩、侦讯模拟、疑案研讨等岗位练兵活动，提高干警的履职能力。另一方面，采取各种措施，积极创建学习型检察机关。组织成立瀛洲法学社，为青年干警成长成才搭建平台；为干警在读研、司考和转学历教育方面提供各种保障，促进高层次复合型人才的培养；鼓励干警常思考勤动笔，发表信息、宣传和调研文章各类稿件300余篇，扩大了检察机关的影响力。一年来，先后有10余名干警在市级以上各类业务竞赛中获奖，3名干警通过司考和获得硕士学位，2名干警被评为全省检察专门人才。

三是加强内部监督管理。加强检务督察。每周由带班领导对干警执法办案和遵章守纪等情况进行全方位督察，并予以通报，督促整改，维护良好的办公办案秩序。实行季度考核。每个季度进行总结，找出问题和不足，明确重点和方向，并对每个部门每名干警进行绩效综合考评。规范案件监管。通过建立健全以案件受理、案件评查为主要内容的案管工作模式和以教育、制度、督察、科技为内容的“四位一体”纪检监察内部监督制约机制，开展执法“四防”和“三不两撤一无罪”案件专项监督检查工作，切实加强对执法办案活动的全程动态监督。

四是加强外部监督制约。通过向人大、政协等报告工作、报送信息、办理提案，积极开展“检察开放月”和“检察联络月”等活动，加强与人大代表和政协委员的联络，倾听社会各界对检察工作的意见和建议，主动接受监督。5月份就控申检察工作向区人大常委会作了专题报告，并专门邀请部分人大代表、政协委员来院视察调研。加强人民监督员工作，组织人民监督员对本院办理的所有自侦案件进行监督，邀请人民监督员参与庭审评议、信访接待和案件评查等活动12次。

过去的一年中，我院被评为“全国文明接待室”、全国检察宣传先进单位，还先后获评全省“公正司法示范点”、“优秀青少年维权岗”、涉检信访工作先进单位、预防青少年违法犯罪工作先进集体和省级文明单位，全市“廉政文化建设示范点”、首批“公正执法示范点”、检察机关创新创优先进单位等多项殊荣，10余个集体30余名干警受到各级各类表彰。

面对人民群众日益增长的司法需求，我们也清醒地看到，工作中还存在一些差距和不足，主要表现在：检察职能履行还不够充分，执法办案力度尚需进一步加大；队伍的专业化、职业化建设仍需不断加强，高层次人才相对缺乏，人才外流严重，办案力量明显不足；办公办案条件和信息化程度亟待提高，特别是“两房”和信息化建设滞后，与上级院要求存在一定差距。对于以上问题，我们将高度重视，采取有力措施切实加以解决。

2014年工作安排

2014年，新浦区人民检察院检察工作的总体思路是：认真学习贯彻党的十八大、十八届三中全会和习近平总书记关于法治建设和政法工作一系列重要指示精神，紧紧围绕“三大建设”新时期政法工作总任务、“三个强化”检察工作总要求和全区工作大局，坚持以执法办案为中心，以队伍建设为根本，以司法改革为动力，全面履行法律监督职能，扎实开展党的群众路线教育实践活动，统筹推进各项检察工作创先争优，努力为新浦地区创造安全稳定的社会环境、公平正义的法治环境和优质高效的服务环境。

一是着力促进社会和谐稳定。围绕“五位一体”重大部署和重点任务，更加自觉地把检察工作摆到经济社会发展全局中谋划和推进，找准服务的切入点和着力点，加强对经济发展、科技创新、文化建设、社会建设和生态文明的司法保护，切实发挥好检察机关在创新社会治理和全面深化改革中的法治保障作用。更加注重服务和保障民生，准确有力地惩治各类严重刑事犯罪，依法化解社会矛盾，促进提升社会治理科学化、法治化水平。加强对经济领域新情况新问题的研判，严厉打击破坏市场经济秩序犯罪，依法保护各类经济主体合法权益，推动现代市场体系建设。依法打击危害农业生产、影响农村稳定、侵害农民权益的刑事犯罪，进一步加强涉农检察工作。

二是着力增强反腐倡廉能力。深入研究当前职务犯罪的规律和特点，提高办案水平，加大办案力度，严肃查办发生在群众身边、损害群众利益的各类职务犯罪，坚持有贪必肃，有腐必反。按照新刑诉法关于保障人权、规范执法、文明办案的要求，切实提高办案质效。结合办案深化职务犯罪预防工作，完善侦防一体化工作机制，综合运用预防调查、犯罪分析、检察建议、警示教育等措施，积极构建社会化大预防格局和预防职务犯罪人民防线，努力遏制和预防各类职务犯罪的发生，依法保护党员干部干事创业的积极性。

三是着力强化法律监督职能。进一步加强对刑事立案、侦查、审判、执行以及民事行政诉讼活动的法律监督，维护法律统一正确实施，不断顺应人民群众对公平正义和权益保障的新期待新要求。完善工作机制，着力加强对有案不立、有罪不究、以罚代刑、违法立案、滥用强制措施以及刑讯逼供、暴力取证等问题的监督；坚持“依法、坚决、准确、有效”的原则，切实加大刑事审判监督力度；依法开展对社区矫正工作的法律监督；进一步健全和完善案件受理、审查抗诉、内部协作工作机制，积极构建民事行政诉讼多元化监督格局；加强控申检察工作，完善信访接待、风险研判、预警处置、矛盾化解等工作机制，畅通和规范群众诉求表达、利益协调、权益保障渠道。

四是着力推动自身科学发展。按照"执法规范化标准化、队伍专业化职业化、管理科学化信息化、保障现代化实用化"基层院建设新要求，不断实现自我革新自我完善自我发展。进一步加强干警思想政治教育和专业化职业化建设，积极推动检察文化建设，不断提高队伍整体素质和执法能力；进一步更新执法理念，改进执法方式，规范执法行为，加强执法管理，不断增强检察工作亲和力和公信力；进一步加强科技强检和信息化建设，以运行统一业务应用系统为契机，不断增强检察工作的科技含量；进一步加大改革创新和创先争优工作力度，注重用精细化理念和健全综合考评机制引导、凝聚、激励和约束干警，提高队伍的凝聚力、战斗力和创造力；进一步建立健全监督制约机制，坚持问题导向，扎实开展党的群众路线教育实践活动，大力加强纪律和作风建设，塑造检察机关和检察队伍的良好形象。

各位代表，新的一年，新浦区人民检察院将牢记全区人民的期望和重托，紧紧依靠区委和市院领导，自觉接受人大、政协和社会各界监督，求真务实，攻坚克难，革故新鼎，创先争优，全面履行各项法律监督职能，努力实现服务大局、业务工作、队伍建设、检务保障有新的提升，为建设生态宜居、人文荟萃、经济繁荣、社会文明的现代化中心城区作出新的贡献！

附件：相关用语解释

1.12309检察民生服务中心：是连云港市检察院在检察机关原有的"12309"职务犯罪举报电话基础上升级建立的更高层次的检察民生服务平台，服务内容主要有受理控告举报、提供法律咨询、提供司法帮助、开展法制宣传、分析社情民意、进行检务公开等，并与全市检察机关、市法院等20余家单位建立联动处理机制，是检察机关服务民生权益、处理群众诉求的"绿色通道"，于2012年6月28日揭牌成立。

2."和风"专项行动：是指全市检察机关围绕贯彻实施修改后的刑诉法、构建"和谐"诉讼、探索羁押必要性审查机制、大力开展刑事和解、认真落实"护苗行动"等内容而开展的，一次旨在实现办案的质量、效率和效果有机统一的专项行动，自3月份始至12月底结束。

3.公开释法说明会：是指检察机关在履行职能过程中，对执法办案各阶段依法定程序作出的具有相对终结性的处理决定，依据事实和法律向有关单位或案件当事人等进行分析论证、解释说明的活动。

4.三级审查：是指新浦区人民检察院院在办理立案和侦查监督案件时采取的由承办人、部门负责人和院领导三级审查，确保监督质量和效果的办案工作机制。

5.民事行政诉讼多元化监督格局：是指2010年最高人民检察院检察长曹建明在第二次全国检察机关民事行政检察工作会议上提出的，在抓好抗诉工作这一民行检察监督中心工作的同时，要综合运用检察建议、调查违法行为、纠正违法通知书、更换办案人意见书等监督方式，形成多种监督方式并举的民行检察新模式。

6.五查五治：是指省院为深入做好党的路线教育实践活动，在全省检察机关先行开展的以"五查五治"为内容的作风专项整改活动，主要内容是：一查执法为民意识牢不牢，治高高在上、脱离群众之病；二查执法作风实不实，治急功近利、华而不实之病；三查精神状态好不好，治精神懈怠、不思进取之病；四查廉洁自律严不严，治贪图享乐、铺张浪费之病；五查执法公不公，治徇私枉法、以权谋私之病。

7.执法"四防"：是指为提升执法水平，加强政法机关规范化建设，维护人民群众合法权益，坚决防范和杜绝冤假错案，在全市政法系统开展的以"防腐、防错、防拖、防访"为内容的专项整改活动。

8.三不两撤一无罪：是指"不立案、不批捕、不起诉、撤销案件、撤回起诉、无罪判决"六种案件处理方式的简称。

9.三大建设、三个强化："三大建设"新时期政法工作总任务，内容为平安中国建设、法治中国建设和过硬队伍建设；"三个强化"检察工作总要求，内容为强化法律监督、强化自身监督、强化队伍建设。

10.统一业务应用系统：是指高检院组织研发并要求全国检察机关"统一入轨、统一管理、统一应用、统一改进"、"全员、全面、全程、规范"管理使用，于2013年1月1日起全面推行的，以实现"执法信息网上录入、执法业务网上审批、执法流程网上管理、执法活动网上监督"为目的软件应用系统。

11.农村"两委"：村委会和村党支部。

12.两抢一盗：抢劫、抢夺、盗窃。

13.万村千乡市场工程：商务部牵头组织开展的通过安排财政资金，以补助或贴息的方式，引导城市连锁店和超市等流通企业向农村延伸发展"农家店"，孕育出连锁经营的农家店，构建以城区店为龙头、乡镇店为骨干、村级店为基础的农村现代流通网络，使标准化农家店覆盖全国一半以上的行政村和乡镇，满足农民消费需求，改善农村消费环境，促进农业产业化发展。

14.法律"六进"活动：进机关、学校、企业、党校、乡村、社区。

15.增进"三个自信"：道路自信、理论自信、制度自信。

16.两法：《中华人民共和国刑事诉讼法》和《中华人民共和国民事诉讼法》。

17.两房：检察院的办案用房和专业技术用房。

18.五位一体：经济建设、政治建设、文化建设、社会建设、生态文明建设。

新浦区2013年财政预算执行情况和2014年财政预算草案报告

区财政局局长邱洪建在新浦区第十七届人民代表大会第三次会议上

（2014年1月8日）

各位代表：

受区人民政府委托，现将全区2013年财政预算执行情况和2014年财政预算草案报告如下，请予以审议，并请区政协委员和其他列席人员提出意见。

2013年财政预算执行情况

2013年是贯彻落实十八大精神的开局之年，更是“十二五”计划承前启后的关键之年，全区财税部门在区委的正确领导和区人大的监督指导下，围绕“稳中求进，好中求快”的年度工作主题，严格依法理财，狠抓增收节支，开拓改革创新，较好地完成区十七届人大常委会第十七次会议调整的各项财税目标任务。

一、全区财政预算执行情况

区十七届人大二次会议通过的2013年全区公共财政预算收入安排为26.2亿元，由于全市公共财政预算收入计划调减、区划调整等因素，经区十七届人大常委会第十七次会议审议通过，全区公共财政预算收入预算调整为26亿元。2013年实际完成26.7亿元，同口径增收1.9亿元，增长7.5%，完成年度调整预算的102.7%，完成区人大批准的全区公共财政预算收入目标任务。

区十七届人大二次会议通过的2013年全区公共财政预算支出安排为9亿元，加上上年结转、市财政追加指标、非税入库等12.5亿元，全区公共财政预算支出预算预计调整为21.5亿元。2013年全区公共财政预算支出预计完成20.2亿元，同比增支2.9亿元，增长16.8%，完成年度调整预算的94%，收支相抵，预计年终结转1.3亿元。

二、区级财政预算执行情况

区十七届人大二次会议通过的2013年区级公共财政预算收入安排为20.9亿元，由于全市公共财政预算收入计划调减、区划调整等因素，经区十七届人大常委会第十七次会议审议通过，区级公共财政预算收入调整为17.8亿元。2013年预计完成18.1亿元，同比增收0.3亿元，增长2.1%，完成年度调整预算的102.1%，完成区人大批准的区级公共财政预算调整收入目标任务（区级2013年公共财政预算收入预计完成情况见附表一）。

区十七届人大二次会议通过的2013年区级公共财政预算支出安排为7.8亿元，由于收入预算调整，经区十七届人大常委会第十七次会议审议通过，区级公共财政预算支出预算调整为7.2亿元。加上上年结转、市财政追加指标、非税入库等11亿元，区级公共财政预算支出预算预计调整为18.2亿元。2013年区级公共财政预算支出预计完成16.9亿元，同比增支1.9亿元，增长12.6%，完成年度调整预算的93.1%，收支相抵，预计年终结转1.3亿元（区级2013年公共财政预算支出预计完成情况见附表二）。

因市级补助支出还在陆续下达，市与区决算结算工作尚未结束，现在报告的预算收支执行情况与决算会有一定幅度的变化，届时再向区人大常委会报告。

三、2013年预算执行中的重点工作

（一）税源建设力度加强，征管网络日益完善。

大力扶持强企业。充分发挥财税优惠政策，为企业争取各项扶持资金2015万元，协助融资2000万元。全年获批省级科技计划项目6项，其中东海硅微粉获批省级重大成果转化项目。引导正大天晴、东海硅微粉、乐园新材料等工业企业进行老旧设备改造、产业转型升级，技改和科技扶持资金支出1774万元。支持招商引资工作顺利开展，签约投资过亿元项目27个，落实招商引资奖励政策。推广“营改增”税改范围，全区涉及试点纳税人2863户，企业纳税同比减负14%，极大提高企业经营活力。

完善机制促征管。经过多年建设，新浦区目前已形成“区—乡镇（街道）—村（社区）”三级网络；“综合治税、社会化征管、专项整治、催报催缴”四大平台。协同国、地税等15个执法部门成立领导小组，全面监控税收征管情况，全年入库税收21.9亿元，占公共财政收入比重82%。在全市率先建立4家个体零散税收服务站，全年完成开票量16209份，开票

金额1.9亿元。开展陇海步行街等专项税收整治工作全年查补税收4562万元。按照属地管理原则，对各类建安工程及1.6万户个体工商户催报催缴，入库税款9676万元。

（二）融资工作有序推进，重点工程着力保障。

加快项目融资进程。通过资产整合、财政资金注入等方式，帮助瀛洲公司做大做强，年末净资产规模达15亿元，升级为市级投融资平台。充分发挥财政职能，灵活运用资产资金和政府信用，采取财政资金质押、资产租赁、政府信誉、委托贷款等方式，多渠道开展融资工作，支持融资6.3亿元。

加大工程投入规模。积极落实区政府重点工程部署，以财政资金为引导，政府融资为主体，多渠道筹措项目资金，加快重点工程建设步伐，2013年共投入16.3亿元，其中财政资金5.6亿元。支持浦南新镇区建设，完善路网基建、配套生活设施，打造全市城乡统筹样板，支付2.5亿元。支持滨河新城建设，拓展城市功能分区，基建工程全线启动，支付2.2亿元。支持旧城改造建设，动迁东上渔场、财校等地块，及时拨付兑现拆迁补偿款8.5亿元。支持特色街区建设，水晶街、民国风情街顺利开街，盐河巷文化街工程全力推进，支付3.1亿元。

（三）民生工程重点保障，支出结构不断优化。

坚持教育优先原则。学前教育、中小学生均公用经费按省定标准逐年增长，全年公用经费支出2410万元，同比增长18.78%。进城务工人员随迁子女100%就读，全额享受政府拨付的公用经费。教师培训经费支出200万元，全年培训7408人次，教师素质得以均衡提升。贫困生补助支出80万元，扶助学生612人。校安专项支出5200万元，新建校舍4.3万平方米，加固校舍1.2万平方米，新浦中学、解放路小学郁洲分校等新建教学楼投入使用，海庆中学教学综合楼主体封顶，办学条件达省标准化要求。城乡学校教育装备提档升级，达省定二类标准。教育现代水平进一步提升，教育优质发展惠及更多民众。

支持社保体系建设。调整公务员津补贴和事业单位绩效工资，全年增支1448万元。将事业单位绩效工资部分纳入计提基数，全年增支1723万元。补发新浦在职人员绩效工资3517万元，增补海州区划单位在职人员绩效工资797万元。城乡居民养老金支出615万元，新农合及城镇居民医保金支出1942万元，筹资标准全线提升，纳入养老医疗体系人员17311人。加大对基层医疗卫生机构扶持力度，公共卫生经费支出1871万元，累计受益人口达到62万人。化解医疗卫生机构债务支出972万元，解决卫生系统药品欠款支出600万元。做好城乡最低生活保障金发放工作，低保金支出1486万元，增长20.5%，5.7万人次受益。通过加大投入，完善社保网络，不断实现新浦区“老有所养、病有所医、劳有所得、困有所助”社保体系质量的新提升。

加快城市改造出新。支持市区主干道道路沿街景观改造，加大城市绿化投入，实施玉带河整治，修建便民路、背街小巷，清掏下水道等工程，支出3000万元。支持环境综合整治工程推进，支出667万元。支持环卫事业，全年配套运行经费7386万元，城乡环境明显改善，2013年将浦南镇环卫工作纳入区级管理，推进城乡环卫管理一体化进程，增支200万元。

落实支农惠农政策。积极发展特色农业，促进农业产业化，推进社会主义新农村建设步伐。争取国家级农业开发项目4个，有效促进我区农业产业结构调整，支出1494万元。争取省级集体经济发展项目1个，进一步壮大农村集体经济，支出480万元。推进农桥、农路、农村“一事一议”项目建设，支出804万元。签单政策性农业保险保费280万元，兑现粮食直补、农资各项补贴1018万元，发放家电下乡补贴资金1773万元，受益农户近2万户。保障村级运行，提升五保户供养标准，“村级三项资金”支出336万元。加强村庄环境整治力度，禁止秸秆焚烧，支出1054万元。推进“菜篮子”工程建设，实施生产基地建设和农贸市场改建，支出217万元。

（四）财政监督力度加强，管理体系不断健全。

财政管理不断拓展。新浦区财政自2001年实施会计集中核算以来，各项财税制度建设一直走在全市前列，截至目前，纳入集中支付系统管理的行政、事业单位231家。在原有预算单位基础上，2013年3月对6家社区基层卫生机构实行统一核算，5月对区划4个街道及22家事业单位进行代管。全年调度资金18.9亿元，增长27%，争取上级专项补助资金9.2亿元，增长130%，国库集中支付清算25758笔，支付资金13.2亿元，直接支付率94%。

财政监督不断强化。“预算编制、预算执行、绩效管理、财政监督”四位一体的财政管理体系不断完善，财政监督在预算执行中的纠错功能不断增强，2013年共对37家区级预算单位进行检查。进行常规检查，主要针对部门预算编制执行情况、财务制度执行情况等，其中，重点检查5家基层医疗卫生机构2012年财务情况，针对存在问题责令限期整改，推动基层卫生单位财务管理规范化。开展专项督查，联合商务局针对2009—2013年度家电下乡政策执行情况进行督查，通过随机抽查、电话回访、实地核实等方式，确保财政补贴落到实处。针对环卫系统人员经费问题进行深入调研，摸清家底、统筹支出。借助外部审计，委托会计师事务所对3家卫生机构公共卫生配套及其使用情况、15家住建系统单位工程项目收支情况、瀛洲公司及其7家子公司融资情况、项目支出等情况进行审计，针对审计中存在的问题实施追踪机制至整改完成。

总体看来，2013年全区财政预算执行情况良好，但财政运行中仍存在税收占比不理想、税源结构不合理、重点税源流失、工资性支出占可用财力比重较高、收入基数过大增长困难等问题，需要以创新的思路，改革的举措逐步加以解决。

2014年公共财政预算草案

2014年全区财政预算安排和财

税工作总的指导思想是：全面贯彻落实党的十八届三中全会和区委九届六次会议精神，以政府“六个突破，四个提升”为奋斗目标，深化改革创新、强化收入征管、优化财政支出、细化监督管理、保障社会民生、保障重点工程，加快自身建设、不断提高财政科学化、精细化管理水平。按照上述指导思想，根据新浦区国民经济和社会发展计划，本着稳妥的原则，2014年全区财政预算和区级财政预算草案安排如下，提交大会审议。

一、全区财政预算草案

2014年，全区公共财政预算收入安排29.9亿元，同比增加3.2亿元，增长12%。根据收入预算和现行财政体制测算，2014年全区公共财政预算财力预计10亿元，全部安排支出，同口径比上年增加1亿元，增长11.1%。

2014年全区财政预算收支平衡。

二、区级财政预算草案

2014年，区级公共财政预算收入安排20.3亿元，比2013年增加2.2亿元，增长12%。根据收入预算和现行财政体制测算，2014年区级公共财政预算财力预计8.2亿元，全部安排支出，同口径比2013年增加1亿元，增长13.9%（区级2014年公共财政预算支出安排情况见附表三）。

三、2014年工作思路及举措

2014年，是新浦区实施“十二五”规划的决战之年，全面完成各项目标任务责任重大。全区财税部门将认真落实区委的工作要求，深化改革，创新模式，力保增收，优化支出，实现新浦区经济社会的新跨越，努力推动财税工作再上新台阶。

（一）强化征管，进一步提高财税质量。

培育优质税源，做大融资平台，加强税收征管，促进财政收入稳步增长。一是加大税源建设强度。支持重点企业做大做强，支持工业园区集群化、城乡统筹、新城建设、旧城改造等重点工程推进，大力扶持小微企业实现创新发展，促进现代农业示范合作社建设，为全区经济的长期发展奠定基础。二是加快投融资平台建设进度。继续扶持瀛洲集团发展，整合全区优势资产，盘活存量土地资源，逐步具备发行企业债券主体资格，着力保障全区重点工程。三是加强收入征管力度。坚持依法征税，协同国、地税和区有关部门，着力优化完善财税服务体系，强化对重点行业、重点企业税收征管的动态跟踪，把握收入发展趋势，研究解决财政运行中出现的新情况、新问题，不断做大财税规模，提升财税质量。

（二）优化支出，进一步保障民生投入。

在“保工资、保运行”基础上，进一步优化支出结构，严格落实中央八项规定及其实施细则的各项要求，控制“三公”经费，压缩一般性支出，加大民生支出保障力度，特别要支持地方教育、医疗、社保体系建设，稳定“三农”支出占比，引导并形成多元化的支农投入格局。一是优先支持教育发展。财政投入重点支持和促进义务教育均衡发展，继续推进校舍安全工程建设，不断改善办学条件，及时拨付财政补贴，确保教育公平。二是完善社保体系。执行新农合和城镇居民医疗保险财政补助新标准；大力推进公共卫生体系建设，切实降低城乡居民的医疗负担；提高居家养老和集中养老的补贴标准，完善养老服务保障制度；及时发放最低生活保障金，健全困难群体救助机制。三是推进城乡公共文化建设。加大对社区文化建设的引导工作，结合水晶街、“民主路民国风情街”和盐河巷等重点工程建设，扩大公共文化服务供给，不断充实居民的休闲文化生活，提高公共文化服务水平。四是争取惠农政策。积极开展农业产业项目申报工作，争取国家级农业综合开发项目资金，进一步推进城乡统筹工程建设；加大对农桥、农路、农资补贴财政投入，改善农业基础设施建设，切实让农民得实惠。

（三）深化改革，进一步完善管理机制。

一是完善预算执行体系。努力打造公开、透明、规范、完整的预算执行体制。细化预算编制，完善基本支出标准，推进人员信息库建设，强化财政预算法定性，建立部门预算项目评审机制，做好预算信息公开准备。严格预算执行，加大财政资金整合力度，以规范管理流程、明确审核内容和优化审批程序提高年初预算在执行中的强制性，减少年中预算追加。加强财政监督，以项目现金流为抓手，将监管工作贯穿项目事前、事中、事后，确保财政资金专款专用。加大绩效考评，健全财政资金使用考评机制，不断优化财政管理和服务方式，提高管理效能。二是健全国库管理制度。在2013年公务卡试行的基础上，将国库单一账户管理体系和公务卡制度覆盖至全区所有预算单位，实现资金支付、会计核算、事后审计、动态监控一体化。进一步深化财政国库现金管理改革，盘活存量资金，实现国库资金保值增值。继续深化政府综合财务报告编制改革工作，提升财政数据的广度和精度，不断提高综合财务报告作为决策依据的准确性。三是推进预算公开进程。增大公众的知情权与监督权，逐步开放预算信息公开，通过外部监督促使政府及时回应，切实管好、用好财政资金，有利于拓宽人民群众的监督渠道，逐步形成有效的监督机制，增强预算的透明度和刚性约束，将新浦区财政打造成为“透明财政、阳光财政、廉洁财政”。

（四）增强内控，进一步提升财政效能。

一是加强乡镇财政管理。将乡镇一级纳入财政管理范围，从预算编制到资金拨付的各环节实行全方位、全过程的动态监管，扩展财政管理网络，推进“规范化财政所”建设。在省、市财政体制调整的基础上，适时调整区对镇（开发区）、办的财政体制，按照事权划分相应承担和分担支出责任，建立持续发展的转移支付制度。二是加强政府债务管理。首次安排政府性债务偿债准备金2000万元，做好2亿元信托资金偿还准备工作，不断总结经验，建立健全稳定的政府性债务偿债机制，提高政府防范债务风险的能力和水平。三是加强政府采购管理。不断规范采购行为，贯彻落实《中华人民共和国政府采购法》，强化供应商招投标管理，进一步扩大政府采购实施范围和规模，提高财政资金使用效率。四是建立健全政府工程投资评审机制。联合纪委、审计等部门成立项目组，从工程立项、招投标、资金拨付、绩效评价进行全程跟踪管理，加大监督力度，加强资金管理，落实《新浦区政府投资项目资金管理暂行办法》，确保资金安全。五是加强财政队伍建设。继续巩固“省级文明单位”创建成果，加强政风行风建设，通过政治学习、业务培训、绩效考核等方式，打造出一支政治坚定、业务精湛、作风优良、为政清廉、全面发展的财税干部队伍，来树立财税部门的良好形象。

各位代表，做好2014年的财政工作，任务重，责任大，我们决心在区委的领导下，在区人大及其常委会的监督指导下，深入贯彻和落实区十七届人大三次会议精神，坚定信心，凝聚力量，迎难而上，努力完成各项财税任务，为实现新浦发展的新跨越做出应有的贡献。

附：相关词语解释

1.三农：农业、农村、农民

新浦区2013年国民经济和社会发展计划执行情况与2014年国民经济和社会发展计划（草案）的报告

新浦区经济信息化与发展改革局局长单新文在新浦区第十七届人民代表大会第三次会议上

（2014年1月8日）

各位代表：

受区政府委托，现向大会报告新浦区2013年国民经济和社会发展计划执行情况与2014年计划（草案），请予审议，并请各位政协委员和其他列席人员提出意见。

一、2013年国民经济和社会发展执行情况

（一）计划目标完成情况

2013年，在经济下行压力仍然较大的宏观环境下，新浦区在市委、市政府的正确领导下，以建成更高小康社会为奋斗目标，以“城乡统筹、开发区西拓、新城开发、旧城改造”四大工程为主抓手，围绕科学发展主题和加快转变经济发展方式的主线，强势推进工作落实，全区经济社会保持良好发展态势，基本完成年初确定的主要目标任务。

——地区生产总值127亿元，增长12%。

——规模以上工业增加值11.5亿元，增长10.5%；服务业增加值90.5亿元，增长14%。

——全社会固定资产投资228亿元，增长25%；其中，工业投资46亿元，增长23%。

——实现社会消费品零售总额160亿元，增长13%。

——公共财政预算收入26.7亿元，增长7.5%。

——外贸出口8.5亿美元，增长10%；注册外资实际到账8100万美元；引进内联客方到位资金61.3亿元。

——全年新增就业人数21000人，城镇登记失业率低于3%。

——实现城市居民人均可支配收入27000元，农民人均纯收入15500元，同比分别增长12%和15%。

——全区人口自然增长率6.6‰。

（二）国民经济运行和社会事业发展呈现的特点

1. 经济需求有效提升，发展动力更加强劲。全区着重突出投资拉动、消费带动和出口辅助作用，力求实现经济增长协调推进。一是投资拉动量质并举。切实抓好重大项目建设，全区重点建设项目共140个，投资122.1亿元，承担市级重点建设项目共23个，其中新建项目11个，续建项目12个，计划总投资77.7亿元，全年投资24.65亿元。努力构建沿海重大产业载体建设体系，积极推进支柱产业发展。2013年，新浦区列入市沿海开发重大项目库推进的104个项目中共有7个项目，其中已完成玉带河北岸整治、市区快速公交1号线沿线绿化任务等2个重大基础设施建设，其他超细硅微粉、苏宁广场等5个项目加快推进。工业项目完成投资46亿元，增长26%，总投资8亿元的品苏制造、总投资5亿元的虹港装备等10个项目相继开工建设。在宏观调控趋紧、政府融资困难的情况下，投融资平台建设取得突破，江苏瀛洲集团升级为市级投融资平台企业，全年实

现融资6亿元。加强与金融机构的合作，通过发放私募债等多种渠道，为重点工程投资建设提供有力资金保障。二是居民消费持续扩大。全年完成社会消费品零售总额160亿元，同比增长13%。通过发展假日经济，刺激居民消费。着力改善消费环境，新浦中央商贸区、王子啤酒美食集聚区、人民路商贸物流区等晋升为市级商贸集聚示范区。三是外贸出口难中求进。对全区进出口在500万美元以上的外贸企业、100万美元以上的三资企业和生产企业，加强工作调度，组织出口企业参加各种展览洽谈会，创造条件让企业“走出去”，全年完成外贸出口8.5亿美元，实现确保目标。

2. 三次产业稳步发展，经济结构继续优化。始终坚持狠抓结构调整，产业水平有了新提升。一是服务业稳步提升。全年完成服务业增加值90.5亿元，同比增长14%，服务业增加值占地区生产总值的比重达72.4%。服务业政策加快完善，出台《关于加快新兴服务业发展的实施意见》，进一步加大对新兴服务业的扶持力度。重点商贸企业推进有力，总投资15亿元的苏宁商业广场41层主楼封顶，总面积近1万平方米的海港城项目开工建设，总投资2亿美元的菲律宾SM项目完成注册，北京华联超市开业，捷豹、路虎4S店主体完工，全区新增限额以上商贸企业70家。传统商贸服务业提档升级，陇海步行街管委办荣获全国商业街管理先进集体称号，新孔南路婚庆文化、西盐南路特色餐饮文化等街区特色鲜明。金融环境有效改善，招商银行、海通证券等4家大型金融保险机构入驻。旅游平台不断优化，市革命纪念馆创成国家AAAA级景区，新浦公园、云台农场水生花卉园创成国家AA级景区，成功创建省三星级旅行社4家。二是工业稳健发展。全区完成规模以上工业总产值近88.9亿元，增长6.9%；规模以上工业增加值11.5亿元，增长10.5%，工业企业运行质量保持良好，全区产值过亿元企业达30家，纳税过千万企业52家，纳税额占全区税收总额54%。新增规上工业企业6家，培育装备制造业等新兴产业，全年完成产值18亿元。明确高端装备制造等为主导产业，加快龙头企业发展，出台做大做强工业骨干企业暂行办法，东海硅微粉、乐园新材料、帅宝机械等重点企业持续壮大。注重企业研发创新，大中型企业研发机构实现全覆盖，正大天晴被认定为国家级企业技术中心，新增省级研发机构2个，如年实业等3家企业获批国家级高新技术企业，全区获批省级高新技术产品13个，获批国家级科技计划项目3项、省级6项。对落后产能实施淘汰，共淘汰落后产能企业3家，关闭“小化工”企业2家。三是农业稳定增长。完成农业总产值15亿元，增长6.8%。高效农业集约发展，现代农业规模扩张，新增土地流转面积866.66公顷、设施农业433.33公顷，新增适度规模经营面积1866.66公顷，占全区耕地比重90%。积极培育新型农业经营主体，新发展家庭农场21家、农民专业合作社8家，省级农业龙头企业达4家。

3. 城乡统筹顺势启动，开发改造协力并举。一是以示范点带动城乡统筹全面推进。为以点带面，快速推动城乡统筹步伐，将浦南定位城区卫星镇和全市城乡统筹示范点。统筹规划，着力打造一个新镇区、两个新社区、三个农业基地和三个产业园区。完善基础设施建设，计划投资10.25亿元，建设新镇区医院、社会福利中心、浦南中学、中心小学、樱花小区、商业中心、文化中心、体育中心等“八个一”项目；实施龙浦路、樱花路、水杉路、郁洲西路、龙浦路至204连接线等道路新建、改造里程18.5千米；新建东站引河大桥、蔷薇河大桥、汪新大桥等桥梁。二是以现代新城加快城市扩建。滨河新城7.4平方千米先导区与主城区贯通，郁洲北路立交投资2.5亿元已建成通车，城市主次干道10千米，八路两桥路网体系全面建成。孔望山新城完成盐河南路、新孔南路，振海南路续建通车，孔望山公园二期基础设施、玉带河滨绿化、人工湖开挖等工程基本完成。花果山片区继续推进花果山酒店等20多个重点工程建设。三是以旧城改造改善城市风貌。突出征收重点，全面推进人民路八号等6个国土储备地块、东上渔场等8个毛地出让地块、连盐铁路沿线地块等房屋征收，体育局、天然居等重点项目征收完成，年内完成房屋征收108万平方米。加大街巷整治力度，投入资金约2000万元，完成27条便民道路修建以及138条背街小巷、146条下水道集中整治工程。加大城区绿化工作，投资1.6亿元，实施了公园广场、大浦河生态廓道、道路绿化、居住区单位庭院、城区主要干道两侧立体生态绿化等五大类27项绿化工程，新建改造绿地68公顷，绿化绿地率达37%，绿化覆盖率达41%，人均公园绿地面积保持在11.7平方米。四是以开发区西区拓展搭建高端产业发展新平台。按照“三块板”建设标准，总长20千米5条道路车道路基全线贯通，完成1880米主管网自来水和临时电网改造工程，新增设250千伏变压器3台，25平方千米核心区具备项目入驻条件。中小企业园一期16万平方米标准厂房对外招商；二期工程7栋厂房、3栋办公楼及餐厅主体完成。

4. 切实抓好民生保障，城乡人民生活进一步改善。一是努力增加居民收入。把增加收入作为最大的民生实事来抓，努力拓宽增收渠道，城市居民人均可支配收入27000元，增长12%；农民人均纯收入15500元，增长15%。居民收入均保持稳步增长态势，城乡居民收入差距进一步缩小。二是高度重视社会就业。继续落实积极的就业政策，全年新增城镇就业2.1万人、再就业2029人，转移农村劳动力930人，高校应届毕业生就业率达85.2%，失业率控制在3%以内。三是加快完善社会保障体系。构牢基本公共卫生服务体系，新农合政府补助标准提高至280元，年内全区新农合参合率达99.8%，财政配套到位率100%。夯实城乡保障基础，全年新批城乡低保405户、1007人，保证标准分别增至410元/月和290元/月，累计发放城乡最低生活保障金1522万元。加大各类保障性安居工程的力度，发放廉租房货币补贴757户，安置低保户廉租房170套，经济房竣工408套。更加关注老年事业，全区民办养老机构增至13家、家庭托老所11家，玉龙路养老一条街成为全省知名养老服务品牌；虚拟养老院顺利通过省级验收，发放老人手机4000部。

5. 全面发展社会事业，社会管理得到强化。一是强化教育创新。完善硬件设施，新建校舍4.3万平方米，新建塑胶运动场地2.25万平方米，新浦中学及师专一附小教学综合楼、解放路小学郁洲分校建成使用，大村中心小学一期工程竣工，太平小学、海庆中学教学综合楼主体封顶，凤凰中学、师专二附小等3所学校开工建设。提升软件实力，新招聘40名教师，稳妥推进义务教育学校教师和校长流动工作，人数达200人。打造教育品牌基地，新浦中学通过省三星级高中复评，2所幼儿园通过省优质幼儿园验收，通过全国义务教育发展基本均衡区督导验收，获评全国社区教育实验区、省校安工程先进单位等称号。二是加快医疗卫生事业发展。充实软件内涵,全区已建成新浦、海州两家“全国示范社区卫生服务中心”，浦东、浦西等10家省级城市示范社区卫生服务中心，浦东、新南、新城3家省级中医药特色社区卫生服务中心。着力开展“三好一满意”活动、“家庭医生签约式服务”，所有社区卫生服务中心及乡镇卫生院开展健康管理团队服务，65岁以上老人等重点人群签约率已达50%以上。三是不断完善公共文化服务体系。完善“城区15分钟文化圈”、“乡村三里文化圈”建设，健全公共文化服务网络，投入200余万加强社区文化场所建设，完成活动场地铺装塑胶地面5000余平方米。完善新浦图书馆基础设施建设，投入10万元新增藏书5000余册，并实现面向社会免费开放。四是稳步推进机制体制改革。花果山、南城撤乡镇设立街道办事处，成立滨河新城管委会，社区管理服务站实现全覆盖，获评省级和谐社区建设示范区。全面启动“平安先锋工程”和“万人红袖标工程”，技防入户率达80%以上，紧抓安全生产及食品药品安全工作，成立全省首家化妆品安全工作站，新增安全生产五星级乡镇2个。

各位代表，通过全区上下奋发努力、顽强拼搏，新浦区经济社会发展呈现稳步增长、持续加快的显著特点，主要计划指标达到预期目标。但是，也存在一些突出的矛盾和问题，主要表现在以下几个方面：一是经济总量有待增强，产业结构仍需优化。二是工业经济仍很薄弱，高新技术产业、重大项目的引进仍需突破。三是农业产业组织化程度偏低，农民增收的渠道需要进一步拓宽。在新的一年里，我们要创新举措，认真研究解决。

二、2014年经济社会发展主要预期目标

从宏观经济形势看，在国际金融危机影响长期性的大背景下，2014年世界经济虽然存在不稳定不确定因素，国际市场争夺更趋激烈，但仍呈延续缓慢复苏态势；国内经济必将在大力推动改革创新过程中，释放出强大的发展动力和巨大的内需潜力。因此，我们要从容应对各类风险和挑战，借助全市“丝绸之路经济带”产业合作集聚区、东中西区域合作示范区建设辐射功能，纵深推进城乡统筹、滨河新城等“四大工程”，进一步落实总投资536亿元的178个重点项目实施工作，为确保经济社会发展稳中求快奠定基础。根据对新浦区发展环境及产业特点的初步分析，拟确定2014年主要确保目标为：

1. 地区生产总值增长11%。

2. 规模以上工业增加值增长13%。

3. 服务业增加值增长13%。

4. 社会消费品零售总额增长14%。

5. 全社会固定资产投资279亿元，其中工业投资62亿元；规模以上固定资产投资242亿元，其中规模以上工业投资56亿元。

6. 公共财政预算收入增长12%。

7. 外贸进出口增长7%，其中外贸出口增长5%；直接利用外资7000万美元，内联客方到位资金65亿元。

8. 新增城镇就业人数16000人，城镇登记失业率3%以内；新型农村合作医疗参合率99%以上。

9. 城镇居民人均可支配收入增长11.5%；农民人均纯收入增长13%。

10. 人口自然增长率6.9‰以内。

三、完成2014年计划的主要措施

（一）以集聚区转型升级为导向，构筑商贸发展新平台

树立精品意识，传递服务业集聚区转型升级“正能量”。以现有的10家省市级社区商业示范区、6家省市级现代服务业集聚区为基础，提档升级白虎山批发市场、义乌小商品城，巩固提升杰瑞文化创意产业园，扩建兴隆国际商贸城，加快推进振兴汽车城和奥迪4S店建设，加快苏宁广场全球招商步伐，陇海步行街争创省级智慧街区。在洪门工业园的基础上，加快发展以永昌货运为龙头的工业物流、印刷包装等配套产业；在新浦现代服务业集聚区内，大力推进蓝莓电子商务、顺丰物流等重点项目，构建电子商务特色高地。力促中兴智慧城产业园早开工，实现红钻文化商业广场项目一期开工；加大盐河巷文化街、民主路老街、水晶街繁荣度，搞好民主路拓展、盐河巷二期、水晶街二期等重点工程；对已签约的SM城市综合体、浩图睿彩印、喜来登大酒店等项目进一步提高服务意识，全面强化项目开工推进机制；做好国际商务大厦、陇海时代广场等一批商贸项目运营工作。提升外贸企业国际市场竞争力。把出口创新基地建设与培植龙头出口企业结合起来，以资金、技术、市场为纽带，通过政府引导扶持，推进行业健康发展，加大对东海硅微粉、达禄比、云盛果蔬、乐园新材料等外向型企业的扶持力度，抓好奖励措施兑现，提高出口企业抗风险能力。2014年，计划完成服务业增加值102亿元，社会消费品零售总额182亿元。

（二）以西区开发为依托，打造新型都市工业区

构建产业平台与项目招引建设并进。随着西区核心区“七通一平”，中小企业园标准厂房及配套工程投入使用，项目承载能力将持续增强，积极抢抓苏南产业转移、南北挂钩共建园区等机遇，围绕重点培育产业，

实施产业链招商和大项目招商，不断做大装备制造产业。跟进双惠机械、沈阳机床、润利新材料等在建项目。年内计划招引进驻项目50个以上，确保新开工过亿元或过1000万美元工业项目10个以上。企业创新与规模扩张并进。组织实施工业化信息化融合、节能减排降本增效、质量品牌创优等重点技改工程，引导骨干企业借助资本市场做大做强。加快东海硅微粉上市辅导期步伐，促进三得利食品与青岛啤酒合作扩张。突出创新驱动，增强企业综合实力，全区专利申请量达1300件以上，授权量达800件以上，新增省著名商标8件以上；规模工业增加值18亿元，产值过亿元企业增加到40家，其中5亿元企业10家，10亿元企业2家。新建项目与技术改造并进。加大项目推进力度，强化工业兴区的“顶梁柱”作用，深入实施“百项重点技术改造项目升级示范工程”，将技术改造的有关扶持政策及技改项目备案程序贯彻到每一个企业，继续营造企业踊跃技术创新和技术改造氛围。抓好32个总投资40亿元的重点工业项目，年内工业项目竣工投产15个，帅宝机械、长城防护、森呼吸口香糖、柯兰环保等一批投产项目将成为新的经济增长点；实施熔融石英颗粒、信和钢构闸门等技改项目26个，计划投入18亿元，向上争取技改等各类政策扶持资金1500万元以上。

（三）以城乡统筹为引领，加快现代农业发展步伐

进一步深化城乡统筹内涵。瞄准基本建成基础扎实、独具特色的城乡一体化发展样板区目标，加快建设蔷薇河大桥、郁洲西路、龙汪路等7条路2桥；推进浦南新镇区“八个一”公共服务项目进度，区级社会福利中心、第一人民医院建成运营，中小学建成招生，文化体育中心建成使用。江浦村争创江苏最美乡村，龙浦大道两侧建成高标准现代农业示范区，观光农业再现新亮点。做好现代农业园区化、规模化文章。围绕规划总面积3333.33公顷的三大基地，计划流转土地面积1200公顷，新增设施蔬菜面积66.66公顷、花卉苗木面积200公顷、特种水产养殖面积200公顷；新浦现代农业产业园争创国家现代农业示范区。扶持农业龙头企业发展。加大农产品加工集中区落户项目力度，兆绿花卉苗木基地扩建133.33公顷，浦南镇万亩高标准农田示范工程基本完工，云台农场果蔬种植基地、吉本多食品蔬菜加工项目建成投产。创建省级农业龙头企业1家，市级龙头企业2家。农民增收再上新台阶。积极发展新型经营主体，以家庭农场、合作社、农业龙头企业等多种形式规模经营，农户参加农民专业合作经济组织比重超过90%；加快推进农村集体土地所有权、宅基地使用权、集体建设用地使用权、土地承包经营权确权登记颁证；提高财政、信贷资金用于发展农业的比重，扶持一批示范大户典型。全年计划农产品出口突破6000万美元，农民人均纯收入突破17500元。

（四）以民生项目为抓手，推动社会事业全面进步

教育投入再加大。投入8400万元，新建校舍2.1万平方米，维修加固校舍7800平方米，海庆中学教学综合楼、太平小学建成使用，开工滨河新城海宁中学分校、解放路小学分校等重点项目，海州中等专业学校创建省级实训基地。社会保障再提升。大力实施居民收入倍增计划，救助范围再扩大，开工建设限价房100套，新申请廉租房补贴150户。城市居民人均可支配收入30105元，城镇登记失业率控制在3%以内，确保城乡居民社会养老保险参保率100%，新农保参保率98%以上。菜场改造再发力。今年是菜市场升级改造收官之作。升级改造巨龙路菜市场，建成中央华府和浦南菜市场；深入探索周末蔬菜直销市场的操作模式，再建直销点3家，总数达到10家，年销售达60万元，市民直接获利20万元。城市功能再完善。力促眼科医院新院区、滨河社区卫生服务中心、全民健身中心建成使用，着力抓好市公共卫生中心、科技创业城科技馆、广播影视文化产业城等项目建设；整合海州古城、孔望山景区、石棚山景区等资源，创建省级乡村旅游区3个；提档改造垃圾中转站2座，整治便民路、背街小巷100条，清掏下水道170千米。社会管理再强化。新增社区用房6000平方米，新增家庭托老机构6家，拓展虚拟养老服务项目。力争社区居家养老服务中心（站）AA级达60家、AAA级达8家，争创省级和谐街道2个、省级和谐社区（村）8个。浦南镇、南城街道创成省级生态乡镇，花果山街道争创国家级生态乡镇，创建省级绿化示范村5家，争创省级生态区。

各位代表，2014年是实施“十二五”规划的关键一年，完成年度经济社会发展计划显得尤为重要，我们将紧紧围绕区委、区政府提出的建设区域性经济文化中心、更高水平小康社会为两大目标，以改革总揽全局，以创新驱动发展，以“六个突破、四个提升”为工作主抓手，拼搏进取，锐意创新，为全面完成预期目标而努力奋斗。

附：相关词语解释

1.八个一：是指浦南新镇区实施的城乡统筹八个项目，即新镇区医院、社会福利中心、浦南中学、中心小学、樱花小区、商业中心、文化中心、体育中心。

2.三好一满意活动：是卫生系统开展的服务好、质量好、医德好、群众满意。

3.城区15分钟文化圈：以城区居民需求为导向，以生活区为圆心，保证城区居民步行15分钟内能够找到一个文化活动场所，进行文化娱乐活动。

4.乡村三里文化圈：为满足乡村居民的文化生活需求，以生活区为圆心，在三里的半径范围内能够找到一个文化活动场所，进行文化娱乐活动。

5.七通一平：是指土地在通过一级开发后，使其达到具备给水、排水、通电、通路、通讯、通暖气、通天然气或煤气以及场地平整的条件，使二级开发商可以进场后迅速开发建设。

6.六个突破、四个提升：指区委九届六次全会报告中提出的城市建设、现代服务业、工业发展、现代农业、城乡统筹和招商引资大突破，以及城市管理水平、文化建设水平、生态文明建设水平、民生幸福水平大提升。

区委、区政府重要行文目录

2013年中共新浦区委重要行文目录

表32

文　　号	题　　名
新委发【2013】1号	关于改进工作作风、密切联系群众的通知
新委发【2013】2号	关于调整区委常委工作联系点的通知
新委发【2013】3号	关于表彰2012年度全区经济社会发展目标及软环境建设先进单位的决定
新委发【2013】4号	关于派驻连云港市新浦区科技镇长团的请示
新委发【2013】5号	关于表彰2012年度全区政法工作先进单位的决定
新委发【2013】6号	关于表彰2012年度“机关作风十佳单位”的决定
新委发【2013】7号	关于调整区委常委工作分工的通知
新委发【2013】8号	关于调整、成立滨河新城开发建设等专项指挥部推进全区重点工程的通知
新委发【2013】9号	关于调整旧城改造建设指挥部的通知
新委发【2013】10号	关于调整新浦区城乡统筹建设指挥部的通知
新委发【2013】11号	关于印发加快经济和社会事业全面发展、超额完成全年目标任务的实施意见的通知
新委发【2013】12号	关于在全区机关开展以“五治”为主要内容的作风整顿活动的实施意见
新委发【2013】13号	关于调整新浦区人才工作领导小组的通知
新委发【2013】14号	关于成立新浦区人才工作办公室的通知
新委发【2013】15号	关于调整区机构编制委员会的通知
新委发【2013】16号	关于表彰三洋港挡潮闸涉渔补偿及太平民生工作先进个人的决定
新委发【2013】17号	关于成立代管交接工作领导小组的通知
新委发【2013】18号	关于成立物业管理工作领导小组的通知
新委发【2013】19号	关于成立孔望新城开发建设指挥部的通知
新委发【2013】20号	关于调整区委常委工作联系点的通知
新委发【2013】21号	关于成立新浦区规划工作领导小组的通知
新委发【2013】22号	关于同意新浦区出席市残联第五次代表大会代表（委员）名单的批复
新委发【2013】23号	关于深化作风建设提升执行力的通知
新委发【2013】24号	关于开展向夏倩同志学习活动的通知
新委发【2013】25号	关于成立新浦区现代服务业集聚区管理委员会的通知
新委发【2013】26号	关于调整新浦经济开发区西区开发建设指挥部的通知
新委发【2013】27号	关于调整区法制宣传领导小组成员的通知
新委发【2013】28号	关于成立新浦区投融资工作领导小组的通知
新委发【2013】29号	关于成立新浦区国土工作领导小组的通知
新委发【2013】30号	关于成立中共新浦区总工会党组的决定
新委发【2013】31号	关于建立区四套班子领导联系规模企业制度的通知
新委发【2013】32号	关于调整区机构编制委员会成员的通知
新委发【2013】33号	关于印发新浦区机关公务用车配备使用管理责任追究办法（试行）的通知

续表

文　　号	题　　名
新委发【2013】34号	关于调整区委老干部工作领导小组成员的通知
新委发【2013】35号	关于同意在新浦经济开发区和连云港市中医药高等职业技术学校设立人民武装部的批复
新委发【2013】36号	关于调整新浦区城乡统筹建设指挥部的通知
新委发【2013】37号	关于建立健全信访突出问题及群体性事件处置工作机制的意见
新委发【2013】38号	关于调整孔望新城开发建设指挥部的通知
新委发【2013】39号	关于成立新浦区铁路建设工作领导小组的通知
新委发【2013】40号	关于成立全区村、社区党组织集中换届工作领导小组的通知
新委发【2013】41号	关于建立区委常委村、社区党组织集中换届工作联系点的通知
新委发【2013】42号	关于加强和改进新时期妇女工作的意见
新委发【2013】43号	关于推动“三行一改”做好党的群众路线教育实践活动准备工作的意见
新委发【2013】44号	关于表彰2013年度优秀教师的决定
新委发【2013】45号	关于给予张少春同志停职检查的通知
新委发【2013】46号	关于调整区委理论中心组组成人员的通知
新委发【2013】47号	关于成立第十届村民委员会暨第五届居民委员会换届选举工作指导小组的通知
新委发【2013】48号	关于进一步加强和改进新形势下人民政协工作的实施意见
新委发【2013】49号	关于在浦南镇及部分街道成立政协工作委员会的通知
新委发【2013】50号	2013年度全区经济建设和社会发展目标综合奖考评办法和表彰奖励意见
新委发【2013】51号	关于同意召开新浦区第十七届人民代表大会第三次会议的批复
新委发【2013】52号	关于同意召开政协新浦区第八届委员会第三次会议的批复

2013年新浦区人民政府重要行文目录

表33

文　　号	题　　名
新政发【2013】1号	关于英昌山信访问题的紧急请示
新政发【2013】2号	新浦区政府关于申请启动2012年稻谷最低收购价收购政策的请示
新政发【2013】3号	关于李永红赴德国参加培训的请示
新政发【2013】4号	新浦区政府关于调整机关财政基数的请示
新政发【2013】5号	关于张晓兵同志任职的通知
新政发【2013】6号	关于确认李永红通知随省检察院赴德国参加培训的请示
新政发【2013】7号	关于刘道劲等同志职务任免的通知
新政发【2013】8号	关于同意江苏胜田农业科技发展有限公司申请种子生产配套设施建设用地的批复
新政发【2013】9号	关于同意新浦区2013年-2015年农村河道疏浚整治规划的批复
新政发【2013】10号	关于调整部分行政区划的通知
新政发【2013】11号	新浦区政府关于举办2013年元宵节焰火晚会的请示
新政发【2013】12号	关于同意实施2010—2020年新浦区林地保护利用规划的批复
新政发【2013】13号	关于表彰2012年度安全生产目标管理优秀单位的决定

续表

文　号	题　名
新政发【2013】14号	新浦区政府关于给予苏宁广场项目资金扶持的请示
新政发【2013】15号	新浦区政府关于尽快返还新浦经济开发区一宗地块土地出让金净收益的请示
新政发【2013】16号	新浦区政府关于尽快明确烟草巷地块旧城改造相关政策的请示
新政发【2013】17号	新浦区政府关于尽快明确原中药学校、体育局及技工学校地块旧城改造相关政策的请示
新政发【2013】18号	新浦区政府关于报批浦南镇总体规划的请示
新政发【2013】19号	连云港市新浦区人民政府关于浦发路（郁洲路—310国道）新建工程用地审核意见的报告
新政发【2013】20号	连云港市新浦区人民政府关于振华路（浦发路—解放东路）新建工程用地审核意见的报告
新政发【2013】21号	连云港市新浦区人民政府关于祖平路新建工程用地审核意见的报告
新政发【2013】22号	新浦区政府关于恳请同意民主路街区国有建筑划转整治工作的请示
新政发【2013】23号	关于李军等同志任职的通知
新政发【2013】24号	关于同意区安监局2013年度安全生产监管行政执法工作计划的批复
新政发【2013】25号	新浦区人民政府关于提请2010–2012年度校舍安全工程考核验收的报告
新政发【2013】26号	新浦区政府关于新生民路西要名的请示
新政发【2013】27号	关于同意成立新浦区省级农桥工程建设处的批复
新政发【2013】28号	新浦区人民政府关于划拨花果山街道被征地农民基本生活保障资金的请示
新政发【2013】29号	新浦区人民政府关于给予国家“重大新药创制”科技重大专项“十二五”实施计划2013年课题立项项目出具配套资金承诺函的请示
新政发【2013】30号	新浦区政府关于调整人民菜场经营业态的请示
新政发【2013】31号	新浦区政府关于调整人民菜场经营业态的请示
新政发【2013】32号	新浦区政府关于返还新浦经济开发区一宗地块土地出让金净收益的请示
新政发【2013】33号	关于返回新圩会场土地出让的请示
新政发【2013】34号	连云港市新浦区人民政府中盛康城住宅小区改建项目房屋征收决定书
新政发【2013】35号	新浦区政府关于组团赴新加坡参加“城市建设与管理”专题培训的请示
新政发【2013】36号	连云港市新浦区人民政府民主路街区改造工程项目房屋征收决定书
新政发【2013】37号	关于做好第三次全国经济普查工作的通知
新政发【2013】38号	连云港市新浦区人民政府苍梧东路延伸工程项目房屋征收决定书
新政发【2013】39号	关于同意新浦区防汛防旱防台应急预案的批复
新政发【2013】40号	关于同意大村水库大坝及电厂闸应急抢险预案的批复
新政发【2013】41号	连云港市新浦区人民政府连云港财经学校A西地块旧城改造项目房屋征收决定书
新政发【2013】42号	关于调整新浦区征兵工作领导小组成员的通知
新政发【2013】43号	新浦区政府关于组团赴立陶宛、塔吉克斯坦开展经贸交流的请示
新政发【2013】44号	关于张振亭等通知职务任免的通知
新政发【2013】45号	关于高长春等同志职务任免的通知
新政发【2013】46号	新浦区人民政府关于连云港市2013年度第7批次城市建设用地审核意见的报告
新政发【2013】47号	连云港市新浦区人民政府东上渔场地块旧城区改造项目房屋征收决定书
新政发【2013】48号	新浦区政府关于办理新浦经济开发区融资用地土地相关手续的请示
新政发【2013】49号	关于成立新浦区发债工作领导小组的通知

续表

文 号	题 名
新政发【2013】50号	新浦区人民政府关于授权我区回购岗埠农场土地的请示
新政发【2013】51号	关于成立新浦区全民健身中心建设工作领导小组的通知
新政发【2013】52号	新浦区政府关于暂欠新圩灰场出让地块相关费用的请示
新政发【2013】53号	新浦区政府关于协调解决旧城改造推进问题的请示
新政发【2013】54号	关于赴日本开展经贸交流的请示
新政发【2013】55号	关于表彰2013年度上半年经济建设和社会发展目标考核先进单位的决定
新政发【2013】56号	关于表彰新浦区民兵双25高炮连参加全省防空兵部(分)队实弹战术演习工作先进单位和个人的决定
新政发【2013】57号	连云港市新浦区人民政府车管所地块旧城改造项目房屋征收决定书
新政发【2013】58号	关于成立新浦区打击和处置非法集资工作领导小组的通知
新政发【2013】59号	新浦区政府关于连云港市2013年度第8批次城市建设用地审核意见的报告
新政发【2013】60号	连云港市新浦区人民政府龙浦路地块改造项目房屋征收决定书
新政发【2013】61号	新浦区政府关于申请授权连云港瀛洲投资发展有限公司为市级国有资产投资主体的请示
新政发【2013】62号	新浦区政府关于调减财政收入任务的请示
新政发【2013】63号	连云港市新浦区人民政府体育局及技工学校周边地块旧城改造项目房屋征收决定书
新政发【2013】64号	关于调整新浦区招投标工作领导小组的通知
新政发【2013】65号	新浦区政府关于组团赴香港开展经贸交流的请示
新政发【2013】66号	关于同意新浦区2013–2017农村饮用水源保护实施方案的批复
新政发【2013】67号	关于夏兴龙等同志职务任免的通知
新政发【2013】68号	关于王汝乔等同志职务任免的通知
新政发【2013】69号	关于同意新建新浦区滨河社区卫生服务中心综合楼的批复
新政发【2013】70号	新浦区政府关于审查《新浦区生态区建设规(2013–2020)》的请示
新政发【2013】71号	新浦区政府关于浦南镇、云台乡、花果山乡、云台农场、南云台林场及新浦城区土地利用总体规划局部修改的请示
新政发【2013】72号	新浦区政府关于基本农田划定实施方案及土地利用总体规划修改方案的请示
新政发【2013】73号	连云港市新浦区人民政府天然居周边地块改造项目房屋征收决定书
新政发【2013】74号	新浦区政府关于申请新海新区增设房屋征收实施单位的请示
新政发【2013】75号	新浦区政府关于连云港市2013年度建设用地的报告
新政发【2013】76号	关于区教育局《关于实施教育融资租赁项目的请示》的批复
新政发【2013】77号	关于同意区安监局2013年度安全生产监管行政执法工作计划的批复
新政发【2013】78号	新浦区政府关于2013—2015年度中小学校舍安全工程实施规划的报告
新政发【2013】79号	新浦区政府关于尽快返还新浦经济开发区一宗地块土地出让金净收益的请示
新政发【2013】80号	新浦区政府关于返还连云港市瀛洲投资发展有限公司土地实施的请示
新政发【2013】81号	新浦区政府关于组团赴韩国、日本开展经贸交流的请示
新政发【2013】82号	关于组团赴日本开展经贸交流的请示
新政发【2013】83号	新浦区政府关于申请批准新浦区创建省级创新型试点区的请示

续表

文　号	题　名
新政发【2013】84号	关于新浦区政府投资项目资金管理相关办法的通知
新政发【2013】85号	新浦区政府关于给予国家“重大新药创制”科技重大专项“十二五”实施计划2012年课题立项项目出具配套资金承诺函的请示
新政发【2013】86号	关于连云港新磷矿化有限公司“6·17”冒顶事故调查报告的批复
新政发【2013】87号	关于李波等同志任职的通知
新政发【2013】88号	关于叶川同志任职的通知
新政发【2013】89号	关于新浦区政府徐新公路建设项目云台山风景区段房屋征收决定书
新政发【2013】90号	新浦区政府关于连云港市2013年度第8批次城市建设用地审核意见的报告
新政发【2013】91号	关于同意对连云港雅士居国际家居广场和连云港城中泉洗浴有限公司重大火灾隐患单位实施挂牌督办的批复
新政发【2013】93号	新浦区政府关于申请拨付东圣变压器厂一期地块土地出让金的请示
新政发【2013】94号	关于李军等同志职务任免的通知
新政发【2013】95号	关于成祥之等同志任职的通知
新政发【2013】96号	连云港市新浦区人民政府财经学校老校区及周边B地块一期旧城区改造项目房屋征收决定书
新政发【2013】97号	连云港市新浦区人民政府原飞雁毛毯厂及周边地块旧城区改造项目房屋征收决定书
新政发【2013】98号	关于同意建设江浦新社区的批复
新政发【2013】99号	关于印发新浦区检测和查处违法建设实施方案的通知
新政发【2013】100号	关于马建永同志任职的通知
新政发【2013】101号	关于黄海度假村征收决定书
新政发【2013】102号	新浦区政府关于拨付三洋港挡潮闸浦南镇太平村涉渔补偿经费的请示
新政发【2013】103号	新浦区政府关于连云港市2013年度第9批次城市建设用地的审核意见的报告
新政发【2013】104号	新浦区政府关于浦南镇樱花路（老204国道到秀杏树路）新建工程用地审核意见的报告
新政发【2013】105号	新浦区政府关于浦南镇国槐树路（郁洲路到玉兰花路）新建工程用地审核意见的报告
新政发【2013】106号	新浦区政府关于连云港市2013年度第10批次城市建设用地的审核意见的报告
新政发【2013】107号	关于同意连云港市新浦区土地整治规划（2011–2015年）的批复
新政发【2013】108号	关于建立大浦河湿地保护小区的请示
新政发【2013】110号	关于印发进一步推进新浦地区学前教育改革发展实施意见的通知
新政发【2013】111号	关于2013年度推进依法行政工作情况的报告

索 引

说 明

此索引采用汉语拼音顺序排序，按标目首字排序，音调相同的按第二个字音序排列，依次类推。
索引标目后的数字表示所在书中的页码，数字后的汉字为所在版面的左、中、右栏目。

A

爱国卫生 218中
安全标准创建 170左
安全防范 235中
安全管理 205左
安全环保 140中
安全监管 205右
安全生产 201中 214中 238右 246中 254中 265中 275中 280左 282右 241中
安全生产大检查 169右
安全生产监督管理 168右
安全生产应急管理 170左
安全信访 278中
安置帮教 126中
案件查办 97右

B

八届二次全会 94左
白虎山庙会 141右
百年新浦老大街的变迁
办理“爱心卡” 111右
半滩村 233中
帮扶就业困难人员 224中
扁担河社区 255右
便民服务 257右
标准化工作 170右
表彰年鉴工作先进单位和撰稿人 93中
滨河新城开发 191
病媒生物防制 218中
补发津补贴和绩效工资 174中
表1：2013年中共新浦区基层组织党员结构情况一览表 72
表2：2013年新浦区外贸自营出口情况 136
表3：2013年新浦区实际利用外资情况 137
表4：2013年新浦区新批三资企业情况 138
表5：2013年新浦区国有粮食企业粮食收购统计表 142
表6：2013年新浦区国有粮食企业粮食销售统计表 142
表7：2013年新浦区国有粮食企业粮食储存统计表 143
表8：2013年新浦区粮食加工企业产量统计表 143
表9：2013年新浦地区粮油价格涨跌情况统计表 143
表10：2013年新浦区获省认定的无公害农产品基地表 154
表11：2013年获省认证的无公害农产品表 155
表12：2013年新浦区绿色食品认证表 158
表13：2013年新浦区农民专业合作组织表 158
表14：2013年国税三分局税种收入情况表 175
表15：2013年国税三分局风险管理成果情况表 176
表16：2013年新浦地区春节期间文化艺术活动一览表 215
表17：2013年朐阳街道主要工业企业情况表 269

C

“菜篮子”畅通工程建设 141中
财税工作 235左
财税金融 172
财税收入 269右
财苑社区 252右
财政 173左
财政审计 166右
财政收入 139左
财政税收 272左
财政税务 173

菜市场升级改造　141右
菜市社区　248右
参保工作　224中
参加全市第二届少数民族运动会　92中
参与区重点工作　96左
餐饮油烟专项执法活动　197左
残疾人信访工作　111右
苍梧社区　244中
草舍村　234左
查办渎职侵权犯罪　120右
查办贪污贿赂犯罪　120中
拆迁征收　191右
产业化扶持　150左
产业转型升级　165中
常规综合督导　212中
常乐社区　263中
常委会议　94中
朝阳社区　256右
成立第一家心理咨询室　126右
成立投诉中心和稽查大队 204左
城管示范创建　192右
城建城管　247左 255左
城区防汛　189中
城区绿化　189右
城区质监管理　170中
城区住房保障　190中
城市管理　192
城市管理　242左　250右　267右
城市规划　188
城市建设　189
城市建设　257右　266左　267右　270左
城市客运发展　200右
城市绿化　255中
城乡建设　273中
城乡居民医保全覆盖 224右
城乡客运　200右
城乡统筹　151右
城镇管理　242左
城镇建设　231右
惩治和预防职务犯罪　120中
处理民事纠纷　122中
传统教育　270中
创建“和谐寺观教堂”　92中
创建“平安宗教活动场所” 92右
创建“未成年人零犯罪社区（村）“228右
创建安全“星级”乡镇　170中
创建计生幸福家庭　220右
创建就业示范社区　224左
创建科普学校　92左
创建民主法治示范村（社区）　126左
创建平安法治街区　267中
创建特色街区　146右
创建阳光药房 218中
创建智能社区　258左
创先争优引领繁荣　147右
创新工作室　280中
创新举措助推发展　168左
创新社会管理　116左
创新司法公开机制　123中
创业孵化基地建设　224左
慈善公益活动　92右
促进城市改造出新　174中
促进对台招商引资高效发展　75右
促进社会治理创新　121中
促进台属个体私营企业快速发展　75右
村（社区）党组织换届　71中
村级换届选举　232右
村庄环境整治　190中
村庄建设　140左

D

搭建就业交流服务平台　223右
打防管控体系建设　117中
打非治违　169中
打击网络传销　168中
打击严重刑事犯罪　120左
打造安置帮教基地　126右
打造党建工作品牌　262左
打造放心消费环境　168中
打造非公党群工作站　71右
打造服务品牌　164中
打造化妆品放心消费区　218右
打造廉洁警队　119中
打造泥鳅养殖品牌　151右
打造社区服务品牌　227左
打造生态运输行业　201左
打造网络宣传平台　77中
打造为民服务体系　118右
打造文艺精品　112中
大村社区　237中
大气污染源整治　197左
代表工作　79中
代管海州区4个街道养老保险　225左
丹霞村　275右
当路村　236中
党的建设　247中　262左　273右
党的群众路线教育实践活动准备工作　71中
党风廉政建设　205中
党建工作　140中　232右　242中　251中　255中　258左　267右　270中　281左　282右　266左
党建工作者培训　242中
党群工作　236左　239右　281左
党群工作站　140右
党外人士政治安排和实职安排　74中
党员冬训　255中　73左
党员发展工作　76右
党政团体　68
党总支换届　255中
党组织帮扶活动　233左
党组织概况　255中
档案工作　77右
档案工作年检考核　78中
档案利用　78中
档案信息化建设　77右
档案学习培训　77右
档案整理入库　77右
道德关爱活动　74左
道德主题教育活动　74左
道路改造出新　192中
道路管理　266左
道路机械化清扫　193左
道路维修及小街巷整治　189中
道路整修　270左
低保动态管理　226左
地方军事　127
地方驻军　130
地块征收　189右
地理环境　51左
地税六分局　176中
地形 地貌　51左
地震安全社区建设　91左
地震应急疏散演练　91中
地政地籍管理　194右
地质基础　51左
地质灾害监测　195左
第25届科普宣传周　110右
第三次全国经济普查　166左　255左　267右
电台社区　252中
电信　206中
调研与视察　95中

盯紧盯牢民生小案 117中
东风社区 243右
东磊村 276中
东苑社区 242右
动物资源 52右
都市风貌 187
都市工业发展提速 134左
队伍建设 98中 131右 262左 283右
对19个项目跟踪审计 167左
对台工作 75中
对台基层基础工作 76左
多路并进支持民资 168左

E

2013年新浦地区大事记 38
2013年新浦地区要闻 46

F

发放康复器材 111中
发放专项补贴 111中
发挥党员模范作用 258左 262左 268左
发挥风险应对功效 176右
发挥体育总会作用 215中
发挥政府、工会、企业三方协商机制作用 107右
发展服务业 246左
法律服务 125中
法律监督 79中
法律援助 126右
法院工作 122
法治文化精品工程 126左
法治新浦 113
法治新浦建设 115左
法治宣传 125右
反腐倡廉制度建设 98左
方位 面积 51左
防范和化解金融风险 123左
防空警报器管理及安装维护 129中
防空演练 129中 129中
防控网络升级 118左
防汛防旱 150右
防汛救灾 246中
防震减灾工作 90右
防震减灾科普宣传 91右
防震减灾科普知识征文竞赛 92左
房地产业 278左
房管物管 190中
房屋收购和拆除 190左
飞泉村 236右
非公经济人理想信念教育实践活动 75左
非物质文化遗产保护 213右
非盐营销 145右
非在编人员转正 204中
丰富教育矫正方法手段 126中
风向 52中
凤凰村 276右
凤凰社区 240中
扶贫帮困 107中
扶贫济困 96左
服务会员企业 74右
服务平台建设 145左
服务青年就业创业 108右
服务性党组织建设 247中
服务于区委区政府各项工作 188中
服务职工 281中
妇联工作 232右 236左 240左
妇女创业就业 109右
“妇女儿童之家”提档升级 110中
妇幼保健 218左
附录 309
富安村 233中
富强社区 263左

G

改进工作作风 123右
改进司法作风 123右
改进执行工作机制 123中
干部监督管理 71左
干部教育培训 71左
高效农业 235左 279中
个体税收征管 175右
更新青年交流平台 108右
耕地保护 194左
工会工作 239右 281左 140右
工商行政管理 168左
工业经济 134 139左 231左 246左 261左 265左 269中 272中 277左
工作监督 79左
公安工作 117
公共卫生 217中
公共预算收入项目 173左
公路运输 200中
公务员管理 89中
公园社区 256中
公证工作 125左
供电供水 280左
供销合作商业 144中
巩固爱民固边战略 131左
共青团工作 236左 240左
共青团新浦区委员会 108中
共圆中国梦教育活动 108中
沟涧潭 52左
构建青少年健康成长和谐环境 109中
古楼社区 266中
固定资产投资 246中 254中 257左 261左
固定资产投资审计 167左
关爱青少年特殊群体 228右
关心弱势群体 270左
关心下一代工作 228
关心职工生活 202左
关注民生 280中
官阳村 234中
光彩事业行动 74右
广场绿化 266左
广场社区 242右
广场文化活动 213中
规范安置工作 89中
规范办公场所 118左
规范化建设通过省达标验收 166中
规范婚姻登记 227中
规范集体资产管理 153左
规范旅馆业运作 118中
规范项目审批和验收 196中
规范巡防机制 118左
规范执法建设 131中
规范执勤执法 199右
规划管理 188中
规划设计 191左
规模化养殖 151左
国税三分局 174右
国税收入 175中
国土法规宣传 195中
国土资源管理 194
国有资产经营与管理 171左

H

"海妈妈" 系列活动　110左
海连社区　264中
海南社区　258中
海宁社区　258中
海通公交公司　202左
海通航运公司　205左
海州街道　265
合成侦查机制　117右
合力搭建工作平台　115右
河滨社区　244右
河流 水库　52左
河西社区　263右
核减工程款2451万元　167左
红旗社区　274中
洪门村　274左
洪门工业园　272右
洪门街道　272
洪门农贸市场　273左
洪门社区　274右
洪新社区　274右
后备干部培养　267右
后关村　276左
后河社区　252左
花果山街道　235
划片督导 212左
"淮海10号" 演习　128中
淮海社区　244左
环保规划基础工作　196左
环保宣传教育 197右
环保专项执法检查　196右
环境　资源　51
环境安全大检查专项执法活动　196右
环境保护　196
环境保护与管理　197左
环境卫生　192右
环境信访查处　197中
环境整治　140中　232左　257右　270左　273中　280中　235右
环境综合整治　261右
环卫城乡统筹　193左
环卫工作　192右
环卫精细化管理　193左
环卫设施建设　192右
缓解企业生产资金压力　173右
会员队伍建设　74右
惠民服务　261右
火灾安全监管　118右
货代促物流　205左

J

机关社区　249右
机关作风整顿　77左
基本药物制度改革　217左
基层党建工作　247中
基层党组织换届　266左
基层党组织建设　140中
基层服务型党组织建设　71右
基层基础工作　118左
基层基础建设　115右 131中 145中
基层建设　130右
基层科技协会　111中
基层文化建设　213右
基层组织换届选举　242中
基础教育　210中
基础设施建设　139右　191左　278中　280左
计划生计划生育　232左
计划生育　220左　235右 计划生育　239左　241右　246右　251左　254右　273中
计划执行情况　164左
计量工作　170右
计算机审计　166右
纪检工作　273右
加大防震减灾目标责任考核力度　91左
加大工程投入规模　174左
加大基本建设投入　144中
加大经费投入　116左
加大媒体宣传力度 73中
加大农村生态环境保护力度 196右
加大执法力度　148左
加大资金投入助推企业技术改造　134右
加快 "三网一员" 队伍建设　92左
加快技术创新步伐　134右
加快项目融资进程　174左
加强薄弱环节税收征管　177左
加强城乡基层平台建设　224左
加强村级办园点建设　210左
加强党外代表人士思想政治教育　74中
加强党务培训　76右
加强对台交流　75右
加强法治工作培训　108左
加强共青团作风建设　109右
加强规范管理　76左
加强基层团建工作　109中
加强基础建设　220左
加强交通秩序管理　198左
加强经费保障　124中
加强流动人口管理　116左
加强平台建设　171右
加强侨法宣传　75左
加强青少年权益保障　109左
加强人才保障　124中
加强食品监管　168中
加强司法保障　124中
加强特殊人群管理 116中
加强团干部学习培训　109中
加强校园安保　211中
加强信息化保障　124右
加强信息预警和应急处置　114中
加强行政复议应诉工作　88中
加强依法行政　115左
加强与代表和委员联络　121中
加强制度规范化建设　76右
加强重点税源监控　176右
家庭养老服务　257右
贾圩社区　256左
价格监督检查　167中
价格总水平调控　167中
坚持 "五个制度" 74中
坚持教育优先支付原则　174左
坚持优质服务　201右
监督和支持依法行政　122中
监督检查　98左
检察工作 120
检察基础建设　121中
建成村级远程教育接收站点　233左
建国社区　249中
建康社区　258右
建立 "网格工会"　108左
建立 "隐患排查治理信息系统" 169左
建立14个法律援助工作站点　126右
建立残疾人就业、失业信息数据库　111右
建立调解信息平台　125右
建立公共法律服务体系　125中
建立健全维稳工作机制　114左
建立健全新闻管理机制　73右
建立人防体系　129中
建立特色村(社区)270中
建立一线干部培养选拔链　71左

建南社区 259左
建筑业 190左
建筑业发展 190左
健全安置帮教网络 126中
健全公正审判机制 123中
健全海外统战工作机制 75左
江化社区 268右
江浦村 234左
江苏省岗埠农场 279
江苏省云台农场 277
江苏银行连云港分行 181中
“巾帼暖冬”行动 110左
降水 52中
交通管理 198左
交通物流基地建设 200右
交通银行股份有限公司连云港分行 179右
交通运输 198
教科研工作 210右
教师队伍建设 211左
教育督导 212左
教育工作 210
教育培训 170左 205中
教育事业 232中 239左
教育行政 211中
教育装备提档升级 211中
接收代管工作 89右
秸秆禁烧 275中 282右
秸秆综合利用 153中
秸秆综合利用与禁烧 197右
街道 54左
街道经济 238左
街区管理 146右
街区建设 146中
街区经济 146右
街巷改造 266左
街巷环境卫生 255左
街巷建设 273右
节庆促销 148中
节日活动 110左
巾帼志愿者服务 109右
金融 178
锦化社区 271中
禁违拆违 192中 232左 251左 255中 267右 270左 273中
经费筹集 129右
经济发展与改革 164左
经济概况 279左
经济工作 231左 250左 254左 261左 269中 272左 277左 282左
经济建设 139左 235左 238左 241左 246左 250左 257左 265左 267左 275左 279左
经济运行监测 164右
经济指标 231左 241左 267左 275左
经济纵横 133
经营管理服务 207中
经营指标 202中
景观环境 191中
景区创建 147左
景区开发 147中
警企挂钩制度 118右
净化宗教场所 74右
竞争性选拔干部 70右
九龙社区 259左
九三学社新浦地区组织 104右
旧城改造 189右 241右
就业服务 223中
就业与再就业 223左
居民区建设 278中
举办积极分子培训班 76右
举办年鉴业务培训班 93左
巨龙社区 244左

K

开放型经济 136
开通农业信息网 153左
开展“党的十八大精神”宣讲活动 73左
开展“读书月”活动 108左
开展“共筑美丽新浦”征文活动 73左
开展“双百双千”活动 115中
开展“星级驾驶员、站务员”评定活动 204左
开展爱心结对活动 109左
开展爱心手拉手活动 109左
开展安全生产大检查回头看 169右
开展安全生产专题活动 145中
开展保健食品“打四非”专项行动 219左
开展创建学习型党组织活动 76中
开展创先争优活动 247中
开展创业技能培训 223中
开展慈善公益活动 74右
开展党员集中帮扶日活动 111右
开展档案目标管理达标升级工作 78左
开展工资集体协商服务 107右
开展关爱青少年成长活动 109左
开展竞赛活动 107中
开展科普联动活动 110右
开展劳动立功竞赛活动 107右
开展领导下基层活动 131左
开展青年志愿服务行动 108右
开展生态创建工程 196中
开展透明执法 115中
开展文体活动 77右
开展文艺惠民活动 112左
开展药品“两打两建”专项行动 218右
开展志愿服务活动 268左
开展作风整顿 75中
康复进家庭服务 111右
康宁社区 234右
考试报名 211中
科技工作 209
科技金融工作 209右
科技进步县区考核 209左
科技下乡 111左
科技项目 209左 261中
科教文卫 208
科普惠农 110右
客户服务 207右
孔望山村 271左
孔望山社区 271中
快侦快破大要案件 117中
矿产资源管理 195左
矿物资源 52右
葵花社区 255右

L

“老少共话中国梦”主题教育活动 228左
劳动保障
劳动和社会保障 223
劳动就业 223左 247左
劳动维权 225左
劳动仲裁 225中
劳模评选及慰问 107右
劳务输出 136中
老旧小区改造 118中 255左
离退休人员社会化管理 224右
离休干部管理 77中
理论宣传工作 95右
利民社区 244中
利益导向机制建设 221左

连锁经营　145右
连云港东方农村商业银行　181右
连云港市公安边防支队　131左
连云港市新浦区2013年国民经济和社会发展统计公报　6
《连云港市新浦区新志》终审稿通过市评审　92右
联合承包管理　279中
联通　207中
联谊活动　96右
链接:气象常识　52右
良种培育　279中
粮食储存与保管“三三制”142右
粮食加工业　143左
粮食生产　149左
粮食收储　279中
粮食收购　142中
粮食销售　142左
粮食销售减少2000吨　142左
粮油购销　142左
粮油价格　143左
粮油市场管理　144左
“六五”普法　125右
林业　150左
林业经济　235中 280左
凌州社区　276右
领导班子和党员干部队伍建设　204中
领导班子和干部队伍建设　70右
领导接访下访　90左
流动人口管理服务　220中
流转税管理　175中
龙浦村　233右
龙尾社区　242中
龙苑社区　249中
陇东社区　248中
陇海步行街　146中
路北社区　248左
路南街道　254
路南社区　256右
旅游街区建设　147左
旅游节庆活动　148中
旅游项目　147左
旅游业　147
旅游资源　52右
律师工作　125中
绿化工作　242左
绿化造林　150左
落实“两覆盖”行动计划116中
落实安全生产责任制　168右
落实法律顾问团制度　88中
落实防震减灾联席会议制度　91左
落实规范性文件备案审查制度　88左
落实激励帮扶关怀机制　76右
落实老干部生活待遇　77中
落实老干部政治待遇　77中
落实优抚待遇　227左
落实优惠政策　176中
落实源头监管措施　198右
落实支农惠农政策　174中
落实执勤制度130左

M

矛盾调处　275右
矛盾纠纷化解　117中
矛盾纠纷排查　90中
免费孕前优生健康检查　220中
面向社会公开“十项服务承诺”　204左
民兵武器装备管理　129左
民兵整组　128右
民房管理　188左
民革新浦地区组织　99左
民建新浦地区组织　100中
民进新浦地区组织　101左
民盟新浦地区组织　99右
民生保障　140左
民生工程　231右 238右
民生事业　267中
民生宣传　73中
民事和行政诉讼监督　121左
民俗大联欢　213左
民政工作　226　232左　236左　246右　250中　254中　273左
民主党派工商联　99
民主监督　95右
民主社区　247中
民族构成　55右
民族宗教工作　92中
明确依法行政目标任务　88左
目标管理　165左

N

内部监督　121右
纳税提醒　176左
南城街道　238
南门社区　266右
南云台林场　282
年定报工作　166左
宁海社区　240右
农产品打假　149中
农产品流通　145左
农场　54右
农村改厕　218中
农村公路建设　190中
农村环境整治　282中
农村建设　190中
农村经营管理体系建设　152左
农村卫生　217左
农工党新浦地区组织　102中
农机监理　153左
农机监理与管理　153左
农机培训与跨区作业　153中
农机推广　153中
农经管理　152左
农林水牧渔业　149
农贸市场改建　266左
农贸市场专项整治　192左
农民专业合作组织　152右
农田管理　275中
农田水利建设　150中
农业标准化体系建设　278右
农业会展　152右
农业机械化　279右
农业经济　139右　235中　269中　272中
农业开发　149右
农业科技　279右
农业生产　231中
农业园区　231中
农业政策性保险　149右
农业专业合作社　280左
农业综合补贴　149右

P

排查整改安全隐患　199左
排查整治重点地区　114右
潘圩村　233中
培养旅游管理人才　148中
培育创新亮点工程116右
培育和选树典型　77左
品牌建设　140左
“平安宗教活动场所”建设　74右
平安新浦建设　114左
平价商店建设　167中
浦北村　233右

浦东街道 246
浦河社区 249左
浦南村 233中
浦南镇 231
浦西街道250
普及放心粮油 144左

Q

7所学校被确立为课程基地 210中
其他资源 52右
企业科技创新 209中
企业人事及劳动用工制度改革 202右
企业文化 204右
启动“全民减盐行动” 145右
气象 52左
气温 52左
前关村 275右
前进村 236中
前云村 236右
强化案件执行 122右
强化材料管控 203右
强化财政监督 174右
强化常规化业务培训 177中
强化党风廉政建设 233左
强化对夏粮和秋粮收购督察 144左
强化防震减灾意识 92左
强化岗位安全责任 201中
强化领导干部学法用法 88左
强化网络构建 168中
强化消费教育 168右
强化行业整治 168中
强化行政行为监督 88中
强化执法检查力度 225中
蔷薇社区 252左
侨法宣传 88右
侨务工作 88中
侨务捐赠 89左
亲情服务老干部 77中
青春社区 240中
清欠工作 190左
丘陵山区开发 150左
区长办公会议 86右
区妇联等获省“巾帼文明岗”称号 110中
区关工委成立20年周年纪念活动 229右
区划 人口 54
区级促销活动 148右
区级机关工委工作 76中
区两会报告 23
区情概览 50
区委九届六次全体(扩大)会议 70中
区委九届五次全体(扩大)会议 70左
区政府常务会议 82右
朐阳街道 269
全国科普日 110右
全力提升综合经济实力 171左
全力推进资产整合 171中
全面开展治安防范 114右
全面落实尊老金发放制度 227右
全区党建工作会议 69左
全区纪检监察工作推进会 97中
全区政法信访稳定工作会议 69右
全区作风整顿效能建设动员部署会暨纪检监察工作会议 97左
确保安全有序可控 201右
群众体育 214右
群众文化 213左

R

燃煤浴室小锅炉专项执法活动 197左
热衷公益事业 177右
人才队伍建设 218左 71中
人才选拔任用 119左
人才引进 210中
人大建议与提案办理 93右
人防工程维护管理 129右
人防知识宣传 129右
人防专业队整组和演练 129中
人口分布 55左
人口和家庭公共服务体系建设 220右
人口民族 55左
人口总量 55左
人民调解 125右
人民防空 129左
人民武装 128 242中
人事待遇管理 89中
人事人才工作 89左
人物 284
人员招聘 89右
认证工作 170中
任期经济责任审计 166右
日照 52中
融资工作 191右
软环境建设 193中

S

“三农”工作 238中
“三送”工程 213左
森林防火 150中 282中
山东村 276左
山林管理 282左
山体 山脊 山头 51右
商贸服务业 141左
商贸流通 141左
商贸物流业 272右
商贸业 141
商事审判 122中
设立基层武装部 129左
社会保障 224中 232中 239中 241右 267中 278中
社会工作 254中 261中
社会管理 265中
社会活动 95右
社会监管 214中
社会教育 211左
社会救助 226中 226左
社会生活 222
社会事务 227中
社会事业 140左 231右 235右 238右 241中 246右 250中 257中 265中 267中 270左 273左 275右 278中 280中 282中
社会稳定 246右 257中
社会治安管理 261中
社会综合治理 114
社会组织管理 227中
社区管理体制改革 226右
社区基础建设 226右
社区简介 240中 247中 251右 255右 258中 262左 266中 268左 242中
社区建设 226右 241中 261中
社区矫正 126左
社区教育 211左
社区侨务 88中
社区卫生机构 217中
社区文化活动 247中
社区小街巷环卫督察 193中
涉企收费 167右
深化源头信息采集 118中
深化专项整治 117右
沈圩社区 252中

审核廉租房　273右
审计工作　166中
“生态南城”建设　239左
生态旅游农业　278左
生物资源　52中
生源地助学贷款　212左
“十二五”中期评估　220左
十七届人大常委会第十次会议　80左
十七届人大常委会第十二次会议　80中
十七届人大常委会第十六次会议　81左
十七届人大常委会第十七次会议　81右
十七届人大常委会第十三次会议　80中
十七届人大常委会第十四次会议　80右
十七届人大常委会第十五次会议　81左
十七届人大常委会第十一次会议　80中
十七届人大二次会议　79右
实施“河长制”管理蔷薇河　150右
实施信息化管理　278右
实现税费新增长　176右
实行“五统一”配送模式　278右
食品安全　217右
食品生产监管　170右
食盐专营　145中
市场监管　200右
市场开拓　190左
市场运行监测和酒类备案　141中
市东社区　247右
市化社区　248左
市级促销活动　148右
市级课程基地建设　210中
市民社区　249右
市容管理　192左
市容秩序整治　192左
市政道路桥梁　189左
市政建设　189左
市政养护管理　189左
事业单位年检　89右
收费年审　167右
收缴养老基金　224中
首届“学生最喜爱的班主任”推选工作　216右
沭新渠征迁改造　150右
数字城管　255中
数字化城管　193右
双龙社区　266中
双拥共建　129左
霜降　52中
水产品质量监管　151右
水稻生产全程机械化　154中
水利建设　150中
税收分析和税源预测　175左
税收风险应对　175右
税收宣传月　176左
税收执法责任制　176中
税务　174右
司法工作　251中　255左
司法行政工作　125
思想政治工作　128左　130左　132左　251中
思想政治建设　273右
四季农产品交易中心　273左
送法上门　225右
诉讼监督　121左
所得税管理　175中

T

台属助发展主题竞赛活动　75右
太平村　233左
唐顶村　234中
特色工作　265右
特色志愿服务　257中
特载　1
特种设备安全工作　170右
提案办理　95左
提案落实　95中
提高《新浦年鉴》印刷装帧质量　93左
提高城乡低保发放标准　226左
提高干警业务素质　121右
提高科技管理水平　198中
提高社区矫正执法能力　126左
提高营运收入及线路覆盖面 203左
提供法律援助优质服务　126右
提供信息服务 166中
提升动态防控水平　199左
提升队伍整体形象　200左
提升风险应对质效水平　177左
提升服务质量　223右
提升公共服务管理效能　118右
提升公交服务水平　203左
提升公司安全生产基础管理水平　203中
提升机务保障能力　203右
提升教育训练　119中
提升科学调度水平　203中
提升企业经营管理水平　202右
提升司法能力　123右
提升行风作风　119右
提升邮政服务质量　206左
提升执行力　77左
体育工作　214右
体育竞赛　214右
体育阵地建设　214右
天安财产保险股份有限公司连云港中心支公司　185右
铁路运输　201中
通池社区　252左
通信建设　207右
通信设施建设　207左
同和社区　251右
同兴社区　248中
统计工作　165右
统计资料　296
统战工作　74中
投资项目管理　164右
土地管理　194左
土地利用　194中
土地流转　152中 275中
土地治理　149右
土壤　51中
团体　107
推出新旅游产品　147右
推动社会事业发展　171右
推动信访案件办结　117左
推荐表彰先进典型　107左
推进班组建设和职工技术创新　108左
推进惩防并举机制建设　177右
推进公安队伍建设 119左
推进货运业发展　205右
推进廉洁司法　124左
推进六个突破　促进四个提升　奋力谱写人文荟萃美丽新浦新篇章　16
推进生态文明建设工程　196左
推进文化阵地建设　115右
推进依法治税进程　177中
推进政务公开　115左
推进转型优化服务　168左
脱贫攻坚　152右
拓展财政核算管理　174右
拓展服务群众平台　121中
拓展农村综合服务中心　71右
挖掘交流潜力　76左

W

外仓社区 244中
外联经科工作 88右
外贸自营出口 136左
外向型农业 277右
外宣工作 73右
外引内联 246左 265左
完成GSP认证跟踪和完善市场监测 219中
完成各项调查任务 166中
完成换届选举 227左
完善调解组织建设 125右
完善机制促征管 173右
完善交通安全设施 198中
完善配套服务 147右
完善社会保障制度 224右
完善审判工作机制 123左
完善司法为民机制 123左
万润社区 247右
汪新村 233右
网吧义务监督 228中
网络安全监管 119左
网疃村 270右
“微笑”行动” 110左
危险废弃物检查 197中
危险物品监管 118右
为0—6岁残疾儿童免费康复服务 111中
为拆迁征地提供司法服务 122右
为农服务 144右
为女职工提供学历、技能和素质教育培训 108左
为侨服务 88右
为区各项重点工程提供规划服务 188右
维护社会和谐稳定 122左
维护社会稳定 117左
维护辖区稳定 131中
维权保障 107中
维权执法 225左
卫生工作 239左
卫生监督 217中
卫生行风建设 218左
卫生整治 236左
文昌社区 244右
文化、旅游及体育工作 239中
文化产业 214中
文化工作 232中
文化社区 268中
文化市场管理 214左
文化体育 213
文化体育 242左
文化宣传 235右
文化遗产保护 213右
文化艺术创作 213中
文明单位创建 73右
文体活动 261右 270中 273中 280右
文体教学 210右
文物保护 214左
“五有五好”示范社区创建活动 229左
武警连云港市支队 130
武装工作 251右
物价管理 167左 190右 267右

X

西大岭社区 268左
西门村 270右
西门社区 271左
西桥社区 251右
西山村 275右
西苑社区 262左
下滩村 233中
夏禾村 140右
现代高效农业 149中
现代后勤建设 130右
乡村旅游 147中
香江社区 271右
向阳社区 256左
项目申报 282中
项目审批 278左
项目推进 139中
消防监督执法 132中
小村村 236中
效能建设 240左
校舍整修 211右
校外教育辅导站建设 228中
协税护税 246左 254左 257左 261中
新潮社区 262右
新城社区 243中
新村村 236右
新东街道 241
新海街道261
新洪社区 253中
新建4个宏观观测点 92中
新建残疾人托养机构 111右
新建村 234中
新建社区 266右
新孔社区 263左
新龙社区 260中
新陇村 140右
新南街道 257
新农村建设 275中
新浦风采 286
新浦纪事 37
新浦经济开发区 139
新浦经济开发区西区成为工业主战场 134中
新浦区残疾人联合会 111中
新浦区妇女联合会 109右
新浦区工商联组织 106左
新浦区科学技术协会 110中
新浦区人大常委会 79
新浦区人民代表大会常务委员会工作报告29
新浦区人民武装部 128左
新浦区人民政府 82
新浦区文学艺术界联合会 111右
新浦区消防大队 132左
新浦区总工会 107左
新桥社区 249左
新滩村 236中
新湾村 234左
新圩村 233右
新闻报道 73中
新西社区 253左
新站社区 252中
新中社区 252右
新庄村 274左
信访工作 79右 90左 195右 225右 236中 251右 281右 89右
信访积案化解 90中
信访基层基础建设 90右
信访稳定工作 242左
信访应急处置 90右
信访责任落实 90左
信息网机房搬迁 206中
信息宣传与调研 121中
信息引领稳控 117左
兴业社区 259左
星化社区 262中
刑事立案和侦查监督 121左
刑事审判和刑罚执行监督 121左
行业管理 147右

行业转型升级　200右
行政村（社区）简介　233左　236中　270右　274左　275右
行政村简介　140右
行政区划　54左
幸福路街道　267
幸福社区　264左
幸南社区　268中
幸中社区　268中
修编土地利用总体规划　194右
许安村　233右
畜产品质量安全　151中
畜禽防疫　151左
宣传报道　229中　255右　282右
宣传党的十八大精神　75中
宣传工作　273右　281右　73左
宣传与监督　195中
选树爱心市民典型　74左
选树大学生村官　71中
学前教师队伍建设　210中
学前教育　210左
学习贯彻落实十八大精神　76中

Y

延东社区　256左
延南社区　259右
延伸法律监督触角　121中
延伸审判职能　122右
严管严治重点违法　199左
严厉打击各类经济犯罪活动　120中
严厉打击邪教破坏活动　114中
沿海开发　165左
盐河社区　256中
盐政管理　145右
砚池社区　266右
阳光财产保险股份有限公司连云港中心支公司　186中
养老保险提标扩面试点工作　224右
养殖业　151左　277中　280左
咬住既定目标 持续加压奋进努力开创新浦经济社会发展新局面　11
药械监管　219中
业务发展　207中
一般预算支出项目　173中
一桥飞架南北 城乡一体变通途　6
一事一议　152中
医疗卫生　217
医疗卫生　232右
医药管理　218中
医药卫生体制改革　217左
医院管理　217右
医政管理　217中
依法惩治各类刑事犯罪　120左
依法落实宽严相济刑事政策　120中
依法行政　193右
依法行政工作　87右
依法治街　239中
依法治警　130中
依托海外关系引资引智　75中
依托社区抓好为侨服务　75左
义务教育通过国家级验收　212右
艺北社区　243左
尹巷村　233左
引导青年建功成才　108右
饮用水源保护　197中
隐患排查和整治　201右
隐患排查治理　168右
英语教材纳入校本课程　211中
营造居民健康环境　218中
营造宣传氛围　116左
拥军优抚　227左
优化道路交通组织　198左
优化网络中心软硬件　211右
优质幼儿园验收　210左
邮电　206
邮政　206左
Postal　206 L
有偿家教治理　212中
渔湾村　276中
渔业　151右
舆情监督　73右
玉带社区　259中
玉龙社区　259中
预防接种　218左
预防与保健　218左
预防职务犯罪　120右
园林村　270右
园区建设　139右
源头预防化解矛盾纠纷　114中
云海社区　260左
云台街道　275
运力结构调整　201左
运输管理　205中
运输市场监管 205右

Z

灾害天气　52中
增强平价商店社会效应　167右
展现文艺成果　112中
战备训练　128中
站北社区　248右
彰显旅游特色　147中
招商引资　139中　136右　144右　191中　235左　231中　238左　254左　257左　261中　267左　275左　282左
召开区委常委议军会　128左
召开职代会　281左
振东社区　243左
镇　54左
镇海社区　263中
镇街场　230
争资立项　238右
征兵工作　128右
整顿文化市场　214左
整顿作风　283中
政策宣传　167右
政策宣传　92中
政法队伍建设　115中
政府工作报告　23
政协连云港市新浦区第八届委员会常务委员会工作报告　33
政协新浦区委员会　94
政治学习　281左
支持部队建设　227左
支持社保体系建设　174中
支援乡镇农村办学　210右
知识产权管理　209右
执法办案　122左
执法队伍建设　193中
执法监察　195右
执法检查　169右
执勤训练和灭火救援　132中
职称评定　89中
职工技能达标　201中
职工培训　281中
职业健康安全监管　170左
植物资源　52中
志鉴工作 92右
志愿服务　265右
志愿者活动　74左
“志愿者行动在新浦” 活动　77左
治安维护　265中

治安信访工作 270中
治理山石开采 282中
质量安全管理 190左
质量监督与行政执法 170右
致公党新浦地区组织 103右
智慧港城建设 206右
智能化仓库建成使用 134中
中共新浦区纪律检查委员会 97
中共新浦区委员会 69
中国工商银行股份有限公司连云港分行 179左
中国建设银行股份有限公司连云港分行 179中
中国农业发展银行连云港市分行 180右
中国农业银行股份有限公司连云港分行 180中
中国人民财产保险股份有限公司连云港市分公司 183右
中国人民银行连云港市中心支行 178左
中国人寿保险股份有限公司连云港市分公司 182右
中国太平洋财产保险股份有限公司连云港中心支公司 184左
中国太平洋人寿保险股份有限公司连云港中心支公司 184左
中国邮政储蓄银行连云港市分行 182左
中华联合财产保险股份有限公司连云港中心支公司 185左
中小企业园建设 139右
中小企业园建设快中求好 134中
中小学体育锻炼专项督导 212中
中心组学习 232右
中心组学习和调研活动 73左
中医药管理 217右
种植业 149左 277中
重大工程 275左
重大活动保障 193中
重大项目 238中 241左 250左 257左 269右
重大项目推进 254中
重点工程 235左 250中 267中 272中
重点工程项目招标前控制价审核把关 167左
重点工作 202右
重点税源监控分析 175左
重点项目 265左
重点项目推进 246中
重点项目推进 261左
重拳出击整治治安秩序 115左
重视对台干部队伍建设 76左
重要会议 69左 79右 94左 97左
重要文献 10
朱麻村 276中
主题教育活动 115右
主题教育实践活动 108中
主席会议 94右
主要工作 79左 95左 97中
住房管理 251左 54右
助推社会诚信体系建设 123左
驻地保险公司 182右
驻地银行 178左
专项整治 169左 255中
专业合作社 278左
专业技术人员职务聘任 89右
转型升级助推产业提升 134右
资质晋升 190左
资助贫困生 211右
紫云社区 260左
自来水改造 270左
自学考试 211中
宗教管理 92右
宗教活动场所建设 92右
宗教事务管理 74中
综述 79左
综合保障 131右
综合经济管理 164
综合治理 251左 273中
综治司法 247左
组建党员志愿者队伍 242中
组建社区法律服务工作站 125中
组宣工作 236左
组织发展 270右
组织工作 70右
组织机构及领导人 56
组织建设 107左 258左 273右 283左
组织领导 90左
作风建设 258左 266中 97中
做好《连云港市新浦区新志》修改工作 92右
做好产品信息上报 145中
做好少数民族群众服务工作 74中
做好新浦区代管单位年鉴工作 93中

二〇一三年新浦区政区图

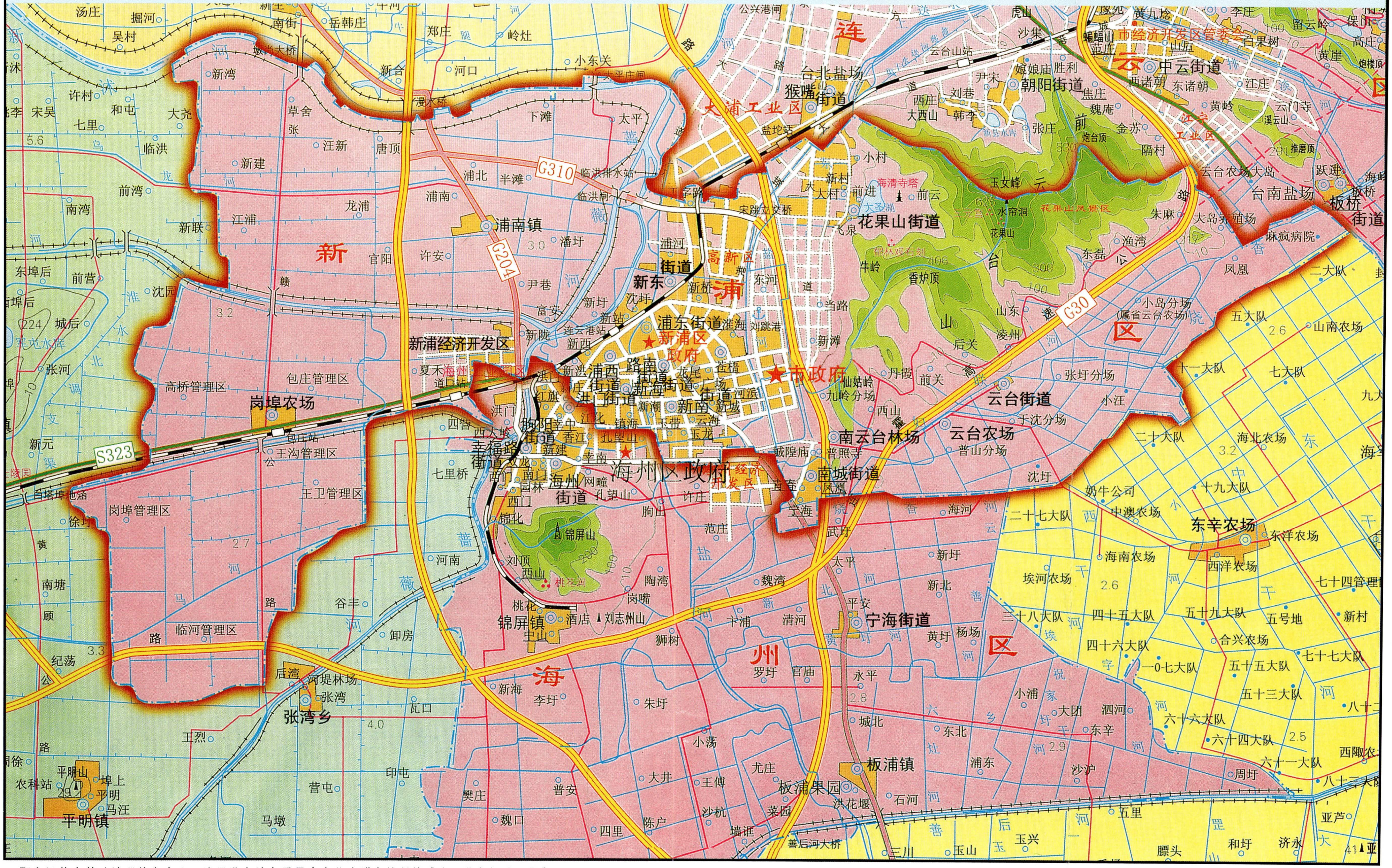

取自江苏省基础地理信息中心、连云港市地名委员会办公室联合编制的《连云港市行政区图》

地图审查号：苏S（2013）085号

二〇一三年新浦区城区图

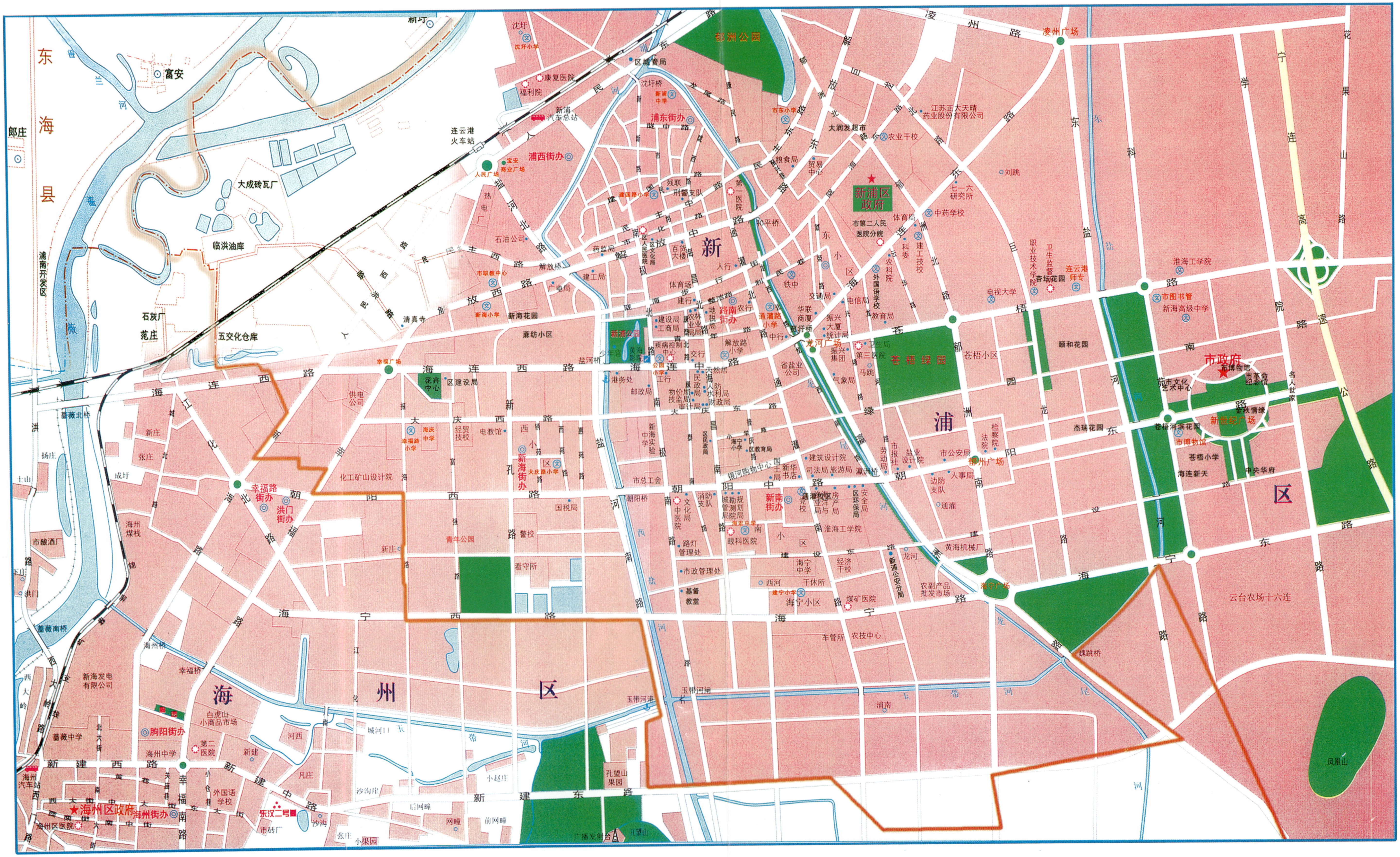